Maßnahmen zur Beschleunigung und Konzentration
im neuen spanischen und deutschen Zivilprozess

AF883780

Schriften der Deutsch-Spanischen Juristenvereinigung

Schriftleitung:
Marc André Gimmy
(Vorstandsmitglied der DSJV)

Wissenschaftlicher Beirat:
Prof. Dr. Peter Gantzer
Prof. Dr. Juan Hernandez Martí
Prof. Dr. Stefan Leible

Band 15

PETER LANG
Frankfurt am Main · Berlin · Bern · Bruxelles · New York · Oxford · Wien

Christian Gohm

Maßnahmen zur Beschleunigung und Konzentration im neuen spanischen und deutschen Zivilprozess

Eine rechtsvergleichende Analyse im Lichte der Europäisierung des Zivilprozessrechts

PETER LANG
Europäischer Verlag der Wissenschaften

Bibliografische Information Der Deutschen Bibliothek
Die Deutsche Bibliothek verzeichnet diese Publikation in der Deutschen Nationalbibliografie; detaillierte bibliografische Daten sind im Internet über <http://dnb.ddb.de> abrufbar.

Zugl.: Freiburg (Breisgau), Univ., Diss., 2004

D 25
ISSN 1433-884X
ISBN 3-631-53145-1

© Peter Lang GmbH
Europäischer Verlag der Wissenschaften
Frankfurt am Main 2004
Alle Rechte vorbehalten.

Das Werk einschließlich aller seiner Teile ist urheberrechtlich geschützt. Jede Verwertung außerhalb der engen Grenzen des Urheberrechtsgesetzes ist ohne Zustimmung des Verlages unzulässig und strafbar. Das gilt insbesondere für Vervielfältigungen, Übersetzungen, Mikroverfilmungen und die Einspeicherung und Verarbeitung in elektronischen Systemen.

www.peterlang.de

Meinen Eltern,

meiner Frau Petra

Vorwort

Diese Arbeit hat der Rechtswissenschaftlichen Fakultät der Albert-Ludwigs-Universität Freiburg im Wintersemester 2003/2004 als Dissertation vorgelegen. Rechtsprechung und Literatur sind bis Mitte März 2004 berücksichtigt.

Mein besonderer Dank gilt meinem verehrten Lehrer, Herrn Prof. Dr. Dr. h.c. Dieter Leipold, der die Arbeit in einer Art und Weise betreut und gefördert hat, wie sie sich nicht besser vorstellen lässt. Auch die hervorragenden Arbeitsbedingungen und die gute Arbeitsatmosphäre an seinem Lehrstuhl, die ich als wissenschaftlicher Mitarbeiter erfahren durfte, haben maßgeblich zum Gelingen der Arbeit beigetragen. Herrn Prof. Dr. Rolf Stürner danke ich ganz herzlich für die äußerst zügige Erstellung des Zweitgutachtens sowie für wertvolle Anregungen im Rahmen der Kolloquien des Graduiertenkollegs.

Danken möchte ich auch Herrn Prof. Dr. Manuel Ortells Ramos sowie den übrigen Mitarbeitern des Departamento de Derecho Procesal der Universidad de Valencia. Durch die großzügige Bereitstellung eines Arbeitsplatzes und die ständige Gesprächsbereitschaft während mehrerer Aufenthalte vor Ort haben sie mir sehr geholfen, das neue spanische Zivilprozessrecht zu erfassen. Mein Dank gilt auch dem Gerichtssekretär José Miguel Guillén Soria vom Juzgado de la Primera Instancia Nummer 2 in Valencia, der mir vielfältige praktische Einblicke ermöglichte. Herr Prof. Dr. Iñaki Esparza Leibar von der Universidad del País Vasco erleichterte mir durch seine ständige Gesprächsbereitschaft während seines Aufenthaltes in Freiburg zu Beginn meiner Studien den Einstieg in das spanische Recht. Schließlich bedanke ich mich ganz herzlich bei Frau Prof. Dr. Lorena Bachmaier Winter von der Universidad Complutense Madrid für die Schlussdurchsicht der Arbeit und wertvolle Anregungen.

Beim Graduiertenkolleg „Institutionen, Methoden und Leitziele der internationalen Rechts- und Regelbildung auf dem Gebiet des Privat- und Wirtschaftsrechts“ bedanke ich mich für das gewährte Stipendium, bei der Deutsch-Spanischen Juristenvereinigung für den Druckkostenzuschuss.

Für die Schlussdurchsicht möchte ich mich zudem bei meinem Vater, Herrn Alois Gohm, meinem Freund, Herrn Rechtsanwalt Dr. Ralf Hafner sowie meiner Ehefrau Petra Cardona-Gohm bedanken. Ihr möchte ich auch für die Unterstützung und die Geduld während der Erstellung der Arbeit ganz herzlich danken. Ein letzter Dank schließlich gebührt meinen Eltern, die mich in meinem privaten und beruflichen Werdegang stets unterstützt haben.

Freiburg, im Juli 2004 — Christian Gohm

Inhaltsübersicht

Einleitung

A. Der Erlass einer neuen spanischen Zivilprozessordnung und der Anlass dazu 1
B. Ziel und Gegenstand der Untersuchung 2
C. Gang der Arbeit 16

Erster Teil
Beschleunigungsmaßnahmen im reformierten spanischen Zivilprozess

1. Abschnitt Einführung in das spanische Zivilprozessrecht 19
A. Die Entwicklung des spanischen Zivilprozessrechts 19
B. Rechtsquellen des geltenden spanischen Zivilprozessrechts 21

2. Abschnitt Beschleunigungsinstrumente im erstinstanzlichen Verfahren 22
Die Neustrukturierung des Regelverfahrens - „juicio ordinario“ und „juicio verbal“
A. Überblick über die bisherige Situation und Reformansatz 22
B. Beschleunigungsmaßnahmen im juicio ordinario 24
C. Beschleunigung im und durch den juicio verbal 77

3. Abschnitt Das Mahnverfahren („proceso monitorio“) 98

4. Abschnitt Das spanische Rechtsmittelrecht 118
A. Einführung 118
B. Überblick über den Rechtsweg im spanischen Zivilprozess 118
C. Die Berufung („Recurso de apelación") 122
D. Der außerordentliche Rechtsbehelf wegen prozessualer Verstöße („Recurso extraordinario por infracción procesal“) 129
E. Das Rechtsmittel im Interesse des Gesetzes („Recurso en interés de la ley“) 140
F. Die Kassation („Recurso de casación“) 143
G. Rechtstatsachen und Würdigung 155

Zweiter Teil
Die Beschleunigungsmaßnahmen im deutschen und europäischen Zivilprozessrecht im Vergleich

1. Abschnitt Einführung 157
A. Das deutsche Zivilprozessrecht 157
B. Das europäische Zivilprozessrecht 159
C. Vergleichsgegenstände 161

2. Abschnitt Beschleunigungsinstrumente im erstinstanzlichen Verfahren 162
A. Die Verfahrensprinzipien der Mündlichkeit und Unmittelbarkeit 162
B. Verfahrensstruktur und Prozessförderungspflicht des Gerichts 176
C. Prozessförderungspflicht der Parteien 208
D. Zusammenfassung der wichtigsten Ergebnisse 231

3. Abschnitt Das Mahnverfahren 232

4. Abschnitt Das Rechtsmittelrecht 258
A. Das deutsche Rechtsmittelrecht 258
B. Vergleich und Bewertung 279

Schlussbetrachtung
.... 295

Literaturverzeichnis 301

Inhaltsverzeichnis

Einleitung

A. Der Erlass einer neuen spanischen Zivilprozessordnung und der Anlass dazu 1

B. Ziel und Gegenstand der Untersuchung 2
I. In sachlicher Hinsicht 2
1. Prozessrecht als Gegenstand der Untersuchung 2
2. Maßnahmen der Beschleunigung und Konzentration 5
a. Begriffsklärung 5
b. Sinn von Beschleunigung und Konzentration 5
c. Risiken bei der Beschleunigung des Verfahrens 8
d. Denkbare Beschleunigungsmaßnahmen 9
aa. Verfahrensstruktur 9
bb. Verfahrensprinzipien, insbesondere Mündlichkeit und Unmittelbarkeit 10
cc. Prozessförderungspflichten des Gerichts 11
dd. Prozessförderungspflichten der Parteien 11
ee. Spezielle Verfahrensarten 12
ff. Rechtsmittel 13
II. In örtlicher Hinsicht 13
1. Spanisches Recht als Ausgangspunkt 13
2. Deutsches und europäisches Recht als Vergleichsgegenstand 15
a. Deutsches Zivilprozessrecht 15
b. Europäisches Zivilprozessrecht 15

C. Gang der Arbeit 16
I. Darstellung des spanischen Rechts 16
II. Vergleich und Bewertung anhand des deutschen und europäischen Zivilprozessrechts 17

Erster Teil
Beschleunigungsmaßnahmen im reformierten spanischen Zivilprozess

1. Abschnitt Einführung in das spanische Zivilprozessrecht 19

A. Die Entwicklung des spanischen Zivilprozessrechts 19
I. Entwicklung bis zur LEC 2000 19
II. Der Reformprozess zur LEC 2000 20

B. Rechtsquellen des geltenden spanischen Zivilprozessrechts 21

2. Abschnitt Beschleunigungsinstrumente im erstinstanzlichen Verfahren 22
Die Neustrukturierung des Regelverfahrens - „juicio ordinario“ und „juicio verbal“

A. Überblick über die bisherige Situation und Reformansatz 22
I. Verringerung der Anzahl der Verfahrensarten 22
II. Neugestaltung des Verfahrens 23

B. Beschleunigungsmaßnahmen im juicio ordinario 24
I. Anwendungsbereich des juicio ordinario 24
II. Ablauf des Verfahrens unter Hervorhebung der Beschleunigungsinstrumente 25
1. Einleitung des Verfahrens durch Klageerhebung 25
a. Klageinhalt und die Präklusion des Art. 136 LEC 26
aa. Klageinhalt 26
bb. Präklusion 26
cc. Folge des Eingreifens der Präklusion 27
dd. Charakteristika der spanischen Präklusionsregelung 27
ee. Präklusion von Dokumenten 28
b. Klageinhalt und die Präklusion des Art. 400 LEC 28
aa. Tatbestand des Art. 400 LEC 29
bb. Wirkungen des Art. 400 LEC 29
cc. Rechtliche Behandlung der Präklusion des Art. 400 LEC 29
Exkurs: Der Begriff des Streitgegenstands 30
c. Angabe des Prozessagenten („Procurador“) und des Rechtsanwalts („Abogado“) 33
aa. Der Prozessagent 34
bb. Der Rechtsanwalt 35
2. Zulassung der Klage durch das Gericht 36
3. Reaktionsmöglichkeiten des Beklagten 37
a. Klageerwiderung und Präklusion 37

b. Widerklage 38
aa. Voraussetzungen der Widerklage 38
bb. Präklusion im Rahmen der Widerklage 39
4. Ladung zum Termin des Vorverfahrens („audiencia previa“) 40
a. Verfahrensweise 40
b. Gerichtliche Prozessförderungspflicht 40
5. Die audiencia previa 41
a. Überblick über die audiencia previa 41
b. Die „comparecencia“ beim alten „juicio de menor cuantía“ 42
c. Vorgehensweise bei Säumnis der Parteien 43
aa. Fälle, in denen keine Verhandlung stattfindet 43
bb. Fälle, in denen die Verhandlung stattfindet 44
d. Der Verfahrensablauf der audiencia previa 45
aa. Einigungsversuch 45
bb. Prüfung der Sachurteilsvoraussetzungen 47
(1) Die fehlende Partei- oder Prozessfähigkeit der Parteien und fehlende bzw. nicht ordnungsgemäße Vertretung: 48
(2) Entgegenstehende Rechtskraft oder Rechtshängigkeit: 49
(3) Fehlen eines notwendigen Streitgenossen: 49
(4) Ungeeignete Verfahrensart: 51
(5) Fehlerhafte Klage- oder Widerklageerhebung wegen mangelnder Klarheit oder Genauigkeit in der Bestimmung der Parteien oder des Klageantrags: 51
cc. Abgrenzung des Streitgegenstandes 52
dd. Festlegung der Beweismittel 54
6. Der Haupttermin 55
a. Zeitpunkt des Termins 55
b. Konzentration, Aussetzung und Unterbrechung 55
aa. Aussetzung der Haupttermins („Suspensión") 56
bb. Unterbrechung des Haupttermins („Interrupción“) 56
c. Vertretungs- und Säumnisvorschriften 57
d. Prinzipien der Verhandlung 58
aa. Prinzipien, die den Prozess beschleunigen sollen 58
bb. Mündlichkeit 59
cc. Unmittelbarkeit 60
e. Ablauf des Haupttermins 61
aa. Phase der Beweisaufnahme 62
(1) Das Beweisverfahren 62
(2) Beweisaufnahme „en unidad de acto“ 62
(3) Neuregelung des Zeugenbeweises 63
(4) Unmittelbarkeit bei der Beweisaufnahme 64
bb. Phase der Schlussfolgerungen 65
(1) Charakterisierung der „conclusiones“ 65
(2) Inhalt der conclusiones 66

(3) Anwesenheitspflicht der Richter ... 66
cc. Maßnahmen zur Sicherung der Unmittelbarkeit ... 67
(1) Nichtigkeit der in Abwesenheit des Richters vorgenommenen Handlungen ... 67
(2) Einschränkung des Richterwechsels ... 67
(3) Dokumentation der Verhandlung ... 68
7. Urteil und „diligencias finales“ („abschließende Maßnahmen“) ... 69
a. Urteil ... 70
b. „Diligencias finales“ ... 70
aa. Allgemeines ... 70
bb. Voraussetzungen zur Durchführung ... 71
cc. Durchführung ... 72
III. Rechtstatsachen und Würdigung ... 73
1. Allgemeines ... 73
2. Die Verfahrensprinzipien der Unmittelbarkeit und Mündlichkeit ... 74
3. Praktische Auswirkungen der Neustrukturierung des juicio ordinario ... 76
4. Würdigung ... 76

C. Beschleunigung im und durch den juicio verbal ... 77
I. Anwendungsbereich des juicio verbal ... 78
II. Verfahrensablauf ... 79
1. Einleitung des Verfahrens durch Klageerhebung ... 80
a. Klageinhalt ... 80
aa. „Demanda sucinta“ (kurz gefasste Klage) ... 80
bb. „Normale Klage“ ... 81
cc. Klage mittels eines Formulars ... 81
b. Beifügung von Dokumenten ... 82
c. Präklusion ... 83
2. Zulassung der Klage durch das Gericht ... 85
3. Ladung der Parteien ... 85
4. Reaktionsmöglichkeiten des Beklagten, insbesondere Widerklage ... 86
5. Der Hauptermin ... 87
a. Säumnis- und Vertretungsregeln ... 87
b. Ablauf des Haupttermins ... 87
aa. Parteivorbringen ... 88
(1) Klägervorbringen ... 88
(2) Beklagtenvorbringen ... 88
(3) Präklusion ... 88
bb. Prüfung der Sachurteilsvoraussetzungen ... 89
cc. Herausarbeitung der streitigen Tatsachen ... 89
dd. Beweisaufnahme ... 90
(1) Vorschlag, Zulassung und Aufnahme der Beweise ... 90
(2) Verfahren bei nicht sofort aufnehmbaren Beweisen ... 90

ee. „Conclusiones finales“ 92
ff. „Diligencias finales“ 92
6. Urteilsfällung 94
III. Rechtstatsachen und Würdigung 94
1. Allgemeines 94
2. Die Verfahrensprinzipien der Unmittelbarkeit und Mündlichkeit 95
3. Verfahrensstruktur und Konzentration 95
4. Würdigung 96

3. Abschnitt Das Mahnverfahren („proceso monitorio“) 98

I. Allgemeines 98
1. Neueinführung durch die LEC 2000 98
2. Ziel des Verfahrens 98
3. Rechtliche Hintergründe der Einführung 99
II. Allgemeine Voraussetzungen 100
1. Statthaftigkeit des Verfahrens 100
a. Vereinbarkeit mit europäischem Recht? 101
b. Antragshäufung? 102
c. Aufteilung des Anspruchs auf mehrere Mahnverfahren? 103
2. Nachweis des Anspruchs durch Urkunden 103
a. Art der Urkunden 103
b. Dokumente, für die andere Verfahrensarten zur Verfügung stehen 104
III. Ablauf des Verfahrens 105
1. Verfahrenseinleitung 105
a. Zuständiges Gericht 105
b. Antrag 105
2. Zulassung des Antrags durch das Gericht 107
a. Formale Voraussetzungen 107
b. „Principio de prueba“ 107
c. Entscheidungsform 108
3. Erlass und Zustellung des Mahnbescheids 109
4. Reaktionsmöglichkeiten des Antragsgegners 110
a. Begleichung der Schuld 110
b. Passives Verhalten des Antragsgegners 111
c. Widerspruch des Antragsgegners 113
IV. Rechtstatsachen und Würdigung 115
1. Rechtstatsachen 115
2. Würdigung 116
a. Aus praktischer Sicht 116
b. Aus rechtstheoretischer Sicht 116

4. Abschnitt Das spanische Rechtsmittelrecht 118

A. Einführung 118

B. Überblick über den Rechtsweg im spanischen Zivilprozess 118
I. Die spanische Gerichtsverfassung 118
1. „Juzgado de Primera Instancia“ (Gericht der ersten Instanz) 119
2. „Audiencia Provincial“ (Provinzgericht) 119
3. „Tribunal Superior de Justicia“ (Obergericht) 119
4. „Tribunal Supremo“ (Oberster Gerichtshof) 120
5. „Tribunal Constitucional“ (Verfassungsgericht) 120
II. Die Rechtsmittel im Überblick 121

C. Die Berufung („Recurso de apelación") 122
I. Allgemeine Darstellung 122
1. Statthaftigkeit und Zuständigkeit 122
2. Vorbereitung des Rechtsmittels 123
3. Einlegung des Rechtsmittels 123
a. Inhaltliche Erfordernisse und Vorgehensweise des iudex a quo 123
b. Suspensiveffekt 124
4. Entscheidung des Berufungsgerichts 125
a. Entscheidungsverfahren 125
b. Prüfungsumfang 125
II. Abschaffung der Berufung gegen prozessleitende Entscheidungen, die den Prozess nicht beenden 126
1. Bisherige Situation 126
2. Jetzige Regelung 127
III. Abschaffung der verschiedenen Verfahrensarten 128
IV. Weitere beschleunigende Elemente 128
1. Gerichtliche Fristen 128
2. Möglicher Verzicht auf mündliche Verhandlung 128
3. Heilung prozessualer Verstöße 129

D. Der außerordentliche Rechtsbehelf wegen prozessualer Verstöße („Recurso extraordinario por infracción procesal“) 129
I. Neueinführung durch die LEC 2000 129
II. Endgültige Regelung 131
1. Allgemeine Voraussetzungen des Rechtsmittels 131
2. Mögliche Anfechtungsgründe 132
3. Normaler Verfahrensgang 133
a. Vorbereitung des Rechtsmittels 133
b. Einlegung und Zulassung des Rechtsmittels 133
c. Entscheidung über das Rechtsmittel 134
4. Beschleunigende Wirkung der neu eingeführten Regelung 135

a. Rechtstechnische Ausgestaltung ... 135
b. Wirkungen der Regelung ... 135
III. Vorübergehende Regelung – Die 16. Schlussbestimmung ... 137
1. Zuständigkeit ... 137
2. Anfechtbare Entscheidungen ... 137
3. Verfahrensablauf ... 138
4. Urteilsfällung ... 139

E. Das Rechtsmittel im Interesse des Gesetzes („Recurso en interés de la ley“) ... 140
I. Allgemeines ... 140
II. Rechtstechnische Ausgestaltung ... 141
1. Zulässigkeit und Verfahren ... 141
2. Entscheidung des Obersten Gerichtshofs ... 142

F. Die Kassation („Recurso de casación“) ... 143
I. Allgemeine Voraussetzungen der Kassation ... 143
II. Kassationsfähige Urteile ... 144
1. Urteile zum zivilrechtlichen Schutz von Grundrechten ... 145
2. Urteile mit einem Streitwert von mehr als 150.000 € ... 146
a. Auffassung der Rechtsprechung ... 146
b. Auffassung der Literatur ... 147
3. Urteile, die ein Kassationsinteresse aufweisen ... 147
a. Auffassung der Rechtsprechung ... 147
b. Auffassung der Literatur ... 148
c. Die einzelnen Fallgruppen des Kassationsinteresses ... 149
III. Verfahrensgang ... 150
1. Vorbereitungsphase ... 150
2. Einlegung und Verweisung des Rechtsmittels ... 151
3. Zulassung der Kassation ... 151
IV. Entscheidung des Kassationsgerichts ... 153
V. Auf Beschleunigung zielende Veränderungen zum alten Recht ... 153
1. Herausnahme der prozessualen Verstöße ... 153
2. Neuregelung der mit der Kassation anfechtbaren Urteile ... 154
3. Gerichtliche Fristen ... 155

G. Rechtstatsachen und Würdigung ... 155

Zweiter Teil
Die Beschleunigungsmaßnahmen im deutschen und europäischen Zivilprozessrecht im Vergleich

1. Abschnitt Einführung ... 157

A. Das deutsche Zivilprozessrecht ... 157
1. Vereinfachungsnovelle 1976 ... 158
2. Zivilprozessreform 2001 ... 158

B. Das europäische Zivilprozessrecht ... 159

C. Vergleichsgegenstände ... 161

2. Abschnitt Beschleunigungsinstrumente im erstinstanzlichen Verfahren ... 162

A. Die Verfahrensprinzipien der Mündlichkeit und Unmittelbarkeit ... 162
I. Mündlichkeit und Unmittelbarkeit im deutschen Zivilprozess ... 162
1. Mündlichkeit ... 162
a. Begriff und Geltung ... 162
aa. Ausnahmen vom Prinzip der notwendigen mündlichen Verhandlung ... 163
bb. Ausnahmen vom Prinzip des mündlichen Vortrags ... 164
b. Bezug zur Beschleunigung und Konzentration des Verfahrens ... 165
2. Unmittelbarkeit ... 166
a. Begriff und Geltung ... 166
aa. Unmittelbarkeit in der mündlichen Verhandlung ... 166
bb. Unmittelbarkeit bei der Beweisaufnahme ... 167
cc. Videoverhandlung (§ 128 a ZPO) ... 167
b. Bezug zur Konzentration und Beschleunigung ... 168
II. Mündlichkeit und Unmittelbarkeit im europäischen Recht ... 168
III. Vergleich und Bewertung ... 169
1. Mündlichkeit ... 169
a. Umfang der Mündlichkeit ... 169
aa. Bestandsaufnahme ... 170
bb. Vergleich ... 170
cc. Juicio verbal ... 172
b. Bedeutung des Mündlichkeitsprinzips ... 173
2. Unmittelbarkeit ... 173
a. Umfang ... 174
b. Ausnahmen ... 174
c. Stellungnahme ... 175

B. Verfahrensstruktur und Prozessförderungspflicht des Gerichts 176
I. Verfahrensstruktur und Prozessförderungspflicht des Gerichts im deutschen Recht 176
1. Grundstruktur 176
2. Vorbereitung der mündlichen Verhandlung 177
a. Schriftliches Vorverfahren 177
b. Früher erster Termin 178
c. Gerichtliche Maßnahmen zur Vorbereitung nach § 273 ZPO 179
3. Materielle Prozessleitung 179
a. Grundsätzliches und Bezug zur Beschleunigung des Verfahrens 179
b. Die Regelung des § 139 ZPO 181
aa. Allgemeine Erörterungspflicht 181
bb. Verbot von Überraschungsentscheidungen 182
cc. Bedenken bei von Amts wegen zu berücksichtigenden Punkten 183
dd. Dokumentationspflicht 183
ee. Schriftsatzrecht 184
4. Gütliche Streitbeilegung 185
a. Grundsätzliches und Bezug zur Beschleunigung des Verfahrens 185
b. Die Regelung des § 278 ZPO 186
aa. Obligatorische Güteverhandlung 186
bb. Gütliche Beilegung des Rechtsstreits 186
cc. Richteraktivität 187
5. Verfahren für geringfügige Streitigkeiten 187
6. Einzelrichter 188
II. Die Prozessförderungspflicht des Gerichts im europäischen Recht 189
1. Verfahrensstruktur und gerichtliche Hinweispflichten 189
2. Schlichtungsversuch 190
3. Bagatellverfahren 190
III. Vergleich und Bewertung 191
1. Grundstruktur 191
2. Vorbereitung der Hautverhandlung 193
a. Verfahren zur Vorbereitung 193
b. Inhalt der Vorbereitungsmaßnahmen 193
c. Rolle des Gerichts 194
3. Materielle Prozessleitung 195
a. Zusammenstellung der maßgeblichen spanischen Normen 195
b. Zeitpunkt der Hinweispflicht 195
c. Inhalt der Hinweispflicht 196
d. Gesamtwürdigung der Richterstellung 196
4. Gütliche Streitbeilegung 197
a. Obligatorisches Güteverfahren? 197
b. Zeitpunkt der Einigungsversuche 198
c. Rolle des Gerichts 198

d. Stellungnahme ... 199
5. Verfahren für geringfügige Streitigkeiten ... 201
a. Überblick ... 201
b. Vergleich ... 201
c. Stellungnahme ... 203
d. „Juicios rápidos“ ... 204
6. Einzelrichter ... 206
a. Vergleich ... 206
b. Stellungnahme ... 207

C. Prozessförderungspflicht der Parteien ... 208
I. Prozessförderungspflicht der Parteien im deutschen Recht ... 208
1. Zurückweisung verspäteten Vorbringens (Präklusion) ... 208
a. Die allgemeine Prozessförderungspflicht ... 209
aa. Überblick ... 209
bb. In der mündlichen Verhandlung ... 210
cc. In der schriftsätzlichen Vorbereitung ... 211
dd. Präklusion nach § 296 Abs. 2 ZPO ... 212
ee. Zulässigkeitsrügen ... 214
b. Die Prozessförderungspflicht nach gerichtlicher Fristsetzung ... 215
aa. Überblick ... 215
bb. Voraussetzungen der Präklusion ... 215
2. Präklusion durch Rechtshängigkeit und Rechtskraft ... 216
a. Hinführung ... 216
b. Der Begriff des Streitgegenstandes ... 217
c. Präklusionswirkungen der entgegenstehenden Rechtshängigkeit und Rechtskraft ... 219
aa. Entgegenstehende Rechtshängigkeit ... 219
bb. Entgegenstehende Rechtskraft ... 219
II. Prozessförderungspflichten der Parteien im europäischen Recht ... 220
1. Präklusion ... 220
2. Vorübergehende Präklusion durch Rechtshängigkeit ... 221
a. Überblick über Art. 27 EuGVO ... 221
b. „Kernpunkttheorie“ ... 222
c. Rechtskraft? ... 223
III. Vergleich und Bewertung ... 223
1. Präklusion ... 223
a. Anknüpfungspunkt der Präklusion ... 223
b. Gegenständliche Reichweite der Präklusion ... 224
c. Verschulden und Verschuldensmaßstab ... 225
d. Verzögerung ... 227
e. Stellungnahme ... 227
2. Rechtskraft und Rechtshängigkeit ... 228
a. Nach spanischem und deutschem Recht ... 228

b. Rechtshängigkeit nach europäischem Recht 230
c. Stellungnahme 230

D. Zusammenfassung der wichtigsten Ergebnisse 231

3. Abschnitt Das Mahnverfahren 232

I. Das deutsche Mahnverfahren 232
1. Zulässigkeit des Mahnverfahrens 232
2. Zuständigkeit 232
3. Der Mahnantrag 233
4. Prüfung des Antrags und Erlass des Mahnbescheids 233
5. Verfahren bei Widerspruch des Antragsgegners 234
6. Erlass des Vollstreckungsbescheids 234
7. Verfahren bei Einspruch des Antragsgegners 235
II. Das europäische Mahnverfahren 236
1. Grünbuch über ein europäisches Mahnverfahren 236
a. Zielsetzung des Grünbuchs 236
b. Hintergrund der Bestrebungen zur Einführung eines Mahnverfahrens 237
c. Überblick über die angesprochenen Aspekte 237
2. Vorschläge der Storme-Kommission 239
3. Zahlungsverzugsrichtlinie 240
III. Vergleich 241
1. Zulässigkeit des Mahnverfahrens 241
2. Zuständiges Gericht 241
3. Der Mahnantrag 242
a. Begründung und Urkundenvorlage 242
b. Verwendung von Vordrucken 242
c. Anwaltszwang 243
4. Prüfung des Antrags und gerichtliche Entscheidung 243
a. Prüfungsumfang 243
b. Teilabweisung 243
c. Zurückweisung des Antrags 244
5. Rechtsbehelfsystem 244
a. Widerspruch 245
b. Einspruch 246
6. Einflüsse bei der Schaffung des spanischen Mahnverfahrens 247
IV. Stellungnahme, zugleich Vorschlag für ein europäisches Mahnverfahren 247
1. Vorfragen 247
a. Handlungsbedarf auf Gemeinschaftsebene 247
b. Räumliche Anwendbarkeit 248
c. Form einer europäischen Regelung 249

2. Zulässigkeit des Mahnverfahrens.....249
3. Zuständiges Gericht.....250
4. Mahnantrag und gerichtliche Kontrolle.....251
5. Einstufiges oder zweistufiges Verfahren.....253
6. Rechtsbehelfssystem.....253
7. Zusammenfassung.....255
a. Gesamtschau.....255
b. Diskussion.....255

4. Abschnitt Das Rechtsmittelrecht.....258

A. Das deutsche Rechtsmittelrecht.....258
I. Zur Einführung.....258
II. Überblick über die Rechtsmittel im deutschen Zivilprozess.....258
1. Die deutsche Gerichtsverfassung.....258
a. Das Amtsgericht.....258
b. Das Landgericht.....259
c. Das Oberlandesgericht.....259
d. Der Bundesgerichtshof.....260
2. Der Instanzenzug in Zivilsachen.....260
a. Bei Endurteilen des Amtsgerichts.....260
b. Bei erstinstanzlichen Endurteilen des Landgerichts.....260
c. Das Beschwerdeverfahren.....261
aa. Sofortige Beschwerde.....261
bb. Rechtsbeschwerde.....262
d. Die Gehörsrüge nach § 321 a ZPO.....262
III. Die Berufung.....264
1. Allgemeines.....264
2. Statthaftigkeit der Berufung.....265
3. Einlegung der Berufung und Zuständigkeit.....265
4. Zustellung.....266
5. Verwerfung und Zurückweisungsbeschluss.....266
a. Verwerfung.....266
b. Zurückweisungsbeschluss.....267
6. Entscheidendes Organ.....268
7. Prüfungsumfang und Präklusion in der Berufungsinstanz.....269
a. Bindung an erstinstanzliche Feststellungen.....269
b. Präklusion.....270
8. Urteil des Berufungsgerichts.....272
IV. Die Revision.....272
1. Allgemeines.....272
2. Statthaftigkeit der Revision.....273
a. Zulassung durch das Berufungsgericht.....274
b. Nichtzulassungsbeschwerde.....276

3. Einlegung der Revision und Zuständigkeit 276
4. Weiterer Verfahrensablauf 277
5. Prüfungsumfang in der Revisionsinstanz 277
6. Urteil des Revisionsgerichts 278
7. Sprungrevision 279

B. Vergleich und Bewertung 279
I. Allgemeines 279
1. Fehlende europäische Dimension im Rechtsmittelrecht 279
2. Vorübergehender Rechtszustand in Spanien 280
II. Gerichtsverfassung und Instanzenordnung 281
1. Gerichtsverfassung 281
2. Eingangsgericht 281
3. Rechtsweg 281
4. Rechtsmittelzuständigkeit 282
III. Die Berufung 282
1. Statthaftigkeit der Berufung 282
2. Zuständigkeit 283
3. Inhaltliche Ausgestaltung 283
4. Verfahrensablauf 284
a. Fristen 284
b. Mündliche Verhandlung 285
5. Entscheidungen des Gerichts 285
6. Stellungnahme 286
IV. Revision, Kassation und außerordentlicher Rechtsbehelf wegen prozessualer Verstöße 287
1. Allgemeines 287
2. Statthaftigkeit der Rechtsmittel 287
a. Anfechtbare Entscheidungen 287
b. Zulassungskriterien 287
3. Zuständigkeit 289
4. Inhaltliche Ausgestaltung 289
5. Verfahrensablauf 290
a. Fristen 290
b. Mündliche Verhandlung 291
6. Entscheidungen des Gerichts 291
a. Über die Zulassung des Rechtsmittels 291
b. Über das zugelassene Rechtsmittel 292
7. Stellungnahme 292

Schlussbetrachtung 295

Literaturverzeichnis 301

Abkürzungsverzeichnis

aA	anderer Ansicht
aaO	am angegebenen Ort
AAP	Auto de la AP (Beschluss AP)
AblEG	Amtsblatt der Europäischen Gemeinschaft
Abs.	Absatz
a.E.	am Ende
a.F.	alte Fassung
Alt.	Alternative
Anm.	Anmerkung
AP	Audiencia Provincial (Provinzgericht)
Art.	Artículo / Artikel
ATS	Auto del TS (Beschluss des TS)
ATSJ	Auto des TSJ (Beschluss des TSJ)
BGB	Bürgerliches Gesetzbuch
BGBl.	Bundesgesetzblatt
BGH	Bundesgerichtshof
BGHZ	Entscheidungen des BGH in Zivilsachen
BOE	Boletín Oficial del Estado (spanisches „Bundesgesetzblatt“)
BT	Bundestag
BT-Drs.	Bundestags-Drucksache
BVerfG	Bundesverfassungsgericht
BVerfGE	Entscheidungen des BVerfG
BVerfGG	Bundesverfassungsgerichtsgesetz
bzw.	beziehungsweise
CC	Código Civil (spanisches Zivilgesetzbuch)
CE	Constitución Española (spanische Verfassung)
CGPJ	Consejo General del Poder Judicial (span. Richterrat)
d.h.	das heißt
ders.	derselbe
dies.	dieselbe / dieselben
D.A.	Disposición adicional (Zusatzbestimmung)
D.F.	Disposición final (Schlussbestimmung)
Diss.	Dissertation
D.T.	Disposición transitoria (Übergangs-bestimmung)

EG	Europäische Gemeinschaft
EGV	Vertrag zur Gründung der Europäischen Gemeinschaft
EM LEC	Exposición de Motivos de la Ley de Enjuiciamiento Civil (Darstellung der Gesetzgebungsmotive)
EMRK	Europäische Menschenrechtskonvention
EU	Europäische Union
EuGH	Europäischer Gerichtshof
EuGVO	Europäische Gerichtsstands- und Vollstreckungsverordnung (auch EuGVVO)
EuGVÜ	Europäisches Gerichtsstands- und Vollstreckungsabkommen
f.	und folgende Seite
FAZ	Frankfurter Allgemeine Zeitung
ff.	und folgende Seiten
Fn.	Fußnote
FS	Festschrift
GG	Grundgesetz
GVG	Gerichtsverfassungsgesetz
h.M.	herrschende Meinung
Hrsg.	Herausgeber
i.d.F.	in der Fassung
Informaciones	Fachzeitschrift für den deutsch-spanischen Rechtsverkehr, herausgegeben von der Deutsch-Spanischen Juristenvereinigung
insb.	insbesondere
IPRax	Praxis des internationalen Privat- und Verfahrensrechts (Zeitschrift)
i.V.m.	in Verbindung mit
JPI	Juzgado de Primera Instancia (spanisches erstinstanzliches Gericht)
JuS	Juristische Schulung (Zeitschrift)
JZ	Juristenzeitung
LEC	Ley de Enjuiciamiento Civil (spanisches Zivilprozessgesetz)
Ley	„La Ley“ (spanische Rechtszeitschrift)

LODP	Ley Orgánica del Defensor del Pueblo (Gesetz über den Ombudsmann)
LOPJ	Ley Orgánica del Poder Judicial (spanisches Gerichtsverfassungsgesetz)
LOTC	Ley Orgánica del Tribunal Constitucional (Verfassungsgerichtsgesetz)
LPH	Ley de Propiedad Horizontal (spanisches Wohnungseigentumsgesetz)
MDR	Monatsschrift für Deutsches Recht
m.w.N.	mit weiteren Nachweisen
MünchKommZPO	Münchener Kommentar zur ZPO
n.F.	neue Fassung
NJW	Neue Juristische Wochenschrift
NJW-RR	NJW- Rechtsprechungsreport
Nr.	Nummer
OLG	Oberlandesgericht
OLGZ	Entscheidungen der Oberlandesgerichte in Zivilsachen
Rdnr.	Randnummer
RG	Reichsgericht
RGZ	Entscheidungen des RG
Rpfleger	Der deutsche Rechtspfleger (Zeitschrift)
Rs.	Rechtssache
Rspr.	Rechtsprechung
S.	Satz / Seite
s.	siehe
SAP	Sentencia de la AP (Urteil des AP)
s.o.	siehe oben
STC	Sentencia del TC (Urteil des TC)
str.	strittig
STS	Sentencia del TS (Urteil des TS)
STSJ	Sentencia del TSJ (Urteil des TSJ)
s.u.	siehe unten
TC	Tribunal Constitucional (Spanisches Verfassungsgericht)
TS	Tribunal Supremo (Oberster Gerichtshof in Spanien)

TSJ	Tribunal Superior de Justicia (Obergericht in jeder autonomen Region Spaniens)
u.a.	unter anderem / und andere
vgl.	vergleiche
z.B.	zum Beispiel
ZPO	Zivilprozessordnung
ZZP	Zeitschrift für Zivilprozess
ZZPInt	Zeitschrift für Zivilprozess International

Einleitung

A. Der Erlass einer neuen spanischen Zivilprozessordnung und der Anlass dazu

„Von der Zivilgerichtsbarkeit zu sprechen heißt für gewöhnlich, sich in erster Linie auf Verzögerungen zu beziehen“[1]. So lautet ein Zitat aus einem umfassenden Gutachten des spanischen Richterrats (Consejo General del Poder Judicial[2]) über die spanische Justiz, dem so genannten „Libro Blanco de la Justicia“ aus dem Jahre 1997[3]. Im Libro Blanco, das sowohl eine Bestandsaufnahme als auch Vorschläge zur Behebung der aufgedeckten Probleme enthält, wird eine tiefe Unzufriedenheit seitens der spanischen Bevölkerung mit der Arbeitsweise der spanischen Justiz genannt. In einer im Jahre 1996 durchgeführten Umfrage gaben ihr die Bürger die Note 3,67 bei einer bestmöglichen Bewertung von 10 und setzten sie in einer Gesamtbewertung auf den letzten Platz der öffentlichen Institutionen Spaniens und damit weit hinter Institutionen wie zum Beispiel das Parlament, die Regierung oder die Sozialversicherung[4]. Hauptgrund für dieses schlechte Abschneiden war die bereits angesprochene überlange Dauer der gerichtlichen Verfahren[5]. Beispielhaft seien nur Äußerungen wie „exzessive Dauer“, „außerordentliche Langsamkeit“ oder „unendliche Prozesse“ genannt, die ihrem Gehalt nach die häufigsten Antworten auf die Frage nach den Problemen der Justiz waren[6]. Geteilt wurde diese Einschätzung der Bürger auch von der

---

[1] Libro Blanco, S. 156.

[2] Der Consejo General del Poder Judicial (wörtlich übersetzt: Der allgemeine Rat der rechtsprechenden Gewalt) ist in Art. 122 der spanischen Verfassung (CE) und detailliert in den Art. 107 ff. des spanischen Gerichtsverfassungsgesetzes (LOPJ) geregelt. Danach besteht er aus 21 Mitgliedern aus verschiedenen juristischen Berufen, die eine anerkannte Fachkompetenz und mindestens 15 Jahre Berufserfahrung vorweisen können. Seine Hauptaufgabe besteht in der „Regierung“ (so der Wortlaut von Art. 122.2 CE) der Justiz, die in Spanien damit zentralstaatliche Aufgabe ist und nicht den Autonomen Regionen überlassen bleibt. Außerdem wirkt er bei der Ernennung von Richtern mit und kümmert sich um die Kontrolle und Bewertung der Arbeit der Justiz. Näher zum Richterrat s. Montero Aroca, Derecho Jurisdiccional I, S. 129 ff.

[3] Abrufbar im Internet unter www.cgpj.es/docs/librobl.doc.

[4] Libro Blanco, S. 18. Die deutsche Justiz schneidet bei ihren „Kunden“ deutlich besser ab. Eine Bürgerbefragung im Jahre 2001 bei der nordrhein-westfälischen Justiz ergab, dass die Meinung der Bürgerinnen und Bürger über die Gerichte der ordentlichen Gerichtsbarkeit ausgesprochen gut und der Zufriedenheitsgrad auffällig hoch ist. 25 % der Befragten gaben den Zufriedenheitsgrad mit der Note „sehr gut“ an, weitere 31 % mit der Note „gut“. Nur 5 % waren gänzlich unzufrieden. Die durchschnittliche Bewertung lag bei einer Note von 2,26. Vgl. näher dazu Schubmann-Wagner, ZRP 2003, 408, 409.

[5] Libro Blanco, S. 21.

[6] Libro Blanco, S. 21.

spanischen Praxis[7] und Rechtswissenschaft[8], die dem spanischen Zivilprozess in vielerlei Hinsicht schon seit langem kein gutes Zeugnis ausstellten. So dauerte im Jahr 1996 ein durchschnittlicher Zivilprozess in der ersten Instanz etwa ein Jahr[9], auf eine Entscheidung über eine Kassation zum Obersten Gerichtshof musste im Schnitt sogar fast drei Jahre gewartet werden[10]. Da mit dem bestehenden Recht in der Zukunft zudem mit einer deutlichen Steigerung der Bearbeitungszeiten zu rechnen war[11], war eine Reform des Zivilprozesses, die sich an erster Stelle einer Beschleunigung des Verfahrens widmen musste, unumgänglich. Nach umfangreichen Vorarbeiten wurde schließlich eine neue Zivilprozessordnung erlassen, die Ley de Enjuiciamiento Civil (LEC) vom 07.01.2000, die am 08.01.2001 in Kraft getreten ist und die die alte LEC von 1881, die freilich mehrmals reformiert wurde, abgelöst hat. Diese neue spanische Zivilprozessordnung ist Anlass und Grundlage der vorliegenden Arbeit, in der der spanische Prozess im Vergleich mit dem deutschen und europäischen Zivilprozessrecht betrachtet werden soll.

B. Ziel und Gegenstand der Untersuchung

I. In sachlicher Hinsicht

1. Prozessrecht als Gegenstand der Untersuchung

Die vorliegende Arbeit wendet sich bei der Frage, welche beschleunigungs- und konzentrationsfördernden Maßnahmen getroffen wurden und getroffen werden können, ausschließlich dem prozessrechtlichen Aspekt zu. Gegenstand dieser Dissertation sind damit die gesetzgeberischen Maßnahmen auf dem Gebiet des Zivilprozessrechts oder noch einmal anders ausgedrückt: Es soll um die Frage gehen, welche Möglichkeiten das Recht bereitstellt bzw. bereitstellen kann, um zu einer möglichst raschen und umfassenden Streiterledigung im Zivilprozess zu gelangen. Bezugspunkt innerhalb dieses Rahmens soll dabei nicht der einzelne

---

[7] Die Praxis war durch umfangreiche Befragungen durch den Richterrat in die Ausarbeitung des Libro Blanco mit einbezogen.

[8] Vgl. statt vieler Ortells Ramos, ZZPInt 1997, 95, 96 ff.

[9] Libro Blanco, S. 149. Zu beachten ist freilich, dass dies lediglich ein durchschnittlicher Wert ist, der je nach autonomer Region stark schwankt. Insbesondere in den Regionen Andalusien, Kanarische Inseln, Katalonien, Madrid und Valencia ist die durchschnittliche Dauer eines erstinstanzlichen Prozesses höher. Zum Vergleich: Ein erstinstanzlicher Zivilprozess (ohne Familiensachen) dauerte in Deutschland im bundesweiten Durchschnitt im Jahr 2001 vor dem Amtsgericht 4,3 Monate und vor dem Landgericht 7,1 Monate (Zahlen abrufbar im Internet unter www.baden-wuerttemberg.de/sixcms/detail.php?id=10034).

[10] Libro Blanco, S. 149.

[11] Allein für den Bereich der Kassationen wurde davon ausgegangen, dass sich auf Grund des „Staus" der aufgelaufenen Verfahren die Bearbeitungszeit jährlich um 4 Monate verlängert, s. Libro Blanco, S. 171.

Prozess sein. Es soll vielmehr insgesamt und für den gesamten Zivilrechtsweg beleuchtet werden, wie ein gerichtlicher Streit effektiv und zügig – möglichst ohne qualitative Einbußen zu erleiden – durchgeführt und beendet werden kann. Angesprochen ist damit eine den einzelnen Prozess übersteigende Dimension.

Die Arbeit wird sich auf das Erkenntnisverfahren beschränken und auf das Vollstreckungsverfahren nicht weiter eingehen, obwohl auf diesem Gebiet ebenfalls großer Reformbedarf bestand[12]. Wörtlich führt der Bericht des spanischen Richterrats in diesem Zusammenhang aus, dass „der Weg bis zur Erlangung der tatsächlichen Befriedigung des geltend gemachten Anspruchs sich noch schwieriger gestaltet als der Weg, sein Recht festgestellt zu bekommen“ [13]. Tatsächlich führt eine Zwangsvollstreckung in Spanien bisher in 40 % der Fälle zu gar keiner Befriedigung des Vollstreckungsgläubigers und in weiteren 10 % nur zu einer teilweisen[14]. Probleme bereiten in der Praxis dabei vor allem das Auffinden von Gegenständen, in die vollstreckt werden kann, sowie die zwangsweise Realisierung der Vollstreckung. Als weiterer Grund für die bisherigen Missstände bei der Zwangsvollstreckung wird die Tatsache angeführt, dass der Vollstreckungsgläubiger jedes einzelne Tätigwerden der staatlichen Vollstreckungsorgane beantragen musste, was viele Gläubiger zu überfordern schien[15].

Die vorliegende Arbeit wird auch nicht auf den einstweiligen Rechtsschutz eingehen. Hierzu sei auf die Arbeiten von Knothe[16] und Schrader[17] verwiesen. Gegenstand der Untersuchung soll gerade nicht sein, welche Rechtsschutzmöglichkeiten bestehen, wenn es sich um eine besonders eilbedürftige Sache handelt. Vielmehr geht es um die Frage, wie eine „normale“ Angelegenheit, die keine *besondere* Eilbedürftigkeit aufweist, in einem angemessenen Zeitraum zum Abschluss gebracht werden kann. Diese Arbeit will sich – um es mit anderen Worten zu sagen – also nicht um den Ausnahmefall der besonderen Dringlichkeit kümmern, sondern sich mit dem Normalfall beschäftigen.

Mit der Fokussierung auf das Prozessrecht wird keinesfalls verkannt, dass eine Beschleunigung des Verfahrens von vielen weiteren Faktoren beeinflusst wird. Im Gutachten des Richterrats ist diesbezüglich ausgeführt, dass es sich speziell im Bereich der spanischen Zivilgerichtsbarkeit um ein „Syndrom des mehrfa-

---

[12] Umfassend zum spanischen Zwangsvollstreckungsrecht vor der Zivilprozessrechtsreform s. Gathmann, Spanisches Zwangsvollstreckungsrecht.
[13] Libro Blanco, S. 202.
[14] Libro Blanco, S. 204. Aus diesem Grund wurde in der Literatur gelegentlich von einem „wahrhaftigen Paradies für den Schuldner“ gesprochen, vgl. Oliva Santos, Tribunales de Justicia Januar 2002, 3, 4.
[15] Libro Blanco, S. 203.
[16] Knothe, Benedikt, Einstweiliger Rechtsschutz im spanischen und deutschen Zivilprozess.
[17] Schrader, Ludolf, Einstweiliger Rechtsschutz von Zahlungsansprüchen des Wirtschaftsverkehrs im spanischen und deutschen Zivilprozess.

chen Versagens des Systems"[18] handelt, sprich eine Vielzahl von Mitursachen für den derzeitigen langsamen Verfahrensablauf ausgemacht werden können. Genannt werden neben den prozessualen Faktoren namentlich die hohe Anzahl an Verfahren, der Mangel an persönlichen und sachlichen Mitteln, die schlecht organisierten und mit schlecht ausgebildeten Bediensteten besetzten Geschäftsstellen, eine ungeregelte Vorgehensweise, das Fehlen einer adäquaten EDV-Ausstattung sowie ein System der Zwangsvollstreckung, das alles andere als effizient ist. Insbesondere ist die Richteranzahl im europäischen Vergleich sehr gering. So kamen in Spanien im Jahr 2000 auf 100.000 Einwohner 10 Richter, während beispielsweise in Deutschland im selben Jahr 29 Richter pro 100.000 Einwohner zu verzeichnen waren[19].
Auch die deutsche Rechtswissenschaft, die sich mit dem Thema beschäftigt hat, betont die Vielfalt der Faktoren, die bei der Beschleunigung des Prozesses eine Rolle spielen. So unterscheidet beispielsweise Schwab zwischen menschlichen Faktoren, Zeitfaktoren, Arten der Verfahren und prozessrechtlichen Faktoren, wenn es um die Frage eines zügigen Prozesses geht[20]. All diese Aspekte jenseits des Prozessrechts, von denen jedem einzelnen eine gewichtige Bedeutung bei der Bewältigung der vorhandenen Probleme zukommt, können in dieser Arbeit nur am Rande angesprochen werden oder müssen sogar ganz ausgeblendet werden, um den Rahmen einer Dissertation nicht zu sprengen. Eine Beschränkung auf das Prozessrecht lässt sich zudem dadurch rechtfertigen, dass „eine gute Prozessordnung sicherlich der wichtigste Faktor für ein schnelles und einfaches Verfahren ist"[21].

Mit dem prozessualen Ansatz ist auch zugleich gesagt, dass andere denkbare Methoden der Streitschlichtung jenseits des Zivilprozesses außen vor bleiben sollen[22]. Lediglich beispielhaft seien hier derart unterschiedliche Ansätze erwähnt wie Methoden der alternativen Streitschlichtung wie z.B. die Mediation[23] oder eine Ausweitung des strafrechtlichen Adhäsionsverfahrens im deutschen Recht[24].

---

[18] Libro Blanco, S. 150.
[19] Siehe CGPJ, Tribunales de Justicia Januar 2002, 29, 43.
[20] Schwab, in: Humane Justiz, S. 29, 32 ff.
[21] Schwab, aaO, S. 36. Grundsätzlich pessimistisch hinsichtlich der Möglichkeit, durch Reformen der Prozessgesetze zu einer Verkürzung der Prozesse zu gelangen, allerdings Henke, ZZP 83 (1970), 125, insb. 136 ff.
[22] Ausführlich zu Ansätzen der außergerichtlichen Streitbeilegung Katzenmeier, ZZP 115 (2002), 51 ff., insb. 65 ff.
[23] Eine umfangreiche Darstellung der Mediation findet sich bei Haft, Handbuch Mediation 2002.
[24] Eine Ausweitung des Adhäsionsverfahrens sieht das geplante deutsche Opferrechtsreformgesetz (OpferRG) vor, vgl. dazu den Entwurf der Bundesregierung vom 11. November 2003, BT-Drs. 15/1976, S. 2, 18 f. Eine Ausweitung des Adhäsionsverfahrens befürwortet auch Leipold, Wege zur Konzentration von Zivilprozessen, S. 30. Speziell zur Verbindung von Straf- und Zivilklage im spanischen Strafprozess Vossler, S. 53.

2. Maßnahmen der Beschleunigung und Konzentration

a. Begriffsklärung

aa. Der Begriff der Beschleunigung soll in vorliegendem Zusammenhang weit verstanden werden. Die Frage, die gestellt wird, lautet, wie in möglichst kurzer Zeit mit möglichst geringem Aufwand das Prozessziel erreicht werden kann. Angesprochen sind damit auch Aspekte der Prozessökonomie[25] sowie die der Effektivität und Vereinfachung von Rechtsschutz. So aufgefasst, soll bei der Darstellung „beschleunigungsfördernder" Maßnahmen nicht nur (wenn auch zuvorderst) die zeitliche Komponente in den Blick genommen werden; vielmehr soll auch ein Augenmerk darauf gelegt werden, wie sich bestimmte Änderungen auf Punkte wie die Verständlichkeit, Durchführbarkeit oder Effizienz von Rechtsnormen auswirken, um nur einige Beispiele zu nennen. Sinnvoll erscheint diese weite Sicht schon deshalb, weil die eben erwähnten Aspekte zumeist in einem gewissen Gegenseitigkeitsverhältnis stehen und bereits aus diesem Grunde nicht scharf voneinander zu trennen sind.

bb. Der Begriff der Konzentration widmet sich der Frage, wie ein Prozess möglichst „kompakt" abgewickelt werden kann. Das Anliegen des Konzentrationsgedankens ist es, einer Zersplitterung des Verfahrens vorzubeugen. Dies kann zum einen dadurch geschehen, dass ein Verfahren mit möglichst wenigen Terminen angestrebt wird und zum anderen dadurch, dass versucht wird, die Zeit zwischen den Terminen möglichst gering zu halten[26]. Damit stellt die Konzentration des Verfahrens eigentlich einen Weg zur Beschleunigung des Prozesses dar, der in dieser Hinsicht vom Begriff der Beschleunigung schon umfasst ist. Die separate Erwähnung der Konzentration rechtfertigt sich jedoch daraus, dass sie zum einen bei dem Streben nach einem schnellen Prozess eine bedeutsame Rolle einnimmt und zum anderen – und dies ist der wichtigere Punkt – gleichsam selbst einen Oberbegriff für verschiedene Verfahrenstechniken und Verfahrensgestaltungen darstellt.

b. Sinn von Beschleunigung und Konzentration

An dieser Stelle sind einige Anmerkungen zum Sinn und Unsinn von Beschleunigung und Konzentration angebracht, da die Schnelligkeit an sich allein kein Selbstzweck ist und „schneller" nicht unbedingt gleich „besser" bedeutet. Schon bei den Römern galt der eher in die gegenteilige Richtung weisende Rechtssatz:

---

[25] Siehe dazu auch Noske, Die Prozessökonomie als Bestandteil des verfasssungsrechtlichen Grundsatzes der Verhältnismäßigkeit; Schmidt, Der Zweck des Zivilprozesses und seine Ökonomie; von Mettenheim, Christoph, Der Grundsatz der Prozessökonomie im Zivilprozess; Stern, Prozessökonomie und Prozessbeschleunigung als Ziele der Zürcherischen Zivilrechtspflegegesetze.

[26] Siehe zu dieser Charakterisierung Rottleuthner/Rottleuthner-Lutter, S. 37.

„In iudicando criminosa est celeritas" („Eile beim Richten ist verbrecherisch")[27]. Auch in der Folgezeit war man des Öfteren der Meinung, dass ein kurzer Prozess selten ein guter Prozess ist[28] und eine sorgfältige Prozessführung und Fallbeurteilung ihre Zeit braucht[29].
Auch wenn die eben dargestellten Auffassungen sicherlich ihre Berechtigung haben, muss doch zur Kenntnis genommen werden, dass eine Vielzahl von Problemen gerade dadurch entsteht, dass ein Verfahren zu lange dauert. Umgekehrt formuliert, lassen sich viele Vorteile eines raschen Verfahrens ausmachen, auf die im Folgenden – ohne eine Abstufung unter ihnen vorzunehmen – kurz eingegangen werden soll.

aa. Zunächst sei auf den ökonomischen Aspekt eines zügigen Prozesses verwiesen. Durch ihn werden Zeit und Kosten gespart, was sich sowohl auf gerichtlicher als auch auf der Seite der Parteien auswirkt. Auf der Seite der Gerichte führt eine kürzere Dauer eines einzelnen Prozesses zu einer insgesamt größeren Leistungsfähigkeit der Justiz, was weniger Personalaufwand und damit weniger Kosten bedeutet. Auf der Seite der Parteien kommt auch eine Kostenersparnis in Betracht, die z.B. im geringeren Verdienstausfall oder in u.U. geringeren Anwaltsgebühren bestehen kann.

bb. Für die klagende Partei besteht darüber hinaus nicht selten eine wirtschaftliche Notwendigkeit der schnellen Durchsetzung ihrer Forderungen[30]. Stellt der Staat hier kein effektives Rechtsschutzsystem zur Verfügung, das dem Gläubiger eine wirksame Handhabe zum Vorgehen gegen säumige Schuldner gibt, bringt dies vor allem kleine und mittelständische Betriebe nicht selten in existentielle Schwierigkeiten. Gerade aus diesem Grund heraus sah sich der deutsche Gesetzgeber veranlasst, auch im materiellen Recht auf dem Gebiet des Verzugs in Form des § 286 Abs. 3 BGB n.F. eine Vorschrift zur Verbesserung der Position des nicht befriedigten Gläubigers zu schaffen[31].

cc. Entgegen der oben erwähnten Aussage, dass eine sorgfältige Prozessführung Zeit brauche, wird ein schnelles Verfahren in vielen Fällen zu einer besseren, weil sachnäheren Entscheidung führen. Zum einen wird die Qualität der Zeugenaussagen in der Regel besser sein, wenn sie zu einem Zeitpunkt eingeholt

---

[27] Liebs, Lateinische Rechtsregeln und Rechtssprichwörter, J 77 (S. 105).
[28] Vollkommer, ZZP 81 (1968), 102, 108 mit weiteren Nachweisen.
[29] Dazu mit weiteren Verweisen auf derartige Auffassungen Stern, Prozessökonomie und Prozessbeschleunigung als Ziele der Zürcherischen Zivilrechtspflegegesetze, S. 8.
[30] Zu diesem Aspekt vgl. z.B. Montero Aroca, Derecho Jurisdiccional II, S. 759.
[31] Freilich missglückte der erste Anlauf durch das Gesetz zur Beschleunigung fälliger Zahlungen vom 30.03.2000 (BGBl I, S. 330), da dem Geldschuldner grundsätzlich eine Zahlungsfrist von 30 Tagen eingeräumt wurde und sich die Zahlungen dadurch eher verzögerten, s. Palandt-Heinrichs, § 286 Rdnr. 1.

werden, der nahe am Geschehen liegt[32]; zum anderen wird auch der Richter über den Fall besser im Bilde sein, wenn die einzelnen Stationen, in denen er sich mit diesem beschäftigt, nicht zu weit auseinander liegen – oder er wird weniger Zeit brauchen, um sich erneut in den Fall einzuarbeiten. Davon abgesehen, entsteht die lange Verfahrensdauer in der heutigen Gerichtspraxis im Normalfall nicht durch die Entscheidungsfindung, sprich dem rechtlichen Bewerten und dem Abwägen von Pro und Kontra, sondern durch ganz andere Faktoren wie z.B. die Überlastung der Gerichte[33]. Schon aus diesem Grund kann schwerlich davon gesprochen werden, dass eine längere Verfahrensdauer eine reifliche überlegte und gerechtere Entscheidung herbeiführt.

dd. Ein weiterer zu berücksichtigender Aspekt besteht darin, dass eine zügige Arbeitsweise der Justiz dieser zu einer insgesamt besseren Bewertung durch die Rechtsuchenden verhilft[34] und damit auch die Akzeptanz der Entscheidungen zunehmen dürfte. Allein schon die Vermittlung des Eindrucks, dass sich der zuständige Richter schnellstmöglich der Sache der Parteien annimmt, sich also um ihre Belange kümmert und sie ernst nimmt, dürfte in diesem Zusammenhang sehr hilfreich sein.

ee. Mit dem vorhergehenden Punkt zusammenhängend ist eine zügige und zuverlässige Arbeitsweise der Justiz dem Rechtsbewusstsein der Bevölkerung dienlich. Insbesondere führt sie zu einer zeitlich angemessenen Sanktion rechtlich unerwünschter Verhaltensweisen und beugt damit einer Relativierung des Rechtsempfindens vor.

ff. Die Vorteile eines schnellen Verfahrens ließen sich in verschiedene Richtungen weiterentwickeln. Erwähnt seien nur zwei weitere Ansätze:
Während der Anhängigkeit eines Verfahrens besteht eine für die Parteien unsichere Rechtslage, die u.U. bestimmte Vermögensgüter bindet oder die Parteien doch zumindest faktisch in ihrer Dispositionsfreiheit beeinträchtigt[35]. Ein schnelles Prozessende verhilft den Parteien hier zu einer raschen Gewissheit über ihre Situation. Weiterhin bringt ein langes Streiten in bestimmten Prozessen u.U. sogar eine Verschärfung der Auseinandersetzung mit sich. Zu denken wäre hier z.B. an Scheidungsprozesse, die mit zunehmender Dauer in vielen Fällen zu einer stärkeren seelischen Belastung führen[36].

c. Risiken bei der Beschleunigung des Verfahrens

---

[32] So auch Stern, aaO, S. 8.

[33] Eine vollständige Analyse der Gründe für Verzögerungen des Prozesses soll an dieser Stelle natürlich nicht vorgenommen werden. Diese bleibt dem Hauptteil der Arbeit vorbehalten.

[34] Siehe dazu nochmals das Libro Blanco S. 21, das als Hauptgrund für das schlechte Ansehen der Justiz die langsame Arbeitsweise ausgemacht hat.

[35] Zu diesem Gedanken s. Stern, aaO, S. 8 und 9.

[36] Stern, aaO, S.9.

Bei all den genannten Vorzügen eines schnellen Verfahrens darf nicht außer Acht gelassen werden, dass mit Schnelligkeit allein noch nichts erreicht ist und eine schnelle Vorgehensweise auch Nachteile und Gefahren in sich birgt. Insbesondere kann mit dem verstärkten Einsatz von Beschleunigungsmitteln die Gefahr steigen, zu einer materiell unrichtigen Entscheidung infolge einer unzureichenden Sachverhaltsaufklärung zu gelangen[37]. Konkret hinzuweisen ist hierbei darauf, dass das Streben nach Beschleunigung häufig in einen Konflikt mit dem sowohl in Spanien (vgl. Art. 24.1 CE[38]) als auch in Deutschland (vgl. Art. 103 Abs.1 GG) verfassungsrechtlich verankerten Anspruch auf rechtliches Gehör treten wird. Besonders deutlich wird dies bei einem zentralen Mittel der Beschleunigung und Konzentration, dem Ausschluss von verspätetem Vorbringen. Hierzu steht der Anspruch auf rechtliches Gehör in einem Spannungsverhältnis, der die Zurückweisung von verspätetem Vorbringen zwar nicht generell ausschließt, der Möglichkeit der Zurückweisung aber Grenzen setzt[39]. In diese Richtung äußerte sich auch das deutsche Bundesverfassungsgericht, das den „strengen Ausnahmecharakter" der Präklusionsnormen betont[40] und verlangt, dass bei mehreren möglichen Auslegungen einer Präklusionsvorschrift diejenige zu wählen ist, die der Grundrechtsnorm (hier Art. 103 Abs. 1 GG) die stärkste Wirkung verleiht[41]. Deutlich wird das angesprochene Spannungsverhältnis insbesondere im Rahmen des Beweisrechts. Grundsätzlich muss das Gericht nämlich zur Erforschung der Wahrheit die von den Parteien angetretenen Beweise erschöpfen[42]. Kommt das Gericht dieser Pflicht nicht nach und übergeht unberechtigt einen Beweisantrag, liegt nach der Rechtsprechung des deutschen Bundesverfassungsgerichts eine Versagung des rechtlichen Gehörs vor[43]. Der deutsche Bundesgerichtshof setzt dem Übergehen das anderweitige Nichtausschöpfen von angebotenen Beweismitteln gleich[44]. Diese Aussagen bedeuten – wie ausgeführt – freilich nicht, dass eine Zurückweisung von verspätetem Vorbringen generell von Verfassungs wegen ausgeschlossen ist[45]. Gleichwohl zeigen sie

---

[37] So Pieper, FS für Wassermann, 773.

[38] Art. 24.1 CE spricht zwar nicht ausdrücklich vom rechtlichen Gehör, aber davon, dass in keinem Falle Rechtsschutzlosigkeit („indefensión") eintreten dürfe. Aus diesem verfassungsrechtlichen Postulat wird gefolgert, dass den Parteien rechtliches Gehör gewährt werden muss, ansonsten läge der Tatbestand der „indefensión" vor, vgl. dazu Martínez-Pereda Rodríguez, CE, S. 241.

[39] So Leipold, FS für Fasching, 329, 334.

[40] Siehe z.B. BVerfGE 60, 1, 6; 62, 249, 254; 67, 39, 41; 69, 126, 136; 69, 145, 149.

[41] BVerfGE 59, 330, 334 = NJW 1982, 1635. Zustimmend Pieper, FS für Wassermann, 773, 786; Leipold, ZZP 93 (1980), 237, 245 f.

[42] Musielak, Rdnr. 423.

[43] BVerfG NJW 1991, 285, 286; BVerfGE 60, 247, 249; 60, 250, 252.

[44] BGH NJW 1992, 1768, 1769.

[45] Vgl. Leipold, ZZP 97 (1984), 395, 397.

die Konflikte zwischen dem Streben nach Beschleunigung und dem Anspruch auf rechtliches Gehör auf[46].

Bei allem Bemühen um Beschleunigung muss damit gewährleistet werden, dass das Prozessziel einer richtigen und gerechten Entscheidung unter Beachtung rechtsstaatlicher Verfahrensgarantien erreicht wird. Um es mit Baumann/Fezer zu sagen: „Beschleunigung nur um der Eile willen kann das Ziel der Prozessreform nicht sein. Einhergehen muss mit der stärkeren Beschleunigung des Verfahrens auch – und gerade wenn man die Nachteile des Beschleunigungseffekts mit veranschlagt – eine Verstärkung der Garantien für die Richtigkeit der Entscheidung“[47]. Es geht also nicht darum, die Beschleunigung als oberstes unumstößliches Gebot anzusehen, dem sich alles andere unterordnen muss. Vielmehr muss das Ziel sein, im Rahmen und unter Beachtung der für richtig und wichtig gehaltenen Verfahrensprinzipien und -garantien ein größtmögliches Maß an Effektivität und Schnelligkeit herzustellen[48].

d. Denkbare Beschleunigungsmaßnahmen

Prozessrechtliche Instrumente, die generell geeignet sind, das Verfahren zu beschleunigen, sind in mehrerlei Hinsicht denkbar. Im Folgenden soll eine kurze Systematisierung versucht werden, die – wie oben ausgeführt – einen weiten Begriff der Beschleunigung zu Grunde legt. Dieser weite Ansatz bedingt, dass über die verbreitete Unterteilung in Prozessförderungspflichten des Gerichts und Prozessförderungspflichten der Parteien hinausgegangen wird, wobei sich die einzelnen Oberbegriffe auch teilweise überschneiden[49]. Einen Anspruch auf Vollständigkeit erhebt die Aufzählung nicht.

aa. Verfahrensstruktur

Die Verfahrensstruktur kann einen wichtigen Beitrag zu einem straffen Prozess leisten. Dass dies von den Gesetzgebern ebenso gesehen wird, zeigte die letzte große Reform des Jahres 1984 in Spanien[50] und die Vereinfachungsnovelle 1976 in Deutschland[51], bei denen es in wesentlichen Teilen um die Strukturierung des Prozesses ging. Eine Beschleunigungswirkung kann davon ausgehen, dass einer Zersplitterung des Prozesses vorgebeugt wird, indem versucht wird, das Prozessgeschehen auf einen oder wenige Termine zu konzentrieren. In diesem Sin-

---

[46] Näher zum Verhältnis der Präklusionsregeln zum Recht auf Beweis Habscheid, ZZP 96 (1983), 306, 329.
[47] Fezer/Baumann, Beschleunigung des Zivilprozesses, S. 8.
[48] Ähnlich Pieper, FS für Wassermann, 773, 787 („Beschleunigung und Konzentration des Verfahrens dürfen in keinem Fall Selbstzweck sein.“)
[49] Siehe zu dieser klassischen Unterteilung beispielsweise Schellhammer, Zivilprozess, Rdnr. 446 ff.; Rosenberg/Schwab/Gottwald, Zivilprozessrecht, § 84.
[50] Dazu Lorca Navarrete, ZZP 99 (1986), S. 206 ff.
[51] Siehe dazu Grunsky, JZ 1977, 201 ff.

ne stellte die angesprochene deutsche Vereinfachungsnovelle den Haupttermin in den Mittelpunkt des Prozesses, in dem grundsätzlich die gesamte mündliche Verhandlung und Beweisaufnahme stattzufinden haben[52]. Eine derartige Konzentration auf einen Haupttermin bringt die weitere Frage mit sich, wie dieser vorzubereiten ist. Die Frage nach der Vorbereitung des Haupttermins ist unter dem Gesichtspunkt der Beschleunigung ebenfalls äußerst wichtig[53].
Im Rahmen der Struktur des Prozesses lässt sich schließlich danach fragen, inwieweit eine nichtstreitige Erledigung der Rechtssache vorgesehen ist. Wichtig erscheinen in diesem Zusammenhang vor allem die Regelungen über eine gütliche Einigung, die, falls sie zustande kommt, ein langes Prozessieren verhindert.

bb. Verfahrensprinzipien, insbesondere Mündlichkeit und Unmittelbarkeit
Der Streit um die Schriftlichkeit oder Mündlichkeit ist immer auch im Hinblick auf die Beschleunigung geführt worden[54]. So bildete die Frage, auf welche Weise schriftliche und mündliche Prozesshandlungen miteinander zu verknüpfen sind, ein Kernstück der Diskussion beim Erlass der deutschen Vereinfachungsnovelle 1976[55]. Auch der spanische Gesetzgeber widmete dieser Frage bei den Reformen zur LEC 2000 große Aufmerksamkeit[56]. Betont werden muss, dass nicht davon gesprochen werden kann, dass die eine oder andere Modalität beschleunigungsfreundlicher als die andere ist; beide Modalitäten weisen diesbezüglich Vor- und Nachteile auf[57]. Vielmehr geht es um das Verhältnis von Schriftlichkeit und Mündlichkeit zueinander[58].
Die Unmittelbarkeit[59] ist – wenn auch nicht zwingend – eng mit der Mündlichkeit verknüpft. Ebenso wie diese ist sie im Hinblick auf die Beschleunigung des Verfahrens ambivalent. Einerseits kann beispielsweise die Notwendigkeit, Beweisaufnahmen vor dem vollbesetzten Spruchkörper durchzuführen, das Verfah-

---

[52] Vgl. dazu die Ansätze Baurs, Wege zu einer Konzentration der mündlichen Verhandlung im Prozess (1966), S. 10. Ebenfalls interessant im Hinblick auf die Struktur des Prozesses sind die Erfahrungen mit dem so genannten Stuttgarter Modell; vgl. dazu Bender, DRiZ 1968, 163 ff; Arens, Mündlichkeitsprinzip und Prozessbeschleunigung im Zivilprozess, S. 33 f.
[53] Im deutschen Recht hat der Richter nach § 272 Abs. 2 ZPO die Wahl zwischen einem frühen ersten Termin zur mündlichen Verhandlung oder einem schriftlichen Vorverfahren. Zu den Vor- und Nachteilen dieser beiden Alternativen vgl. Grunsky, JZ 1977, 201 f; Leipold, Osaka Law Review Nr. 36 (1989), 13, 18 ff.
[54] So Arens, Mündlichkeitsprinzip und Prozessbeschleunigung im Zivilprozess, S. 9.
[55] Leipold, FS für Fasching, 329, 343.
[56] Siehe EM LEC XII.8.
[57] Beispielsweise setzt man in Spanien heute sehr auf mündliche Elemente, um den Prozess zu beschleunigen (s. dazu den ersten Teil, S. 58), während man dort früher der Auffassung war, dass die Mündlichkeit den Prozess verlangsame. Fairén Guillén, Grundriss des spanischen Zivilprozessrechts (1946), S. 28 und 29, führte diesbezüglich aus, dass es „sich bei Spanien um eine lateinische Nation von außerordentlicher Lebhaftigkeit handelt und die Beredsamkeit in den lateinischen Nationen die Verhandlungen beträchtlich verlängern würde".
[58] So auch Arens, aaO, S. 9.
[59] Zum Begriff s. Stein-Jonas-Leipold, vor § 128 Rdnr. 111.

ren verkomplizieren und verlängern[60]; andererseits dient die Unmittelbarkeit der Beweisaufnahme dadurch der Prozessbeschleunigung, dass das Gericht sofort die Möglichkeit hat, durch geeignete Fragen Unklarheiten der Aussagen zu erhellen[61].

cc. Prozessförderungspflichten des Gerichts

Eine wichtige Aufgabe des Gerichts besteht – wie bereits angesprochen – in der Vorbereitung der mündlichen Verhandlung, damit der Prozess möglichst im Haupttermin beendet werden kann. Ein Beispiel dafür wäre, dass das Gericht für die Präsenz der Beweismittel sorgt[62]. Ein weiteres denkbares Beschleunigungsmittel, das auf das Gericht zielt, ist die Festsetzung von Fristen für richterliche Handlungen oder Prozessakte, unter Umständen mit einer entsprechenden Sanktionierung bei einem Zuwiderhandeln. Beispielsweise kann das Gesetz vorsehen, dass ein Termin zur mündlichen Verhandlung spätestens nach einem gewissen Zeitraum seit dem Eingang der Klage stattzufinden hat. Ebenso kann versucht werden, durch die Zuweisung einer verstärkten materiellen Leitungsbefugnis an das Gericht zu einer schnelleren Streiterledigung zu gelangen. Abgesehen von grundsätzlichen Bedenken[63] lässt sich aber wohl nicht eindeutig sagen, inwieweit eine verstärkte richterliche Aktivität bzw. überhaupt eine Stärkung der Richterstellung tatsächlich zur Prozessbeschleunigung beiträgt.

dd. Prozessförderungspflichten der Parteien

Die Ursache von Verzögerungen im Prozess kann sein, dass die Parteien den Prozessstoff dem Gericht lediglich nach und nach unterbreiten[64]. Das klassische Mittel, um dies zu verhindern und die Parteien zu einem konzentrierten und möglichst frühzeitigen Vorbringen aller relevanten Tatsachen zu veranlassen, ist der Ausschluss verspäteten Vorbringens (Präklusion). Neben den rechtsstaatlichen Problemen[65] ist aber auch bei der Präklusion zu berücksichtigen, dass sie im Hinblick auf die Beschleunigung des Prozesses ein durchaus zweischneidiges Schwert sein kann. Den genannten Vorzügen steht die Gefahr gegenüber, dass die Parteien unter der Drohung der Präklusion vorsorglich alle irgendwie denkbaren Argumente, Tatsachen und Beweismittel vortragen[66]. Diese Überhäufung des Gerichts mit vorsorglichem Vorbringen der Parteien wird den Prozess häufig

---

[60] Leipold, FS für Fasching, 329, 347.

[61] So Arens, aaO, S. 18.

[62] Schellhammer, aaO, Rdnr. 446.

[63] Siehe Leipold, FS für Fasching, 329, 335 ff. zum Verhältnis der Prozessbeschleunigung durch richterliche Aktivität gemäß Art. 139 ZPO a.F. zur Dispositions- und Verhandlungsmaxime.

[64] Dies war einer der Ausgangspunkte der Vereinfachungsnovelle 1976 in Deutschland, s. Leipold, Osaka Law Review Nr. 36 (1989), 13, 23.

[65] Siehe dazu S. 8.

[66] So Arens, aaO, S. 38.

erheblich verzögern[67]. Des Weiteren scheint auch nicht abschließend geklärt, welche Rolle die Präklusionsvorschriften in der Praxis tatsächlich spielen[68]. Von diesen allgemeinen Überlegungen abgesehen, wird es zudem sehr darauf ankommen, wie die Vorschriften über den Ausschluss verspäteten Vorbringens im Einzelnen ausgestaltet sind.

ee. Spezielle Verfahrensarten

Für die Frage, inwieweit das Prozessrecht dem Rechtssuchenden möglichst rasch zu „seinem Recht" verhilft, kommt es nicht nur auf die Ausgestaltung der Regelverfahren an, sondern auch darauf, ob es für bestimmte Fallkonstellationen schnelle und einfache Verfahren zur Verfügung stellt, mit denen das gleiche Ziel erreicht werden kann[69]. Eine derartige Fallkonstellation liegt beispielsweise vor, wenn es gar nicht um einen rechtlichen Disput geht (z.B. weil eine Forderung zwischen den Parteien unstreitig ist), sondern lediglich darum, dass der Schuldner aus anderen Motiven heraus nicht bezahlen will und der Gläubiger aus diesem Grund einen Vollstreckungstitel anstrebt. Hier leuchtet es unmittelbar ein, dass die Durchführung eines normalen streitigen Verfahrens eine Verschwendung von Zeit, Kosten und richterlicher Arbeitskraft wäre. Ein klassisches Beispiel, das die eben genannten Gesichtspunkte aufgreift, ist das mittlerweile in fast allen europäischen Ländern bekannte Mahnverfahren. Ein weiteres hierher passendes Beispiel wäre das so genannte Bagatellverfahren (Verfahren für Prozesse mit niedrigem Streitwert), das in der Regel einen vereinfachten Verfahrensablauf vorsieht.

Eine weitere Möglichkeit zur Beschleunigung des Prozesses besteht darin, dass das Gesetz eine Abweichung vom Normalverfahren zulässt. In diesem Fall liegt zwar keine spezielle Verfahrensart vor, der Gedanke, dass das Normalverfahren im konkreten Fall für eine schleunige Streiterledigung ungeeignet ist, trägt aber auch hier. Zu denken ist in diesem Zusammenhang beispielsweise an die Möglichkeit, eine Entscheidung nach Lage der Akten zu treffen.

---

[67] Arens, aaO, S. 38.

[68] Siehe einerseits Arens, aaO, der davon spricht, dass die Bedeutung der Präklusionsvorschriften leicht überschätzt wird (S. 45) und sich lediglich acht bis neun Prozent aller Prozesse von diesen Vorschriften beeinflussen ließen (S. 37, freilich in Bezug auf statistische Erkenntnisse aus dem Jahr 1968). Ähnlich Pieper, FS für Wassermann, 773, 787. Andererseits Leipold, ZZP 97 (1984), 395, der auf die überaus zahlreichen diesbezüglichen Entscheidungen nach der Vereinfachungsnovelle hinweist und daraus schließt, dass die Vorschriften über die Zurückweisung verspäteten Vorbringens keineswegs ein Schattendasein führten. Vgl. zur Thematik auch den Bericht von Greger, ZZP 100 (1987), 377 ff. über die rechtstatsächlichen Erkenntnisse der Auswirkungen der Vereinfachungsnovelle in der Praxis. Danach (S. 382) wird die Präklusion nach § 296 ZPO im Haupttermin äußerst selten praktiziert (über 90 % der Gerichte wenden die Vorschrift in weniger als einem Zehntel der Fälle an). Hervorgehoben wird allerdings auch, dass allein die Existenz des § 296 ZPO zu einem Bemühen um Straffung des Vortrags und Einhaltung der Fristen geführt hat.

[69] In diesem Sinne Fischer, S. 46.

ff. Rechtsmittel
Bei der Betrachtung von „klassischen“ Maßnahmen, die auf Beschleunigung zielen, wird das Rechtsmittelrecht zumeist nicht mit einbezogen. Ein Grund dafür ist, dass im Rechtsmittelverfahren die Beschleunigungsmechanismen der ersten Instanz grundsätzlich ebenso Anwendung finden. Aus praktischer Sicht ist es jedoch nicht ganz nachzuvollziehen, dass die Besonderheiten dieser Verfahren und damit deren besondere Einsparpotenziale nicht angemessen berücksichtigt werden[70]. Speziell im Fall Spaniens liegt der Grund für extreme Verzögerungen des Verfahrens häufig auf der Ebene der Rechtsmittelprozesse[71].
Im Rahmen der Rechtsmittel ist die Frage nach einer raschen Prozessbeendigung unter zwei Aspekten zu sehen. Der eine Aspekt ist, dass das endgültige Prozessende und damit die endgültige gerichtliche Konfliktbereinigung allein durch das Einlegen eines Rechtsmittels hinausgeschoben werden. Insofern geht hier eine Beschleunigungswirkung von Maßnahmen aus, welche die Zulassung des Rechtsmittels erschweren bzw. Rechtsmittel ausschließen[72]. Der andere Aspekt ist, wie ein durchzuführendes Rechtsmittelverfahren möglichst effektiv ausgestaltet werden kann. Diesbezüglich ist zunächst an die Instrumente des erstinstanzlichen Verfahrens zu denken. Die Besonderheiten eines Rechtsmittelverfahrens lassen aber auch weitergehende Maßnahmen zu. Beispielsweise kann auf bestimmte Akte wie eine mündliche Verhandlung verzichtet werden. Ebenso lassen sich der Verhandlungsgegenstand und das Maß der Überprüfung beschränken. Zudem kann man auch im Rahmen der Rechtsmittel daran denken, besondere Verfahrensarten für spezielle Beschwerdegegenstände zur Verfügung zu stellen.

II. In örtlicher Hinsicht

1. Spanisches Recht als Ausgangspunkt

Ausgangspunkt und gleichsam Richtschnur, die im Wesentlichen die thematischen Vorgaben setzt, die in die Arbeit einfließen sollen, soll der reformierte spanische Zivilprozess sein. Allein schon dadurch, dass das wichtigste Ziel der spanischen Neukodifizierung die Beschleunigung des gerichtlichen Verfahrens war, eignet sie sich vorzüglich zur Analyse der Frage, welche rechtlichen Instrumente in diesem Zusammenhang denkbar sind. Zudem ist die spanische Reform insbesondere deshalb äußerst interessant, weil sie die in jüngerer Zeit um-

---

[70] Bereits Baur, Wege zu einer Konzentration der mündlichen Verhandlung im Prozess (1966), S. 3, schlug zum Zwecke der Verfahrenskonzentration und Beschleunigung eine Überprüfung des Rechtsmittelsystems vor.
[71] Vgl. Fundación Antonio Carretero, Jueces para la Democracia 2002, 67, 68.
[72] Eine gewisse Parallele zur ersten Instanz besteht bei den Maßnahmen, die überhaupt eine streitige gerichtliche Auseinandersetzung verhindern wollen. Der Unterschied ist aber darin zu sehen, dass es im Falle der Frage der Zulässigkeit eines Rechtsmittels bereits zu einer streitigen Auseinandersetzung gekommen ist.

fassendste und weit reichendste Reform des Zivilprozessrechts in einem europäischen Staat darstellt. Auch in praktischer Hinsicht ist Spanien und seine Rechtsordnung für Deutschland und Europa nicht bedeutungslos. Nach wie vor ist es der Deutschen liebstes Urlaubsland, darüber hinaus tätigen Deutsche in Spanien zahlreiche Grundstücksgeschäfte. Zudem nahmen die wirtschaftlichen Verflechtungen beider Länder seit dem Beitritt Spaniens in die EG im Jahre 1986 deutlich zu[73]. Hinzuzufügen ist in diesem Zusammenhang, dass Spanien für den Europäer auch das Tor zu Lateinamerika darstellt, das nicht nur sprachlich[74], sondern auch wirtschaftlich eng mit Spanien verbunden ist und dessen Rechtsordnungen in vielen Ländern Parallelen aufweisen. Insbesondere die LEC von 1855, welche die bis vor kurzem noch geltende LEC von 1881 stark prägte[75], übte einen entscheidenden Einfluss auf die lateinamerikanischen Staaten aus[76].

Aus diesen vielfältigen Begegnungen auf persönlicher, geschäftlicher und wirtschaftlicher Ebene ergeben sich zwangsläufig auch „Begegnungen“ auf juristischer Ebene, die zum Teil in gerichtlichen Auseinandersetzungen bestehen oder doch zumindest zu gerichtlichen Auseinandersetzungen führen können. In diesem Fall ist es für den deutschen Juristen von Vorteil, wenn er Kenntnisse des spanischen Prozessrechts und der spanischen Prozessrechtspraxis hat[77], ist er damit doch in der Lage, die Chancen der gerichtlichen Durchsetzbarkeit eines Anspruchs in Spanien abzuschätzen und diese in seine Überlegungen mit einzubeziehen. Gerade auch an diesem Punkt möchte die vorliegende Arbeit ansetzen, indem sie über zentrale Bereiche des spanischen Zivilprozesses einen gewissen Überblick zu vermitteln sucht. Der durchgehende Faden wird sich dabei sicherlich an den Beschleunigungsmaßnahmen orientieren. Ein durchaus gewünschter Nebeneffekt soll aber auch sein, dem interessierten Leser einen Einblick in das Zivilprozessrecht Spaniens zu ermöglichen.

---

[73] Vgl. zu diesen Aspekten auch Adomeit/Frühbeck, S. 6 ff.

[74] Selbst im portugiesisch sprechenden Brasilien versteht man im akademischen Rahmen leicht die spanische Sprache, vgl. Adomeit/Frühbeck, 1. Auflage, S. 11.

[75] Vgl. dazu die Ausführungen zur Entwicklung des spanischen Zivilprozessrechts S. 19 ff.

[76] Miras, S. 118 und 133, der ausführt, dass alle spanischsprechenden Länder Lateinamerikas mit Ausnahme der Dominikanischen Republik die LEC von 1855 entweder im Ganzen oder aber zumindest deren elementare Grundsätze übernahmen. Bei de Miguel y Alonso in: Das deutsche Zivilprozessrecht und seine Ausstrahlung auf andere Rechtsordnungen, 338, 352 ff. findet sich eine nach lateinamerikanischen Staaten geordnete Auflistung der spanischen Einflüsse.

[77] In Spanien gehen bislang Prozessrecht und Prozessrechtspraxis weit auseinander. So sah sich der Richterrat im Libro Blanco gezwungen, nochmals deutlich darauf hinzuweisen, dass die „erste Pflicht des Richters darin besteht, sich an das Gesetz zu halten“, vgl. Libro Blanco, S. 199.

2. Deutsches und europäisches Recht als Vergleichsgegenstand

a. Deutsches Zivilprozessrecht

Vergleichsgegenstand ist das deutsche Zivilprozessrecht, und dieses vorwiegend in den Bereichen, die vom spanischen Recht „vorgegeben" werden.
Gleichwohl wird sich die Arbeit im Rahmen des Vergleichs nicht nur mit den im spanischen Prozess existierenden Beschleunigungsmechanismen beschäftigen, sondern auch danach fragen, ob das deutsche Recht in den angesprochenen Bereichen andere, im spanischen Recht nicht benutzte beschleunigungsfreundliche Mittel aufweist. Ein Vergleich mit dem deutschen Recht erscheint gerade zum momentanen Zeitpunkt überaus reizvoll, weil sich die jüngste deutsche Zivilprozessreform aus dem Jahr 2001 ebenfalls zum Ziel gesetzt hatte, den Zivilprozess bürgernäher und effizienter zu machen[78].

b. Europäisches Zivilprozessrecht

Eine weitere wichtige Rolle wird der europäische Rahmen spielen, in dem sich die beiden genannten Rechtsordnungen bewegen[79]. Für das europäische Zivilprozessrecht ist freilich zu berücksichtigen, dass dieses zum momentanen Zeitpunkt nur in einzelnen Teilgebieten existiert. Die wichtigste Kodifizierung von europäischem Zivilprozessrecht, die in der vorliegenden Arbeit allerdings nur eine untergeordnete Rolle spielt, ist die zum 01.03.2002 in Kraft getretene Verordnung über die gerichtliche Zuständigkeit und die Anerkennung und Vollstreckung von Entscheidungen in Zivil- und Handelssachen (EUGVO)[80]. Neben weiteren prozessrechtlichen Verordnungen[81] gibt es aber auch materiellrechtliche Regelungen, die Aspekte des Zivilprozesses in den Blick nehmen. Beispielhaft sei die Zahlungsverzugsrichtlinie[82] genannt. Sie verpflichtet in ihrem Art. 5 die Mitgliedsstaaten, ein Betreibungsverfahren für unbestrittene For-

---

[78] Begründung des Regierungsentwurfs, Bundestags-Drucksache 14/4722, S. 58.

[79] Auf die vom American Law Institute und des Institut International pour l'Unification du Droit Privé (Unidroit) entworfenen Modellregeln für den internationalen Zivilprozess wird somit nicht eingegangen. Siehe dazu die Übersetzung der Regeln von Walter in ZZP 112 (1999), 204 ff. sowie die Erläuterungen von Stürner in ZZP 112 (1999), 185 ff.

[80] VO Nr. 44/2001 des Rates vom 22.12.2000 über die gerichtliche Zuständigkeit und die Anerkennung und Vollstreckung von Entscheidungen in Zivil- und Handelssachen, abgedruckt im Amtsblatt der Europäischen Gemeinschaften, L 12/1 vom 16. Januar 2001.

[81] Die weiteren derzeit geltenden europäischen Regelungen auf dem Gebiet des Zivilprozessrechts werden im zweiten Teil S. 159 genannt.

[82] Richtlinie 2000/35/EG vom 29. Juni 2000 zur Bekämpfung von Zahlungsverzug im Geschäftsverkehr), abgedruckt im Amtsblatt Nr. L 200 vom 08.08.2000, S. 0035 - 0038.

derungen zur Verfügung zu stellen, das in der Regel binnen 90 Kalendertagen zu einem vollstreckbaren Titel führen soll[83].

Auch wenn das europäische Zivilprozessrecht in seiner Regelungsbreite noch nicht weit ausgeprägt ist, ist dessen Einfluss auf die nationalen Prozessordnungen und die Dynamik seiner Entwicklung nicht zu unterschätzen. Trotz des internationalen Ansatzes des europäischen Zivilprozessrechts bestehen bereits heute vielfach Rückwirkungen auf das nationale Prozessrecht. Beispielhaft seien diesbezüglich die Zuständigkeit, die Rechtshängigkeit oder die Anerkennung und Vollstreckung von ausländischen Entscheidungen (statt Erhebung einer neuen Klage) genannt. Die Dynamik seiner Entwicklung zeigt sich in den vielen Bemühungen von Praxis und Rechtswissenschaft, den gegenständlichen Anwendungsbereich des europäischen Zivilprozessrechts auszudehnen. Für die vorliegende Arbeit wird dabei insbesondere das Grünbuch der Kommission der Europäischen Gemeinschaften über ein europäisches Mahnverfahren und über Maßnahmen zur einfacheren und schnelleren Beilegung von Streitigkeiten mit geringem Streitwert vom 20.12.2002[84] von großem Interesse sein. Auch die Vorschläge für ein europäisches Zivilprozessgesetzbuch aus dem Jahr 1994, die eine Kommission unter dem Vorsitz von Storme ausgearbeitet hat[85], sollen mit in die Betrachtung einbezogen werden.

C. Gang der Arbeit

I. Darstellung des spanischen Rechts

Der erste Teil der Arbeit dient der Darstellung des spanischen Rechts. Er versucht, einen Überblick über die vom spanischen Gesetzgeber durchgeführten Beschleunigungsmaßnahmen zu geben, indem die wichtigsten Verfahrensabschnitte unter Hervorhebung der Beschleunigungsinstrumente geschildert werden. Die Darstellung wird sich also am gewöhnlichen Ablauf eines Prozesses orientieren, ohne auf alle Eventualitäten einzugehen. Damit ist zum einen gesagt, dass die Arbeit keinen Anspruch auf Vollständigkeit hinsichtlich der Darstellung der beschleunigungsfördernden Mittel erhebt, zumal sich im Grunde fast jede prozessuale Regelung in irgendeiner Form auf die Dauer des Verfahrens auswirkt[86]. Zum anderen bedeutet dies, dass die einzelnen Maßnahmen

---

[83] Näher dazu im ersten Teil S. 99 ff. Die Zahlungsverzugsrichtlinie stellt im Übrigen ein gutes Beispiel für die Tendenz des europäischen Normgebers dar, prozessrechtliche Aspekte auch im Rahmen von eigentlich materiellrechtlich ausgerichteten Kodifizierungen zu regeln.

[84] Abrufbar im Internet unter http://europa.eu.int/eurlex/de/com/gpr/2002/com2002_0746de01.pdf.

[85] Die Vorschläge sind abgedruckt in ZZP 109 (1996), 345; siehe dazu die Anmerkungen von Roth, aaO, 271 und Schilken, aaO, 315 sowie den Diskussionsbericht von Lemken, aaO, 337.

[86] So zutreffend Schwab, aaO, S. 36.

nicht nur isoliert dargestellt werden. Eine solche isolierte Schilderung wäre nicht nur schwer verständlich, sondern in mehrerlei Hinsicht schlichtweg unmöglich. Verschiedene Maßnahmen und Regelungen, die auf Beschleunigung zielen, sind häufig nur dann einsichtig und nachvollziehbar, wenn sie in einen Gesamtzusammenhang gestellt werden. Beispielhaft sei dazu das spanische Rechtsmittelrecht genannt, bei dem erst das Zusammenspiel der verschiedenen Rechtsmittel und Rechtsbehelfe einen insgesamt beschleunigenden Effekt zeitigen kann bzw. soll. Hinzu kommt, dass sich manche Veränderungen zur alten spanischen Gesetzeslage – wie z.B. die der Struktur des Prozesses – nur durch eine umfassendere Darstellung zeigen lassen. Diesen Überlegungen folgend, wird – nach einer kurzen Einführung in das spanische Zivilprozessrecht in einem ersten Abschnitt – in einem zweiten Abschnitt der Ablauf des erstinstanzlichen Verfahrens unter Hervorhebung der Beschleunigungsinstrumente geschildert. Daran anschließend erfolgt im dritten Abschnitt eine Darstellung des Mahnverfahrens. In einem vierten Abschnitt wird schließlich auf die beschleunigungsfördernden Änderungen im Rechtsmittelrecht eingegangen.

II. Vergleich und Bewertung anhand des deutschen und europäischen Zivilprozessrechts

Im zweiten Teil soll das spanische Zivilprozessrecht mit dem deutschen und europäischen Zivilprozessrecht unter dem Aspekt der Beschleunigung und Konzentration verglichen werden. Zum Zweck des Vergleichs werden einzelne Themenkomplexe gebildet, die sich an den wichtigsten Beschleunigungsinstrumenten und -instituten des spanischen Zivilprozesses orientieren. Nach einer kurzen Einführung in das deutsche und europäische Zivilprozessrecht in einem ersten Abschnitt werden in einem zweiten Abschnitt die Beschleunigungsmechanismen des Verfahrens der ersten Instanz verglichen. Danach wird in einem dritten Abschnitt ein Vergleich des Mahnverfahrens vorgenommen, ehe schließlich im vierten Abschnitt das spanische und deutsche Rechtsmittelrecht gegenübergestellt werden.

Innerhalb der einzelnen Themenkomplexe wird in der Regel folgendermaßen vorgegangen: Zunächst erfolgt eine gedrängte Darstellung des deutschen Rechts. Diese Darstellung soll insbesondere dem spanischen Leser die notwendigen Kenntnisse des deutschen Rechts vermitteln und die Basis für den Vergleich legen. Eine vertiefte Auseinandersetzung mit dem deutschen Zivilprozess ist dabei nicht gewollt und im Rahmen dieser Dissertation nicht möglich. Falls europäische Regelungen oder Vorschläge bestehen, werden diese im Anschluss an das deutsche Recht erläutert. Daraufhin werden die spanischen, deutschen und europäischen Normen verglichen. Schließlich sollen die durch den Vergleich gewonnenen Erkenntnisse einer Bewertung zugeführt werden. Es sollen sowohl anhand einer rechtstheoretischen Betrachtung als auch mit Hilfe rechtstatsächlicher Daten die jeweiligen Vorzüge und Nachteile der untersuchten Regelungen im Hinblick auf die Dauer der Prozesse beleuchtet werden. Wo dies möglich ist, soll untersucht werden, wie sich die Reformen insgesamt in der Praxis auf die Dauer der Prozesse ausgewirkt haben und welche Änderungen unter diesem Aspekt besonders erfolgreich waren. Untersuchungsgegenstand wird in diesem Rahmen auch sein, inwieweit sich die jeweiligen Rechtsordnungen untereinander beeinflusst haben. Zum einen soll nach den Einflüssen des deutschen und europäischen Gemeinschaftsrechts auf die in Spanien durchgeführten Reformen gefragt werden. Zum anderen soll auf der Basis der aus der Untersuchung gewonnen Erkenntnisse aber auch gesagt werden, welche Bereiche in welcher Form sich für eine europäische Gesamtregelung anbieten und für die Weiterentwicklung des europäischen Zivilprozessrechts fruchtbar gemacht werden können. Insofern will diese Arbeit auch einen Beitrag zur europäischen Regelbildung leisten.

Erster Teil

Beschleunigungsmaßnahmen im reformierten spanischen Zivilprozess

1. Abschnitt Einführung in das spanische Zivilprozessrecht

A. Die Entwicklung des spanischen Zivilprozessrechts

I. Entwicklung bis zur LEC 2000

Das erste einheitliche und abschließende Zivilprozessgesetz Spaniens stammt aus dem Jahr 1855[1]. Es wurde stark vom traditionellen spanischen Prozessrecht beeinflusst[2], das auf dem römisch-kanonischen Recht basierte[3]. Strukturbestimmend waren daher die Elemente des römisch-kanonischen Prozesses mit Förmlichkeit, Schriftlichkeit und insbesondere seiner Schwerfälligkeit[4]. Abgelöst wurde die Ley de Enjuiciamiento Civil von 1855 von der Ley de Enjuiciamiento Civil des Jahres 1881, die – freilich mehrmals reformiert – bis zum 07.01.2001 in Kraft war. Leitbild für dieses neue Zivilprozessgesetz war das alte Prozessgesetz von 1855[5], so dass sich an den Strukturen und Prinzipien des Verfahrens wenig änderte. Bis zum Erlass der LEC 2000 wurden zahlreiche Reformen durchgeführt, deren Ziel es in der Regel war, den schwerfälligen Prozess zu beschleunigen[6]. Von Erfolg gekrönt waren die Bemühungen des Gesetzgebers aber nicht. Dies dürfte zu einem großen Teil daran liegen, dass es sich immer nur um halbherzige Reformen gehandelt hat, die die Grundstrukturen des Prozesses unangetastet ließen. Dies gilt auch für die bis dahin bedeutendste Reform der LEC 1881 aus dem Jahre 1984, die zwar einzelne Beschleunigungselemente einführte (Einführung eines Vorverfahrens beim neuen Musterverfahren des „juicio de menor cuantía", Verstärkung der Mündlichkeit), im Ergebnis aber ebenfalls als provisorische Reform gewertet werden muss[7].

---

[1] Das Gesetz trat zwar erst am 01.01.1856 in Kraft, es wird aber allgemein als „LEC 1855" bezeichnet.
[2] Miras, S.104. Hauptbezugspunkt waren die im Jahre 1265 ausgearbeiteten „Siete Partidas", vgl. zu diesen Miras, S. 38 ff.
[3] Roth, ZZP 109 (1996), 110, 111; Miras, S. 42.
[4] Roth, aaO, 111.
[5] Miguel y Romero/Miguel y Alonso, Derecho Procesal Práctico, S. 25.
[6] Miras, S. 143.
[7] So Miras, S. 142 ff.

II. Der Reformprozess zur LEC 2000[8]

Im April 1997 veröffentlichte das Justizministerium ein Konzept für einen Vorentwurf zu einem neuen Zivilprozessgesetz („Borrador de Anteproyecto de LEC")[9]. Dieses Konzept wurde während der folgenden Monate von zahlreichen öffentlichen und privaten Institutionen diskutiert, die mehr als 60 Gutachten mit Verbesserungsvorschlägen einbrachten. Eine wichtige Rolle spielte in diesem Zusammenhang das bereits erwähnte Libro Blanco de la Justicia des Consejo General del Poder Judicial, in dem die bestehenden Probleme der Gerichtsbarkeit umfassend analysiert wurden. Nachdem zahlreiche Verbesserungsvorschläge in das Konzept eingearbeitet waren, erließ das Justizministerium am 26. Dezember 1997 den Vorentwurf zu einer neuen LEC („Anteproyecto de LEC"). Der Vorentwurf wurde in der Folge – unter gleichzeitiger Fortführung des öffentlichen Meinungsaustausches – dem Consejo General del Poder Judicial und dem Consejo de Estado[10] zur Begutachtung vorgelegt, die insgesamt ein positives Urteil über den Gesetzesvorschlag fällten. Daraufhin nahm der Ministerrat[11] am 30. Oktober 1998 den vorliegenden Vorschlag als Gesetzesentwurf („Proyecto de LEC") an und leitete ihn dem Parlament zur Diskussion weiter. Nach einem äußerst aktiven parlamentarischen Diskussionsprozess, in dem fünf komplette und 1678 einzelne Änderungsanträge gestellt wurden, von denen 702 ganz oder teilweise Berücksichtigung fanden, nahm das Parlament das Gesetz am 16. Dezember 1999 endgültig an. Es wurde im BOE am 8. Januar 2000 als Gesetz 1/2000 vom 7. Januar über den Zivilprozess veröffentlicht[12]. Keine parlamentarische Mehrheit fand eine Änderung des Gerichtsverfassungsgesetzes („Ley Orgánica del Poder Judicial"), weshalb einige Regelungen des neuen Zivilprozessgesetzes mit dessen In-Kraft-Treten nicht zur Anwendung gelangen konnten und bis zum heutigen Tag nicht zur Anwendung gelangen[13]. Aus diesem Grund wur-

---

[8] Die Darstellung orientiert sich an Díez-Picazo Giménez, Derecho Procesal Civil, S. 4.

[9] Das Konzept wurde von einer Arbeitsgruppe des Justizministeriums erarbeitet, vgl. Ortells Ramos, ZZPInt 3 (1998), 91, 93.

[10] Nach Art. 107 CE ist der Consejo de Estado das höchste Beratungsorgan der Regierung. Er besteht hauptsächlich aus hohen Funktionsträgern (beispielsweise ist der Präsident der Anwaltschaft ständiges Mitglied; Universitätsprofessoren mit mindestens 15-jähriger Berufserfahrung können ebenfalls zu Mitgliedern gewählt werden). Seine Aufgabe ist es, die Regierung in allen vorgelegten Fragen zu beraten. Einzelheiten sind in der Ley Orgánica del Consejo de Estado (Ley 3/1980 vom 22. April), abgedruckt im BOE Nr. 100 vom 25. April 1980, geregelt. Vgl. Del Arco Torres (Hrsg.), Diccionario Básico Jurídico, S. 123 sowie zu einer ausführlichen Information über den Consejo de Estado die Internetseite www.consejo-estado.es.

[11] Zum Ministerrat, der in etwa der Regierung gleichgestellt werden kann, siehe López Guerra, Derecho Constitucional, S. 144.

[12] BOE Nr. 7 vom 8. Januar 2000.

[13] Von der nicht erfolgten Änderung des Gerichtsverfassungsgesetzes ist hauptsächlich das Rechtsmittelrecht betroffen; siehe dazu den 4. Abschnitt. Zum gegenwärtigen Zeitpunkt ist es

den dem Text der LEC einige Übergangsregelungen angefügt, die diesem Umstand Rechnung tragen.

B. Rechtsquellen des geltenden spanischen Zivilprozessrechts

Die wichtigste Rechtsquelle des spanischen Zivilprozessrechts ist die bereits mehrmals angesprochene Ley de Enjuiciamiento Civil (LEC - Zivilprozessgesetz)[14]. Daneben spielt das Gerichtsverfassungsgesetz, die Ley Orgánica del Poder Judicial vom 1. Juli 1985 („LOPJ")[15], eine bedeutende Rolle. Wichtige Vorschriften für den Zivilprozess enthält auch die spanische Verfassung, die Constitución Española vom 27. Dezember 1978 („CE")[16], vor allem in Form des Art. 24 („Recht auf effektiven Rechtsschutz") und der Art. 117 ff., die bestimmte prozessuale Prinzipien benennen. Über die Prozesskostenhilfe gibt es in Spanien ein eigenes Gesetz[17]. Das schiedsgerichtliche Verfahren ist ebenfalls in einem separaten, erst kürzlich erlassenen Gesetz geregelt[18]. Einzelne Regelungen für Eheprozesse enthält der Código Civil (Zivilgesetzbuch) vom 24. Juli 1889[19]. Das Konkursrecht ist in der neuen Ley Concursal (Konkursgesetz) enthalten[20]. Bezüglich der Freiwilligen Gerichtsbarkeit soll auch ein neues separates Gesetz erlassen werden, vgl. die 18. Schlussbestimmung zur LEC. Bis zum In-Kraft-Treten des neuen Gesetzes gelten für das Verfahren der Freiwilligen Gerichtsbarkeit gemäß der als Annex zur LEC angebrachten Aufhebungsregelung (Disposición derogatoria única 1.1.ª und 2.ª) insgesamt 316 Vorschriften der alten LEC weiter, u.a. die Art. 460 bis 480 über den Vergleich[21].

---

völlig offen, ob und wann eine entsprechende Änderung des Gerichtsverfassungsgesetzes vorgenommen wird.

[14] Gesetz 1/2000 vom 7. Januar, abgedruckt im BOE Nr. 7 vom 8. Januar 2000; Fehlerberichtigungen in BOE Nr. 90 vom 14. April 2000; BOE Nr. 180 vom 28. Juli 2001.

[15] Gesetz 6/1985 vom 1. Juli, abgedruckt im BOE Nr. 157 vom 2. Juli 1985; Berichtigungen im BOE Nr. 264 vom 4. November 1985.

[16] Abgedruckt im BOE Nr. 311 vom 29. Dezember 1978.

[17] Gesetz 1/1996 vom 10. Januar, abgedruckt im BOE Nr. 11 vom 12. Januar 1996. Siehe dazu auch die Verordnung über die Prozesskostenhilfe, erlassen durch das königliche Dekret 996/2003 vom 25. Juli 2003, abgedruckt im BOE Nr. 108/2003 vom 7.8.2003, S. 30505 ff. Ausführlich zur Prozesskostenhilfe Bachmaier Winter, La asistencia jurídica gratuita.

[18] Gesetz 60/2003 vom 23. Dezember über die Schiedsgerichtsbarkeit, abgedruckt im BOE Nr. 309 vom 26. Dezember 2003, S. 46097 ff. Eine kurze Übersicht über das neue Gesetz befindet sich in: Practica de Tribunales, Jahr 1, Nr. 2 (Februar 2004), S. 73.

[19] Abgedruckt in der Gaceta Nr. 206 vom 25. Juli 1889.

[20] Ley 22/2003 vom 9. Juli, abgedruckt im BOE Nr. 164 vom 10. Juli 2003. Das Konkursrecht wurde von der spanischen Rechtsordnung bisher dem Handelsrecht zugeordnet; daher waren die wichtigsten diesbezüglichen Regelungen im Código de Comercio von 1829 (Handelsgesetzbuch) enthalten (vor allem Art. 1001 ff. CCom).

[21] Vgl. Gutiérrez-Alviz Conradi, Exposición de la nueva LEC, S. 25.

2. Abschnitt Beschleunigungsinstrumente im erstinstanzlichen Verfahren

Die Neustrukturierung des Regelverfahrens - „juicio ordinario" und „juicio verbal"

A. Überblick über die bisherige Situation und Reformansatz

I. Verringerung der Anzahl der Verfahrensarten

Die bisherige Situation in Bezug auf die zur Verfügung stehenden Verfahrensarten war durch eine Vielzahl von unterschiedlichen, je nach Klagegegenstand zu wählenden prozessualen Wegen gekennzeichnet. Neben einer Unzahl von speziellen Prozessen, die darüber hinaus zum Teil in ganz unterschiedlichen Gesetzen geregelt waren, gab es vier Regelverfahren[22]. Diese 4 Regelverfahren waren nach Art. 482 LEC a.F. der „juicio de mayor cuantía" (Verfahren mit höherem Streitwert)[23], der „juicio de menor cuantía" (Verfahren mit geringerem Streitwert), der „juicio de cognición" („Erkenntnisverfahren") und der „juicio verbal" („mündliches Verfahren"), wobei der Grundtypus der juicio de menor cuantía war[24]. Wichtigstes, wenn auch nicht einziges Abgrenzungskriterium[25] zur Bestimmung des richtigen Verfahrens war der Wert des Streitgegenstandes. So war nach Art. 483.1.° LEC a.F. der juicio de mayor cuantía bei einem Streitwert von mehr als 160 Millionen Peseten (entspricht etwa 965.000 €) zu wählen, der juicio de menor cuantía nach Art. 484.1° LEC bei einem Streitwert zwischen 800.000 (entspricht etwa 4820 €) und 160 Millionen Peseten. Gemäß Art. 486 LEC a.F. war der juicio de cognición bei einem Streitwert zwischen 80.000 (entspricht etwa 482 €) und 800.000 Peseten und der juicio verbal bei einem Streitwert bis 80.000 Peseten die richtige Verfahrensart[26]. Hervorzuheben ist, dass

---

22 EM LEC, XIX.1 und XII.5.

23 Nach Montero Aroca, Derecho Jurisdiccional II.1 (1991), S. 531 handelt es sich bei diesem um den Fortbestand des „solemnis ordo iudicarius", für den seine Kompliziertheit, Langsamkeit und seine hohen Kosten charakteristisch seien.

24 Der juicio de menor cuantía wurde durch die Prozessreform von 1984 zum gesetzlichen Regelverfahren erhoben; zuvor war dies der juicio de mayor cuantía. Siehe dazu Miras, S. 145, der darauf hinweist, dass ersteres Verfahren lediglich eine Abwandlung des letzteren sei und daher der juicio de mayor cuantía trotz der Verschiebung der Schwerpunkte das „Rückgrat" der LEC bildete.

25 Nach Art. 484. 2.° LEC a.F. waren z.B. bestimmte Materien wie Klagen über den Zivilstand einer Person immer dem juicio de menor cuantía zugewiesen, ebenso Klagen mit unbezifferbarem Streitwert, vgl. Art. 484.3.° LEC a.F.

26 Näher zu den verschiedenen Verfahrensarten Fernández in: Oliva Santos/Fernández, Derecho Procesal Civil II (1994), S. 443 ff.

jedes dieser Verfahren seinen eigenen Regeln folgte[27], was die Regelung der Materie unübersichtlich und kompliziert machte.

Diese Sicht wird auch vom Libro Blanco de la Justicia geteilt, das die hohe Anzahl an verschiedenen Verfahrensarten als einen der Hauptgründe für die Verzögerungen und „Funktionsstörungen“ in der Zivilgerichtsbarkeit ausgemacht hat und eine drastische Reduzierung derselben empfiehlt[28]. Dieser Auffassung war ebenso seit langem die spanische Rechtswissenschaft, welche die „prozessuale Vielfalt als exzessiv und ungerechtfertigt“ bezeichnete[29]. Ein wichtiges Anliegen des Reformgesetzgebers war es daher, diese hohe Anzahl der zur Verfügung stehenden Verfahrensarten zu reduzieren[30]. Neben einer Verringerung der speziellen Verfahrensarten, die hier nicht Gegenstand der Erörterung sein sollen, schreibt der Gesetzgeber nunmehr nur noch zwei neu gestaltete Regelverfahren vor, den „juicio ordinario“ und den „juicio verbal“.

II. Neugestaltung des Verfahrens

Neben dieser Vielzahl an verschiedenen Verfahrensarten ging eine äußerst lähmende Wirkung davon aus, dass es sich beim spanischen Zivilprozess trotz aller vorhergehenden Reformen um einen fast ausschließlich schriftlichen Prozess mit starken Elementen der Mittelbarkeit handelte[31]. Ein starker Beschleunigungseffekt soll nun davon ausgehen, dass die Verfahrensprinzipien der Mündlichkeit und Unmittelbarkeit[32] verstärkt zur Anwendung gelangen sollen. Unter anderem wurden zu diesem Zweck – wie bereits erwähnt – die wegen der Betonung der Elemente der Schriftlichkeit und Mittelbarkeit vielfach komplizierten alten Verfahrensarten aufgegeben und neu strukturierte Verfahrensarten geschaffen. Zur Beschleunigung des Prozesses beitragen soll damit nicht nur die Reduzierung der Anzahl der Verfahrensarten, sondern auch die neue inhaltliche Ausgestaltung der beiden Regelverfahren[33]. Diese beiden neuen Verfahren sollen durch

---

[27] Fernández, aaO.

[28] Libro Blanco, S. 185.

[29] So z.B. schon Fairén Guillén, Revista de Derecho Procesal 1954 (Nr. 2), S. 157; Ortells Ramos, Derecho Procesal Civil, S. 639. Gimeno Sendra, Introducción al Derecho Procesal, S. 302, sprach vom „dichten Wald der Verfahrensarten“ („frondosa selva de procedimientos“).

[30] González García, Las líneas generales de la Ley 1/2000 en materia de procesos declarativos, 2.1.

[31] Zwar sah das Gesetz teilweise mündliche und unmittelbare Elemente im Verfahren vor, diese wurden von der Praxis jedoch häufig nicht beachtet. Siehe dazu S. 59.

[32] Wert gelegt wird vor allem auf die Ausprägungen des Unmittelbarkeitsgrundsatzes, dem zufolge die mündliche Verhandlung und die Beweisaufnahme unmittelbar vor dem erkennenden Gericht stattfinden müssen. Vgl. zu den verschiedenen Formen der Unmittelbarkeit Stein-Jonas-Leipold, vor § 128 Rdnr. 111; Zöller/Greger, vor § 128 Rdnr. 13.

[33] Nach Garnica Martín, Tribunales de Justicia März 2001, 21, geht es um eine verfahrensrechtliche Vereinfachung, die zwei Stoßrichtungen aufweist: Einerseits weniger Verfahrensarten, andererseits einfachere Verfahren.

ihren neuen Zuschnitt einen wesentlichen Beitrag zu einem effizienteren und konzentrierteren Verfahren leisten[34]. Dem Gesetzgeber ging es bei seiner Reform nämlich nicht nur darum, die Ursachen der Verzögerungen im Prozess zu beseitigen, sondern auch um den Entwurf eines neuen prozessualen Modells[35].

Im Folgenden werden die Verfahren des juicio ordinario und des juicio verbal unter Hervorhebung der Beschleunigungsmechanismen in ihren Grundzügen vorgestellt; ein Eingehen auf alle Eventualitäten, die sich im Laufe eines Prozesses ergeben können, ist dabei allerdings nicht möglich.

B. Beschleunigungsmaßnahmen im juicio ordinario

Der juicio ordinario ist das Musterverfahren der neuen Prozessordnung und bildet sozusagen deren „Rückgrat"[36]. Bei ihm handelt es sich schon dem Wortlaut nach um das „ordentliche Verfahren" im spanischen Zivilprozess, das in seinem Ablauf vollständig geregelt ist und auf das die anderen Verfahrensarten teilweise verweisen. Wie bereits erwähnt, wurde dieses Verfahren neu geschaffen, so dass es keinen unmittelbaren Vorgänger in der LEC 1881 gibt[37].

I. Anwendungsbereich des juicio ordinario

Die Frage, welches Regelverfahren anzuwenden ist, richtet sich in erster Linie nach der streitgegenständlichen Materie, in zweiter Linie nach dem Streitwert, vgl. Art. 249 LEC[38].

Bei den Materien, die gemäß Art. 249.1 LEC unabhängig von ihrem Streitwert dem Regime des juicio ordinario unterworfen sind, bilden Klagen im Zusammenhang mit Rechten der Person und mit handelsrechtlichem Bezug den Schwerpunkt. Im Einzelnen werden folgende Materien erfasst:

- Klagen in Zusammenhang mit Ehrentiteln, Art. 249.1.1.° LEC
- Schutz der Ehre, der Privatsphäre und des eigenen Bildes sowie zivilrechtlicher Schutz jedes anderen Grundrechts mit Ausnahme des Rechts auf Gegendarstellung, Art. 249.1.2.° LEC
- Klagen zur Anfechtung von Gesellschafterbeschlüssen, Art. 249.1.3.° LEC

---

[34] González García, aaO.

[35] So Oliva Santos, Tribunales de Justicia Februar 2000, 127, 130.

[36] So Adomeit/Frühbeck, S. 82.

[37] Eine strukturelle Ähnlichkeit ist wegen des Erfordernisses eines Vortermins (dazu sogleich) am ehesten mit dem alten Regelverfahren des juicio de menor cuantía gegeben, siehe dazu S. 42.

[38] Vgl. ausführlich zur Bestimmung der richtigen Verfahrensart Aguilera Morales, Tribunales de Justicia Februar 2001, 23 ff.

- Klagen im Wettbewerbsrecht (unlauterer Wettbewerb, gewerbliches Eigentum, Urheberrechte, Werbung), Art. 249.1.4.° LEC
- Klagen in Zusammenhang mit Allgemeinen Geschäftsbedingungen, Art. 249.1.5.° LEC
- Alle Mietangelegenheiten, Art. 249.1.6.° LEC
- Ansprüche aus Vorkaufs- oder Rückkaufsrechten, Art. 249.1.7.° LEC
- Klagen in Zusammenhang mit Wohnungseigentumsrechten, Art. 249.1.8.° LEC.

Davon abgesehen, werden im juicio ordinario gemäß Art. 249.2 LEC solche Verfahren durchgeführt, deren Streitwert sich nicht beziffern lässt[39] oder deren Streitwert 3000 € übersteigt[40], falls nicht eine andere Prozessart ausdrücklich vorgeschrieben ist.

II. Ablauf des Verfahrens unter Hervorhebung der Beschleunigungs- instrumente

Die Grobstruktur des Verfahrens lässt sich in fünf Phasen einteilen[41]:

- Einleitung des Verfahrens durch eine schriftliche Klage
- Schriftliche Klageerwiderung
- Audiencia previa

  (Mündlich durchzuführendes Vorverfahren, in dem ein Einigungsversuch unternommen wird, die Sachurteilsvoraussetzungen geprüft werden, der Streitgegenstand eingegrenzt wird und die Beweise vorgeschlagen und zugelassen werden).
- Haupttermin

  (Beweisaufnahme und so genannte Schlussfolgerungen)
- Urteil.

1. Einleitung des Verfahrens durch Klageerhebung

Eingeleitet wird das Verfahren durch eine Klage. Bereits hier versucht der Gesetzgeber, durch die im Anschluss dargestellten inhaltlichen Anforderungen an diese die Weichen in Richtung eines konzentrierten Verfahrens zu stellen. Kommt der Kläger diesen Anforderungen nicht nach, muss er schon in diesem frühen Verfahrensstadium mit der Präklusion seines weiteren Vorbringens rech-

[39] S. dazu Art. 253.3 LEC, der als ein Beispiel das Fehlen eines wirtschaftlichen Wertes im Hinblick auf den Streitgegenstand angibt.
[40] Die Regeln zur Bestimmung des Streitwertes befinden sich in den Art. 251 ff. LEC. Ausführlich dazu Aguilera Morales, aaO, 25.
[41] Schema nach Oliva Santos, Tribunales de Justicia Februar 2000, 127, 133.

nen. Insofern behält die neue LEC – der Tradition des spanischen Zivilprozesses folgend[42] – die Präklusion als Technik, das Verfahren zu beschleunigen, bei[43].

a. Klageinhalt und die Präklusion des Art. 136 LEC

aa. Klageinhalt

Nach Art. 399.1 LEC muss die Klage die Identität und den Wohnort des Klägers und des Beklagten angeben, den Sachverhalt und dessen rechtliche Würdigung beinhalten sowie mit Klarheit und Präzision den Klagegegenstand festlegen. Über den Aufbau der Klageschrift geben die Art. 399.3 bis 5 LEC Auskunft[44]. 399.3 Satz 2 LEC besagt weiterhin, dass der Klage bestimmte Dokumente beizufügen sind. Welche Dokumente dies sind, ist in den Art. 264 ff. LEC geregelt. Während Art. 264 LEC die prozessualen Dokumente behandelt (beispielsweise die Bevollmächtigung des Prozessagenten, vgl. Art. 264.1.° LEC), nimmt Art. 265 LEC auf die Dokumente Bezug, die sich auf den Streitgegenstand beziehen. Wichtig ist insbesondere Art. 265.1.1.° LEC, der die Vorlage derjenigen Dokumente verlangt, die den geltend gemachten prozessualen Anspruch beweisen sollen[45]. Nach Art. 253 LEC schließlich muss der Kläger den Streitwert angeben[46].

bb. Präklusion

Unter dem Aspekt der Beschleunigung und Konzentration des Verfahrens ist interessant, dass für den Kläger mit der Einreichung der Klage normalerweise bereits der Zeitpunkt der Präklusion bezüglich weiteren Parteivorbringens eintritt[47]. Diese Rechtsfolge ist zwar nicht explizit geregelt, sie ergibt sich aber aus den Normen, die sich auf eine Änderung der ursprünglichen Klage beziehen[48]. Die wichtigste Norm in diesem Zusammenhang ist Art. 412.1 LEC[49], der bestimmt, dass eine nachträgliche Änderung des durch die Klage festgelegten Streitgegenstandes grundsätzlich nicht möglich ist. Weitere Normen, die zu diesem Ergebnis führen, finden sich in Art. 400 (Präklusion des Vorbringens von Tatsachen und Rechtsgrundlagen)[50], Art. 399 (inhaltliche Anforderungen an die

---

[42] Eine kurze Zusammenfassung über die Geschichte der Präklusion im spanischen Zivilprozess gibt Lozano-Higuero Pinto, Revista Vasca de Derecho Procesal y Arbitraje, Nr. 2/2000, 299, 301. Siehe dazu auch Fairén Guillén, Grundriss des spanischen Zivilprozessrechtes (1946), S. 32.

[43] So Ortells Ramos, ZZPInt 5 (2000), 95, 102; ders., Preclusión, S. 20.

[44] Eingehend zum Aufbau und Inhalt der Klageschrift Gimeno Sendra, Proceso Civil Práctico, Band V, 3 – 9; ein Muster einer Klage findet sich aaO, 3 – 39.

[45] Näher zu den beizufügenden Dokumenten Seijas Quintana in: La LEC tras dos años de vigencia, S. 4.

[46] Dazu Seijas Quintana, aaO, S. 4 f.

[47] Ortells Ramos, Preclusión, S. 22.

[48] Ortells Ramos, aaO, S. 23.

[49] Ortells Ramos, aaO, S. 34.

[50] Siehe dazu S. 28.

Klage, s.o.), Art. 426.1, 2 und 3 (ergänzendes und klarstellendes Parteivorbringen in der audiencia previa)[51] sowie in Art. 286, gegebenenfalls in Verbindung mit Art. 426.4 LEC[52] (Behauptung von neuen oder neu bekannt gewordenen Tatsachen)[53]. Diese Normen, die zugleich die (engen) Ausnahmen der Präklusion darstellen, werden im Verlauf der Arbeit im jeweils betreffenden Verfahrensstadium beschrieben.

cc. Folge des Eingreifens der Präklusion

Folge des Eingreifens der Präklusion ist nach der allgemeinen Vorschrift des Art. 136 LEC, dass auf Grund des Versäumens des gesetzlich vorgesehenen Termins zur Vornahme der geforderten Prozesshandlungen die Möglichkeit verloren wird, die entsprechende Handlung zu einem späteren Zeitpunkt (wirksam) zu tätigen, Art. 136 Satz 1 LEC. Insofern übernimmt die neue LEC dem Inhalt nach die Regelung des Art. 306 LEC a.F., der zum einen bestimmte, dass die gesetzlich festgelegten Fristen zur Vornahme von Prozesshandlungen nicht verlängerbar sind und zum anderen, dass nach dem Ablauf einer prozessualen Frist die Präklusion eintritt, mit der Folge, dass die Partei die entsprechende Prozesshandlung nicht mehr vornehmen kann. Vor allem in dem bis zur Zivilprozessrechtsreform vornehmlich schriftlich ausgestalteten und durchgeführten Verfahren, in dem die einzelnen Verfahrensabschnitte noch deutlicher als beim mündlichen Verfahren trennbar waren, spielte die Präklusion bereits eine der wichtigsten Rollen, das Verfahren voranzubringen[54]. Aus diesem Grunde ergingen auch zahlreiche Entscheidungen des Tribunal Supremo, in denen er die Bedeutung der Präklusion unterstrich[55].

dd. Charakteristika der spanischen Präklusionsregelung

An den Regelungen des Art. 306 LEC a.F. und Art. 136 LEC werden mehrere charakteristische Punkte der Regelung der Präklusion im spanischen Zivilprozess deutlich. Ein Charakteristikum besteht darin, dass es sich um eine „gesetzliche" Präklusion handelt, die von der Partei einzuhaltenden Termine und Fristen also vom Gesetz und nicht vom Gericht vorgegeben werden[56]. Das Gesetz nimmt dabei auf die verschiedenen Verfahrensabschnitte Bezug und weist jedem Abschnitt bestimmte, von den Parteien vorzunehmende Prozesshandlungen zu. Nimmt die Partei die entsprechende Handlung nicht in dem dafür vorgesehenen Zeitpunkt vor, so ist sie damit in der Regel zu einem späteren Zeitpunkt präklu-

---

[51] Siehe näher dazu S. 52.
[52] Siehe näher dazu S. 52.
[53] Ortells Ramos, aaO, S. 23.
[54] Esparza Leibar, Principios del procedimiento, 3.
[55] Vgl. aus neuerer Zeit SSTS vom 26. November 2001 (2268/1996), 15. März 2001 (1267/1996), 28. Oktober 2000 (3251/1995), 11. Juli 2000 (2700/1995), 25. Januar 2000 ((1198/1995).
[56] Siehe dazu Ortells Ramos, aaO, S. 20.

diert[57]. Ein anderes, damit aber zusammenhängendes Charakteristikum ist die relativ starre Ausgestaltung der Präklusion[58]. Im Grundsatz führt – nimmt man den Wortlaut des Art. 136 LEC ernst – jegliche Fristversäumung unabhängig von weiteren Voraussetzungen zu einem Verlust des jeweiligen Angriffs- oder Verteidigungsmittels[59]. Aus diesem Grund sieht die LEC – wie oben angesprochen – Ausnahmen von der generellen Regel der Präklusion verspäteten Vorbringens vor, die allerdings nicht zentral an einer Stelle des Gesetzes geregelt sind, sondern bei den entsprechenden Verfahrensabschnitten erwähnt werden. Allgemein lässt sich lediglich sagen, dass die Präklusion in der Regel dann nicht eintritt, wenn die Versäumung von Fristen oder Terminen der Partei nicht angelastet oder zumindest nicht zugerechnet werden kann[60]. Schließlich ist erwähnenswert, dass sich die Präklusion des spanischen Zivilprozesses nicht lediglich auf Angriffs- und Verteidigungsmittel bezieht, sondern auch den Angriff und die Verteidigung selbst erfasst, also z.B. eine Klageänderung oder eine Widerklage.

ee. Präklusion von Dokumenten

Auf der Linie der eben beschriebenen Ausgestaltung der Präklusion bezüglich des Parteivorbringens liegt auch die Bestimmung des Art. 269 LEC, der sich auf die Präklusion von Dokumenten bezieht. Auch hier ist die allgemeine Regel, dass die Vorlage derselben nicht mehr zugelassen wird, wenn der dafür vorgesehene prozessuale Zeitpunkt von der Partei nicht eingehalten wurde[61].

b. Klageinhalt und die Präklusion des Art. 400 LEC

Die Neuerung auf dem Gebiet des Präklusionsrechts, die die neue LEC gebracht hat, liegt darin, dass das Gesetz die Präklusion nunmehr auch als Technik einsetzt, um die Anzahl der Prozesse zu reduzieren[62]. Mit der Einführung des Art. 400 LEC stellt das neue Recht ein weiteres Instrument zur Verfahrenskonzentration zur Verfügung, das bereits im Zeitpunkt der Klageerhebung zu beachten ist. Mit der Regelung des Art. 400 LEC soll ein Beitrag zur „prozessualen Ökonomie“[63] geleistet werden, indem versucht wird, durch eine umfassende Behauptungslast zu Beginn eines Verfahrens die Durchführung späterer Verfahren zwischen denselben Parteien[64] mit demselben Antrag zu verhindern. Im Gegensatz

[57] Zu dieser Grundidee der Präklusion im spanischen Zivilprozess Seijas Quintana in: La LEC tras dos años de vigencia, S. 4.
[58] In diesem Sinne schon Fairén Guillén, Grundriss des spanischen Zivilprozessrechtes (1946), S. 32, der die Präklusion als unbeugsam und nicht dehnbar bezeichnet.
[59] Banacloche Palao, Comentarios a la LEC, S. 295.
[60] Gutiérrez Carbonell, Proceso Civil Práctico, Band II, 2 - 58.
[61] Näher dazu und zu den Ausnahmen von dieser Präklusion, die hauptsächlich in Art. 270 LEC geregelt sind, Ortells Ramos, Derecho Procesal Civil, S. 323.
[62] EM LEC VIII.2.
[63] So Gimeno Sendra in: Proceso Civil Práctico, Band V, 3 – 18.
[64] So ausdrücklich STSJ Madrid vom 15. September 2003 (JUR 2004\3159).

zum Anwendungsbereich der im vorhergehenden Abschnitt dargestellten Präklusion des Art. 136 LEC, die sich auf den Ausschluss von Parteivorbringen im rechtshängigen Prozess bezieht, zielt Art. 400 LEC somit auf die Vermeidung von zukünftigen Prozessen.

aa. Tatbestand des Art. 400 LEC

Nach Art. 400.1 Absatz 1 trifft den Kläger die Last, in der Klage zur Begründung seines Antrags alle Tatsachen, Rechtsgrundlagen und Rechte vorzutragen, die ihm bekannt sind oder die er im Zeitpunkt der Klageerhebung vortragen kann, ohne dass er einige davon für einen späteren Prozess zurückhalten kann. Ausgenommen von dieser Behauptungslast zu Beginn des Verfahrens sind gemäß Art. 400.1 Absatz 2 LEC lediglich ergänzende Ausführungen im Sinne des Art. 426 LEC, die den Streitgegenstand unberührt lassen, sowie erst später eintretende oder bekannt werdende Tatsachen nach Maßgabe des Art. 286 LEC[65]. Weitere gesetzlich festgelegte Ausnahmen von der Präklusionswirkung bestehen nicht[66].

bb. Wirkungen des Art. 400 LEC

Nach dem eben Dargestellten ist es damit – im Gegensatz zur alten Gesetzeslage, in der keine Norm existierte, die die Last auferlegte, in einer einzelnen Klage alles Verfügbare vorzutragen – nicht mehr möglich, einen Anspruch, der sich auf mehrere Gründe stützen lässt, in mehreren hintereinander geschalteten Prozessen mit einer jeweils anderen Begründung geltend zu machen[67]. Zur Verdeutlichung sei folgendes Beispiel aufgeführt: Der Vermieter, der eine Räumungsklage gegen seinen Mieter anstrengt, kann ganz unterschiedliche Gründe für sein Begehren haben: Nichtzahlung des Mietzinses, Ablauf der Mietfrist, unberechtigte Überlassung an Dritte etc.[68]. Treffen im konkreten Fall mehrere Gründe zu, ist der Vermieter gehalten, alle in seiner ersten Klage vorzutragen; tut er dies nicht, ist er mit einem Vorbringen eines bereits zur ersten Klage existenten und bekannten Grundes in einer weiteren Klage präkludiert.

cc. Rechtliche Behandlung der Präklusion des Art. 400 LEC

---

[65] Näher zu diesen Ausnahmen später S. 52.

[66] Dazu kritisch Asencio Mellado in: Proceso Civil Práctico, Band IV, 1- 98. Er hält die unterschiedslos anzuwendende Ausschlusswirkung in bestimmten Prozessen für nicht sachgerecht; so sei es beispielsweise in Scheidungsprozessen aus Gründen des Familieninteresses nicht angebracht, sogleich „alles auf den Tisch zu legen“ (Anmerkung: Bei einseitigem Antrag auf Trennung oder Scheidung muss nach spanischem Recht ein Grund für das einseitige Begehren vorgetragen werden, s. Art. 82 und 86 CC; näher dazu Adomeit/Frühbeck, S. 52).

[67] Ortells Ramos, ZZPInt 5 (2000), 95, 104; Díez-Picazo Giménez, Derecho Procesal Civil, S. 247 spricht vom bisherigen „Tröpfeln“ von Klagen, die hintereinander in mehreren Prozessen verhandelt wurden, obwohl sie auch in einem einzigen Prozess hätten betrieben werden können.

[68] Beispiel nach Asencio Mellado, aaO, 1- 97.

Mit der Frage, auf welche Art und Weise die einmal eingetretene Ausschlusswirkung bezüglich bestimmter Tatsachen oder Rechtsgrundlagen im Folgeprozess gesetzestechnisch behandelt wird, beschäftigt sich Art. 400.2 LEC. Er bestimmt, dass auch die Tatsachen und Rechtsgrundlagen an der Rechtshängigkeit oder Rechtskraft teilnehmen, die in einem früheren Prozess zwar nicht vorgetragen wurden, nach dem oben Gesagten aber hätten vorgetragen werden können. Der Verweis auf die Regelungen der Rechtshängigkeit (Art. 410 ff. LEC) und der Rechtskraft (Art. 222 LEC) ist notwendig, da es sich um keinen direkten Anwendungsfall der Rechtshängigkeit bzw. Rechtskraft handelt. Nach dem im spanischen Recht fast einhellig vertretenen zweigliedrigen Streitgegenstandsbegriff sind für die Bestimmung des Streitgegenstandes der Antrag („petitum") und der Klagegrund („causa petendi") maßgebend[69]. Teil des Streitgegenstandes, der wiederum für die Bestimmung der gegenständlichen Reichweite der Rechtshängigkeit bzw. Rechtskraft ausschlaggebend ist (vgl. Art. 410 ff. und 222.1 LEC[70]), ist damit aber nur der vom Kläger angegebene Klagegrund[71]. Weitere mögliche Klagegründe zur Stützung des vorgebrachten Antrags sind hingegen nicht Teil des Streitgegenstandes und werden daher per se nicht von den Ausschlusswirkungen der anderweitigen Rechtshängigkeit oder entgegenstehenden Rechtskraft erfasst. Um diese Fälle dennoch einbeziehen zu können, steht nunmehr die Vorschrift des Art. 400 LEC zur Verfügung. Sie ordnet eine rechtliche Fiktion an, die dazu führt, dass in einem Folgeprozess die ausschließende Wirkung der Rechtshängigkeit und Rechtskraft bezüglich nicht vorgebrachter Klagegründe – und damit über den Streitgegenstand hinaus – zum Zuge kommt[72].

Exkurs: Der Begriff des Streitgegenstands

Nach dem eben Gesagten bewirkt Art. 400 LEC, dass in einem Folgeprozess auch ein nicht angeführter Klagegrund so behandelt wird, als ob er Teil des Streitgegenstandes des Vorprozesses gewesen wäre. Aus diesem Grund erscheinen einige erläuternde Anmerkungen zum Streitgegenstandsbegriff im spanischen Zivilprozess angebracht.

---

[69] Zum Begriff des Streitgegenstandes in Spanien siehe die grundlegende Arbeit von Berzosa, Demanda, „causa petendi" y objeto del proceso (1984), die der deutschen Streitgegenstandslehre folgt. Aus neuerer Zeit ausführlich Montero Aroca, Derecho Jurisdiccional II, S. 115 ff; Ortells Ramos, Preclusión, S. 23; Otte, Umfassende Streitentscheidung durch Beachtung von Sachzusammenhängen, S. 118 und sogleich im Exkurs, S. 30.

[70] Ausführlich zur Rechtshängigkeit und Rechtskraft Padura Ballesteros, Fundamentación de la sentencia, preclusión y cosa juzgada.

[71] Näher zur Reichweite des Klagegrunds sogleich im Exkurs S. 29.

[72] So Gimeno Sendra in: Proceso Civil Práctico, 3 – 20.

Einigkeit herrscht in der spanischen Rechtsprechung und Literatur darin, dass der Streitgegenstand im Zivilprozess – wie bereits ausgeführt – durch den Antrag („petitum“) und den Klagegrund („causa petendi“) bestimmt wird[73].

aa. Hinsichtlich des Antrags äußert sich die LEC 2000 zum ersten Mal in einem spanischen Zivilprozessgesetz überhaupt darüber, welche Arten des gerichtlichen Rechtsschutzes erlangt werden können[74]. Im Rahmen des normalen Erkenntnisverfahrens kann gemäß Art. 5.1 LEC die Verurteilung zu einer bestimmten Leistung, die Feststellung des Bestehens von Rechten und Rechtsverhältnissen sowie die Begründung, Änderung oder Aufhebung derselben beantragt werden[75].

bb. Seit langem umstritten war die Frage, welche Elemente des Klagegrundes („causa petendi“) zur Identifizierung des Streitgegenstandes beitragen[76]. Die eine große Linie in der Literatur folgte der Theorie der „sustanciación“. Nach ihr sind zur Bestimmung des Streitgegenstandes lediglich die im Klagegrund angeführten Tatsachen heranzuziehen, während die von den Parteien unterbreiteten juristischen Argumente nur der „Orientierung“ des Richters dienen[77]. Die andere große Linie, die Theorie der „individualización“, wollte hingegen auch die von den Parteien vorgebrachten rechtlichen Aspekte einbeziehen[78]. Die Rechtsprechung folgte im Grundsatz der Theorie der „sustanciación“ mit dem Hinweis auf das Prinzip „iura novit curia“, das auch bedeute, dass das Gericht an das rechtliche Vorbringen der Parteien nicht gebunden sei[79]. Allerdings wurde in der Literatur darauf aufmerksam gemacht, dass die Rechtsprechung ihrer Linie, lediglich die Tatsachen zur Bestimmung des Streitgegenstandes heranzuziehen, ebenfalls nicht immer treu blieb und teilweise doch auf rechtliche Aspekte zurückgriff[80].

---

73 Vgl. statt vieler de Llera Suárez-Bárcena in: Exposición de la nueva LEC, 111, 116; Tapia Fernández, S. 17, die zugleich darauf hinweist, dass in der Praxis die Begriffe “objeto del proceso”, “pretensión” und “acción” als Synonyme zur Bezeichnung des Streitgegenstandes verwendet werden.

74 Ortells Ramos, ZZPInt 5 (2000), 95, 96.

75 Näher dazu Ortells Ramos, Derecho Procesal Civil, S. 274.

76 Tapia Fernández, S. 21 spricht von einem diesbezüglichen bereits hundertjährigen Streit.

77 De Llera Suárez-Bárcena in: Exposición de la LEC, 111, 119.

78 Dazu de Llera Suárez-Bárcena, aaO, 118.

79 Vgl. beispielsweise STS vom 18.04.1995, FJ 1.° (RJA 3422); STS vom 10.05.1995, FJ 10.° (RJA 4225), STS vom 12.11.1982 (RJA 6540).

80 So Tapia Fernández, S. 23 mit Hinweis auf STS vom 15. Oktober 1984 (RJA 4865). In der Rechtsprechung des TC macht sie ebenfalls Widersprüche aus. Siehe einerseits STC vom 18. Dezember 1985 (RTC 177), das eine Klageänderung annimmt, wenn die juristische Begründung verändert wird und andererseits SSTC vom 5. Mai 1982 (RTC 20) und 23. Mai 1990 (RTC 95), die die Unerheblichkeit der juristischen Aspekte betonen. Die Einschätzung von Tapia Fernández teilt Oliva Santos, Derecho Procesal Civil, S. 48. Siehe zusammenfassend

Die neue Prozessordnung geht auf den geschilderten Streit nicht ein, auch wenn einige neue Vorschriften auf den Streitgegenstand Bezug nehmen[81]. Der Gesetzgeber äußert sich in der Gesetzesbegründung lediglich dahingehend, dass ihm die Diskussion über den Streitgegenstand zwar bekannt sei, das Ziel der neuen gesetzlichen Regelungen aber ausschließlich die Lösung von praktischen Problemen sei[82]. Insofern hat der Erlass der LEC 2000 – wohl bewusst, um die Lösung der Probleme im Zusammenhang mit dem Streitgegenstand weiterhin der Rechtsprechung und Wissenschaft zu überlassen – an den verschiedenen Auffassungen über den Streitgegenstand nichts geändert. Mithin will eine Auffassung im Sinne der Theorie der „sustanciación" weiterhin lediglich die vorgetragenen Tatsachen zur Bestimmung des Streitgegenstandes heranziehen[83], während eine andere Auffassung der Theorie der „individualización" gemäß auch das rechtliche Element mit einbezieht[84]. Insgesamt folgt die überwiegende Meinung der Theorie der „sustanciación", wenn auch mit einigen „Schattierungen"[85]. Auch die Rechtsprechung scheint ihre bisherige grundsätzliche Präferenz für die Theorie der „sustanciación" beibehalten zu haben[86].

cc. Setzt man die Ausführungen über den Streitgegenstand in Bezug zu Art. 400 LEC, ist Folgendes festzustellen: Der Antrag („petitum") als erstes Element des Streitgegenstandes muss in einem Folgeprozess mit dem des Vorprozesses identisch sein, damit Art. 400 LEC angewendet werden kann[87]. Bei einem identischen Lebenssachverhalt, aber einem anderen Antrag (Beispiel: Antrag 1 auf Zahlung der Miete, Antrag 2 auf Rückgabe der Mietsache) scheidet eine Anwendung des Art. 400 LEC somit aus. Ist der Antrag hingegen identisch, wird er aber auf einen anderen Lebenssachverhalt gestützt, greift Art. 400 LEC ein. Bezüglich des Klagegrundes („causa petendi") stellt Art. 400 LEC durch seinen Wortlaut[88] klar, dass zumindest in seinem Anwendungsbereich auch die von den Parteien angeführte juristische Begründung Teil des fiktiven Streitgegenstandes ist. Insofern ist in diesem Rahmen der dargestellte Streit um den Inhalt der „cau-

---

zum Meinungsstand nach der alten LEC Villamarin López, Tribunales de Justicia Juli 2003, 41.

[81] Vgl. dazu de Llera Suárez-Bárcena, aaO, 131. Wichtige diesbezügliche Vorschriften sind die Art. 399 und 437 über den Klageinhalt, die Art. 406 und 407 über die Widerklage und der Art. 222 über die Rechtskraft.

[82] EM LEC VIII.1.

[83] So zum Beispiel de Llera Suárez-Bárcena, aaO, 131.

[84] Tapia Fernández, S. 25. Oliva Santos, Derecho Procesal Civil, S. 57.

[85] Siehe z.B. Ortells Ramos, Derecho Procesal Civil, S. 276: „Maßgebend ist die Gesamtheit der juristisch relevanten Tatsachen".

[86] Vgl. SAP Guipúzcoa vom 27. März 2002 (Rec. 2425/2001), auch abgedruckt bei Cobo Plana, S. 425.

[87] Tapia Fernández, S. 28, 30 und 31.

[88] Siehe S. 29.

sa petendi“ im Sinne der Theorie der „individualización“ entschieden[89]. Klärungsbedürftig bleibt dabei freilich die Frage, in welchem Umfang man den Parteien die Last zum Vortrag rechtlicher Argumente auferlegt. Ein wichtiger Aspekt bei der Beantwortung dieser Frage wird sein, ob im konkreten Fall eine anwaltliche Vertretung vorgeschrieben ist[90]. Eine Überspannung der Anforderungen an den rechtlichen Vortrag der Parteien ist aber jedenfalls abzulehnen[91]. Schließlich bringt Art. 400 LEC in seinem Anwendungsbereich Klarheit über die gegenständliche Reichweite der Rechtskraft. Die bisherige Rechtsprechung war diesbezüglich uneinheitlich. Während einige Urteile des Tribunal Supremo nur das von den Parteien tatsächlich Vorgebrachte als von der Rechtskraft umfasst ansahen[92], bezogen andere auch Tatsachen (und teilweise Rechtsgrundlagen) mit ein, die von den Parteien zwar nicht vorgetragen wurden, aber vorgetragen hätten werden können[93]. Diese zweitgenannte Auffassung entspricht in etwa dem Regelungsgehalt des neuen Art. 400 LEC[94]. Auf Grund der sich widersprechenden Rechtsprechung bestand aber eine erhebliche Unsicherheit, in welchem Umfang das Gericht des Folgeprozesses eine Klageabweisung wegen entgegenstehender Rechtskraft vornehmen wird. Diese Unsicherheit wurde nunmehr von Art. 400 LEC beseitigt.

c. Angabe des Prozessagenten („Procurador“)[95] und des Rechtsanwalts („Abogado“)

---

[89] Eine allgemeine Entscheidung des Gesetzes für diese Theorie ist damit jedoch nicht verbunden, vgl. de Llera Suárez-Bárcena, aaO, 136. Ähnlich Fernández, Derecho Procesal Civil II, S. 39, der im konkreten Fall die Theorie der „individualización“ als nützlich, insgesamt aber als nicht richtig bezeichnet.

[90] Vgl. dazu auch Oliva Santos, Derecho Procesal Civil, S. 522 f.

[91] Oliva Santos, aaO, S. 523 will der Partei die Last auferlegen, die rechtlichen Begründungen vorzutragen, die „im jeweiligen prozessualen Moment vernünftigerweise nennenswert („apreciable“) sind“.

[92] Siehe z.B. STS vom 6. Juni 1998 (RJ 3718).

[93] SSTS vom 20. März 1998 (RJ 1711); vom 30. Juli 1996 (RJ 6413); vom 28. Februar 1991 (RJ 610). Siehe zusammenfassend zum Meinungsstand nach der alten Rechtslage Tapía Fernández, S. 156 ff.

[94] So auch ausdrücklich STS vom 10. Juni 2002 (RJ 5255) = Tribunales de Justicia August/September 2003, 49. Der TS, der noch zur alten Rechtslage zu entscheiden hatte, folgte der zweitgenannten Ansicht und begründete diese damit, dass sie der neuen Rechtslage nach Art. 400 LEC entspreche. Insofern kann davon gesprochen werden, dass Art. 400 LEC angesichts der teilweisen bisherigen Rechtsprechung nichts absolut Neues gebracht, wohl aber für eine klare Rechtslage gesorgt hat.

[95] Für gewöhnlich wird „procurador“ mit „Prozessagent“ übersetzt, vgl. z.B. Fries, Hinweise zur Zusammenarbeit mit Rechtsanwälten, Prozessagenten und Notaren in Spanien, Informaciones 1997, 18 ff. Dem soll hier gefolgt werden. Weitere mögliche Übersetzungen wären „Prozessvertreter“, „Prozessbevollmächtigter“ oder schlicht „Prokurator“. Der spanische Prozessagent darf nicht mit dem deutschen Prozessagenten im Sinne des § 157 Abs. 3 ZPO verwechselt werden, bei welchem es sich um einen Rechtsbeistand handelt, der – nach Zulassung durch die Justizverwaltung – in der mündlichen Verhandlung vor dem Amtsgericht ge-

Gemäß Art. 399.2 LEC muss der Kläger in der Klage auch die Namen des Prozessagenten und des Rechtsanwalts anführen, falls er diese in den Rechtsstreit mit einschaltet. In der Mehrzahl der Fälle ist die Vertretung durch sie vorgeschrieben (dazu sogleich), so dass diese Angabe den Normalfall darstellt. Die Unterscheidung zwischen Prozessagent („procurador") und Rechtsanwalt („abogado") hat im spanischen Zivilprozess Tradition. Während der Abogado für die rechtlichen Fragen des Rechtsstreits zuständig war, kam dem Procurador die Aufgabe zu, vor Gericht für die Partei aufzutreten[96]. Diese traditionelle Rollenverteilung wird auch von der reformierten LEC aufrechterhalten.

aa. Der Prozessagent

(1) Der Prozessagent („procurador") hat nach Art. 438.1 LOPJ in Verbindung mit Art. 23.1 LEC die Aufgabe, die Parteien im Prozess zu vertreten. Er ist ein ausgebildeter Jurist, dessen Tätigkeitsbereich neben der Stellvertretung der Parteien im Prozess hauptsächlich in der bürokratischen Abwicklung des Prozesses liegt[97]. Der Prozessagent übt seine Tätigkeit im Rahmen eines freien Berufs aus. Nach Art. 23.1 LEC ist das Auftreten vor Gericht grundsätzlich nur durch einen Procurador möglich, im Normalfall besteht also ein „Prokuratorszwang"[98]. Die Ausnahmen davon ergeben sich aus Art. 23.2 LEC. Nach Art. 23.1.1.° LEC ist die Vertretung durch einen Procurador nicht notwendig, wenn ein juicio verbal mit einem Streitwert von nicht mehr als 900 € betrieben[99] oder ein Antrag auf Erlass eines Mahnbescheids gestellt wird[100]. Ebenso verhält es sich in Konkursverfahren, bei denen sich das Auftreten vor Gericht auf die Vorlage von Schuldurkunden beschränkt oder in der Teilnahme an Versammlungen besteht, vgl. Art. 23.1.2.° LEC. Nach Art. 23.1.3.° LEC schließlich ist die Vertretung durch einen procurador nicht zwingend, wenn es sich um Zwischenstreite über die Gewährung von Prozesskostenhilfe handelt[101] oder wenn Dringlichkeitsmaßnahmen im Vorfeld eines Prozesses beantragt werden[102].

---

schäftsmäßig auftreten darf. Vgl. näher zum deutschen Prozessagenten MünchKommZPO-Peters, § 157 Rdnr. 2 f., 7.

[96] Siehe dazu Miras, S. 122.

[97] So Adomeit/Frühbeck, S. 83.

[98] In diesem Sinne González García, Tribunales de Justicia Januar 2001, 9, 11.

[99] Problematisch ist in diesem Zusammenhang, ob damit nur die Verfahren erfasst sind, bei denen der juicio verbal auf Grund des Streitwertes einschlägig ist oder aber auch die Verfahren, bei denen der juicio verbal auf Grund der Materie die richtige Verfahrensart ist. Vgl. dazu González García, aaO, 13, der jeglichen juicio verbal einbeziehen will. Wann das Verfahren des juicio verbal einschlägig ist, ergibt sich aus Art. 250 LEC; siehe dazu S. 78.

[100] Vgl. Art. 814.2 LEC, der im 3. Abschnitt über das Mahnverfahren S. 105 dargestellt wird. S. ferner AAP Albacete vom 27. September 2001 (JUR 292252).

[101] Zur Prozesskostenhilfe siehe Art. 119 CE, Art. 20 LOPJ sowie die Ley 1/1996 vom 10. Januar über die Prozesskostenhilfe (abgedruckt im BOE Nr. 11 vom 12. Januar, S. 793) mit der Ausführungsverordnung über die Prozesskostenhilfe, erlassen durch das königliche Dekret 996/2003 vom 25. Juli 2003 (abgedruckt im BOE Nr. 108/2003 vom 7.8.2003, S. 30505

(2) Eine interessante Neuerung im Hinblick auf den Aspekt der Beschleunigung des Verfahrens besteht darin, dass dem Prozessagenten nunmehr auch die Aufgabe zugewiesen wird, die Kopien der Schriftsätze der durch ihn vertretenen Partei direkt – d.h. ohne Dazwischentreten des Gerichts – den anderen Parteien zuzuleiten, vgl. Art. 26.2.4.° in Verbindung mit Art. 276 LEC[103]. Konkret bestimmt Art. 276.1 LEC, dass der Prozessagent den anderen Parteien im Voraus Kopien derjenigen Schriftsätze zukommen lässt, die er dem Gericht vorlegen wird. Möglich ist diese Vorgehensweise allerdings nur dann, wenn alle Parteien durch einen Prozessagenten vertreten werden[104] und wenn es sich bei dem zuzustellenden Schriftstück nicht um die Klageschrift oder ein anderes verfahrenseinleitendes Schriftstück handelt, Art. 276.3 LEC[105]. Mit der Pflicht zur direkten Übermittlung von Kopien der Schriftsätze korrespondiert die in Art. 28.2 LEC festgelegte Pflicht des Prozessagenten, die ihm übermittelten Kopien – mit der Wirkung, dass Fristen in Lauf gesetzt werden – entgegenzunehmen. Mit diesem neuen System der direkten Zustellung soll das Gericht, das bisher die Schriftsätze einer Partei den anderen Parteien zugestellt hatte, entlastet und die „verlorene" Zeit von der Vorlage des Schriftsatzes bei Gericht bis zum Erhalt durch die Parteien vermieden werden[106]. Die Regelung des Art. 276 LEC bezieht sich freilich nur auf Zustellungsakte zwischen den Parteien; die Kommunikation mit Zeugen, Sachverständigen und anderen Personen, die nicht Partei sind, wird gemäß Art. 159 LEC nach wie vor über das Gericht und von diesem vorgenommen[107].

bb. Der Rechtsanwalt

Dem Rechtsanwalt („abogado") obliegt die rechtliche Verteidigung der Parteien, vgl. Art. 436 LOPJ in Verbindung mit Art. 31.1 LEC. Im Regelfall besteht seine Aufgabe in der fachlichen Beratung seiner Mandanten und in der Ausarbeitung

---

ff). Nach Art. 3.1 des Gesetzes über die Prozesskostenhilfe ist einzige Voraussetzung für die Gewährung die „Armut"' des Antragsstellers.

102 Eine derartige Dringlichkeitsmaßnahme ist beispielsweise die Beweisaufnahme vor Beginn eines Prozesses, wenn die Gefahr besteht, dass ein Abwarten des normalerweise vorgesehenen prozessualen Zeitpunkts die Beweisaufnahme aller Voraussicht nach unmöglich machen würde, vgl. Art. 293.1 LEC.

103 Siehe dazu Oliva Santos, Derecho Procesal Civil, S. 212.

104 Wegen des generell geltenden Zwangs zur Vertretung ist dies der Normalfall; in diesem Sinne auch die Fundación Antonio Carretero in: Jueces para la Democracia Nr. 44 (Juli 2002), 67, 70.

105 Siehe zu diesen Ausnahmen auch Ortells Ramos, ZZPInt 5 (2000), 95, 99.

106 González García, Tribunales de Justicia Januar 2001, 9, 16; Oliva Santos, aaO, S. 213. Kritisiert wird an dieser Regelung vereinzelt, dass sie mangels Zwischenschaltung einer staatlichen Stelle der Rechtssicherheit abträglich sei, siehe z.B. Revilla Pérez in: Exposición de la nueva LEC, S. 208.

107 Dazu Fundación Antonio Carretero, aaO, 70.

der Schriftsätze[108]. Außerdem ist er derjenige, der vor Gericht für die Partei spricht, vgl. Art. 185.2 LEC; die Rolle des Prokurators vor Gericht beschränkt sich normalerweise auf die bloße Anwesenheit[109]. Gemäß Art. 31.1 LEC besteht im spanischen Zivilprozess grundsätzlich Anwaltszwang. Die Ausnahmen davon, die in Art. 31.2 LEC geregelt sind, sind größtenteils die gleichen wie bei der Vertretung durch den Prozessagenten. So braucht es keinen Anwalt bei juicios verbales, die keinen höheren Streitwert als 900 € aufweisen sowie bei der Antragstellung zur Einleitung eines Mahnverfahrens, vgl. Art. 31.2.1.°LEC. Eine anwaltliche Vertretung ist auch nicht notwendig bei der Beantragung von Dringlichkeitsmaßnahmen, Art. 31.2.2.° Satz 1 2. Variante LEC. Darüber hinaus kann die Partei ohne anwaltlichen Beistand die dringend notwendige Verschiebung eines Termins beantragen (Art. 31.2.2.° Satz 1 3. Variante LEC) und Schriftsätze bei Gericht einreichen, mit denen sich die Partei lediglich bei Gericht meldet (Art. 31.2.2.° Satz 1 1. Variante LEC).

2. Zulassung der Klage durch das Gericht

Nach Einreichung der Klage bei Gericht befindet dieses von Amts wegen über deren Zulassung. Nach Art. 403 LEC ist die Nichtzulassung der Klage der Ausnahmefall. Abgelehnt werden darf eine Klage nach Art. 403.1 LEC nur in den gesetzlich vorgesehenen Fällen[110], nach Art. 403.2 LEC darüber hinaus, wenn es sich um eine Amtshaftungsklage gegen einen Richter im Hinblick auf ein Verfahren handelt, das noch nicht rechtskräftig abgeschlossen ist und schließlich gemäß Art. 403.3 LEC, wenn der Klage nicht die gesetzlich geforderten Urkunden[111] beigefügt waren[112]. Liegen diese Fälle nicht vor, erlässt es nach Überprüfung seiner sachlichen und örtlichen Zuständigkeit einen Beschluss, in dem es die Klage zulässt. Daraufhin leitet es die Klage an den Beklagten weiter, vgl. Art. 404 LEC.

---

[108] Adomeit/Frühbeck, S. 83; Ortells Ramos, Derecho Procesal Civil, S. 156.

[109] Ein Beispiel hierzu ist der juicio verbal Nr. 508/02 vom 14. November 2002 des juzgados de primera instancia Nr. 2 Valencia, dem der Verfasser beigewohnt hat. Die Gepflogenheit, dass während der Verhandlung lediglich der Anwalt das Wort führt und der Prozessagent sich nicht äußert, wurde vom Gerichtssekretär („secretario judicial") der Gerichtsabteilung Guillén Soria in einem Gespräch vom selben Tag als gängige Praxis bezeichnet.

[110] Ein Beispiel dafür ist die Angabe eines falschen Streitwerts, vgl. Art. 254.4 LEC.

[111] S. Art. 264 bis 266 LEC und bereits S. 26.

[112] Zur Zulassung der Klage durch das Gericht siehe auch Gómez de Liaño González in: Instituciones del nuevo Proceso Civil, 69, 74.

3. Reaktionsmöglichkeiten des Beklagten

a. Klageerwiderung und Präklusion

Der Beklagte hat gemäß Art. 404 LEC 20 Tage Zeit, um auf die Klage zu erwidern. Nach Art. 405.1 Satz 1 LEC werden an die Klageerwiderung die gleichen inhaltlichen Anforderungen wie an die Klage selbst gestellt. Notwendigerweise muss sich der Beklagte zu den vom Kläger vorgebrachten Tatsachen substantiiert äußern, da diese Tatsachen im Falle des Schweigens oder im Falle von „ausweichenden Antworten“[113] gemäß Art. 405.2 LEC als zugestanden angesehen werden.
Inhaltlicher Art sind die Reaktionsmöglichkeiten des Beklagten insbesondere die folgenden: Er kann den vom Kläger geltend gemachten Anspruch ganz oder teilweise anerkennen, vgl. Art. 405.1 Satz 3 in Verbindung mit Art. 21 LEC, prozessuale Einreden geltend machen, s. Art. 405.3 LEC, oder materielle Einwendungen vorbringen, Art. 405.1 LEC. Ausgenommen ist die so genannte Unzuständigkeitseinrede (*„declinatoria“)*, die sich auf den Rechtsweg oder die fehlende Zuständigkeit des angerufenen Gerichts bezieht und in einem separaten Verfahren mit speziellen Regeln geltend gemacht werden muss, vgl. Art. 63 ff. LEC[114].

Um den Beklagten zu einem konzentrierten Vorbringen zu zwingen, wendet die LEC auch auf seiner Seite die Technik der Präklusion an. So wie für den Kläger der Zeitpunkt der Klageerhebung der entscheidende im Hinblick auf den generellen Eintritt der Präklusion ist, kommt es für den Beklagten im Allgemeinen auf den Zeitpunkt der Klageerwiderung an[115]. Der Beklagte trägt damit die Last, alle Verteidigungsmittel geltend zu machen, über die er gegenüber dem An-

---

[113] Der Begriff der ausweichenden Antwort orientiert sich an der Alternative des Schweigens. Gemeint sind damit Fälle, in denen der Beklagte sich zwar äußert, sich inhaltlich aber nicht auf den Prozessstoff einlässt, so dass diesbezüglich eigentlich ein Schweigen vorliegt; in diesem Sinne STS 145/93 vom 23. Februar 1993 (Recurso Nr. 1434/1990).

[114] Nach Art. 64.1. LEC muss die Unzuständigkeitseinrede innerhalb der ersten 10 Tage der Frist zur Beantwortung der Klage erhoben werden. Während der Entscheidung über die Einrede ruht das Hauptverfahren, Art. 64.2 LEC. Das Verfahren über die Unzuständigkeitseinrede endet durch Beschluss des Hauptsachegerichts. Im Falle eines abweisenden Beschlusses wird das Verfahren vor dem angerufenen Gericht fortgesetzt, im gegenteiligen Fall in der Regel an das zuständige Gericht verwiesen, s. Art. 65 LEC. Die Unzuständigkeitseinrede erfuhr durch die LEC eine deutliche Vereinfachung. Dies zeigt sich schon daran, dass die neue Regelung nur noch drei Artikel aufweist, wohingegen die alte LEC mit etwa vierzig Regelungen aufwartete. Siehe dazu Correa Delcasso, Informaciones I/2000, 3, 4.

[115] Dieses Ergebnis wird wiederum hauptsächlich auf Art. 412.1 LEC gestützt. Ergänzend werden Art. 405.1 LEC (Inhalt der Klageschrift), Art. 426 LEC (ergänzendes und klarstellendes Parteivorbringen) und Art. 286 LEC (Behauptung von neuen oder neu bekannt gewordenen Tatsachen) herangezogen. Vgl. dazu Ortells Ramos, Preclusión, S. 44.

spruch des Klägers verfügt[116]; im gegenteiligen Falle ist er mit diesen Mitteln im weiteren Verlauf des Prozesses präkludiert. Art. 400 LEC, der sich auf den Ausschluss von Parteivorbringen in einem späteren Prozess bezieht, ist auf den Beklagten schon auf Grund seines Wortlauts und seines Sinngehalts nicht anwendbar[117].

b. Widerklage

aa. Voraussetzungen der Widerklage

Der Beklagte hat innerhalb der Frist zur Beantwortung der Klage[118] auch die Möglichkeit, Widerklage zu erheben[119], vgl. Art. 406.1 Satz 1 LEC. Voraussetzung dafür ist nach Art. 406.1 Satz 2 LEC allerdings, dass ein Zusammenhang zwischen der Hauptklage und der Widerklage besteht. Wie dieser Zusammenhang auszusehen hat, ist von der höchstgerichtlichen Rechtsprechung bisher noch nicht präzisiert worden, da die LEC von 1881 dieses Erfordernis nicht kannte[120]. Der Oberste Gerichtshof spricht in den entsprechenden Fällen bisher lediglich davon, dass eine „enge Beziehung" („estrecha relación") zwischen den zu entscheidenden Fragen bestehen müsse[121]. Die Literatur ist sich diesbezüglich uneinig. Eine Auffassung geht dahin, dass neben dem subjektiven Zusammenhang ein objektiver Zusammenhang zwischen Klage und Widerklage nicht erforderlich ist[122]. Der überwiegende Teil der Literatur hingegen hält es für offensichtlich, dass der subjektive Zusammenhang gerade nicht ausreicht und fordert darüber hinaus einen Zusammenhang mit dem Streitgegenstand der Hauptklage. Wie dieser Zusammenhang auszusehen hat, ist innerhalb dieser Auffassung allerdings strittig. Während ein Teil einen „irgendwie gearteten“ Zusammenhang

---

[116] Ortells Ramos, ZZPInt 5 (2000), 95,105.

[117] Eine Anwendung kommt nur in Betracht, wenn er Widerklage erhebt und sich damit gleichsam selbst zum Kläger „aufschwingt“, siehe dazu S. 39.

[118] Ortells Ramos, Derecho Procesal Civil, S. 359.

[119] Nach bisherigem Recht konnte sich die Widerklage immer nur gegen den ursprünglichen Kläger richten, eine Drittwiderklage war damit ausgeschlossen. Vgl. dazu die ständige Rechtsprechung des Obersten Gerichtshofs, SSTS vom 29. Juli 1991 (Recurso 1805/1989), 29. Februar (Recurso 363/1990), 5. März (Recurso 150/1990) und 13. Mai 1992 (Recurso 764/1990), 5. März 1999 (Recurso 2847/1994) sowie Garnica Martín, Tribunales de Justicia März 2001, 21, 29. Nach dem neuen Recht ist es nunmehr auch möglich, die Widerklage gegen Dritte zu richten. Voraussetzung dafür ist nach Art. 407.1 LEC, dass es sich bei den Dritten um (potentielle) Streitgenossen (ohne Unterscheidung danach, ob es notwendige oder einfache Streitgenossen sind) handelt. Vgl. näher dazu Montero Aroca, Derecho Jurisdiccional II, S. 219 und S. 83 ff.

[120] Vgl. Art. 542 und 688 LEC a.F. sowie beispielsweise das Urteil 11/2000 des TSJ Valencia vom 8. Juni 2000 (Recurso 7/2000), das noch nach altem Recht erging und in dem ausdrücklich gesagt wird, dass kein objektiver Zusammenhang zwischen der Klage und der Widerklage bestehen muss.

[121] Siehe AATS vom 18.02.2003 (JUR 47565) und vom 28.01.2003 (JUR 819 und 821).

[122] Gimeno Sendra, Proceso Civil Práctico, Band V, 3 – 68.

ausreichen lässt[123], verlangt ein anderer Teil, dass die Widerklage aus dem gleichen Rechtsverhältnis wie die Hauptklage entspringt[124]. Ein weiterer Teil fordert schließlich, dass die Widerklage auf die (zumindest teilweise) gleichen Tatsachen wie die Hauptklage gestützt wird[125].
Unter dem Gesichtspunkt der Konzentration wäre es sicherlich wünschenswert, die Anforderungen an den Zusammenhang zwischen Haupt- und Widerklage nicht zu hoch zu stellen[126]. Lässt man aber völlig zusammenhangslose Widerklagen zu, ist im Hinblick auf das Ziel eines konzentrierten Verfahrens ebenfalls nichts gewonnen; vielmehr dürfte dadurch eher eine Verkomplizierung des Verfahrens eintreten[127].

Die weiteren Voraussetzungen der Widerklage sind in Art. 406.2 LEC geregelt. Danach muss das mit der ursprünglichen Klage angerufene Gericht auch für die Widerklage sachlich zuständig sein und es muss sich um die gleiche Verfahrensart wie bei der Hauptklage handeln[128].

bb. Präklusion im Rahmen der Widerklage
Die Präklusionsvorschrift des Art. 400 LEC ist gemäß Art. 406.4 LEC auch auf die Widerklage anwendbar. Der Widerkläger trägt damit die Last, zur Begründung seiner Klage alle Tatsachen und Rechte vorzutragen, die ihm zum Zeitpunkt der Erhebung der Widerklage bekannt sind, ohne einige davon für einen späteren Prozess zurückhalten zu können[129]. Auch mit dieser Regelung will der Gesetzgeber zu einer Verfahrenskonzentration beitragen. Zu beachten ist allerdings, dass Art. 400 LEC nur dann zur Anwendung gelangt, wenn der Beklagte tatsächlich Widerklage erhebt. Erhebt er keine Widerklage – eine Last, Widerklage zu erheben, existiert nicht[130] – ist er nicht daran gehindert, einen weiteren Prozess mit den Anträgen anzustrengen, die er auch mittels einer Widerklage hätte stellen können.

---

[123] Damián Moreno, Revista general de Legislación y Jurisprudencia Nr.2/2000, 175, 178; ders. in: La aplicación práctica de la LEC, S. 78; Tapia Fernández, Respuestas, S. 225.
[124] Díez-Picazo Giménez in: Oliva Santos, Comentarios a la LEC, S. 679 und 680; Peiteado Mariscal und Oliva Santos, Respuestas, S. 223.
[125] Blasco Soto, Respuestas, S. 221; González García, Respuestas, S. 222. Diese Auffassung stützt sich auf Art. 72 LEC, der die genannte Voraussetzung bei der subjektiven Klagehäufung festsetzt.
[126] So Damián Moreno in: La aplicación práctica de la LEC, S. 78.
[127] So auch González García, aaO, S. 223.
[128] Ausgenommen davon sind Widerklagen, bei denen auf Grund des Streitwerts der juicio verbal die richtige Verfahrensart ist. Nach Art. 406.2 2. Absatz LEC kann auch dann Widerklage erhoben werden, wenn die Hauptklage im Verfahren des juicio ordinario abzuwickeln ist. Näher zu den Voraussetzungen der Widerklage Ortells Ramos, Derecho Procesal Civil, S. 358 ff.
[129] Siehe näher dazu schon S. 28.
[130] Ortells Ramos, Preclusión, S. 45.

4. Ladung zum Termin des Vorverfahrens („audiencia previa“)

a. Verfahrensweise

Innerhalb von 3 Tagen nach Eingang der Beantwortung der Klage bzw. nach Ablauf der Frist zur Beantwortung lädt das Gericht die Parteien zum Termin des Vorverfahrens („audiencia previa“), der spätestens 20 Tage nach der Ladung stattzufinden hat, Art. 414.1 LEC. Legt der Beklagte Widerklage ein, gilt Folgendes: Auf die Widerklage kann der Kläger und Widerbeklagte innerhalb von weiteren 20 Tagen antworten, Art. 407.2 LEC. Das Gericht setzt in diesem Fall den Termin für das Vorverfahren ebenfalls spätestens drei Tage nach Eingang der Beantwortung der Widerklage bzw. nach Ablauf der Frist zur Beantwortung fest. Zum Zeitpunkt der Durchführung der audiencia previa gilt das oben Gesagte.

b. Gerichtliche Prozessförderungspflicht

Wie an der Vorschrift des Art. 414.1 LEC deutlich wird, setzt die LEC nicht nur den Parteien bestimmte Fristen zur Vornahme von Prozesshandlungen, sondern auch dem Gericht. Die LEC kennt also nicht nur konkrete Prozessförderungspflichten der Parteien, sondern auch eine konkrete Prozessförderungspflicht des Gerichts, die beispielsweise in den eben genannten Zeitabschnitten, die das Gericht einzuhalten hat, zum Ausdruck kommt. Allerdings besteht zur Prozessförderungspflicht der Parteien ein wichtiger Unterschied: Während ein Verstoß einer Partei gegen ihre Prozessförderungspflicht in der Regel mit der Präklusion sanktioniert wird[131], sind die Akte des Gerichts trotz einer verspäteten Vornahme dennoch wirksam[132]. In der Praxis zeigt sich diesbezüglich, dass die gesetzlich vorgesehenen Fristen von den Gerichten häufig nicht eingehalten werden[133]. Denkbare Sanktionen für eine Verletzung der vom Gericht einzuhaltenden Fristen liegen lediglich auf dem Gebiet der Amtshaftung oder auf disziplinarrechtlichem Gebiet[134].

---

[131] Zur Verdeutlichung: Die allgemeine Präklusionsvorschrift des Art. 136 LEC bezieht sich schon ihrem Wortlaut nach nur auf die von den Parteien einzuhaltenden Fristen.

[132] Aus diesem Grund wird auch von „eigentlichen“ (von den Parteien einzuhaltende) und „uneigentlichen“ (vom Gericht einzuhaltende) Fristen gesprochen, vgl. dazu Gutiérrez Carbonell, Proceso Civil Práctico, Band II, 2 – 58.

[133] So Prof. Gómez Colomer, Gespräch vom 29.04.2003. Siehe in diesem Zusammenhang eine Studie von Montón García, La Ley 2001, 1882, 1888, die auf eine nach den gesetzlichen Fristen errechnete theoretische Dauer eines „normal verlaufenden Prozesses“ von 3,5 Monaten kommt.

[134] Vgl. zum Ganzen Gutiérrez Carbonell in: Proceso Civil Práctico, Band II, 2 – 58.

5. Die audiencia previa

a. Überblick über die audiencia previa

Die audiencia previa ist ein aus einem mündlichen Termin bestehendes Vorverfahren, dessen Durchführung vor dem Hapttermin des juicio ordinario zwingend vorgeschrieben ist, vgl. Art. 414.1 Absatz 1 LEC. Der Vorentwurf zur LEC sah diesbezüglich noch vor, dass das Gericht auf die audiencia previa verzichten kann, wenn es diese für überflüssig hält[135]. Wohl aus der Sorge heraus, dass die Gerichte auf einen Termin, der nicht obligatorisch ist, eher verzichten werden, hat sich der Gesetzgeber in der endgültigen Fassung des Gesetzestextes jedoch dazu entschlossen, die audiencia previa zwingend vorzuschreiben[136].

Die Ziele des Vorverfahrens im Rahmen des juicio ordinario bestehen darin, unnötige Haupttermine zu vermeiden bzw. falls es zur Durchführung des Haupttermins kommt, dessen Ablauf ökonomischer zu gestalten[137]. In der Gesetzesbegründung heißt es über die „audiencia previa"[138]: „Im Vorverfahren soll zunächst der Versuch unternommen werden, die Parteien zu einer Einigung oder einem Vergleich zu bewegen, welcher den Prozess beendet, und in dem Fall, dass eine solche Einigung nicht erzielt wird, sollen die möglichen Fragen hinsichtlich der Prozessvoraussetzungen und Prozesshindernisse geklärt sowie die Ansprüche der Parteien und der Umfang der Streitigkeit präzise herausgearbeitet werden. Daraufhin soll ein neuer Einigungsversuch zwischen den Parteien unternommen werden, und falls eine Einigung wiederum nicht erreicht wird und der Sachverhalt streitig ist, sollen die zulässigen Beweismittel vorgeschlagen und zugelassen werden". Diese Zusammenfassung der Funktionen des Vorverfahrens findet sich in Form des Art. 414.1. Absatz 2 LEC auch im Gesetz selbst wieder. Die hauptsächlichen Mittel, mit denen der Gesetzgeber also zu einer möglichst raschen Streiterledigung kommen will, ist zum einen der Versuch einer gütlichen Einigung zu einem frühen Zeitpunkt des Prozesses, zum anderen das Bestreben, den Haupttermin durch eine Konzentration des prozessrechtlichen Stoffes bereits im Vorfeld umfassend vorzubereiten. Aus diesem Grund wird die audiencia previa von vielen auch als das Herzstück des neu strukturierten Regelverfahrens des juicio ordinario angesehen, in der die Weichen in Rich-

---

[135] Näher dazu Martín García, Actualidad Civil 2000 (Nr. 29), 1051, 1065.

[136] So Martín García, aaO, 1066, die von der fest verwurzelten Tendenz spanischer Gerichte spricht, auf alle diejenigen Akte, die nicht zwingend vorgeschrieben sind, zu verzichten. Kritisiert wird der obligatorische Charakter der audiencia previa von Fairén Guillén, La Audiencia previa, S. 69. In seinen Augen ist die Durchführung des Vorverfahrens in manchen Fällen geradezu eine „Zeitverschwendung".

[137] So Barona Vilar, ZZPInt 5 (2000), 151, 152.

[138] EM LEC XII.9.

tung eines effektiven und konzentrierten Prozesses gestellt werden und die den Schlüssel für ein beschleunigtes Verfahren darstellt[139].

b. Die „comparecencia" beim alten „juicio de menor cuantía"

Einen Vorläufer des jetzigen Vorverfahrens hatte das spanische Zivilprozessrecht bereits in Form des durch die Reform des Jahres 1984 in die LEC a.F. eingefügten Vortermins beim „juicio de menor cuantía" (die sog. „comparecencia" der Art. 691 ff. a.F.)[140]. Dieser zeitigte jedoch nicht die vom jetzigen Vorverfahren erhofften Erfolge[141]. Als ein Grund für das Scheitern des alten Modells wird angesehen, dass Art. 691 Abs. 2 LEC a.F. keine Anwesenheitspflicht von Rechtsanwälten vorsah, wodurch es – falls tatsächlich keine Anwälte anwesend waren – nicht möglich war, wirksam einen Vergleich zu schließen[142]. Ein weiterer wichtiger Grund ist nach Auffassung der Literatur, dass der vom Gesetz eigentlich vorgesehene mündliche Termin in der Praxis einfach nicht oder mangels richterlicher Anwesenheit zumindest nicht in der gesetzlich vorgesehenen Form durchgeführt wurde und sich das Vorverfahren deshalb häufig auf den Austausch von Akten beschränkte[143]. Vor diesem Hintergrund sind auch Ausführungen der Literatur aufzufassen, die – obwohl auch nach dem neuen Gesetz

---

[139] Vgl. Martín García, aaO, 1066; Damián Moreno, Revista general de Legislación y Jurisprudencia Nr.2/2000, 175, 181; Fairén Guillén, Revista de Derecho Procesal 1/2000, 215, 216 mit Hinweis auf Baur, Wege zu einer Konzentration der mündlichen Verhandlung im Prozess.

[140] Einen ausführlichen Vergleich zwischen der alten comparecencia und der neuen audiencia previa nimmt Martín García, aaO, vor. Vgl. zur comparecencia nach altem Recht auch Fernández in: Oliva Santos/ Fernández, Derecho Procesal Civil II, S. 454 ff.

[141] So Barona Vilar, aaO, 152.

[142] So Seijas Quintana in: La LEC tras dos años de vigencia, S. 10 f. S. dazu auch Gimeno Sendra, Proceso Civil Práctico, Band V, 3 – 125.

[143] Vgl. Magro Servet, La Ley 2000, 1684, 1685 mit Bezug auf eine Umfrage des Consejo General del Poder Judicial vom Juni 1997, nach der 53 % der „Gerichtskunden" (Parteien, Zeugen etc.) angaben, keine einzige Prozesshandlung vor dem Richter vorgenommen zu haben; vgl. auch Martín García, aaO, 1054 unter Anspielung auf die Praxis mit dem Hinweis, dass der Erfolg des Vorverfahrens die direkte Teilnahme des Richters am Termin erfordere; Fairén Guillén, La Audiencia previa, S. 65, bekundet, dass er die Verstöße gegen die Mündlichkeit und Unmittelbarkeit „satt habe" und schildert die Praxis einer comparecencia so: Der Richter befindet sich auf dem Podium, umgeben von zwei Anwälten eines anderen Prozesses und weit genug weg von einem Gerichtsgehilfen, der die Erklärungen im eigentlichen Prozess entgegennimmt, von denen der Richter allerdings nichts mitbekommt; Carmena Castrillo in: Jornadas sobre la reforma de la Ley de Enjuiciamiento Civil 1985, 267, 269 berichtet ebenfalls, dass der Richter „nie da sei". Gimeno Sendra in: La aplicación práctica de la LEC, S. 138 spricht davon, dass die Parteien häufig lediglich die Akte einer „imaginären" Verhandlung unterschrieben hätten.

eine Selbstverständlichkeit, vgl. Art. 137.2 LEC[144] – explizit die Anwesenheitspflicht des Richters bei der gesamten audiencia previa betonen[145].

c. Vorgehensweise bei Säumnis der Parteien

aa. Fälle, in denen keine Verhandlung stattfindet

Das Vorverfahren wird nicht durchgeführt, wenn zum Termin entweder keine der beiden Parteien oder nur der Beklagte erscheint und dieser kein legitimes Interesse an einer Sachentscheidung geltend macht, Art. 414.3 LEC[146]. In diesen beiden Fällen erlässt das Gericht einen Einstellungsbeschluss und nimmt das Verfahren zu den Akten, Art. 414.3 Absatz 1 LEC. Zu beachten ist in diesem Zusammenhang Folgendes: Erscheint eine Partei nicht persönlich, sondern wird sie von einem Prozessagenten (Procurador) vertreten[147], muss dieser gemäß Art. 414.2 Absatz 2 Satz 1 LEC bevollmächtigt sein, auf den Klageanspruch zu verzichten, den Klageanspruch anzuerkennen oder einen Vergleich abzuschließen[148]. Im gegenteiligen Fall wird die Partei ebenfalls als nicht erschienen angesehen, Art. 414.2 Absatz 2 Satz 2 LEC. Grundsätzlich besteht für die Parteien darüber hinaus die Pflicht, sich in der audiencia previa von einem Anwalt vertreten zu lassen, Art. 414.2 Absatz 1 LEC[149]. Die Rechtsfolgen des Nichterscheinens des Anwalts sind ausdrücklich geregelt. Nach Art. 414.4 Satz 1 LEC findet die audiencia previa lediglich dann nicht statt, wenn der Anwalt des Klägers fehlt und der Beklagte kein legitimes Interesse an einer Sachentscheidung geltend macht[150].

---

144 Vgl. ausführlich zu Art. 137 LEC S.60.

145 Siehe beispielsweise Gimeno Sendra, aaO, 3 – 124.

146 Vgl. näher zum legitimen Interesse Gimeno Sendra, Proceso Civil Práctico, Band V, 3 – 128.

147 Die Partei muss in der audiencia previa also nicht persönlich erscheinen, sondern kann sich von einem Prozessagenten vertreten lassen. Selbstverständlich können aber auch sowohl die Partei als auch der Prozessagent erscheinen. Nach überwiegender Auffassung ist die Anwesenheit eines Prozessagenten auf Grund des allgemeinen Prokuratorszwangs des Art. 23.1 LEC erforderlich, vgl. Banacloche Palao, Comentarios a la LEC, S. 695. Teilweise wird aber auch vertreten, dass auf die Anwesenheit des Prozessagenten bei persönlichem Erscheinen der Partei verzichtet werden kann, vgl. Gimeno Sendra, Proceso Civil Práctico, Band V, 3 – 127.

148 Vgl. dazu Art. 25.2.1.° LEC, der für diese Akte eine spezielle Bevollmächtigung verlangt, da diese von der allgemeinen Bevollmächtigung nicht umfasst sind (s. Art. 24 und 25.1 LEC: Die allgemeine Vollmacht umfasst alle Akte, die nicht auf Grund einer Vereinbarung oder per Gesetz ausgeschlossen sind).

149 Diese Regelung ist eigentlich überflüssig, da nach der allgemeinen Norm des Art. 31.1 LEC für den gesamten Prozess Anwaltszwang besteht, siehe dazu schon S. 35.

150 Verhandelt wird also, wenn der Anwalt des Beklagten fehlt, Art. 414.4 Satz 2 LEC, dazu sogleich.

bb. Fälle, in denen die Verhandlung stattfindet

Zur Durchführung des Vorverfahrens kommt es, wenn beide Parteien beim Termin zugegen sind, lediglich der Kläger erscheint oder der allein erschienene Beklagte ein legitimes Interesse an einer Sachentscheidung vorbringt und die jeweils erschienene Partei ordnungsgemäß vertreten ist (s.o.)[151].

(1) Bezüglich des Verfahrensablaufs bei Nichterscheinen des Beklagten (oder des Anwalts des Beklagten, s. Art. 414.4 Satz 2 LEC) verweist Art. 414.3 Absatz 2 Satz 2 LEC auf die allgemeinen Vorschriften und damit auf die Regeln der Säumnis. Danach wird der ordnungsgemäß geladene und nicht erschienene Beklagte unabhängig von einem Vertretenmüssen für säumig erklärt, Art. 496.1 LEC[152]. Im Anschluss daran wird die Verhandlung fortgeführt, ohne dass die Säumniserklärung auf der Seite des Beklagten zur Annahme eines Anerkenntnisses oder einem Zugestehen der vom Kläger vorgebrachten Tatsachen führt, es sei denn, das Gesetz bestimmt etwas anderes, vgl. Art. 496.2 LEC[153]. Die Konsequenz der Säumnis besteht vielmehr darin, dass sich der Beklagte der Möglichkeit beraubt, in der audiencia previa seinerseits Ausführungen zu machen, mit denen er im Normalfall zu einem späteren Zeitpunkt des Prozesses präkludiert ist[154]. Möglich ist es nämlich, dass der Beklagte wieder in den Prozess eintritt, zum Beispiel dadurch, dass er zum Haupttermin erscheint. In diesem Fall muss der Beklagte diesen gemäß Art. 499 LEC jedoch auf dem Stand übernehmen und akzeptieren, auf den ihn die anderen Prozessbeteiligten ohne seine Anwesenheit gebracht haben. Der Prozess, in dem der Beklagte ganz oder teilweise säumig war, wird also „normal" weiter betrieben[155] und endet mit einem gewöhnlichen Endurteil, das auch nicht als Versäumnisurteil gekennzeichnet ist[156]. Gegen dieses hat der säumige Beklagte nach Art. 500 LEC die gewöhnli-

[151] Dies ergibt sich aus einem Umkehrschluss des im vorigen Absatz Gesagten; vgl. dazu Juan Sánchez in: Ortells Ramos, Derecho Procesal Civil, S. 659.

[152] Vgl. Ortells Ramos, Derecho Procesal Civil, S. 341.

[153] Die Vorschrift des Art. 405.2 LEC, die es dem Richter erlaubt, von einem stillschweigenden Zugestehen der vom Kläger vorgebrachten Tatsachen auszugehen, wenn der Beklagte keine schriftliche Klageerwiderung präsentiert (siehe dazu S. 37), steht rein praktisch in einem gewissen Spannungsverhältnis dazu, vgl. Ortells Ramos, aaO, S. 343. Mit dieser Vorschrift dürfte es dem Richter entgegen den Säumnisvorschriften doch möglich sein, bei einem insgesamt passiven Beklagten von einem Zugestehen der vom Kläger vorgebrachten Tatsachen auszugehen.

[154] So Ortells Ramos, aaO, S. 343.

[155] „Normal" in dem Sinne, dass im Grundsatz keine weiteren rechtlichen Konsequenzen aus der Säumnis entstehen. Die Gegebenheiten in der Verhandlung ändern sich durch das Fehlen einer Partei natürlich entscheidend.

[156] Der spanische Zivilprozess kennt also kein „Versäumnisurteil" im eigentlichen Sinn, das als spezielle Reaktion auf die Säumnis des Beklagten ergeht. Wenn teilweise dennoch von Versäumnisurteilen gesprochen wird (siehe z.B. Correa Delcasso in: Presente y futuro del

chen Rechtsmittel[157]. Der dauerhaft säumige Beklagte hat darüber hinaus gemäß Art. 501 LEC die Möglichkeit, die Aufhebung eines bereits rechtskräftigen Urteils zu beantragen, falls er die Säumnis nicht zu vertreten hat[158]. An dieser Regelung und dem zuvor Gesagten wird deutlich, dass die Säumniserklärung für sich betrachtet für den Beklagten keine negativen Konsequenzen mit sich bringt, sondern ihn durch die Gewährung eines zusätzlichen Rechtsbehelfs im Gegenteil privilegiert. Die negativen Konsequenzen eines Nichterscheinens vor Gericht entstehen aber dadurch, dass weiterverhandelt wird und der Beklagte sich dabei nicht verteidigen kann, was er in der Regel zu einem späteren Zeitpunkt wegen des Eingreifens der Präklusion nicht mehr nachholen kann.

(2) Die eben dargestellten Verfahrensregeln sind nach dem Wortlaut des Gesetzes ausdrücklich nur dann anwendbar, wenn der *Beklagte* säumig ist. Kommt es allerdings ausnahmsweise zur Durchführung der audiencia previa, ohne dass der Kläger anwesend ist, wird das Verfahren in gleicher Weise betrieben werden müssen; eine Säumniserklärung bezüglich des Klägers kommt aber nicht in Betracht[159].

d. Der Verfahrensablauf der audiencia previa

aa. Einigungsversuch

(1) Nach Eröffnung des Verfahrens prüft der Richter nach Art. 415.1 LEC, ob „der Streit zwischen den Parteien fortbesteht". Diskutiert wird in diesem Zusammenhang, ob der Wortlaut des Gesetzes den Richter lediglich zu einer rein formalen Überprüfung zwingt oder ihn darüber hinaus in eine aktivere Rolle drängt, den Streit möglichst einvernehmlich zu lösen[160]. Die herrschende Meinung in der Literatur spricht sich dafür aus, den Richter in seinen Befugnissen eher zu begrenzen. Nach ihr soll der Richter zwar eine Einigung zu fördern suchen, es soll ihm aber nicht gestattet sein, den Parteien konkrete ergebnisbezogene Vorschläge zur Lösung des Konflikts zu unterbreiten[161]. Teilweise wird die Rolle des Richters zum Zeitpunkt der Verfahrenseröffnung sogar darauf beschränkt, ihm lediglich die Frage nach einer möglicherweise erfolgten Überein-

---

Proceso Civil, 395, 411), sind damit Urteile gemeint, die auf ein Verfahren hin ergehen, in dem der Beklagte säumig war.

[157] Zu den Rechtsmitteln siehe S. 118.

[158] Zu den Einzelheiten dieser Aufhebungsklage (genaue Tatbestände, Fristen) s. Martínez-Pereda Rodríguez, LEC, S. 598 ff.

[159] So Juan Sánchez in: Ortells Ramos, Derecho Procesal Civil, S. 659.

[160] Dazu Barona Vilar, ZZPInt 5 (2000), 153, 154 ff.

[161] So Montero Aroca, Derecho Jurisdiccional II, S. 228 und Gimeno Sendra, Proceso Civil Práctico, Band V, 3- 145, der um die Unparteilichkeit des Richters fürchtet.

kunft zu gestatten[162]. Eine andere Auffassung hingegen scheint dahin zu tendieren, dem Richter mehr Gestaltungsmöglichkeiten zu verleihen, um bereits in diesem frühen Verfahrensstadium zu einer gütlichen Streitbeilegung zu gelangen[163].
Die vorherrschende Auffassung, die dem Richter eine eher passive Rolle zukommen lassen will, kann sich auf den Wortlaut stützen. Für die Meinung, die den Richter in einer aktiveren Rolle sehen will, lässt sich immerhin die Gesetzesbegründung anführen, die vom Versuch der Einigung zu Beginn der audiencia previa spricht[164]. Die Gerichte scheinen den Auftrag des Art. 415.1 Absatz 1 LEC als bloßen Formalakt zu verstehen und fragen die Parteien lediglich danach, ob sie sich mittlerweile geeinigt hätten; eine einen Vergleich anstrebende Aktivität nehmen sie damit nicht vor[165]. Die Frage, ob die zurückhaltende Vorgehensweise der Gerichte zu Beginn des Prozesses unter dem Gesichtspunkt einer raschen Streiterledigung ein großer Verlust ist, lässt sich schwer beantworten. Einerseits erscheinen die Chancen, bereits in diesem frühen Zeitpunkt des Verfahrens, in dem die Parteien dem Gesetz nach noch kein Wort über den Streitgegenstand gewechselt haben, zu einem Vergleich zu gelangen, nicht allzu groß[166]. Andererseits haben einige Gerichte die Praxis entwickelt, schon vor der audiencia previa – bevor die Videoaufnahme beginnt, vor der sich einige Parteien zu scheuen scheinen, da damit jedes gesprochene Wort festgehalten wird[167] – einen Einigungsversuch zu unternehmen[168]. Zu diesem Zeitpunkt ist durch den schriftsätzlichen Vortrag der Parteien immerhin schon der ganze, in der Regel nicht mehr veränderbare Streitgegenstand dargestellt, so dass eine gewisse Basis für einen Vergleich gegeben ist. Insofern ist es sehr wohl denkbar, dass gleich zu Beginn der audiencia previa eine Einigung festgestellt wird. Insgesamt jedenfalls hat die Zahl der gütlichen Einigungen seit In-Kraft-Treten der LEC 2000 deutlich zugenommen[169].

(2) Wenn zwischen den Parteien eine vor der audiencia previa erfolgte Einigung stattgefunden hat, wird die Fortsetzung des Prozesses sinnlos. Aus diesem Grund bietet die LEC den Parteien zwei Möglichkeiten an, die außergerichtliche Übereinkunft in den Prozess einzuführen und diesen zu beenden. Zum einen

---

[162] Banacloche Palao in: Oliva Santos, Comentarios a la LEC, S. 698; Casas Cobo in: La interpretación judicial de la nueva LEC, S. 73.
[163] Barona Vilar, aaO, 153, 154, 156 und 157.
[164] Siehe EM LEC XII.9.
[165] So der Secretario Judicial Guillén Soria, Gespräch vom 14. November 2002.
[166] In diesem Sinne Gómez de Liaño González in: Instituciones del nuevo proceso civil, 68, 77.
[167] Anmerkung: Nach Art. 147 LEC ist zum Zwecke der Dokumentation grundsätzlich die gesamte mündliche Verhandlung per Video aufzunehmen. Näher dazu S. 68.
[168] So Casas Cobo in: La interpretación judicial de la nueva LEC, S. 72.
[169] So Garnica Martín in: La interpretación judicial de la nueva LEC, S. 57, freilich mit Bezug auf die Einigungen insgesamt und nicht nur auf den eben geschilderten ersten Einigungsversuch zu Beginn der audiencia previa.

können die Parteien vom Prozess nach dem Wortlaut des Art. 415.1 Absatz 2 Alt. 1 LEC „zurücktreten“, was rechtstechnisch so abgewickelt wird, dass der Kläger seine Klage zurücknimmt und der Beklagte sich damit einverstanden erklärt. Daraufhin erlässt das Gericht entsprechend Art. 20.2 und 3 Absatz 2 LEC eine mündliche Entscheidung, die die Einstellung des Verfahrens zum Inhalt hat und in der Prozessakte vermerkt wird[170]. Zum anderen kann der außergerichtliche Vergleich in einen Prozessvergleich umgewandelt werden, Art. 415.1 Absatz 2 Alt. 2 LEC. Dies geschieht in der Weise, dass das Gericht zunächst eine mündliche Entscheidung zur Beendigung des Vorverfahrens fällt, die ebenfalls in der Prozessakte vermerkt wird. Im Anschluss daran erlässt es einen Beschluss im Sinne des Art. 19.2 LEC[171], der dem außergerichtlichen Vergleich nunmehr die Qualität eines Prozessvergleichs und damit die Wirkung eines vollstreckbaren Titels verleiht, Art. 415.2 LEC[172]. Nach dem gleichen Muster ist zu verfahren, wenn sich die Parteien erst in der Verhandlung einigen. Der mündlichen Übereinkunft zwischen den Parteien folgt eine mündliche, in die Prozessakten aufzunehmende Entscheidung des Gerichts, die das Verfahren beendet, ehe das Gericht per Beschluss, der wiederum die Qualität eines vollstreckbaren Titels aufweist, die Übereinkunft bestätigt[173].
Zu beachten ist, dass der Prozessagent auf Grund der allgemeinen Vollmacht zur Vertretung der Partei im Prozess nicht berechtigt ist, einen Vergleich abzuschließen[174]. Die im Prozess selbst nicht anwesende Partei muss ihn deshalb dazu speziell bevollmächtigen, vgl. Art. 25.2.1.° LEC. Diese spezielle Vollmacht wird gemäß Art. 415.1 Absatz 3 LEC vom Gericht vor Abschluss des Vergleichs überprüft.

bb. Prüfung der Sachurteilsvoraussetzungen

Die Prüfung der Sachurteilsvoraussetzungen dürfte sich in der Praxis als wichtigste Funktion des Vorverfahrens herauskristallisieren, da diesbezüglich eine wesentliche Veränderung zur alten Regelung herbeigeführt wurde[175]. Nach der alten Rechtslage mussten die Parteien die fehlenden Sachurteilsvoraussetzungen grundsätzlich in Form von so genannten dilatorischen Einwendungen vorbringen, vgl. Art. 533 LEC a.F.[176]; taten sie dies nicht, konnte das Gericht erst mit dem Endurteil über das Vorliegen dieser Voraussetzungen befinden, was dem

---

170 Siehe dazu Montero Aroca, Derecho Jurisdiccional II, S. 226 und 227.
171 S. Barona Vilar, aaO, 153, 155.
172 Siehe Art. 517.2.3.° LEC, der auch den gerichtlich umgewandelten bzw. gerichtlich bestätigten außergerichtlichen Vergleich als Vollstreckungstitel ausreichen lässt.
173 Montero Aroca, aaO, S. 227 und 228.
174 Siehe dazu schon S. 43.
175 So Barona Vilar, ZZPInt 5 (2000), 151, 157.
176 Dazu Gimeno Sendra in: La aplicación práctica de la LEC, S. 153.

Prinzip der Prozessökonomie widersprach und eine rasche Beendigung des Prozesses verhinderte[177].
Ziel der Neuregelung ist es daher, mit einer bereits zu einem frühen Zeitpunkt des Prozesses größtenteils[178] von Amts wegen vorzunehmenden Überprüfung der Sachurteilsvoraussetzungen unnötige prozessuale Handlungen und unnötige Verfahren zu vermeiden[179]. Der Gesetzgeber versucht also, durch eine Erweiterung der Möglichkeiten zur Überprüfung der Sachurteilsvoraussetzungen durch das Gericht und die damit einhergehende Stärkung der richterlichen Position zu einer effektiveren Verfahrensbehandlung zu gelangen.

In Art. 416 LEC sind die vom Gericht zu prüfenden Sachurteilsvoraussetzungen aufgelistet, wobei nochmals anzumerken ist, dass die Frage der Gerichtsbarkeit und der Gerichtszuständigkeit gegebenenfalls in einem eigenen Verfahren überprüft wird, s. Art. 416.2 in Verbindung mit Art. 63 ff. LEC[180]. Konkret sind vom Gericht nach Art. 416.1 1.ª bis 5.ª LEC insbesondere folgende Punkte zu überprüfen:

(1) Die fehlende Partei- oder Prozessfähigkeit der Parteien[181] und fehlende bzw. nicht ordnungsgemäße Vertretung[182]:

Die fehlende Partei- oder Prozessfähigkeit ist vom Gericht nach Art. 9 LEC ebenso wie die nicht ordnungsgemäße Vertretung nach Art. 414.2 bis 4 LEC von Amts wegen zu beachten. Wenn das Gericht eine dieser Sachurteilsvoraussetzungen für nicht gegeben hält, sich dieser Mangel aber beheben lässt, gibt es der Partei Gelegenheit, die entsprechenden Schritte noch während der Verhandlung zu unternehmen. Ist dies auf die Schnelle nicht möglich, gewährt es – unter Unterbrechung des Verfahrens[183] – eine Frist von maximal 10 Tagen, um den Mangel zu beheben, Art. 418.1 LEC. Falls die Parteien dem nicht nachkommen oder es sich um einen unbehebbaren Mangel handelt, erlässt das Gericht einen prozessbeendenden Beschluss, Art. 418.2 LEC. Sollte der Mangel jedoch darin bestehen, dass der Beklagte als nicht anwesend gilt[184], wird er für säumig erklärt und der Prozess ohne ihn fortgesetzt, Art. 418.3 LEC[185].

---

[177] Damián Moreno, Revista general de Legislación y Jurisprudencia Nr. 2/2000, 175182; Barona Vilar, aaO, 157, 158.
[178] Im Einzelnen dazu sogleich; ob eine Überprüfung von Amts wegen vorzunehmen ist, ergibt sich in der Regel aus den konkreten Vorschriften.
[179] Barona Vilar, aaO, 158.
[180] S. dazu bereits S. 37.
[181] S. dazu Art. 6 bis 9 LEC.
[182] S. Art. 23 und 31 LEC und die Ausführungen S. 33.
[183] Zur Terminologie bezüglich einer Aussetzung oder Unterbrechung eines Prozesses siehe S. 55.
[184] Dies ist zum Beispiel der Fall, wenn er sich für das Verfahren keines Prozessagenten bedient, obwohl das Gesetz dies vorschreibt (siehe dazu S. 34).
[185] Zur Säumnis des Beklagten siehe bereits S. 44.

(2) Entgegenstehende Rechtskraft[186] oder Rechtshängigkeit[187]:

Dass die entgegenstehende Rechtskraft oder Rechtshängigkeit von Amts wegen zu beachten ist, wird vom Gesetz nicht ausdrücklich gesagt, ist aber in der Literatur allgemeine Auffassung[188]. Davon ging auch die Rechtsprechung zur alten Ley de Enjuiciamiento Civil aus[189]. Falls dem anhängigen Prozess die Rechtskraft oder die anderweitige Rechtshängigkeit des Streitgegenstandes entgegensteht, erlässt das Gericht während der audiencia previa eine mündliche Entscheidung[190] oder aber spätestens innerhalb von 5 Tagen einen schriftlichen Beschluss zur Einstellung des Verfahrens, Art. 421.1 und 3 LEC. Im gegenteiligen Fall ordnet es in der Regel im Termin[191] die Weiterführung des Prozesses an, Art. 421.2 LEC.

(3) Fehlen eines notwendigen Streitgenossen[192]:

Die Streitgenossenschaft war in der alten LEC nicht geregelt. Der prozessuale Umgang mit einer Mehrheit von Parteien erfolgte ohne gesetzliche Basis nach den von Rechtsprechung und Literatur entwickelten Regeln. Nunmehr ist die Streitgenossenschaft in den Art. 12 bis 15 LEC geregelt. Nach Art. 12.1 LEC ist eine einfache Streitgenossenschaft möglich, wenn die jeweiligen Klagen aus dem gleichen Recht oder Klagegrund entspringen. Eine notwendige Streitgenossenschaft – um diese geht es in Art. 416.1.3.ª und dem sogleich darzustellenden Art. 420 LEC – liegt gemäß Art. 12.2 LEC vor, „wenn mehrere Personen verklagt werden müssen, um einen effektiven gerichtlichen Rechtsschutz zu erlangen“[193].

Nach Art. 420.1 LEC muss der Beklagte das Fehlen eines notwendigen Streitgenossen auf der Beklagtenseite[194] einwenden, damit das Gericht sich mit der Fra-

[186] Zur Rechtskraft siehe Art. 222 LEC.
[187] Zur Rechtshängigkeit siehe Art. 410 bis 413 LEC.
[188] Siehe z.B. Gómez de Liaño González, aaO, 78; Gimeno Sendra, Proceso Civil Práctico, Band V, 3 – 125; Muñoz González, Tribunales de Justicia Juni 2003, 50.
[189] SSTS vom 6. Juni 1998 (RJ 3718) und vom 23. Juli 2001 (RJ 8410); SAP Madrid vom 9. April 2002, Tribunales de Justicia Juni 2003, 46, 49.
[190] So Montero Aroca, Derecho Jurisdiccional II, S. 232.
[191] Falls es die Schwierigkeit der sich stellenden Fragen erfordert, ist ebenfalls ein Beschluss innerhalb von 5 Tagen möglich, Art. 421.3 LEC.
[192] Ausführlich dazu Seijas Quintana in: La LEC tras dos años de vigencia, S. 12 f.
[193] Im Einzelnen ist hier allerdings vieles strittig und unklar, vgl. dazu Díez-Picazo Giménez, Derecho Procesal Civil, S. 177 ff; López-Fragoso Álvarez in: La aplicación práctica de la LEC, S. 85 ff.
[194] Das Gesetz geht – der bisher herrschenden Rechtsprechung (siehe z. B. STS vom 3. Juni 1993, RJ 4832) und Lehre folgend - davon aus, dass eine notwendige Streitgenossenschaft nur

ge der notwendigen Streitgenossenschaft beschäftigt. Eine Überprüfung von Amts wegen wird damit nach dem Wortlaut des Gesetzes nicht vorgenommen[195]. Gegen dieses Ergebnis wendet sich die Literatur mit dem Hinweis, dass es sich um eine Prozessvoraussetzung handelt. Eine solche sei immer von Amts wegen zu beachten[196]. Auch die höchstrichterliche Rechtsprechung war nach dem alten Recht der Auffassung, dass das Fehlen eines notwendigen Streitgenossen von Amts wegen zu würdigen sei[197]. Die Provinzgerichte haben diese Rechtsprechung auch nach In-Kraft-Treten der neuen LEC beibehalten[198].

Im Einzelnen bestimmt Art. 420 LEC Folgendes:
Falls der Beklagte in der Klageerwiderung das Fehlen eines notwendigen Streitgenossen einwendet, kann der Kläger die Klage – ohne Änderung des Streitgegenstandes (Art. 420.1 Absatz 2 LEC) – nachträglich gegen die Streitgenossen richten. Im Falle, dass das Gericht die Streitgenossenschaft für notwendig hält, erklärt es dies daraufhin mittels einer mündlichen Entscheidung, ordnet die Ladung der neuen Parteien an und setzt das Verfahren bis zur Klageerwiderung durch die Streitgenossen aus, Art. 420.1 Absatz 1 LEC. Wenn sich der Kläger einer Parteierweiterung widersetzt, hört das Gericht die Parteien und entscheidet entweder in der Verhandlung durch mündliche Entscheidung oder aber durch schriftlichen Beschluss spätestens fünf Tage nach der audiencia previa. In diesem Fall wird vom eben erwähnten Punkt abgesehen normal weiterverhandelt, Art. 420.2 LEC. Hält das Gericht eine Streitgenossenschaft für notwendig, setzt es dem Kläger unter Aussetzung des Verfahrens eine Frist von mindestens 10 Tagen, die Klage auch gegen die Streitgenossen zu richten, Art. 420.3 LEC; tut dies der Kläger nicht, erlässt das Gericht nach Art. 420.4 LEC einen Einstellungsbeschluss.

---

auf Beklagtenseite bestehen kann. Dieser Ansatz wird von der Literatur zunehmend kritisiert, vgl. Díez-Picazo Giménez, aaO, S. 179, 180; López-Fragoso Álvarez, aaO, S. 90.

195 Zur Aussage des Gesetzes s. Martín García, Actualidad Civil 2000 (Nr. 29), 1051, 1073.

196 Ausführlich dazu López-Fragoso Álvarez, aaO, S. 88 ff; der gleichen Meinung sind Díez-Picazo Giménez, aaO, S. 183; Martín García, Actualidad Civil 2000 (Nr. 29), 1051, 1073; Gimeno Sendra, aaO, 3 – 125.

197 STS vom 15. April 1982 (RJ 1951).

198 SAP Alicante vom 1. Februar 2002 (Rec. 381/2001); SAP Cuenca vom 28. Juni 2001 (Rec. 67/2001); AAP La Rioja vom 31. Juli 2002 (Rec. 340/2002); SAP Zamora vom 20. Juni 2002 (Rec. 194/2002), abgedruckt bei Cobo Plana, S. 61 ff.

(4) Ungeeignete Verfahrensart[199]:

Die Verfahrensart wird nach den Kriterien der Materie oder des Streitwertes bestimmt, vgl. Art. 249 und 250 LEC[200]. Das Gericht hat nach Art. 254.4 LEC bei der Zulassung der Klage von Amts wegen zu überprüfen, ob der Kläger die richtige Verfahrensart gewählt hat[201]. Nach erfolgter Zulassung der Klage obliegt es gemäß Art. 255.1 und 2 LEC dem Beklagten, den Einwand des falschen Verfahrens geltend zu machen[202]; eine Überprüfung durch das Gericht erfolgt in der audiencia previa also nur auf Antrag des Beklagten.

Über den Einwand, auf Grund des Streitwertes müsse im juicio verbal entschieden werden, wird immer mündlich in der audiencia previa entschieden. Art. 422.1 LEC. Sieht das Gericht den Einwand als berechtigt an, beendet es das Verfahren und lädt die Parteien gemäß Art. 422.2 Absatz 2 LEC zu einem neuen Termin, der den Regeln des juicio verbal folgt. Ist dies nicht der Fall, wird das Verfahren im juicio ordinario fortgesetzt. Falls eingewendet wird, der juicio ordinario sei auf Grund der Materie nicht die richtige Prozessart, kann das Gericht auch per Beschluss innerhalb von fünf Tagen über diese Frage mit den eben geschilderten möglichen Inhalten entscheiden, wobei der Prozess bezüglich der restlichen Fragen zunächst einmal fortgesetzt wird, Art. 423.2 LEC.

(5) Fehlerhafte Klage- oder Widerklageerhebung wegen mangelnder Klarheit oder Genauigkeit in der Bestimmung der Parteien oder des Klageantrags[203]:

Diese auch von Amts wegen zu überprüfenden Mängel (s. dazu Art. 424.1 LEC) werden sich in der Regel in der Verhandlung beheben lassen, so dass ein Einstellungsbeschluss gemäß Art. 424.2 LEC nur dann erfolgt, wenn es „absolut unmöglich ist, zu bestimmen, worin die Anträge des Klägers bzw. Widerklägers bestehen oder gegen wen sich die Klage richtet".

(6) Als Ergänzung zu den geschilderten Vorschriften fungiert Art. 425 LEC. Dieser bestimmt, dass im Vorverfahren auch über alle anderen prozessualen Fragen entschieden werden muss, die von einer Partei oder von Amts wegen aufgeworfen werden. Insofern ist die Aufzählung des Art. 416 LEC nicht abschließend[204]. Verhandelt wird über diese Punkte analog den Vorschriften für die explizit erwähnten Sachurteilsvoraussetzungen[205].

---

[199] Vgl. Art. 249 ff. LEC. S. 24 und S. 78.
[200] Siehe S. 24 und S. 78.
[201] Ausführlich dazu Aguilera Morales, Tribunales de Justicia Februar 2001, 23, 27.
[202] Siehe dazu Gimeno Sendra in: La aplicación práctica de la LEC, S. 153.
[203] Siehe dazu Art. 399 (Klage) und Art. 406 LEC (Widerklage).
[204] Oliva Santos, Derecho Procesal Civil, S. 574; Casas Cobo in: La interpretación judicial de la nueva LEC, S. 74..
[205] Montero Aroca, Derecho Jurisdiccional II, S. 234.

cc. Abgrenzung des Streitgegenstandes

Nachdem festgestellt wurde, dass alle notwendigen Sachurteilsvoraussetzungen vorliegen, soll versucht werden, den Streitgegenstand möglichst exakt einzugrenzen. Auf diese Weise soll erreicht werden, unnötige Diskussionen zu vermeiden, so dass sich der folgende Haupttermin nur noch mit den wesentlichen Problempunkten auseinander zu setzen hat und eine Konzentration auf das Entscheidende erfolgt[206]. An dieser Stelle des Verfahrens ist es den Parteien auch möglich, ihre bisherigen Ausführungen zu erläutern, zu ergänzen oder unter den im Anschluss genannten Voraussetzungen zu verändern. Insofern stellt dieser Verfahrensabschnitt einen wichtigen Zeitpunkt dar, in dem Ausnahmen von der grundsätzlich schon mit der Klageerhebung bzw. Klageerwiderung eintretenden Präklusionswirkung zugelassen werden[207].

(1) Nach Art. 426.1 können die Parteien in der audiencia previa ihre bisherigen Ausführungen – in der Regel ohne die Möglichkeit, den Streitgegenstand zu verändern[208] – in tatsächlicher und rechtlicher Hinsicht ergänzen, falls der Vortrag der Gegenpartei dazu Anlass gibt. Ebenso ist es ihnen gestattet, ihr bisheriges Vorbringen zu erläutern und Nebenpunkte zu berichtigen[209], falls die Berichtigung den Streitgegenstand unberührt lässt, Art. 426.2 LEC.

(2) Neue, den Streitgegenstand erweiternde oder verändernde Anträge werden nur ausnahmsweise zugelassen, nämlich wenn die Gegenpartei damit einverstanden ist oder das Gericht den neuen Antrag zulässt, Art. 426.3 LEC. Eine Zulassung durch das Gericht erfolgt gemäß Art. 426.3 LEC allerdings nur dann, wenn die Gegenpartei dadurch in ihrer Verteidigungsmöglichkeit nicht beeinträchtigt wird[210]. Wann dies der Fall ist, ist – soweit ersichtlich – von der Rechtsprechung[211] noch gar nicht und von der Literatur lediglich ansatzweise behandelt worden. Die Auffassungen in der Literatur scheinen dahin zu gehen, die

---

[206] Seijas Quintana in: La LEC tras dos años de vigencia, S. 9.
[207] Ortells Ramos, Preclusión, S. 46.
[208] Montero Aroca, Derecho Jurisdiccional II, S. 236.
[209] Von dieser Fallgruppe sind tatsächliche und rechtliche Elemente erfasst, die den Streitgegenstand präzisieren, ohne ihn zu verändern. Siehe Gimeno Sendra, Proceso Civil Práctico, Band V, 3 – 255.
[210] Näher zu den Voraussetzungen der Zulässigkeit eines neuen Antrags Gimeno Sendra, Proceso Civil Práctico, Band V, 3 – 257.
[211] Vgl. SAP Burgos vom 19. Juni 2002 (JUR 225808). Das Gericht lehnt eine Anwendung des Art. 426.3 LEC mit dem Argument ab, dass die gegnerische Partei mit einer Klageänderung nicht einverstanden sei. Es geht damit auf die Frage der Verteidigungslosigkeit gar nicht ein.

Verteidigungsmöglichkeit zu verneinen, wenn eine wesentliche Veränderung der ursprünglichen Klage vorgenommen wird[212].

(3) Weiterhin können die Parteien neue oder neu bekannt gewordene Tatsachen – also solche, die erst nach der Klage oder Klagebeantwortung entstanden oder ihnen nach diesen Zeitpunkten bekannt geworden sind – vorbringen, Art. 426.4 in Verbindung mit Art. 286.4 LEC. Das Vorbringen von neuen Tatsachen *weist* das Gericht jedoch zurück, wenn die Partei nicht glaubhaft macht, dass die Tatsachen erst nach der Klageerhebung bzw. Klageerwiderung eingetreten sind, Art. 286.4 Absatz 1 Satz 1 LEC. Das Vorbringen von neu bekannt gewordenen Tatsachen *kann* zurückgewiesen werden, wenn nicht ersichtlich ist, warum die Partei diese nicht schon zu dem vom Gesetz eigentlich vorgesehenen Zeitpunkt (s.o.) geltend gemacht hat, Art. 286.4 Absatz Satz 2 LEC. Das Risiko einer ungenügenden Glaubhaftmachung trägt also immer die vorbringende Partei. Art. 286.4 Absatz 2 LEC gibt dem Gericht über die Zurückweisung des Vorbringens hinaus die Möglichkeit, ein Ordnungsgeld zwischen 120 und 600 € zu verhängen, wenn das Vorbringen in Verzögerungsabsicht oder bösgläubig erfolgt.

Nach Art. 426.5 LEC können die Parteien in allen Fällen, in denen Erläuterungen, Ergänzungen, Berichtigungen, neue Anträge oder neue Tatsachen vorgebracht werden, die geeigneten Urkunden und Gutachten vorlegen, die das Vorgebrachte belegen.

(4) Erwähnenswert ist, dass nach Art. 426.6 LEC das Gericht die Parteien von Amts wegen auffordern kann, zusätzliche Ausführungen hinsichtlich des Sachverhalts[213] zu machen. Kommt die ersuchte Partei dem nicht nach, hat dies zur Konsequenz, dass das Gericht hinsichtlich des Punktes, zu dem es die Parteien um weitere Erläuterungen bat, den vom Gegner vorgebrachten Sachverhalt annimmt. Auch an dieser Bestimmung zeigt sich, dass das Gesetz dem Richter verstärkte materielle Leitungsbefugnisse zuerkennt, um eine effektive und ökonomische Verfahrensweise zu gewährleisten[214].

(5) Schließlich haben die Parteien gemäß Art. 427.1 und 2 LEC die Möglichkeit, sich über die von der Gegenseite bislang vorgelegten Dokumente und Gutachten

---

[212] Martín García, Actualidad Civil 2000 (Nr. 29), 1051, 1077; Gimeno Sendra, Proceso Civil Práctico, Band V, 3 – 257. Dann stellt sich freilich die Frage, was eine wesentliche Veränderung der Klage ist.

[213] Obwohl der Wortlaut der Vorschrift („Tatsachen und Begründungen") nicht eindeutig ist, bezieht sich Art. 426.6 lediglich auf den Sachverhalt, da hinsichtlich der rechtlichen Bewertung der Grundsatz „iura novit curia" gilt, vgl. Gimeno Sendra, aaO, 3 – 256.

[214] So auch Damián Moreno, Revista general de Legislación y Jurisprudencia Nr.2/2000, 175, 183; Gómez de Liaño González in: Instituciones del proceso civil, 69, 78.

zu erklären, diese zuzulassen, anzuerkennen oder anzugreifen (beispielsweise kann deren Authentizität bestritten werden)[215].

dd. Festlegung der Beweismittel

(1) Nachdem die Prozessbeteiligten Klarheit über den Streitgegenstand gewonnen haben, dient der weitere Verlauf der audiencia previa dazu, die streitigen von den nichtstreitigen Tatsachen zu trennen und damit die beweisbedürftigen Tatsachen herauszufiltern, Art. 428.1 LEC. Stehen die beweisbedürftigen Tatsachen fest, werden nach Art. 429.1 Absatz 1 LEC die entsprechenden Beweise von den Parteien vorgeschlagen und vom Gericht zugelassen[216]. Obwohl vom Gesetz eigentlich nicht vorgesehen, werden die Beweise in der Praxis teilweise schriftlich beantragt[217]. Falls das Gericht die vorgeschlagenen Beweise für unzureichend erachtet, um die behaupteten Tatsachen zu beweisen, kann es nach Art. 429.1 Absatz 2 Satz 1 LEC die Parteien darauf hinweisen, damit diese ihre Beweisvorschläge gegebenenfalls ergänzen oder verändern. Nach Art. 429.1 Absatz 2 Satz 2 LEC kann die richterliche Aktivität sogar soweit gehen, den Parteien die Aufnahme eines bestimmten Beweises vorzuschlagen[218]. Keinesfalls kann das Gericht aber einen Beweis von Amts wegen festsetzen[219]. Dies ergibt sich schon aus der Vorschrift des Art. 282 LEC, die besagt, dass eine Beweisaufnahme nur auf Antrag der Parteien durchgeführt wird[220]. Die Praxis scheint die Vorschrift des Art. 429.1 Absatz 2 LEC eher vorsichtig zu handhaben. Sie ist der Auffassung, dass das Gericht nur dann den Vorschlag der Aufnahme eines bestimmten Beweises in Betracht ziehen sollte, wenn die Parteien nicht anwaltlich vertreten sind. Ansonsten würde es genügen, wenn es auf das bisher ungenügende Beweisangebot aufmerksam mache[221].
(2) Sollte sich in der audiencia previa ergeben, dass der Sachverhalt unstreitig ist und es lediglich in der rechtlichen Bewertung Differenzen gibt, kommt es zu keinem Haupttermin mehr; in diesem Fall fällt das Gericht sein Urteil innerhalb

---

[215] Vgl. auch Barona Vilar, ZZPInt 5 (2000), 151, 158.
[216] Zum Beweisverfahren und dessen Ablauf s. Esparza Leibar, El dictamen de peritos en la LEC, S. 83 ff.
[217] So Picó i Junoy in: La interpretación judicial de la nueva LEC, S. 22.
[218] Kritisch dazu Seijas Quintana in: La LEC tras dos años de vigencia, S. 18, der dadurch den Dispositionsgrundsatz verletzt sieht.
[219] Montero Aroca, Derecho Jurisdiccional II, S. 239; Picó i Junoy, aaO, S. 22.
[220] In seinem Satz 2 bestimmt Art. 282 LEC abweichend von der allgemeinen Regel, dass eine Beweisaufnahme von Amts wegen angeordnet werden kann, wenn das Gesetz dies bestimmt. Diese Ausnahmefälle finden sich im normalen Prozess lediglich bei den „diligencias finales" (siehe dazu S. 70). Eine größere Bedeutung hat die Anordnung der Beweisaufnahme von Amts wegen in den besonderen Prozessen des 4. Buches der LEC (Verfahren zur Aberkennung der Geschäftsfähigkeit, zur Abstammung, zum Ehestand und zu Fragen des Kindschaftsrechts), s. Art. 752 LEC. Vgl. dazu auch Asencio Mellado in: La aplicación práctica de la LEC, S. 203.
[221] SAP Ciudad Real vom 28.05.2002 (JUR 178917).

von 20 Tagen nach Beendigung der Vorverhandlung, vgl. Art. 428.3 LEC. Ebenfalls ohne Haupttermin entscheidet das Gericht, wenn der einzige Beweis ein Urkundenbeweis oder ein bereits schriftlich eingeführter Sachverständigenbeweis ist, bei dem alle Prozessbeteiligten auf das persönliche Erscheinen des Sachverständigen im Haupttermin verzichtet haben. Auch in diesem Fall fällt das Gericht nach Art. 429.8 LEC innerhalb von 20 Tagen das Urteil.

(3) Hervorzuheben ist, dass das Gesetz in Form des Art. 428.2 LEC auch in dieser letzten Phase der audiencia previa einen Einigungsversuch vorsieht[222]. Danach kann das Gericht die Parteien – nachdem sie sich über die tatsächlich strittigen Punkte nochmals Klarheit verschafft haben – dazu „ermahnen“ (so der Wortlaut), eine Einigung anzustreben, die den Rechtsstreit beendet. Im Gegensatz zum Einigungsversuch zu Beginn der audiencia previa nach Art. 415 LEC, bei dem es strittig ist, wie aktiv das Gericht diesbezüglich sein darf[223], ist der Wortlaut des Art. 428.2 LEC eindeutig. Er spricht dem Richter eine aktive und gestaltende Rolle zu, die auf eine konkrete Einigung ausgerichtet ist[224].

6. Der Haupttermin

a. Zeitpunkt des Termins

Hat das Vorverfahren zu keiner Einigung der Parteien geführt, kommt es zum Haupttermin. Dieser findet in der Regel innerhalb eines Monats nach Durchführung des Vorverfahrens statt, Art. 429.2 LEC. Nur ausnahmsweise, nämlich wenn es zu separaten Beweiserhebungen außerhalb des Gerichtssitzes kommt[225], darf diese Frist 2 Monate betragen, s. Art. 429.3 LEC. Eine separate Ladung der Parteien zum Haupttermin erfolgt nicht; nach Art. 429.2 in Verbindung mit Art. 182 LEC gibt das Gericht den Termin am Ende der audiencia previa per Verfügung bekannt.

b. Konzentration, Aussetzung und Unterbrechung

---

[222] Zur praktischen Bedeutung dieses Einigungsversuchs (freilich anhand der Erfahrungen nach dem Art. 692 LEC a.F.) s. Barrilero Yarnoz in: Lledó Yagüe, Comentarios a la nueva LEC, S. 422.

[223] S. dazu schon S. 45.

[224] Vgl. zu dieser allgemeinen Auffassung nur Gimeno Sendra in: Proceso Civil Práctico, Band V, 3 – 277, der von einem „gewissen imperativen Inhalt der Ermahnung“ ausgeht. Die Einzelheiten bezüglich der Frage, in welchem Ausmaß der Richter eine Einigung anstreben kann, sind freilich auch hier strittig, vgl. Casas Cobo in: La interpretación judicial de la nueva LEC, S. 73.

[225] Zur Erläuterung: Nach Art. 290 LEC wird die Beweiserhebung in der Regel während des Haupttermins und in einem Akt vorgenommen. Lediglich wenn dies nicht möglich ist, kann ausnahmsweise ein separater Termin zur Beweisaufnahme durchgeführt werden.

Im Normalfall wird die Verhandlung in einem Termin durchgeführt. Lediglich falls eine umfangreichere Beweisaufnahme anfällt, werden gemäß Art. 429.7 LEC mehrere Termine angesetzt. Um die Konzentration auf einen Termin zu erhalten, ist auch die Möglichkeit, Prozesstermine auszusetzen oder zu unterbrechen, sehr eingeschränkt. Zu beachten ist in diesem Zusammenhang, dass die spanische Terminologie mit „Aussetzung“ die Verschiebung des festgesetzten Termins für die Verhandlung meint, mit der überhaupt noch nicht begonnen wurde, während sich „Unterbrechung“ auf eine bereits begonnene Verhandlung bezieht[226].

aa. Aussetzung der Haupttermins („Suspensión")

Nach Art. 188.1 LEC ist eine Aussetzung und damit eine Verschiebung des Haupttermins nur in den folgenden Fällen zulässig:

1. Wenn die Durchführung des Termins die Fortführung eines anderen Prozesses, der am Vortag begonnen wurde, verhindern würde.
2.° Wenn nicht die ausreichende Zahl an Richtern anwesend ist[227].
3.° Wenn die Parteien dies übereinstimmend beantragen und sie einen nachvollziehbaren Grund darlegen.
4.° Wenn eine Partei nicht vernommen werden kann und nicht schon früher eine Verschiebung des Termins nach Art. 183 LEC beantragt werden konnte[228].
5.° Wenn es dem Anwalt einer Partei auf Grund von Tod, Krankheit oder einem anderen schwerwiegenden Grund nicht möglich ist, zur Verhandlung zu erscheinen.
6.° Wenn der Anwalt einer Partei zur gleichen Zeit zwei Termine an verschiedenen Gerichten hätte und er zuvor erfolglos nach Art. 183 LEC versucht hatte, die Terminkollision zu vermeiden.
7.° Wenn es das Gesetz anordnet[229].

bb. Unterbrechung des Haupttermins („Interrupción“)

Nach Art. 193.1 LEC kommt eine Unterbrechung eines bereits begonnenen Haupttermins nur in Betracht:

1.° Wenn das Gericht über einen Zwischenstreit zu entscheiden hat, den es nicht in demselben Haupttermin lösen kann[230]. An dieser Stelle wird das Bemühen des

---

226 Oliva Santos, Comentarios a la LEC, S. 350.
227 Nach Art. 417.9,10 und 11; 418.8 und 419.4 LOPJ hat das unentschuldigte Fehlen eines Richters disziplinarrechtliche Konsequenzen.
228 Näher zum Antrag auf eine neue Terminierung s. Magro Servet, Proceso Civil Práctico, Band II, 2 – 438.
229 Vgl. z.B. Art. 64.1 LEC: Der Prozess wird ausgesetzt, wenn die Unzuständigkeitseinrede erhoben wird. Zu weiteren Fällen s. Oliva Santos, Comentarios a la LEC, S. 338.

Gesetzes, Zwischenstreite nicht in einem separaten Verfahren, sondern im Rahmen des Haupttermins zu lösen, deutlich[231]. Gerade die abgesonderte Durchführung von Zwischenverfahren mit gleichzeitiger Unterbrechung des Haupttermins war in der Vergangenheit häufig ein Grund dafür, dass sich das Verfahren stark verzögerte. Die mit Art. 193.1.1.° LEC korrespondierende Vorschrift des Art. 390 LEC lässt daher eine Unterbrechung des Hauptverfahrens und eine abgesonderte Entscheidung über die Zwischenfrage nur noch dann zu, wenn es sich um Fragen handelt, die auf Grund ihrer Art ein Hindernis für die Fortführung des Prozesses darstellen. Beispielhaft dafür sei der Streit über die Parteifähigkeit einer Partei genannt, der wegen eines nach der audiencia previa eingetretenen Ereignisses entstanden ist, vgl. Art. 391.1 LEC.
2.° Wenn eine Beweisaufnahme außerhalb des Gerichtssitzes vorgenommen werden muss und diese nicht zwischen zwei ohnehin anfallenden Sitzungen durchgeführt werden kann.
3.° Wenn die gerichtlich geladenen Zeugen oder Sachverständigen nicht erschienen sind und das Gericht ihre Aussage für unerlässlich hält.
4.° Wenn Gründe vorliegen, die eine Aussetzung rechtfertigen würden, s.o.

Nach der Unterbrechung wird das Verfahren nach Behebung des Hindernisses im Regelfall in dem Stand wieder aufgenommen, zu dem es unterbrochen wurde, Art. 193.2 LEC. Wenn der neue Termin allerdings später als 20 Tage nach der Unterbrechung stattfindet, muss das Verfahren so früh wie möglich wieder von vorn begonnen werden, Art. 193.3 LEC.

c. Vertretungs- und Säumnisvorschriften

Nach Art. 432.1 LEC müssen sich die Parteien im Haupttermin durch einen Prozessagenten vertreten und durch einen Rechtsanwalt verteidigen lassen[232]. Das Verfahren wird nicht durchgeführt, wenn keine der beiden Parteien erscheint, Art. 432.2 Satz 1 LEC. Wann ein Nichterscheinen einer Partei allerdings angenommen werden muss, wird von der Rechtsprechung und Literatur nicht einheitlich beantwortet. Die Rechtsprechung hat sich bisher lediglich dahingehend geäußert, dass die Anwesenheit des Prozessagenten zwingend erforderlich ist[233]. Eine Auffassung in der Literatur setzt Art. 432.2 LEC in Verbindung mit Art. 432.1 LEC, so dass sie ein Nichterscheinen einer Partei bejaht, wenn sie entweder ohne Prozessagent oder ohne Rechtsanwalt auftritt[234]. Eine andere Auffassung will es auf den Prozessagenten ankommen lassen; ist er nicht anwesend,

---

[230] Siehe Art. 387 bis 393 LEC über die Behandlung von Zwischenstreiten.
[231] Nach Montero Aroca, Derecho Jurisdiccional I, S. 386 versucht die LEC damit auch über die Bestimmung des Inhalts des Prozesses zu einer größtmöglichen Konzentration zu gelangen.
[232] Zum Vertretungszwang durch Prozessagent und Rechtsanwalt allgemein s. S. 33.
[233] SAP Girona vom 27.5.2002 (JUR 191205).
[234] In diesem Sinne zu verstehen wohl Montero Aroca, Derecho Jurisdiccional II, S. 240.

soll die Partei als nicht erschienen angesehen werden[235]. Eine weitere Auffassung schließlich nimmt ein Nichterscheinen an, wenn weder die Partei persönlich noch deren Prozessagent erschienen ist[236]. Einigkeit herrscht lediglich darin, dass das persönliche Erscheinen der Partei selbst – von Ausnahmefällen abgesehen[237] – nicht erforderlich ist.

Ist keine der Parteien erschienen, erklärt das Gericht den Rechtsstreit für entscheidungsreif und fällt auf der Grundlage der bisherigen Erkenntnisse sein Urteil, s. Art. 432.2 Satz 1 LEC. Falls nur eine Partei erscheint, findet die Verhandlung hingegen statt, Art. 432.2 Satz 2 LEC. Das Nichterscheinen einer Partei hindert also nicht die Durchführung des Haupttermins[238] und hat auch – von der praktischen Situation abgesehen[239] – keine rechtlich nachteiligen Konsequenzen für die nicht anwesende Partei.

d. Prinzipien der Verhandlung

aa. Prinzipien, die den Prozess beschleunigen sollen
Bei der Ausgestaltung des Haupttermins hat der spanische Gesetzgeber versucht, den Verfahrensprinzipien der Unmittelbarkeit, Konzentration und Mündlichkeit einen größtmöglichen Geltungsbereich zu verschaffen; diesbezüglich führt er in der Gesetzesbegründung immer wieder an, dass es ihm auf einen Prozess ankommt, in dem die Prinzipien der Unmittelbarkeit, der Konzentration und der Mündlichkeit regieren[240]. Neben rechtsstaatlichen Zielen[241] verfolgt der Gesetzgeber damit offensichtlich das Ziel, zu einem schnellen und effektiven Prozess zu gelangen[242]. In seinen Augen ist gerade die Verwirklichung dieser Prinzipien ein wesentliches Instrument zur Straffung des gerichtlichen Verfahrens[243].

---

235 López-Fragoso Álvarez in: Proceso Civil Práctico, Band V, 4 – 14.
236 Vgl. Banacloche Palao in: Oliva Santos, Comentarios a la LEC, S. 729 f. Fehlt der Rechtsanwalt, will Banacloche die Partei trotzdem als erschienen behandeln. Gleichwohl spricht er der Partei in diesem Fall die Fähigkeit ab, wirksam Prozesserklärungen abzugeben, so dass im Ergebnis kein Unterschied zum Nichterscheinen der Partei besteht.
237 Dazu López-Fragoso Álvarez in: Proceso Civil Práctico, Band V, 4 – 14.
238 Martínez-Pereda Rodríguez, LEC, S. 543.
239 Nach Banacloche Palao in: Oliva Santos, Comentarios a la LEC, S. 729 beraubt sich die Partei insbesondere der Möglichkeit, Fragen zu stellen, die Beweise zu bewerten und die entsprechenden Schlussfolgerungen zu ziehen.
240 EM LEC XII.7, IX.1, X.8.
241 Für gewöhnlich wird argumentiert, dass die Durchführung eines mündlichen Verfahrens zugleich dem Erfordernis eines öffentlichen Verfahrens dient, das von Art. 120.1 CE verlangt wird, s. Montero Aroca, Derecho Jurisdiccional I, S. 380 ff. Vgl. zum verfassungsrechtlichen Aspekt der Verfahrensprinzipien auch Montón Redondo, Tribunales de Justicia Juli 2002, 1 und 4 ff.
242 So Esparza Leibar, Principios del Procedimiento, 1.
243 Siehe dazu Libro Blanco, S. 83, das davon spricht, dass die Prinzipien der Unmittelbarkeit, Mündlichkeit und Konzentration ein höchstes Maß an effektivem Rechtsschutz garantieren.

Auf die konkrete Ausgestaltung der genannten Prinzipien durch die LEC 2000 wird jeweils im entsprechenden Verfahrensabschnitt des Haupttermins (s. dazu sogleich unter e.) eingegangen. Zuvor soll jedoch die vor der Gesetzesreform bestehende Lage hinsichtlich der Mündlichkeit und der Unmittelbarkeit dargestellt werden, um die Maßnahmen des Reformgesetzgebers besser einordnen und nachvollziehen zu können.

bb. Mündlichkeit

Wie bereits angesprochen, ist der erweiterte Anwendungsbereich der Mündlichkeit im reformierten spanischen Verfahren nach der Auffassung des Gesetzgebers eines der wichtigsten Mittel, den Prozess zu beschleunigen. Aus diesem Grund sieht das Gesetz vor, dass der Hauptttermin (wie auch die audiencia previa) in mündlicher Form stattfindet, vgl. Art. 433 LEC[244]. Die unmittelbar vor der Reform des Prozessrechts geltenden Regelungen wiesen bezüglich der Modalitäten der Mündlichkeit und Schriftlichkeit allerdings auch schon in die Richtung eines mündlichen Verfahrens. Bereits vor der Zivilprozessrechtsreform des Jahres 2000 bestimmte die spanische Verfassung aus dem Jahre 1978 in Art. 120.2 CE, dass das gerichtliche Verfahren vorwiegend mündlich durchzuführen ist, vor allem, wenn es sich um eine strafrechtliche Materie handelt[245]. Trotz dieser Hervorhebung des strafrechtlichen Verfahrens ist es allgemeine Auffassung, dass das Postulat des Art. 120.2 CE auch im zivilprozessualen Verfahren weitestgehend erfüllt werden muss[246]. Gleiches besagt das spanische Gerichtsverfassungsgesetz von 1985 in seinem Art. 229.1 LOPJ, in dem es den verfassungsrechtlichen Wortlaut wiederholt. Auch die speziellen zivilprozessualen Vorschriften verlangten in bestimmten Teilen des Verfahrens die mündliche Form. Beispielsweise sollte in dem durch die Reform des Jahres 1984 zum normalen Erkenntnisverfahren erhobenen „juicio de menor cuantía" zwingend ein mündliches Vorverfahren („comparecencia") durchgeführt werden[247]. Für das weitere Verfahren des juicio de menor cuantía wie auch für die wesentlichen Teile des Verfahrens des juicio de mayor cuantía sah das Gesetz in Form von Art. 669 Absatz 1 LEC a.F. zudem eine Wahlmöglichkeit zwischen schriftlichem und mündlichen Verfahren vor[248], so dass das Grundverfahren des juicio de menor cuantía nach dem Gesetzestext in weiten Teile mündlich betrieben werden konn-

---

[244] Vgl. dazu auch López-Fragoso Álvarez in: Proceso Civil Práctico, Band V, 4 – 7.

[245] Diese verfassungsrechtliche Vorschrift wurde sehr kritisch betrachtet, vor allem, weil man es für nicht angebracht hielt, dass sich die Verfassung über die Form der gerichtlichen Verfahren äußert. Kritikpunkt war auch, dass Art. 120.2 CE auf Grund der entgegenstehenden Praxis (dazu sogleich im Text) die Mehrzahl der spanischen Prozesse verfassungswidrig machen würde und schon deswegen keine Existenzberechtigung habe. Siehe zu diesem Themenkomplex und dieser eher fragwürdigen Argumentation Oliva Santos in: Oliva Santos/Fernández, Derecho Procesal Civil, Band I, S. 131.

[246] Siehe dazu statt vieler Esparza Leibar, Principios del Procedimiento, 1.

[247] Siehe dazu Lorca Navarrete, ZZP 99 (1986), 206, 208 und S. 42.

[248] Siehe dazu Montero Aroca, Derecho Jurisdiccional II.1 (1991), S. 538 zum juicio de mayor cuantía und S. 553 zum juicio de menor cuantía.

te. Insofern bringt die neue Prozessordnung von der Gesetzeslage her keinen extremen Wandel von der reinen Schriftlichkeit zur reinen Mündlichkeit, auch wenn sie die Mündlichkeit nunmehr deutlich stärker betont und ihr einen weiteren Anwendungsbereich zuspricht als früher. Das Problem an der bisherigen Situation war bisher vielmehr, dass sich die Praxis – der Tradition des spanischen Zivilprozesses folgend – der Mündlichkeit (teilweise entgegen den gesetzlichen Vorschriften[249]) fast vollständig verschloss. Die Schriftlichkeit war in der Realität die absolut vorherrschende Modalität im Zivilprozess, die so weit ging, dass gelegentlich zu dessen Charakterisierung der Spruch „quod non est in actis non est in mundo" verwendet wurde[250]. Ebenso wurde in der Literatur gesagt, dass eine größere Vorherrschaft der Schriftlichkeit heutzutage ohne Zweifel in keinem anderen System gegeben sei[251]. So fiel die eben beschriebene Wahlmöglichkeit zwischen Schriftlichkeit und Mündlichkeit in bestimmten Teilen des Verfahrens in der Praxis fast ausnahmslos zu Gunsten der Schriftlichkeit aus[252]. Die Praxis bzw. Gewohnheit der Schriftlichkeit bewirkte aber auch, dass in Verfahren, in denen die Schriftlichkeit eigentlich nicht vorgesehen war (wie zum Beispiel nach Art. 730 LEC a.F. im juicio verbal), entgegen der gesetzlichen Bestimmungen schriftlich gestritten wurde[253]. In diesem Sinne äußert sich auch das Libro Blanco, das in seiner Bestandsaufnahme aus dem Jahr 1997 ausführt, dass von einer Tendenz zur Schriftlichkeit selbst in den Prozessen gesprochen werden muss, die sich „mündlich" nennen[254].

cc. Unmittelbarkeit

Ganz entscheidend zu einem schnellen Prozess beitragen soll nach dem Willen des Gesetzgebers die neu eingeführte Regelung des Art. 137 LEC, die bestimmt, dass alle erkennenden Richter bei der Beweisaufnahme und der weiteren mündlichen Verhandlung anwesend sein müssen. Diese Ausprägungen des Unmittelbarkeitsgrundsatzes[255] wurden im spanischen Zivilprozess bis zur Reform des Jahres 2000 nur in Ansätzen verwirklicht. Zwar existierten gesetzliche Regelungen, die in Richtung Unmittelbarkeit zielten, diese waren jedoch diesbezüglich nicht konsequent und weitgehend genug. Die spezielle zivilprozessuale Norm des Art. 254 LEC a.F. besagte in ihrem Absatz 1, dass der Einzelrichter oder der Berichterstatter des Kollegialorgans alle Erklärungen im Rahmen der Beweisaufnahme persönlich entgegenzunehmen habe und bei dieser den Vorsitz führe.

---

[249] Esparza Leibar, Principios del Procedimiento, 1 spricht von der traditionellen Diskrepanz zwischen Norm und Realität.

[250] Esparza Leibar, aaO, 1.

[251] Gómez Orbaneja, S. 220.

[252] Esparza Leibar, Principios del Procedimiento, 1.

[253] Libro Blanco, S. 76.

[254] Libro Blanco, S. 76. Ebenso S. 83, wo gesagt wird, dass der prozessuale Entwurf auf der Schriftlichkeit basiert.

[255] Vgl. zu den verschiedenen Bedeutungen der Unmittelbarkeit Stein-Jonas-Leipold, vor § 128 Rdnr. 111; Zöller/Greger, vor § 128 Rdnr. 13.

Art. 254 Absatz 1 LEC a.F. bezog sich damit lediglich auf die Einzelrichter und die Berichterstatter der Kollegialorgane, so dass die anderen Mitglieder des Kollegialorgans nicht gezwungen waren, der Verhandlung beizuwohnen[256]. Diese Regelung stand zwar im Widerspruch zu dem damals wie heute geltenden Art. 229.2 LOPJ, dem zufolge alle Erklärungen der Beteiligten (Parteien, Zeugen, Sachverständige) sowie jede andere Beweisaufnahme in Anwesenheit des Richters oder des *gesamten* Kollegialgerichts vorgenommen werden müssen. Die Praxis richtete sich – obwohl das Gerichtsverfassungsgesetz der LEC normenhierarchisch übergeordnet ist – dennoch entweder nach der weniger strengen zivilprozessualen Regelung oder ließ die Beweisaufnahme gleich von einem Justizbeamten vornehmen (dazu sogleich). Zudem erlaubte es Art. 254 Absatz 2 LEC a.F. den Berichterstattern des Kollegialgerichts (das nach den gerichtsverfassungsrechtlichen Regeln zumindest ein zweitinstanzliches Gericht ist[257]), diese Pflichten den Richtern der ersten Instanz zu übertragen, wenn die gerichtlichen Aktivitäten außerhalb des Gerichtssitzes durchzuführen waren. Auf Grund dieser weiten Verweisungsmöglichkeit war die Konsequenz vornehmlich in der zweiten Instanz und damit in Berufungsverfahren, dass nicht die entscheidenden Richter, sondern ein ersuchter Richter der Beweisaufnahme beiwohnten[258]. Schließlich existierten keine Normen, die sicherstellten, dass der bei der Beweisaufnahme anwesende Richter auch der erkennende Richter ist[259]; vor allem ließ sich auch aus der zitierten Norm des Art. 254 LEC a.F. zur Frage der Identität des beweisführenden und entscheidenden Richters nichts entnehmen, verlangte dieser ja nur die Anwesenheit von „irgendwelchen" Richtern während der Beweisaufnahme. Verschärfend zu den eben beschriebenen gesetzlichen Defiziten kam – wie bereits angeklungen – die Praxis des Zivilprozesses hinzu. Miras führt diesbezüglich aus: „Viele Richter erfahren von den Rechtsstreitigkeiten erst, wenn sie das Urteil abfassen sollen; die vorherigen Amtshandlungen wurden dann vom gerichtlichen Hilfspersonal wahrgenommen. Die mündlichen Verhandlungen spielen sich in der Regel im Sekretariat des Richters ab, in dem der „Secretario Judicial" Anträge, Beweise und Geständnisse entgegennimmt und Zeugenvernehmungen durchführt..."[260]. Diese Missstände zu beheben, war ein wichtiges Ziel des Reformgesetzgebers.

e. Ablauf des Haupttermins

Der Grobablauf des Haupttermins ist in Art. 431 LEC angesprochen. Danach hat der Haupttermin zum einen den Zweck, die im Vorverfahren zugelassenen Beweise zu erheben und zum anderen, daraus die entsprechenden Schlussfolgerun-

---

[256] Näher dazu Magro Servet, Proceso Civil Práctico, Band 2, 2 – 77.
[257] Vgl. dazu den Überblick über die spanische Gerichtsverfassung im 4. Abschnitt unter B.I.
[258] So Magro Servet in: Proceso Civil Práctico, Band 2, 2 – 77.
[259] S. Bachmaier Winter in: El Proyecto de LEC, 207, 217; Montero Aroca, Derecho Jurisdiccional I, S. 390.
[260] Miras, S. 177.

gen zu ziehen und zu formulieren[261]. Der Haupttermin besteht mithin aus zwei Phasen, der Phase der Beweisaufnahme und der Phase der Schlussfolgerungen.

aa. Phase der Beweisaufnahme

(1) Das Beweisverfahren

Grundsätzlich wird mit der Aufnahme der in der audiencia previa festgesetzten Beweise begonnen, Art. 433.1 LEC. Die regelmäßige Reihenfolge innerhalb der Beweisaufnahme ergibt sich aus Art. 300.1 LEC[262]. Zunächst werden die Parteien befragt[263], dann die Zeugen vernommen, daraufhin erstatten die Sachverständigen ihre Gutachten, danach wird – falls erforderlich – der gerichtliche Augenschein eingenommen und schließlich kommt es zur Einsicht von Dokumenten bzw. zur Wiedergabe von vorhandenen Ton- oder Bildaufnahmen. Wenn allerdings die Verletzung von Grundrechten bei der Erlangung eines Beweises geltend gemacht wird, wird ausnahmsweise zuerst über diese Frage verhandelt, Art. 433.1 Absatz 1 LEC[264].

Ebenso verhält es sich bei neuen oder neu bekannt gewordenen Tatsachen. Wenn nach der audiencia previa neue Tatsachen vorgefallen sind oder einer Partei bereits zur Zeit der Durchführung der audiencia previa existente Tatsachen nunmehr bekannt werden, wird zunächst über deren Zulassung zur Beweisaufnahme verhandelt, vgl. Art. 433.1 Absatz 2 LEC. Ob die neuen Tatsachen zum Beweis zugelassen werden, richtet sich nach Art. 286 LEC; insbesondere verlangt Art. 286.4 LEC von den Parteien, dass sie plausibel darlegen, weshalb sie die nunmehr angeführten Tatsachen nicht schon zu einem früheren Zeitpunkt des Prozesses geltend machen konnten[265]. An dieser Stelle wird wiederum das Präklusionsprinzip der LEC deutlich, in dem der Zeitpunkt der Klageerhebung bzw. der Klageerwiderung grundsätzlich der Zeitpunkt für das gesamte Parteivorbringen ist. Um die Parteien zu einem konzentrierten Vorbringen zu bewegen, wird späteres Vorbringen nur dann zugelassen, wenn es der Partei zuvor unmöglich war, die entsprechenden Äußerungen zu tätigen.

(2) Beweisaufnahme „en unidad de acto“

---

[261] Die Schlussfolgerungen sind von den Parteien darzulegen, dazu sogleich.

[262] Aus Art. 300.1 LEC ergibt sich auch, dass das Gericht von Amts wegen oder auf Antrag einer Partei eine andere Reihenfolge bestimmen kann.

[263] Die Parteienaussage ist also ein normaler Beweis im spanischen Zivilprozess, vgl. dazu Art. 299.1.1.° LEC.

[264] Dazu Montero Aroca, Derecho Jurisdiccional II, S. 267. Die Verhandlung über die Frage der Verletzung von Grundrechten bei der Beweisgewinnung besteht in der Vernehmung der Parteien und gegebenenfalls einer weiteren Beweisaufnahme, Art. 287.1 Absatz 2 LEC und endet mit einem mündlichen Beschluss, der mit der Beschwerde angefochten werden kann, Art. 287.2 LEC. Wie sich aus Art. 287.1 Absatz 2 LEC ergibt, kann auch das Gericht die Frage einer grundrechtswidrigen Beweisgewinnung aufwerfen.

[265] Zu Art. 286.4 LEC siehe S. 52 ff.

Nach Art. 290 Absatz 1 Satz 1 LEC wird die gesamte Beweisaufnahme konzentriert an dieser Stelle des Verfahrens durchgeführt („en unidad de acto")[266]. Ausnahmen davon bestehen nur in wenigen Fällen. Eine vorweggenommene Beweisaufnahme kann gemäß Art. 293.1 LEC von den Parteien beantragt werden, wenn die Gefahr besteht, dass ein Abwarten des Haupttermins die Beweisaufnahme aus in der zu vernehmenden Person liegenden Gründen oder wegen des Zustands einer Sache unmöglich macht. Außerdem kann es notwendig werden, eine Beweisaufnahme außerhalb des Gerichtssitzes durchzuführen, vgl. Art. 290 Absatz 1 Satz 3 LEC[267]. Diese Beweisaufnahme muss nach Art. 290 Absatz 2 LEC vor dem Haupttermin stattfinden. Schließlich können mehrere Sitzungen angesetzt werden, wenn ein Termin auf Grund der Vielzahl der Beweise nicht ausreichend ist, Art. 429.7 LEC[268].

(3) Neuregelung des Zeugenbeweises

Das Bemühen des Gesetzgebers um einen weitgehend mündlichen Prozess zeigt sich im Rahmen der Beweisaufnahme insbesondere an der neuen Ausgestaltung der Durchführung des Zeugenbeweises. Nach der alten Gesetzeslage musste mit dem Schriftsatz, mit dem die Zulassung eines bestimmten Zeugenbeweises begehrt wurde, ein Fragebogen eingereicht werden, auf dem die an den Zeugen zu richtenden Fragen aufgeführt waren, vgl. Art. 638 Absatz 1 LEC a.F.[269]. Entsprechend musste mit den Fragen verfahren werden, die die Gegenpartei an diesen Zeugen stellen wollte, vgl. Art. 641 Abs.1 LEC a.F. Der Zeugenbeweis war also einem starken schriftlichen Formalismus unterworfen[270]. Die Konsequenz dieser Regelung war – neben der Tatsache, dass der Zeuge die Fragen schon vor der gerichtlichen Verhandlung kannte und entsprechend gut auf die Antworten „vorbereitet" war[271] – eine Verkomplizierung und Verzögerung des Verfahrens[272]. Aus diesem Grund nahm der Gesetzgeber in seiner neuen Regelung die

---

266 Dazu Banacloche Palao in: Oliva Santos, Comentarios a la LEC, S. 296; Ortells Ramos, Derecho Procesal Civil, S. 393.

267 Siehe dazu auch Art. 169 ff. LEC über die Gerichtshilfe („auxilio judicial"), die in einem solchen Fall unter Umständen erforderlich wird.

268 Art. 429.7 LEC hebt hervor, dass es sich hierbei um einen Ausnahmefall handelt und verlangt eine Begründung durch das Gericht, warum die Beweisaufnahme nicht an einem einzigen Termin durchgeführt werden kann.

269 Ähnlich verhielt es sich nach Art. 581 LEC a.F. bei der Befragung der Parteien.

270 So Gómez Colomer, Derecho Jurisdiccional II, 1.° (1991), S. 279.

271 So Gómez Colomer, Derecho Jurisdiccional II, 1.° (1991), S. 279, der zugleich auf den geringen Beweiswert einer so gewonnen Aussage hinweist. Relativierend muss jedoch gesagt werden, dass die Gegenfragen nach Art. 641 Absatz 3 LEC a.F. der Gegenpartei und dem Zeugen nicht bekannt waren, siehe dazu Oliva Santos, Derecho Procesal Civil, S. 325. Zudem war es nach der Zivilprozessrechtsreform des Jahres 1984 auch möglich, im Anschluss an die vorformulierten Fragen freie Fragen zu stellen, Art. 652 LEC a.F. Vgl. ausführlich dazu Gómez Colomer, aaO, S. 282.

272 Eine Verfahrensverzögerung trat schon durch den strengen Formalismus des alten Regimes des Zeugenbeweises ein (Schriftlicher Zulassungsantrag bezüglich des Zeugenbeweises

schriftlichen Elemente aus dem Verfahren, die aus seiner Sicht nicht erforderlich sind und dieses verzögern[273]. Nach Art. 368.1 LEC sind die Fragen an die Zeugen nunmehr mündlich, d.h. ohne Vorformulierung zu stellen und von diesen gemäß Art. 370.2 LEC spontan und grundsätzlich ohne Zuhilfenahme von Notizen zu beantworten[274]. Befragt wird der Zeuge zunächst von der Partei, die seine Vernehmung beantragt hat (Art. 370.1 LEC), dann von den Anwälten der übrigen Parteien (Art. 372.1 LEC) und schließlich vom Gericht (Art. 372.2 LEC)[275].

(4) Unmittelbarkeit bei der Beweisaufnahme
Die wichtigste Neuerung im Rahmen der Beweisaufnahme besteht darin, dass die LEC – wie bereits angesprochen – versucht, dem Prinzip der Unmittelbarkeit durch die zwingende Anwesenheit der erkennenden Richter bei der Beweisaufnahme in vollem Umfang Wirkung zu verleihen. Der Gesetzgeber verspricht sich von der Verwirklichung dieses Prinzips nicht nur eine bessere Qualität in der Rechtsprechung, sondern auch einen Effekt, der Reibungsverlusten durch die Zwischenschaltung von gerichtlichen Hilfspersonen vorbeugt und damit insgesamt das Verfahren vereinfacht und beschleunigt[276]. Nach Art. 137.1 LEC müssen die Einzelrichter bzw. *alle* Mitglieder des Kollegialorgans – also nicht nur der Berichterstatter wie nach altem Recht –, die im jeweiligen Fall das Urteil fällen, bei der Beweisaufnahme zugegen sein. Konkret werden als anwesenheitspflichtig bezeichnet die „Erklärungen der Parteien[277] und Zeugen[278], Gegenüberstellungen (von Zeugen)[279], die Darlegungen, Erklärungen und Antworten der Sachverständigen und die mündliche Besprechung der Sachverständigengutachten[280] sowie jede andere Beweisaufnahme, die kontradiktorisch[281] und

---

mit Beifügung eines schriftlichen Fragebogens, schriftliche Verfügung über die Zulassung des Zeugenbeweises und die Zulassung der einzelnen Fragen, Vorlegung einer Liste der zu befragenden Zeugen durch die Partei, evtl. Präsentation eines Fragebogens durch die Gegenpartei, Zulassung durch das Gericht).

[273] Siehe dazu auch Jiménez Conde in: La aplicación práctica de la LEC, S. 217, der die neue Regelung für deutlich effektiver hält.

[274] Vgl. dazu Garnica Martín in: La interpretación judicial de la nueva LEC, S. 60, der sich dahingehend äußert, dass damit zum ersten Mal im spanischen Zivilprozess ein Zeugenbeweis durchgeführt wird, der dem Richter eine vernünftige Beweiswürdigung erlaubt.

[275] Ausführlich zur Reihenfolge der Vernehmung eines Zeugen Jiménez Conde, aaO, S. 222 ff. Siehe allgemein zur neuen Regelung neben Jiménez Conde, aaO, S. 217 ff. auch Villagómez Cebrían, Tribunales de Justicia Mai 2000, 525, 531.

[276] Vgl. dazu Asencio Mellado, Proceso Civil Práctico, Band IV, 1 – 187.

[277] Art. 301 bis 316 LEC.

[278] Art. 360 bis 381 LEC.

[279] Art. 373 LEC.

[280] Art. 335 bis 352 LEC.

[281] Art. 289.1 LEC bestimmt, dass jegliche Beweisaufnahme „kontradiktorisch" durchzuführen ist. Gemeint ist damit, dass beide Parteien bei der Beweisaufnahme anwesend sein müssen, um ihre in der Regel entgegengesetzten Positionen wirksam verteidigen zu können. Vgl. dazu Villagómez Cebrián, Tribunales de Justicia Mai 2000, 525, 527; Esparza Leibar, El

öffentlich durchzuführen ist". Bestärkt wird diese gesetzliche Anordnung durch die Vorschrift des Art. 289.2 LEC, die nochmals betont, dass – was nach der bisherigen Praxis keine Selbstverständlichkeit war – die richterliche Anwesenheit bei der Beweisaufnahme zwingend ist[282]. Lediglich wenn es um die Vorlage von Urkunden oder anderen Beweisobjekten geht, kann dies gemäß Art. 289.3 Satz 1 LEC vor dem „Secretario Judicial" (Gerichtssekretär) geschehen. Nach Art. 289.3 Satz 2 LEC muss das Gericht selbst diese Beweismittel prüfen, allerdings nicht notwendigerweise im öffentlichen Haupttermin[283].
Eine Ausnahme vom Unmittelbarkeitsprinzip kennt die LEC in den Fällen, in denen die Beweisaufnahme im Wege der Gerichtshilfe durchgeführt wird[284]. Die Inanspruchnahme von Gerichtshilfe ist vorgesehen, wenn einer Partei oder einem Zeugen das persönliche Erscheinen bei Gericht nicht zugemutet werden kann, weil sie in großer Entfernung zum Gerichtsort wohnt, nicht reisefähig ist oder andere ähnliche persönliche Gründe bestehen, vgl. Art. 169.4 Absatz 2 LEC[285].

bb. Phase der Schlussfolgerungen

(1) Charakterisierung der „conclusiones"
Nach der Beendigung der Beweisaufnahme geht der Prozess in die Phase der – wie es der spanische Gesetzgeber nennt – „conclusiones" (Schlussfolgerungen) über, die von den Parteien sowohl in tatsächlicher als auch in rechtlicher Hinsicht zu ziehen sind, s. Art. 433.2 und 3 LEC. Diese Schlussfolgerungen stellen kein Parteivorbringen dar, sondern lediglich eine Bewertung von bereits in den Prozess eingebrachtem Tatsachenstoff[286]. Die Darlegung der Schlussfolgerungen muss gemäß Art. 433.2 LEC direkt im Anschluss an die Beweisaufnahme und in mündlicher Form vorgenommen werden[287]. Dies unterscheidet die jetzige ge-

---

Dictamen de Peritos, S. 100; Ortells Ramos, Derecho Procesal Civil, S. 392; ausführlich Asencio Mellado, Proceso Civil Práctico, Band IV, 1 – 200 ff.

[282] Gesetzestechnisch macht die zweifache gesetzliche Äußerung durchaus Sinn, da Art. 137 LEC eine allgemeine Vorschrift ist, die über Art. 4 LEC auch im Straf-, Verwaltungs-, Arbeits- und Militärprozess Wirkungen entfalten kann, während Art. 289 LEC speziell auf das zivilprozessuale Erkenntnisverfahren zugeschnitten ist. Vgl. dazu Banacloche Palao in: Oliva Santos, Comentarios a la LEC, S. 296.

[283] Oliva Santos, Comentarios a la LEC, S. 527. Dies bedeutet jedoch nicht, dass das Gericht im „stillen Kämmerlein" die Beweise würdigt, da auch hier das Prinzip der kontradiktorischen Beweisaufnahme gilt. Durchgeführt werden muss die diesbezügliche Beweisaufnahme vor dem Haupttermin, s. Asencio Mellado, Proceso Civil Práctico, Band IV, 1 – 194.

[284] Ortells Ramos, Derecho Procesal Civil, S. 394.

[285] Siehe näher zur Gerichtshilfe bei einer Parteienaussage Art. 313 LEC (dazu Martín Pastor in: Ortells Ramos, Derecho Procesal Civil, S. 417), bei einer Zeugenaussage Art. 364 LEC (dazu Cucarella Galiana in: Ortells Ramos, Derecho Procesal Civil, S. 447).

[286] Montero Aroca, Derecho Jurisdiccional II, S. 241.

[287] Dass die EM LEC XII.11 auch das schriftliche Vorbringen der Schlussfolgerungen zulassen, wird allgemein als Versehen des Gesetzgebers angesehen und auf Grund der vorrangigen

setzliche Regelung vom Vorentwurf, der in seinem Art. 436 vorsah, dass die „conclusiones“ innerhalb von 10 Tagen nach Beendigung des Haupttermins schriftlich zu formulieren sind[288]. Auch an dieser Tatsache zeigt sich deutlich, dass sich der Gesetzgeber bei der endgültigen Abfassung des Gesetzestextes zu einer möglichst weitgehenden Verwirklichung der Mündlichkeit entschlossen hat, was eine starke Veränderung der „Mentalität“ des Prozesses bedeutet.

(2) Inhalt der conclusiones
Bezüglich des Sachverhalts sollen sich die Parteien dazu äußern, welche wesentlichen Tatsachen sie für bewiesen oder nach wie vor für nicht bewiesen halten, indem sie jedes Beweismittel einzeln bewerten. Auf diese Weise soll zwischen nichtstreitigen und nach wie vor streitigen Tatsachen aus Parteiensicht unterschieden werden. Des Weiteren sollen die Parteien gegebenenfalls eine Aussage über das Eingreifen gesetzlicher Vermutungen und Beweislastregeln treffen, s. Art. 433.2 LEC. Auf der Basis des so gewonnen Sachverhalts bleibt es in rechtlicher Hinsicht den Parteien überlassen, ob sie diesbezügliche Ausführungen machen. Jedenfalls sind derartige Äußerungen entbehrlich, da auch in Spanien das Prinzip „iura novit curia“ gilt"[289]. Hält das Gericht sich von den Parteien nicht ausreichend informiert, kann es diesen nach Art. 433.4 LEC jederzeit das Wort erteilen, damit sie bezüglich der vom Gericht aufgeworfenen Fragen weitere Erklärungen abgeben. Auch an dieser Stelle ist zu erkennen, dass das Gericht im Vergleich zur früheren Rechtslage eine aktivere Rolle einnehmen soll[290].

(3) Anwesenheitspflicht der Richter
Auch in dieser Phase des Haupttermins sieht das Gesetz die zwingende Anwesenheit der erkennenden Richter vor. Nach Art. 137.2 LEC besteht die Pflicht zur Anwesenheit für die erkennenden Richter auch in den Verhandlungen, in denen zwar keine Beweisaufnahme stattfindet[291], die aber die „Anhörung der Parteien zum Gegenstand haben“. Dies ist in der Phase der „conclusiones“ wie eben beschrieben der Fall. Insgesamt dürften aber so gut wie alle Verhandlungen durch das Kriterium des Art. 137.2 LEC betroffen sein, insbesondere das mündliche Vorverfahren im Rahmen des juicio ordinario sowie die Verhandlungen in den speziellen Prozessen[292] des vierten Buchs der LEC[293].

Geltung des Gesetzestextes als unbeachtlich betrachtet, vgl. nur Banacloche Palao in: Oliva Santos, Comentarios a la LEC, S. 433.

[288] Zur im Vorentwurf angedachten Regelung s. Villagómez Cebrián, Tribunales de Justicia Mai 2000, 525, 531.

[289] Siehe dazu z.B. STS vom 8. November 1997 (RJ 7891).

[290] Siehe allgemein dazu Gómez de Liaño González in: Instituciones del proceso civil, 69, 83, der davon spricht, dass der Richter „inquisitorischer“ als früher sein müsse.

[291] Zur Anwesenheitspflicht bei der Beweisaufnahme gemäß Art. 137.1 LEC siehe bereits S. 64.

[292] Z.B. der Wechselprozess.

cc. Maßnahmen zur Sicherung der Unmittelbarkeit

Die Maßnahmen, die der Gesetzgeber zur Sicherung der Anwesenheitspflicht der Richter und damit zur Verwirklichung der angeordneten Unmittelbarkeit erlassen hat, dürften aus praktischer Sicht äußerst wichtig sein. Im Prozess vor der Reform gaben immerhin 53 % der „Gerichtskunden“ an, den entscheidenden Richter während des gesamten Prozesses nicht einmal zu Gesicht bekommen zu haben[294], obwohl die Anwesenheit des Richters im Vorverfahren des Standardprozesses des juicio de menor cuantía zwingend vorgeschrieben war. Die bedeutsamsten Instrumente, mit denen der Gesetzgeber das Unmittelbarkeitsprinzip im oben beschriebenen Sinne abzusichern versucht, sind folgende:

(1) Nichtigkeit der in Abwesenheit des Richters vorgenommenen Handlungen
Gemäß Art. 137.3 LEC in Verbindung mit Art. 225.5.° LEC[295] sanktioniert die LEC jede Verletzung der richterlichen Anwesenheitspflicht mit der absoluten Nichtigkeit der entsprechenden Handlungen[296]. Eine derartige Verletzung ist von Amts wegen zu beachten[297] (z.B. in der zweiten Instanz), wobei sie natürlich auch von den Parteien vorgebracht werden kann[298].

(2) Einschränkung des Richterwechsels
Weiterhin versucht der Gesetzgeber, den den Unmittelbarkeitsgrundsatz in Mitleidenschaft ziehenden und in der Vergangenheit häufig vorgekommenen Richterwechsel auf die wirklich notwendigen Fälle zu begrenzen. So bestimmt Art. 194.1 LEC, dass im Regelfall immer die Richter entscheiden, die beim Haupttermin anwesend waren, auch wenn sie zwischenzeitlich aus dem Dienst ausgeschieden sind. Art. 194.2 LEC fügt dem hinzu, dass eine Pensionierung eines Richters einer Anwendung des Absatz 1 nicht entgegensteht und eine Ausnahme

---

293 Siehe zu dieser Einschätzung Banacloche Palao, aaO, S. 296.

294 Magro Servet, La Ley 2000, 1684, 1685.

295 Art. 225.5.° LEC ist gemäß der 17. Schlussbestimmung zur LEC bis zu einer Änderung des LOPJ nicht anwendbar. Bis dahin ergibt sich die Rechtsfolge der Nichtigkeit aus Art. 137.3 LEC in Verbindung mit Art. 238.3 LOPJ (Nichtigkeit wegen schwerem Verfahrensfehler).

296 Siehe dazu Bachmaier Winter in: El Proyecto de LEC, 207, 218 und Carmena Castrillo, Jornadas sobre la reforma de la LEC 1985, 267, 270, die in dieser Sanktionierung die entscheidende Wirksamkeitsvoraussetzung sehen.

297 Diskutiert wurde, ob eine Nichtigerklärung der betreffenden Handlung lediglich auf den Antrag einer Partei, die zudem einen aus der Verletzung des Unmittelbarkeitsprinzips resultierenden Schaden geltend machen sollte, vorgenommen werden sollte. Wegen des Ziels einer möglichst hohen Wirksamkeit und des verfassungsmäßigen Ranges des Unmittelbarkeitsgrundsatzes (abgeleitet aus Art. 120.1 und 2 CE, s. dazu z. B. STC 137 / 88 vom 7. Juli) wurde eine Beachtung von Amts wegen jedoch vorgezogen. Vgl. dazu Magro Servet, Proceso Civil Práctico, Band II, 2 – 85.

298 Banacloche Palao in: Oliva Santos, Comentarios a la LEC, S. 296.

nur in den Fällen gemacht wird, in denen ein Richter nicht mehr über die Voraussetzungen zur Ausübung des Amtes verfügt (1.°), vom Dienst suspendiert wurde (2.°) oder mittlerweile ein Amt oder einen Beruf ausübt, das bzw. der dem entgegensteht (3.°)[299]. In die gleiche Richtung zielen die Art. 199 und 200 LEC. Nach Art. 199 LEC muss ein bei der Entscheidungsfindung verhinderter Richter eines Kollegialorgans sein Votum für die Beratung der anderen schriftlich darlegen[300], und falls dies nicht möglich ist, wird das Urteil von den verbleibenden Richtern gefällt, sofern das Kollegialorgan noch ausreichend besetzt ist[301]. Falls auch dies nicht möglich ist, wird neu verhandelt. Nach Art. 200 LEC wird eine Verhandlung, die ein nunmehr verhinderter Einzelrichter geführt hat, in der Regel wiederholt, es sei denn, der Richter ist mit Hilfe des Urkundsbeamten in der Lage, das Urteil niederzuschreiben.

(3) Dokumentation der Verhandlung
Als eine weitere Sicherung bezüglich der Beachtung des Grundsatzes der Unmittelbarkeit, die unter praktischen Gesichtspunkten nicht zu vernachlässigen ist[302], können die Vorschriften über die Dokumentation der Verhandlungen angesehen werden[303]. Neu ist vor allem, dass nach der LEC 2000 alle mündlichen Verhandlungen per Video aufgenommen werden müssen[304], so dass der bei der Verhandlung abwesende Richter mit einer „Überführung" rechnen muss.
Die Grundlinien der Regelung über die Dokumentation des Prozesses sind folgende: Die allgemeine Regel des Art. 146.1 LEC bestimmt, dass alle prozessualen Handlungen zu protokollieren sind. Gemäß Art. 146.2 Satz 1 LEC muss diese Protokollierung in detaillierter Art und Weise schriftlich vorgenommen werden, falls es das Gesetz ausdrücklich anordnet. Wenn es sich aber um Prozesshandlungen handelt, die per Video aufzunehmen sind (dazu sogleich), nimmt die Akte nur Zeit und Ort der Handlungen, die Anträge der Parteien, die gerichtli-

---

299 Näher zu diesen Ausnahmen Calderón Cuadrado in: Lorca Navarrete, Comentarios a la nueva LEC, S. 1266 ff. Calderón Cuadrado (aaO, S. 1264) kritisiert an der Neuregelung des Richterwechsels allerdings, dass eine Verletzung der betreffenden Normen (also ein unzulässiger Richterwechsel) sanktionslos bleibt. Damit gehe die Gefahr einher, dass die Praxis die neuen Vorschriften genauso wie zuvor die Vorschriften über die richterliche Anwesenheit bei der Beweisaufnahme nicht beachte.

300 Nach Art. 199.1 Absatz 2 LEC wird die Stimme des verhinderten Richters bei der Entscheidungsfällung ohne weitere Besonderheiten berücksichtigt.

301 Nach dem Wortlaut von Art. 199.2 LEC müssen die verbleibenden Richter noch eine Mehrheit bilden können. Bei einem Kollegialorgan, das in der Regel mit drei Richtern besetzt ist, reichen daher zwei, bei einem Kollegialorgan mit normalerweise fünf Richtern drei oder vier verbleibende Richter. Eine andere Frage ist, ob bei der Abstimmung tatsächlich eine Mehrheit zustande kommt. Vgl. dazu Oliva Santos, Comentarios a la LEC, S. 362.

302 Zur praktische Bedeutung Alonso-Cuevillas i Sayrol in: La interpretación judicial de la nueva LEC , S. 49; Garnica Martín, aaO, S. 55.

303 So Magro Servet, Proceso Civil Práctico, Band II, 2 – 84.

304 Siehe dazu Magro Servet, aaO, 2 – 137, der dies als eine der wichtigsten Neuerungen einstuft.

chen Entscheidungen sowie diejenigen Vorkommnisse schriftlich auf, die nicht per Video zu erfassen sind, Art. 146.2 Satz 2 LEC. Das weitere prozessuale Geschehen ist in diesem Fall der Videoaufnahme zu entnehmen. Welche prozessualen Handlungen per Video aufzunehmen sind, ergibt sich aus Art. 147 Absatz 1 LEC. Danach müssen alle in einer Verhandlung mündlich vorgenommenen Handlungen auf einem Datenträger bzw. System gespeichert werden, das zur Aufnahme und Wiedergabe von Ton und Bild geeignet ist. In der Praxis wird diese gesetzliche Vorgabe entweder durch die Speicherung auf herkömmlichen Videobändern oder auf CD-Rom umgesetzt, wobei die Tendenz aus praktischen Gründen in Richtung CD-Rom geht (geringerer Platzverbrauch in der Lagerung, schnellere Kopiermöglichkeit, Möglichkeit der Abspielung auf dem PC und damit in der Regel am Schreibtisch des Richters)[305]. Verantwortlich für die Durchführung der Aufnahme ist gemäß Art. 147 Absatz 2 der Secretario Judicial. Nach Art. 147 Absatz 3 LEC schließlich können sich die Parteien auf ihre Kosten eine Kopie der Originalaufnahme erstellen lassen[306]. Zu beachten ist in diesem Zusammenhang auch Art. 187 LEC, der die Pflicht zur Aufnahme der mündlichen Verhandlung per Video zunächst wiederholt, falls dies – so der Wortlaut – nicht möglich ist, aber Ausnahmen von dieser Pflicht statuiert. Gemäß Art. 187.1 Satz 2 LEC reicht eine Tonbandaufnahme aus, falls eine Videoaufnahme nicht möglich ist. Art. 187.2 LEC besagt weiterhin, dass eine schriftliche Protokollierung vorzunehmen ist, wenn die Geräte zur Aufnahme nicht benutzbar sind. Allgemeine Auffassung ist diesbezüglich, dass die Ausnahmen des Art. 187 LEC nur dann eingreifen, wenn die technischen Geräte nicht funktionieren[307]. Insofern kann Art. 187 LEC keinesfalls dazu herangezogen werden, auf die Installierung von entsprechenden Geräten und damit auf die Aufnahme per Video über diese „Hintertür" zu verzichten[308]. Nach anfänglichen Verzögerungen bei der Installation der Aufnahmegeräte[309] scheinen die Gerichtssäle mittlerweile in der Regel mit den erforderlichen Geräten ausgestattet[310], so dass einer Verwirklichung des Art. 147 LEC von der technischen Seite her nichts mehr entgegensteht.

7. Urteil und „diligencias finales" („abschließende Maßnahmen")

a. Urteil

---

[305] So der Servicio de Inspección des CGPJ, Tribunales de Justicia Dezember 2001, 37, 41.

[306] Siehe dazu die vierte Zusatzbestimmung zur LEC, die den Erlass eines königlichen Dekrets vorsieht, das die Gebühren für den Erhalt einer Kopie regeln soll.

[307] Magro Servet, aaO, 2 – 138 und 2 - 441; Oliva Santos, Comentarios a la LEC, S. 348.

[308] So Magro Servet, aaO, 2 – 441.

[309] Siehe dazu die dritte Zusatzbestimmung zur LEC, die den Justizverwaltungen ein Jahr ab der Verabschiedung des Gesetzes Zeit lässt, um die materiellen Voraussetzungen für die Befolgung des Art. 147 LEC zu schaffen.

[310] So der Servivio de Inspección des CGPJ, Tribunales de Justicia Dezember 2001, 37, 41.

Innerhalb von 20 Tagen nach Beendigung des Haupttermins muss das Gericht sein Urteil fällen, Art. 434.1 LEC. Der Aufbau des Urteils ist in Art. 209 LEC geregelt. Unter dem Urteilskopf mit den sachlichen und persönlichen Daten des Rechtsstreits (Art. 209.1.ª) wird der Sachverhalt („antecedentes de hecho") geschildert (Art. 209.2.ª). Daraufhin erfolgt die rechtliche Würdigung („fundamentos de derecho", Art. 209.3.ª). Abschließend wird der Tenor („fallo") niedergelegt (Art. 209.4.ª) und eine Rechtsbehelfsbelehrung erteilt (Art. 208.4)[311]. Die materiellen Rechtskraftwirkungen des Urteils sind in Art. 222 LEC beschrieben. Die objektiven Grenzen der Rechtskraft bestehen nach Art. 222.1 LEC darin, dass nachfolgende Prozesse ausgeschlossen sind, wenn sie den gleichen Streitgegenstand aufweisen wie das zum vorliegenden Urteil führende Verfahren[312]. Die subjektiven Grenzen der Rechtskraft sind in Art. 222.3 LEC geregelt. Danach entfaltet das Urteil in der Regel nur Rechtskraftwirkungen zwischen den Parteien („inter partes").

b. „Diligencias finales"

aa. Allgemeines

Die Frist zum Erlass des Urteils wird ausgesetzt, wenn während ihres Laufs weitere Aufklärungshandlungen, die so genannten „diligencias finales", notwendig werden. Ihr Zweck besteht darin, Beweisaufnahmen bezüglich entscheidungserheblicher Punkte nach Beendigung des Haupttermins zu ermöglichen, die dort aus von den Parteien nicht zu vertretenden Umständen nicht durchgeführt wurden oder werden konnten (im Einzelnen dazu sogleich). Sie dienen damit der materiellen Gerechtigkeit der gerichtlichen Entscheidung[313]. Die diligencias finales werden in der Regel nur auf Antrag einer Partei durchgeführt, Art. 435.1 LEC und nur ausnahmsweise von Amts wegen eingeleitet, Art. 435.2 LEC[314].

---

[311] Ein Muster eines erstinstanzlichen Urteils ist abgedruckt bei López-Fragoso Álvarez, Proceso Civil Práctico, Band III, 1 – 81. Weitere Regelungen bezüglich des Urteils befinden sich in Art. 211 (Fristen), 212 (Veröffentlichung und Aufbewahrung) und 218 LEC (erschöpfende Erledigung des Rechtsstreits, Kongruenz und Begründung).

[312] Siehe zum Streitgegenstand bereits S. 30.

[313] In gewisser Weise stellen die diligencias finales auch einen nachträglichen Ausgleich dafür dar, dass es den Parteien nur in wenigen, genau festgelegten Abschnitten des Prozesses erlaubt ist, Beweisanträge zu stellen. Der gewöhnliche Zeitpunkt dafür ist die audiencia previa, vgl. Art. 429 LEC. Näher zu anderen möglichen Zeitpunkten siehe Ortells Ramos, Derecho Procesal Civil, S. 386 ff.

[314] Die Durchführung der diligencias finales muss gemäß Art. 435.1 LEC per Beschluss angeordnet werden. Ebenso verhält es sich mit deren Ablehnung, wenn die Parteien einen diesbezüglichen Antrag gestellt hatten; vgl. Martín Ostos in: La aplicación práctica de la LEC, S. 246. Gegen den abweisenden wie auch stattgebenden Beschluss des Gerichts ist grundsätzlich das Rechtsmittel des Einspruchs gemäß Art. 451 ff. LEC statthaft. Siehe dazu Martín Ostos, aaO, S. 246. Differenzierend López-Fragoso Àlvarez, Proceso Civil Práctico, Band V, 4 – 49, der – der Rechtsprechung zu den alten diligencias para mejor proveer folgend, vgl. z.B. STS

Dies unterscheidet sie wesentlich von ihrem „Vorgänger"[315] aus der LEC des Jahres 1881[316], den „diligencias para mejor proveer" (Maßnahmen zur Aufklärung des Sachverhalts). Nach Art. 340 LEC a.F. konnten diese Maßnahmen, die ebenfalls zwischen dem Ende der Verhandlung und dem Erlass des Urteils lagen, nur auf Initiative des Gerichts eingeleitet werden[317]. Insofern fand durch die Reform bezüglich der abschließenden Maßnahmen eine deutliche Verschiebung in Richtung Parteiaktivität statt, auch wenn – den alten „diligencias para mejor proveer" folgend – Reste eines ausnahmsweise möglichen gerichtlichen Impulses verbleiben[318]. Die Neuregelung der diligencias finales ist damit auch einer der wenigen Bereiche, in denen der Gesetzgeber entgegen seiner grundsätzlichen Tendenz die materiellen Leitungsbefugnisse des Richters im Vergleich zur früheren Rechtslage beschnitten hat. Ziel des Gesetzgebers war es nämlich, nachträgliche Beweisaufnahmen auf das unbedingt notwendige Maß zu reduzieren, um einer Zersplitterung bzw. Aufspaltung der Sachverhaltserforschung möglichst vorzubeugen und einer Veränderung der prozessualen Struktur entgegenzuwirken[319]. Insbesondere soll verhindert werden, dass durch eine zu großzügige Handhabung der „diligencias finales" die im Haupttermin erreichte Konzentration bezüglich der Beweisaufnahme wieder zunichte gemacht wird.

bb. Voraussetzungen zur Durchführung

Maßnahmen zur Aufklärung des Sachverhalts im Stadium nach Beendigung des Haupttermins bis zum Erlass des Urteils sind nur nach den folgenden Maßgaben möglich: Nach Art. 435.1.1.ª LEC werden solche Beweise nicht mehr aufgenommen, die von den Parteien rechtzeitig[320] hätten vorgebracht werden können. Möglich ist gemäß Art. 435.1.2. ª LEC die Erhebung von bereits zugelassenen Beweisen, die aus von der Partei nicht zu vertretenden Gründen nicht aufgenommen wurden. Außerdem können die erforderlichen Beweise über neue oder neu bekannt gewordene Tatsachen im Sinne des Art. 286 LEC erhoben werden,

---

vom 14. März 1992 (RJ 2182) – gegen die Anordnung von diligencias finales von Amts wegen kein Rechtsmittel für zulässig hält.

315 So Esparza Leibar, El Dictamen de Peritos en la LEC, S. 103.

316 Freilich in der reformierten Form durch das Gesetz 34/1984 vom 6. August.

317 Ein Antrag der Parteien auf Durchführung der „diligencias para mejor proveer" war nach dem Gesetz nicht vorgesehen. Das diesbezügliche Parteibegehren wurde in der Praxis aber als Anregung an das Gericht auf Durchführung von abschließenden Aufklärungsmaßnahmen gewertet. Diese Anregung zeitigte jedoch keinerlei rechtliche Wirkungen. Dem Gericht war es also freigestellt, ob es sich mit dem Parteibegehren auseinander setzt, insbesondere musste das Gericht keine förmliche Ablehnungsentscheidung erlassen. Siehe näher dazu Sánchez Sánchez, LEC (1994), S. 149.

318 Dazu Esparza Leibar, aaO, S. 102 – 104; allgemein und eingehend zur Beweiserhebung von Amts wegen Martín Ostos in: El Proceso Civil y su reforma, 321 ff.; speziell zu den diligencias finales 323ff.

319 EM LEC XII.12.

320 Der Zeitpunkt, zu dem die Beweise vorzuschlagen sind, ist grundsätzlich am Ende der audiencia previa, s. Art. 429 LEC und oben unter B.II.5.d.dd.

Art. 435.1.3.ª LEC[321]. Eine Beweisaufnahme, die das Gericht per Beschluss anzuordnen hat, erfolgt in diesen Fällen aber immer nur dann, wenn eine Partei dies beantragt, Art. 435.1 Satz 1 LEC. Von Amts wegen hingegen oder auf Antrag einer Partei kann ausnahmsweise eine erneute Beweisaufnahme über entscheidungserhebliche Tatsachen angeordnet werden, wenn die Ergebnisse einer vorhergehenden Beweisaufnahme aus von den Parteien nicht zu verantwortenden Umständen unbrauchbar sind und Anhaltspunkte dafür bestehen, dass eine erneute Beweisaufnahme Gewissheit über die streitigen Tatsachen bringen wird, Art. 435.2 LEC[322]. In dem Beschluss, der eine solche Beweisaufnahme anordnet, müssen die eben erwähnten Umstände gemäß Art. 435.2 Absatz 2 LEC genau begründet werden.

cc. Durchführung

Die jeweils zugelassenen Beweise werden innerhalb von 20 Tagen nach deren Festsetzung nach den allgemeinen Regeln erhoben[323], worauf die Parteien innerhalb von 5 Tagen einen Schriftsatz einreichen können, in dem sie das Ergebnis der Beweisaufnahme zusammenfassen und bewerten, Art. 436.1 LEC. Nach dieser fünftägigen Frist für die Parteien beginnt nochmals die komplette[324] 20-tägige Frist für das Gericht zum Erlass des Urteils, Art. 436.2 LEC.

c. Beendigung des Prozesses durch Parteidisposition

Die LEC 2000 hat erstmals die Möglichkeiten der Parteien, den Prozess durch Parteidisposition zu beenden, gesetzlich verankert[325]. In diesem Sinne enthalten die Art. 19 bis 22 LEC Regelungen über den Klageverzicht, die Klagerücknahme, das Anerkenntnis, den Prozessvergleich sowie die Beendigung des Prozesses wegen außergerichtlicher Erfüllung oder wegen Untergangs der Streitsache[326].

---

321 Siehe zu Art. 286 LEC bereits S. 52 ff.

322 Die Vorschrift des Art. 435.2 LEC nimmt ihrem Regelungsgehalt nach die Voraussetzungen auf, die die Rechtsprechung in einer engen Interpretation des Art. 340 LEC a.F. zu den „diligencias para mejor proveer" aufgestellt hatte, vgl. dazu Asencio Mellado in: La aplicación práctica de la LEC, S. 205.

323 Eine Darstellung des Gangs der Beweisaufnahme findet sich bei Esparza Leibar, aaO, S. 83 ff.

324 Oliva Santos, Comentarios a la LEC, S. 738.

325 Dazu Correa Delcasso, Informaciones I/2000, 3. Zur alten Rechtslage Oliva Santos, Derecho Procesal Civil, Band II (1994), S. 421 ff. Die meisten Institute wurden von der Lehre entwickelt und sind von der Rechtsprechung übernommen worden.

326 Vgl. allgemein zu den verschiedenen Arten der Beendigung des Prozesses durch Parteidisposition Oliva Santos, Derecho Procesal Civil, S. 425 ff. Speziell zur Beendigung wegen Wegfalls des Interesses (z.B. auf Grund des nachträglichen Untergangs der Streitsache) Gascón Inchausti, S. 59 ff.

III. Rechtstatsachen und Würdigung

1. Allgemeines

Ganz allgemein lässt sich sagen, dass die LEC 2000 nach der ersten Zeit ihrer Geltung von Praxis und Wissenschaft im Großen und Ganzen positiv beurteilt wird[327] und dabei insbesondere das Musterverfahren des juicio ordinario[328]. Vor dem In-Kraft-Treten des neuen Gesetzes wurde ihm allerdings sehr viel Skepsis entgegengebracht. Dies äußerte sich unter anderem darin, dass die Zahl der neu anhängig gemachten Verfahren in der Woche vor dem In-Kraft-Treten im Vergleich zum Vorjahreszeitraum um 478 % anstieg[329]. Dieser Umstand führte zu Beginn der Gültigkeit des neuen Gesetzes zu beträchtlichen Verzögerungen im gesamten Geschäftsgang der Gerichte und ist deshalb zu berücksichtigen, wenn man die Zahlen der ersten Monate unter der Geltung der LEC 2000 bewertet[330].

Von den im Zeitraum vom 8. Januar bis 31. Mai 2001 anhängig gemachten Rechtssachen wurden 18 % im juicio ordinario betrieben. Von den restlichen Fällen wurden 39 % im juicio verbal und 28 % im Mahnverfahren durchgeführt. Diese beiden Verfahrensarten werden im weiteren Verlauf der Arbeit separat dargestellt werden. Die restlichen 15 % teilen sich auf die verschiedenen besonderen Verfahrensarten (u.a. den Wechselprozess) auf[331].

Bis Ende Mai 2001 wurden von den im juicio ordinario anhängigen Verfahren 10 % erledigt[332]. Diese Zahl wird – angesichts einer bisherigen durchschnittlichen Verfahrensdauer von 14,5 Monaten bei dem dem juicio ordinario vergleichbaren juicio de menor cuantía nach altem Recht[333] und der oben erwähnten anfänglichen Überlastung der Gerichte – für beachtlich gehalten[334]. Teilweise wird auch von Gerichten berichtet, bei denen die Erledigungszahlen noch deutlich höher sind. So wurden bei den Gerichten der ersten Instanz in Bilbao im genannten Zeitraum 25,9 % aller Verfahren im juicio ordinario beendet[335]. Ins-

---

327 Alonso-Cuevillas i Sayrol in: La interpretación judicial de la nueva LEC, S. 49; Garnica Martín in: La interpretación judicial de la nueva LEC, S. 53; Oliva Santos, Tribunales de Justicia Januar 2002, 3, 6.

328 Seijas Quintana in: La LEC tras dos años de vigencia, S. 1.

329 Ensesa Casuelleras/Fries, Informaciones I/2002, 35.

330 Ensesa Casuelleras/Fries, aaO, 35, die sogar von einem „Zusammenbruch" der Justiz sprechen.

331 Siehe zu diesen Zahlen CGPJ, Tribunales de Justicia Dezember 2001, 37, 38.

332 Bei dieser Zahl ist freilich zu berücksichtigen, dass sie nicht nur die Prozessbeendigung durch Urteil beinhaltet, sondern auch die anderen möglichen Formen einer Verfahrensbeendigung wie zum Beispiel durch Vergleich oder Klagerücknahme. Vgl. Ensesa Casuelleras/Fries, aaO, 35.

333 Siehe Libro Blanco, S. 157.

334 CGPJ, aaO, 39.

335 Oliva Santos, Tribunales de Justicia Januar 2002, 3, 7.

gesamt wurden von den anhängig gemachten Verfahren im genannten Zeitraum 22 % erledigt, wobei die Erledigungszahlen in den schnelleren Prozessen des juicio verbal (21 – 26 %) und des Mahnverfahrens (25 %) deutlich höher als im juicio ordinario (10 %) sind. Ein Richter eines erstinstanzlichen Gerichts in Barcelona teilt mit, dass an seinem Gericht die durchschnittliche Verfahrensdauer eines juicio ordinario 120 bis 130 Tage betrage (Zeitpunkt Januar 2002)[336].

2. Die Verfahrensprinzipien der Unmittelbarkeit und Mündlichkeit

Übereinstimmend wird berichtet, dass die Prinzipien der Unmittelbarkeit und Mündlichkeit in vollem Umfang verwirklicht werden[337]. Betont wird, dass die mündlichen Verhandlungen seit dem In-Kraft-Treten der LEC 2000 ausnahmslos in Anwesenheit des Richters stattfinden, was im Zivilprozess vor der Reform eher die Ausnahme war[338]. Die Beachtung dieser Prinzipien führte schon nach wenigen Monaten mit dem neuen Prozessgesetz zu einer Beschleunigung der Verfahren, wobei für die Zukunft noch mit einer stärkeren Verkürzung zu rechnen ist[339]. Neben diesem quantitativen Aspekt wird auch der qualitative hervorgehoben. Es sei ein wesentlicher qualitativer Fortschritt im Hinblick auf die Rechtsfindung, dass der Richter nunmehr selbst die Parteien, Zeugen und Sachverständigen anhöre und damit einen deutlich besseren Eindruck vom konkreten Rechtsstreit habe[340]. Teilweise wird bekundet, dass man mit dem neuen Gesetz zum ersten Mal in Spanien einen „richtigen" Zivilprozess habe[341].

Die Umstellung auf ein prozessuales Modell, in dem die Mündlichkeit dominiert, zieht angesichts eines zuvor stark schriftlich geprägten Prozesses aber auch einige praktische Probleme nach sich. Beispielsweise verlagert das neue Prozessgesetz viele Prozesshandlungen, die nach altem Recht oder zumindest

---

[336] Garnica Martín in: La interpretación judicial de la nueva LEC, S. 59.

[337] Asencio Mellado, Práctica de Tribunales Nr. 1 (Januar 2004), 5; CGPJ, Tribunales de Justicia Dezember 2001, 37, 40 ; Fundación Antonio Carretero, Jueces para la Democracia 2002, 67 ; Oliva Santos, Tribunales de Justicia Januar 2002, 3, 7; Delgado Barrio, Tribunales de Justicia November 2001, 31, 35; Pico i Junoy in: La interpretación judicial de la nueva LEC, S. 11.

[338] CGPJ, Tribunales de Justicia Dezember 2001, 37, 40. Garnica Martín in: La interpretación judicial de la nueva LEC, S. 53 fügt dem hinzu, dass nunmehr auch die Rechtsanwälte bei den Terminen zugegen sind.

[339] Garnica Martín in: La interpretación judicial de la nueva LEC, S. 54; Ensesa Casuelleras/Fries, aaO, 37. Zu beachten ist freilich, dass die Verwirklichung der Prinzipien der Unmittelbarkeit und Mündlichkeit lediglich eine Mitursache für ein beschleunigtes Verfahren darstellen. Andererseits werden sich bei der Vielzahl der Maßnahmen, die der spanische Gesetzgeber im Hinblick auf die Beschleunigung des Verfahrens vorgenommen hat, die einzelnen Anteile der Maßnahmen an der Beschleunigung überhaupt nicht oder zumindest nicht genau bestimmen lassen.

[340] Fundación Antonio Carretero, Jueces para la Democracia 2002, 67.

[341] Garnica Martín in: La interpretación judicial de la nueva LEC, S. 54.

nach der alten Praxis in den Geschäftsstellen oder schriftlich vorgenommen wurden, in die Gerichtssäle (wie zum Beispiel die Zeugenvernehmungen, s.o.). Dies führt zum einen dazu, dass sich der Tätigkeitsbereich der Geschäftsstellen völlig verändert, worauf diese bzw. die Gerichtsverwaltung noch nicht ausreichend reagiert haben[342]. Zum anderen werden im Vergleich zu früher zur Durchführung der mündlichen Verhandlungen deutlich mehr Gerichtssäle benötigt als bei vielen Gerichten zur Verfügung stehen. Die Folge davon ist, dass Termine nur aus diesem Grund später angesetzt werden müssen oder bereits festgesetzte Termine verschoben werden, weil die Verhandlung durch einen anderen Spruchkörper zuvor nicht zum geplanten Zeitpunkt beendet wurde[343]. Das gesetzliche Postulat, alle mündlichen Verhandlungen per Video aufzunehmen, konnte zu Beginn der Geltung der LEC 2000 ebenfalls nicht in vollem Umfang umgesetzt werden. Wie bereits ausgeführt, war der Grund dafür schlichtweg, dass die entsprechenden Aufnahmegeräte fehlten[344]. Mittlerweile scheinen aber so gut wie alle Gerichte über die erforderlichen Geräte zu verfügen[345]. Die Aufnahme per Video soll der zügigen Durchführung der mündlichen Verhandlungen sehr zuträglich sein, da die Prozesshandlungen nunmehr nicht mehr „minutiös" schriftlich aufgezeichnet werden müssen[346].

---

[342] Garnica Martín in: La interpretación judicial de la nueva LEC, S. 60. Alonso-Cuevillas i Sayrol in: La interpretación judicial de la nueva LEC, S. 51 fordert eine Umgestaltung der Geschäftsstellen, Sanahuja Buenaventura in: La interpretación judicial de la nueva LEC, S. 83 spricht von Gerichtssekretären, die nicht ausgelastet seien. Mittlerweile ist der Gesetzgeber tätig geworden und hat mit der Ley Orgánica 19/2003 vom 23. Dezember 2003 (abgedruckt im BOE Nr. 309 vom 26. Dezember 2003. S. 46025 ff.) eine diesbezügliche Änderung des Gerichtsverfassungsgesetzes vorgenommen. In den Art. 435 ff. LOPJ wurden die Organisation der Geschäftsstellen und die Aufgaben des Gerichtssekretärs neu geregelt. In der Gesetzesbegründung hebt der Gesetzgeber allerdings hervor, dass er sich für ein flexibles System entschieden habe, das jeder Geschäftsstelle eine Anpassung an die konkreten Verhältnisse erlaube (EM VI.4). Insofern bleibt abzuwarten, inwieweit das neue Gesetz zu Veränderungen in der Arbeitsweise der Geschäftsstellen führen wird.

[343] Vgl. zu den genannten Aspekten Fundación Antonio Carretero, Jueces para la Democracia 2002, 67, 69; CGPJ, Tribunales de Justicia Dezember 2001, 37, 40. Im Durchschnitt lässt sich sagen, dass ein Saal für etwa zwei bis drei Spruchkörper zur Verfügung steht. Die Bandbreite ist diesbezüglich allerdings sehr groß. Das Gericht der ersten Instanz in Salamanca hat für seine neun Spruchkörper beispielsweise lediglich zwei Säle.

[344] Ensesa Casuelleras/Fries, aaO, 36.

[345] CGPJ, Tribunales de Justicia Dezember 2001, 37, 41.

[346] Fundación Antonio Carretero, Jueces para la Democracia 2002, 67, 69. Teilweise wird allerdings berichtet, dass in manchen Gerichten nach wie vor eine detaillierte schriftliche Aufzeichnung vorgenommen wird (Auskunft von Prof. Bachmaier Winter, Universidad Complutense Madrid).

3. Praktische Auswirkungen der Neustrukturierung des juicio ordinario

Der Versuch des Gesetzgebers, durch eine konzentrierte Verfahrensstruktur zu einer Beschleunigung des Prozesses zu gelangen, scheint gelungen. Eine diesbezügliche Untersuchung führt aus, dass sich dadurch die durchschnittliche Verfahrensdauer deutlich verkürze[347]. Einerseits scheint sich in dieser Hinsicht die umfassende Vorbereitung des Hauptterminsin der audiencia previa auszuzahlen, die auf Grund eines anderen Inhalts und eines für die Parteien größeren Nutzens effektiver ist als die alte vergleichbare comparecencia previa des juicio de menor cuantía[348]. Andererseits wirkt sich die Konzentration des weiteren Prozessgeschehens auf einen Haupttermin, der in der Regel insbesondere die gesamte Beweisaufnahme umfasst, positiv auf die Verfahrensdauer aus[349]. Lediglich im Rahmen der Beweisaufnahme wird eine Gefahr für die vom Gesetzgeber angestrebte Konzentration gesehen. Als Gründe für eine Aufweichung der Konzentration werden die Möglichkeit der Unterbrechung oder Aussetzung des Haupttermins, beispielsweise weil ein umfangreicheres Sachverständigengutachten eingeholt werden muss, sowie die Möglichkeit der Durchführung von diligencias finales angeführt[350]. Insoweit gibt es aber – soweit ersichtlich – kein statistisches Material.
Ein weiterer Aspekt soll sein, dass die Richter mit dem neuen prozessualen Modell dazu tendieren, die Urteile schneller zu erlassen. Dies rührt wohl daher, dass die Richter die Rechtssache unmittelbar nach dem Haupttermin am präsentesten haben, was nach dem alten schriftlichen und zerstreuten System von vornherein nicht möglich war[351].

4. Würdigung

Nach den eben gebrachten tatsächlichen Erkenntnissen über die Wirkung der neuen Prozessordnung lässt sich ein überaus positives Urteil über das neue Musterverfahren des juicio ordinario fällen. Dies dürfte nicht zuletzt darauf zurückzuführen sein, dass es zumindest in seiner Grobstruktur dem alten Musterverfahren des juicio de menor cuantía entspricht. Zum einen verfügte der Gesetzgeber damit über gewisse Erfahrungen mit einem Prozess, der sich auf zwei mündliche Termine konzentriert und konnte diese Erkenntnisse in das neue Gesetz mit einbringen. Zum anderen war der Praxis dadurch zumindest der äußere Ablauf des Verfahrens bekannt, was die Akzeptanz – bei allen radikalen Neuerungen, die die LEC 2000 gebracht hat – sicherlich deutlich erhöht hat.

---

[347] Fundación Antonio Carretero, Jueces para la Democracia 2002, 67, 68.
[348] So Oliva Santos, Tribunales de Justicia Januar 2002, 3, 6 ; ebenso Fundación Antonio Carretero, aaO, 67.
[349] Fundación Antonio Carretero, aaO, 68.
[350] Fundación Antonio Carretero, aaO, 67.
[351] Fundación Antonio Carretero, aaO, 68.

Im Hinblick auf die Beschleunigung erscheinen insbesondere zwei Punkte wichtig: Erstens die umfassende Vorbereitung des Haupttermins durch die audiencia previa, die im Vergleich zum alten Recht deutlich gehaltvoller ausgestaltet wurde und – unter praktischen Gesichtspunkten deutlich bedeutsamer – auch tatsächlich durchgeführt wird. Zweitens die Verschiebung in Richtung eines mündlichen und unmittelbaren Verfahrens, die die Richter zu einer konsequenteren und strafferen Arbeitsweise zwingt. Die erwähnten Verfahrensprinzipien verhindern vor allem auch die Reibungsverluste und den zeitlichen Mehraufwand nach dem alten Modell, der dadurch entstand, dass die hauptsächlichen Verfahrensakte zerstreut und von verschiedenen Personen entgegengenommen worden waren. Beispielsweise fand eine Zeugenvernehmung häufig vor dem Gerichtssekretär statt, zu würdigen war der Inhalt der Aussage freilich vom Richter. Zudem war es dem Richter oder den Parteien nicht möglich, sofort Nachfragen an den Zeugen zu stellen. Abzuwarten bleibt, wie die Richter im Laufe der Zeit in der Praxis ihre Rolle interpretieren werden. Die vom Gesetz vorgesehene eher aktive Rolle (z.B. im Hinblick auf das Erzielen einer gütlichen Einigung) scheinen sie in der Mehrzahl bisher nicht angenommen zu haben. In den Prozessen, denen der Verfasser beigewohnt hat, beschränkte sich der Richter jeweils auf die förmliche Leitung des Prozesses. Er befragte also in aller Regel weder die Parteien noch die Zeugen zum Sachverhalt; eine auf eine Einigung der Parteien zielende Initiative nahm er ebenfalls nicht vor[352]. Eine materielle Prozessleitung durch das Gericht findet damit zumindest bei einem großen Teil der spanischen Zivilprozesse gar nicht oder nur in Ansätzen statt. Teilweise wird aber auch berichtet, dass sich die spanischen Richter im Laufe der Gültigkeit der LEC 2000 immer besser an die neue Gesetzeslage angepasst hätten und mittlerweile vor allem bei der Zeugenbefragung aktiver agierten[353]. Inwieweit sich die bisher trotzdem eher passive Richterrolle auf die Dauer der Prozesse auswirkt, lässt sich nicht eindeutig beantworten. Unstreitig dürfte aber sein, dass es der Beschleunigung des Verfahrens dienlich ist, wenn das Gericht auf die aus seiner Sicht entscheidenden Aspekte hinweist. Dadurch wird sich unnötiger, weil nicht entscheidungserheblicher Parteivortrag häufig verhindern lassen.

C. Beschleunigung im und durch den juicio verbal

Der juicio verbal ist das zweite zur Verfügung stehende Regelverfahren im reformierten spanischen Zivilprozess, vgl. Art. 248.2.2.° LEC. Es handelt sich um ein fast ausschließlich mündliches Verfahren, das besonders schnell, „beweglich" und frei von unnötigen Formalitäten ausgestaltet ist. In seinem Rahmen

[352] Verhandlungen des Juzgados de Primera Instancia Nr. 2 in Valencia vom 06.05.2003. Richter Giménez Raurell bestätigte in einem Gespräch vom selben Tag, dass dies auch gewöhnliche Praxis an anderen Gerichten sei.

[353] Auskunft von Prof. Bachmaier Winter, Universidad Complutense Madrid, im Hinblick auf die Gerichte in Madrid.

soll über Streitigkeiten verhandelt werden, die keine allzu große Komplexität oder Bedeutung aufweisen oder bei denen eine schnelle Entscheidung erforderlich ist[354].

I. Anwendungsbereich des juicio verbal

Wie beim juicio ordinario bestimmt sich der Anwendungsbereich des juicio verbal gemäß Art. 250 LEC in erster Linie nach der Materie und erst in zweiter Linie nach dem Wert des Streitgegenstandes. Die Besonderheit der Regelung über seinen Anwendungsbereich besteht darin, dass sich der Charakter des Verfahrens je nach einschlägigem Kriterium verändert. Ist der juicio verbal auf Grund des Streitwertes die richtige Verfahrensart, was nach Art. 250.2 LEC bei einem Streitwert von bis zu 3000 € der Fall ist[355], handelt es sich um ein normales und vollständiges Erkenntnisverfahren[356]. Ist der juicio verbal hingegen auf Grund der Materie zu wählen, liegt wegen der Beschränkung auf bestimmte Streitgegenstände ein spezieller Prozess vor, der in den meisten Fällen darüber hinaus lediglich summarischen Charakter hat[357].

Die Klagen, bei denen der juicio verbal anzuwenden ist und es sich um ein summarisches Verfahren handelt[358], sind folgende[359]:

- Klagen auf Wiedererlangung des Besitzes eines vermieteten Landguts oder Stadtgrundstücks, falls der Mieter die Miete nicht bezahlt hat oder der Vertrag endet, Art. 250.1.1.° LEC
- Klagen auf Wiedereinräumung des Besitzes eines Landgutes oder Stadtgrundstücks, das in Grundleihe („precario“[360]) einem anderen überlassen war, Art. 250.1.2.° LEC
- Klagen auf Übernahme des Besitzes von herrenlosem Erbvermögen, Art. 250.1.3.° LEC

---

[354] Siehe zu dieser Charakterisierung Montón García, La Ley 2001, 1882, 1885.

[355] Zu beachten ist hierbei, dass bei einem Streitwert bis einschließlich 90 € die „Juzgados de Paz“ (Friedensgerichte) zuständig sind und nicht die gewöhnlichen erstinstanzlichen Gerichte, vgl. Art. 47 LEC. Zum Gerichtsaufbau s. S. 118.

[356] S. Montero Aroca, Derecho Jurisdiccional II, S. 379.

[357] So Montero Aroca, aaO, S. 379.

[358] Aus dem Wortlaut des Gesetzes ergibt sich jeweils, ob es sich um ein summarisches Verfahren handelt. Siehe zur Einordnung auch Banacloche Palao in: Oliva Santos, Comentarios a la LEC, S. 464.

[359] Im Folgenden soll lediglich ein Überblick über die im juicio verbal zu behandelnden Materien gegeben werden, um dem Leser eine Vorstellung vom Anwendungsbereich dieses Verfahrens zu vermitteln. Es wird darauf verzichtet, jede einzelne Voraussetzung darzustellen.

[360] Mit „precario“ wird ein Vertrag bezeichnet, in dem eine Person einer anderen den kostenlosen Gebrauch einer Sache zugesteht, diese aber jederzeit wieder zurückfordern kann, vgl. Férnandez Martínez, S. 569.

- Besitzschutz- und Besitzerwerbsklagen gegen denjenigen, der diesen Besitz gestört oder entzogen hat, Art. 250.1.4.° LEC
- Klagen auf vorläufige Einstellung von Bauarbeiten, Art. 250.1.5.° LEC
- Klagen auf Abbruch bzw. Beseitigung eines Bauwerks, eines Gebäudes oder eines anderen vergleichbaren Objekts, das dem Kläger wegen Baufälligkeit Schaden zuzufügen droht, Art. 250.1.6.° LEC
- Klagen von im Grundbuch eingetragenen dinglichen Berechtigten gegen die Störer des dinglichen Rechts, Art. 250.1.7.° LEC
- Klagen des Verkäufers gegen den Käufer wegen Nichterfüllung der aus einem eingetragenen[361] Abzahlungskauf resultierenden Pflichten zur Erlangung eines Titels, der die Vollstreckung in das verkaufte Gut erlaubt, Art. 250.1.10.° LEC
- Klagen des Leasinggebers bzw. Verkäufers gegen den Leasingnehmer bzw. Käufer auf Rückgabe eines auf Grund eines eingetragenen Leasingvertrags oder Abzahlungskaufs überlassenen Gutes, Art. 250.1.11.° LEC.

Ebenfalls auf Grund der Materie sind im juicio verbal als Hauptverfahren (es handelt sich bei diesen Materien also nicht nur um ein summarisches Verfahren) zu verhandeln:

- Unterhaltsklagen, Art. 250.1.8.° LEC
- Klagen auf Berichtigung von falschen und schädlichen Äußerungen (Verleumdungsklagen), Art. 250.1.9.° LEC.

II. Verfahrensablauf

Der Ablauf des Verfahrens im juicio verbal lässt sich skizzenhaft in drei Phasen einteilen[362]:

- Einreichung der so genannten kurz gefassten Klage („demanda sucinta")
- Haupttermin („vista")
- Urteilsfällung.

Aus dieser Struktur wird ersichtlich, dass der juicio verbal ein „hochkonzentriertes Verfahren" ist, bei dem sich fast alle wesentlichen Prozesshandlungen im Haupttermin abspielen[363]. Nach dem Willen des Gesetzgebers soll gerade diese Betonung des Haupttermins die Verfahrensprinzipien der Mündlichkeit, Unmit-

[361] Die Eintragung erfolgt im Register für Abzahlungskäufe von Mobilien. Siehe dazu das Gesetz 28/1998 vom 13. Juli über Abzahlungskäufe von Mobilien, abgedruckt im BOE Nr. 167/1998 vom 14. Juli, S. 23510.
[362] Diese Einteilung nimmt Díez-Picazo Gímenez in: La Oliva, Comentarios a la LEC, S. 740 vor.
[363] So López Simó, Respuestas, S. 334.

telbarkeit und Konzentration in einem möglichst hohen Maß zur Anwendung bringen[364]. Die Tatsache, dass sich fast alle Prozesshandlungen im Haupttermin abspielen, führte auf der anderen Seite in der Literatur teilweise zu dem Schluss, dass im juicio verbal ein „wirkliches" Verfahren fehle[365].

Für einige Arten von Klagen gibt es spezielle Regeln, die den Normalablauf modifizieren bzw. zusätzliche Voraussetzungen aufstellen[366]. Auf diese speziellen Regelungen soll im Folgenden nicht eingegangen werden[367]. Erwähnt werden soll aber, dass diese verfahrensrechtlichen Besonderheiten hinsichtlich bestimmter Streitgegenstände in der Literatur teilweise heftig kritisiert worden sind. Kritisiert wird vor allem, dass durch die Festsetzung von verfahrensrechtlichen Besonderheiten im Ergebnis der größte Teil der besonderen Verfahrensarten der LEC 1881 aufrechterhalten wurde, nur eben nunmehr im Gewand des juicio verbal. Insofern handele es sich um eine gesetzliche Maßnahme, die lediglich die Verringerung der besonderen Verfahrensarten vorspiegele, während dies in Wirklichkeit gerade nicht der Fall sei. Konsequenz der Vorgehensweise des Gesetzgebers sei eine kasuistische und überladene Regelung des juicio verbal. Im Endeffekt würden dadurch weder der juicio verbal noch die besonderen Verfahrensarten in einer akzeptablen Art und Weise geregelt[368].

1. Einleitung des Verfahrens durch Klageerhebung

a. Klageinhalt

aa. „Demanda sucinta" (kurz gefasste Klage)
Das Verfahren wird nach Art. 437.1 LEC durch eine kurz gefasste Klage eingeleitet. „Kurz gefasst" bedeutet gemäß Art. 437.1 LEC, dass die Klage lediglich den Kläger und den Beklagten, deren Wohnsitze und den genauen Antrag aufführen muss. Die Angabe des Sachverhalts und der rechtlichen Begründung ist im Gegensatz zur Klage im juicio ordinario (vgl. dort Art. 399.3 und 4 LEC) damit nicht erforderlich. Die herrschende Auffassung in Rechtsprechung[369] und

---

[364] Siehe dazu EM LEC XII.8; im gleichen Sinne Bernardo San José und Oliva Santos, Respuestas, S. 342. Vgl. dazu auch Pedraz Penalva, Proceso Civil Práctico, Band V, 5 – 143.
[365] So Ocaña Rodriguez, La Ley Nr. 5325 vom 7. Juni 2001, 1.
[366] Beispielsweise wird die Klage auf Wiedererlangung des Besitzes (vgl. Art. 250.1.4.° LEC) nur dann zugelassen, wenn seit der Entziehung nicht mehr als ein Jahr vergangen ist.
[367] Eine Übersicht über die verfahrensrechtlichen Besonderheiten bei den Klagen des juicio verbal geben Garnica Martín, Revista Jurídica de Catalunya 2001, 167, 191 ff.; Juan Sánchez in: Ortells Ramos, Derecho Procesal Civil, S. 669 ff.
[368] Siehe zu dieser Argumentation Garnica Martín, Tribunales de Justica März 2001, 21; vgl. zu dieser Kritik auch Oliva Santos, Tribunales de Justicia Februar 2000, 127, 134; Pedraz Penalva, Proceso Civil Práctico, Band V, 5 – 3.
[369] SAP Barcelona vom 13. November 2001 (JUR 20520).

Literatur[370] folgt diesem Wortlaut des Gesetzes. Die nähere Begründung des Klageantrags kann somit bei Einlegung einer kurz gefassten Klage mit dem eben beschriebenen Inhalt dem Haupttermin vorbehalten bleiben[371]. Vereinzelt wird hingegen angenommen, dass die reine Anführung des Antrags ohne weitere Erklärungen nicht ausreicht. Teilweise wird argumentiert, dass der gestellte Antrag zumindest im Interesse einer minimalen Verständlichkeit erläutert werden muss[372]. Teilweise wird auch darauf hingewiesen, dass das Gericht ohne die Angabe der wesentlichen Tatsachen nicht in der Lage sei, über die Zulassung der Klage zu entscheiden[373].

bb. „Normale Klage"

Einigkeit besteht darin, dass es auch möglich ist, eine Klage einzureichen, die den Anforderungen der Klage im juicio ordinario entspricht, mithin Ausführungen zu den Tatsachen und Rechtsgrundlagen enthält[374]. Hergeleitet wird dieses Ergebnis aus Art. 443.1 LEC, der nach seinem eindeutigen Wortlaut von einer derartigen Möglichkeit ausgeht[375].

cc. Klage mittels eines Formulars

Handelt es sich um eine Klage mit einem Streitwert von nicht mehr als 900 €, kann die Klage auch mittels eines bei den Gerichten erhältlichen Formulars eingereicht werden, Art. 437.2 LEC[376]. Interessant ist in diesem Zusammenhang, dass das offizielle Standardformular, das vom Richterrat entworfen wurde, eine kurze Begründung des gestellten Antrags verlangt und damit über die in der demanda sucinta erforderlichen Angaben hinausgeht. Auch vor diesem Hintergrund bleibt es abzuwarten, wie die Praxis in der Zukunft mit der Klage im juicio verbal verfahren wird. Die Vertretung durch einen Prozessagenten (s. Art.

---

370 Garnica Martín, Tribunales de Justica März 2001, 21, 27; Montón García, La Ley 2001, 1882, 1885; Pedraz Penalva, La aplicación práctica de la LEC, S. 162 und 170; Blasco Soto, Respuestas, S. 323; Montero Aroca und Calderón Cuadrado, Enjuiciamiento Civil, S. 240.

371 Siehe dazu nur SAP Barcelona, aaO; Pedraz Penalva, aaO.

372 So Díez-Picazo Gímenez in: La Oliva, Comentarios a la LEC, S. 741 f.

373 So Ortells Ramos, Preclusión, S. 38 ff. Ohne die Angabe der wesentlichen Tatsachen könne das Gericht weder über die richtige Verfahrensart (Art. 254 LEC) noch über eine anfängliche objektive Klagehäufung (Art. 438.3 und 4, Art. 73.4 LEC) entscheiden. Zudem könne sich der Beklagte nicht in angemessener Art und Weise auf seine Verteidigung vorbereiten. Mit ähnlicher Argumentation Cabezas García, El juicio verbal, S. 24 ff.; Maroto Márquez in: Exposición de la nueva LEC, 91, 95. Ocaña Rodriguez, La Ley Nr. 5325 vom 7. Juni 2001, 1, 2, sieht die angesprochene Problematik, scheint aber angesichts der klaren Gesetzeswortlauts zur herrschenden Meinung zu tendieren.

374 Vgl. dazu nur Díez-Picazo Gímenez, aaO, S. 741.

375 Pedraz Penalva, Proceso Civil Práctico, Band V, 5 – 10.

376 Ein Muster eines solchen Standardformulars wurde vom CGPJ im BOE Nr. 273 vom 14. November 2002, S. 40032 veröffentlicht (der Zeitpunkt zeigt, dass es bis dahin kein offizielles Formular gab).

23.2.1.° LEC) und die Verteidigung durch einen Rechtsanwalt (s. Art. 31.2.1.° LEC) sind bei einem Streitwert bis 900 € nicht notwendig.

Entgegen dem Eindruck, den Art. 437.1 LEC zunächst erweckt („Der juicio verbal wird mittels einer kurz gefassten Klage eingeleitet..."), gibt es also drei Möglichkeiten, den juicio verbal einzuleiten: Mittels einer kurz gefassten Klage, mit Hilfe eines standardisierten Formulars sowie durch eine „normale" Klage[377]. Die Praxis scheint sich – wohl aus der Gewohnheit des bisher fast ausschließlich schriftlichen Prozesses heraus – in der deutlichen Mehrzahl der Fälle für die Erhebung einer normalen Klage zu entscheiden[378].

b. Beifügung von Dokumenten

Ob und welche Dokumente der Klage beizufügen sind, wird vom Gesetz nicht ausdrücklich gesagt[379]. Im Ergebnis scheint in Rechtsprechung und Literatur aber zumindest weitgehend Einigkeit darüber zu herrschen, dass bestimmte Dokumente mit der Klage einzureichen sind. Dem tragen die Standardformulare Rechnung, die die Beifügung von Dokumenten vorsehen[380]. Die überwiegende Rechtsprechung verlangt vom Kläger, dass er die Dokumente, die seinen prozessualen Anspruch stützen, bereits mit der Klage zu präsentieren hat[381]. Die Literatur ist hinsichtlich der beizufügenden Dokumente gespaltener Meinung. Eine Auffassung verweist auf Art. 265.4 LEC, nach dem der *Beklagte* in den juicios verbales die in Art. 265.1 LEC genannten Dokumente[382] im Haupttermin zu präsentieren hat. Der Umkehrschluss daraus sei, dass der *Kläger* alle erforderlichen Dokumente bereits vor dem Haupttermin und damit mit der Klage einreichen muss[383]. Eine andere Auffassung unterscheidet zwischen den „prozessualen Dokumenten" des Art. 264 LEC (beispielsweise die Bevollmächtigung an den Prozessagenten) und den „streitgegenstandsbezogenen Dokumenten" des Art. 265

---

377 So auch Pedraz Penalva, La aplicación práctica de la LEC, S. 164; Blasco Soto, Respuestas, S. 323; Garnica Martín in: La LEC tras dos años de vigencia, S. 14.
378 Huguet Tous in: La interpretación judicial de la nueva LEC, S. 100.
379 Zu den im juicio ordinario mit der Klage zu präsentierenden Dokumenten siehe bereits S. 26.
380 Siehe dazu nochmals das Standardformular im BOE Nr. 273 vom 14. November 2002, S. 40032 abgedruckt.
381 Siehe SAP Valencia vom 24. Dezember 2002 (JUR 44072) sowie Picó i Junoy in: La interpretación judicial de la nueva LEC, S. 28 mit Hinweis auf die überwiegende Gerichtspraxis. Nach der Rechtsprechung zur alten Gesetzeslage (vgl. vor allem Art. 720 und 730 LEC a.F.) mussten der Klageschrift im juicio verbal (die so genannte „papeleta") keine Dokumente beigefügt werden, siehe SAP Girona vom 20. Oktober 1999 (AC 5791); SAP Asturias vom 27. Mai 1997 (AC 1122).
382 Die in Art. 265.1 LEC aufgeführten Dokumente sind in der Regel solche, die sich auf den Streitgegenstand beziehen.
383 Garnica Martín, Tribunales de Justica März 2001, 21, 28. Im Ergebnis ebenso Maroto Márquez in: Exposición de la nueva LEC, 91, 96.

LEC (beispielsweise Nachweise von Registereintragungen)[384]. Die prozessualen Dokumente seien der Klage stets beizufügen, während es bezüglich der streitgegenstandsbezogenen Dokumente auf die Art der Klageerhebung ankomme. Wird eine normale Klage eingereicht, müssen nach dieser Ansicht alle Dokumente eingereicht werden; wird hingegen der Weg über eine kurz gefasste Klage oder ein Standardformular gewählt, ist danach der richtige Zeitpunkt zur Vorlage der Dokumente der Haupttermin[385]. Eine weitere Auffassung unterscheidet sich von der zuletzt genannten schließlich dadurch, dass sie als richtigen Zeitpunkt für die Präsentation von streitgegenstandsbezogenen Dokumenten stets den Haupttermin ansieht[386]. Die Auffassung, die der Rechtsprechung folgt und die Vorlage der streitgegenstandsbezogenen Dokumente verlangt, wird ebenfalls vertreten[387].

Wichtig ist die Bestimmung des Zeitpunkts zur Vorlage von Dokumenten deswegen, weil Art. 269.1 LEC deren Vorlage zu einem späteren als dem gesetzlich vorgesehenen Zeitpunkt grundsätzlich ausschließt[388]. Zieht man in Betracht, dass die gesetzlichen Mindestanforderungen an die Klage selbst relativ gering sind, leuchtet es nicht ein, allzu strenge Anforderungen an die Vorlage von Dokumenten während der Klageerhebung zu stellen. Etwas fremd mutet es an, dass auf der einen Seite auf die Angabe der wesentlichen Tatsachen zur Begründung des geltend gemachten Antrags verzichtet wird (s. oben), auf der anderen Seite die Vorlage von Dokumenten verlangt wird, die sich auf diese nicht angegebenen Tatsachen beziehen. Insofern ist – will man eine allgemeingültige Regel zur Vorlage von Dokumenten im juicio verbal aufstellen – der drittgenannten Auffassung, die auf die Vorlage von streitgegenstandsbezogenen Dokumenten bei der Klageeinreichung grundsätzlich verzichtet, die Präsentation von prozessualen Dokumenten jedoch fordert, der Vorzug zu geben. Eine andere Möglichkeit bestünde darin, je nach Art der erhobenen Klage zu unterscheiden, so dass bei einer gewöhnlichen Klage bereits alle Dokumente einzureichen wären und bei einer kurz gefassten Klage lediglich die prozessualen Dokumente.

c. Präklusion

---

[384] Siehe zu dieser Unterscheidung S. 26.
[385] Blasco Soto, Respuestas, S. 322 ff.; Pedraz Penalva, Proceso Civil Práctico, Band V, 5 – 12 ff.
[386] Cubillo López, Oliva Santos, Respuestas, S. 325.
[387] Sanahuja Buenaventura in: La interpretación judicial de la nueva LEC, S. 85.
[388] Vgl. zu Art. 269 allgemein Ortells Ramos, Derecho Procesal Civil, S. 322. Gestritten wird in diesem Zusammenhang darüber, wie im Rahmen des juicio verbal zu verfahren ist, wenn ausnahmsweise eine spätere Vorlage von Dokumenten erlaubt ist (vgl. dazu vor allem Art. 270 LEC), die Parteien bis zum oder während des Haupttermins aber nicht in der Lage sind, diese beizubringen. Folgende Lösungsvorschläge werden von der Literatur unterbreitet: Unterbrechung des Verfahrens nach Art. 193 LEC (so Cubillo López, Oliva Santos, Respuestas, S. 325), Vorlage in der zweiten Instanz (so Asencio Mellado, Respuestas, S. 321), Vorlage im Rahmen der diligencias finales (so Richard González, Respuestas, S. 349).

Die Frage, ob der Zeitpunkt der Klageerhebung im juicio verbal bereits der gewöhnliche Zeitpunkt des Eintritts der Präklusion bezüglich weiteren Vorbringens durch den Kläger darstellt, wird vom Gesetz nicht beantwortet. Weitgehende Einigkeit herrscht jedenfalls dahingehend, dass die allgemeinen Präklusionsvorschriften auch im juicio verbal Anwendung finden. Bezüglich der Grundnorm des Art. 136 LEC, der die Präklusion androht, falls die Partei nicht im vorgesehenen prozessualen Zeitpunkt vorbringt[389], ergibt sich dies schon aus seiner systematischen Stellung bei den allgemeinen Vorschriften über den Zivilprozess. Auch bezüglich der Anwendung der Vorschrift des Art. 400 LEC, der sich auf den Ausschluss von Parteivorbringen in einem späteren Prozess bezieht[390], herrscht größtenteils Übereinstimmung. Trotz der systematischen Stellung dieser Vorschrift bei den Regeln über den juicio ordinario ist man der Auffassung, dass diese nach dem Willen des Gesetzgebers aus Gründen der Prozessökonomie auch auf alle anderen Arten von Erkenntnisprozessen anwendbar sei[391].

Fraglich ist aber der Zeitpunkt, zu dem die Präklusion im juicio verbal eintritt. Diese Frage wurde – soweit ersichtlich – von der höchstgerichtlichen Rechtsprechung noch nicht beantwortet und wird auch in der Literatur kaum diskutiert. Die Beantwortung der Frage dürfte davon abhängen, welche Anforderungen man an den Inhalt der Klageschrift stellt. Verlangt man mit Ortells Ramos bei der Klageerhebung auch die Angabe einer Klagebegründung und nähert sich damit der ordentlichen Klage an, ist es nur folgerichtig, die Prinzipien der Präklusion beim juicio ordinario auf den juicio verbal zu übertragen. Demnach wäre nach dieser Auffassung der Zeitpunkt der Klageerhebung der grundsätzliche Zeitpunkt, nach dem die Präklusion eintritt. Ein weiteres Vorbringen durch den Kläger nach der Klageerhebung wäre damit in der Regel nicht mehr möglich[392]. Insbesondere will diese Auffassung auch Art. 400 LEC unterschiedslos auf den juicio ordinario und den juicio verbal bereits im Zeitpunkt der Klageerhebung anwenden[393]. Eine weitere Auffassung folgt der zuvor genannten in dem Fall, dass sich der Kläger für die Erhebung einer normalen Klage entschieden hat[394]. Folgt man hinsichtlich des Klageinhalts hingegen der dominierenden Ansicht, dass es ausreichend ist, wenn der Kläger seine Klage erst zu Beginn des

---

389 Siehe dazu S. 26 ff.

390 Siehe dazu S. 28 ff.

391 So z.B. Díez-Picazo Gimenez in: Oliva Santos, Comentarios a la LEC, S. 670; Garnica Martín in: La LEC tras dos años de vigencia, S. 6. Einschränkend Gimeno Sendra, Proceso Civil Práctico, Band V, 3 – 19, der die Vorschrift nicht auf die summarischen Verfahren anwenden will. Skeptisch auch Maroto Márquez in: Exposición de la nueva LEC, 91, 97, mit dem Hinweis auf den Ausnahmecharakter der Vorschrift. Ablehnend Seijas Quintana in: La LEC tras dos años de vigencia, S. 6.

392 Ortells Ramos, Preclusión, S. 40.

393 Ortells Ramos, aaO, S. 40.

394 Pedraz Penalva in: La aplicación práctica de la LEC, S. 165.

Hauptterminss in tatsächlicher und rechtlicher Hinsicht erläutert, muss dieser Zeitpunkt für den Eintritt der Präklusion auf Klägerseite maßgebend sein[395].

2. Zulassung der Klage durch das Gericht

Das Gericht entscheidet per Beschluss innerhalb von 5 Tagen nach Einreichung der Klage, ob es diese zulässt, Art. 440.1 LEC. Als Fall der Unzulässigkeit der Klage nennt Art 440.1 explizit die fehlende Gerichtsbarkeit und die fehlende sachliche oder örtliche Zuständigkeit[396]. Weitere Unzulässigkeitsgründe, die sich auf besondere Verfahren beziehen, sind in Art. 439 LEC geregelt. Aber auch die allgemeinen Zulässigkeitsvoraussetzungen, die nicht besonders erwähnt werden, sind vom Gericht zu überprüfen[397].

3. Ladung der Parteien

Kommt das Gericht zum Ergebnis, dass die Klage zulässig ist, leitet es sie an den Beklagten weiter und lädt die Parteien zur mündlichen Verhandlung, die frühestens 10 Tage und spätestens 20 Tage nach der Ladung stattfinden muss, Art. 440.1 LEC[398]. In der Ladung macht das Gericht die Parteien darauf aufmerksam, dass die Verhandlung auch ohne die Anwesenheit des Beklagten durchgeführt wird und gibt ihnen auf, zum Haupttermin mit den Beweismitteln zu erscheinen, derer sie sich bedienen wollen. Des Weiteren setzt es die Parteien in Kenntnis, dass im Falle ihrer Säumnis die von der Gegenpartei vorgetragenen Tatsachen nach Maßgabe des Art. 304 LEC als zugestanden angesehen werden können, Art. 440.1 Absatz 2 LEC. Weiter teilt es den Parteien mit, dass ein Nichterscheinen des Klägers als Klagerücknahme behandelt wird und der nicht erschienene Beklagte für säumig erklärt wird. Schließlich unterrichtet es die Parteien davon, dass sie – falls sie nicht selbst in der Lage sind, bestimmte Zeugen zu präsentieren – dies dem Gericht gemäß Art. 440.1 Absatz 3 LEC innerhalb

---

[395] So auch Garnica Martín in: La LEC tras dos años de vigencia, S. 15.

[396] Unbeschadet bleibt das Recht der Parteien, die Unzuständigkeitseinrede geltend zu machen, s. Art. 64 LEC. Sinnvoll ist ein derartiges Vorgehen auf jeden Fall, da die Unzuständigkeitseinrede zu einem späteren Zeitpunkt präkludiert ist, Art. 443.2 Absatz 2 LEC. Fraglich ist aber, in welcher Form die Unzuständigkeitseinrede zu erheben ist. Teilweise wird vertreten, dass sie mündlich im Rahmen des Haupttermins zu erheben ist (so Garnica Martín, Tribunales de Justicia März 2001, 21, 32). Das Gesetz spricht in Art. 65.1 Absatz 1 LEC hingegen von einem Schriftsatz, mit dem diese Einrede geltend zu machen ist; außerdem sagt das Gesetz in Gestalt des Art. 443.2 Absatz 2 LEC gerade, dass die Erhebung der Einrede im Haupttermin nicht mehr möglich ist.

[397] Díez-Picazo Gímenez in: Oliva Santos, Comentarios a la LEC, S. 752, der beispielhaft die fehlende Parteifähigkeit, die fehlende Vertretung durch einen Prozessagenten oder das Fehlen von notwendigen Dokumenten oder Kopien nennt.

[398] Garnica Martín, Tribunales de Justicia März 2001, 21, 28 hält die Frist zur Durchführung des Haupttermins für deutlich zu kurz und rechnet in der Praxis mit wiederholten (mit keiner Sanktion versehenen) Verstößen.

von 3 Tagen nach Erhalt der Ladung mitzuteilen haben, damit das Gericht diese Zeugen laden kann[399].

4. Reaktionsmöglichkeiten des Beklagten, insbesondere Widerklage

In der Regel ist es dem Beklagten im Rahmen des juicio verbal versagt, Angriffs- und Verteidigungsmittel schon vor dem Haupttermin vorzubringen; gerade in der Konzentration auf den Haupttermin liegt das Charakteristikum des juicio verbal[400]. Um den Kläger in der Verhandlung aber nicht in eine Situation der „Verteidigungslosigkeit"[401] zu bringen, ist es dem Beklagten unter bestimmten Umständen erlaubt, schon vor dem Haupttermin aufzurechnen oder Widerklage zu erheben. Das Gesetz in Form des Art. 438.1 LEC gestattet die Erhebung einer Widerklage aber nur, wenn es sich um ein Verfahren handelt, das mit einer rechtskräftigen Entscheidung enden kann, Art. 438.1 Absatz 1 in Verbindung mit Art. 447 LEC[402]. Weitere Voraussetzung einer zulässigen Widerklage ist nach Art. 438.1 Absatz 2 LEC, dass sie dem Kläger mindestens 5 Tage vor dem Haupttermin durch das Gericht mitgeteilt wird. Dies bedeutet implizit, dass die Widerklage auch mindestens 5 Tage vor Durchführung des Haupttermins erhoben werden muss[403]. Eine andere bemerkenswerte Konsequenz besteht darin, dass die Widerklage zeitlich vor der Klageerwiderung vorgenommen werden muss[404]. Schließlich muss für die Widerklage der juicio verbal auch die richtige Verfahrensart sein und ein Zusammenhang mit der Hauptklage bestehen[405]. Eine Drittwiderklage ist im Rahmend des juicio verbal nicht möglich[406]. Nach Art. 438.2 LEC gilt das eben Dargestellte auch im Hinblick auf die Aufrechnung.

---

[399] Vgl. zum Inhalt der Ladung Montón García, La Ley 2001, 1882, 1886.
[400] Pedraz Penalva, Proceso Civil Práctico, Band V, 5 – 142; Blaco Soto, Respuestas, S. 322; Díez-Picazo Gímenez, aaO, S.739 und 740.
[401] So Montero Aroca, Derecho Jurisdiccional II, S. 388.
[402] Die Mehrzahl der gesetzlich vorgesehenen Verfahren hat – wie gezeigt – summarischen Charakter, so dass es zu keiner rechtskraftfähigen Entscheidung kommen kann und die Erhebung einer Widerklage damit ausscheidet, s. Díez-Picazo Gímenez, aaO, S. 772. Näher zur Entscheidung im juicio verbal S. 94.
[403] Pico i Junoy in: La interpretación judicial de la nueva LEC, S. 27.
[404] Garnica Martín in: La LEC tras dos años de vigencia, S. 18.
[405] Siehe zum Zusammenhang zwischen Klage und Widerklage bereits S. 38 ff. Problematisch ist aber, dass nach dem Wortlaut des Art. 438.1 LEC ein Zusammenhang mit dem Streitgegenstand der Hauptklage gegeben sein muss. Dieser Streitgegenstand steht bei Erhebung einer kurz gefassten Klage mangels Anführung des Lebenssachverhalts zu diesem Zeitpunkt noch gar nicht fest. Vgl. dazu Ortells Ramos, Derecho Procesal Civil, S. 315 f. Huguet Tous in: La interpretación judicial de la nueva LEC, S. 102 will den Richter aus diesem Grund erst im Haupttermin über die Zulassung der Widerklage entscheiden lassen.
[406] Pico i Junoy in: La interpretación judicial de la nueva LEC, S. 27. Pico i Junoy in: La interpretación judicial de la nueva LEC, S. 27.

5. Der Hauptermin

a. Säumnis- und Vertretungsregeln

Der Haupttermin findet statt, wenn entweder beide Parteien anwesend sind oder lediglich der Kläger erscheint. In diesem Fall wird der Beklagte für säumig erklärt und der Prozess ohne ihn fortgesetzt, Art. 442.2 LEC[407]. Wenn der Kläger nicht erscheint, wird dies in der Regel als Klagerücknahme angesehen; das Gericht stellt dann das Verfahren per Beschluss ein und legt dem Kläger die Kosten des Verfahrens auf[408]. Lediglich wenn der anwesende Beklagte ein legitimes Interesse an einer Sachentscheidung geltend macht, wird das Verfahren fortgeführt, s. Art. 442.1 LEC.
Wie zu verfahren ist, wenn die Parteien in der Verhandlung nicht ordnungsgemäß durch Prozessagent und Rechtsanwalt vertreten sind, wird vom Gesetz nicht ausdrücklich gesagt[409]. Einigkeit herrscht jedenfalls darüber, dass die Parteien, falls sie nicht im Rahmen einer Parteivernehmung nach den Art. 301 ff. LEC aussagen müssen, nicht persönlich zur Verhandlung erscheinen müssen[410]. Davon abgesehen sieht die überwiegende Auffassung eine Partei nur dann als anwesend an, wenn sowohl ihr Prozessagent als auch ihr Anwalt im Haupttermin zugegen sind[411]. Eine andere Auffassung verweist auf die in der Praxis äußerst passive Rolle des Prozessagenten während der mündlichen Verhandlung und sieht es aus diesem Grund nicht als interessengerecht an, bei einem Nichterscheinen des Prozessagenten die Partei selbst als nicht anwesend einzustufen. Fehlt der Rechtsanwalt, will aber auch diese Ansicht die Partei als nicht erschienen behandeln[412].

b. Ablauf des Haupttermins

Der Ablauf des Haupttermins ist in Art. 443 LEC geregelt. Dieser lässt sich nach der gesetzlichen Vorgabe grob in 2 Phasen einteilen, in die Phase des Parteivorbringens und die Phase der Beweisaufnahme.

---

[407] Zur Säumnis des Beklagten s. Art. 496 ff. LEC und die Darstellung S. 44.
[408] Siehe allgemein zur Klagerücknahme Art. 20.2 und 3 LEC. Bei einem Nichterscheinen des Klägers kann der Beklagte nach Art. 442.1 a.E. LEC außerdem Schadensersatz wegen eines dadurch verursachten Schadens zugesprochen bekommen, s. dazu Garnica Martín in: La LEC tras dos años de vigencia, S. 20.
[409] Ein Zwang zur Vertretung durch einen Prozessagenten und Rechtsanwalt besteht ab einem Streitwert von mehr als 900 €, vgl. dazu S. 33 ff.
[410] Garnica Martín, Tribunales de Justica März 2001, 21, 30; Díez-Picazo Giménez in: Oliva Santos, Comentarios a la LEC, S. 762; Pedraz Penalva in: Proceso Civil Práctico, Band V, 5 – 135.
[411] Díez-Picazo Giménez, aaO, S. 762; Pedraz Penalva, aaO, 5 – 135; Bachmaier Winter, La rebeldía en el proceso civil norteamericano y español, 193 f.
[412] Garnica Martín, aaO, 30.

aa. Parteivorbringen

(1) Klägervorbringen

Die Phase des Parteivorbringens beginnt damit, dass der Kläger seine Klage in sachlicher und rechtlicher Hinsicht erläutert, Art. 443.1 LEC. Je nachdem, welche Art von Klage erhoben wurde (kurz gefasste Klage, mittels Formular oder normale Klage, s.o.), variiert auch der Umfang der mündlichen Ausführungen; je knapper die schriftliche Klage gehalten wurde, desto ausführlicher muss das mündliche Vorbringen ausfallen[413]. In diesem Sinne bestimmt Art. 443.1 LEC, dass der Kläger, der eine normale Klage erhoben hat, die darin enthaltenen Ausführungen lediglich bestätigt. Mit weiterem Vorbringen zu einem späteren Zeitpunkt des Prozesses ist der Kläger in der Regel präkludiert[414].

(2) Beklagtenvorbringen

Im Anschluss an das Klägervorbringen obliegt es dem Beklagten, auf die Klage zu erwidern. Dazu soll er prozessuale[415] oder materielle Einwendungen vorbringen, Art. 443.2 LEC[416]. Dieser Zeitpunkt des Haupttermins ist derjenige, nach welchem für den Beklagten in der Regel die Präklusion eintritt; eine spätere Geltendmachung von Angriffs- und Verteidigungsmitteln ist damit grundsätzlich ausgeschlossen[417]. Eine Widerklage, die nach dem spanischen System ebenfalls von der Präklusion erfasst wird[418], kann in diesem Moment nicht mehr erhoben werden, da diese mindestens fünf Tage vor Beginn des Haupttermins hätte erhoben werden müssen, Art. 438.1 Absatz 2 LEC. Auf die Einwendungen des Beklagten kann der Kläger gegebenenfalls antworten, vgl. Art. 443.3 LEC.

(3) Präklusion

Insgesamt spielt die Präklusion im juicio verbal wegen dessen Struktur – außer der schriftlichen kurz gefassten Klage findet das weitere Parteivorbringen im Gegensatz zum juicio ordinario in einer einzigen mündlichen Verhandlung statt – keine so wichtige Rolle wie im juicio ordinario. Insbesondere sind im juicio

---

[413] Detailliert dazu und aufgeschlüsselt nach Inhalt und Art der Klage Pedraz Penalva, aaO, 5 – 143.

[414] Sanahuja Buenaventura in: La interpretación judicial de la nueva LEC, S. 91. Siehe dazu bereits S. 83.

[415] Ausgeschlossen ist es in diesem Zeitpunkt, die fehlende Gerichtsbarkeit oder Zuständigkeit des erkennenden Gerichts mittels der so genannten Unzuständigkeitseinrede geltend zu machen, da diese Einwendungen in einem separaten Verfahren zu einem früheren Zeitpunkt abzuhandeln gewesen wären (Art. 63 ff. LEC), s. Art. 443.2 Absatz 2 LEC und S. 37. Unbeschadet bleibt aber gemäß dieser Vorschrift die Überprüfung der Zuständigkeit durch das Gericht von Amts wegen, so dass ein diesbezüglicher Hinweis des Beklagten aus praktischer Sicht durchaus Sinn machen dürfte.

[416] Siehe dazu Montón García, La Ley 2001, 1882, 1886.

[417] Vgl. dazu Ortells Ramos, Preclusión, S. 46.

[418] Bereits oben (S. 27) wurde darauf hingewiesen, dass nach spanischem Recht auch der Angriff und die Verteidigung selbst von der Präklusionswirkung erfasst werden.

verbal auf Grund der Dynamik einer mündlichen Verhandlung die einzelnen Verfahrensabschnitte nicht so scharf zu trennen wie bei einem mehraktigen oder auch – wie nach altem spanischen Recht – schriftlichen Verfahren[419]. Vielmehr werden im Rahmen des Haupttermins die einzelnen Stufen ineinander übergehen und teilweise „verschwimmen", was es in der Praxis schwierig machen dürfte, einen bestimmten Vortrag wegen Verspätung zu präkludieren. Vor allem ist eine gewisse Flexibilität im Rahmen des Haupttermins geradezu erwünscht, um angemessen an „Ort und Stelle" auf die aufgeworfenen Fragen eingehen zu können[420]. Wenn jedenfalls ausnahmsweise mehrere Verhandlungstermine erforderlich werden, wird die Anwendung der Präklusionsregeln aber durchaus sinnvoll. Als allgemeine Ausnahme von der Präklusion ist es dann jedoch auch im juicio verbal möglich, neue oder neu bekannt gewordene Tatsachen nachträglich einzubringen[421].

bb. Prüfung der Sachurteilsvoraussetzungen

Nach dem Parteivortrag entscheidet das Gericht, wie es weiter verfahren wird. Wenn das Gericht eine prozessuale Einwendung für begründet erachtet und das prozessuale Hindernis nicht behoben werden kann, stellt es das Verfahren ein. Kann das prozessuale Hindernis behoben werden, gibt das Gericht Gelegenheit dazu und fährt danach mit der Verhandlung fort[422]. Ebenso verfährt es, wenn es die prozessualen Einwendungen für nicht begründet erachtet oder keine derartigen Einwendungen vorgebracht wurden. Im ersten Fall kann der Beklagte zum Erhalt seiner Rechte für eine etwaige Berufung beantragen, seinen Protest aktenkundig zu machen, Art. 443.3 a. E. LEC[423].

cc. Herausarbeitung der streitigen Tatsachen

Wird die Verhandlung fortgeführt, erhalten die Parteien wiederum das Wort, damit sie eindeutig festlegen, auf welche Tatsachen sie ihre Ansprüche stützen.

---

[419] Siehe zu diesem Gedanken Esparza Leibar, Principios del Procedimiento, 3.
[420] So Esparza Leibar, aaO, 3.
[421] Vgl. auch Oliva Santos, Comentarios a la LEC, S. 522.
[422] Problematisch ist das Vorgehen beim Vorliegen von heilbaren prozessualen Hindernissen, die nicht während des Haupttermins behoben werden können. Eine Möglichkeit wäre die Unterbrechung des Verfahrens nach Art. 193 LEC, um der Partei Gelegenheit zu geben, das prozessuale Hindernis zu beheben, so die wohl herrschende Meinung, vgl. Díez-Picazo Giménez in: Oliva Santos, Comentarios a la LEC, S. 765; Montón García, La Ley 2001, 1882, 1886. Eine andere Möglichkeit wäre die Einstellung des Verfahrens mit der Konsequenz, dass gegebenenfalls zu einem späteren Zeitpunkt ein neuer Prozess angestrengt werden müsste (diese Variante verfolgt das Ziel, eine Unterbrechung des Verfahrens auf Grund des Verlustes an Konzentration zu vermeiden).
[423] Nach Art. 459 LEC kann ein prozessualer Verstoß in der Berufungsinstanz grundsätzlich nur dann erfolgreich geltend gemacht werden, wenn er in der ersten Instanz gerügt wurde, vgl. dazu Oliva Santos, Comentarios a la LEC, S. 764.

Auf diese Weise wird versucht, die streitigen und nichtstreitigen Sachverhaltspunkte herauszuarbeiten. An dieser Stelle ist es den Parteien ausnahmsweise auch möglich, neue oder neu bekannt gewordene Tatsachen („Hechos nuevos o de nueva noticia“) nach Maßgabe des Art. 286 LEC in den Prozess einzuführen[424]. Wenn bezüglich des Sachverhalts Einigkeit zwischen den Parteien besteht, erklärt das Gericht das Urteil für spruchreif und beendet die mündliche Verhandlung[425].

dd. Beweisaufnahme

(1) Vorschlag, Zulassung und Aufnahme der Beweise
Wenn über den Sachverhalt Streit besteht, werden die entsprechenden Beweise vorgeschlagen, die vom Gericht nach den allgemeinen Regeln zugelassen werden[426]. Im Anschluss daran wird sogleich die Beweisaufnahme durchgeführt, Art. 443.4 LEC. Bezüglich der Einzelheiten des Beweisrechts verweist Art. 445 LEC auf die beim juicio ordinario geltenden Regelungen der Art. 281 bis 298 (Gegenstand und Notwendigkeit eines Beweises, Beweisinitiative) und 299 bis 386 (Regelung der verschiedenen Beweismittel) LEC. Im Normalfall müssen die Parteien die Beweismittel, derer sie sich bedienen wollen, in die mündliche Verhandlung mitbringen, vgl. Art. 440.1 Absatz 2 LEC. Wenn die Parteien allerdings nicht in der Lage sind, die Personen, die als Partei oder als Zeuge aussagen sollen, von sich aus zu präsentieren, teilen sie dies dem Gericht gemäß Art. 440.1 Absatz 3 LEC innerhalb von 3 Tagen nach der Ladung zur Verhandlung mit, damit das Gericht die entsprechenden Personen laden kann.

(2) Verfahren bei nicht sofort aufnehmbaren Beweisen
Wie gezeigt, versucht das Gesetz im Rahmen der Beweisaufnahme zu einem größtmöglichen Maß an Konzentration zu gelangen, indem es dem Haupttermin grundsätzlich die gesamte Durchführung derselben zuweist[427]. Dieses Konzentrationsstreben wirft aber Probleme auf, wenn im Termin ein Beweis vorgeschlagen wird, der aus praktischen Gründen nicht unmittelbar im Anschluss aufgenommen werden kann[428]. Eine sich in diesem Zusammenhang stellende Frage ist beispielsweise, wie beim Beweis von neu eingeführten Tatsachen verfahren

---

[424] Siehe dazu Maroto Márquez in: La exposición de la LEC, 91, 101 und die Darstellung S. 52 ff.
[425] Juan Sánchez in: Ortells Ramos, Derecho Procesal Civil, S. 668.
[426] Vgl. zur Zulassung der Beweise Esparza Leibar, El dictamen de Peritos, S. 97 f. Insbesondere werden solche Beweise nicht zugelassen, die sich nicht auf streitige Tatsachen beziehen, die nicht entscheidungserheblich sind (vgl. dazu STS vom 8. März 1996, RJ 1996/1934), die nicht geeignet erscheinen, die behauptete Tatsache zu beweisen und solche, die unter Verstoß gegen das Gesetz zu erheben wären oder bereits erlangt wurden.
[427] So auch Garnica Martín in: La LEC tras dos años de vigencia, S. 23.
[428] Dazu mit Beispielen Sanahuja Buenaventura in: La interpretación judicial de la nueva LEC, S. 92.

werden soll, wenn eine diesbezügliche Beweisaufnahme nicht noch im Haupttermin selbst möglich ist. Auf der einen Seite steht bei dieser Frage das Bestreben nach einer größtmöglichen Konzentration, das eine weitere Verhandlung möglichst verhindern will, auf der anderen Seite das Ziel einer umfassenden Aufklärung der aufgeworfenen Themenkomplexe. Einigkeit herrscht darin, dass nicht auf die Beweisaufnahme verzichtet werden darf, nur weil sie nicht in demselben Haupttermin durchgeführt werden kann und damit die angestrebte Konzentration und Beschleunigung des Verfahrens aufweicht[429]. Die überwiegende Auffassung scheint dahin zu tendieren, den Prozess bei der geschilderten Sachlage nach Art. 193 LEC zu unterbrechen und einen neuen Termin zur Fortsetzung des Verfahrens anzusetzen[430]. Eine andere Auffassung will die entsprechenden Beweise erst in der zweiten Instanz aufnehmen, so dass die Partei Berufung einlegen müsste[431]. Eine weitere Auffassung will – insofern entspricht dies der erstgenannten Ansicht – einen weiteren Termin gemäß Art. 184.1 LEC ansetzen, ohne jedoch das Verfahren zu unterbrechen[432]. Der Unterschied liegt darin, dass eine Unterbrechung nach dem Gesetz bis zu 20 Tage dauern kann (Art. 193.3 Absatz 1 LEC), während sich Art. 184.1 LEC auf eine Fortsetzung des Prozesses am folgenden oder in den folgenden Tagen bezieht. Schließlich wird die Möglichkeit angeführt, die Beweise im Rahmen der diligencias finales[433] aufzunehmen[434]. Allgemein wird auch angedacht, eine Beweisaufnahme, die nicht im Haupttermin durchgeführt werden kann, bereits in deren Vorfeld abzuhalten, um deren Ergebnis im Haupttermin „parat" zu haben[435]. Dazu wäre es jedoch entgegen den gesetzlichen Vorschriften erforderlich, einen vorhergehenden Termin durchzuführen sowie die Beweisanträge und die Beweiszulassung ebenfalls vor dem Haupttermin vorzunehmen.
Unter dem Aspekt der Beschleunigung des Prozesses wäre es sicherlich wünschenswert, das Verfahren nicht zu unterbrechen. Im speziellen Fall des juicio verbal liefe eine Ablehnung der Möglichkeit einer Unterbrechung aber in aller Regel darauf hinaus, bestimmte Beweisaufnahmen gänzlich zu versagen, was wiederum eine Verletzung des verfassungsrechtlich garantierten Anspruchs auf rechtliches Gehör bedeuten würde. Insofern bleibt nach der momentanen gesetzlichen Regelung zur Wahrung rechtsstaatlicher Garantien nur eine Unterbrechung des Verfahrens. Vorzugswürdig scheint dabei die Auffassung, die Art.

---

429 Dies ist ständige Rechtsprechung des TC, vgl. zuletzt STC vom 17. Januar 2003, Punkt 4 (RTC 10) mit weiteren Nachweisen. Siehe dazu auch Sanahuja Buenaventura in: La interpretación judicial de la nueva LEC, S. 93.
430 So Chozas Alonso, Respuestas, S. 333; López Simó, Respuestas, S. 334. Pico i Junoy in: La interpretación judicial de la nueva LEC, S. 29.
431 So Ordoño Artes, Respuestas, S. 337 mit Verweis auf Art. 460.2.3.ª LEC.
432 Peiteado Mariscal, Oliva Santos, Respuestas, S. 338.
433 Deren Anwendung ist im juicio verbal freilich sehr umstritten, dazu sogleich.
434 Aragoneses Martínez, Respuestas, S. 341.
435 So z.B. Pico i Junoy in: La interpretación judicial de la nueva LEC, S. 28; Garnica Martín in: La LEC tras dos años de vigencia, S. 20.

193 LEC entsprechend anwenden will und damit eine Fortsetzung des begonnenen Prozesses innerhalb von 20 Tagen verlangt. Die Ansetzung eines weiteren Termins an den Folgetagen nach Art. 184.1 LEC scheint demgegenüber nicht praxisgerecht, da die im Termin fehlenden Beweismittel häufig nicht innerhalb eines Tages herbeizuschaffen sein werden. Letztlich wurzelt die geschilderte Problematik aber darin, dass der mündliche Termin im juicio verbal nicht ausreichend vorbereitet ist. Insofern kann eine überzeugende Lösung des Problems nur durch den Gesetzgeber erfolgen, indem er dem Gericht Möglichkeiten zur Vorbereitung des Haupttermins zur Hand gibt. Im Endeffekt fände damit in gewissen Fällen des juicio verbal eine Annäherung an die Struktur des juicio ordinario statt.

ee. „Conclusiones finales"

Nach beendeter Beweisaufnahme wird die Verhandlung nach dem Gesetzeswortlaut geschlossen, vgl. Art. 447.1 LEC. Die Praxis gestattet es den Parteien jedoch größtenteils, auch im Rahmen des juicio verbal die nur im juicio ordinario explizit vorgesehenen „conclusiones" (vgl. Art. 433.2 und 3 LEC) zu formulieren[436]. Bei diesen Schlussfolgerungen handelt es sich um eine Bewertung des bisherigen Prozessergebnisses in tatsächlicher und rechtlicher Hinsicht durch die Parteien[437]. Die Literatur stimmt dieser Vorgehensweise fast einhellig zu[438]. Als Hauptargument dafür wird die Vorschrift des Art. 185 LEC angesehen, die allgemein den Inhalt des Haupttermins regelt und die in ihrem Absatz 4 davon spricht, dass den Parteien nach beendeter Beweisaufnahme nochmals das Wort zu erteilen ist[439].

ff. „Diligencias finales"

Äußerst umstritten ist, ob im Rahmen des juicio verbal auch die so genannten diligencias finales (abschließende Maßnahmen zur Aufklärung des Sachver-

---

[436] Siehe beispielsweise den juicio verbal Nr. 508/02 des Gerichts der ersten Instanz Nr. 2 von Valencia vom 14. November 2002, dem der Verfasser beigewohnt hat. In diesem Sinne auch Pico i Junoy in: La interpretación judicial de la nueva LEC, S. 30, der aber auch darauf hinweist, dass einzelne Gerichte den Parteien nach beendeter Beweisaufnahme das Wort nicht mehr erteilen.

[437] Siehe dazu S. 65.

[438] Siehe beispielsweise Ocaña Rodriguez, La Ley Nr. 5325 vom 7. Juni 2001, 1, 8; Garnica Martín, Tribunales de Justicia März 2001, 21, 33; Bernardo San José, Oliva Santos, Respuestas, S. 353; González García, Respuestas, S. 355; Pico i Junoy, Respuestas, S. 357.; Sanahuja Buenaventura in: La interpretación judicial de la nueva LEC, S. 94. Dagegen ist Montón García, La Ley 2001, 1882, 1887 mit dem Hinweis, dass die conclusiones nicht in das beschleunigte Verfahren des juicio verbal passen würden.

[439] Des Weiteren werden verfassungsrechtliche Argumente angeführt, vgl. García Casas, Respuestas, S. 357.

halts) durchgeführt werden können[440]. Eine diesbezügliche Regelung findet sich im Gesetz – im Gegensatz zum juicio ordinario – nicht. Die Rechtsprechung lehnt die Durchführung der diligencias finales im juicio verbal größtenteils ab und verweist darauf, dass diese vom Gesetzgeber bewusst nur beim juicio ordinario geregelt seien[441]. Die Literatur ist in dieser Frage geteilter Meinung. Eine Auffassung spricht sich für die Anwendung der Regeln über die diligencias finales auch im juicio verbal aus[442]. Gerade im beschleunigten Verfahren des juicio verbal bestehe ein großes praktisches Bedürfnis, auch noch nach Abschluss des Haupttermins eine notwendig werdende Beweisaufnahme durchzuführen. Des Weiteren verweist diese Ansicht darauf, dass es sich beim Recht auf Beweis um ein verfassungsrechtliches Recht handele, das der prozessualen Ökonomie nicht untergeordnet werden dürfe[443]. In diese Richtung – freilich ohne diesen konkreten Streit im Blick zu haben – äußert sich auch das Verfassungsgericht. Nach ihm darf zu Gunsten eines effektiven Verfahrens und einer schnellen Entscheidung nicht auf eine zur Sachverhaltsaufklärung notwendige Beweisaufnahme verzichtet werden[444]. Die andere Auffassung lehnt die Durchführung von diligencias finales im juicio verbal hingegen strikt ab[445]. Sie führt aus, dass die diligencias finales beim juicio ordinario geregelt seien und nicht bei den allgemeinen Vorschriften über das Zivilverfahren. Insofern habe der Gesetzgeber im juicio verbal bewusst auf die Anwendung des Instituts der diligencias finales verzichtet. Außerdem sei der juicio verbal in besonderem Maße durch die Prinzipien der Konzentration und der „unidad de acto“ (eine mündliche Verhandlung, in der alle wesentlichen Verfahrenshandlungen vorgenommen werden) gekennzeichnet, denen die Zulassung einer Beweisaufnahme nach dem Haupttermin zuwiderliefe. Diese Auffassung erkennt jedoch an, dass es Fälle gibt, in denen eine Beweisaufnahme nach dem Schluss der mündlichen Verhandlung erforderlich wird. In diesem Fall wollen die meisten Vertreter dieser Ansicht das Verfahren nach Art. 193 LEC unterbrechen[446].

---

[440] Siehe zu diesen bereits S. 70.

[441] Siehe dazu den Bericht von Pico i Junoy in: La interpretación judicial de la nueva LEC, S. 30.

[442] Ocaña Rodriguez, La Ley Nr. 5325 vom 7. Juni 2001, 1, 8; Garnica Martín, Tribunales de Justicia März 2001, 21, 33; Ordoño Artes, Respuestas, S. 337; Montón García, La Ley 2001, 1882, 1887; Aragoneses Martínez, Los Procesos declarativos, S. 128 und Respuestas, S. 341; Picó i Junoy, Respuestas, S. 346; Richard González, Respuestas, S. 349.

[443] So vor allem Pico i Junoy, Respuestas, S. 347.

[444] Zuletzt STC vom 17. Januar, Punkt 4 (RTC 10) mit weiteren Nachweisen.

[445] Cedeño Hernán, Tribunales de Justicia Februar 2002, 39 f; Bernardo San José, Oliva Santos, Respuestas, S. 342; González García, Respuestas, S. 343; Jimeno Bulnes, Respuestas, S. 344; López Simó, Respuestas, S. 345; Reverón Palenzuela, Respuestas, S. 348.

[446] So z.B. Bernardo San José, Oliva Santos, Respuestas, S. 342; Jimeno Bulnes, Respuestas, S. 344; López Simó, Respuestas, S. 345. Teilweise wird auch eine Beweisaufnahme in der zweiten Instanz vorgeschlagen (so Reverón Palenzuela, Respuestas, S. 348) oder die Anwendung der Regeln über die Beweislast (Art. 217 LEC) angedacht (so González García, Respuestas, S. 343).

6. Urteilsfällung

Das erkennende Gericht muss nach Art. 447.1 LEC sein Urteil spätestens 10 Tage nach Beendigung des Haupttermins fällen[447]. Falls der juicio verbal – was in der Praxis den Großteil der Prozesse in dieser Verfahrensart ausmachen dürfte[448] - auf Grund des Streitwertes zu wählen war, handelt es sich um ein normales, der Rechtskraft fähiges Urteil.
Die Besonderheit im juicio verbal besteht darin, dass das Urteil in der Mehrzahl der Fälle, in denen der juicio verbal auf Grund der Materie einschlägig ist, keine Rechtskraft entfalten kann, vgl. Art 447.2 bis 4 LEC. Zusammengefasst lässt sich sagen, dass alle Verfahren, die lediglich summarischen Charakter aufweisen, nicht mit einem rechtskraftfähigen Urteil enden[449]. Ausgenommen von diesem Grundsatz sind gemäß Art. 447.2 LEC nur Urteile, die in einem summarischen Verfahren auf Wiedereinräumung des Besitzes eines Landgutes oder Stadtgrundstücks ergangen sind, das aus anderen Gründen als die ausbleibende Zahlung des Mieters angestrengt wurde (Ablauf des Vertrags, Überlassung zur Grundleihe [„precario"]), s. Art. 250.1.1.° und 2.° LEC)[450].
Aus dem oben genannten Grundsatz ergibt sich auch, dass in den Fällen ein rechtskraftfähiges Urteil ergeht, in denen ein vollständiges – also nicht nur ein summarisches – Erkenntnisverfahren durchgeführt wurde: Dies ist der Fall bei Unterhaltsklagen (Art. 250.1.8.° LEC) und bei Klagen auf Berichtigung von falschen und schädlichen Äußerungen (Art. 250.1.9.° LEC) [451].

III. Rechtstatsachen und Würdigung

1. Allgemeines

Der Anteil des juicio verbal an der Gesamtzahl der zivilrechtlichen Verfahren im Zeitraum vom 8. Januar bis zum 31. Mai 2001 betrug 39 %. Diese Zahl lässt

[447] Siehe dazu die allgemeinen Vorschriften zum Urteil: Art. 209 (Form und Inhalt von Urteilen), Art. 211 (Fristen), Art. 212 (Veröffentlichung und Aufbewahrung) und Art. 218 LEC (erschöpfende Erledigung des Rechtsstreits, Kongruenz und Begründung).
[448] Vgl. Díez-Picazo Gímenez, Tribunales de Justicia Februar 2001, 1, 7; im Ergebnis ebenso Garnica Martín, Tribunales de Justicia März 2001, 21, 34.
[449] Díez-Picazo Gímenez, in: Oliva Santos, Comentarios a la LEC, S. 772. Zu den Fällen, bei denen lediglich ein summarisches Verfahren durchgeführt wird, siehe S. 78.
[450] Ein mit der fehlenden Rechtskraftfähigkeit dieser Urteile einhergehendes Problem ist, ob zu einem späteren Zeitpunkt ein weiteres summarisches Verfahren mit demselben Streitgegenstand angestrengt werden kann. Die herrschende Auffassung lehnt dies ab und will eine entsprechende Klage wegen Rechtsmissbrauchs gemäß der Art. 11.2 LOPJ und 247.2 und 3 LEC abweisen, vgl. dazu Oliva Santos, Derecho Procesal Civil, S. 500. Ein vollständiges anschließendes Hauptverfahren soll aber zulässig sein, da dieses auf Grund einer nicht nur summarischen Prüfung in aller Regel einen anderen Streitgegenstand aufweise, so Cubillo López, Oliva Santos, Respuestas, S. 362.
[451] Díez-Picazo Gímenez, aaO, S. 772.

sich weiter untergliedern: In 12 % der Fälle wurde ein juicio verbal über Mietstreitigkeiten geführt, in einem Prozent über Besitzschutzansprüche und in 26 % über die restlichen im juicio verbal zu verhandelnden Rechtssachen. Erledigt wurden im genannten Zeitraum 25 % der Fälle[452]. Diese Zahl wird für beachtlich gehalten, zumal die Gerichte in den ersten Monaten nach In-Kraft-Treten der LEC 2000 gleichzeitig eine überdurchschnittlich hohe Anzahl an Verfahren, die noch nach der LEC 1881 zu behandeln waren, abzuarbeiten hatten[453]. Bezüglich der Verfahrensdauer wird berichtet, dass der konzentrierte Zuschnitt des juicio verbal zu einer deutlichen Verkürzung geführt hat. Ein Richter eines erstinstanzlichen Gerichts in Barcelona teilt dazu mit, dass an seinem Gericht die durchschnittliche Verfahrensdauer eines juicio verbal 57,3 Tage betrage (Zeitpunkt Januar 2002)[454]. Nach dem alten Recht dauerte ein normaler juicio verbal im Schnitt 7 Monate, wobei der praktisch häufig vorkommende und nach dem neuen Recht nicht mehr existierende spezielle juicio verbal automóvil[455] durchschnittlich 10 Monate in Anspruch nahm[456].

2. *Die Verfahrensprinzipien der Unmittelbarkeit und Mündlichkeit*

Hier lässt sich das zum juicio ordinario Gesagte wiederholen. Im Gegensatz zur früheren Praxis, in der häufig nicht einmal die Verfahren, die sich „mündlich" nannten, mündlich durchgeführt wurden[457], werden die Verfahrensprinzipien der Unmittelbarkeit und Mündlichkeit nach Maßgabe der LEC 2000 in vollem Umfang verwirklicht[458].

3. *Verfahrensstruktur und Konzentration*

In der Praxis hat sich teilweise herausgestellt, dass die vom Gesetzgeber angelegte hochkonzentrierte Verfahrensstruktur des juicio verbal (kurz gefasste mündliche Klage, restliches Prozessgeschehen in einer mündlichen Verhandlung) in einigen Fällen nicht umgesetzt werden konnte[459]. Das hauptsächliche Problem liegt darin, dass im Haupttermin die Beweise sowohl vorgeschlagen als auch sogleich erhoben werden sollen. In einigen Fällen ist dies aus praktischen Gründen aber nicht möglich, zum Beispiel dann, wenn sich herausstellt, dass ein

---

452 Siehe zu diesen Zahlen CGPJ, Tribunales de Justicia Dezember 2001, 37, 38.
453 CGPJ, Tribunales de Justicia Dezember 2001, 37, 39.
454 Garnica Martín in: La interpretación judicial de la nueva LEC, S. 58 f.
455 Dieser spezielle juicio verbal hatte einen Anteil von 12 % an der Gesamtzahl der Verfahren, während der normale juicio verbal in 7, 7 % der Fälle beschritten wurde. Vgl. dazu Libro Blanco, S. 152.
456 Libro Blanco, S. 157.
457 Libro Blanco, S. 185.
458 Siehe dazu nur Oliva Santos, Tribunales de Justicia Januar 2002, 3, 7.
459 CGPJ, Tribunales de Justicia Dezember 2001, 37, 41.

Sachverständigengutachten eingeholt werden muss[460]. Die Konsequenz hieraus ist, dass das Verfahren unterbrochen werden muss, wodurch das angestrebte Ziel eines schnellen und konzentrierten Prozesses gerade nicht erreicht wird[461]. Über die Frage, wie häufig eine derartige Unterbrechung in der Gerichtspraxis notwendig ist, gehen die Angaben auseinander. Teilweise wird berichtet, dass nur in seltenen Fällen unterbrochen worden muss[462], teilweise aber auch, dass die Beweisaufnahme in vielen Fällen nicht in demselben Haupttermin möglich ist[463].
Als weiterhin negativ wurde bemerkt, dass der Richter, dem vor dem Termin nur die kurz gefasste Klage vorliegt, in der Regel nur eine teilweise Kenntnis des konkreten Falles hat, was ihm die Leitung des Prozesses erschwert[464]. Außerdem wird berichtet, dass die vom Gesetz angelegten Fristen zur Vornahme der einzelnen prozessualen Akte nicht eingehalten werden können[465].

4. Würdigung

Ein Problem des juicio verbal – wie soeben dargestellt – scheint zu sein, dass dessen Haupttermin nicht in dem Maße vorbereitet ist und vorbereitet werden kann wie das beim juicio ordinario mit seiner audiencia previa der Fall ist. Der Richter hat von vornherein nur die Kenntnis, die ihm die (unter Umständen kurz gefasste) Klage des Klägers vermittelt und ist demzufolge in seinen Vorbereitungsmöglichkeiten sehr eingeschränkt. Die Parteien sind theoretisch zwar in der Lage, den Prozess (beispielsweise durch Herbeischaffung der notwendigen Zeugen etc.) ausreichend vorzubereiten. In einigen Fällen werden sie dies wohl aber aus den verschiedensten Gründen trotzdem nicht tun, in anderen Fällen wird sich vieles erst im Haupttermin herausstellen, wenn die Prozessführung des Gegners zu Tage tritt. Insofern muss bei der jetzigen Ausgestaltung zumindest danach gefragt werden, ob in der gesetzlichen Regelung nicht eine gewisse Überbeschleunigung angelegt ist. In der Literatur wird diesbezüglich teilweise die Ansicht vertreten, dass beim juicio verbal überhaupt ein „richtiges Verfahren" fehle und daraus die angesprochenen Probleme resultierten[466]. Zusätzlich wird darauf hingewiesen, dass die Konzentration auf einen Haupttermin in vielen Fällen eine von der Verfassung verbotene „indefensión" (Verteidigungslosigkeit) der Parteien hervorrufen würde, da sie sich nicht ausreichend auf das gegnerische Vorbringen vorbereiten könnten[467].

---

460 Fundación Antonio Carretero, Jueces para la Democracia 2002, 67.
461 So die Fundación Antonio Carretero, Jueces para la Democracia 2002, 67.
462 Garnica Martín in: La interpretación judicial de la nueva LEC, S. 56.
463 Sanahuja Buenaventura in: La interpretación judicial de la nueva LEC, S. 92.
464 Fundación Antonio Carretero, aaO, 67.
465 Garnica Martín in: La LEC tras dos años de vigencia, S. 16.
466 So Ocaña Rodríguez, La Ley Nr. 5325 vom 7. Juni 2001, 1.
467 Ocaña Rodríguez, aaO, 2.

Ein weiteres Problem im Rahmen des juicio verbal besteht darin, dass er nur sehr fragmentarisch geregelt ist[468]. Insofern stellt sich sehr häufig die Frage, inwieweit in den nicht geregelten Gebieten auf die Vorschriften des juicio ordinario zurückgegriffen werden kann und darf[469]. Hier wäre zur Vermeidung von Zweifeln und Diskussionen eine klarere gesetzliche Regelung wünschenswert gewesen.
Schließlich lassen sich die hier nicht behandelten vielen Besonderheiten im juicio verbal bei bestimmten Streitgegenständen hinterfragen (siehe vor allem Art. 439 und 441 LEC). Im Endeffekt lebt dadurch eine Vielzahl der besonderen Verfahrensarten weiter, die der Gesetzgeber gerade reduzieren wollte. Im Ergebnis führt dies auf der einen Seite zu einer unübersichtlichen und eher überladenen Regelung des juicio verbal, auf der anderen Seite zu einer ungenügenden und unbefriedigenden Regelung der besonderen Verfahrensarten[470]. Nicht übersehen werden darf bei dieser Kritik allerdings, dass man jetzt zumindest über einen gemeinsamen Rahmen für die besonderen Verfahrensarten verfügt und auch schon davon ein Vereinfachungs- und Beschleunigungseffekt ausgehen kann.

Trotz der eben aufgeführten Schwachstellen des juicio verbal ist positiv zu würdigen, dass er in sehr vielen Fällen problemlos funktioniert und zu einer äußerst schnellen Streiterledigung zu führen scheint. Insbesondere bietet er den Parteien eine einfache und wenig aufwändige Möglichkeit, bei Streitigkeiten mit einem nicht allzu hohen Streitwert ein dafür adäquates Verfahren einzuleiten und eine zügige gerichtliche Entscheidung herbeizuführen. „Attraktiv“ an diesem Verfahren ist in besonderem Maße, dass es ohne großen Schriftverkehr auskommt und die Parteien davon ausgehen können, ihren Rechtsstreit in der Regel in einem mündlichen Termin erledigen zu können. Angebracht erscheinen daher zwar Nachbesserungen auf „technischem Gebiet“, die vor allem die Frage behandeln sollten, wie zu verfahren ist, wenn sich die hochkonzentrierte Struktur des juicio verbal nicht einhalten lässt. Zum einen wäre präventiv an eine bessere Vorbereitung der Haupttermins zu denken, zum anderen an eine gesetzlich klar geregelte Vorgehensweise zur Unterbrechung des Verfahrens. Diese Nachbesserungen sollten genügen, um die jetzigen praktischen Probleme und Zweifel im Verfahrensablauf zu beseitigen. Eine Abkehr von der Grundstruktur dieses einfachen und schleunigen Verfahrens ist aus diesem Grund aber nicht notwendig und sollte angesichts der aufgezeigten Vorteile nicht vorgenommen werden.

---

[468] So auch Pico i Junoy in: La interpretación judicial de la nueva LEC, S. 26; Garnica Martín, Tribunales de Justicia März 2001, 21.
[469] Siehe dazu oben die aufgeführten Streitpunkte, beispielsweise S. 92 zur Anwendung der diligencias finales.
[470] So auch Garnica Martín in: La LEC tras dos años de vigencia, S. 3.

3. Abschnitt Das Mahnverfahren („proceso monitorio")

I. Allgemeines

1. Neueinführung durch die LEC 2000

Durch die LEC 2000 wurde in Spanien ein Mahnverfahren nach dem Vorbild anderer Rechtsordnungen eingeführt[471], das von der spanischen Literatur schon seit langem gefordert wurde[472]. Ein solches Verfahren war weder der LEC 1855 noch der LEC 1881 bekannt[473]. Einen unmittelbaren Vorläufer hatte es aber im Verfahren des Art. 21 LPH (Ley de Propiedad Horizontal – spanisches Wohnungseigentumsgesetz[474]), das im Jahr 1999 eingeführt worden war[475]. Dieses entsprach in seinen Strukturen in etwa dem jetzigen Mahnverfahren, war allerdings auf den Anwendungsbereich der LPH beschränkt[476]. Auf Grund der positiven Erfahrungen in diesem Teilbereich hat der Gesetzgeber aber gerade in dieses Verfahren viele Hoffnungen gesetzt[477]. Die erste Schlussbestimmung der LEC 2000 („disposición final primera") modifiziert nunmehr den Art. 21 LPH und verweist bezüglich des Verfahrens bei Streitigkeiten aus Wohnungseigentum grundsätzlich auf die LEC, auch wenn im Rahmen dieser Streitigkeiten einige Besonderheiten bestehen[478]. Auf diese soll im Folgenden nicht näher eingegangen werden.

2. Ziel des Verfahrens

Ziel des Verfahrens ist es, dem Gläubiger einer Geldforderung durch ein einfaches und rasches Verfahren ohne mündliche Verhandlung einen unmittelbar vollstreckbaren Titel zu verschaffen[479], der gemäß Art. 517.1 LEC auch nach

---

[471] Die EM LEC XIX.6 spricht von „anderen Ländern", ohne diese konkret zu benennen.

[472] Einer der größten Verfechter des Mahnverfahrens war und ist Correa Delcasso, z.B. in: Presente y futuro del Proceso Civil (1998), 395, 396 und 410 ff. Weitere umfangreiche Literaturnachweise finden sich bei Pedraz Penalva, Proceso Civil Práctico, Band IX, 6 – 4 ff.

[473] In der spanischen Literatur wird allerdings darauf hingewiesen, dass die gerichtliche Praxis in Spanien – ohne dass hierfür gesetzliche Quellen existierten – im 18. und 19. Jahrhundert bis zum In-Kraft-Treten der LEC 1855 ein Mahnverfahren anwendete. Vgl. dazu Seoane Cacharrón, Revista vasca de Derecho Procesal y Arbitraje 1998, Nr. 1, 51, 58; Gómez Martínez, Jueces para la Democracia Nr. 38 (2000), 67, 69, jeweils mit Verweis auf Tomás y Valiente, Francisco, Estudio histórico jurídico del proceso monitorio, Revista de Derecho Procesal 1960, Nr. 1, S. 33 ff.

[474] Ley 49/1960 de Propiedad Horizontal de 21 de julio, abgedruckt im BOE Nr. 176 vom 23. Juli, 10299.

[475] Durch die Ley 8/1999 de 6 de abril, abgedruckt im BOE Nr. 84 vom 8. April, 13104.

[476] Siehe dazu Moll, Informaciones III/2000, 171, 175.

[477] So Moratinos Meissner, Informaciones III/2002, 157.

[478] Gómez Martínez, Jueces para la Democracia Nr. 38 (2000), 67, 69.

[479] S. Golücke/Koch, Das Mahnverfahren nach dem neuen spanischen Prozessrecht, S. 4.

spanischem Recht Vollstreckungsvoraussetzung ist[480]. Unter dem Aspekt der Beschleunigung zeigt sich hier die Erkenntnis, dass es für die Bewertung der Prozessdauer nicht nur auf die Ausgestaltung des normalen Verfahrens ankommt, sondern auch darauf, inwieweit der Gesetzgeber dem Rechtssuchenden die Möglichkeit einräumt, seine Ansprüche in vereinfachten, schnelleren Verfahren durchzusetzen[481].

Das in der Praxis in Spanien bestehende Problem war bisher, dass sich die Gläubiger einerseits nicht im Besitz eines vollstreckbaren Titels[482] befanden, andererseits aber auch kein Verfahren zur Verfügung stand, um möglichst rasch und ohne großen Aufwand einen Titel gegen einen zahlungsunwilligen Schuldner zu erlangen. Für den Gläubiger blieb damit nur die Möglichkeit, das ordentliche Erkenntnisverfahren einzuleiten, in dem es in der Vielzahl der Fälle nicht um rechtliche Streitigkeiten, sondern einzig und allein um die fehlende Zahlungsmoral des Schuldners ging[483]. Dies hatte zur Folge, dass in Spanien fast 40 % aller Zivilverfahren mit einem „Versäumnisurteil" endeten und in 73 % aller Urteile dem Klageanspruch in vollem Umfang stattgegeben wurde[484]. Andererseits hielt der beschwerliche Weg über das normale Erkenntnisverfahren in der Vergangenheit auch viele Gläubiger gerade von geringwertigen Forderungen davon ab, ihre Ansprüche überhaupt gerichtlich geltend zu machen; insofern soll die Einführung des Mahnverfahrens auch den Rechtsschutz insgesamt verbessern[485].

3. Rechtliche Hintergründe der Einführung

Als rechtlicher Hintergrund des Mahnverfahrens kann zum einen die spanische Verfassung in Gestalt des bereits erwähnten Art. 24 CE angesehen werden. Art. 24 CE verlangt einen effektiven Rechtsschutz ohne unangemessene Verzögerungen, der durch das Mahnverfahren „viel besser als bisher durch die ordentlichen Verfahren erreicht werden kann"[486]. Zum anderen ist in diesem Zusammenhang die Richtlinie 2000/35 des Europäischen Parlaments und des Rates vom 29. Juni 2000 zur Bekämpfung von Zahlungsverzug im Geschäftsverkehr zu nennen[487]. Deren Artikel 5 Absatz 1 verpflichtet die Mitgliedsstaaten, dafür

---

480 Zur Zwangsvollstreckung allgemein s. Sénes Motilla, Disposiciones generales sobre la ejecución forzosa.

481 So Fischer, Die Beschleunigungsmechanismen des französischen Zivilprozesses, S. 46.

482 Die Arten der vollstreckbaren Titel sind in Art. 517.2 LEC aufgeführt.

483 So Golücke/Koch, aaO.

484 Correa Delcasso in: Presente y futuro del Proceso Civil (1998), 395, 411.

485 Dazu Díez-Picazo Giménez, Tribunales de Justicia April 1999, 299, 301.

486 So Gómez Colomer, Derecho Jurisdiccional II, S. 760.

487 Die LEC war zwar bereits verkündet, ehe die Zahlungsverzugsrichtlinie in Kraft trat, im spanischen Gesetzgebungsprozess wurden die Vorarbeiten zu dieser Richtlinie aber sehr wohl zur Kenntnis genommen. Vgl. Gómez Martínez, Jueces para la Democracia Nr. 38 (2000), 67, 69 mit Hinweis auf den „Geänderten Vorschlag für eine Richtlinie des Europäischen Parla-

Sorge zu tragen, dass ein vollstreckbarer Titel unabhängig von dem Betrag der Geldforderung in der Regel binnen 90 Kalendertagen ab Einreichung der Klage oder des Antrags des Gläubigers bei Gericht oder einer anderen zuständigen Behörde erwirkt werden kann, sofern die Geldforderung oder verfahrensrechtliche Aspekte nicht bestritten werden. Zwar verlangt die Richtlinie vom nationalen Gesetzgeber nicht, ein eigenes Verfahren zur Erreichung dieser Ziele einzuführen[488], jedoch dürfte es angesichts der bisherigen Langsamkeit des Verfahrens – auch unter Berücksichtigung der Prozessreform – in Spanien kaum einen anderen Weg als den der Einführung eines separaten Verfahrens geben[489]. Für die zukünftige Ausgestaltung des spanischen Mahnverfahrens wird zudem die diesbezügliche Entwicklung auf der Ebene der Europäischen Gemeinschaft maßgebend sein, da bereits konkrete Ansätze zur Einführung eines europäischen Mahnverfahrens vorhanden sind. In diesem Sinne legte die Kommission der Europäischen Gemeinschaften am 20.12.2002 ein Grünbuch über ein europäisches Mahnverfahren und über Maßnahmen zur einfacheren und schnelleren Beilegung von Streitigkeiten mit geringem Streitwert[490] vor, das als Diskussionsgrundlage für die Ausgestaltung der genannten Verfahren dienen soll.

II. Allgemeine Voraussetzungen

1. Statthaftigkeit des Verfahrens

Die Durchführung des Mahnverfahrens ist möglich, wenn es sich um eine fällige und durchsetzbare Geldschuld handelt, die den Betrag von 30.000 €[491] nicht übersteigt, Art. 812.1 LEC. Nach dem klaren Wortlaut dieser Vorschrift bleibt es damit dem Gläubiger überlassen, ob er sich für die Einleitung eines Mahnverfahrens oder eines ordentlichen Prozesses entscheidet[492]. Die Vorschrift bringt ebenfalls deutlich zum Ausdruck, dass das Verfahren nur für Geldansprüche zur Verfügung steht.

Die Begrenzung des Mahnverfahrens auf einen Betrag von 30.000 € wirft Probleme europarechtlicher und zivilprozessualer Art auf. Einige Aspekte sollen im Folgenden kurz behandelt werden.

---

ments und des Rates zur Bekämpfung von Zahlungsverzug im Handelsverkehr", abgedruckt im Amtsblatt C 374 vom 3. Dezember 1998, S. 0004.

488 S. Erwägung 23 der genannten Richtlinie.

489 Hier stellt sich freilich das Problem, dass die Richtlinie das Erwirken eines Titels unabhängig von der Höhe des Betrags verlangt, während das spanische Mahnverfahren nach Art. 812.1 LEC nur bis zu einem Betrag von 30.000 € durchgeführt werden kann, s. dazu sogleich S. 100.

490 Abrufbar im Internet unter http://europa.eu.int/eur-lex/de/com/gpr/2002/com2002_0746de01 .pdf.

491 S. zur Umstellung auf den Euro den Real Decreto 1417 /2001, abgedruckt im BOE Nummer 310 vom 27. Dezember 2001, S. 49708, 49709.

492 Pedraz Penalva, Proceso Civil Práctico, Band IX, 6 – 16.

a. Vereinbarkeit mit europäischem Recht?

Eine Frage ist, ob mit der Begrenzung der Höhe der Geldschuld dem Art. 5 der Richtlinie über den Zahlungsverzug Genüge getan wurde, der – wie eben gezeigt – ein schnelles Verfahren verlangt, das keine summenmäßige Begrenzung aufweist. Die Literatur ist diesbezüglich mehrheitlich der Auffassung, dass eine derartige Begrenzung gegen die Richtlinie verstößt und aus diesem Grund – die Umsetzungsfrist für die Mitgliedsstaaten endete gemäß Art. 6 Absatz 1 der Richtlinie am 8. August 2002 – aufgehoben werden muss[493]. Der Gesetzgeber jedenfalls begründet die Festsetzung einer Grenze von 30.000 € damit, dass er bei der Einführung eines bisher in der spanischen Rechtsordnung unbekannten Verfahrens Vorsicht walten lassen wollte[494]. Gesetzgeberische Aktivitäten in Richtung der Abschaffung der Obergrenze sind momentan nicht zu beobachten[495].

Theoretisch könnte die nicht erfolgte Umsetzung auch zu europarechtlichen Konsequenzen führen. Denkbar wäre zum einen die Einleitung eines Vertragsverletzungsverfahrens durch die Kommission nach Art. 226 EGV. Zum anderen scheint es nicht von vornherein ausgeschlossen, dass sich ein Einzelner direkt auf die Richtlinie berufen und damit einen höheren Betrag als 30.000 € im Mahnverfahren geltend machen könnte. Mittlerweile ist es anerkannt, dass sich Einzelne bei Vorliegen bestimmter Voraussetzungen auch direkt auf eine Richtlinie berufen können, wenn der Staat seiner Umsetzungspflicht nicht oder nicht rechtzeitig nachkommt[496]. Problematisch könnte im konkreten Fall allerdings zunächst sein, ob die Zahlungsverzugsrichtlinie in Art. 5 hinreichend genau und bestimmt ist[497]. Obwohl die Richtlinie den Mitgliedstaaten die Art der Umsetzung freistellt, ist sie in ihrer Aussage („Vollstreckungstitel innerhalb von 90 Tagen") eindeutig und klar, so dass die Annahme einer hinreichenden Genauigkeit und Bestimmtheit zumindest vertretbar erscheint. Weiterhin könnte eine unmittelbare Anwendung ausscheiden, weil eine horizontale unmittelbare Wirkung zwischen Privaten vom EuGH abgelehnt wird[498] und sich eine direkte Anwendung der Richtlinie letztlich zu Lasten des Schuldners auswirken würde.

---

[493] López Sánchez, Proceso Monitorio, S. 100; Gómez Colomer, La aplicación práctica de la LEC, S. 446. Anderer Meinung ist Pedraz Penalva, Proceso Civil Práctico, Band IX, 6 – 33. Er ist der Auffassung, dass die Umsetzung der Richtlinie nicht ausschließlich in Form des Mahnverfahrens erfolge, sondern auch durch die Festsetzung von anderen Verfahrensarten, die keine summenmäßige Begrenzung aufweisen. Insofern schade ein Höchstbetrag im Rahmen des Mahnverfahrens nicht.

[494] EM LEC XIX.10. Diesen Gedanken der Vorsicht greift auch Garberí Llobregat, Tribunales de Justicia Juli 1998, 721, 723 auf.

[495] So Gómez Colomer, aaO, S. 447.

[496] Callies/Ruffert, Art. 249 Rdnr. 69 ff. mit zahlreichen Rechtsprechungsnachweisen; Streinz/Schroeder, Art. 249 Rdnr. 102.

[497] Siehe näher zu dieser Voraussetzung Callies/Ruffert, Art. 249 Rdnr. 75 ff.; Streinz/Schroeder, Art. 249 Rdnr. 108 ff.

[498] EuGH, Rs. C-97/96, Slg. 1997, I-6843f, Rdnr. 24; Rs. 152/84, Slg. 1986, 723, Rdnr. 48.

Vorliegend handelt es sich aber nicht um die Fallkonstellation, die der EuGH in der erwähnten Rechtsprechung im Blick hat. Die „klassischen“ Fälle einer unzulässigen horizontalen Wirkung werden dadurch charakterisiert, dass der Staat zwar zur Umsetzung der Richtlinie verpflichtet ist, Adressaten der rechtlichen Verpflichtungen in inhaltlicher Hinsicht aber Privatpersonen sind[499]. Um diese direkte rechtliche Verpflichtung einer Privatperson geht es hier jedoch gerade nicht. Vielmehr ist eine Situation gegeben, in der sich die Verwirklichung der mitgliedstaatlichen Umsetzungspflicht lediglich mittelbar zu Lasten einer Privatperson und zu Gunsten einer anderen Privatperson auswirken kann. Diese Fallgruppe wird in der Literatur als mehrpoliges Rechtsverhältnis[500] oder Dreiecksverhältnis[501] bezeichnet. Ihre Behandlung ist allerdings äußerst umstritten. Während eine Auffassung eine unmittelbare Wirkung von Richtlinien in diesem Zusammenhang strikt ablehnt, versuchen andere Auffassungen, die Problematik mit Hilfe einer Abwägung der beteiligten Interessen oder den Kriterien der Zumutbarkeit oder Voraussehbarkeit der zu erwartenden Belastung zu lösen[502]. Im konkreten Fall ist zu berücksichtigen, dass der Nachteil des Schuldners lediglich darin besteht, dass gegen ihn schneller als im normalen Verfahren (dort ist die Einleitung eines Prozesses ohne Rücksicht auf eine Begrenzung der Streitsumme jederzeit möglich) ein vollstreckungsfähiger Titel erwirkt werden kann. Dies ist aber kein rechtlich anerkennenswerter Nachteil[503]. Insofern erscheint es vertretbar, die Richtlinie auch direkt zu Lasten des Schuldners anzuwenden. Damit könnte ein Einzelner im spanischen Mahnverfahren nach der hier vertretenen Auffassung auch einen Betrag geltend machen, der 30.000 € übersteigt.

b. Antragshäufung?

Eine andere kontrovers diskutierte Frage, bei der die summenmäßige Begrenzung ebenfalls eine Rolle spielen kann, ist, ob der Gläubiger im Rahmen *eines* Mahnverfahrens mehrere Ansprüche gegen denselben Schuldner geltend machen kann (oder in der Terminologie des normalen Prozesses ausgedrückt: eine objektive Klagehäufung vornehmen kann)[504]. Ein Teil der Literatur will dieses Vorgehen mit Hinweis auf die allgemeinen Vorschriften zur objektiven Klagehäufung[505] zulassen[506]. Ein anderer Teil der Literatur lehnt eine Anspruchshäu-

---

499 Streinz/Schroeder, Art. 249 Rdnr. 116.

500 So Streinz/Schroeder, Art. 249 Rdnr. 118.

501 Callies/Ruffert, § 249 Rdnr. 83.

502 Siehe die Nachweise bei Callies/Ruffert, Art. 249 Rdnr. 85; Streinz/Schroeder, Art. 249 Rdnr. 118.

503 Siehe dazu auch Streinz/Schroeder, Art. 249 Rdnr. 112: Die unmittelbare Anwendung einer Richtlinie soll nicht schon deshalb ausgeschlossen sein, weil Einzelne dadurch faktisch, insbesondere „wirtschaftlich“ belastet werden.

504 Eine subjektive Klagehäufung im Rahmen eines Mahnverfahrens wird nach allgemeiner Ansicht für nicht zulässig gehalten, vgl. ausführlich hierzu Montserrat Molina, Práctica de Tribunales Nr. 1 (Januar 2004), 17, 25.

505 Siehe Art. 71 ff. LEC sowie Correa Delcasso, Proceso Monitorio, S. 79.

fung mit dem Argument ab, dass es sich beim Mahnverfahren um ein einfaches Verfahren handele, von dem jegliche Art von Verkomplizierung fernzuhalten sei[507].

c. Aufteilung des Anspruchs auf mehrere Mahnverfahren?

Eine weitere problematische Frage ist, ob ein Anspruch, der auf einen höheren Betrag als 30.000 € geht, aufgeteilt in zwei oder mehreren Mahnverfahren geltend gemacht werden kann. Die Rechtsprechung lehnt dies im Grundsatz ab, lässt es aber zu, dass der Antragsteller auf den die 30.000 € übersteigenden Betrag verzichtet und nur noch diese Summe im Mahnverfahren verfolgt. Zudem hält sie es für zulässig, dass der Antragssteller im Mahnverfahren bis zu 30.000 € einfordert und den restlichen Betrag im Rahmen eines normalen Verfahrens einklagt[508]. In der Literatur ist man sich einig, dass eine Aufteilung eines Anspruchs auf mehrere Mahnverfahren grundsätzlich nicht möglich sein soll. Der gesetzgeberische Wille gehe eindeutig dahin, im Mahnverfahren nur über Ansprüche zu bestimmen, die insgesamt keinen höheren Wert als 30.000 € aufweisen. Insofern stelle eine Aufteilung eines höheren Betrages auf mehrere kleinere einen „Prozessbetrug" dar[509]. Möglich soll es aber sein, dass der Gläubiger ausdrücklich auf den die 30.000 € übersteigenden Betrag verzichtet und nur noch diese Summe im Mahnverfahren geltend macht[510]. Die Vorgehensweise, einen Teil eines Anspruchs im Mahnverfahren und einen anderen Teil im normalen Prozess einzufordern, wird jedoch abgelehnt[511].

2. Nachweis des Anspruchs durch Urkunden

Der geltend gemachte Anspruch muss durch die Vorlage von Urkunden glaubhaft gemacht werden, vgl. Art. 812.1 LEC. Die bloße Angabe der zum Erlass eines Mahnbescheides notwendigen Daten (siehe dazu sogleich) reicht damit nicht aus.
a. Art der Urkunden

---

506 Cubillo López, Oliva Santos, Respuestas, S. 686; Armenta Deu, Respuestas, S. 685. Ähnlich Correa Delcasso, Proceso Monitorio, S. 79 und 80, der eine Anspruchshäufung generell für zulässig hält, den Richter aber im konkreten Fall entscheiden lassen will, ob eine Anspruchshäufung der Prozessökonomie dient oder nicht.
507 Gómez Colomer, La aplicación práctica de la LEC, S. 447; Burgos Ladrón de Guevara, Respuestas, S. 685; Herrero Perezagua, López Sánchez, Respuestas, S. 687.
508 Picó i Junoy, La interpretación judicial de la LEC, S. 45, mit Bezug auf die Praxis der Gerichte in Barcelona.
509 Cubillo López, Oliva Santos, Respuestas, S. 687; Armenta Deu, Respuestas, S. 685; Gómez Colomer, La aplicación práctica de la LEC, S. 447; Burgos Ladrón de Guevara, Respuestas, S. 686; López Sánchez, Proceso Monitorio, S. 103 und 105.
510 Siehe ausführlich dazu López Sánchez, aaO, S. 104 ff.
511 Sanz Llorente, La interpretación judicial de la LEC, S. 277.

An die inhaltliche Qualität der vorzulegenden Urkunden werden keine allzu hohen Anforderungen gestellt[512]. Nach Art. 812.1.1.ª LEC genügt zur Glaubhaftmachung des Anspruchs die Beibringung von Urkunden gleich welcher physischen Form[513], die vom Schuldner unterzeichnet oder mit einem anderen physischen oder elektronischen[514] Annahmezeichen versehen sind. Ausreichend sind aber auch Rechnungen, Lieferscheine, Telegramme, Telefaxe oder andere Dokumente, die einseitig vom Gläubiger erstellt worden sind, falls sie gewöhnlich zum Zwecke der Bestätigung einer Schuld verwendet werden, Art. 812.1.2ª LEC[515]. Grundsätzlich verlangt die Rechtsprechung die Vorlage von Originalurkunden, Kopien reichen also nicht[516]. Die Möglichkeit, Urkunden einzureichen, die nicht handschriftlich vom Schuldner unterzeichnet wurden oder gar einseitig vom Gläubiger errichtet worden sind, wird in der Literatur aus der Sorge um die Authentizität derselben teilweise kritisiert[517].

b. Dokumente, für die andere Verfahrensarten zur Verfügung stehen

Strittig ist darüber hinaus, ob jegliches Dokument, das die eben beschriebenen Anforderungen erfüllt, zur Grundlage eines Mahnverfahrens gemacht werden kann oder ob diesbezüglich andere besondere Verfahrensarten vorrangig sind. Konkret lässt sich beispielsweise die Frage stellen, ob bei Vorlage eines Wechsels lediglich der Wechselprozess der Art. 819 ff. LEC statthaft ist oder stattdessen auch ein Mahnverfahren nach den Art. 812 ff. LEC. Die Rechtsprechung lässt im Mahnverfahren jegliches Dokument zu, auch wenn für dieses ein weiteres spezielles Verfahren zur Verfügung steht. Sie argumentiert, dass die LEC ein solches Vorgehen nicht verbiete[518]. Ein Teil der Literatur schließt sich dem

---

512 So die Rechtsprechung, die eine extensive Auslegung des Art. 812.1.1ª und 2ª LEC vornimmt, vgl. dazu Picó i Junoy, La interpretación judicial de la LEC, S. 45. Zustimmend Nadal Gómez, Tribunales de Justicia Februar 2002, 21, 24.

513 Ausführlich zum elektronischen Dokument im Mahnverfahren Nadal Gómez, aaO, 23 ff.

514 S. dazu den Real Decreto-Ley 14/1999 vom 17. September über die elektronische Unterschrift, abgedruckt im BOE Nummer 224/1999 vom 18. September 1999, S. 33593 ff. und die Richtlinie 1999/93/EG des Europäischen Parlaments und des Rates vom 13. Dezember 1999 über gemeinschaftliche Rahmenbedingungen für elektronische Signaturen, abgedruckt im Amtsblatt Nr. L 013, S. 0012 ff.

515 Ausführlich zu den einzureichenden Dokumenten Correa Delcasso, Proceso Monitorio, S. 130 ff. Eine Auflistung möglicher Dokumente befindet sich in: Práctica de Tribunales Nr. 1 (Januar 2004), 34 ff. Ergänzungen zu den im Text beschriebenen Erfordernissen enthält Art. 812.2 LEC für dauerhafte Geschäftsbeziehungen und für Ansprüche, die aus einer Wohnungseigentümergemeinschaft entspringen.

516 JPI Santa Cruz de Tenerife vom 18. Februar 2002 (RA 521); AAP Guadalajara vom 31. Oktober 2002 (JUR 285826); AAP Tarragona vom 17. Juni 2002 (JUR 241240). Kritisch hierzu García Rostan Calvín, Tribunales de Justicia Oktober 2003, 43, 45.

517 Gómez Colomer, La aplicación práctica de la LEC, S. 446.

518 Siehe beispielsweise AAP Alicante vom 27. September 2001 (RA 2407); AAP Toledo vom 22. November 2001 (RA 2002/374); AAP Toledo vom 17. Dezember 2001 (RA

an[519]. Ein anderer Teil der Literatur hingegen will das Mahnverfahren nicht anwenden, wenn das Gesetz einen spezielleren Weg vorsieht. Nach dieser Ansicht ignoriert die andere Auffassung die Intention des Gesetzes, für bestimmte Fälle *einen* bestimmten Weg einschlagen zu müssen[520].

III. Ablauf des Verfahrens

1. Verfahrenseinleitung

Das Verfahren wird durch einen Antrag des Gläubigers beim Gericht der ersten Instanz am Wohnsitz des Schuldners eingeleitet.

a. Zuständiges Gericht

Nach Art. 813 LEC ist ausschließlich das Gericht der ersten Instanz zuständig, an dem der Schuldner seinen Wohnsitz oder gewöhnlichen Aufenthaltsort hat. Ist dieser Ort nicht bekannt, ist das Gericht des Ortes zuständig, an dem der Schuldner „angetroffen werden kann“[521]. Eine ausdrückliche oder stillschweigende Gerichtsstandsvereinbarung ist nicht möglich, Art. 813 LEC.

b. Antrag

(1) Der Antrag, der auf den Erlass eines Mahnbescheids gerichtet sein muss, muss den Schuldner und die Wohnsitze der Parteien bezeichnen und den Anspruch unter Benennung des Rechtsgrundes und der Höhe der verlangten Leistung angeben, Art. 814.1 Absatz 1 LEC. Beizufügen sind die in Art. 812 LEC genannten Dokumente, um den Anspruch glaubhaft zu machen (dazu sogleich). Möglich ist es, den Antrag mit Hilfe eines Formulars zu stellen, um – so das Gesetz – die Antragsstellung zu erleichtern, vgl. Art. 814.1 Absatz 2 LEC[522].

2002/375); AAP Toledo vom 20. Februar 2002 (RA 556) bei einer Konkurrenz von Mahn- und Wechselverfahren.

519 Correa Delcasso, Proceso Monitorio, S. 75; Pedraz Penalva, Proceso Civil Práctico, Band IX, 6 – 55 ff.

520 Gómez Colomer, La aplicación práctica de la LEC, S. 445.

521 Diese gesetzliche Äußerung wird in der Literatur als schwer verständlich bezeichnet, so z.B. von Gómez Colomer, aaO, S. 448. Pedraz Penalva, Proceso Civil Práctico, Band IX, 6 – 73 schlägt vor, Art. 155.3 LEC als Hilfe zu benutzen. Dieser zieht für Kommunikationsakte die Einwohnerliste oder andere öffentliche Register heran.

522 Ein Antragsmuster ist abgedruckt im BOE Nr. 273 vom 14. November 2002, S. 40032.

(2) Für die Antragsstellung ist es gemäß Art. 814.2 LEC nicht erforderlich, sich eines Prozessagenten oder eines Rechtsanwalts zu bedienen. Diese gesetzliche Regelung der Postulationsfähigkeit bei der Einleitung des Mahnverfahrens gab Anlass – hervorgerufen durch massive Proteste der Rechtsanwaltschaft – zu einer der am heftigsten geführten Diskussionen anlässlich der Reform des Zivilprozessrechts[523]. Gegen eine zwingende rechtliche Vertretung wurde zumeist die Einfachheit der Antragsstellung angeführt sowie die Erwartung geäußert, dass durch die Ersparnis der entsprechenden Honorarkosten auch eher geringwertige Forderungen mit dem Mahnverfahren geltend gemacht werden[524]. Für die Anwaltspflicht wurde vor allem der potentielle hohe Streitwert von bis zu 30.000 € ins Feld geführt[525]. Hervorzuheben ist bereits an dieser Stelle, dass sich die Postulationsfähigkeit im weiteren Verfahrensablauf nach den allgemeinen Regeln richtet, die im Grundsatz dann eine Vertretung durch Prozessagent und Rechtsanwalt vorsehen, wenn der Streitgegenstand 900 € übersteigt[526]. In diesem Sinne muss sich der Antragsgegner nach Art. 818.1 Absatz 2 LEC eines rechtlichen Beistandes bedienen, wenn er Widerspruch gegen einen an ihn gerichteten Mahnbescheid einlegt. Wird das Verfahren auf Grund des Widerspruchs in ein normales Verfahren übergeleitet, gelten auch hier die allgemeinen Vertretungsregeln der Art. 23 und 31 LEC. Legt der Antragsgegner keinen Widerspruch ein, muss sich der Gläubiger gemäß Art. 539.1 Absatz 2 LEC in der Zwangsvollstreckung ebenfalls durch einen Prozessagenten und Rechtsanwalt vertreten lassen[527]. An diesen Ausführungen zeigt sich, dass sich die Problematik zumindest in dem Sinne relativiert, als von einer allgemeinen Befreiung von der Anwaltspflicht im Mahnverfahren nicht gesprochen werden kann[528]. Zudem scheinen sich die Antragssteller in der Praxis zumeist eines rechtlichen Beistandes zu bedienen[529].

(3) Strittig ist, ob im Rahmen des Mahnverfahrens vorläufiger Rechtsschutz beantragt werden kann. Denkbar wäre in diesem Zusammenhang der Antrag auf den Erlass eines „embargo preventivo" (Arrest)[530]. Während ein Teil der Litera-

---

[523] Siehe dazu den Artikel von Díez-Picazo Giménez, Tribunales de Justicia April 1999, 299 ff. mit dem viel sagenden Titel „Die Schlacht im Mahnverfahren (um die zwingende oder fakultative anwaltliche Vertretung)".

[524] Zu letzterem Punkt Moll, Informaciones III/2000, 171, 172.

[525] Vgl. López Sánchez, Proceso Monitorio, S. 162. Berufsständische Interessen sind diesbezüglich aber wohl – so Díez-Picazo Giménez, aaO, 299 – auch nicht ganz von der Hand zu weisen. Ausführlich zu den Argumenten, die für und gegen eine zwingende rechtliche Vertretung vorgebracht wurden, López Sánchez, aaO, S. 155 ff.

[526] Siehe dazu Gómez Martínez, Jueces para la Democracia Nr. 38 (2000), 67, 70. Zu den allgemeinen Vertretungsregeln siehe bereits S. 33.

[527] Siehe zu diesen Alternativen Gómez Colomer, La aplicación práctica de la LEC, S. 444; Moratinos Meissner, Informaciones III/02, 157, 158.

[528] So auch Díez-Picazo Giménez, Tribunales de Justicia April 1999, 299 ff.

[529] So Correa Delcasso in: La LEC tras dos años de vigencia, S. 2.

[530] Ausführlich zum „embargo preventivo" Knothe, S. 83 ff., freilich zur LEC 1881.

tur diese Frage bejaht[531], lehnt ein anderer Teil der Literatur diese Möglichkeit mit dem Hinweis ab, dass auf Grund der Schnelligkeit des Mahnverfahrens kein praktisches Bedürfnis für Eilmaßnahmen bestehe[532]. Jedenfalls hinsichtlich des Antragsstellers dürften die Voraussetzungen der Eilbedürftigkeit nur äußerst selten vorliegen, da er mit dem Mahnverfahren nur eine Geldschuld einfordern kann.

2. Zulassung des Antrags durch das Gericht

Nach dem Eingang des Antrags entscheidet das Gericht – entscheidendes Organ ist also immer der Richter[533] – über die Zulassung des Antrags und damit darüber, ob es einen Mahnbescheid erlässt, vgl. Art. 815.1 LEC.

a. Formale Voraussetzungen

Obwohl gesetzlich nicht erwähnt, prüft das Gericht zunächst, ob die oben im Text beschriebenen formalen Voraussetzungen zum Erlass eines Mahnbescheids erfüllt sind[534]. Das Gericht untersucht also insbesondere, ob der Antrag die erforderlichen Daten enthält, das Gericht zuständig ist, die Dokumente von der erforderlichen Qualität sind und die Grenze von 30.000 € nicht überschritten ist[535]. Die allgemeinen Prozessvoraussetzungen sind vom Gericht bei der Entscheidung über die Zulassung des Antrags ebenfalls zu beachten[536].

b. „Principio de prueba“

Neben der Untersuchung dieser eher formalen Aspekte ist Kernstück der Überprüfung, ob der Anspruch, der fällig und durchsetzbar sein muss, glaubhaft gemacht worden ist. Das Gesetz spricht in Art. 815.1 LEC davon, dass ein „principio de prueba“, also ein gewisser Beweis für das Recht des Antragstellers bestehen muss. Dieser „principio de prueba“ wird von der Rechtsprechung dann angenommen, wenn „Fakten bzw. Anhaltspunkte vorliegen, die geeignet sind, eine rationale Überzeugung von den behaupteten Tatsachen herbeizuführen, ohne

---

531 López Sánchez, Proceso Monitorio, S. 189; Gómez Martínez, Jueces para la Democracia Nr. 38 (2000), 67, 70; Correa Delcasso in: La LEC tras dos años de vigencia, S. 17 f.; Montserrat Molina, Práctica de Tribunales Nr. 1 (Januar 2004), 17, 28.

532 Gómez Colomer, La aplicación práctica de la LEC, S. 450.

533 Nach dieser Ausgestaltung dürfte eine Automatisierung des Mahnverfahrens nicht in Betracht kommen. Unverständlich daher Moll, Informaciones III/2000, 171,172, der davon berichtet, dass das Verfahren maschinell bearbeitet werden soll.

534 Dies ist allgemeine Auffassung. Vgl. nur Gómez Colomer, La aplicación práctica de la LEC, S. 452.

535 Zum Prüfungsumfang s. auch Gómez de Liaño, Proceso Monitorio, 6.2.

536 López Sánchez, Proceso Monitorio, S. 195; Bonet Navarro, Revista Internauta de Práctica Jurídica Nr. 7 (Januar bis Juni 2001), 5; Gómez Amigo, Respuestas, S. 704.

dass das Gericht zu einer vollen Überzeugung gelangen muss“[537]. Ob das Gericht auch eine rechtliche Prüfung vornimmt, wird vom Gesetz nicht ausdrücklich gesagt. Gleichwohl ist es unbestritten, dass das Gericht eine summarische rechtliche Prüfung vornimmt und die Schlüssigkeit des Antrags überprüft[538]. In der Praxis scheint diese Prüfung allerdings nicht allzu umfangreich auszufallen; in der Regel beschränken sich die Richter wohl darauf, die Existenz der vom Gesetz geforderten Urkunden nachzuprüfen.

c. Entscheidungsform

Die LEC äußert sich nicht zu der Frage, in welcher Form das Gericht über die Zulassung des Antrags zu entscheiden hat. Weitgehende Einigkeit herrscht zunächst dahingehend, dass auch bei einem Erlass eines Mahnbescheids eine separate vorhergehende förmliche Entscheidung über die Zulassung des Antrags zu ergehen hat[539]. Der Erlass eines Mahnbescheids allein reicht also nicht aus[540]. Bezüglich der Entscheidungsform hält die ganz vorherrschende Auffassung in Rechtsprechung[541] und Literatur[542] den Beschluss für die richtige Entscheidungsart. Sie verweist auf Art. 206.2.2.ª LEC, nach dem über die Zulassung oder Nichtzulassung einer Klage – dem entspreche der Antrag im Mahnverfahren – per Beschluss zu entscheiden ist. Einzelne Stimmen sprechen sich allerdings

---

[537] STS vom 2. März 1970, freilich in anderem Zusammenhang.

[538] Siehe AAP Málaga vom 30. April 2002 (AC 1312); AAP Asturias vom 15. März 2002 (JUR 162438); AAP Asturias vom 20. Februar 2002 (JUR 160908); García Rostan Calvín, Tribunales de Justicia Oktober 2003, 43, 45 f.

[539] López Sánchez, Proceso Monitorio, S. 195; Gómez Colomer, La aplicación práctica de la LEC, S. 452. Anderer Ansicht Garberí Llobregat, Tribunales de Justicia Juli 1998, 721, 724, der zwar auch eine förmliche Entscheidung über die Zulassung des Antrags verlangt, aber meint, dass diese nicht separat, sondern zusammen mit dem Mahnbescheid ergehen kann („en unidad de acto“). Ebenfalls anderer Ansicht ist Díez-Picazo Giménez in: Oliva Santos, Comentarios a la LEC, S. 1367, nach dem allein der Erlass eines Mahnbescheids ausreichend ist, weil damit implizit gesagt würde, dass der Antrag zugelassen wird.

[540] Bei einer Zulassung des Antrags dürfte die Frage, ob eine vorhergehende separate Entscheidung erforderlich ist, keine praktischen Konsequenzen nach sich ziehen. Für den Gläubiger kommt es darauf an, dass letztendlich ein Mahnbescheid erlassen wird. Für den Schuldner dürfte eine vorhergehende Entscheidung ebenfalls unerheblich sein, da er sich nach den Regeln des Mahnverfahrens nur gegen den Mahnbescheid selbst, nicht aber gegen die Entscheidung über die Zulassung wehren kann. Ein Einspruch gegen eine etwaige Entscheidung über die Zulassung dürfte aber unschädlich sein, da dieser in einen Widerspruch gegen den Mahnbescheid umgedeutet werden kann, s. Pedraz Penalva, Proceso Civil Práctico, Band XI, 6 – 103.

[541] AAP Asturias vom 15. März 2002 (JUR 162438); AAP Valladolid vom 26. März 2001 (JUR 141230).

[542] Pedraz Penalva, aaO, 6 – 102 und 105; Bonet Navarro in: Ortells Ramos, Derecho Procesal Civil, S. 1050; López Sánchez, Proceso Monitorio, S. 196; Gómez Colomer, La aplicación práctica de la LEC, S. 452; Gómez de Liaño, Proceso Monitorio, 6.2; García-Rostan Calvín, Tribunales de Justicia Oktober 2003, 43, 49.

auch dafür aus, über die Zulassung des Mahnverfahrens per Verfügung zu befinden, da der Mahnbescheid auch in der Form der Verfügung ergehe[543]. Die herrschende Auffassung ist sich auch darin einig, dass der Beschluss über die Zulassung des Mahnantrags keine Rechtskraft entfaltet[544]. Danach kann bei einer Ablehnung des Antrags der mit diesem geltend gemachte Anspruch erneut gerichtlich vorgebracht werden, sei es im Wege des Mahnverfahrens oder des entsprechenden ordentlichen Verfahrens[545]. Keine Einigkeit herrscht jedoch darüber, ob gegen einen zurückweisenden Beschluss ein Rechtsmittel möglich ist. Die vorwiegende Ansicht innerhalb der herrschenden Auffassung bejaht diese Frage und hält nach den allgemeinen Regeln die Berufung gemäß Art. 455 LEC für statthaft[546]. Vereinzelt wird aber auch die Meinung vertreten, dass die Möglichkeit, ein Rechtsmittel einzulegen, mit dem Wesen des Mahnverfahrens nicht vereinbar sei[547]. Durch diesen Streit darf allerdings der Blick nicht dahingehend verstellt werden, dass nach beiden Auffassungen jederzeit die Einleitung eines neuen Verfahrens statthaft ist und sich die praktische Bedeutung der Rechtsmittel gegen die Nichtzulassung eines Mahnantrags daher in Grenzen halten dürfte.

3. Erlass und Zustellung des Mahnbescheids

Liegen alle Voraussetzungen vor, erlässt das Gericht gemäß Art. 815.1 Absatz 1 LEC in Form einer Verfügung einen Mahnbescheid („requerimiento de pago")[548]. Nach Art. 815.1 Absatz 2 in Verbindung mit Art. 161 LEC ist der Mahnbescheid dem Schuldner grundsätzlich persönlich zu übergeben. Nach den allgemeinen Zustellungsregeln des Art. 161 LEC reicht es bei Nichtanwesenheit des Schuldners unter anderem aber aus, den Mahnbescheid einem Familienmitglied, das älter als 14 Jahre ist, oder dem Hausmeister auszuhändigen[549]. Dem Mahnbescheid sind eine Kopie des Mahnantrags sowie Kopien der Dokumente

---

[543] So z.B. Correa Delcasso, Proceso Monitorio, S. 168.

[544] Bonet Navarro in: Ortells Ramos, Derecho Procesal Civil, S. 1050; Pedraz Penalva, aaO, 6 – 105.

[545] Bei einer Zulassung des Antrags fehlt bei einer erneuten gerichtlichen Geltendmachung desselben Anspruchs das Rechtsschutzinteresse.

[546] AAP Asturias vom 15. März 2002 (JUR 162438); AAP Valladolid vom 26. März 2001 (JUR 141230); Pedraz Penalva, aaO, 6 – 106; López Sánchez, aaO, S. 197; Gómez Colomer, aaO, S. 452; Gómez de Liaño, aaO, 6.2; García-Rostan Calvín, Tribunales de Justicia Oktober 2003, 43, 49.

[547] Bonet Navarro in: Ortells Ramos, Derecho Procesal Civil, S. 1050.

[548] Wörtlich übersetzt handelt es sich um eine „Zahlungsaufforderung". Der besseren Verständlichkeit wegen soll aber der deutsche Terminus „Mahnbescheid" verwendet werden, zumal die spanische Zahlungsaufforderung der Sache nach dem deutschen Mahnbescheid entspricht.

[549] Eingehend zur Zustellung Correa Delcasso, Proceso Monitorio, S. 174 ff.

beizufügen, auf die sich der Gläubiger zur Glaubhaftmachung seines Anspruchs stützt[550].

Mit dem Mahnbescheid wird der Schuldner aufgefordert, den darin festgesetzten Betrag innerhalb von 20 Tagen an den Antragssteller zu zahlen und dies dem Gericht nachzuweisen oder einen schriftlich begründeten Widerspruch („escrito de oposición") gegen den Mahnbescheid zu erheben[551]. Außerdem wird er darauf hingewiesen, dass eine Vollstreckungsanordnung („auto despachando ejecución") ergehen wird, falls er innerhalb der genannten Frist weder bezahlt noch Widerspruch gegen den Mahnbescheid einlegt, Art. 815.1 LEC. Eine weitere Begründung ist nach überwiegender Auffassung nicht erforderlich, aber möglich[552].

4. Reaktionsmöglichkeiten des Antragsgegners

Der weitere Verfahrensverlauf hängt von der Reaktion des Schuldners ab. Der Schuldner kann die Schuld begleichen, Art. 817 LEC, er kann sich passiv verhalten, Art. 816 LEC oder er kann Widerspruch einlegen, Art. 818 LEC.

a. Begleichung der Schuld

Sollte der Schuldner den Anspruch des Gläubigers befriedigen, so erlischt seine Schuld, vgl. Art. 1156 CC. Die Zahlung ist nach dem Wortlaut des Art. 815.1 Absatz 1 LEC direkt an den Gläubiger zu leisten[553]. Teilweise wird angenommen, dass die geschuldete Summe auch bei Gericht hinterlegt werden kann[554]. Nach Art. 817 LEC muss der Schuldner dem Gericht aber in jedem Falle die

---

[550] Díez-Picazo Giménez in: Oliva Santos, Comentarios a la LEC, S. 1367; López Sánchez, Proceso Monitorio, S. 204.

[551] Möglich ist es gemäß Art. 815.1 Absatz 1 a.E. LEC, Widerspruch auch nur hinsichtlich eines Teils der Forderung einzulegen.

[552] Díez-Picazo Giménez in: Oliva Santos, Comentarios a la LEC, S. 1367; Pedraz Penalva, Proceso Civil Práctico, Band IX, 6 – 107; anderer Ansicht Correa Delcasso, Proceso Monitorio, S. 172, der eine kurze Begründung verlangt.

[553] Diese Vorgehensweise ist von einem Vorgehen nach Art. 22 LEC abzugrenzen. Nach dieser allgemeinen Vorschrift ist es in jedem Stadium des Prozesses möglich, eine außerprozessuale Befriedigung vorzunehmen. In diesem Fall spricht das Gericht – nach übereinstimmender Mitteilung durch die Parteien - mittels rechtskräftigem Beschluss die Beendigung des Prozesses aus. Im Rahmen des Mahnverfahrens ist Art. 22 LEC wegen der Spezialregelung des Art. 817 in der Regel nicht anwendbar. Lediglich wenn sich Gläubiger und Schuldner auf eine andere Summe als die, die im Mahnbescheid angegeben ist, einigen, ist ein Vorgehen nach Art. 22 LEC möglich. Unterschiede zu Art. 817 LEC ergeben sich – je nach Ansicht (dazu sogleich) – vor allem hinsichtlich der rechtlichen Bewertung des Einstellungsbeschlusses. Vgl. dazu López Sánchez, aaO, S. 205 f; Pedraz Penalva, aaO, S. 6 – 132.

[554] So zum Beispiel Golücke/Koch, Das Mahnverfahren, S.2; Moratinos Meissner, Informaciones III/2002, 157, 158; Díez-Picazo Giménez in: Oliva Santos, Comentarios a la LEC, S. 1371; ähnlich López Sánchez, Proceso Monitorio, S. 207 für den Fall, dass sich der Gläubiger weigern sollte, die Zahlung anzunehmen.

Zahlung nachweisen. Tut er dies, erteilt ihm das Gericht einen Zahlungsbeleg („justificante de pago") und stellt das Verfahren ein, indem es – nach dem Wortlaut des Gesetzes – „die Akten ablegt" (Art. 817 LEC a.E.)[555]. Dieses Ablegen der Akten wird durch eine gerichtliche Entscheidung angeordnet, über deren rechtliche Einordnung allerdings Streit besteht. Die Literatur vertritt bezüglich dieser Frage verschiedene Ansichten. Eine Ansicht favorisiert eine Einstellung per Beschluss nach den Art. 245.1.b, 248.2 LOPJ, 206.2.2.ª Absatz 2 LEC, der keine Rechtskraftwirkung entfalten soll[556]. Konsequenz dieser Auffassung ist einerseits, dass gegen die Entscheidung die Berufung gemäß Art. 455 LEC das statthafte Rechtsmittel ist, andererseits, dass dem Schuldner in einem späteren Verfahren über den gleichen Streitgegenstand der Einwand der entgegenstehenden Rechtskraft abgeschnitten wird[557]. Eine andere Meinung geht dahin, eine Entscheidung eigener Art mit Rechtskraftwirkung anzunehmen[558]. Folge dieser Auffassung ist, dass gegen die Einstellung kein Rechtsmittel möglich ist und derselbe Anspruch auch nicht mehr in einem weiteren Verfahren geltend gemacht werden kann. Eine weitere Ansicht schließlich hält eine Einstellung per Verfügung für vorzugswürdig[559]. Danach könnte gegen die Einstellung Einspruch gemäß Art. 451 LEC eingelegt werden[560].

b. Passives Verhalten des Antragsgegners

aa. Falls der Schuldner weder bezahlt noch Widerspruch einlegt[561], erlässt das Gericht nach Ablauf der 20-Tages-Frist in der Form eines Beschlusses eine Vollstreckungsanordnung, Art. 816.1 LEC[562]. Nach fast einhelliger Ansicht ergeht die Anordnung angesichts des klaren Wortlauts der genannten Vorschrift von Amts wegen, ein diesbezüglicher Parteiantrag ist also nicht erforderlich[563]. Die Vollstreckungsanordnung wird durch Art. 816.2 Absatz 1 LEC einem Urteil gleichgestellt und ist ein tauglicher Vollstreckungstitel im Sinne des Art. 517.2.9.° LEC. Außerdem bestimmt Art. 816.2 Absatz 1 LEC, dass die Parteien

---

[555] Zur Verfahrensweise bei einer teilweisen Zahlung durch den Schuldner s. Díez-Picazo Giménez in: Oliva Santos, Comentarios a la LEC, S. 1371.

[556] Pedraz Penalva, aaO, 6 – 133; López Sánchez, Proceso Monitorio, S. 206 und 208.

[557] Möglich ist selbstverständlich der materielle Einwand, die Forderung erfüllt zu haben.

[558] Bonet Navarro, aaO, S. 1039; Garberí Llobregat, Tribunales de Justicia Juli 1998, 721, 725 (freilich noch zum Vorentwurf).

[559] Díez-Picazo Giménez in: Oliva Santos, Comentarios a la LEC, S. 1371.

[560] Über die Frage der Rechtskraft äußert sich diese Auffassung nicht.

[561] Das Gesetz spricht vom Nichterscheinen des Antragsgegners. Gemeint ist damit aber, dass er weder bezahlt noch Widerspruch einlegt, s. López Sánchez, aaO, S. 213.

[562] Zum genauen Inhalt dieser Anordnung siehe Correa Delcasso, Proceso Monitorio, S. 195.

[563] Armenta Deu, Respuestas, S. 695; Banacloche Palao, Respuestas, S. 695; Castillejo Manzanares, Respuestas, S. 697; Cubillo López, Oliva Santos, Respuestas, S. 699; Correa Delcasso, Proceso Monitorio, S: 196. Anderer Ansicht ist Burgos Ladrón de Guevara, Respuestas, S. 696. Picó i Junoy, La interpretación judicial de la nueva LEC, S. 47, verweist auf Teile der Rechtsprechung, die eine Vollstreckungsklage verlangen.

den im Mahnverfahren geltend gemachten Anspruch nicht nochmals in einem späteren gewöhnlichen Prozess einfordern oder das durch die Vollstreckung Erlangte zurückfordern können. Aus diesem Grunde kann im Ergebnis davon gesprochen werden, dass die Vollstreckungsanordnung mit materieller Rechtskraft ausgestattet ist[564]. Ab dem Zeitpunkt des Erlasses der Vollstreckungsanordnung erhält der Gläubiger darüber hinaus einen Anspruch auf Zinsen, Art. 816.2 Absatz 2 LEC, der gemäß Art. 576.1 LEC in der Regel zwei Prozent über dem gesetzlichen Zinssatz[565] liegt. Unstrittig ist es in diesem Zusammenhang, dass der Zinsanspruch bei der Bewertung der Grenze von 30.000 € außer Betracht bleibt[566].

bb. Einen speziellen Rechtsbehelf gegen die Vollstreckungsanordnung gibt es nicht, s. Art. 816.2 Absatz 2 in Verbindung mit Art. 551.2 LEC[567]. Nach Art. 816.2 LEC können nur die Einwendungen[568] vorgebracht werden, die bei der Vollstreckung auf Grund eines Urteils (s. dazu Art. 549 ff. LEC) möglich sind. Wichtigste Norm auf der Grundlage dieser Verweisung ist Art. 556 LEC, der die Einwendungen gegen die Vollstreckung auf Grund gerichtlicher Entscheidungen regelt. Danach kann der Vollstreckungsschuldner einwenden, dass er die Schuld mittlerweile beglichen habe oder dass er mit dem Vollstreckungsgläubiger eine Vereinbarung getroffen habe, die die Vollstreckung ausschließt, Art. 556.1 Absatz 1 und 2 LEC[569]. Möglich sind diese Einwendungen aber nur, wenn die ihnen zu Grunde liegenden Tatsachen nach dem Erlass der Vollstreckungsanordnung entstanden sind[570]. Zusammengefasst bedeuten diese Regelungen aber auf jeden Fall, dass es nach dem Erlass der Vollstreckungsanordnung keinen Weg zurück zum Erkenntnisverfahren mehr gibt, sondern allein die vollstreckungsrechtlichen Rechtsbehelfe noch zum Tragen kommen können[571].

---

[564] So im Ergebnis Gómez Colomer, Derecho Jurisdiccional II, S. 774; Moll, Informaciones III/2000, 171, 173; Correa Delcasso, Proceso Monitorio, S. 197; Gómez Martínez, Jueces para la Democracia Nr. 38 (2000), 67, 71; Bonet Navarro, Revista Internauta de Práctica Jurídica Nr. 7 (Januar –Juni 2001); zurückhaltender Pedraz Penalva, aaO, 6- 124; López Sánchez, aaO, S. 216 ff., die nur Teilaspekte der materiellen Rechtskraft sehen.

[565] Der gesetzliche Zinssatz betrug im Jahr 2001 5,5 % gemäß der sechsten Zusatzbestimmung des Gesetzes 13/2000 vom 28. Dezember, abgedruckt im BOE vom 29. Dezember 2000 (Nr. 312/2000), S. 46513.

[566] Vgl. nur Gómez Colomer, La aplicación práctica de la LEC, S. 455.

[567] Correa Delcasso, aaO, S. 194.

[568] Art. 816.2 LEC spricht von der „oposición“, unter der man im spanischen Recht die Anfechtung eines Aktes mit einem bestimmten Mittel versteht. Die „oposición“ ist also ein Oberbegriff. S. dazu Fernández-Nespral / Walcher, S. 312.

[569] Näher dazu López Sánchez, aaO, S. 223.

[570] Cedeño Hernán, Tribunales de Justicia Juni 2002, 55, 56.

[571] Gómez Colomer, Derecho Jurisdiccional II, S. 772.

c. Widerspruch des Antragsgegners

Legt der Antragsgegner rechtzeitig mittels eines Schriftsatzes Widerspruch ein, wird das Mahnverfahren in ein ordentliches Verfahren übergeleitet, Art. 818.1 LEC.

aa. Mit dem Widerspruch kann sich der Antragsgegner auf jegliche materielle und prozessuale Einwendung gegen die geltend gemachte Forderung berufen[572]. Im nachfolgenden ordentlichen Prozess ist der Antragsgegner an die von ihm im Widerspruch vorgebrachten Einwendungen nicht gebunden; insbesondere besteht keine Präklusion bezüglich der Geltendmachung von neuen Verteidigungsmitteln[573]. Nach überwiegender Auffassung muss der Widerspruch begründet sein[574]. Hingewiesen wird in diesem Zusammenhang auf Art. 815.1 Absatz 1 LEC, der vom Schuldner verlangt, im Widerspruch die Gründe darzulegen, weshalb er aus seiner Sicht den geltend gemachten Betrag nicht schuldet. Fehlt eine Begründung, soll der Fall so behandelt werden, als ob kein Widerspruch eingelegt worden wäre und damit eine Vollstreckungsanordnung erlassen werden[575]. Eine andere Auffassung hingegen hält den Widerspruch auch ohne Begründung für voll wirksam. Sie verweist darauf, dass die gravierenden Konsequenzen des Erlasses eines vollstreckbaren Titels allein durch das Fehlen einer Begründung nicht gerechtfertigt seien[576].

bb. Nach Art. 818.1 Absatz 2 LEC muss der Widerspruch durch einen Rechtsanwalt und einen Prozessagenten eingelegt werden, wenn deren Inanspruchnahme auf Grund der Höhe des Streitwerts nach den allgemeinen Regeln vorgeschrieben ist. Wie bereits erwähnt, ist dies gemäß Art. 23.2.1.° und 31.2.1.° LEC bei einem Streitwert von mehr als 900 € der Fall.

cc. Art. 818.1. Absatz 3 LEC regelt den speziellen Fall, dass der Schuldner nur hinsichtlich eines Teils des geltend gemachten Anspruchs widerspricht. In die-

---

572 Moll, Informaciones III/2000, 171, 174; Díez-Picazo Giménez in: Oliva Santos, Comentarios a la LEC, S. 1373; López Sánchez, Proceso Monitorio, S. 236 und 245; Armenta Deu, Respuestas, S. 703; Gómez Amigo, Respuestas, S. 704; Cubillo López, Oliva Santos, Respuestas, S. 704.

573 Banacloche Palau, Respuestas, S. 709; Cubillo López, Oliva Santos, Respuestas, S. 710.

574 Díez-Picazo Giménez in: Oliva Santos, Comentarios a la LEC, S. 1372; López Sánchez, Proceso Monitorio, S. 237.

575 So Gómez Colomer, La aplicación práctica de la LEC, S. 457, der bei einer willkürlichen Einlegung des Widerspruchs ebenso vorgehen will. Ähnlich Díez-Picazo Giménez in: Oliva Santos, Comentarios a la LEC, S. 1373, der dem Schuldner vor dem Erlass einer Vollstreckungsanordnung allerdings noch die Möglichkeit einräumen will, eine Begründung nachzuliefern.

576 Correa Delcasso in: La LEC tras dos años de vigencia, S. 8; Picó i Junoy, La interpretación judicial de la nueva LEC, S. 46 mit Hinweis auf die Rechtsprechung der Gerichte in Barcelona.

sem Fall gelten die Regeln über das Teilanerkenntnis („allanamiento parcial"), Art. 21.2 LEC. Nach dieser Vorschrift ergeht auf Antrag des Gläubigers hinsichtlich der anerkannten Summe ein Beschluss, der das Teilanerkenntnis feststellt und nach den allgemeinen Regeln vollstreckbar ist. Dieser Beschluss unterscheidet sich von der Vollstreckungsanordnung im Rahmen des Mahnverfahrens jedoch dadurch, dass für ihn die Vollstreckung in einem separaten Verfahren gemäß den Art. 517 ff. LEC erst noch angeordnet werden muss, während die Vollstreckungsanordnung des Mahnverfahrens unmittelbar, also ohne Dazwischenschaltung eines derartigen Verfahrens vollstreckt werden kann[577]. Aus diesem Grund vertritt die Literatur die Auffassung, dass bei einem Teilanerkenntnis im Rahmen des Mahnverfahrens abweichend von Art. 21.2 LEC eine Vollstreckungsanordnung im Sinne des Art. 816 ergehen muss[578]. Die Rechtsprechung hingegen folgt der gesetzlich vorgegebenen Linie der Art. 818.1 Absatz 3 i.V.m. 21.2 LEC, ohne auf die eben skizzierte Problematik einzugehen[579]. Hinsichtlich des nicht anerkannten Teils der Forderung wird ein normales Erkenntnisverfahren eingeleitet[580].

dd. Für das auf den Widerspruch folgende ordentliche Verfahren gelten die allgemeinen Regeln. Wenn der geltend gemachte Anspruch 3.000 € nicht übersteigt, ist damit das mündliche Verfahren (juicio verbal, vgl. Art. 250.2 LEC) die richtige Verfahrensart[581]. In diesem Fall bestimmt das Gericht sofort einen Termin zur mündlichen Verhandlung, Art. 818.2 Satz 1 LEC[582]. Wenn der geltend gemachte Anspruch mehr als 3000 € beträgt, ist das ordentliche Verfahren (juicio ordinario, vgl. Art. 249.2 LEC) einschlägig. Nach Art. 818.2 Satz 2 LEC leitet das Gericht in diesem Fall den Widerspruch des Antragsgegners an den Antragssteller weiter, worauf dieser einen Monat Zeit hat, eine entsprechende Klage einzureichen. Im Gegensatz zur Variante, in der der Prozess im juicio verbal fortgeführt wird, erfolgt also keine automatische Überleitung in das normale Verfahren. Wenn der Antragssteller binnen der Monatsfrist keine Klage

---

[577] Vgl. Moll, Informaciones III/2000, 171, 174.

[578] Pedraz Penalva, Proceso Civil Práctico, Band IX, 6 – 139; Díez-Picazo Giménez in: Oliva Santos, Comentarios a la LEC, S. 1374.

[579] Vgl. beispielsweise AAP Salamanca vom 10. April 2001 (JUR 187778).

[580] Moll, aaO, 174.

[581] Das Gesetz spricht in Art. 818.2 LEC nur davon, dass die richtige Verfahrensart nach der Höhe des Streitwerts zu bestimmen ist. Strittig ist daher, wie zu verfahren ist, wenn der juicio verbal nach den allgemeinen Regeln auf Grund der Materie zu wählen wäre. Eine Auffassung (Pedraz Penalva, aaO, 6 – 142) hält sich an den Wortlaut von Art. 818.2 LEC und bestimmt die richtige Verfahrensart stur nach der Höhe der Forderung. Eine andere Auffassung (Díez-Picazo Giménez, aaO, S. 1375) hingegen zieht die allgemeinen Regeln heran und will den juicio verbal auch dann anwenden, wenn der Streitwert zwar über 3000 € beträgt, er aber nach den allgemeinen Regeln auf Grund der Materie einschlägig ist.

[582] Kritisch dazu Correa Delcasso in: La LEC tras dos años de vigencia, S. 14. Er ist der Auffassung, dass es Sache des Antragsstellers sei, sich darüber zu äußern, ob er seine Forderung auch in einem normalen Erkenntnisverfahren verfolgen will.

einlegen sollte, wird das Verfahren per Beschluss[583] eingestellt und dem Antragssteller werden die Kosten des Verfahrens auferlegt, Art. 818.2 Satz 2 LEC. Dieser Beschluss entfaltet keine Rechtskraft, so dass es dem Antragssteller nicht verwehrt ist, denselben Anspruch nochmals gerichtlich vorzubringen[584]. Legt er hingegen Klage ein, wird diese entsprechend Art. 404 LEC an den Beklagten weitergeleitet und das weitere Verfahren nach den Regeln des ordentlichen Verfahrens betrieben, Art. 818.2 Satz 3 LEC. Unabhängig davon, welches Verfahren zur Fortführung einschlägig ist, endet das Verfahren in der Regel mit einem normalen, der Rechtskraft fähigen Urteil, Art. 818.1 LEC[585].

ee. Für den Vertretungszwang durch Rechtsanwalt und Prozessagent gelten bei Fortführung des Verfahrens wiederum die allgemeinen Regeln[586].

IV. Rechtstatsachen und Würdigung

1. Rechtstatsachen

Nach einem Bericht des Consejo General del Poder Judicial (CGPJ) wurden in den ersten fünf Monaten nach In-Kraft-Treten der LEC 2000 28 % aller neu anhängig gemachten Verfahren als Mahnverfahren eingeleitet[587]. 22 % dieser Mahnverfahren endeten durch Zahlung des geltend gemachten Betrags. Bei weiteren 29 % kam es aus anderen Gründen zur Befriedigung des Gläubigers. Der häufigste Fall war hier, dass der Antragssteller seinen Antrag zurücknahm, nachdem sich die Parteien außergerichtlich auf die Zahlung eines bestimmten (in der Regel vom Antrag abweichenden Betrags) geeinigt hatten. Insgesamt führte das Mahnverfahren also in 51 % aller Fälle zu einer Befriedigung des Gläubigers[588]. Die Widerspruchsquote lag bei 15 %. 9 % dieser Fälle wurden in das Verfahren des juicio verbal übergeleitet, 6 % in das Verfahren des juicio ordinario[589]. Bei 34 % der Mahnverfahren legte der Antragsgegner weder Widerspruch ein noch bezahlte er den geforderten Betrag. Diese Fälle führten folglich nach dem Erlass einer Vollstreckungsanordnung direkt zur Einleitung der Zwangsvollstreckung[590].

---

583 López Sánchez, Proceso Monitorio, S. 226.

584 Correa Delcasso in: La LEC tras dos años de vigencia, S. 17.

585 Diese gesetzliche Äußerung ist eigentlich überflüssig, da jedes normale Verfahren im juicio ordinario oder verbal (ausgenommen die Fälle der summarischen juicios verbales, s. dazu S. 78) mit einem rechtskraftfähigen Urteil enden kann.

586 Moratinos Meissner, Informaciones III/2002, 157, 158.

587 CGPJ, Tribunales de Justicia Dezember 2001, 37, 39.

588 So CGPJ, aaO, 39.

589 CGPJ, aaO, 39.

590 CGPJ, aaO, 39.

2. Würdigung

a. Aus praktischer Sicht

Das Mahnverfahren sollte nach dem Willen des Gesetzgebers auf Grund seiner Ausgestaltung als schnelles Verfahren zu einer in vielen Fällen beschleunigten gerichtlichen Bearbeitung führen[591]. Es sollte ein Verfahren zur Verfügung gestellt werden, das dem Gläubiger bei wahrscheinlich unbestrittenen Geldforderungen rasch einen vollstreckbaren Titel verschafft, ohne ein langwieriges normales Gerichtsverfahren führen zu müssen. Ziel war es, der bisherigen Praxis entgegenzuwirken, in der normale Verfahren häufig nur deshalb betrieben wurden, weil kein anderes Verfahren zur Erlangung eines Vollstreckungstitels angeboten wurde[592]. Diese Ziele scheinen nach einer ersten Bestandsaufnahme erreicht, wenn nicht gar übertroffen worden zu sein[593]. Das Mahnverfahren ist das im spanischen Zivilprozess mittlerweile am zweithäufigsten gewählte Verfahren[594], wird also von der Praxis überaus gut angenommen und hat eine große praktische Bedeutung erlangt[595]. Dies ist umso erstaunlicher, als dass es sich beim Mahnverfahren um ein im spanischen Zivilprozess bisher unbekanntes Verfahren handelt. Die Tatsache, dass das Mahnverfahren in über der Hälfte der Fälle zu einer schnellen vollständigen Befriedigung des Gläubigers führt und in weiteren 34 % der Fälle rasch ein Vollstreckungstitel erlangt wird, zeigt außerdem, dass die in diesem Verfahren anhängig gemachten Rechtssachen zügig und effektiv zu einem Ergebnis gebracht werden[596]. Neben diesem Aspekt scheint die Existenz des Mahnverfahrens auch dazu geführt zu haben, dass nunmehr deutlich häufiger kleinere Beträge geltend gemacht werden, wovon nach dem alten Recht – wohl nach einer persönlichen Bewertung der Relation von Kosten, Zeit und Nutzen – vielfach abgesehen wurde[597].

b. Aus rechtstheoretischer Sicht

Trotz des großen praktischen Erfolges bleibt festzuhalten, dass viele Einzelfragen im Ablauf des Mahnverfahrens noch strittig und ungeklärt sind. Dies rührt nicht zuletzt daher, dass die Praxis durch die Gerichte der ersten Instanz und durch die Provinzgerichte, die bisher mit den Mahnverfahren befasst waren,

---

591 EM LEC XIX.6.

592 In diesem Sinne Golücke/Koch, Das Mahnverfahren nach dem neuen spanischen Zivilprozessrecht, S. 4.

593 So Oliva Santos, Tribunales de Justicia Januar 2002, 3, 6.

594 Siehe dazu S. 73. Nach Correa Delcasso in: La LEC tras dos años de vigencia, S. 1, ist das Mahnverfahren mittlerweile (Zeitpunkt April 2003) bereits das am häufigsten gewählte Verfahren.

595 So Ensesa Casuelleras/Fries, Informaciones I/2000, 35.

596 So die Fundación Antonio Carretero, Jueces para la Democracia Nr. 44 (Juli 2002), 67, 68.

597 Siehe zu diesem Aspekt Fundación Antonio Carretero, aaO, 68

teilweise ganz unterschiedlich verfährt[598]. Eine Vereinheitlichung dieser Rechtsprechung durch den Obersten Gerichtshof ist in naher Zukunft nicht zu erwarten, da nach dessen Auslegung der Kassationskriterien eine im Mahnverfahren anhängig gemachte Sache niemals zur Kassation gelangen kann[599].

Abzuwarten bleibt insbesondere, ob der Gesetzgeber die Obergrenze von 30.000 €, die in mehrerlei Hinsicht Anlass zu Diskussionen gab, aufheben wird. Immerhin begründete er die Festsetzung dieser Obergrenze in den Gesetzesmotiven damit, dass bei der Einführung eines neuen, bisher unbekannten Verfahrens Vorsicht geboten gewesen sei[600]. Nach den positiven Erfahrungen mit dem Mahnverfahren scheint es damit zumindest nicht ausgeschlossen, dass die bisherige Vorsicht in Form der Abschaffung der Obergrenze aufgegeben wird. Eine andere Frage ist, ob die Grenze von 30.000 € mit Art. 5 der Zahlungsverzugsrichtlinie in Einklang steht und nicht schon wegen eines Verstoßes gegen europäisches Recht aufgehoben werden muss[601]. Des Weiteren lässt sich darüber diskutieren, ob man auf die Vorlage von Urkunden verzichten sollte, um den Weg zu einer maschinellen Bearbeitung zu eröffnen[602]. Diskussionswürdig ist ebenfalls, ob der Erlass des Mahnbescheids schon nach der momentanen Ausgestaltung des Verfahrens dem Gerichtssekretär übertragen werden sollte[603]. Weitere Diskussionspunkte im spanischen Mahnverfahren werden von der zukünftigen europäischen Entwicklung abhängen, da im Bereich des Mahnverfahrens bereits konkrete europäische Aktivitäten stattfinden, die Rückwirkungen auf das nationale Prozessrecht haben werden[604].

---

598 So Gómez Colomer, La aplicación práctica de la LEC, S. 458.

599 Siehe näher dazu die Ausführungen zur Kassation S. 143 sowie Gómez Colomer, aaO, S. 458. Nach dem Tribunal Supremo können Verfahren, die nicht auf Grund der Materie, sondern auf Grund des Streitwertes einschlägig waren (dies ist beim Mahnverfahren der Fall), nur dann in die Kassationsinstanz gebracht werden, wenn sie einen höheren Streitwert als 150.000 € aufweisen. Dies ist beim Mahnverfahren wegen der Beschränkung auf 30.000 € zum momentanen Zeitpunkt ausgeschlossen.

600 EM LEC XIX.10.

601 Siehe dazu bereits S. 101. Die Literatur ist diesbezüglich fast einhellig der Auffassung, dass die Obergrenze gegen europäisches Recht verstößt.

602 Dazu Correa Delcasso in: La LEC tras dos años de vigencia, S. 19 mit dem Hinweis auf das deutsche System.

603 Dazu Correa Delcasso in: La LEC tras dos años de vigencia, S. 20, wiederum mit Hinweis auf Deutschland.

604 Eingehend dazu im vergleichenden zweiten Teil der Arbeit S. 236ff.

4. Abschnitt Das spanische Rechtsmittelrecht

A. Einführung

Durch die Ley de Enjuiciamiento Civil des Jahres 2000 wurde auch das Rechtsmittelrecht grundlegend reformiert[605]. Ein wichtiges Ziel der Reform war es, den Rechtsschutz im Instanzenzug zu vereinfachen und für mehr Effektivität auf diesem Gebiet zu sorgen[606]. Gerade die Überlastung der höchsten spanischen Gerichte war einer der Hauptgründe für eine häufig überlange Gesamtverfahrensdauer[607]. Das Libro Blanco aus dem Jahre 1997 führte diesbezüglich aus, dass die Dauer des Rechtsmittelverfahrens exzessiv sei und beispielsweise ein Kassationsverfahren bis zu drei Jahre in Anspruch nehmen könne[608]. Sollte das Rechtsmittelrecht nicht reformiert werden, so die Autoren, sei wegen der sich aufstauenden Verfahren zudem mit einer jährlichen Verlängerung der Dauer von vier Monaten zu rechnen, so dass im Jahre 2003 ein Kassationsverfahren bis zu 5 Jahre dauern könne[609].

Insofern spielt das Rechtsmittelrecht ersichtlich eine entscheidende Rolle, wenn es um die Frage einer möglichst raschen und vor allem vollständigen Streiterledigung geht. Bevor im Folgenden einige spezielle Rechtsmittel samt der auf die Beschleunigung ausgerichteten Maßnahmen des spanischen Gesetzgebers dargestellt werden, soll ein kurzer Überblick über das mittlerweile geltende gesamte Rechtsmittelrecht gegeben werden[610].

B. Überblick über den Rechtsweg im spanischen Zivilprozess

I. Die spanische Gerichtsverfassung

Die spanische Gerichtsverfassung ist innerhalb der ordentlichen Gerichtsbarkeit durch einen vierstufigen Gerichtsaufbau gekennzeichnet[611].

---

605 Ein kurzer Überblick über die wichtigsten Aspekte der Rechtsmittelreform findet sich bei Ortells Ramos, ZZPInt 5 (2000), 95, 108 ff.

606 S. dazu EM LEC XIII.1.

607 Libro Blanco, S. 171; EM LEC XIV.20.

608 Libro Blanco, S. 149. Der Schnitt lag 1997 bei etwas mehr als 30 Monaten, s. Libro Blanco, S. 171.

609 Libro Blanco, S. 149.

610 Ausführliche Darstellungen findet man bei Montero Aroca/Flors Maties, Los recursos en el proceso civil; Bonet Navarro, Los recursos en el proceso civil.

611 Diese Charakterisierung als „vierstufig“ vernachlässigt die ausnahmsweise erstinstanzlich zuständigen Friedensgerichte, dazu sogleich.

1. „Juzgado de Primera Instancia" (Gericht der ersten Instanz)

Der „Juzgado de Primera Instancia" (Gericht der ersten Instanz) stellt regelmäßig die Eingangsinstanz für Streitigkeiten aller Art dar, vgl. Art. 85, 1.° LOPJ und 45 LEC. Der Gerichtsbezirk des Gerichts der ersten Instanz erstreckt sich gemäß Art. 84 in Verbindung mit Art. 32.1 LOPJ in der Regel auf mehrere Gemeinden einer Provinz (so genannte „partidos"). Die Entscheidungen des Juzgado de Primera Instancia trifft ein Berufsrichter als Einzelrichter („juez")[612].

Ausgenommen von der erstinstanzlichen Zuständigkeit der juzgados de primera instancia sind Streitigkeiten, die keinen höheren Streitwert als 90 € haben. Für derartige Streitigkeiten sind die „Juzgados de Paz" (Friedensgerichte) zuständig, s. Art. 100.1 LOPJ in Verbindung mit Art. 47 LEC, falls nicht eine der in Art. 250.1 LEC aufgelisteten Materien vorliegt[613]. Friedensgerichte gibt es gemäß Art. 99.1 LOPJ in jeder Gemeinde, in der sich kein juzgado de primera instancia befindet[614]. Spruchkörper des juzgado de paz ist ein ehrenamtlicher Einzelrichter, der in der Regel über keine juristische Ausbildung verfügt (Art. 102 LOPJ) und vom Gemeinderat in dieses Amt gewählt wird, Art. 101.2 LOPJ.

2. „Audiencia Provincial" (Provinzgericht)

Als zweite Instanz fungiert die „Audiencia Provincial" (Provinzgericht), die gemäß den Art. 82.4 LOPJ und 455.2, 2.°, 494 LEC niemals erstinstanzlich, sondern lediglich als Berufungs- und Beschwerdegericht tätig wird. Ihre Gerichtsbarkeit erstreckt sich in der Regel auf eine Provinz, deren Hauptstadt Sitz des Gerichtes ist, Art. 80.1 LOPJ. Gemäß Art. 81.1 LOPJ entscheidet sie durch ein Kollegialorgan mit drei Berufsrichtern[615].

3. „Tribunal Superior de Justicia" (Obergericht)

Das in der Gerichtshierarchie nächsthöhere Gericht ist der „Tribunal Superior de Justicia" (Obergericht), das in den jeweiligen autonomen Regionen im Rahmen der ordentlichen Gerichtsbarkeit die höchste Rechtsprechungsgewalt ausübt, Art. 70 und 71 LOPJ. Es ist in aller Regel ebenfalls Rechtsmittelgericht, s. Art.

---

612 Montero Aroca, Derecho Jurisdiccional I, S. 147.

613 Siehe zu diesen Materien S. 78.

614 Die Zahl der Friedensgerichte beträgt etwa 8000, vgl. Montero Aroca, Derecho Jurisdiccional I, S. 146.

615 Zur Bildung einer Audiencia Provincial ist bereits eine Kammer mit einem Präsidenten und zwei Richtern ausreichend, Art. 81.1 Satz 1 LOPJ. In der Regel besteht das Gericht jedoch aus mehreren Kammern („secciones") mit einer Besetzung von ebenfalls drei Richtern, Art. 81.1 Satz 2 LOPJ.

73.1. a und b LOPJ, 478.1, 509 LEC)[616]. Spruchkörper des Tribunal Superior de Justicia sind Senate mit drei Berufsrichtern[617].

4. „Tribunal Supremo" (Oberster Gerichtshof)

Der Oberste Gerichtshof Spaniens ist der „Tribunal Supremo" mit Sitz in Madrid, Art. 53 Satz 1 LOPJ. Gemäß Art. 123.1 CE und Art. 53 Satz 2 LOPJ übt er – von Streitigkeiten mit verfassungsrechtlichem Inhalt abgesehen – die höchste Rechtsprechungsgewalt in ganz Spanien aus. Seine hauptsächliche Funktion liegt in der Entscheidung über Rechtsmittel, vgl. Art. 56, 1° LOPJ, 478.1, 509, 492.1 LEC[618]. Der Tribunal Supremo entscheidet in der Regel ebenfalls durch Senate, die mit drei Berufsrichtern besetzt sind.

5. „Tribunal Constitucional" (Verfassungsgericht)

Der „Tribunal Constitucional" (Verfassungsgericht)[619] steht zwar nicht im Instanzenzug der ordentlichen Gerichtsbarkeit, gleichwohl hat er für die Zivilrechtsprechung eine nicht zu unterschätzende Bedeutung. Die wichtigsten Aufgaben dieses aus 12 Richtern zusammengesetzten Gerichts (Art. 159.1 CE) bestehen darin, die Verfassungsmäßigkeit der Gesetze zu kontrollieren und die Grundrechte der Bürger zu schützen, Art. 161.1. a und b CE[620]. Nach Art. 53.2, 161.1.b, 162.1.b CE kann jeder Bürger – nach Erschöpfung des ordentlichen Rechtswegs, vgl. Art. 43 und 44 LOTC[621] – eine Verletzung seiner Grundrechte (Art. 14 bis 29 CE) in Form der Verfassungsbeschwerde geltend machen[622]; eine besondere Rolle im Zusammenhang mit dem Zivilprozess spielt dabei das „Prozessgrundrecht" des Art. 24 CE[623], dessen Verletzung Gegenstand bereits zahl-

---

616 Eine erstinstanzliche Zuständigkeit besitzt der TSJ bei bestimmten Amtshaftungsfällen, vgl. Art. 73.2 a und b LOPJ.

617 Montero Aroca, Derecho Jurisdiccional I, S. 154. Eine ausdrückliche Regelung diesbezüglich fehlt zwar, doch ergibt sich dies aus Art. 196 LOPJ. Dieser besagt, dass ein Spruchkörper in der Regel aus drei Richtern besteht, falls das Gesetz nichts anderes bestimmt.

618 Auch hier kommt eine erstinstanzliche Zuständigkeit in Betracht, wenn es sich um Amtshaftungsfälle gegenüber den höchsten politischen und richterlichen Ämtern handelt, s. Art. 56, 2° und 3° LOPJ.

619 Vgl. allgemein zum Tribunal Constitucional García Pelayo, Der Status des Verfassungsgerichts in: Spanisches Verfassungsrecht, S. 475 ff.

620 So Gómez Colomer, Derecho Jurisdiccional I, S. 45.

621 Ley Orgánica del Tribunal Constitucional 2/1979 vom 3. Oktober (Verfassungsgerichtsgesetz), abgedruckt im BOE vom 5. Oktober 1979 (Nr. 239), S. 23186. Zur Subsidiarität der Verfassungsbeschwerde s. Adomeit/Frühbeck, S. 39.

622 Siehe zur Verfassungsbeschwerde Brückner, Vergleich zwischen den Verfahren des spanischen Recurso de Amparo und der deutschen Verfassungsbeschwerde.

623 Zum genauen Inhalt des Art. 24 CE s. S. 132. Eine Übersetzung des Art. 24 CE findet sich bei Knothe, S. 431.

reicher Verfahren war[624]. Insofern steht den Parteien in zivilrechtlichen Streitigkeiten in dem Falle, dass auch Verfassungsrecht betroffen ist, eine weitere Rechtsschutzmöglichkeit zum Tribunal Constitucional offen. Diese Möglichkeit macht das Verfassungsgericht in vielen Fällen zu einer Art außerordentlichem Kassationsgericht[625] und damit auch für zivilprozessuale Verfahren bedeutsam, obwohl der Tribunal Constitucional keine weitere ordentliche Instanz darstellt und lediglich die verfassungsrechtliche Dimension der Streitigkeiten in den Blick nimmt[626].

II. Die Rechtsmittel im Überblick

Gegen die Entscheidungen[627] des Gerichts der ersten Instanz findet gemäß den Art. 455 ff. LEC grundsätzlich die Berufung („recurso de apelación") zum Provinzgericht statt. Lediglich wenn es sich um Verfügungen oder Beschlüsse, die keine Auswirkungen auf die Beendigung des Prozesses haben, handelt, ist Einspruch („recurso de reposición") nach den Art. 451 ff. LEC zu erheben. Über den Einspruch entscheidet das Gericht der ersten Instanz.

Die Berufungsurteile des Provinzgerichts sind – dies ist die größte Neuerung im neu gestalteten Rechtsmittelrecht – alternativ mit der Kassation („recurso de casación") wegen einer Verletzung materiellen Rechts gemäß den Art. 477 ff. LEC zum Obersten Gerichtshof oder dem außerordentlichen Rechtsbehelf wegen prozessualer Verstöße („recurso extraordinario por infracción procesal") gemäß den Art. 469 ff. LEC zum Obergericht anfechtbar[628]. Dies bedeutet, dass sich der Rechtsmittelführer entscheiden muss, ob er das Berufungsurteil wegen prozessualen oder materiell-rechtlichen Fehlern angreift[629]. Wird der Weg über den außerordentlichen Rechtsbehelf wegen prozessualer Verstöße beschritten, ist gegen das Urteil des Obergerichts nur das Rechtsmittel im Interesse des Gesetzes („recurso en interés de la ley") zum Obersten Gerichtshof möglich, das al-

---

[624] So EM LEC XIV.20. Nach Tribunal Constitucional, Memoria 1999, S. 38 wurden von den insgesamt 4601 Verfassungsbeschwerden aus dem Jahr 1999 82,42 % auf eine Verletzung des Art. 24 CE gestützt. Vgl. aus neuerer Zeit beispielsweise SSTC vom 3. März 2003 ((RTC 46), vom 10. Februar 2003 (RTC 21), vom 18. September 2002 (RTC 167).

[625] So Schrader, S. 10.

[626] So zuletzt STC vom 10. Februar 2003 (RTC 21).

[627] Zu den Arten der berufungsfähigen Entscheidungen siehe S. 122.

[628] Das vom Gesetzgeber in der LEC 2000 entworfene Rechtsmittelsystem ist allerdings bisher mangels einer notwendigen Änderung des Gerichtsverfassungsgesetzes noch nicht in vollem Umfang in Kraft getreten. Bis dahin ist der Tribunal Supremo zur Entscheidung über den außerordentlichen Rechtsbehelf wegen prozessualer Verstöße zuständig. Näher dazu S. 129 und 137.

[629] Näher zum Alternativverhältnis von recurso extraordinario por infracción procesal und casación S. 135.

lerdings nicht den Parteien zur Verfügung steht, vgl. Art. 490 ff. LEC[630], und der Vereinheitlichung der Rechtsprechung der 17 Obergerichte bezüglich prozessrechtlicher Fragen dient[631]. Eine Kassation kommt folglich nur gegen Berufungsurteile in Betracht, nicht aber gegen Urteile des Obergerichts.

C. Die Berufung („Recurso de apelación")

I. Allgemeine Darstellung

1. Statthaftigkeit und Zuständigkeit

a. Im spanischen Recht ist die Berufung gegen jegliches erstinstanzliche Urteil (s. dazu Art. 207.1 LEC) möglich, gleich welchen Wert der Streitgegenstand hat und um welches rechtliche Gebiet es sich handelt, vgl. Art. 455.1 LEC. Des Weiteren sind nach dieser Vorschrift diejenigen Beschlüsse mit der Berufung anfechtbar, die den erstinstanzlichen Prozess beenden („autos definitivos" – prozessbeendende Beschlüsse)[632] und diejenigen, bei denen es das Gesetz ausdrücklich bestimmt[633].

b. Zuständig zur Entscheidung über die Berufung ist in der Regel das Provinzgericht, Art. 455.2.2.° LEC. Lediglich wenn als erste Instanz ausnahmsweise das Friedensgericht („juzgado de paz") tätig wurde, ist nach Art. 455.2.1.° LEC das Gericht der ersten Instanz („juzgado de primera instancia") Berufungsgericht.

---

[630] Genau genommen handelt es sich beim „recurso en interés de la ley" daher um kein „richtiges" Rechtsmittel, siehe S. 140 und 142.

[631] S. dazu EM LEC XV.1. Zum momentanen Zeitpunkt findet der „recurso en interés de la ley" jedoch keine Anwendung, vgl. D. F. 16.ª 2. 1. Absatz LEC. Die Entscheidung über den außerordentlichen Rechtsbehelf wegen prozessualer Verstöße trifft derzeit ohnehin der Tribunal Supremo, so dass keine Notwendigkeit für einen einheitswahrenden Rechtsbehelf notwendig ist.

[632] Z.B. der prozessbeendende Beschluss nach Art. 418.2 LEC, der wegen fehlender Parteifähigkeit des Beklagten ergeht. Näher zu den prozessbeendenden Beschlüssen Ortells Ramos, Derecho Procesal Civil, S. 543.

[633] Z.B. gegen den Beschluss nach Art. 41.2 LEC auf Aussetzung des Verfahrens wegen einer strafrechtlichen Vorfrage. Näher dazu Ortells Ramos, aaO, S. 544. Eine komplette Auflistung der mit der Berufung anfechtbaren Beschlüsse findet sich bei Bonet Navarro, Recursos, S. 101.

2. Vorbereitung des Rechtsmittels

Eingebracht[634] wird die Berufung beim iudex a quo, s. Art. 457.1 LEC, also beim Gericht der ersten Instanz, wenn dieses im konkreten Rechtsstreit als erste Instanz fungierte. Dieses entscheidet darüber, ob das Rechtsmittel ausreichend vorbereitet ist. Nach Art. 457.1 und 2 LEC sind die Voraussetzungen dafür folgende: Einreichung der Berufung innerhalb von 5 Tagen ab dem ersten Tag nach der Zustellung der Entscheidung, Bezeichnung der Entscheidung bzw. der Teile der Entscheidung, die angefochten werden sollen und Ausdruck des Willens zur Anfechtung. Erfüllt der Rechtsmittelführer diese Erfordernisse, setzt ihm das Gericht eine Frist von 20 Tagen, um das Rechtsmittel einzulegen, vgl. Art. 457.3 LEC. Strittig ist, wie das Gericht zu verfahren hat, wenn der Rechtsmittelführer nicht ausdrücklich angibt, welche Teile der Entscheidung er anficht. Während ein Teil der Praxis[635] und ein Teil der Literatur[636] die bloße Angabe der Entscheidung genügen lässt, ist ein anderer Teil der Praxis[637] und Literatur[638] der Auffassung, dass konkret anzuführen ist, welche Teile der Entscheidung Gegenstand des Berufungsverfahrens sein sollen.

Erfüllt der Rechtsmittelführer die Erfordernisse einer ausreichenden Vorbereitung nicht, erlässt das Gericht gemäß Art. 457.4 LEC einen abweisenden Beschluss, der mit der Beschwerde (Art. 494 LEC)[639] angefochten werden kann.

3. Einlegung des Rechtsmittels

a. Inhaltliche Erfordernisse und Vorgehensweise des iudex a quo

Nach Art. 458.1 LEC bedeutet Einlegung des Rechtsmittels, dass der Anfechtende innerhalb der Frist von 20 Tagen einen Schriftsatz einreicht, in dem er die Gründe der Anfechtung darlegt. Außerdem kann er in diesem Schriftsatz nach Art. 460.2 LEC einen Beweisantrag stellen oder neue Dokumente beifügen, die

---

634 Das Gesetz spricht in Art. 457.1 LEC von der Vorbereitung der Berufung. Die Einlegung des Rechtsmittels kann nach dem spanischen System erst erfolgen, wenn zuvor eine Verfügung des Gerichts ergangen ist, die die Berufung für ausreichend vorbereitet erklärt, s. dazu sogleich im Text.

635 Siehe beispielsweise SAP Alicante vom 10. Januar 2001 (JUR 48485), die es ausreichen lässt, wenn angeführt wird, dass alle Teile der Entscheidung angefochten werden; Font Serra, Respuestas, S. 392 mit dem Hinweis auf diese Praxis.

636 Díez-Picazo, Respuestas, S. 392.

637 Siehe z.B. SAP Toledo vom 18. Januar 2002 (AC 502).

638 Vegas Torres, Respuestas, S. 392; Bernardo San José, Oliva Santos, Respuestas, S. 391 (mit der Einschränkung, dass das Gericht vor der Ablehnung einen Hinweis gemäß Art. 231 LEC geben muss, damit der Rechtsmittelführer den Defekt beheben kann).

639 Zur Beschwerde allgemein s. Bonet Navarro, Recursos, S. 265 ff.

er in der ersten Instanz noch nicht beibringen konnte, Art. 460.1 LEC[640]. Legt der Rechtsmittelführer das Rechtsmittel nicht oder nicht rechtzeitig ein, erklärt das Gericht die Berufung für zurückgenommen und erlegt dem Rechtsmittelführer die durch die Einbringung des Rechtsmittels entstandenen Kosten auf, Art. 458.2 LEC; die angefochtene Entscheidung erwächst dann gemäß Art. 458.2 Satz 1 LEC in Verbindung mit Art. 207.2 LEC in Rechtskraft. Ebenso verfährt das Gericht nach allgemeiner Meinung, wenn die Berufung zwar eingelegt wurde, eine Begründung jedoch fehlt[641]. Kommt der Rechtsmittelführer den Erfordernissen einer ordnungsgemäßen Berufungseinlegung hingegen nach, leitet das Gericht den Schriftsatz des Berufungsklägers an die anderen Parteien des Rechtsstreits weiter, Art. 461.1 LEC. Diese haben die Möglichkeit, innerhalb von 10 Tagen auf die Berufung zu erwidern oder selbst Berufung einzulegen[642]. Danach verweist das Gericht der ersten Instanz den Rechtsstreit gemäß Art. 463.1 LEC an das Berufungsgericht, das – von einer Ausnahme abgesehen, s.o. – das Provinzgericht ist.

b. Suspensiveffekt

Die Einlegung der Berufung führt grundsätzlich nicht zu einer aufschiebenden Wirkung. Falls es sich bei den erstinstanzlichen Entscheidungen um abweisende Urteile oder prozessbeendende Beschlüsse handelt, ergibt sich dies aus dem Wortlaut des Art. 456.2 LEC[643]. Im Falle eines zusprechenden Urteils verweist Art. 456.3 LEC auf die Regeln über die vorläufige Vollstreckbarkeit. Aus der Tatsache, dass die vorläufige Vollstreckbarkeit den Normalfall darstellt (s. Art. 524 ff. LEC), schließt die herrschende Auffassung, dass es in der Regel zu keiner aufschiebenden Wirkung durch den eingelegten Rechtsbehelf kommt[644].

---

[640] Art. 460.1 LEC verweist zur genaueren Bestimmung bezüglich der Frage, welche Dokumente noch beigebracht werden können, auf Art. 270 LEC. Danach können beigebracht werden: Später (d.h. nach der ersten Instanz) errichtete Dokumente (Art. 270.1.1.°), Dokumente, von denen die Partei zuvor keine Kenntnis hatte (Art. 270.1.2.°) und Dokumente, die für die Partei bisher unerreichbar waren (Art. 270.1.3°).

[641] Richter Alonso Saura und Salas Carceller, Respuestas, S. 396; Bernardo San José, Oliva Santos, Respuestas, S. 393; Calderón Cuadrado, Respuestas, S. 394; Vecina Fuentes, Ortells Ramos, Font Serra, Díez-Picazo, Respuestas, S. 396.

[642] Diese Berufung des ursprünglichen Berufungsbeklagten – bis zur Reform des Jahres 2000 vom Gesetzgeber als Anschlussberufung bezeichnet, jetzt nachträgliche Berufung genannt – richtet sich nach den Regeln der anfänglichen Berufung (Art. 461.2 und 3 LEC) und ist in ihrer Existenz von der anfänglichen völlig unabhängig. Sinn der nachträglichen Berufung ist es, das Verbot der „reformatio in peius" zu Gunsten des ursprünglichen Berufungsklägers aufzuheben. Näher dazu Ortells Ramos, Derecho Procesal Civil, S. 553.

[643] Vgl. hierzu AAP Zaragoza vom 27. Oktober 2003 (JUR 252286) sowie SAP Zaragoza vom 24. März 2003 (JUR 110511), die diesem Wortlaut folgen.

[644] Montero Aroca, Derecho Jurisdiccional II, S. 424; Gimeno Sendra, Proceso Civil Práctico, Band VI, 1 – 88; wohl auch Bonet Navarro, Recursos, S. 121. Differenzierend Ortells Ramos, Derecho Procesal Civil, S.551. Im Einzelnen ist hier aber vieles strittig und ungeklärt, vgl. näher dazu Ortells Ramos, Recursos, S. 43 f.

4. Entscheidung des Berufungsgerichts

a. Entscheidungsverfahren

Über die zugelassene Berufung entscheidet das Berufungsgericht in der Regel durch Urteil, Art. 465.1 LEC. Falls die Parteien in der zweiten Instanz eine Beweisaufnahme beantragt oder neue Schriftstücke beigebracht haben, muss das Gericht innerhalb von 10 Tagen darüber befinden, wie es weiter verfahren wird[645]. Wenn es eine Beweisaufnahme für erforderlich hält, bestimmt es einen Termin zur mündlichen Verhandlung[646], der innerhalb eines Monats ab dem Zeitpunkt der Entscheidung über das weitere Verfahren liegen muss, Art. 464.1 LEC. Innerhalb von 10 Tagen nach Durchführung der mündlichen Verhandlung muss das Gericht schließlich sein Urteil fällen, Art. 464.1 LEC. Wenn die Parteien in der zweiten Instanz keine neuen Beweise angetreten haben bzw. die Beweisanträge als unzulässig zurückgewiesen worden sind, kann das Gericht sein Urteil auch ohne eine mündliche Verhandlung aussprechen, Art. 464.2 LEC[647]; in diesem Fall ist das Gericht jedoch gezwungen, seine Entscheidung innerhalb eines Monats zu treffen, gerechnet ab dem Tag, der auf den Erhalt der Verweisung durch das erstinstanzliche Gericht folgt, Art. 464.2, 465.1 LEC.

b. Prüfungsumfang

Gegenstand der Überprüfung durch das Berufungsgericht können alle im erstinstanzlichen Urteil entschiedenen Tatsachen- und Rechtsfragen sein, vgl. Art. 456.1 LEC[648]. Damit wird im Regelfall allerdings auch nur das überprüft, was bereits in der ersten Instanz Streitgegenstand war, es findet also eine Nachprüfung, nicht aber ein vollständig neuer Prozess statt[649]. Das Vorbringen neuer

---

[645] Zu den Fällen, in denen in der zweiten Instanz eine Beweisaufnahme durchgeführt wird siehe sogleich S. 125.

[646] Für die Verhandlung gelten die Regeln des mündlichen Verfahrens (juicio verbal), vgl. Art. 464.1 LEC in Verbindung mit Art. 443 bis 446 LEC. Näher zum Ablauf der mündlichen Verhandlung Bonet Navarro, aaO, S. 155 ff.

[647] Vgl. zu dieser Möglichkeit, auf die mündliche Verhandlung zu verzichten, Magro Servet, La Ley Nr. 4992 (15. Februar 2000), 1, 3. Ein Antrag der Parteien auf mündliche Verhandlung, der nach Art. 464.2 LEC möglich ist, bindet das Gericht nach allgemeiner Auffassung nicht, vgl. Bonet Navarro, aaO, S. 159; Peiteado Mariscal, Oliva Santos, Díez-Picazo Giménez, Font Serra, García Casas, Richard González, Salas Carceller, Respuestas, S. 405.

[648] So auch schon die bisherige Rechtsprechung, vgl. z.B. STS vom 31. Dezember 1999, La Ley 2000, 3533. Näher zum Gegenstand der Berufung nach neuem Recht Ortells Ramos, Derecho Procesal Civil, S. 554 ff.

[649] Die Präambel zur LEC führt in EM XIII.2 in diesem Zusammenhang aus, dass die erstinstanzliche Entscheidung in der Berufungsinstanz zwar vollständig überprüft wird, es aber keinen neuen Prozess gibt, in dem uneingeschränkt neue Tatsachen und Ansprüche vorgebracht werden können.

prozessualer Ansprüche ist folglich nicht möglich[650]. Aus diesem Grund ist auch die Möglichkeit, neue Beweise in den Prozess einzuführen, sehr beschränkt[651]. Zulässig sind nur Beweise, deren Beantragung in der ersten Instanz rechtswidrigerweise abgelehnt wurde (Art. 460.2.1.ª LEC) oder deren Erhebung aus von der Partei nicht zu vertretenden Gründen nicht durchgeführt wurde (Art. 460.2.ª LEC). Ferner können über solche Tatsachen Beweise erhoben werden, die sich erst nach dem Beginn der Frist zum Erlass des Urteils ereignet haben[652], Art. 460.2.3.ª LEC oder Beweise, die eine Partei wegen unverschuldeter Säumnis in der ersten Instanz nicht antreten konnte, Art. 460.3 LEC. Schließlich können unter den Voraussetzungen der Art. 460.1 in Verbindung mit Art. 270 LEC neue Dokumente beigebracht werden, die in der ersten Instanz noch nicht in den Prozess eingeführt werden konnten[653] (Dokumente neueren Datums als das der ersten Instanz, keine vorherige Kenntnis von den Dokumenten oder vorherige Unerreichbarkeit der Dokumente).

II. Abschaffung der Berufung gegen prozessleitende Entscheidungen[654], die den Prozess nicht beenden

1. Bisherige Situation

Nach dem Recht der alten LEC von 1881 war die Berufung auch gegen Entscheidungen der ersten Instanz möglich, die keine prozessbeendigende Wirkung entfaltet haben, vgl. Art. 381 und 382 LEC a.F. Art. 381 LEC a.F. bezog sich auf die Berufung gegen Beschlüsse, die auf einen Einspruch hin ergangen waren, Art. 382 LEC a.F. auf Beschlüsse, die über dilatorische[655] oder in einem

[650] STS vom 7. April 2000, La Ley 2000, 6722; Montero Aroca, Derecho Jurisdiccional II, S. 428.

[651] Zur verfassungsrechtlichen Unbedenklichkeit einer solchen Beschränkung in der zweiten Instanz s. STC, Urteil vom 11. September 1995 (RTC 131) sowie STS vom 5. Dezember 2001 (RJ 9933).

[652] Die Frist zum Erlass des erstinstanzlichen Urteils beginnt in der Regel mit dem Schluss des letzten Termins der mündlichen Verhandlung, vgl. Art. 434.1 und 447.1 LEC.

[653] Im Gegensatz zu Art. 460.1 LEC spricht Art. 270 LEC außer von Dokumenten auch von „Mitteln“ und „Instrumenten“ zum Beweis von Tatsachen; nach allgemeiner Auffassung sind auch diese von der Verweisung in Art. 460.1 LEC erfasst und können damit auch noch in der Berufungsinstanz unter den eben geschilderten Voraussetzungen eingeführt werden. Vgl. dazu Bernardo San José, Oliva Santos, Respuestas, S. 397.

[654] Das Gesetz spricht von „autos“, also Beschlüssen. Da sich dieser Begriff aber manchmal nicht mit dem deutschen Begriff des Beschlusses deckt, sondern nach dem deutschen Verständnis teilweise eher als Verfügung (spanisch: „providencia“) angesehen werden müsste (s. dazu Fernández Nespral/Walcher, S. 218), wurde zumindest in der Überschrift der allgemeine Begriff der „Entscheidung“ gewählt.

[655] In Art. 533 LEC a.F. findet sich eine enumerative Auflistung der im Prozess zugelassenen dilatorischen Einreden, beispielsweise die anderweitige Rechtshängigkeit, Art. 533.5.ª LEC a.F.

Zwischenstreit ergangene Einreden entschieden hatten[656]. Damit war eine separate Berufung gegen jede der einzelnen eben genannten Entscheidungen und somit eine Vielzahl von Berufungen in einem Rechtsstreit statthaft. Obwohl die Berufung in der Mehrzahl der Fälle keinen Suspensiveffekt hervorrief[657], war diese Regelung Ursache erheblicher Verzögerungen und führte zu einer unnötigen Komplikation des Verfahrensablaufs[658]. Ein Grund für auftretende Verzögerungen war, dass das Ausgangsgericht – obwohl es sein Verfahren bis zur Entscheidungsreife gebracht hatte – bis zum Erlass seines Urteils auf die Entscheidung(en) des Berufungsgerichts warten musste. Ein anderer, der Prozessökonomie abträglicher Grund bestand darin, dass bereits durchgeführte Teile des ausgangsgerichtlichen Verfahrens, das parallel zu dem oder den Berufungsverfahren betrieben wurde, wiederholt werden mussten, wenn das Berufungsgericht im entsprechenden Verfahrensabschnitt einen Fehler festgestellt hatte.

2. Jetzige Regelung

Das neue Recht hingegen lässt die Berufung (neben der Urteilsberufung) in der Regel nur noch dann zu, wenn es sich um prozessbeendigende Beschlüsse handelt, Art. 455.1 LEC. Gegen Verfügungen und Beschlüsse, die den Prozess nicht beenden, ist nach der neuen LEC nur noch der Einspruch gemäß Art. 451 statthaft[659]. Über diesen entscheidet der iudex a quo durch Beschluss (der Einspruch bewirkt keinen Devolutiv- oder Suspensiveffekt). Gegen den Beschluss wiederum, der über den Einspruch entschieden hat, ist nach Art. 454 LEC grundsätzlich kein eigenes Rechtsmittel mehr möglich. Möglich ist es nach dieser Vorschrift nur noch, ein Rechtsmittel gegen die endgültige Prozessentscheidung einzulegen und die strittige Frage, die zu einem den Prozess nicht beendenden Beschluss geführt hat, in diesem Rahmen nochmals vorzubringen. Diese Regelung führt dazu, dass in einem Rechtsstreit nicht mehr mehrere Berufungen gegen jeden einzelnen Beschluss eingelegt werden können, sondern nur noch eine einzige, in der dann alle aufgeworfenen Fragen auf einmal entschieden werden. Die neue Kodifikation bringt also im Berufungsverfahren eine deutliche Konzentration des prozessrechtlichen Stoffes mit sich. Erste praktische Erfahrungen zeigen auch bereits, dass die verringerten Möglichkeiten zur Anfechtung von

---

[656] Näher zu den mit der Berufung anfechtbaren Entscheidungen nach dem alten Recht Fernández in: la Oliva /Fernández, Derecho Procesal Civil, Band II, S. 233.

[657] Das alte Recht unterschied in den Art. 384 LEC a.F. ff. zwischen zwei Effekten der Berufung (Devolutiv- und Suspensiveffekt) und einem Effekt der Berufung (nur Devolutiveffekt). Beschlüsse, die den Prozess nicht beendeten, hatten in der Regel nur einen Effekt, d.h. sie waren nicht mit einem Suspensiveffekt ausgestattet, Art. 384.2.° LEC , vgl. dazu Pascual Serrats, El recurso de apelación civil, S. 336.

[658] So Ortells Ramos, ZZPInt 5 (2000), 95, 109.

[659] Nach den Worten des Gesetzgebers in EM LEC XIII.1 „verschwinden" durch diese Regelung die Berufungen gegen Zwischenentscheidungen.

Zwischenentscheidungen einen positiven Effekt auf die Arbeitsbelastung der Berufungsgerichte haben[660].

III. Abschaffung der verschiedenen Verfahrensarten

Die alte LEC sah in der Berufung verschiedene Verfahrensarten vor, je nachdem, um welche Art des Prozesses es sich in der ersten Instanz gehandelt hatte[661]. Diese Regelung wurde schon vor der Zivilprozessrechtsreform als unnötig kompliziert bezeichnet[662]. Die reformierte LEC hingegen kennt nur noch ein einziges Berufungsverfahren. Der Gesetzgeber hebt dies in der Erläuterung seiner Motive hervor, nicht ohne anzumerken, dass er eine Vielzahl von Verfahrensarten für „nicht sachgemäß und verwirrend" hält[663].

IV. Weitere beschleunigende Elemente

1. Gerichtliche Fristen

Die LEC stellt nicht nur den Parteien Fristen – etwa zur Einlegung oder Begründung eines Rechtsmittels –, sondern auch dem Gericht. So muss das Berufungsgericht nach Art. 464.1 LEC innerhalb von 10 Tagen nach Erhalt der Akten über das weitere Vorgehen befinden. Falls mündlich verhandelt wird, muss der Termin der Verhandlung innerhalb eines Monats ab dem Zeitpunkt der Entscheidung über das weitere Verfahren stattfinden, Art. 464.1 LEC. Ein Urteil schließlich muss spätestens 10 Tage nach Durchführung der mündlichen Verhandlung gefällt werden, Art. 465.1 LEC[664].

2. Möglicher Verzicht auf mündliche Verhandlung

Wenn in der Berufungsinstanz keine neuen Dokumente beigebracht und keine Beweise angetreten werden, steht es im Ermessen des Gerichts, ob es eine mündliche Verhandlung durchführt, Art. 464.2 LEC. Bei einem derartigen Verzicht auf eine Verhandlung ist das Gericht jedoch gezwungen, sein Urteil innerhalb eines Monats ab Erhalt der Akten zu treffen[665].

---

[660] Garnica Martín in: La interpretación judicial de la nueva LEC, S. 57.

[661] Zu den verschiedenen Verfahrensarten in der ersten Instanz nach altem Recht siehe im 2. Abschnitt A.I. Zu den verschiedenen Verfahrensarten im Berufungsverfahren nach altem Recht s. Fernández in: Oliva Santos/Fernández, Derecho Procesal Civil, Band II, S. 237.

[662] So Fernández aaO; Magro Servet, La Ley Nr. 4992 (15. Februar 2000), 1, 3.

[663] EM LEC XIII.1.

[664] S. zum Verfahrensablauf S. 122.

[665] S. S. 125.

3. Heilung prozessualer Verstöße

Ein weiteres beschleunigendes Element ist die Möglichkeit des Berufungsgerichts, unter bestimmten Umständen in der ersten Instanz aufgetretene prozessuale Verstöße zu heilen. Im Normalfall erklärt das Gericht bei prozessualen Verstößen im Sinne des Art. 459 LEC die betroffene prozessuale Handlung durch eine Verfügung für nichtig und setzt den Prozess in den Stand vor Begehung des Verstoßes zurück, Art. 465.3 Absatz 1 LEC. Dies kann zur Folge haben, dass große Teile des Prozesses wiederholt werden müssen. Nach dem Willen der neuen LEC soll diese Vorgehensweise deshalb nur noch dann gewählt werden, wenn eine Nichtigerklärung der betreffenden Handlung unvermeidbar ist, um nicht eine Rechtsschutzlosigkeit[666] einer Partei zu verursachen[667]. Wenn dies nicht der Fall ist, heilt das Gericht der zweiten Instanz den aufgetretenen Fehler und entscheidet, unter Umständen nach einer weiteren Anhörung der Parteien, in der Sache, Art. 465.3 Absatz 2 LEC.

D. Der außerordentliche Rechtsbehelf wegen prozessualer Verstöße („Recurso extraordinario por infracción procesal")

I. Neueinführung durch die LEC 2000

Die LEC 2000 führte den bis dahin im spanischen Rechtsmittelsystem nicht existenten außerordentlichen Rechtsbehelf wegen prozessualer Verstöße ein. Dessen Einführung gehört sicherlich zu den bemerkenswertesten Neuerungen im spanischen Rechtsmittelrecht bzw. im gesamten spanischen Zivilprozess überhaupt[668]. Ziel der Bildung dieses neuen Rechtsmittels wegen Verletzung des Prozessrechts war es unter anderem, die bestehende Arbeitsüberlastung des Obersten Gerichtshofs (Tribunal Supremo) und des Verfassungsgerichts (Tribunal Constitucional) zu beseitigen, die bisher Ursache erheblicher Verzögerungen war[669]. In Bezug auf die verfassungsgerichtlichen Verfahren führt der Gesetzgeber in seinen Motiven dazu wörtlich aus: „Die Verfassungsbeschwerden wegen Verletzung des Artikels 24 der Verfassung (Anmerkung: Art. 24 der spanischen

[666] Unter Rechtsschutzlosigkeit wird in diesem Zusammenhang eine Situation verstanden, in der eine Partei im Laufe eines Verfahrens daran gehindert ist, die ihr gesetzlich zustehenden Rechte nicht oder nicht vollständig auszuüben, vgl. del Arco Torres, S. 281.
[667] So Montero Aroca, Derecho Jurisdiccional II, S. 433.
[668] Der Sache nach kann allerdings die nach der alten Rechtslage mögliche „casación por quebrantamiento de forma" (Kassation wegen eines Formverstoßes) gemäß Art. 1692 LEC 1881 als Vorläufer des neuen recurso extraordinario por infracción procesal angesehen werden. Diese erlaubte die Geltendmachung von Verstößen gegen die Gerichtsbarkeit (Nr. 1.°), die Zuständigkeit (Nr. 2.°) und gegen Normen, die das Urteil oder die die prozessualen Handlungen und Garantien regeln (Nr.3.°). Vgl. dazu Bonet Navarro, Recursos, S. 169, 180, 181.
[669] Siehe EM LEC XIV.20.

Verfassung bezieht sich auf die so genannten Prozessgrundrechte wie z.B. die Ansprüche auf effektiven Rechtsschutz oder auf den gesetzlichen Richter, näher dazu sogleich) konnten bis jetzt den zeitlichen Horizont eines eigentlich unanfechtbaren Urteils deutlich verlängern, dessen Erlass seinerseits in der ordentlichen Gerichtsbarkeit nach dem Gesetz von 1881 und seinen nachfolgenden Reformen übermäßig lange gedauert hatte“[670]. Nun soll – dies ist der Kern des gesetzgeberischen Ansatzes – von der Verlagerung der Überprüfung prozessrechtlicher Verstöße vom Tribunal Supremo auf die Tribunales Superiores de Justicia, die bisher eher wenig belastet waren[671], eine entlastende Wirkung auf den Obersten Gerichtshof und indirekt auch auf das Verfassungsgericht ausgehen[672]. Diese entlastende Wirkung wiederum soll zu einer deutlichen zeitlichen Verkürzung des Rechtsmittelverfahrens führen[673].

Das vom Gesetzgeber in der LEC 2000 entworfene Rechtsmittelsystem ist allerdings bisher noch nicht in vollem Umfang in Kraft getreten. Um die Kompetenz der Obergerichte zur Entscheidung über den außerordentlichen Rechtsbehelf wegen prozessualer Verstöße zu begründen, ist zusätzlich eine Änderung der LOPJ (Gerichtsverfassungsgesetz) notwendig[674], die bisher noch nicht stattgefunden hat. Aus diesem Grund führte die neue LEC in Form der „Disposición final decimosexta“ (16. Schlussbestimmung) eine Übergangsregelung ein, die die Kompetenz zur Entscheidung über diesen Rechtsbehelf dem Obersten Gerichtshof zuweist und weitere verfahrenstechnische Fragen regelt. Wie die weitere Entwicklung bezüglich des außerordentlichen Rechtsbehelfs wegen prozessualer Verstöße verlaufen wird, scheint im momentanen Zeitpunkt völlig offen zu sein. Während einige Stimmen fest mit einem In-Kraft-Treten der in der LEC getroffenen Regelung rechnen[675], befürchten andere, dass die als endgültig vor-

---

670 EM LEC XIV.20.

671 Vgl. zur bisher geringen Arbeitsbelastung der Tribunales Superiores de Justicia (Obergerichte) Molina Serrano, Revista General de Derecho 2000, S. 7299, 7309, der ihre Existenzberechtigung bisher lediglich aus politischen Erwägungen heraus bejaht. Ähnlich Ortells Ramos, Derecho Procesal Civil, S. 566 (die Arbeitsbelastung sei sicherlich nicht „erdrückend“).

672 Soweit ersichtlich, ließ sich der Gesetzgeber bei der Differenzierung zwischen prozessualen und materiell-rechtlichen Verstößen von weiteren, sachlichen Gründen nicht leiten.

673 Diesen Gedankengang erläuternd Molina Serrano, aaO, S. 7309.

674 Die LOPJ muss geändert werden, weil die bisherige Fassung des Art. 73 LOPJ, der die funktionelle Zuständigkeit der Tribunales Superiores de Justicia regelt, einen abschließenden Katalog der Zuständigkeiten enthält, in dem das neu geschaffene Rechtsmittel logischerweise nicht auftaucht. Im Gegensatz dazu enthält Art. 56 LOPJ, der sich auf die Zuständigkeit der Zivilsenate des Tribunal Supremo bezieht, eine allgemeine Klausel, die dem Obersten Gerichtshof die Zuständigkeit für alle außerordentlichen Rechtsbehelfe zuspricht, die ihm per Gesetz zugewiesen sind. Näher dazu Ortells Ramos, Derecho Procesal Civil, S. 566.

675 Prof. Dr. Calderón Cuadrado, Gespräch vom 8.11.2002, die die Verzögerung der Änderung der LOPJ mit weiteren umfangreichen geplanten Reformvorhaben begründet.

gesehene Regelung niemals zur Anwendung kommen wird[676]. Unter dieser zweitgenannten Auffassung glauben einige, dass die Übergangsregelung bereits die endgültige Regelung ist[677], wohingegen andere der Auffassung sind, dass das Rechtsmittelrecht eine völlig neue Regelung erfahren wird[678].

Dieser Unsicherheit in der weiteren Entwicklung soll in der Darstellung dadurch Rechnung getragen werden, indem zunächst auf die endgültige, aber noch nicht in Kraft getretene Regelung eingegangen wird. Im Anschluss daran sollen die Regelungen nach den Übergangsvorschriften dargestellt werden.

II. Endgültige Regelung

1. Allgemeine Voraussetzungen des Rechtsmittels

a. Statthaft ist der außerordentliche Rechtsbehelf wegen prozessualer Verstöße gegen die Urteile und Beschlüsse der Provinzgerichte (audiencias provinciales), die die zweite Instanz beenden, Art. 468.1 LEC.

b. Zuständig für die Entscheidung sind nach Art. 468.1 LEC die Obergerichte (Tribunales Superiores de Justicia)[679].

c. Des Weiteren ist für die Einlegung des Rechtsmittels erforderlich, dass der geltend gemachte prozessuale Verstoß bereits in der vorherigen Instanz gerügt wurde. Wurde der Verstoß schon in der ersten Instanz begangen, muss die Rüge in der zweiten Instanz wiederholt werden. Handelt es sich um einen heilbaren Verstoß, muss auch dessen Heilung bzw. Behebung in der Instanz beantragt werden, vgl. Art. 469.2 LEC.

---

676 Jüngst Herrero Perezagua, Tribunales de Justicia Dezember 2003, 51, 54; Díez-Picazo Giménez, Tribunales de Justicia, Februar 2001, S. 7.

677 Prof. Dr. Martín Pastor, Gespräch vom 11.11.2002, mit dem Hinweis darauf, dass das alte Gerichtsverfassungsgesetz aus dem Jahre 1870 (Ley Provisional sobre organización del Poder Judicial del 15 de septiembre de 1870) bis zum Erlass des neuen Gerichtsverfassungsgesetzes aus dem Jahre 1985 auch nur ein „vorläufiges" war.

678 Prof. Dr. Ortells Ramos, Gespräch vom 5.11.2002, der auf den nicht vorhandenen politischen Willen zur Änderung der LOPJ hinweist und daraus (neben weiteren Umständen) schließt, dass ein insgesamt anderes Rechtsmittelsystem angestrebt wird.

679 Gelegentlich wird die Zuständigkeitszuweisung an die Tribunales Superiores de Justicia als verfassungswidrig bezeichnet, da nach Art. 123.1 CE der Tribunal Supremo die höchste Instanz zur Klärung jeglicher zivil- und zivilprozessualrechtlicher Fragen sei. In diesem Sinne z.B. Gimeno Sendra, La Ley, Nr. 4734, Februar 1999, S. 3. Dem widersprechend Nabal Recio, Revista del Poder Judicial Nr. 53 (1999), 203 ff. und wohl auch – allerdings zurückhaltender – Loredo Colunga, Revista vasca de Derecho Procesal y Arbitraje Nr. 2 (Februar) 2001, S. 19, 21 mit dem Argument, dass der Zugang zum Tribunal Supremo bisher eher die Ausnahme war.

2. Mögliche Anfechtungsgründe

a. Nach Art. 469.1.1° LEC können Verstöße gegen die Vorschriften über die Gerichtsbarkeit (Art. 36 bis 39 LEC), die sachliche (Art. 45 bis 49 LEC) und die funktionelle Zuständigkeit (Art. 61 und 62 LEC) geltend gemacht werden. Außerdem ist es gemäß Art. 67.2 LEC möglich, Verstöße gegen die örtliche Zuständigkeit (Art. 50 bis 60 LEC) anzuführen[680], wenn es sich bei der verletzten Vorschrift um eine zwingende Vorschrift handelt[681].

b. Art. 469.1.2° LEC nennt den Verstoß gegen prozessuale Normen, die das Urteil regeln (Art. 216 bis 222 LEC), als tauglichen Anfechtungsgrund. Ein Beispiel für diese Fallgruppe ist das nicht begründete Urteil, vgl. Art. 218.2 LEC.

c. Bei einer Verletzung der „Normen, die die prozessualen Handlungen und Garantien regeln, wenn deren Verletzung zu ihrer Nichtigkeit führen kann (s. vor allem Art. 225 bis 227 LEC) oder wenn dadurch eine Rechtsschutzlosigkeit[682] verursacht werden konnte“, Art. 469.1.3.° LEC. Angreifbar wäre auf Grund dieser durch unbestimmte Rechtsbegriffe geprägten Vorschrift beispielsweise eine Prozessführung ohne Rechtsanwalt in einem Anwaltsprozess, vgl. Art. 225.4.° LEC.

d. Schließlich können mit dem außerordentlichen Rechtsbehelf Verstöße gegen die in Art. 24 der spanischen Verfassung enthaltenen prozessualen Grundrechte geltend gemacht werden, Art. 469.1.4.° LEC. Art. 24 CE enthält folgende Rechte: Das Recht auf Rechtsschutz („es darf in keinem Fall Rechtsschutzlosigkeit entstehen“), auf den gesetzlichen Richter, auf Verteidigung und Vertretung durch einen Rechtsanwalt, auf Kenntnis der erhobenen Anschuldigungen, auf einen öffentlichen Prozess ohne unangemessene Verzögerungen und mit allen Garantien, auf Benutzung aller für die Verteidigung notwendigen Beweismittel, darauf, nicht gegen sich aussagen zu müssen, sich nicht schuldig bekennen zu müssen und auf die Vermutung seiner Unschuld[683].

---

[680] Ein Verstoß gegen die örtliche Zuständigkeit kann also auch geltend gemacht werden, obwohl dieser Fall in Art. 469.1.1.° LEC nicht aufgeführt ist. Dies ergibt sich aus dem Wortlaut des Art. 67.2 LEC. S. dazu Montón Redondo, Derecho Jurisdiccional II, S. 442; Asencio Mellado in: Proceso Civil Práctico, Band I, 5 – 274; Ortells Ramos, Derecho Procesal Civil, S. 571.

[681] Bei erbrechtlichen Streitigkeiten ist z.B. zwingend das Gericht des Ortes zuständig, in dem der Erblasser seinen letzten Wohnort hatte, vgl. Art. 54.1 LEC in Verbindung mit Art. 52.1.4.° LEC.

[682] Zum Begriff der Rechtsschutzlosigkeit vgl. bereits oben Fußnote 666.

[683] Anmerkung: Einige dieser verfassungsrechtlich verankerten Garantien sind ersichtlich nicht auf das zivilprozessuale Verfahren bezogen, sondern auf den Strafprozess.

3. Normaler Verfahrensgang

a. Vorbereitung des Rechtsmittels[684]

Eingeleitet wird das Verfahren durch die Einreichung eines Schriftsatzes beim iudex a quo innerhalb von 5 Tagen ab Zustellung des Urteils, s. Art. 470.1 LEC. Der Schriftsatz muss einen der in Art. 469.1 LEC genannten Anfechtungsgründe benennen und darlegen, dass der geltend gemachte Verstoß bereits zuvor gerügt worden ist, Art. 470.2 LEC. Sind diese Voraussetzungen nicht erfüllt oder ist das Rechtsmittel nicht statthaft, erlässt das Gericht einen abweisenden Beschluss, der vom Rechtsmittelführer mit der Beschwerde (Art. 494 und 495 LEC) zum Obergericht (Tribunal Superior de Justicia) angefochten werden kann, Art. 470.3 LEC. Sind die Voraussetzungen hingegen erfüllt, bestimmt das Gericht per Verfügung, dass das Rechtsmittel eingelegt werden kann.

b. Einlegung und Zulassung des Rechtsmittels

aa. Innerhalb von 20 Tagen nach Erlass dieser Verfügung muss der Rechtsmittelführer den Rechtsbehelf wegen prozessualer Verstöße einlegen. Im Schriftsatz, mit dem er das Rechtsmittel einlegt, muss er dieses begründen und darlegen, inwieweit der Verstoß das Ergebnis des Prozesses beeinflusst hat, Art. 471. 1. Absatz LEC. Kommt der Rechtsmittelführer dem nach, werden die Akten gemäß Art. 472 LEC im Zeitraum von 5 Tagen an das Rechtsmittelgericht weitergeleitet.

bb. Das Rechtsmittelgericht entscheidet nach den Kriterien des Art. 473.2 LEC endgültig darüber, ob das Rechtsmittel zulässig ist, Art. 473.1 LEC. Die Gründe, den außerordentlichen Rechtsbehelf wegen prozessualer Verstöße nicht zuzulassen, sind folgende:

(1) Nach Art. 473.2.1.° LEC wird das Rechtsmittel nicht zugelassen, wenn die Voraussetzungen der Art. 467 (kein vorheriges Rechtsmittelverfahren mit der Prüfung der gleichen prozessualen Frage[685]), 468 (anfechtbare Entscheidungsart[686]) und 469 (zulässiger Anfechtungsgrund[687]) LEC nicht vorliegen. Diese Voraussetzungen hat das Gericht a quo bereits bei der Vorbereitung geprüft, sie sind aber – so der ausdrückliche Wortlaut des Art. 473.2 LEC – vom Gericht ad

---

[684] Die LEC unterscheidet zwischen der Vorbereitung („preparación"), der Einlegung („interposición") und der endgültigen Zulassung („admisión") des außerordentlichen Rechtsbehelfs wegen prozessualer Verstöße, s. dazu Ortells Ramos, Derecho Procesal Civil, S. 573 ff.

[685] Siehe dazu S. 135 ff.

[686] Siehe dazu S. 131.

[687] Siehe dazu S. 132.

quem nochmals zu überprüfen und gegebenenfalls anderweitig zu entscheiden[688].

(2) Nach Art. 473.2.2.° LEC ist der Rechtsbehelf wegen prozessualer Verstöße unzulässig, wenn ihm „offensichtlich die Grundlage fehlt“. Mit Hilfe dieser Vorschrift sollen die Fälle ausgeschieden werden, bei denen keine Zweifel am Fehlen der Erfolgsaussichten des Rechtsmittels bestehen[689].

cc. Nach erfolgter Zulassung hat der Rechtsmittelbeklagte gemäß Art. 474 LEC 20 Tage Zeit, um auf das Rechtsmittel zu erwidern. Hat eine der Parteien eine zulässige Beweiserhebung beantragt oder hält das Gericht eine mündliche Verhandlung für erforderlich[690], beraumt das Gericht innerhalb der nächsten 30 Tage einen Termin zur mündlichen Verhandlung an; falls kein diesbezüglicher Antrag vorliegt, wird innerhalb des gleichen Zeitraums ein Termin zur Abstimmung und Festlegung der Entscheidung[691] festgesetzt, Art. 475.1 und 2 LEC[692].

c. Entscheidung über das Rechtsmittel

Nach Art. 476.1 LEC fällt das Gericht sein Urteil spätestens 20 Tage nach Beendigung der mündlichen Verhandlung bzw. der Beratung. Wenn das Rechtsmittel unbegründet ist, spricht das Obergericht ein abweisendes Urteil aus und ordnet die Rückgabe der Akten an das Herkunftsgericht an, Art. 476.3 LEC. Wenn das Rechtsmittel begründet ist, weil ein prozessualer Verstoß festgestellt werden konnte, hebt das Gericht in der Regel die angefochtene Entscheidung auf und verweist den Rechtsstreit an das Herkunftsgericht zurück. Dort wird die Verhandlung in den Zeitpunkt vor Begehung des prozessualen Verstoßes zurückversetzt und fortgeführt, Art. 476.2 Absatz 4 LEC.

---

[688] Bonet Navarro, Recursos, S. 194 spricht von einer neuen Untersuchung derjenigen Fragen, die das Gericht a quo untersucht hat oder hätte untersuchen sollen.

[689] Bonet Navarro, Recursos, S. 196 f.; Díez-Picazo Giménez in: Comentarios a la LEC, S. 818.

[690] Art. 475.2 LEC gibt als Kriterium für die Erforderlichkeit einer mündlichen Verhandlung eine „bessere Rechtsfindung“ an.

[691] Das Gesetz spricht von „votación“ und „fallo“. Der Gang der Entscheidungsfindung vor der Urteilsfällung in einem mehrköpfigen Spruchkörper wird normalerweise unterteilt in „deliberación“ (Beratung), „votación“ (Abstimmung) und „fallo“ (Festlegung der Entscheidung; mit „fallo“ wird in anderem Zusammenhang auch der Urteilstenor bezeichnet).

[692] Nach Diéz-Picazo Giménez in: Comentarios a la LEC, S. 822 dürfte diese Variante der fast ausschließliche Fall sein, da die relevanten Tatsachen fast immer in den angegriffenen Beschlüssen enthalten seien und deswegen keiner weiteren Aufklärung mehr bedürften.

4. Beschleunigende Wirkung der neu eingeführten Regelung

a. Rechtstechnische Ausgestaltung

Die herausragende Besonderheit[693] der durch die LEC getroffenen Regelung besteht darin, dass der außerordentliche Rechtsbehelf wegen prozessualer Verstöße in einem Alternativverhältnis zur Kassation steht. Nach Art. 466.1 LEC haben die Parteien gegen die zweitinstanzlichen Urteile des Provinzgerichts (Audiencia Provincial) die Möglichkeit, den Rechtsbehelf wegen prozessualer Verstöße zum Obergericht oder die Kassation zum Obersten Gerichtshof (Tribunal Supremo) einzulegen. Legt eine Partei gegen dasselbe Urteil beide Rechtsmittel ein, ist das Rechtsmittel der Kassation als unzulässig zu betrachten, Art. 466.2 LEC. Ebenso ist die Kassation nicht mehr zulässig, wenn der Rechtsbehelf wegen prozessualer Verstöße ohne Erfolg geblieben ist[694].

Ähnlich verhält es sich, wenn eine der Parteien den Rechtsbehelf wegen prozessualer Verstöße einlegt, die andere aber die Kassation. Vorrang genießt das Rechtsmittel wegen prozessualer Verstöße, weswegen das diesbezügliche Verfahren zuerst betrieben wird, während das Kassationsverfahren ausgesetzt wird, Art. 466.3 in Verbindung mit Art. 488.1 LEC. Wird das Rechtsmittel wegen prozessualer Verstöße zurückgewiesen, wird die Aussetzung des Kassationsverfahrens aufgehoben und das Kassationsverfahren beim Obersten Gerichtshof durchgeführt, Art. 488.2 LEC. Wenn das Rechtsmittel wegen prozessualer Verstöße allerdings Erfolg hat, gilt die Kassation als nicht eingelegt (Art. 488.3 LEC), da das Verfahren nunmehr wieder beim Provinzgericht fortgeführt wird, einsetzend vor dem Zeitpunkt der Begehung der Prozessrechtsverletzung, Art. 476.2 LEC. Gegen das Urteil des Provinzgerichts, das auf Grund dieser Verhandlung neu ergeht, haben die Parteien dann wieder die Möglichkeit, alternativ beide Rechtsmittel einzulegen[695]; in keinem Fall aber ist der Rechtsbehelf wegen prozessualer Verstöße erlaubt, wenn nochmals dieselbe prozessuale Frage vorgebracht wird, Art. 488.3 in Verbindung mit Art. 467 LEC.

b. Wirkungen der Regelung

aa. Wie aufgezeigt, verhindert die Einlegung des außerordentlichen Rechtsbehelfs wegen prozessualer Verstöße zu den Obergerichten in der Regel, dass das Kassationsverfahren zum Obersten Gerichtshof betrieben wird. Wird der

---

693 S. zu dieser Einschätzung Ortells Ramos, ZZPInt 5 (2000), 95, 111.

694 S. Oliva Santos, Comentarios a la LEC, S. 803. Dieses Alternativverhältnis von Kassation und außerordentlichem Rechtsbehelf wegen prozessualer Verstöße wurde im Vorfeld des Erlasses der LEC 2000 heftig kritisiert. Dies könnte mit ein Grund dafür sein, dass das endgültige Regime nach wie vor noch nicht in Kraft getreten ist.

695 S. EM LEC XIV.15.

Rechtsbehelf nämlich für begründet erachtet, hat das Provinzgericht auf Grund der Rückverweisung die Möglichkeit, zusätzlich zur Behebung des prozessualen Fehlers eventuell aufgetretene materielle Verstöße zu beseitigen[696]. Führt der Rechtsbehelf wegen prozessualer Verstöße andererseits zu keinem Erfolg, kann die Angelegenheit nicht mehr mit der Kassation angefochten werden[697]. Auf diesem Wege soll der Oberste Gerichtshof entlastet werden[698], dessen Überbeanspruchung in der Vergangenheit Ursache erheblicher Verzögerungen war[699].

bb. Eine weitere Wirkung der Einführung des außerordentlichen Rechtsbehelfs wegen prozessualer Verstöße soll eine Entlastung des Verfassungsgerichts (Tribunal Constitucional) sein. Speziell die Verfassungsbeschwerden wegen Verletzung des Art. 24 CE, die einen großen Teil der bei diesem Gericht geführten Verfahren ausmachten[700], hatten das endgültige Ende vieler zivilrechtlicher Streitigkeiten weit hinausgeschoben[701]. Dadurch, dass nun wegen einer Verletzung des Art. 24 CE zunächst der außerordentliche Rechtsbehelf wegen prozessualer Verstöße eingelegt werden muss (Art. 469.1.1.° LEC)[702], bevor Verfassungsbeschwerde erhoben werden kann, besteht die Möglichkeit, dass der Verfassungsverstoß bereits auf der Ebene des ordentlichen Rechtswegs behoben werden und auf die Verfassungsbeschwerde verzichtet werden kann. Das Problem dieses Ansatzes besteht freilich darin, dass nach der LEC 1881 wegen Verfahrensverstößen in vielen Fällen die Kassation zum Obersten Gerichtshof möglich war (vgl. Art. 1692.1.° bis 3.° LEC a.F.)[703] und damit auch erst nach einer weiteren Instanz Verfassungsbeschwerde eingelegt werden konnte. Insofern erscheint es zumindest fraglich, ob eine wesentliche Änderung in Bezug auf die Belastung des Verfassungsgerichts eintreten wird[704]. Immerhin lässt die neue Zuständigkeit der bisher eher wenig belasteten Obergerichte eine gründlichere Bearbeitung erhoffen, die es in manchen Fällen vermeidet, dass Verfassungsbeschwerde erhoben wird.

---

[696] Ortells Ramos, ZZPInt 5 (2000), 95, 111.

[697] S. Oliva Santos, Comentarios a la LEC, S. 803

[698] Die Arbeitsbelastung des Obersten Gerichtshofs hängt freilich auch in starkem Maße von der Ausgestaltung der Kassation ab. Dazu sogleich S. 143.

[699] Zur Überlastung des Tribunal Supremo s. Libro Blanco de la Justicia, S. 170 ff.

[700] So EM LEC XIV.13.

[701] S. dazu EM LEC XIV. 20.

[702] In Spanien gilt ebenso wie in Deutschland das Prinzip der Subsidiarität der Verfassungsbeschwerde, s. EM LEC XIV.24 und bereits S. 120.

[703] Voraussetzung dafür war, dass es sich um ein kassationsfähiges Urteil im Sinne des Art. 1687 LEC a.F. gehandelt hatte. Wichtigstes Kriterium war dabei der Streitwert, der mehr als 36.145 € (6 Millionen Peseten) betragen musste; vgl. dazu S. 154.

[704] Eine Änderung tritt nur bei den zahlenmäßig nicht sehr stark vertretenen Urteilen ein, die nach altem Recht nicht kassationsfähig waren (siehe die vorherige Fußnote). Für diese steht nunmehr wegen des außerordentlichen Rechtsbehelfs wegen prozessualer Verstöße eine dritte ordentliche Instanz zur Verfügung, was zuvor nicht der Fall war.

III. Vorübergehende Regelung – Die 16. Schlussbestimmung[705]

Wie bereits aufgezeigt, trägt die 16. Schlussbestimmung der LEC dem Umstand Rechnung, dass die zur vollen Anwendbarkeit des von der LEC entworfenen Systems erforderliche Änderung der LOPJ noch nicht stattgefunden hat. Die wichtigste Konsequenz dieser bisher unterbliebenen Anpassung der LOPJ besteht darin, dass nicht die Tribunales Superiores de Justicia über den außerordentlichen Rechtsbehelf wegen prozessualer Verstöße entscheiden, sondern der Tribunal Supremo. Insofern bleibt die vom Gesetzgeber durch die Zuständigkeitsverlagerung angestrebte Entlastung des Obersten Gerichtshofs und damit wohl auch die dadurch angestrebte Verkürzung des Rechtsmittelverfahrens bisher aus. Weiteres Charakteristikum der Übergangsregelung ist die generelle Anbindung des Rechtsbehelfs wegen prozessualer Verstöße an die Kassation[706].

Die Abweichungen der Übergangsvorschriften gegenüber dem von der LEC konzipierten System sind folgende:

1. Zuständigkeit

Die Zuständigkeit zur Entscheidung über das Rechtsmittel liegt grundsätzlich beim Zivilsenat des Tribunal Supremo, D. F. 16.ª (Disposición Final decimosexta – 16. Schlussbestimmung) 1.1.ª LEC, Art. 56.1.° LOPJ. Lediglich wenn ausnahmsweise die Tribunales Superiores de Justicia über eine entsprechende Kassation zu entscheiden hätten[707], sind diese zuständig, D. F. 16. ª 1.1.ª LEC in Verbindung mit Art. 73.1.a LOPJ.

2. Anfechtbare Entscheidungen

Gemäß D. F. 16.ª 1. LEC sind in der Regel diejenigen zweitinstanzlichen Entscheidungen der Provinzgerichte mit dem außerordentlichen Rechtsbehelf wegen prozessualer Verstöße anfechtbar, gegen die nach Art. 477.2.1.° bis 3.° LEC auch die Kassation eingelegt werden kann[708]. Uneingeschränkt gilt diese Regel allerdings nur, wenn der Rechtsbehelf wegen prozessualer Verstöße zusammen mit einer Kassation eingelegt wird. Wird der Rechtsbehelf wegen prozessualer

---

[705] Eingehend zum vorübergehenden Regime der außerordentlichen Rechtsmittel Loredo Colunga, Revista vasca de Derecho Procesal y Arbitraje, Januar (Nr. 1) 2001, 19 ff.

[706] In diesem Sinne ATSJ Valencia vom 28. Januar 2002, La Ley 2002, 4828.

[707] Dies ist der Fall, wenn es sich um eine Verletzung von Recht der Autonomen Regionen handelt und das jeweilige Autonomiestatut dies vorsieht, Art. 478.1.2. Absatz LEC, Art. 73.1.a LOPJ.

[708] Bonet Navarro, Recursos S. 179. Da die Kassation nur gegen Urteile eingelegt werden kann, vgl. Art. 477.2 Abs. 1 LEC, ergibt sich bereits daraus eine Beschränkung im Vergleich zum endgültigen System, das auch die Anfechtung von prozessbeendenden Beschlüssen zulässt. Näher hierzu Herrero Perezagua, Tribunales de Justicia Dezember 2003, 51, 56 ff.

Verstöße allein eingelegt, muss es sich um eine Entscheidung handeln, die im Verfahren über die Verletzung des zivilrechtlichen Schutzes von Grundrechten mit Ausnahme des „Prozessgrundrechts" des Art. 24 CE gefällt wurde (Art. 477.2.1.° LEC) oder um eine Entscheidung, die über eine Angelegenheit mit einem höheren Streitwert als 150.000 € erging (Art. 477.2.2.° LEC), D. F. 16.ª 1.2.ª LEC[709]. Ist die Anfechtbarkeit mit der Kassation hingegen auf Grund eines bestehenden Kassationsinteresses im Sinne des Art. 477.2.3.° LEC[710] gegeben, scheidet eine separate Anfechtungsmöglichkeit mit dem Rechtsbehelf wegen prozessualer Verstöße aus[711].

3. Verfahrensablauf

Zu unterscheiden ist, ob der außerordentliche Rechtsbehelf wegen prozessualer Verstöße allein (dazu a.) oder zusammen mit einer Kassation (dazu b.) eingelegt wird.

a. Wird der Rechtsbehelf wegen prozessualer Verstöße isoliert eingelegt, ergeben sich gegenüber dem endgültigen Regime keine Besonderheiten, D. F. 16.ª 1.2.ª LEC. Anwendbar sind damit die Art. 469 bis 473 LEC mit Ausnahme des Art. 472[712], welche die Anfechtungsgründe, die Vorbereitung, die Einlegung und die Zulassung des Rechtsmittels regeln[713].

b. Legt der Rechtsmittelführer mit dem Rechtsbehelf wegen prozessualer Verstöße gleichzeitig Kassation ein, wird das Verfahren im Prinzip nach den Regeln

---

[709] In diesem Zusammenhang ist zu beachten, dass die Rechtsprechung die Fallgruppen des Art. 477.1.1.° und 2.° LEC sehr eng auslegt. Ein Fall des Art. 477.1.1° LEC soll nach ihr nur dann vorliegen, wenn das erstinstanzliche Verfahren ein solches im Sinne des Art. 249.1.2.° LEC war (Verfahren des zivilrechtlichen Schutzes von Grundrechten mit Ausnahme des Rechts auf Berichtigung). Ein Fall des Art. 477.1.2.° LEC soll gegeben sein, wenn zuvor ein Verfahren nach Art. 249.2 LEC geführt worden ist (Verfahren im juicio ordinario auf Grund eines Streitwerts von mehr als 3.000 €. Vgl. dazu TS vom 12.12.2000, Tribunales de Justicia Februar 2001, 65, 68 und die ausführlichere Darstellung dieser äußerst umstrittenen Rechtsprechung im Kapitel über die Kassation S. 144 ff.

[710] Näher dazu S. 147 ff.

[711] Insofern sind die von der 16. Schlussbestimmung festgelegten Kriterien bezüglich der anfechtbaren Entscheidungen restriktiver als das endgültige Regime; in diesem Sinne auch O'Callaghan, Actualidad Civil 2002, Nr. 1, S. 1, 6. Eine weitere Begrenzung der mit dem außerordentlichen Rechtsbehelf wegen prozessualer Verstöße anfechtbaren Entscheidungen ergibt sich daraus, dass mit der Kassation nur Urteile, nicht aber prozessbeendende Beschlüsse anfechtbar sind, s. Ortells Ramos, Derecho Procesal Civil, S. 576 f.

[712] Dieser Artikel spricht von der Verweisung der Akten an die Tribunales Superiores de Justicia und von Mitteilungspflichten anderer Prozessbeteiligter an das Kassationsgericht, falls diese gegen das gleiche Urteil Kassation eingelegt haben und ist aus diesem Grund nicht anwendbar.

[713] TS vom 12.12.2000, Tribunales de Justicia Februar 2001, 65, 68.

der Kassation abgewickelt[714]. Wenn es sich um Rechtsmittel von verschiedenen Rechtsmittelführern handelt, werden die Verfahren verbunden und ebenfalls nach den Regeln des Kassationsverfahrens zusammen betrieben, D. F. 16.ª 1.4.ª LEC.

Der Rechtsmittelführer muss beide Rechtsmittel jeweils in einem Schriftsatz vorbereiten und einlegen; auf die Vorbereitung, Einlegung und Weiterleitung der Akten an das Rechtsmittelgericht sind die Vorschriften aus dem Kassationsrecht (Art. 479, 481 und 482 LEC) anzuwenden, D. F. 16.ª 1.3.ª LEC. Der Oberste Gerichtshof überprüft zunächst die Anfechtbarkeit der Entscheidung mit der Kassation; wenn gegen die Entscheidung nicht mit der Kassation vorgegangen werden kann[715], wird auch der außerordentliche Rechtsbehelf wegen prozessualer Verstöße als unzulässig verworfen, D. F. 16.ª 1.5.ª LEC[716]. Wenn die Kassation gegen die Entscheidung hingegen statthaft ist, muss wiederum unterschieden werden. Handelt es sich um Entscheidungen nach den Art. 477.2.1.° und 2.° LEC, erfolgt die weitere Prüfung der Zulässigkeitsvoraussetzungen des Rechtsbehelfs wegen prozessualer Verstöße nach dessen eigenen Regeln (Art. 473.2 LEC)[717]. Handelt es sich um Entscheidungen nach Art. 477.2.3.° LEC, überprüft der Tribunal Supremo zunächst die Zulässigkeit der Kassation (s. dazu Art. 483.2 LEC), denn nur im bejahenden Falle kommt eine anschließende Prüfung der Zulässigkeit des Rechtsbehelfs wegen prozessualer Verstöße in Betracht[718]; im gegenteiligen Fall wird der Rechtsbehelf wegen prozessualer Verstöße ohne weitere Prüfung verworfen, D. F. 16.ª 1.5.ª 2. Absatz LEC.

4. Urteilsfällung

Das Gericht entscheidet nach D. F. 16.ª 1.6.ª LEC zuerst über den außerordentlichen Rechtsbehelf wegen prozessualer Verstöße. Lediglich wenn dieser Rechtsbehelf als unbegründet abgewiesen wird, wird über die ebenfalls eingelegte Kassation (im gleichen Urteil) befunden. Wenn der Rechtsbehelf wegen prozessualer Verstöße wegen einer Verletzung von Normen, die das Urteil regeln (Art. 469.1.2.° LEC in Verbindung mit Art. 216 bis 222 LEC) oder wegen einer Verletzung des Art. 24 CE, die nur das angefochtene Urteil betrifft (Art. 469.1.4.° LEC), begründet ist, erlässt der Oberste Gerichtshof ein neues Sachurteil, D. F. 16.ª 1.7.ª LEC. In den anderen begründeten Fällen hebt das Gericht die angefochtene Entscheidung in der Regel auf und verweist den Rechtsstreit an das Herkunftsgericht zurück (Art. 476.3 LEC). Gegen die Urteile des Tribunal Supremo ist gemäß D. F. 16.ª 1.8.ª LEC kein Rechtsmittel statthaft.

---

[714] O'Callaghan, Actualidad Civil 2002 Nr. 1, S. 1, 7.
[715] Dies ist anzunehmen, wenn kein Fall des Art. 477.2 LEC vorliegt.
[716] Ein Beispiel dafür bietet ATSJ Aragón vom 28. September 2001 (RJ 2820).
[717] TS vom 12.12.2000, aaO, S. 68.
[718] O'Callaghan, aaO, S. 7.

E. Das Rechtsmittel im Interesse des Gesetzes („Recurso en interés de la ley“)

I. Allgemeines

Grund der Einführung des Rechtsmittels im Interesse des Gesetzes ist eine drohende Konsequenz der Einführung des außerordentlichen Rechtsbehelfs wegen prozessualer Verstöße. Da für den Rechtsbehelf wegen prozessualer Verstöße jeweils eines der 17 in Spanien bestehenden Obergerichte zuständig ist, droht eine unterschiedliche Rechtsprechung hinsichtlich der wichtigsten prozessualen Fragen. Um eine derartige Rechtszersplitterung auf dem Gebiet des Zivilprozessrechts zu verhindern, wurde quasi als „Ergänzungsstück“[719] ein Rechtsmittel zum Obersten Gerichtshof zur Wahrung der einheitlichen Rechtsanwendung kreiert[720]. Genau genommen handelt es sich beim „Rechtsmittel“ im Interesse des Gesetzes allerdings um kein richtiges Rechtsmittel[721], sondern vielmehr um einen „reinen Mechanismus, um Rechtsprechung des Obersten Gerichtshofs auf dem Gebiet des Prozessrechts zu erhalten“[722].
Die Figur des Rechtsmittels im Interesse des Gesetzes war auch schon der LEC 1881 bekannt, wenn auch mit anderem Inhalt[723]. Nach Art. 1718 in Verbindung mit Art. 1692.4.° LEC a.F. konnte die Staatsanwaltschaft – ohne Partei des Rechtsstreits zu sein – eine Kassation im Interesse des Gesetzes einlegen, um eine Verletzung des materiellen Rechts[724] geltend zu machen. Die neue Rechtsfigur bezieht sich nunmehr zwar auf das Prozessrecht und damit auf einen anderen Gegenstand[725], ist aber in ihrer Ausgestaltung der ehemaligen Kassation im Interesse des Gesetzes sehr ähnlich[726].

---

719 EM XV.1. bezeichnet den „recurso en interés de la ley“ als Schlussstück des Rechtmittelrechts.
720 Gegen eine Einführung dieses „Rechtsmittels“ gab es nicht unerhebliche Stimmen, die ihren Ursprung bereits in einer Kritik am außerordentlichen Rechtsbehelf wegen prozessualer Verstöße hatten. Kritisiert wurde vor allem, dass ein alternativer Weg zur Kassation zum Obersten Gerichtshof kreiert wurde. Nachweise bei Suau Morey, Jueces para la Democracia Nr. 44 (Juli 2002), 73, 75 (dort Fn. 16).
721 Ein Grund für die fehlende Rechtsmittelqualität ist, dass das Rechtsmittel im Interesse des Gesetzes die zugrunde liegenden konkreten Urteile unangetastet lässt, s. Art. 493 LEC.
722 So Montón Redondo in: Derecho Jurisdiccional II, S. 454.
723 Vorbild dürfte die französische „cassation dans l'intérêt de la loi“ sein. Vgl. zu dieser Figur Leipold in: Rechtsstaat – Rechsmittelstaat?, 66, 79; Sonnenberger/Autexier, S. 244 f. (allerdings ohne die Figur ausdrücklich zu benennen).
724 Zum Gegenstand dieser Kassation im Interesse des Gesetzes siehe Moron Palomino, Derecho Procesal Civil, S. 73 ff.
725 Bonet Navarro, Recursos, S. 251.
726 Dazu Sanchís Crespo, Tribunales de Justicia Februar 2001, 9, 17, 18 ; Suau Morey, Jueces para la Democracia Nr. 44 (Juli 2002), 73, 75;

Zum momentanen Zeitpunkt findet der „recurso en interés de la ley" jedoch keine Anwendung, vgl. D. F. 16.ª 2. Absatz 1 LEC. Nach der Übergangsregelung in Form der 16. Schlussbestimmung zur LEC entscheidet der Oberste Gerichtshof über den außerordentlichen Rechtsbehelf wegen prozessualer Verstöße, so dass keine Notwendigkeit für ein die Rechtsprechung der Obergerichte vereinheitlichendes Instrument besteht[727].

Da die Einführung dieses Rechtsmittels darüber hinaus keine beschleunigenden Ziele verfolgt, soll im Folgenden nur ein kurzer Überblick über dessen Funktionsweise gegeben werden; um ein vollständiges Bild vom spanischen Rechtsmittelrecht zu vermitteln, wird andererseits nicht gänzlich auf eine Darstellung verzichtet.

II. Rechtstechnische Ausgestaltung

1. Zulässigkeit und Verfahren

a. Statthaft ist das Rechtsmittel im Interesse des Gesetzes gegen die Urteile der Obergerichte, die über den außerordentlichen Rechtsbehelf wegen prozessualer Verstöße befunden haben, Art. 490.1 LEC. Nicht zugelassen wird das Rechtsmittel gemäß Art. 490.2 LEC jedoch dann, wenn gegen dasselbe Urteil bereits Verfassungsbeschwerde eingelegt wurde[728]. Sinn dieser Regelung ist es, divergierende Entscheidungen zwischen dem Verfassungsgericht und dem Obersten Gerichtshof zu vermeiden[729].

b. Zuständig zur Entscheidung ist der Oberste Gerichtshof, Art. 492.1 LEC.

c. Zulässigkeitserfordernis ist weiterhin, dass Diskrepanzen in der Rechtsprechung der Obergerichte bestehen, Art. 490.1 LEC.

d. Eingelegt werden kann das Rechtsmittel gemäß Art. 491 LEC nur von der Staatsanwaltschaft (ministerio fiscal)[730], dem Ombudsmann (defensor del

---

[727] Wie bereits dargestellt, ist nach heutiger Sicht unklar, ob und wann das endgültige von der LEC entworfene Rechtsmittelsystem in Kraft tritt. Insofern erscheint es auch möglich, dass die Regelungen über den „recurso en interés de la ley" überhaupt nicht in Kraft treten werden. S. dazu Oliva Santos, Tribunales de Justicia Oktober 2002, 1, 11, der besagte Regelungen für eine „unbestimmte Zeit" für nicht anwendbar hält und nicht mit einem baldigen In-Kraft-Treten rechnet.

[728] Eine Verfassungsbeschwerde gegen abweisende Urteile, die auf Grund der Einlegung des außerordentlichen Rechtsbehelfs wegen prozessualer Verstöße ergangen sind, ist möglich, da für die Parteien der ordentliche Rechtsweg erschöpft ist, dazu sogleich im Text. Geltend gemacht werden muss freilich ein Verfassungsverstoß, z.B. ein Verstoß gegen Art. 24 CE.

[729] Díez-Picazo Giménez in: Comentarios a la LEC, S. 849.

[730] Die Behörde der Staatsanwaltschaft hat in Spanien einen weiteren Aufgabenbereich als in Deutschland. Nach Art. 124.1 CE bestehen ihre wichtigsten Aufgaben darin, die Justiz bei der

pueblo)[731] und juristischen Personen des öffentlichen Rechts, deren Aufgaben mit den Fragen zusammenhängen, über die Unterschiede in der Rechtsprechung bestehen. Für die am Rechtsstreit beteiligten Parteien existiert damit kein zivilprozessuales Rechtsmittel, um gegen ein Urteil, das über den außerordentlichen Rechtsbehelf wegen prozessualer Verstöße entschieden hat, vorzugehen (Art. 476.4 LEC)[732]. Die einzige Möglichkeit für die Parteien, ein derartiges Urteil nochmals gerichtlich überprüfen zu lassen, ist die Einlegung einer Verfassungsbeschwerde[733].
Eine Vorbereitung zum iudex a quo wie bei den anderen Rechtsmitteln ist nicht nötig; das Rechtsmittel wird per Schriftsatz, in dem die angeführten Rechtsprechungsdivergenzen belegt werden müssen (Art. 492.2.1.° LEC), direkt beim Obersten Gerichtshof eingelegt, Art. 492.1 LEC. Die Frist für die Einlegung des Rechtsmittels beträgt ein Jahr ab dem Erlass des Urteils des Obergerichts, Art. 492.1 LEC. Die am Ausgangsstreit beteiligten Parteien werden nach Art. 492.3 LEC vom Verfahren informiert und haben innerhalb von 20 Tagen die Möglichkeit, sich zu äußern.

2. Entscheidung des Obersten Gerichtshofs

Falls der Oberste Gerichtshof das Bestehen von Unterschieden in der Rechtsprechung der Obergerichte verneint (z.B. weil die angeführten Fälle unterschiedlich gelagert sind und deshalb auch bei Anwendung derselben Norm anders beurteilt werden müssen[734]), erlässt es ein abweisendes Urteil[735]. Falls der Gerichtshof aber tatsächlich Rechtsprechungsunterschiede feststellt, fällt es ein Urteil, das die Rechtsprechung hinsichtlich der vorgelegten Frage für die anderen Zivilgerichte verbindlich festlegt, Art. 493 LEC. Die Bindungswirkung tritt ab dem Zeitpunkt ein, in dem das Urteil im „Boletín Oficial del Estado“[736] veröffentlicht worden ist; ab diesem Zeitpunkt vervollständigt diese Rechtsprechung gemäß Art. 1.6 CC auch die Rechtsordnung[737]. Trotz dieser aufgezeigten Wirkungen

---

Verteidigung des Rechtes, der Rechte der Bürger und des öffentlichen Interesses zu unterstützen. Zur Staatsanwaltschaft allgemein s. Montero Aroca, Derecho Jurisdiccional I, S. 198 ff. Zu ihrer Funktion im Zivilprozess s. Sanchís Crespo, Tribunales de Justicia Februar 2001, 9 ff.

[731] Gemäß Art. 54 CE ist der Ombudsmann der Beauftragte des Parlaments zur Verteidigung der Grundrechte der Bürger. Seine Aufgabenbereiche sind im LO 3/1981 vom 6. April über den Ombudsmann (LODP), abgedruckt im BOE 109/1981 vom 7.5.1981, geregelt. Näheres bei Espin, Derecho Constitucional, Band II, S. 210 ff.

[732] Vgl. dazu Bonet Navarro, Recursos, S. 255

[733] Ortells Ramos, Derecho Procesal Civil S. 576; Bonet Navarro, aaO, S. 253.

[734] So Ortells Ramos, aaO, S. 600.

[735] S. Montón Redondo in: Derecho Jurisdiccional II, S. 457.

[736] Zur Erläuterung: Entspricht etwa dem Bundesgesetzblatt.

[737] Diese Möglichkeit der „Quasi-Normsetzung“ durch die rechtsprechende Gewalt wird in der Literatur teilweise kritisiert, da dies nicht ihre Aufgabe, sondern die des Gesetzgebers sei.

gibt es allerdings kein rechtliches Mittel, um die Urteile der Obergerichte, welche die Rechtsprechung des Obersten Gerichtshofs nicht respektieren, angreifen zu können[738]. Insofern ist das System auf die „Mitarbeit" der Obergerichte angewiesen. Herauszuheben ist schließlich, dass das Urteil des Gerichtshofs lediglich abstrakt über die Rechtsfrage befindet und das zugrunde liegende Urteil des Obergerichts unberührt lässt, Art. 493 LEC. Hier zeigt es sich besonders deutlich, dass es sich beim „recurso en interés de la ley" um kein Rechtsmittel im eigentlichen Sinn handelt.

F. Die Kassation („Recurso de casación")

I. Allgemeine Voraussetzungen der Kassation

1. Nach Art. 477.2 LEC ist die Kassation gegen die Berufungsurteile des Provinzgerichts statthaft, falls einer der Fälle nach Art. 477.2 LEC vorliegt (dazu sogleich unter II). Nicht mit der Kassation anfechtbar sind damit Urteile der ersten Instanz[739] sowie Beschlüsse[740] der zweiten Instanz.

2. Überprüft wird nach Art. 477.1 LEC nur eine Verletzung des materiellen Rechts[741]. Bei einer Verletzung des Prozessrechts ist der Rechtsbehelf wegen prozessualer Verstöße einzulegen, s. Art. 469 LEC. Gemäß Art. 488 LEC wird der von einer anderen Partei eingelegte außerordentliche Rechtsbehelf wegen prozessualer Verstöße vorrangig verhandelt und das Kassationsverfahren während der Dauer dieser Verhandlung ausgesetzt. Lediglich wenn das Verfahren wegen prozessualer Verstöße erfolglos bleibt, wird das Kassationsverfahren wieder aufgenommen (Art. 488.2 LEC), ansonsten gilt die Kassation als nicht eingelegt (Art. 488.3 LEC)[742].
Die Kassation erlaubt lediglich eine Kontrolle des angefochtenen Urteils auf Rechtsfehler[743]. Eine Überprüfung der im angefochtenen Urteil getroffenen Tatsachenentscheidungen erfolgt damit nicht[744]. Die Kassation findet zudem nur im

---

Vgl. dazu Oliva Santos, Tribunales de Justicia Oktober 2002, 1, 12 (mit weiteren allgemeinen Überlegungen zur Rolle der Rechtsprechung); Bonet Navarro, aaO, S. 257 ff.
[738] Gimeno Sendra, Proceso Civil Práctico, Band VI, 1 – 452.
[739] Vgl. dazu STS vom 8. März 2000, La Ley 2000, S. 5590.
[740] Vgl. dazu ATS vom 26. Juni 2001 (JUR 193671).
[741] Art. 477.1 LEC spricht von den Normen, die angewendet werden, um über den Streitgegenstand zu entscheiden; gemeint sind damit nach allgemeiner Auffassung Normen des materiellen Rechts, s. nur Blasco Gascó, El interés casacional, S. 18. Einen Überblick zur Frage, welche Normen erfasst sind, gibt Gimeno Sendra, aaO, 1 – 299ff.
[742] S. dazu bereits S. 135.
[743] Ortells Ramos, Derecho Procesal Civil, S. 582.
[744] S. Bonet Navarro, Recursos S. 230; Ortells Ramos, ZZPInt 5 (2000), 95, 112. So auch schon zur alten Rechtslage die Rechtsprechung, vgl. z.B. STS vom 31. Dezember 1999, La

Rahmen des bereits feststehenden Streitgegenstandes statt[745]. Die Geltendmachung von neuen Ansprüchen oder Tatsachen ist folglich ausgeschlossen.

3. Zuständig zur Entscheidung über die Kassation ist in der Regel der Oberste Gerichtshof, Art. 478.1 Absatz 1 LEC. Ausnahmsweise sind die Obergerichte zuständig, wenn es sich um die Verletzung von Recht der Autonomen Regionen handelt und das jeweilige Autonomiestatut dies vorsieht, Art. 478.1 Absatz 2 LEC, Art. 73.1.a LOPJ.

II. Kassationsfähige Urteile

Der Kanon der mit der Kassation anfechtbaren Urteile ist in Art. 477.2 LEC geregelt. Trotz des größtenteils klaren Wortlauts der Vorschrift ist im Anschluss an eine Vereinbarung der Richter des Tribunal Supremo noch vor In-Kraft-Treten der neuen LEC vom 12. Dezember 2000, die die Kriterien für die mit der Kassation anfechtbaren Urteile festlegt[746], heftiger Streit zwischen der Rechtsprechung und Literatur über deren Auslegung entstanden.
Besagte Vereinbarung des Tribunal Supremo wurde wohl – das Gericht selbst äußert sich nicht dazu – auf der Basis des Art. 264 LOPJ getroffen[747]. Art. 264.1 Satz 1 LOPJ besagt: „Die Richter der verschiedenen Abteilungen eines Senats können sich versammeln, um einheitliche Kriterien festzulegen und prozessuale Vorgehensweisen zu koordinieren." Die Literatur kritisiert diese Vorgehensweise scharf und verneint die Möglichkeit, dass das Gericht auf Grund des Art. 264 LOPJ bereits im Vorfeld des In-Kraft-Tretens eines Gesetzes Kriterien für die Auslegung einzelner Normen festlegen kann. Nach ihrer Ansicht dient Art. 264 LOPJ vielmehr dazu, bei bestehenden Diskrepanzen in der Rechtsprechung der einzelnen Abteilungen zu einer Vereinheitlichung zu gelangen. Dies setzt denknotwendig das In-Kraft-Treten des Gesetzes und das Bestehen divergierender Entscheidungen der einzelnen Abteilungen voraus[748]. Eine Bindungswirkung für die im konkreten Fall erkennenden Richter geht von der Vereinbarung gemäß

Ley 2000, S. 2658; STS vom 17. März 2000, La Ley 2000, S. 6406 ; STS vom 27. April 2000, La Ley 2000, S. 7350.

[745] Ortells Ramos, Derecho Procesal Civil, S. 585.

[746] Criterios sobre recurribilidad, admisión y régimen transitorio en relación con los recursos de casación y extraordinario por infracción procesal, regulados en la nueva Ley de Enjuiciamiento Civil (Adoptados por los Magistrados de la Sala Primera del Tribunal Supremo en Junta General de 12 de diciembre de 2000) [Kriterien über Anfechtbarkeit, Zulassung und die vorübergehende Regelung im Hinblick auf die Kassation und das außerordentliche Rechtsmittel wegen prozessualer Verstöße, geregelt in der neuen LEC (Beschlossen von den Richtern des Ersten Senats des Tribunal Supremo in der Generalversammlung vom 12. Dezember 2000)], abgedruckt in Tribunales de Justicia, Februar 2001, 65 ff.

[747] So Díez-Picazo Giménez, Tribunales de Justicia, Februar 2001, 1 und 2; Ortells Ramos, Derecho Procesal Civil, S. 591.

[748] Ausführlich zu dieser Argumentation Díez-Picazo Giménez, Tribunales de Justicia Februar 2001, S.1 und 2.

Art. 264.2 LOPJ jedenfalls nicht aus[749]; andererseits ist die Vereinbarung von der Rechtsprechung in den konkreten Fällen bisher fast ausnahmslos befolgt worden[750].

Der Ansatz der Rechtsprechung besteht darin, die Verfahrensart, welche die Art. 249 und 250 LEC zur Bearbeitung der verschiedenen Materien in der ersten Instanz vorschreiben[751], auch für die Frage des Zugangs zur Kassation heranzuziehen. Weiterhin wichtig zum Verständnis der Vorgehensweise des Tribunal Supremo ist, dass er die einzelnen sogleich dargestellten Fallgruppen des Art. 477.2 LEC als alternative und damit als sich ausschließende ansieht[752]. Nach dieser Rechtsprechung kann der Rechtsmittelführer die Kassation folglich nur unter einer Fallgruppe beantragen. Außerdem soll es ausgeschlossen sein, dass das Gericht eine andere als die angeführte Fallgruppe untersucht[753]. Damit schränkt der Tribunal Supremo den Zugang zur Kassation deutlich ein (im Einzelnen dazu sogleich)[754].

Unter Berücksichtigung dieser Rechtsprechung sind folgende Urteile der Provinzgerichte mit der Kassation anfechtbar:

1. Urteile zum zivilrechtlichen Schutz von Grundrechten

Nach Art. 477.2.1.° LEC kann die Kassation gegen Urteile eingelegt werden, die die Verletzung des zivilrechtlichen Schutzes von Grundrechten mit Ausnahme des „Prozessgrundrechts" des Art. 24 CE zum Gegenstand haben. Nach der Rechtsprechung muss dieser Fall mit Art. 249.1.2.° LEC in Verbindung gebracht werden[755], so dass er nur vorliegt, wenn zuvor ein Verfahren im juicio ordinario zum Schutz eines Grundrechts mit Ausnahme des Rechts auf Gegendarstellung geführt worden ist[756]. Diese Interpretation, die einen Zusammenhang mit Art. 249.1.2.° LEC herstellt, wird von der Literatur größtenteils abgelehnt[757]

---

[749] In diesem Sinne auch Ortells Ramos, Derecho Procesal Civil, S. 591.

[750] Vgl. die zahlreichen Beschlüsse des TS vom 13. März (RJ 2416), 24. April (RJ 3843), 29. Mai RJ 8703), 26. Juni (6586), 31. Juli (RJ 8558), 25. September RJ 9284), 23. Oktober (RJ 2002\533), alle aus dem Jahr 2001; AATS vom 25. Februar 2003 (JUR 47622) sowie vom 31.7 2002 (JUR 216460) AAP Cádiz vom 18. Dezember 2001 (JUR 2002\58591); AAP Cádiz vom 25 Oktober 2001 (JUR 332359); AAP Cádiz vom 21. November 2001 (JUR 35219). Anders neuerdings aber ATSJ Cataluña vom 18. April 2002 (RJ 2003\746); ATSJ Cataluña vom 3. Oktober 2002 (RJ 10567); STSJ Navarra vom 6. Juni 2002 (RJ 9004).

[751] S. dazu S. 24 und 78.

[752] Vereinbarung der Richter vom 12.12.2000, aaO, S. 65.

[753] Vereinbarung der Richter vom 12.12.2000, aaO, S. 65.

[754] In diesem Sinne auch Herrero Perezagua, Tribunales de Justicia Dezember 2003, 51, 54.

[755] Zu Art. 249.1.2.° LEC s. bereits S. 24.

[756] Vereinbarung der Richter vom 12.12.2000, aaO, S. 65.

[757] So z.B. von Cobos Calva in: Respuestas, S. 427, 429; Peiteado Mariscal, Oliva Santos in: Respuestas, S. 433.

oder doch zumindest für zweifelhaft gehalten[758]. Hauptsächlich wird kritisiert, dass die Herangehensweise der Rechtsprechung das Recht auf Gegendarstellung ausnimmt, wofür im Gesetz kein Anhaltspunkt bestehe[759]. Prinzipielle Einwände, die gegen eine Anknüpfung an das erstinstanzliche Verfahren bei dieser Fallgruppe sprechen, werden allerdings nicht erhoben. Hierzu findet die Rechtsprechung eine ausreichende Stütze im Wortlaut des Gesetzes, das gerade auf die Urteile, die zum Schutz von Grundrechten ergangen sind, Bezug nimmt[760].

2. Urteile mit einem Streitwert von mehr als 150.000 €

Nach Art. 477.2.2.° LEC ist die Kassation möglich, „wenn der Streitwert 150.000 € übersteigt".

a. Auffassung der Rechtsprechung

Die Rechtsprechung vertritt die Auffassung, dass dieses Kriterium im Hinblick auf die Art. 249.2 und 250.2 LEC ausgelegt werden muss[761], die – wie bereits gezeigt – den Streitwert subsidiär zur Bestimmung der richtigen erstinstanzlichen Verfahrensart heranziehen[762]. Lediglich wenn es sich um ein erstinstanzliches Verfahren gehandelt hat, für dessen Wahl der Streitwert ausschlaggebend war, soll das Kriterium des Art. 477.2.2.° zur Anwendung gelangen können[763]. Wurde die erstinstanzliche Verfahrensart hingegen auf Grund der Materie bestimmt, kommt eine Kassation nach Art. 477.2.2.° von vornherein nicht in Betracht. Konsequenz dieser Auslegung ist, das unter diesem Punkt lediglich solche Urteile mit der Kassation anfechtbar sind, die im juicio ordinario ergangen sind, der nicht auf Grund einer einschlägigen Materie geführt wurde, und einen höheren Streitwert als 150.000 € aufweisen. Urteilen im juicio ordinario unter 150.000 € oder mit unbestimmbarem Streitwert[764] und Urteilen, die im juicio verbal ergangen sind, bleibt der Zugang zur Kassation damit insgesamt verwehrt[765]. Dies führt dazu, dass die Provinzgerichte in den genannten Fällen als letzte Instanz fungieren[766].

---

758 So z.B. Ortells Ramos, aaO, S. 591.

759 Cobos Calva, aaO.

760 So geht der bedeutende Aufsatz von Díez-Picazo Giménez („Un torpedo a la casación"), aaO, der die Rechtsprechung zur Auslegung der Kassationskriterien insgesamt scharf kritisiert, auf diesen Punkt gar nicht ein. Im Rahmen der Frage nach den mit der Kassation anfechtbaren Urteilen ist der eben behandelte Punkt der am wenigsten kontrovers diskutierte.

761 Vereinbarung der Richter vom 12.12.2000, aaO, S.1.

762 Näher dazu S. 24 und 78.

763 ATSJ Aragón vom 28. September 2001 (RJ 2002\2820).

764 ATS vom 26. Juni 2001 (JUR 193671).

765 Die anderen Fallgruppen können für diese Fälle auch nicht herangezogen werden, da sie sich nach der Rechtsprechung untereinander ausschließen. Dies gilt selbst dann, wenn der Tribunal Supremo das Vorliegen der Fallgruppe „Streitwert über 150.000 €" verneint, da er

b. Auffassung der Literatur

Die Interpretation des Art. 477.2.2.° LEC durch die Rechtsprechung wird von der Literatur heftig kritisiert und einhellig abgelehnt[767]. Nach ihrer Auffassung fehlt im Gesetz jeglicher Ansatzpunkt dafür, dass eine Rückkoppelung des Art. 477.2.2.° LEC an die Art. 249.2 und 250.2 LEC stattzufinden habe[768]. Einhellige Meinung in der Literatur ist, dass angesichts des eindeutigen Wortlauts der Vorschrift jede Angelegenheit, deren Streitwert 150.000 € übersteigt, mit der Kassation anfechtbar sein muss. Zudem vereitele die Rechtsprechung den Zweck des Art. 477.2.2.° LEC, der darin bestehe, alle wirtschaftlich besonders bedeutsamen Fälle zu erfassen. Die Einschränkung auf die Fälle des Art. 249.2 und 250.2 LEC, die die Rechtsprechung vornimmt, wird aus diesem Grund als „praeter legem"[769] oder sogar als „contra legem"[770] bezeichnet.

3. Urteile, die ein Kassationsinteresse aufweisen

Gemäß Art. 477.2.3.° LEC kann die Kassation schließlich eingelegt werden, wenn das angefochtene Urteil ein „Kassationsinteresse" aufweist[771]. Dieses wird allgemein als Schlüssel in der Neuregelung des Kassationsrechts angesehen[772]. Ein Kassationsinteresse ist nach Art. 477.3 LEC dann gegeben, wenn das Urteil im Widerspruch zur Rechtsprechung des Obersten Gerichtshofs steht, wenn widersprüchliche Entscheidungen der Provinzgerichte vorliegen oder wenn Normen zur Anwendung gekommen sind, die noch nicht länger als 5 Jahre in Kraft sind und über die (oder ähnliche frühere Normen) keine Rechtsprechung des Obersten Gerichtshofs besteht.

a. Auffassung der Rechtsprechung

---

nur die von der Partei angeführte Fallgruppe untersucht und die Partei nicht mehr als eine Fallgruppe anführen darf, siehe dazu bereits S. 144.

766 Dies hebt Herrero Perezagua, Tribunales de Justicia Dezember 2003, 51, 55 hervor. Die Provinzgerichte seien entgegen der gesetzlichen Intention nunmehr grundsätzlich der „máximo intérprete" bei Streitigkeiten bis 150.000 €, so dass es diesbezüglich Rechtssicherheit nur innerhalb einer Provinz gebe.

767 Díez-Picazo Giménez, aaO, S. 4 ff.; Cobos Gavala, aaO, S. 429; Peiteado Mariscal, Oliva Santos, aaO, S. 433; Ortells Ramos, aaO, S. 591; Blasco Gascó, El interés casacional, S. 23; Aguilera Morales, Tribunales de Justicia, November 2001, 15, 16 f.

768 So z.B. Cobos Galava, aaO, S. 429.

769 Blasco Gascó, aaO, S. 23.

770 Herrero Perezagua, Tribunales de Justicia Dezember 2003, 51, 54; Aguilera Morales, aaO, 16.

771 Umfassend zum Kassationsinteresse Blasco Gascó, El interés casacional.

772 Vgl. statt vieler Díez-Picazo Giménez, Derecho Procesal Civil, S. 478.

Nach der Rechtsprechung des Obersten Gerichtshofs muss die Vorschrift des Art. 477.2.3.° LEC zusammen mit den Art. 249.1 (mit Ausnahme der Nummer 2.°) und 250.1 LEC gelesen werden[773]. Konsequenz dieses Zusammenhangs ist nach der Rechtsprechung, dass unter diese Fallgruppe nur Urteile fallen, die im juicio ordinario oder im juicio verbal über eine in den Art. 249.1 (juicio ordinario) und 250.1 LEC (juicio verbal) aufgelistete Materie gefällt wurden. Waren die erstinstanzlichen Verfahren des juicio ordinario und des juicio verbal hingegen lediglich auf Grund des Streitwerts einschlägig, scheidet eine Kassation wegen eines bestehenden Kassationsinteresses damit von vornherein aus. Urteile, die in besonderen Verfahrensarten nach dem Buch IV der LEC, in anderen speziellen Verfahrensarten der LEC oder auf dem Gebiet der Anerkennung und Vollstreckung von ausländischen Entscheidungen ergangen sind, sollen von Art. 477.2.3.° LEC erfasst sein[774].

b. Auffassung der Literatur

Diese Rechtsprechung wird von der Literatur ebenfalls einhellig abgelehnt[775]. Auch hier wird argumentiert, dass für die Interpretation des Obersten Gerichtshofs keinerlei Anhaltspunkte im Gesetz bestünden. Exemplarisch sei Díez-Picazo Giménez zitiert: „In diesem Fall ist es nicht einmal möglich zu erraten, worauf die Rechtsprechung ihre Interpretation gründet. Weder im Wortlaut des Art. 477 LEC noch in dem von irgendeiner anderen Vorschrift, noch in den vorgesetzlichen und parlamentarischen Arbeiten, noch in der Logik, noch in der ratio der Norm lässt sich eine Basis für das Verständnis der Rechtsprechung finden“[776]. Nach der Literatur ist Art. 477.2.3.° LEC vielmehr so zu verstehen, dass jegliches Urteil mit der Kassation anfechtbar sein muss, wenn es nur das in Art. 477.3 LEC näher beschriebene Kassationsinteresse aufweist[777]. Besonders ins Gewicht falle bei dem Ansatz der Rechtsprechung, dass der weitaus größte Teil der erstinstanzlichen Verfahren auf Grund des Streitwertes bestimmt würde und nicht – obwohl die Anzahl der in den Art. 249.1 und 250.1 LEC aufgelisteten Materien den gegenteiligen Eindruck vermittele – auf Grund der Materie[778]. Damit falle ein großer Teil der Verfahren – nämlich die Verfahren, die auf Grund des Streitwertes bestimmt werden und keinen höheren Streitwert als 150.000 € aufweisen – gänzlich aus der Kassation heraus, auch wenn ein Kassationsinteresse bestünde. Umgekehrt müsse nach dem Ansatz der Rechtsprechung bei Urteilen, die aus einem Verfahren auf Grund der Materie resultierten, zur

[773] Vereinbarung der Richter vom 12.12.2000, aaO, S. 65 und 66; ATSJ Aragón vom 28. September 2001 (RJ 2002\2820). ATSJ Aragón vom 28. September 2001 (RJ 2002\2820).
[774] Vereinbarung der Richter vom 12.12.2000, aaO, S. 66.
[775] Cobos Gavala, aaO, S. 430; Peiteado Mariscal, Oliva Santos, aaO, S. 431; Ortells Ramos, aaO, S. 591; Díez-Picazo Giménez, aaO, S. 6.
[776] AaO, S. 6.
[777] Peiteado Mariscal und Oliva Santos, aaO, S. 434.
[778] Díez-Picazo Giménez, aaO, S. 7.

Annahme der Kassation ein Kassationsinteresse vorliegen, obwohl der Streitwert über 150.000 € liegt[779]. Des Weiteren wird kritisiert, dass sich der Tribunal Supremo mit seiner Rechtsprechung gegen den Willen des Gesetzgebers stelle[780]. Dieser äußert sich bezüglich der Reform des Kassationsrechts dahingehend, dass keine zivil- oder handelsrechtliche Materie von der Kassation ausgeschlossen werden sollte und eine wichtige Aufgabe des Tribunal Supremo darin bestehe, Rechtsprechung (auf allen Gebieten) festzulegen[781]. Gerade dieser Aufgabe, auf allen Gebieten Recht zu sprechen, könne der Tribunal Supremo mit seiner Auslegung der Kassationskriterien nicht nachkommen.

c. Die einzelnen Fallgruppen des Kassationsinteresses (unter Berücksichtigung der Rechtsprechung)

aa. Ein Widerspruch zur Rechtsprechung des Obersten Gerichtshofs (Art. 477.3 1. Alt. LEC) ist nach den Kriterien des Tribunal Supremo gegeben, wenn zumindest zwei Urteile des Tribunal Supremo existieren, die in ihrer rechtlichen Aussage im Widerspruch zum angefochtenen Urteil des Provinzgerichts stehen[782]. Diese Interpretation ist – soweit ersichtlich – in der Literatur auf keine Kritik gestoßen.

bb. Damit ein Fall „widersprüchlicher Entscheidungen der Provinzgerichte" (Art. 477.3. 2. Alt. LEC) angenommen werden kann, verlangt der Tribunal Supremo, dass der Rechtsmittelführer bezüglich der streitigen rechtlichen Frage zwei rechtskräftige Entscheidungen eines Provinzgerichts oder eines Organs desselben benennt, die im Widerspruch zu zwei rechtskräftigen Entscheidungen eines anderen Provinzgerichts oder eines seiner Organe stehen[783]. Die Literatur kritisiert diese restriktive Auslegung. Teils wird gesagt, dass der Wortlaut zwar eine solche Auslegung zulässt, ein derart enges Verständnis aber nicht sachgerecht sei[784], teils hält man diese Auslegung für offensichtlich „praeter legem"[785]. Um die Einheitlichkeit der Rechtsprechung zu wahren, müsse bereits bei einem Widerspruch zwischen dem angefochtenen Urteil und einem anderen Urteil eines Provinzgerichts der Fall der „widersprüchlichen Entscheidungen der Provinzgerichte" angenommen werden[786].

cc. Normen, die noch nicht länger als 5 Jahre in Kraft sind und über die (oder ähnliche frühere Normen) keine Rechtsprechung des Obersten Gerichtshofs be-

779 Díez-Picazo Giménez, aaO, S. 7.
780 Dazu Ortells Ramos, aaO, S. 591.
781 EM LEC, XIV.8.
782 Vereinbarung der Richter vom 12.12.2000, aaO, S. 66.
783 Vereinbarung der Richter vom 12.12.2000, aaO, S. 66.
784 Herrero Perezagua und López Sánchez in: Respuestas, S. 435 und 436.
785 Blasco Gascó, aaO, S. 51.
786 Díez-Picazo Giménez in: Respuestas, S. 437.

steht (Art. 477.3. 3. Alt. LEC), sind nach dem Tribunal Supremo solche, zwischen deren In-Kraft-Treten und dem Erlass des angefochtenen Urteils maximal 5 Jahre vergangen sind.

Bezüglich der Frage der anfechtbaren Entscheidungen bleibt abschließend mit der Literatur festzuhalten, dass die eben dargestellte Rechtsprechung mit Sicherheit zu einer drastischen Reduzierung der Kassationsverfahren führen dürfte[787]. Das gesetzgeberische Ziel, keine zivil- oder handelsrechtliche Materie von der Kassation auszuschließen[788], wird damit freilich nicht nur nicht erreicht, sondern sehenden Auges verhindert.

III. Verfahrensgang

1. Vorbereitungsphase

Nach Art. 479.1 LEC muss die Kassation mittels Schriftsatz innerhalb von 5 Tagen ab dem Zeitpunkt der Zustellung des Urteils beim iudex a quo eingereicht werden. Im Schriftsatz muss angegeben werden, nach welcher der in Art. 477.2 LEC genannten Fallgruppen eine Anfechtung erfolgen soll, vgl. Art. 479.2 bis 4 LEC. Strittig ist die Auslegung des Art. 479.4 LEC, der sich auf Art. 477.2.3.° LEC und damit auf das Kassationsinteresse bezieht. Nach dem Wortlaut der Vorschrift müssen zum Nachweis von Rechtsprechungsdivergenzen die jeweils einschlägigen Urteile genau angegeben werden. Die Rechtsprechung folgert aus dieser Aufforderung zur „genauen Angabe“, dass es nicht ausreicht, die Urteile nur zu benennen. Vielmehr müsse der Rechtsmittelführer den Inhalt der Urteile schildern, darlegen, dass es um die gleiche Streitfrage gehe und den Widerspruch zwischen den Urteilen bezüglich dieser Streitfrage aufzeigen[789]. Die Literatur ist mit dieser Interpretation des Obersten Gerichtshofs nicht einverstanden, schlägt aber selbst unterschiedliche Lösungen vor. Ein Teil der Literatur lässt die bloße Angabe der Urteile in der Vorbereitungsphase ausreichen[790]. Sie weist vor allem auf die kurze Frist von 5 Tagen und auf die Möglichkeit der Begründung bei der Einlegung des Rechtsmittels hin. Ein anderer Teil der Literatur ist der Auffassung, dass angesichts des Wortlauts der Vorschrift die bloße Angabe der Urteile gerade nicht ausreicht. Sie fordert zumindest eine kurze Darlegung der Rechtsprechungswidersprüche[791].

---

[787] Siehe zu dieser Einschätzung auch Díez-Picazo Giménez, Tribunales de Justicia Februar 2001, 1, 7; Ortells Ramos, aaO, S. 591.

[788] EM LEC XIV.8.

[789] Vereinbarung der Richter vom 12.12.2000, aaO, S. 67 und 68.

[790] Cabañas García in: Respuestas, S. 439 bis 441; Vecina Cifuentes in : Respuestas, S. 442.

[791] Peiteado Mariscal und Oliva Santos in: Respuestas, S. 441 und 442. Díez-Picazo Giménez in: Respuestas, S. 442.

Falls der Rechtsmittelführer den eben beschriebenen Erfordernissen nicht nachkommt, erlässt das Gericht einen zurückweisenden Beschluss, der mit der Beschwerde (s. Art. 494 und 495 LEC) zum Obersten Gerichtshof angefochten werden kann, Art. 480.1 Sätze 2 und 3 LEC. Ansonsten bestimmt es per Verfügung, dass es das Rechtsmittel für „vorbereitet" hält, Art. 480.1 Satz 1 LEC[792].

2. Einlegung und Verweisung des Rechtsmittels

Innerhalb von 20 Tagen nach Erlass der Verfügung muss der Rechtsmittelführer das Rechtsmittel beim Ausgangsgericht durch einen Schriftsatz einlegen und begründen, Art. 481.1 LEC. Anzufügen sind gemäß Art. 481. 2 LEC eine Ausfertigung des angefochtenen Urteils und eventuell weitere Urteilsausfertigungen zum Nachweis der vorgebrachten Rechtsprechungsdivergenzen. Sind diese Voraussetzungen erfüllt, übersendet das Ausgangsgericht gemäß Art. 482.1 LEC die Akten innerhalb von 5 Tagen an das Rechtsmittelgericht; im anderen Falle erklärt das Ausgangsgericht die Kassation für zurückgenommen, Art. 481.4 LEC.

3. Zulassung der Kassation

Gemäß Art. 483.1 LEC entscheidet das Rechtsmittelgericht – nach Überprüfung seiner Zuständigkeit, Art. 484 LEC – über die endgültige Zulassung der Kassation. Die Gründe für die Nichtzulassung der Kassation sind in Art. 483.2 LEC aufgeführt:

a. Nach Art. 483.2.1.° LEC ist das Rechtsmittel unzulässig, wenn es – trotz der vom iudex a quo bereits bejahten ausreichenden Vorbereitung – nicht statthaft ist oder sonst ein unheilbarer Verstoß gegen die Formvorschriften der Vorbereitung der Kassation vorliegt[793].

b. Nach Art. 483.2.2.° LEC ist das Rechtsmittel unzulässig, wenn der Schriftsatz, mit dem die Kassation eingelegt wurde, nicht den gesetzlichen Voraussetzungen entspricht[794].

c. Nach Art. 483.2.3.° LEC schließlich ist das Rechtsmittel unzulässig, wenn der Streitwert nicht die erforderliche Höhe aufweist (s. Art. 477.2.2.° LEC –

---

792 Nach ATS vom 29. Januar 2002 (RJ 2002, 3103) müssen dabei nicht nur die speziellen Voraussetzungen des eben beschriebenen Art. 479 LEC gegeben sein, sondern auch die allgemeinen Voraussetzungen zur Einlegung eines Rechtsmittels nach Art. 449 LEC (dort wird z.B. die Zulassung eines Rechtsmittels in bestimmten Fällen von einer Sicherheitsleistung abhängig gemacht).

793 Zu den konkreten Fällen des Art. 483.2.1.° siehe TS, Tribunales de Justicia Februar 2001, 65, 66; vgl. dazu auch STSJ Galicia vom 22. Dezember 2001 (JUR\3943) zum Erfordernis, die Rechtsverletzung zu benennen.

794 S. dazu TS, aaO, 67.

150.000 €) oder kein Kassationsinteresse besteht (s. Art. 477.2.3.° LEC), weil keine Rechtsprechungsdivergenzen bestehen, die angeblich verletzte Norm bereits mehr als 5 Jahre in Kraft ist oder nach Ansicht des Obersten Gerichtshofs bereits Rechtsprechung über die streitentscheidende (oder eine vergleichbare frühere) Norm besteht[795]. Zu beachten ist in diesem Zusammenhang wiederum die Rechtsprechung des Obersten Gerichtshofs, die unter Art. 477.2.2.° LEC nur diejenigen Verfahren fasst, die auf Grund des Streitwertes geführt wurden und unter Art. 477.2.3.° LEC nur diejenigen, die auf Grund der Materie einschlägig waren[796].

Im Falle der Nichtzulassung der Kassation erlässt das Gericht, nach Anhörung der Parteien (Art. 483.3 LEC), einen Beschluss, in dem es das Rechtsmittel als unzulässig verwirft und das angegriffene Urteil für rechtskräftig erklärt, Art. 483.4 LEC. Im anderen Fall bejaht es per Beschluss die Zulassung der Kassation, Art. 483.5 LEC. Gegen den Beschluss, der über die Zulassung der Kassation entscheidet, ist nach Art. 483.5 LEC kein Rechtsmittel statthaft[797].

Gemäß Art. 485 LEC leitet das Gericht nach erfolgter Zulassung den Schriftsatz samt Anhängen des Rechtsmittelklägers an den Rechtsmittelbeklagten weiter, worauf dieser innerhalb von 20 Tagen auf das eingelegte Rechtsmittel erwidern kann. Nach Ablauf dieser Frist bestimmt das Gericht spätestens nach 30 Tagen einen Termin zur mündlichen Verhandlung oder einen Termin zur Beratung, Art. 486.1 LEC[798]. Eine mündliche Verhandlung findet gemäß Art. 486.2 LEC dann statt, wenn dies entweder alle Parteien beantragt haben oder das Gericht eine Verhandlung zur Entscheidung über die Sache für erforderlich hält[799].

---

[795] Im Einzelnen dazu O'Callaghan, Actualidad Civil Nr. 1 2002, 1, 11.

[796] Vgl. TS, aaO, 68.

[797] Siehe dazu auch AATS vom 25. Februar 2003 (JUR 47622) sowie vom 31.7 2002 (JUR 216460). Gleichwohl wird gegen diesen Beschluss in der Literatur teilweise der Einspruch nach Art. 451 ff. LEC für statthaft gehalten, so z.B. Montón Redondo, Derecho Jurisdiccional II, S. 453.

[798] Zur Klarstellung: Der Termin muss innerhalb von 30 Tagen nach beendeter Frist zur Kassationserwiderung stattfinden, vgl. Bonet Navarro, Recursos, S. 246.

[799] S. dazu Gimeno Sendra in: Proceso Civil Práctico, Band VI, 1 – 393.

IV. Entscheidung des Kassationsgerichts

Innerhalb von 20 Tagen nach Durchführung der mündlichen Verhandlung oder der Beratung muss das Gericht sein Urteil fällen, Art. 487.1 LEC. Inhaltlicher Art kann das Urteil das Rechtsmittel wegen Unzulässigkeit[800] oder Unbegründetheit zurückweisen oder ihm stattgeben[801]. Bei einer Zurückweisung der Kassation erlangt das angefochtene Urteil nunmehr volle Rechtskraft, da es im ordentlichen Rechtsweg nicht mehr angegriffen werden kann[802]. Falls der Kassation stattgegeben wird, hebt das Gericht das Urteil auf und entscheidet selbst in der Sache, Art. 487.2 und 3 LEC[803]. Wenn das Rechtsmittel auf Grund eines bestehenden Kassationsinteresses wegen Rechtsprechungsdivergenzen zugelassen wurde (Art. 477 .2.3.° LEC), muss das Urteil gemäß Art. 487.3 Absatz 1 LEC zusätzlich abstrakt die Rechtsprechung darlegen, die der Oberste Gerichtshof bezüglich der Auslegung einer bestimmten Norm für richtig erachtet[804]. Art. 487.3 Absatz 2 LEC erwähnt diesbezüglich ausdrücklich, dass von diesen Äußerungen keinesfalls Wirkungen auf andere, nicht mit der Kassation angefochtene Urteile ausgehen.

V. Auf Beschleunigung zielende Veränderungen zum alten Recht

1. Herausnahme der prozessualen Verstöße

Nach der LEC von 1881 konnten mit der Kassation auch prozessuale Verstöße geltend gemacht werden, s. Art. 1692.1.° bis 3.° LEC a.F.[805]. Nach der Neuregelung ist dies nicht mehr möglich, s. Art. 477 LEC. Für diese Art der Gesetzesverletzung sieht das Gesetz in den Art. 468 ff. LEC nunmehr den außerordentli-

---

800 Eine Zurückweisung wegen Unzulässigkeit kommt auch dann in Betracht, wenn das Gericht zuvor die Kassation per Beschluss für zulässig erklärt hat, vgl. STS vom 26. Januar 1996 (RJ 324). Die Gründe, die im entsprechenden Verfahrensabschnitt zu einer Nichtzulassung des Rechtsmittels geführt hätten, werden im Stadium der Urteilsfällung nach der Rechtsprechung zu Zurückweisungsgründen, vgl. STS vom 27. März 2000 (RJ 2109) mit weiteren Nachweisen.

801 S. Gimeno Sendra, aaO, 1 – 395 zu diesen Urteilsalternativen.

802 S. Gimeno Sendra aaO, 1 - 395

803 Bonet Navarro, Recursos, S. 247. Es findet also in keinem Fall eine Zurückverweisung an das Ausgangsgericht statt. Eine Zurückverweisung ist dem spanischen Kassationsrecht im Zivilprozess schon seit dem ersten einheitlichen Prozessgesetz aus dem Jahr 1855 fremd. Allerdings bestand erst seit dem Jahr 1984 in Form des Art. 1715 LEC von 1881 die Regelung, die Aufhebung des vorinstanzlichen Urteils und die Entscheidung in der Sache selbst in einem Urteil vorzunehmen. Zuvor ergingen diesbezüglich zwei Urteile (Art. 1745 LEC von 1881 vor der Reform 1984), eines, das über die Aufhebung des angefochtenen Urteils entschied und ein anderes zur Entscheidung über die Sache. Vergleiche dazu Gimeno Sendra, aaO, 1 - 395.

804 Siehe dazu Ortells Ramos, Derecho Procesal Civil, S. 602.

805 Näher zur alten Regelung Fernández in: la Oliva/Fernández, Derecho Procesal Civil, Band II, S. 535 ff.

chen Rechtsbehelf wegen prozessualer Verstöße vor. Insofern wurde die Bandbreite der Anfechtungsgründe in Bezug auf die Kassation verkleinert und die Zuständigkeit zur Entscheidung über prozessuale Verstöße hin zu den Obergerichten verlagert[806]. Auf Grund der bisher eher weniger starken Arbeitsbelastung der Obergerichte erhofft man sich von dieser Verlagerung eine insgesamt schnellere Streiterledigung im Rechtsmittelverfahren[807].

2. Neuregelung der mit der Kassation anfechtbaren Urteile

Verändert wurde auch der Katalog der kassationsfähigen Urteile. Nach der alten Rechtslage waren gemäß Art. 1687 LEC a.F. folgende Urteile bzw. Entscheidungen mit der Kassation anfechtbar[808]:

- Berufungsurteile, die im „juicio de mayor cuantía" ergangen sind (Prozesse mit einem Streitwert von mehr als 160 Millionen Peseten [entspricht etwa 963.855 €], vgl. Art. 483 LEC a.F.[809]).
- Berufungsurteile, die im „juicio de menor cuantía" ergangen sind (Prozesse mit einem Streitwert zwischen 800.000 [entspricht etwa 4.820 €] und 160 Millionen Peseten, vgl. Art. 484 LEC a.F.[810]), falls es sich um Verfahren des Personenstandes, mit unbezifferbarem Streitwert oder einem Streitwert von mehr als 6 Millionen Peseten (entspricht etwa 36.145 €) gehandelt hat.
- Beschlüsse in der Berufungsinstanz, die im Verfahren über die Vollstreckung von Urteilen ergangen sind.
- Urteile, die in Räumungsprozessen oder in Prozessen über ein Vorkaufsrecht gefällt worden sind.
- Entscheidungen, bei denen es das Gesetz ausdrücklich anordnete.

Zusammengefasst bedeutet dies, dass nach dem alten Gesetz das Kriterium des wirtschaftlichen Wertes der Angelegenheit (Streitwert von mehr als 6 Millionen Peseten) das in der Regel ausschlaggebende war, auch wenn in einigen Fällen auch das Kriterium des Rechtsgebiets zur Auswahl der kassationsfähigen Entscheidungen herangezogen wurde. Durch das neue Recht ist das Kriterium des Streitwerts (s. Art. 477.2.2.° LEC) zwar beibehalten worden, ihm wird jedoch durch die Einführung der weiteren Fallgruppe des „Kassationsinteresses" zumindest nicht mehr die allein dominierende Rolle im Rahmen der Auswahl der

---

[806] Bis zum endgültigen In-Kraft-Treten des von der LEC entworfenen Rechtsmittelregimes entscheidet allerdings der Tribunal Supremo nach der 16. Schlussbestimmung zur LEC (D. F. 16.ª 1.1.ª LEC) auch über den außerordentlichen Rechtsbehelf wegen prozessualer Verstöße. S. dazu S. 137.

[807] Molina Serrano, Revista General de Derecho 2000, S. 7299, 7309; Ortells Ramos, Derecho Procesal Civil, S. 568.

[808] Eine ausführliche Darstellung findet sich bei Fernández, aaO, S. 521 ff.

[809] Zum juicio de mayor cuantía s. S. 22.

[810] Zum juicio de menor cuantía s. S. 22.

kassationsfähigen Entscheidungen zuerkannt[811]. Nach dem von der LEC entworfenen System dürfte es in Zukunft daher auch maßgeblich darauf ankommen, ob bezüglich einer bestimmten Frage Rechtsprechungsdivergenzen bestehen[812], siehe dazu Art. 477.2.3.° LEC. Die durch die Aufgabe der hauptsächlich streitwertorientierten Kassation isoliert zu erwartende Zunahme der Kassationen hat der Gesetzgeber dadurch zu verhindern versucht, indem er zum einen prozessuale Verstöße aus der Kassation herausgenommen hat und zum anderen weiterhin bestimmte (die oben dargestellten) Auswahlkriterien vorsieht[813].
Zum momentanen Zeitpunkt muss in diesem Zusammenhang freilich die bereits dargestellte Rechtsprechung des Obersten Gerichtshofs berücksichtigt werden[814], die die Auswahlkriterien zum Zugang der Kassation derart eng auslegt, dass die Kassationsverfahren, die auf Grund eines bestehenden Kassationsinteresses geführt werden, nicht sehr zahlreich sein dürften[815].

3. Gerichtliche Fristen

Keine Neuerung, aber doch beibehaltenes Instrument zur Beschleunigung ist auch im Rahmen der Kassation die Festsetzung von Fristen für die Gerichte, vgl. z.B. Art. 482.1, 486.1, 487.1 LEC[816].

G. Rechtstatsachen und Würdigung

Über die praktischen Auswirkungen der Reform der Rechtsmittel durch die LEC 2000 gibt es wenige statistische Angaben. Der Grund dafür ist, dass die höheren Rechtszüge mit Ausnahme der Berufungsinstanz bisher kaum mit dem neuen Gesetz konfrontiert waren.

Bezüglich der Berufungsinstanz wird geäußert, dass die Praxis die Einengung des Anwendungsbereichs auf Urteile und prozessbeendende Beschlüsse ohne weiteres akzeptiert habe[817]. Wie bereits ausgeführt, zeigen erste praktische Erfahrungen, dass diese Einengung des Anwendungsbereichs der Berufung einen positiven Effekt auf die Arbeitsbelastung der Berufungsgerichte hat[818].

---

811 Weiter geht das Libro Blanco, das das Kassationsinteresse als hauptsächliches Kriterium für den Zugang zur Kassation einfordert, vgl. Libro Blanco, S. 174.
812 S. zu dieser Einschätzung Ortells Ramos, ZZPInt 5 (2000), 95, 113.
813 So Ortells Ramos, aaO, 113.
814 S. S. 144.
815 Nochmals zur Erläuterung: Der TS fasst unter Art. 477.2.3.° LEC und damit unter die Fallgruppe „Kassationsinteresse" nur solche Verfahren, die auf Grund der Materie einschlägig waren. Diese Verfahren stellen aber gerade nur einen kleinen Prozentsatz der zivilrechtlichen Verfahren dar, vgl. Díez-Picazo Giménez, Tribunales de Justicia, 1, 7.
816 Siehe zum alten Recht z.B. Art. 1714 LEC a.F., der bestimmt, dass das Kassationsurteil innerhalb von 15 Tagen nach Beendigung der mündlichen Verhandlung gefällt werden muss.
817 Oliva Santos, Tribunales de Justicia Januar 2002, 3, 8.
818 Garnica Martín in: La interpretación judicial de la nueva LEC, S. 57.

Bezüglich der Kassation und des außerordentlichen Rechtsbehelfs wegen prozessualer Verstöße lassen sich aus zwei Gründen keine Rückschlüsse ziehen. Zum einen ist das endgültige, von der LEC entworfene Regime noch gar nicht in Kraft getreten[819]. Zum anderen muss die Interpretation der Kassationskriterien durch den Obersten Gerichtshof berücksichtigt werden, die den Anwendungsbereich der Kassation verkürzt und in den Augen vieler „sowohl gegen den Wortlaut als auch den Geist des Gesetzes verstößt"[820]. Insofern bleibt abzuwarten, wie sich das Rechtsmittelrecht in den kommenden Jahren entwickeln wird.
Aus rechtstheoretischer Sicht freilich erscheint die Aufsplittung der bisherigen Kassation in ein Rechtsmittel, das sich den prozessualen Verstößen widmet und ein Rechtsmittel, das materiell-rechtliche Verstöße behandelt, äußerst interessant. Zu berücksichtigen ist aber wohl, dass hinter dieser Aufteilung keine sachlichen, mit dem Recht zusammenhängende Gründe stehen. Vielmehr dürften organisatorische Aspekte eine Rolle gespielt haben, einen Teil der anfallenden Arbeit von einem stark belasteten Rechtsprechungsorgan auf ein bisher eher wenig belastetes zu verlagern[821].

[819] Siehe dazu Fundación Antonio Carretero, Jueces para la Democracia 2002, 67, 68.
[820] So Oliva Santos, aaO, 8.
[821] Näher hierzu im zweiten Teil S. 292.

Zweiter Teil

Die Beschleunigungsmaßnahmen im deutschen und europäischen Zivilprozessrecht im Vergleich

1. Abschnitt Einführung

A. Das deutsche Zivilprozessrecht

Die deutsche Civilprozeßordnung (CPO) vom 30.1.1877[1] trat zum 1.10.1879 als eines der Reichsjustizgesetze zusammen mit dem Gerichtsverfassungsgesetz, der Strafprozeßordnung und der Konkursordnung in Kraft. Durch sie wurde in Deutschland zum ersten Mal ein einheitlicher Zivilprozess geschaffen, der die vorherige Verfahrensvielfalt in den einzelnen Territorien ablöste[2]. Kennzeichnend für das Verfahren der CPO waren die Prinzipien der Mündlichkeit, Unmittelbarkeit und Öffentlichkeit, die freie Beweiswürdigung sowie eine weitgehende Parteiherrschaft, die dem Richter eine passive Rolle zukommen ließ. Vorkehrungen gegen eine schleppende Prozessführung waren der CPO fremd[3]. Die Reformen, die im Laufe der Zeit durchgeführt wurden, zeigten einen „sich immer wiederholenden Kampf zwischen Mündlichkeit und Schriftlichkeit, Beschleunigung und Gründlichkeit, Freiheit und Gebundenheit des Verfahrens, Parteiherrschaft und Richtermacht"[4]. Im vorliegenden Zusammenhang sind vor allem zwei konkrete Reformen von Interesse. Zum einen ist dies die Vereinfachungsnovelle 1976 durch das Gesetz zur Vereinfachung und Beschleunigung gerichtlicher Verfahren vom 3.12.1976[5], das am 1.7.1977 in Kraft getreten ist, zum anderen das Zivilprozessreformgesetz vom 27.7.2001[6], das am 1.1.2002 in Kraft getreten ist. Dass das Streben nach einem einfachen und raschen Prozess mit dem Zivilprozessreformgesetz nicht zu Ende gekommen ist, zeigen allerdings schon die nächsten gesetzgeberischen Initiativen. Die Bundesregierung präsentierte mittlerweile einen Entwurf eines Gesetzes zur Modernisierung der Justiz (Justizmodernisierungsgesetz)[7] und die Fraktion der CDU/CSU einen Entwurf eines Ersten Gesetzes zur Beschleunigung von Verfahren der Justiz (1. Justizbeschleunigungsgesetz)[8].

---

[1] Abgedruckt im RGBl. S. 83.
[2] Vgl. ausführlich dazu Vollkommer, JZ 87, 105, 106; Bettermann, ZZP 91 (1978), 365, 367.
[3] So Zöller/Vollkommer, Einleitung, Rdnr. 1.
[4] So Rosenberg/Schwab/Gottwald, § 4 vor I.
[5] BGBl. 1976 I, S. 3281.
[6] BGBl. 2001 I, S. 1887.
[7] BT-Drucksache 15/1508 vom 2.9.2003.
[8] BT-Drucksache 15/999 vom 20.5.2003. Das Bundesland Hessen plant darüber hinaus bereits, im Bundesrat ein zweites Justizbeschleunigungsgesetz zu initiieren. Das erste Justizbe-

1. Vereinfachungsnovelle 1976

Die Vereinfachungsnovelle 1976 hatte zum Ziel, den Zivilprozess zu vereinfachen und die bis dahin als unbefriedigend empfundene Verfahrensdauer zu verkürzen[9]. Eine wichtige Maßnahme bestand in der Straffung und Konzentration des Verfahrens in erster und zweiter Instanz. Im Mittelpunkt des Verfahrens sollte *ein* umfassend vorbereiteter mündlicher Termin stehen, auf Grund dessen die Streitsache entschieden werden sollte. Zur Vorbereitung dieses Haupttermins gab das Gesetz dem Gericht zwei Möglichkeiten zur Hand, nämlich das schriftliche Vorverfahren und das Verfahren mit frühem ersten Termin. Da man sich gerade von der umfassenden Vorbereitung der mündlichen Verhandlung einen beschleunigenden Effekt versprach, wurden die richterlichen Möglichkeiten zur Vorbereitung wesentlich erweitert[10]. Eine weitere zentrale Maßnahme der Reform war die Erweiterung der Prozessförderungspflichten der Parteien. Um die Parteien zu einem möglichst frühzeitigen Vorbringen anzuhalten, wurden die Vorschriften über die Zurückweisung verspäteten Vorbringens erheblich verschärft[11]. Beim Mahnverfahren schuf der Gesetzgeber zur Rationalisierung des Verfahrensablaufs die rechtlichen Rahmenbedingungen für den Einsatz elektronischer Datenverarbeitungsanlagen[12].

2. Zivilprozessreform 2001

Die letzte große Reform des deutschen Zivilprozesses wurde durch das Zivilprozessreformgesetz 2001 herbeigeführt. Ziel der Reform war es, den Zivilprozess bürgernäher, effizienter und durchschaubarer zu machen[13]. Dazu sollte die erste Instanz gestärkt werden, auf die sich das Verfahren in größerem Maße als bisher konzentrieren soll[14]. Zu diesem Zweck wurden unter anderem die materiellen Leitungsbefugnisse des Richters verstärkt. Jeder streitigen Verhandlung hat nunmehr in aller Regel eine obligatorische Güteverhandlung vorauszugehen. Die richterliche Arbeitskraft soll durch einen verstärkten Einsatz von Einzelrichtern effektiver genutzt werden. Mit der Stärkung der ersten Instanz ging eine umfassende Umgestaltung der Rechtsmittel der Berufung, Revision und Beschwerde einher. Das Rechtsmittel der Berufung ist auf eine Fehlerkontrolle beschränkt worden. Die Revision soll nur noch der Überprüfung von Grundsatz-

---

schleunigungsgesetz reiche nicht aus, um der ständigen Überlastung der Gerichte wirkungsvoll zu begegnen. Siehe dazu NJW aktuell 2003, Heft 43, S. X.

[9] Bundestags-Drucksache 7/2729, S. 33.

[10] So Lüke, Rdnr. 188.

[11] Zur Bedeutung der Vereinfachungsnovelle für das Präklusionsrecht siehe ausführlich Otto in: 50 Jahre Bundesgerichtshof, Band III, 161, 173 ff.

[12] Siehe eingehend zu den Erfahrungen mit der Vereinfachungsnovelle 1976 Leipold, Osaka University Law Review, Nr. 36 (1989), 13 ff.

[13] Begründung des Regierungsentwurfs, Bundestags-Drucksache 14/4722, S. 58.

[14] Bundestags-Drucksache 14/4722, S. 58 und 61.

fragen dienen. Anders als zuvor gibt es nur noch die befristete sofortige Beschwerde sowie bei grundsätzlicher Bedeutung eine Rechtsbeschwerde. Darüber hinaus wurde ein Abhilfeverfahren bei Verletzung des Anspruchs auf rechtliches Gehör geschaffen, über welches das Gericht erster Instanz bei nicht berufungsfähigen Fällen entscheidet[15].

B. Das europäische Zivilprozessrecht

Unter „europäischem Zivilprozessrecht" ist keine umfassende und abgeschlossene Regelung des „europäischen Zivilprozesses" vergleichbar den nationalen Verfahrensordnungen zu verstehen[16]. Vielmehr handelt es sich beim europäischen Zivilprozessrecht zum momentanen Zeitpunkt um eine Reihe von Regelungen hinsichtlich einzelner Teilgebiete des Zivilprozesses. Ob und in welcher Form darüber hinaus ein einheitliches und vor allem umfassendes europäisches Zivilprozessrecht geschaffen werden sollte, ist in der Praxis und Rechtswissenschaft umstritten, kann vorliegend aber nicht den Gegenstand der Erörterung bilden[17].

Für die vorliegende Arbeit spielen nur Teilaspekte der einzelnen europäischen Regelungen eine Rolle. Um die beim jeweiligen Vergleich angesprochenen Aspekte jedoch besser einordnen zu können, soll ein kurzer Überblick über das momentan geltende europäische Zivilprozessrecht sowie die wichtigsten die Arbeit betreffenden Reformvorschläge und -bestrebungen gegeben werden.
Eine zentrale Bedeutung im europäischen Zivilprozessrecht besitzt die zum 01.03.2002 in Kraft getretene Verordnung über die gerichtliche Zuständigkeit und die Anerkennung und Vollstreckung von Entscheidungen in Zivil- und Handelssachen (kurz EuGVO oder EuGVVO)[18]. Sie löste das Brüsseler EWG-Übereinkommen über die gerichtliche Zuständigkeit und Vollstreckung gerichtlicher Entscheidungen in Zivil- und Handelssachen vom 27. September 1968

[15] Vgl. zur Zivilprozessreform die ausführlichere Darstellung bei Schnauder, JuS 2002, 68 ff., 162 ff. Zur deutschen Prozessreform aus spanischer Sicht s. García-Rostán Calvín, Tribunales de Justicia April 2003, 21 ff.
[16] Leipold, Ritsumeikan Law Review Nr. 20 (2003), 35, 58.
[17] Siehe hierzu Leisle, Dependenzen auf dem Weg vom EuGVÜ, über die EuGVVO, zur EuZPO, 157 ff. Vgl. allgemein zu den Methoden und Wegen einer europäischen Rechtsangleichung und -vereinheitlichung auf dem Gebiet des Zivilprozessrechts Gilles, ZZPInt 7 (2002), 3 ff. Eingehend zu verschiedenen denkbaren Modellen für eine Europäisierung des Zivilprozessrechts auch Stürner in: Wege zu einem europäischen Zivilprozessrecht, 1 ff.; Leisle, aaO, 192 ff.
[18] VO Nr. 44/2001 des Rates vom 22.12.2000 über die gerichtliche Zuständigkeit und die Anerkennung und Vollstreckung von Entscheidungen in Zivil- und Handelssachen, abgedruckt im Amtsblatt der Europäischen Gemeinschaften, L 12/1 vom 16. Januar 2001.

(EuGVÜ)[19] ab. Inhaltlich entspricht die EuGVO in etwa dem EuGVÜ[20]. Das Lugano-Übereinkommen vom 16. September 1998 über die gerichtliche Zuständigkeit und die Vollstreckung gerichtlicher Entscheidungen in Zivil- und Handelssachen[21] ergänzt die EuGVO. Es gilt zwischen den Mitgliedstaaten der Europäischen Union und den Staaten der Europäischen Freihandelsassoziation (EFTA). Neben der EuGVO gibt es derzeit Verordnungen über die Zuständigkeit und die Anerkennung und Vollstreckung von Entscheidungen in Ehesachen und in Verfahren betreffend die elterliche Verantwortung für die gemeinsamen Kinder der Ehegatten[22], über die Zustellung gerichtlicher und außergerichtlicher Schriftstücke in Zivil- oder Handelssachen[23], über Insolvenzverfahren[24] und über die Zusammenarbeit zwischen den Gerichten der Mitgliedstaaten auf dem Gebiet der Beweisaufnahme in Zivil- und Handelssachen[25] sowie eine Richtlinie zur Verbesserung des Zugangs zum Recht bei Streitsachen mit grenzüberschreitendem Bezug durch Festlegung gemeinsamer Mindestvorschriften für die Prozesskostenhilfe in derartigen Streitsachen[26]. In der Zahlungsverzugsrichtlinie[27] werden durch Art. 5 ebenfalls prozessrechtliche Aspekte angesprochen. Sie verpflichtet die Mitgliedsstaaten, ein Betreibungsverfahren für unbestrittene Forderungen zur Verfügung zu stellen, das in der Regel binnen 90 Kalendertagen zu einem vollstreckbaren Titel führen soll[28]. Von den vielen Bestrebungen von Praxis und Rechtswissenschaft, den gegenständlichen Anwendungsbereich des europäischen Zivilprozessrechts zu erweitern, sind hier insbesondere zwei Arbeiten zu beachten: Zum einen das Grünbuch der Kommission der Europäischen

---

[19] BGBl. 1972 II, 774, i.d.F. des 4. Beitrittsübereinkommens vom 29.11.1996, ABl. EG Nr. C 15 vom 15.1.1997, S. 1.

[20] Leipold, Ritsumeikan Law Review, 35, 61 spricht davon, dass die EuGVO im Grunde das EuGVÜ in teils überarbeiteter Fassung darstellt. Ein formaler Unterschied besteht darin, dass das EuGVÜ in der Form eines Staatsvertrages geschaffen wurde, während die EuGVO in Form einer Europäischen Verordnung erlassen wurde.

[21] BGBl. 1994 II, 2660, ABl. EG Nr. L 319 vom 25.11.1988, S. 8.

[22] Verordnung (EG) Nr. 2201/2003 des Rates vom 27. November 2003, abgedruckt im Amtsblatt L 338/1 vom 23. Dezember 2003. Die Verordnung hob die zuvor geltende Verordnung über die Zuständigkeit und die Anerkennung und Vollstreckung von Entscheidungen in Ehesachen und in Verfahren betreffend die elterliche Verantwortung für die gemeinsamen Kinder der Ehegatten, Verordnung (EG) Nr. 1347/2000 des Rates vom 29. Mai 2000, abgedruckt im Amtsblatt L 160/19 vom 30. Juni 2000, auf.

[23] Verordnung (EG) Nr. 1348/2000 des Rates vom 29. Mai 2000, abgedruckt im Amtsblatt L 160/19 vom 30. Juni 2000.

[24] Verordnung (EG) Nr. 1346/2000 des Rates vom 29. Mai 2000, abgedruckt im Amtsblatt L 160/19 vom 30. Juni 2000.

[25] Verordnung (EG) Nr. 1206/2001 des Rates vom 28. Mai 2001, abgedruckt im Amtsblatt L 174/1 vom 27. Juni 2001.

[26] Richtlinie 2002/8/EG des Rates vom 27. Januar 2003, abgedruckt im Amtsblatt L 26/41 vom 31. Januar 2003, berichtigt im Amtsblatt L 32/15 vom 7. Februar 2003.

[27] Richtlinie 2000/35/EG vom 29. Juni 2000 zur Bekämpfung von Zahlungsverzug im Geschäftsverkehr, abgedruckt im Amtsblatt Nr. L 200 vom 08.08.2000, S. 0035 - 0038.

[28] Näher dazu im ersten Teil S. 99.

Gemeinschaften über ein europäisches Mahnverfahren und über Maßnahmen zur einfacheren und schnelleren Beilegung von Streitigkeiten mit geringem Streitwert vom 20.12.2002[29], das als Diskussionsgrundlage für die Einführung der genannten Verfahren auf europäischer Ebene dienen soll und zum anderen die Vorschläge für ein europäisches Zivilprozessgesetzbuch aus dem Jahr 1994, die eine Kommission unter dem Vorsitz von Storme ausgearbeitet hat[30].

C. Vergleichsgegenstände

Wie bereits zu Beginn der Arbeit erwähnt, soll das spanische Recht den Ausgangspunkt für den Vergleich mit dem deutschen und europäischen Recht darstellen. Der Vergleich widmet sich einzelnen ausgewählten Mitteln und Instituten; ein umfassender Vergleich des spanischen, deutschen und teilweise europäischen Zivilprozessrechts ist also nicht gewollt und aus Raumgründen auch gar nicht möglich.

Eine Analyse der spanischen Prozessreform durch die LEC 2000 zeigt, dass unter dem Aspekt der Beschleunigung und Konzentration des Verfahrens insbesondere die folgend genannten Punkte maßgebend sind und in den Vergleich einbezogen werden müssen:

Im Rahmen des normalen erstinstanzlichen Verfahrens (siehe dazu den folgenden 2. Abschnitt) ist eine der markantesten Änderungen, dass der bisher schriftlich dominierte spanische Prozess von einem nunmehr stark von den Prinzipien der Mündlichkeit und Unmittelbarkeit geprägten Prozess abgelöst wurde. Insofern widmet sich Punkt A den Verfahrensprinzipien der Mündlichkeit und Unmittelbarkeit. Eine weitere wichtige Veränderung im Hinblick auf die Beschleunigung des Verfahrens stellt die Neustrukturierung der Regelverfahren dar; insbesondere steht im juicio ordinario in Form der audiencia previa ein mündliches Vorverfahren zur Verfügung, in dem der Haupttermin umfassend vorbereitet werden soll. Vor diesem Hintergrund handelt Punkt B von der Verfahrensstruktur und den Prozessförderungspflichten des Gerichts. Eine wichtige Rolle, das Verfahren voranzubringen, spielt im spanischen Zivilprozess auch die Präklusion; die Prozessförderungspflichten der Parteien werden unter Punkt C verglichen.

Das in Spanien neu eingeführte Mahnverfahren ist Vergleichsgegenstand im 3. Abschnitt der Arbeit.

---

[29] Abrufbar im Internet unter: http://europa.eu.int/eur-lex/de/com/gpr/2002/com2002_0746de01.pdf.

[30] Die Vorschläge sind abgedruckt in ZZP 109 (1996), 345; siehe dazu die Anmerkungen von Roth, aaO, 271 und Schilken, aaO, 315 sowie den Diskussionsbericht von Lemken, aaO, 337.

Im 4. Abschnitt erfolgt ein Vergleich des Rechtsmittelsystems. Europäische Regelungen oder konkrete Vorschläge für den europäischen Rahmen existieren auf diesem Gebiet nicht. Insofern wird sich der 4. Abschnitt auf die Analyse der spanischen und deutschen Rechtsmittel beschränken und keine europäische Dimension aufnehmen.

2. Abschnitt Beschleunigungsinstrumente im erstinstanzlichen Verfahren

A. Die Verfahrensprinzipien der Mündlichkeit und Unmittelbarkeit

I. Mündlichkeit und Unmittelbarkeit im deutschen Zivilprozess

1. Mündlichkeit

a. Begriff und Geltung

Dem Verfahrensprinzip der Mündlichkeit werden im deutschen Zivilprozess zwei Bedeutungen zugemessen. Zum einen bedeutet es, dass das Gericht eine Entscheidung nur auf Grund einer mündlichen Verhandlung treffen darf und zum anderen, dass das Gericht nur den Prozessstoff berücksichtigen darf, den ihm die Parteien in der mündlichen Verhandlung vorgetragen haben[31]. In der ZPO ist der Grundsatz der Mündlichkeit in § 128 Abs. 1 ZPO festgelegt. Er bestimmt, dass die Parteien über den Rechtsstreit vor dem erkennenden Gericht mündlich verhandeln. Obwohl das Verfahren der deutschen ZPO damit im Prinzip ein mündliches ist[32], kann nicht davon gesprochen werden, dass es sich beim deutschen Zivilprozess um einen rein mündlichen Prozess handelt, da der Grundsatz der Mündlichkeit in vielfacher Hinsicht Einschränkungen unterworfen ist. Die eine Gruppe von Einschränkungen bezieht sich auf Konstellationen, in denen auf eine mündliche Verhandlung verzichtet werden kann und damit primär auf die erste Bedeutung des Mündlichkeitsprinzips. Die andere Gruppe von Einschränkungen bezieht sich auf die Frage, in welcher Modalität die Parteien den Prozessstoff vorzutragen haben und damit auf die zweite Stoßrichtung des Mündlichkeitsprinzips.

---

[31] BAG NJW 1996, 2749; Stein/Jonas/Leipold, ZPO § 128 Rdnr. 1.
[32] So Rosenberg/Schwab/Gottwald, § 80 II; anders Leipold in: FS für Fasching, 329, 343, der von einem gemischt schriftlich-mündlichen Verfahren spricht.

aa. Ausnahmen vom Prinzip der notwendigen mündlichen Verhandlung

Nach § 128 Abs. 2 ZPO kann das Gericht mit Zustimmung der Parteien eine Entscheidung ohne mündliche Verhandlung treffen[33]. Die Vorschrift dient der Vereinfachung und Beschleunigung des Verfahrens, indem sie unter bestimmten Voraussetzungen eine Einsparung einer mündlichen Verhandlung zulässt[34]. Nach § 128 Abs. 3 ZPO ist eine mündliche Verhandlung entbehrlich, wenn nur noch über die Kosten zu entscheiden ist[35]. Die Vorschrift wurde durch das ZPO-Reformgesetz neu gefasst[36]. Ziel war es, den nach altem Recht prinzipiell bestehenden Zwang, mündlich verhandeln zu müssen, auch wenn nur noch über die Kosten zu befinden war, zu beseitigen[37]. Dieser Zwang führte nicht selten zu einer unnötigen Belastung der Gerichte und einer Verzögerung des Abschlusses des Verfahrens[38]. Des Weiteren können gemäß dem neu angefügten § 128 Abs. 4 ZPO Entscheidungen des Gerichts, die nicht Urteile sind, ohne eine mündliche Verhandlung ergehen, falls das Gesetz nichts anderes bestimmt. Mit dieser Regelung wollte der Gesetzgeber die bisherige Situation im Bereich der fakultativen mündlichen Verhandlung beenden, die durch das Bestehen zahlreicher Einzelvorschriften geprägt war. Nunmehr wird die fakultative mündliche Verhandlung von der Entscheidungsform abhängig gemacht. Dadurch werden die Einzelvorschriften, die in jedem Fall ausdrücklich ausgesprochen hatten, dass die

---

[33] Näher dazu Baumbach/Hartmann, § 128 Rdnr. 16 ff; Thomas/Putzo/Reichold, § 128 Rdnr. 20 ff.

[34] BGHZ 18, 61, 62.

[35] Welche Fälle von § 128 Abs. 3 ZPO erfasst sind, ist in der Literatur umstritten. Zöller/Greger, § 128 Rdnr. 17 und Thomas/Putzo/Reichold, § 128 Rdnr. 11 wollen die Vorschrift lediglich auf Schluss*urteile* über die Kosten anwenden. MünchKommZPO/Peters, Aktualisierungsband § 128 Rdnr. 3, Musielak/Stadler, § 128 Rdnr. 23 hingegen scheinen § 128 Abs. 3 ZPO auf alle Kostenentscheidungen erstrecken zu wollen (Letztere dahingehend, dass Hauptanwendungsfälle Kostenentscheidungen nach übereinstimmender Erledigungserklärung und nach Klagerücknahme bzw. Rücknahme der Berufung seien).

[36] Der bisherige Abs. 3 sah vor, dass bei vermögensrechtlichen Ansprüchen mit einem Wert von bis zu 1500 DM unter bestimmten Voraussetzungen ein schriftliches Verfahren angeordnet werden konnte. Wegen § 495 a ZPO, nach dem das Gericht das Verfahren bis zu einem Streitwert von 1200 DM nach billigem Ermessen bestimmen und damit auch ein schriftliches Verfahren wählen konnte (siehe dazu sogleich im Text), erlangte § 128 Abs. 3 nur eine geringe praktische Bedeutung. Der Gesetzgeber entschloss sich daher, die Vorschrift ersatzlos zu streichen, vgl. Bundestags-Drucksache 14/4722, S. 76.

[37] Bundestags-Drucksache 14/4722, S. 76 mit Hinweis auf Art. 1 Nr. 18 des Entwurfs eines Gesetzes zur Vereinfachung des zivilgerichtlichen Verfahrens und des Verfahrens der freiwilligen Gerichtsbarkeit (BT-Drs. 14/163, S. 23).

[38] Bei einigen Kostenbeschlüssen bestand aber schon nach altem Recht die Möglichkeit, auf eine mündliche Verhandlung zu verzichten (vgl. z.B. §§ 91 a Abs. 1 S. 2, 269 Abs. 3 S. 4, 515 Abs. 3 S. 3 ZPO a.F.). Insofern bringt die Neuregelung keine komplette Neuerung, sondern kehrt das bisherige Regel-Ausnahme-Verhältnis um. Während bisher beim Erlass von Kostenbeschlüssen grundsätzlich mündlich zu verhandeln war, ist jetzt grundsätzlich keine mündliche Verhandlung mehr erforderlich.

Entscheidung ohne mündliche Verhandlung ergehen kann, überflüssig[39]. Insofern soll auch durch diese Maßnahme eine Verfahrensvereinfachung erreicht werden[40].
Gemäß § 495 a ZPO kann das Amtsgericht bei einem Streitwert von bis zu 600 Euro sein Verfahren nach billigem Ermessen bestimmen und damit auch ohne mündliche Verhandlung entscheiden, wenn nicht die Parteien eine solche beantragt haben[41]. Weitere Ausnahmen vom Grundsatz der mündlichen Verhandlung finden sich in § 307 Abs. 2 ZPO (Anerkenntnis im schriftlichen Vorverfahren), in § 331 Abs. 3 ZPO (Säumnis des Beklagten bei nicht rechtzeitiger Verteidigungsanzeige) und in § 341 Abs. 2 ZPO (Verwerfung eines unzulässigen Einspruchs). Ohne eine *weitere* mündliche Verhandlung nach Lage der Akten kann das Gericht entscheiden, wenn entweder beide Parteien säumig sind, § 251 a Abs. 1 ZPO, oder eine Partei säumig ist, der Gegner dies beantragt und die übrigen Voraussetzungen des 331 a S. 1 ZPO gegeben sind[42].

bb. Ausnahmen vom Prinzip des mündlichen Vortrags

Der Grundsatz, dass der gesamte Prozessstoff mündlich vorzubringen ist, wird in vielfacher Weise relativiert. In diesem Sinne gestattet § 137 Abs. 3 S. 1 ZPO die Bezugnahme auf Schriftstücke, wenn keine der Parteien widerspricht und das Gericht sie für angemessen hält[43]. Genau genommen handelt es sich hierbei um keine Ausnahme vom Mündlichkeitsprinzip, da der im Schriftsatz dargestellte Prozessstoff durch die Bezugnahme nunmehr zum Inhalt der mündlichen Verhandlung gemacht wird[44]. Dies ändert allerdings nichts an der Tatsache, dass durch die Möglichkeit der Bezugnahme auf Schriftstücke das schriftliche Element im Rahmen des Vortrags des Prozessstoffes dominiert und die Mündlichkeit diesbezüglich stark zurückgedrängt wird[45]. Insbesondere ist in diesem Zu-

---

[39] Bundestags-Drucksache 14/4722, S. 76 und 77.

[40] Bundestags-Drucksache 14/4722, S. 69 und 70. Auch im Rahmen des § 128 Abs. 4 ZPO kehrte der Gesetzgeber im Vergleich zur alten Gesetzeslage damit das Regel-Ausnahme-Verhältnis um. Nunmehr besagen die Einzelvorschriften nicht mehr, wann ohne mündliche Verhandlung entschieden werden kann, sondern wann eine mündliche Verhandlung ausnahmsweise erforderlich ist (vgl. z.B. § 320 Abs. 3 S. 1 ZPO).

[41] Die in § 495 a Abs. 2 ZPO a.F. enthaltene Regelung, die im Urteil ein Absehen von Tatbestand und Entscheidungsgründen zuließ, wurde gestrichen, da nunmehr § 313 a Abs. 1 ZPO n.F. eingreift.

[42] Diese Fallgruppe ist daher anders gelagert als die zuvor genannten, da eine Entscheidung nach Lage der Akten voraussetzt, dass zuvor schon einmal mündlich verhandelt worden ist, vgl. §§ 331 a S. 2, 251 a Abs. 2 ZPO.

[43] Eine Bezugnahme setzt allerdings voraus, dass die entsprechenden Unterlagen auch tatsächlich beigefügt worden sind oder nachgereicht werden, s. BGH, NJW 1995, 1841, 1842 = MDR 1996, 196.

[44] Stein/Jonas/Leipold, § 128 Rdnr. 27.

[45] Siehe dazu auch Arens, Mündlichkeitsprinzip und Prozessbeschleunigung im Zivilprozess (1971), S. 22, der die Möglichkeit der Bezugnahme auf Schriftstücke als bisher schwerwie-

sammenhang zu berücksichtigen, dass sich das Gericht vornehmlich anhand der Akten ein Bild vom zu entscheidenden Fall macht und die Schriftsätze schon allein dadurch einen hohen Stellenwert in der Abwicklung des Prozesses einnehmen[46]. Wie stark die Mündlichkeit durch die Schriftlichkeit modifiziert wird, hängt allerdings nicht zuletzt davon ab, wie das Gericht das konkrete Verfahren ausgestaltet und von welchen prozessualen Möglichkeiten es Gebrauch macht. Nach § 273 Abs. 2 Nr. 1 ZPO kann es beispielsweise den Parteien die Ergänzung oder Erläuterung ihrer vorbereitenden Schriftsätze (vgl. § 129 ZPO) aufgeben und dabei insbesondere eine Frist zur Erklärung über klärungsbedürftige Punkte setzen. Außerdem steht es im Ermessen des Gerichts, ob es sich zur Vorbereitung des Haupttermins für einen frühen ersten Termin zur mündlichen Verhandlung oder ein schriftliches Vorverfahren entscheidet, § 272 Abs. 2 ZPO und damit darüber, ob es das Verfahren stärker schriftlich oder mündlich akzentuiert[47]. Weiterhin besteht nach § 283 S. 1 ZPO die Möglichkeit, einer Partei, die sich in der mündlichen Verhandlung auf ein Vorbringen des Gegners nicht rechtzeitig erklären kann, weil es ihr nicht rechtzeitig vor dem Termin mitgeteilt worden ist, eine Frist zu setzen, in der sie die Erklärung in einem Schriftsatz nachbringen kann.

b. Bezug zur Beschleunigung und Konzentration des Verfahrens

Die Frage nach dem Verhältnis von Schriftlichkeit und Mündlichkeit im Verfahren ist immer auch unter dem Aspekt der Beschleunigung diskutiert worden[48]. Während man beim Erlass der CPO von 1877 noch der Auffassung war, dass die reine Mündlichkeit am besten geeignet sei, ein schnelles und zügiges Verfahren zu gewährleisten, setzte sich im Laufe der Zeit die Erkenntnis durch, dass die reine Durchführung des Mündlichkeitsprinzips im Gegenteil eher zur Prozessverschleppung beiträgt[49]. Daher ging es in den verschiedenen Novellierungen zur ZPO immer wieder um die Frage, inwieweit die reine Mündlichkeit durch die Schriftlichkeit modifiziert werden soll, um zu einem beschleunigten und konzentrierten Verfahren zu gelangen[50]. Überlegungen, den Grundsatz der Mündlichkeit als solchen aufzugeben und zu einem im Prinzip schriftlichen Prozess überzugehen, werden allerdings nicht angestellt; diesbezüglich ist man sich

---

gendsten Eingriff in das Mündlichkeitsprinzip seit Erlass der ZPO ansieht. Verstärkt wird die Wirkung des § 137 Abs. 3 S. 1 ZPO noch dadurch, dass auch eine lediglich stillschweigende Bezugnahme auf den Akteninhalt ausreicht, vgl. MünchKommZPO/Peters, § 137 Rdnr. 7; Zöller/Greger, § 137 Rdnr. 3.

[46] In diesem Sinne Zöller/Greger, § 128 Rdnr. 1; vgl. hierzu auch Leipold, ZZP 93 (1980), 237, 261 f.

[47] Siehe ausführlich dazu S. 177.

[48] So Arens, Mündlichkeitsprinzip und Prozessbeschleunigung im Zivilprozess, S. 9.

[49] Rosenberg/Schwab/Gottwald, § 80 III; Lüke, Rdnr. 26 f. Zur ursprünglichen Konzeption der Mündlichkeit in der CPO siehe auch die Begründung des Entwurfs einer CPO, abgedruckt bei Hahn, Die gesamten Materialien zur Civilprozeßordnung, 1. Abteilung (1880), 118.

[50] Arens, aaO, S. 9.

einig, dass ein rein schriftlicher Prozess das Verfahren formalistisch, schwerfällig und schleppend macht und daher an der „Mündlichkeit selbst unter allen Umständen festzuhalten ist“[51]. Vor dem Hintergrund dieser Überlegung sind auch die Veränderungen des Prozesses durch die Vereinfachungsnovelle 1976 zu sehen. Ziel der Novelle war es nicht etwa, die Mündlichkeit zurückzudrängen. Vielmehr sollte die Mündlichkeit verstärkt werden, indem ein – wenn möglich einziger – Haupttermin in den Mittelpunkt des Verfahrens gestellt wurde[52].

2. Unmittelbarkeit

a. Begriff und Geltung

Der Grundsatz der Unmittelbarkeit bedeutet, dass die mündliche Verhandlung und die Beweisaufnahme unmittelbar vor dem erkennenden Gericht zu erfolgen haben[53]. Dies bewirkt, dass das urteilende Gericht die Verhandlung und die Beweisaufnahme aus eigener Anschauung kennt und sich keiner richterlichen Mittelspersonen bedienen muss[54]. Eine weitere, hier nicht näher interessierende Bedeutung der Unmittelbarkeit ist, dass der Richter nur diejenigen Beweismittel verwenden darf, die den Sachverhalt unmittelbar vermitteln (beispielsweise nur Tatzeugen, keine Zeugen vom Hörensagen), sog. materielle Beweisunmittelbarkeit. Sie gilt im Zivilprozess allerdings nicht[55].

aa. Unmittelbarkeit in der mündlichen Verhandlung
Im Gesetz findet sich der Grundsatz vor allem in § 128 Abs. 1 ZPO wieder, nach dem die mündliche Verhandlung vor dem *erkennenden* Gericht stattfindet. Eine wichtige Einschränkung erfährt der Grundsatz der Unmittelbarkeit allerdings durch § 309 ZPO. Danach kann das Urteil nur von denjenigen Richtern gefällt werden, welche der dem Urteil zugrunde liegenden mündlichen Verhandlung beigewohnt haben. Erforderlich, aber auch ausreichend ist es daher, dass die entscheidenden Richter im letzten Verhandlungstermin anwesend waren[56]. In aller Regel müssen bei einem Richterwechsel weder die bisherigen Parteihandlungen noch die richterlichen Akte wiederholt werden[57]; auch eine zuvor durchgeführte Beweisaufnahme darf der hinzutretende Richter anhand der Akten würdigen[58]. Lediglich wenn es beim Zeugenbeweis auf die Glaubwürdigkeit und damit den persönlichen Eindruck ankommt, müssen zur Wahrung des Unmittel-

---

[51] So Rosenberg/Schwab/Gottwald, § 80 III.
[52] So Leipold in: FS für Fasching, 329, 343; ähnlich Rosenberg/Schwab/Gottwald, § 80 III.
[53] Rosenberg/Schwab/Gottwald, § 83 I.
[54] Stürner in: FS für Fritz Baur, 647, 664.
[55] Vgl. dazu Stein/Jonas/Leipold, vor § 128 Rdnr. 111.
[56] Baumbach/Hartmann, § 309 Rdnr. 1.
[57] Rosenberg/Schwab/Gottwald, § 60 I; Lüke, Rdnr. 32.
[58] BGHZ 53, 245, 257.

barkeitsgrundsatzes alle entscheidenden Richter an der Beweisaufnahme teilgenommen haben[59].

bb. Unmittelbarkeit bei der Beweisaufnahme
Eine wichtige Rolle spielt die Unmittelbarkeit im Rahmen der Beweisaufnahme. § 355 Abs. 1 S. 1 ZPO bestimmt, dass die Beweisaufnahme vor dem Prozessgericht erfolgt. Ausnahmen von dieser Regel sind nach § 355 Abs. 1 S. 2 ZPO nur in den gesetzlich festgelegten Fällen zulässig. Dabei handelt es sich vor allem um Beweisaufnahmen durch den beauftragten Richter (§ 361 ZPO), den ersuchten Richter (§§ 362 ZPO, 156 ff. GVG) und bestimmte Einzelrichter (Vorsitzender der Kammer für Handelssachen, § 349 Abs. 1 S. 2 ZPO; vorbereitender Einzelrichter des Berufungsgerichts, § 527 Abs. 2 S. 2 ZPO). Insbesondere beim Zeugenbeweis erlaubt das Gesetz, dass die Aufnahme einem Mitglied des Prozessgerichts übertragen werden kann, wenn dies zur Vereinfachung der Verhandlung vor dem Prozessgericht zweckmäßig erscheint und wenn anzunehmen ist, dass das Prozessgericht die Beweisaufnahme auch ohne unmittelbaren Eindruck sachgemäß zu würdigen vermag, vgl. § 375 Abs. 1 a ZPO.

cc. Videoverhandlung (§ 128 a ZPO)
Eine Durchbrechung[60] bzw. zumindest eine Modifizierung[61] des Grundsatzes der Unmittelbarkeit nimmt der durch das ZPO-Reformgesetz neu eingefügte § 128 a ZPO vor. Danach kann die mündliche Verhandlung mit Einverständnis der Parteien per Videokonferenz durchgeführt werden[62]. Nach § 128 a Abs. 1 ist es auf Antrag möglich, dass sich die Parteien und ihre Vertreter an einem anderen Ort als dem Sitzungszimmer aufhalten und dort Verfahrenshandlungen vornehmen. Die Verhandlung wird dabei zeitgleich in Bild und Ton in das Sitzungszimmer und den Aufenthaltsort der abwesenden Parteien übertragen. Nach § 128 a Abs. 2 besteht zudem die Möglichkeit, Zeugen, Sachverständige und Parteien per Videokonferenz zu vernehmen. Das Gericht ist jedoch an Anträge und Anregungen der Parteien nicht gebunden, sondern entscheidet frei über die Durchführung einer Videokonferenz[63]. Seine Entscheidung ist nach § 128 Abs. 3 S. 2 nicht anfechtbar. Die Regelung des § 128 a ZPO soll nach dem Willen des Gesetzgebers der Prozessökonomie dienen[64]. Allerdings hat sie bisher kaum praktische Bedeutung erlangt, da es bisher größtenteils an den technischen Voraussetzungen für einen Prozess per Videokonferenz fehlt[65].

---

[59] BGH NJW RR 1997, 152; NJW 1997, 1586, 1587.
[60] So Musielak/Stadler, § 128 a Rdnr. 1; Lüke, Rdnr. 32a.
[61] So wohl Schilken, Rdnr. 378; Jauernig, § 27 II; Zöller/Greger, § 128 a Rdnr. 1.
[62] Ausführlich dazu Schultzky, NJW 2003, 313 ff.
[63] Huber, JuS 2002, 690, 691.
[64] Bundestags-Drucksache 14/6036, S. 119; Baumbach/Hartmann, § 128 a Rdnr. 2; Lüke, Rdnr. 32a.
[65] So Huber, aaO, 691, mit dem Hinweis, dass sich daran angesichts der haushaltspolitischen Lage der Länder auch so schnell kaum etwas ändern dürfte. Der Gesetzgeber (BT-Drs.

b. Bezug zur Konzentration und Beschleunigung

Der Grundsatz der Unmittelbarkeit ist – wie bereits zu Beginn der Arbeit ausgeführt – im Hinblick auf die Beschleunigung des Verfahrens ambivalent. Die Vorteile der Unmittelbarkeit sind darin zu sehen, dass das Gericht sofort die Möglichkeit hat, durch Nachfragen einen beispielsweise lückenhaften Partei- oder Zeugenvortrag zu erhellen[66]. Zudem dient es der Verfahrensökonomie, wenn sich nicht mehrere Gerichtspersonen in ein- und denselben Sachverhalt einarbeiten müssen, sondern die untersuchende Person auch die erkennende ist. Andererseits kann gerade die allzu strenge Anwendung des Unmittelbarkeitsgrundsatzes prozessverzögernd wirken. Zum Beispiel kann die grundsätzliche Notwendigkeit, Beweisaufnahmen vor dem vollbesetzten Spruchkörper durchzuführen, das Verfahren verkomplizieren und verlängern[67]. Auch die oben erwähnten Ausnahmen vom Unmittelbarkeitsgrundsatz, welche die ZPO vorsieht, dienen in der Regel dazu, die Nachteile der Unmittelbarkeit zu verhindern. Bei den dort angesprochenen Sachverhalten handelt es sich um Fallkonstellationen, in denen die strikte Verwirklichung des Unmittelbarkeitsprinzips entweder auf der Seite der Parteien oder auf der Seite des Gerichts einen zusätzlichen Aufwand verursachen und deshalb der Prozessökonomie zuwider laufen würde.

II. Mündlichkeit und Unmittelbarkeit im europäischen Recht

Das europäische Recht kennt keine Kodifikation von europäischen Verfahrensmaximen für den Zivilprozess[68]. Auch die Vorschläge der Storme- Kommission für ein europäisches Zivilprozessgesetzbuch enthalten keine diesbezüglichen Äußerungen[69]. Allerdings besitzt Art. 6 der Konvention zum Schutze der Menschenrechte und Grundfreiheiten (EMRK), der das Recht auf ein faires Verfahren statuiert, allgemeine Geltung und damit auch im Zivilprozess[70]. Im vorliegenden Zusammenhang ist insbesondere interessant, dass besagter Artikel unter anderem ein öffentliches Verfahren garantiert. Da ein öffentliches Verfahren ohne Mündlichkeit aber kaum vorstellbar ist, läuft das Postulat nach einem öffentlichen Verfahren letztlich auch auf eine Garantie der Mündlichkeit hinaus[71].

14/6036, S. 120) weist deswegen auch „vorausschauend" (so Huber, aaO) darauf hin, dass sich aus § 128 a ZPO kein Anspruch auf eine entsprechende technische Ausstattung der Gerichte ergebe.

66 So Arens, aaO, S. 18.

67 Zu diesem Gedanken Leipold, FS für Fasching, 329, 347.

68 Einen Teil der aus dem Rechtsstaatsprinzip ableitbaren Prozessmaximen nennt Habscheid in: Gemeinsames Privatrecht in der Europäischen Gemeinschaft, 449, 456.

69 Siehe dazu auch Roth, ZZP 109 (1996), 271, 276.

70 Roth, aaO, 276.

71 Siehe zu dieser Argumentation Leipold in: FS für Fasching, 329, 346; ähnlich Zöller/Greger, § 128 Rdnr. 1, Arens, aaO, 13, die den engen Zusammenhang zwischen Mündlichkeit und öffentlicher Verhandlung betonen.

Aus diesem Grund ist es heute in Rechtsprechung[72] und Literatur[73] unbestritten, dass das Mündlichkeitsprinzip einen Teil des Öffentlichkeitsgrundsatzes des Art. 6 EMRK darstellt[74]. In gleicher Weise wird Art. 47 Abs. 2 der Charta der Grundrechte der EU, der die Öffentlichkeit des Verfahrens mit identischem Wortlaut postuliert, interpretiert[75].
Der Unmittelbarkeitsgrundsatz ist in Art. 6 EMRK (und Art. 47 Abs. 2 der Grundrechtecharta) ebenfalls nicht direkt angesprochen und auch ein Rückgriff auf dessen Wertungen zur Herleitung des Unmittelbarkeitsgrundsatzes wird abgelehnt[76]. Allerdings steht der Unmittelbarkeitsgrundsatz ebenfalls – wenn auch nicht zwingend – in einem engen Zusammenhang mit den Grundsätzen der Öffentlichkeit und Mündlichkeit[77]. Zudem können zumindest schwere Verstöße gegen das Unmittelbarkeitsprinzip zugleich als Verstöße gegen ein faires und rechtsstaatliches Verfahren angesehen werden[78].
Als Ergebnis ist also festzuhalten, dass das europäische Zivilprozessrecht keine konkreten, dem Vergleich zugänglichen Regelungen bezüglich der Verfahrensprinzipien der Mündlichkeit und Unmittelbarkeit kennt. Gleichwohl lassen sich aus dem Öffentlichkeitsgrundsatz des Art. 6 EMRK die Notwendigkeit eines mündlichen Prozesses und eine Tendenz in Richtung eines unmittelbaren Prozesses ableiten.

III. Vergleich und Bewertung

1. Mündlichkeit

a. Umfang der Mündlichkeit

Ein Vergleich des Umfangs der Mündlichkeit im spanischen und deutschen Zivilprozess muss berücksichtigen, dass der spanische Prozess zwei Regelverfahren, den juicio ordinario und den juicio verbal, kennt. Im Folgenden soll zunächst und in erster Linie das Normalverfahren des juicio ordinario Vergleichsgegenstand sein, ehe auf den juicio verbal eingegangen wird.

---

[72] EGMR vom 21. März 2002, Az. 32636/96; BVerwG vom 25. September 2003, Az. 4 B 68/03; BVerwG NVwZ 2000, 810, 811 (für die dort genannte Konstellation); BayObLGZ 10 (1960), 389, 391 = NJW 1961, 270.
[73] Vgl. nur Schumann, FS für Schwab, 449, 460.
[74] Inwieweit die im deutschen Zivilprozess bestehenden Ausnahmen von der Mündlichkeit mit dem Erfordernis der Mündlichkeit des Art. 6 EMRK in Einklang stehen, soll hier nicht weiter thematisiert werden; vgl. dazu Leipold, aaO, 346.
[75] Streinz, GR-Charta Art. 47, Rdnr. 2, 10.
[76] Stürner in: FS für Fritz Baur, 647, 665.
[77] Arens, aaO, 11; Zöller/Greger, § 128 Rdnr. 1.
[78] Vgl. BVerfGE 1, 418, 429; Stürner, aaO, 665.

aa. Bestandsaufnahme

Die schriftlichen Elemente des juicio ordinario des spanischen Zivilprozesses sind die Klageerhebung und die Klageerwiderung; die weitere Vorbereitung des mündlichen Haupttermins wird in Form des zwingend durchzuführenden Vortermins (audiencia previa) mündlich durchgeführt[79]. Damit ist das Verfahren ab dem Zeitpunkt der eingereichten schriftlichen Klageerwiderung ein rein mündliches[80]. Ausnahmen, die ein Abweichen von diesem Grundmuster zuließen, sieht das Gesetz nicht vor. Im deutschen Zivilprozess erfolgt die Erhebung der Klage ebenfalls mittels eines Schriftsatzes (Klageschrift), § 253 Abs. 1 ZPO[81]. Der weitere Verfahrensablauf hängt davon ab, ob sich das Gericht zur Vorbereitung des Haupttermins für einen frühen ersten Termin oder ein schriftliches Vorverfahren entscheidet, § 272 Abs. 2 ZPO[82]. Entscheidet es sich für die Durchführung eines schriftlichen Vorverfahrens, muss der Beklagte sowohl seine Verteidigungsbereitschaft per Schriftsatz anzeigen (§ 276 Abs. 1 S. 1 ZPO) als auch die Klageerwiderung schriftlich vornehmen (§ 276 Abs. 1 S. 2 ZPO). Wählt das Gericht die Vorgehensweise mit einem frühen ersten (mündlich durchzuführenden) Termin, *kann* es den Beklagten gemäß § 275 Abs. 1 S. 1 ZPO auffordern, innerhalb einer bestimmten Frist schriftlich auf die Klage zu erwidern. In jedem Falle wird die mündliche Verhandlung nach § 129 Abs. 1 ZPO in Anwaltsprozessen durch Schriftsätze vorbereitet (sog. vorbereitende Schriftsätze[83]), so dass das schriftliche Moment im Vorfeld des Haupttermins eine wichtige Rolle einnimmt. Auch das Gericht ist gehalten, die erforderlichen vorbereitenden Maßnahmen bezüglich des Haupttermins zu veranlassen, wozu insbesondere gehört, den Parteien die Ergänzung oder Erläuterung ihrer vorbereitenden Schriftsätze aufzugeben, § 273 Abs. 2 Nr. 1 ZPO. Nach Abschluss der Vorbereitungen findet die mündliche Verhandlung (vgl. § 279 ZPO) statt, in der im Grundsatz alle Prozesshandlungen mündlich vorzunehmen sind. Eine gewisse Modifizierung der Mündlichkeit bringt allerdings die bereits angesprochene Möglichkeit der Bezugnahme auf Schriftstücke, vgl. § 137 Abs. 3 ZPO. Des Weiteren kann in bestimmten Fällen auf eine mündliche Verhandlung verzichtet werden[84].

bb. Vergleich

Bei einem Vergleich der beiden Rechtsordnungen fällt zunächst auf, dass das deutsche System im Hinblick auf die Wahl der Schriftlichkeit und Mündlichkeit

---

[79] Vgl. zum Ablauf des juicio ordinario den ersten Teil S. 25 ff.

[80] Eine Ausnahme besteht bei der Durchführung der „diligencias finales", bei der die Parteien gemäß Art. 436.1. Satz 2 LEC das Ergebnis der Beweisaufnahme mittels eines Schriftsatzes bewerten können, vgl. dazu bereits oben im ersten Teil S. 72.

[81] Im amtsgerichtlichen Verfahren kann die Klage auch zu Protokoll der Geschäftsstelle angebracht werden, vgl. §§ 496, 129 a ZPO.

[82] Zur Verfahrensstruktur des deutschen Zivilprozesses siehe S. 176 ff.

[83] Zum Begriff und zur Abgrenzung zu bestimmenden Schriftsätzen s. Zöller/Stephan, § 129 Rdnr. 1 bis 4.

[84] Siehe zu diesen Fällen bereits S. 163.

relativ flexibel ist, wohingegen die spanische Regelung dem Gericht und den Parteien keinen Spielraum bezüglich der einen oder anderen Modalität lässt. Im deutschen Zivilprozess kann bereits durch die Entscheidung des Gerichts für eine bestimmte Verfahrensstruktur (früher erster Termin oder schriftliches Vorverfahren) der Akzent mehr auf die Schriftlichkeit oder die Mündlichkeit gelegt werden. Außerdem kennt das deutsche Recht verschiedene Fallgestaltungen, in denen gänzlich auf eine mündliche Verhandlung verzichtet werden kann, so zum Beispiel bei Zustimmung der Parteien (§ 128 Abs. 2 ZPO) oder unter bestimmten Voraussetzungen im amtsgerichtlichen Verfahren (§ 495 a ZPO)[85]. Das spanische Recht hingegen gibt dem Gericht weder ein Ermessen in der Gestaltung des Verfahrensablaufs noch statuiert es Ausnahmen von der Notwendigkeit der Durchführung einer mündlichen Verhandlung. Besonders deutlich wird dies bei der Ausgestaltung der Regeln über die Säumnis. Bei Säumnis des Beklagten in der audiencia previa wird immer „normal" mündlich verhandelt, vgl. Art. 414.3 Abs. 2 S. 2, 496 LEC[86], wohingegen das deutsche Gericht bei Vorliegen des Tatbestands des § 331 Abs. 3 ZPO seine Entscheidung ohne mündliche Verhandlung trifft. Auch wenn im Haupttermin nur eine der Parteien anwesend ist, findet die mündliche Verhandlung mit gewöhnlichem Inhalt statt (Art. 432.2 S. 2 LEC[87]), während im deutschen Prozess bei Säumnis des Klägers nach § 330 ZPO ein Versäumnisurteil ohne eine mündliche Verhandlung zur Sache ergehen kann.

Weiterhin ist in einer generalisierenden Betrachtung festzustellen, dass die Mündlichkeit im spanischen Zivilprozess seit der Reform durch die LEC 2000 im Normalfall einen größeren Raum einnimmt als im deutschen Verfahren. Die Diskrepanz zwischen beiden Systemen schwankt zwar, je nachdem, für welchen Verfahrensweg sich der deutsche Richter entscheidet. Zu konstatieren ist jedoch, dass der Haupttermin im spanischen Recht in der Form der audiencia previa ohne Ausnahmen mündlich vorzubereiten ist. Das deutsche Recht hingegen lässt auch eine schriftliche Vorbereitung des Haupttermins zu, die von der Praxis vielfach genutzt wird[88]. Selbst wenn das Gericht einen frühen ersten Termin zur mündlichen Verhandlung ansetzt, heißt das nicht unbedingt, dass der Haupttermin nur mündlich vorbereitet wird. Vielmehr gestattet es das Gesetz, auch die-

---

[85] Zu weiteren Fällen siehe bereits S. 163 und bei Schilken, Rdnr. 368 ff.

[86] Siehe zur Säumnis des Beklagten im ersten Teil S. 44. Wenn keine der Parteien erscheint, wird ein Einstellungsbeschluss erlassen; ebenso verhält es sich in der Regel bei Säumnis des Klägers, vgl. Art. 414.3 LEC und oben im ersten Teil S. 43.

[87] Vgl. dazu oben im ersten Teil S. 57. Ist keine der Parteien erschienen, fällt das Gericht auf der Grundlage der bisherigen Erkenntnisse sein Urteil, Art. 432.2 S. 1 LEC.

[88] Nach einer Umfrage in der bayerischen Justiz von 1986 bevorzugen beim Amtsgericht 48 % der Richter das schriftliche Vorverfahren, beim Landgericht 44 %; die Gerichte versprechen sich vom schriftlichen Vorverfahren im Vergleich zum Verfahren mit frühem ersten Termin insbesondere eine umfassendere Vorbereitung des Haupttermins. S. dazu Greger, ZZP 100 (1987), 377, 378 f.

sem Termin Schriftsatzfristen vorzuschalten (§ 275 Abs. 1 ZPO), so dass eben doch weitere vorbereitende schriftliche Elemente in das Verfahren einfließen[89]. Zudem ist zu berücksichtigen, dass die deutsche ZPO, wie bereits angesprochen, in bestimmten Konstellationen auf eine mündliche Verhandlung und damit auf die Mündlichkeit gänzlich verzichtet, was die spanische LEC ausnahmslos vermeidet. Dieser mögliche Verzicht auf eine mündliche Verhandlung wurde mit der Zivilprozessreform 2001 im deutschen Zivilprozess vor allem durch die neuen Absätze 3 und 4 des § 128 ZPO noch ausgeweitet, indem nunmehr Kostenentscheidungen und Entscheidungen, die keine Urteile sind, grundsätzlich keiner mündlichen Verhandlung mehr bedürfen. Zusammenfassend lässt sich damit Folgendes feststellen: Während der spanische Gesetzgeber der Mündlichkeit zum Zwecke der Beschleunigung des Prozesses einen maximalen Anwendungsbereich zu verschaffen sucht, findet sich im deutschen Prozess die eher gegenläufige Tendenz. Der deutsche Gesetzgeber versucht gerade durch eine Einsparung von mündlichen Verhandlungen den Aufwand und die Zeit eines Verfahrens zu minimieren. Auf dieser Linie liegt auch der Entwurf eines Gesetzes zur Modernisierung der Justiz[90], das weitere Fälle vorsieht, in denen nicht mündlich verhandelt werden muss[91].

cc. Juicio verbal

Noch stärker fällt der Unterschied zwischen dem spanischen und deutschen Prozess im Hinblick auf die Mündlichkeit aus, wenn das spanische Verfahren im juicio verbal betrieben wird[92]. Bei diesem Verfahren findet, von der Klage abgesehen, das gesamte Prozessgeschehen in mündlicher Form statt. Selbst die Klage kann als so genannte kurz gefasste Klage oder mittels eines Formulars erhoben werden, die lediglich die Bezeichnung der Parteien und den Antrag anführen müssen, vgl. Art. 437 LEC[93]. Insofern muss der Vortrag zur Komplettierung der Klage in der mündlichen Verhandlung ergänzt werden, so dass nicht einmal die Klage selbst vollständig schriftlich erhoben wird.

---

[89] So Leipold in FS Fasching, 329, 344. Nach Greger, aaO, 379, wird bei einem frühen ersten Termin von etwa zwei Dritteln der Richter an Amtsgericht und Landgericht eine Klageerwiderungsfrist gesetzt.

[90] Justizmodernisierungsgesetz – JuMoG, Bundestags-Drucksache 15/1508 vom 2.9.2003.

[91] Beispielsweise soll bei einer Erledigungserklärung des Klägers das Einverständnis des Beklagten fingiert werden, wenn sich dieser nicht innerhalb einer Notfrist von zwei Wochen dazu äußert. Damit könnte das Gericht einen Beschluss nach § 91 a ZPO erlassen und müsste nicht mehr, wie es bisher der Fall ist, „streitig“ zur Erledigung verhandeln, vgl. näher dazu BT-Drs. 15/1508, S. 5, 17.

[92] Dies ist u.a. bei einem Streitwert von bis zu 3000 € der Fall. Zum Verfahren des juicio verbal vgl. S. 79 ff.

[93] Das offizielle Formular zur Erhebung einer Klage im juicio verbal sieht allerdings zusätzlich die Angabe einer kurzen Begründung vor. Ein Muster eines Formulars ist abgedruckt im BOE Nr. 73 vom 14. November 2002, S. 40032.

b. Bedeutung des Mündlichkeitsprinzips

Übereinstimmend bedeutet das Verfahrensprinzip der Mündlichkeit in beiden Rechtsordnungen, dass das Gericht eine Entscheidung nur auf Grund einer mündlichen Verhandlung treffen darf. Die im deutschen Zivilprozess außerdem bestehende Bedeutung, dass das Gericht nur den Prozessstoff berücksichtigen darf, den ihm die Parteien in der mündlichen Verhandlung vorgetragen haben, existiert im spanischen Recht allerdings nicht. Nach spanischem Verständnis müssen die Parteien im Normalverfahren des juicio ordinario vielmehr in der schriftlichen Klage und der schriftlichen Klageerwiderung den wesentlichen Prozessstoff vorbringen. Dieser darin vorgebrachte Prozessstoff ist Gegenstand des Verfahrens, ohne dass eine Bezugnahme in der mündlichen Verhandlung erforderlich ist. Dieses System bewirkt, dass der Streitgegenstand – also der Antrag und die ihn stützenden Tatsachen – bereits vor dem Haupttermin festgelegt ist und im Normalfall in der mündlichen Verhandlung nicht mehr verändert werden kann, vgl. Art. 412.1 LEC. In der Verhandlung selbst ist in der Regel nur noch erläuterndes und ergänzendes Parteivorbringen erlaubt, s. Art. 412.2, 426.1 bis 3 LEC, sowie Vorbringen, das sich auf nachträglich eingetretene oder bekannt gewordene Tatsachen bezieht, Art. 426.4, 433.1 Abs. 2, 286 LEC[94]. Der spanische Ansatz ist sicherlich aus der Geschichte des dortigen Zivilprozesses zu erklären, in dessen Praxis bisher der dem Mündlichkeitsprinzip nach deutschem Verständnis eher gegenteilige Grundsatz „quod non est in actis non est in mundo" galt[95].

2. Unmittelbarkeit

Der Grundsatz der Unmittelbarkeit bedeutet sowohl im spanischen als auch im deutschen Zivilprozess, dass die mündliche Verhandlung und die Beweisaufnahme unmittelbar vor dem erkennenden Gericht zu erfolgen haben, vgl. Art. 137 LEC[96] und §§ 128 Abs. 1, 355 ZPO. Trotz dieser identischen Grundentscheidung zu Gunsten der Unmittelbarkeit bestehen Unterschiede in der konkreten Ausgestaltung.

---

[94] Vgl. dazu Prieto-Castro y Ferrándiz, Derecho Procesal Civil, S. 255, der – mit Bezug auf das Verfahren bis zur Reform durch die LEC 2000 – darauf hinweist, dass auf Grund der Bindung des Vortrags im mündlichen Verfahren an die zuvor eingereichten Schriftsätze von einer Geltung des „Mündlichkeitsprinzips" nicht gesprochen werden könne.

[95] So Esparza Leibar, Principios del procedimiento, 1.

[96] Der Gesetzestext des Art. 137.2 LEC spricht zwar nicht allgemein von allen Verhandlungen, sondern von solchen, die „die Anhörung der Parteien zum Gegenstand haben". Im Ergebnis werden durch dieses Kriterium aber so gut wie alle Verhandlungen erfasst; vgl. dazu den ersten Teil S. 66.

a. Umfang

Bezüglich der Anwesenheit in der mündlichen Verhandlung lässt es das deutsche Recht gemäß § 309 ZPO ausreichen, wenn die erkennenden Richter in der letzten mündlichen Verhandlung zugegen waren. Das spanische Recht hingegen kennt eine solche Einschränkung des Unmittelbarkeitsgrundsatzes nicht. Grundsätzlich soll der entscheidende Richter das gesamte Verfahren miterlebt haben. Das Bestreben, den Unmittelbarkeitsgrundsatz möglichst in voller Reinheit zu verwirklichen, kommt besonders in Art. 194.1 LEC zum Ausdruck. Dieser verpflichtet selbst pensionierte Richter, an der Abfassung der Urteile mitzuwirken, die auf eine Verhandlung ergehen, an der sie noch vor ihrer Pensionierung teilgenommen haben. In den Fällen, in denen ein Richter nicht einmal schriftlich sein Votum für die Urteilsfällung abgeben kann, wird das Urteil von den verbleibenden Richtern gefällt, falls diese eine absolute Mehrheit bilden können[97]; ansonsten muss die Verhandlung wiederholt werden, vgl. Art. 199.2 LEC. Bei den Gerichten der ersten Instanz, bei denen nur ein Richter entscheidet, ist die Wiederholung der Verhandlung gemäß Art. 200.1 LEC bei einer Verhinderung des Richters bei der Urteilsfällung sogar die Regel[98].

b. Ausnahmen

Festzustellen ist außerdem, dass das deutsche Recht im Rahmen der Beweisaufnahme weiterreichende Ausnahmen vom Unmittelbarkeitsgrundsatz als das spanische Recht kennt. Im deutschen Zivilprozess ist eine Aufnahme der Beweise durch einen beauftragten Richter, einen ersuchten Richter oder einen Einzelrichter unter deutlich einfacheren Voraussetzungen möglich als im spanischen. Beispielsweise kann nach § 375 Abs. 1 a ZPO eine Zeugenvernehmung einem Mitglied des Prozessgerichts übertragen werden, wenn dies zweckmäßig erscheint und wenn anzunehmen ist, dass das Prozessgericht das Beweisergebnis auch ohne unmittelbaren Eindruck sachgemäß zu würdigen vermag[99]. Die spanische Regelung verlangt hingegen grundsätzlich, dass alle erkennenden Richter an der Beweisaufnahme teilgenommen haben. Bei einem Verstoß hiergegen sind die entsprechenden gerichtlichen Akte nichtig (Art. 137.3 LEC), so dass sie wiederholt werden müssen. Lediglich wenn einer Partei oder einem Zeugen ein persönliches Erscheinen vor Gericht nicht zugemutet werden kann, ist in Spanien unter bestimmten Voraussetzungen eine Gerichtshilfe erlaubt[100]. Trotz der äußerst modernen Dokumentation der Verhandlungen (Videoaufnahme) und der daher

---

[97] Vgl. dazu auch Art. 255.1 LOPJ, der eine Urteilsfällung nur dann erlaubt, wenn der Spruchkörper eine absolute Mehrheit bilden kann.

[98] Näher dazu im ersten Teil S. 67.

[99] Die Vorschrift wurde durch das Rechtspflege-Vereinfachungsgesetz von 1990 (BGBl I S. 2847) eingefügt.

[100] Siehe dazu S. 64.

vorhandenen technischen Möglichkeiten gab es bei Erlass der LEC 2000 in Spanien auch keine gesetzliche Vorschrift, die es zugelassen hätte, Beweisaufnahmen und insbesondere Zeugenvernehmungen per Videokonferenz durchzuführen[101]. Mittlerweile ist der spanische Gesetzgeber aber tätig geworden und hat in das Gerichtsverfassungsgesetz eine Vorschrift eingefügt, die Beweisaufnahmen mit Hilfe einer Videokonferenz erlaubt[102]. Die sonstige Verhandlung kann jedoch nach wie vor nicht im Wege der Videoübertragung geführt werden, da eine dem neuen § 128 a ZPO entsprechende Regelung im spanischen Zivilprozessrecht nicht vorhanden ist.

c. Stellungnahme

Bei einer wertenden Betrachtung fällt auf, dass das spanische Recht den Unmittelbarkeitsgrundsatz in voller Reinheit zu verwirklichen sucht, während das deutsche Recht bedeutende Einschränkungen von diesem Grundsatz vornimmt. Unter dem Aspekt der Beschleunigung ist die spanische Regelung jedoch eher bedenklich. Trotz der generellen Eignung der Unmittelbarkeit, das Verfahren zu beschleunigen, kann sie – allzu streng verwirklicht – den Prozessverlauf auch hindern[103]. Bei der Beweisaufnahme beispielsweise werden die dem deutschen Recht bekannten Ausnahmen von der Unmittelbarkeit in aller Regel von praktischen Erwägungen geleitet[104] und dienen damit auch der Prozessökonomie[105]. Verzichtet man mit dem spanischen Recht auf solche Ausnahmen, wird man in vielen Fällen durch das strenge Festhalten an der Unmittelbarkeit im Gegenteil eine Verkomplizierung und Lähmung des Verfahrens bewirken. Auch die Entscheidung, dass die entscheidenden Richter ausnahmslos das gesamte Verfahren miterlebt haben müssen, wirkt der Prozessökonomie eher entgegen. Teilweise wird es sich aus praktischen Gründen schlicht nicht vermeiden lassen, dass im Laufe eines Verfahrens ein Richterwechsel vorgenommen werden muss. Die Antwort des spanischen Prozessrechts lautet in diesem Fall, dass das komplette Verfahren mit dem oder den neu eingetretenen Richtern wiederholt werden muss. Möglicherweise hängt die jetzige spanische Regelung aber auch lediglich damit zusammen, dass es im bisherigen Zivilprozess wenig Erfahrungen mit der

---

[101] In den Fällen, in denen das Gesetz eine Beweisaufnahme im Wege der Gerichtshilfe erlaubt, wurde die Durchführung einer Vernehmung per Video allerdings für zulässig gehalten. Begründet wurde dies damit, dass der Unmittelbarkeitsgrundsatz bei einer Videokonferenz weniger in Mitleidenschaft gezogen werde als bei einer Gerichtshilfe. An manchen Gerichten wurde eine Vernehmung im Wege der Videokonferenz daher bereits praktiziert, so die Auskunft von Prof. Bachmaier Winter, Universidad Complutense, Madrid.

[102] Siehe dazu die Ley Orgánica 12/2003 vom 24. Oktober 2003, abgedruckt im BOE Nr. 257 vom 27. Oktober 2003, S. 38241, 38246, die Art. 229 LOPJ einen Absatz 3 mit besagtem Inhalt hinzufügt.

[103] In diesem Sinne auch Bachmaier Winter in: Estudios Jurídicos, S. 219 f.

[104] Rosenberg/Schwab/Gottwald, § 83 III.

[105] Vgl. zum Beispiel bezüglich § 128 a ZPO Musielak/Stadler, § 128 a Rdnr. 1; Lüke, Rdnr. 32 a.

Unmittelbarkeit gab[106] und der somit diesbezüglich unerfahrene Gesetzgeber bestimmte Fallkonstellationen schlicht nicht gesehen hat. Die Vorschriften, die die Unmittelbarkeit im Visier haben, zielen bezeichnenderweise jeweils auf eine Situation, in der ein Richter nach Beendigung der mündlichen Verhandlung verhindert ist. Wie zu verfahren ist, wenn sich ein Verfahren über mehrere Termine zieht und ein Richter zwischen diesen Terminen ausfällt, sagt das Gesetz hingegen nicht. Insofern werden die praktischen Erfahrungen in den ersten Jahren der Gültigkeit der LEC 2000 sicherlich wichtige Aufschlüsse ergeben und den Gesetzgeber gegebenenfalls veranlassen, gerade zum Zwecke der Prozessökonomie Einschränkungen bezüglich des Unmittelbarkeitsgrundsatzes zu statuieren.

B. Verfahrensstruktur und Prozessförderungspflicht des Gerichts

I. Verfahrensstruktur und Prozessförderungspflicht des Gerichts im deutschen Recht

1. Grundstruktur

Die heutige Struktur des deutschen Zivilprozesses geht auf die Reformnovelle 1976 zurück[107]. In ihr wurden vor allem die Erfahrungen mit dem so genannten Stuttgarter Modell[108] verarbeitet und auf die wissenschaftliche Vorbereitung Fritz Baurs[109] zurückgegriffen[110]. Wie bereits erwähnt, stellt die Novelle *einen* mündlichen Haupttermin in den Mittelpunkt des Prozesses. An dieser Grundentscheidung orientiert sich der gesamte Verfahrensablauf.
Das Verfahren wird in der Regel durch Erhebung einer schriftlichen Klage eingeleitet (§ 253 Abs. 1 ZPO). Daran schließt sich eine Phase zur Vorbereitung des Haupttermins an, die aus einem schriftlichen Vorverfahren (§ 276 ZPO) oder einem frühen ersten Termin (§ 275 ZPO) besteht, flankiert von weiteren vorbereitenden Maßnahmen des Gerichts (§§ 273, 358 a ZPO). Im Haupttermin sollen die Streitsache verhandelt und die entsprechenden Beweise erhoben werden (§§ 272 Abs. 1, 279 Abs. 2 ZPO). Auf der Basis dieses einen Haupttermins soll schließlich das Urteil ergehen. Der deutsche Zivilprozess lässt sich also grob in drei Phasen einteilen: Schriftliches Einleitungsverfahren, Vorbereitungsphase mit schriftlichen Anordnungen oder mündlichem Termin, Haupttermin mit Beweisaufnahme und anschließendem Urteil[111].

---

[106] Vgl. dazu die Ausführungen im ersten Teil S. 60.
[107] Zur Vereinfachungsnovelle 1976 siehe bereits S. 158.
[108] Dazu Bender, DRiZ 1968, 163 ff; Arens, Mündlichkeitsprinzip und Prozessbeschleunigung im Zivilprozess, 33f.
[109] F. Baur, Wege zu einer Konzentration der mündlichen Verhandlung im Prozess. Zusammenfassend Arens, aaO, 31 ff.
[110] So Stürner in: FS für Schumann, 491, 502.
[111] Einteilung nach Stürner, aaO, 502.

2. Vorbereitung der mündlichen Verhandlung

Neben den Parteien hat auch das Gericht die Pflicht, auf eine schnelle Erledigung des Rechtsstreits hinzuwirken[112]. Diese Prozessförderungspflicht des Gerichts kommt insbesondere in den §§ 271 bis 273 ZPO zum Ausdruck[113], die die Vorbereitung des Haupttermins zum Gegenstand haben. Nach dem Willen des Gesetzgebers der Vereinfachungsnovelle 1976 soll das Verfahren möglichst auf der Basis eines Haupttermins entschieden werden, vgl. § 272 Abs. 1 ZPO; um das genannte Ziel zu erreichen, ist eine umfassende Vorbereitung dieses Termins wesentliche Voraussetzung[114]. Nach § 272 Abs. 2 ZPO hat das Gericht dabei zwei Wege zur Vorbereitung. Es kann entweder einen frühen ersten Termin zur mündlichen Verhandlung bestimmen (§ 275 ZPO) oder ein schriftliches Vorverfahren einleiten (§ 276 ZPO). Für welchen Weg sich das Gericht entscheidet, liegt in seinem Ermessen[115]. Aus dem Zweck von § 272 ZPO ergibt sich jedenfalls, dass die Entscheidung unter dem Aspekt der Beschleunigung und Konzentration getroffen werden soll[116]. Welches Vorgehen zu einer schnelleren Verfahrensabwicklung führt, lässt sich allerdings nicht abstrakt beantworten. Die überwiegende Praxis scheint sich zwar in der Regel vom frühen ersten Termin ein zügigeres Erreichen des Prozessziels zu versprechen, gleichzeitig erwartet aber ein anderer Teil vom schriftlichen Vorverfahren eine umfassendere Vorbereitung des Haupttermins und damit einhergehend in vielen Fällen eine schnellere Bearbeitung der Streitsache[117]. Im Ergebnis dürfte es am konkreten Fall liegen, welches Verfahren beschleunigungsfreundlicher ist[118].

a. Schriftliches Vorverfahren

Entscheidet sich das Gericht für die Durchführung eines schriftlichen Vorverfahrens, fordert es den Beklagten mit der Zustellung der Klage auf, innerhalb einer Notfrist von zwei Wochen nach Zustellung der Klageschrift schriftlich anzuzeigen, ob er sich gegen die Klage verteidigen wolle, § 276 Abs. 1 S. 1 ZPO. Unterlässt er dies, kann gegen ihn nach § 331 a ZPO auf Antrag des Klägers ein Versäumnisurteil ohne mündliche Verhandlung ergehen. Erklärt der Beklagte, dass er den Anspruch ganz oder teilweise anerkenne, wird er ebenfalls ohne

---

112 S. z.B. BGH NJW-RR 1991, 728, 730; BVerfGE 81, 264, 270; Rosenberg/Schwab/ Gottwald, § 84.I.

113 So Stein/Jonas/Leipold, § 272 Rdnr. 2 a.

114 Dazu Jauernig, § 28 II.1.

115 BGHZ 86, 31, 35; MünchKommZPO-Prütting, § 272 Rdnr. 5; Baumbach/Hartmann, § 272 Rdnr. 6; Jauernig, aaO, II.3. Wie bereits ausgeführt, scheint es in der Praxis keine eindeutige Präferenz für die eine oder andere Vorgehensweise zu geben.

116 MünchKommZPO-Prütting, § 272 Rdnr. 5; Stein/Jonas/Leipold, § 272 Rdnr. 8.

117 Greger, ZZP 100 (1987), 377, 378.

118 Zu möglichen Kriterien bei der Wahl der Vorgehensweise s. Stein/Jonas/Leipold, § 272 Rdnr. 8 ff.; Baumbach/Hartmann, § 272 Rdnr. 10.

mündliche Verhandlung dem Antrag gemäß verurteilt, § 307 Abs. 2 ZPO. Mit der Zustellung der Klage setzt das Gericht dem Beklagten gemäß § 276 Abs. 1 S. 2 ZPO zugleich eine Frist von mindestens zwei weiteren Wochen zur schriftlichen Klageerwiderung. Dem Kläger wiederum kann nach § 276 Abs. 3 ZPO eine Frist zur schriftlichen Stellungnahme auf die Klageerwiderung gesetzt werden.

b. Früher erster Termin

Das Verfahren mit frühem ersten Termin weist im Gegensatz zum schriftlichen Vorverfahren weniger klare Konturen auf, da die Gestaltung des Verfahrensablaufs zu weiten Teilen im Ermessen des Gerichts liegt[119]. So bleibt es dem Gericht überlassen, ob es dem Beklagten zur Vorbereitung des frühen ersten Termins eine Frist zur schriftlichen Klageerwiderung setzt, § 275 Abs. 1 S. 1 ZPO. In der Praxis scheint dies häufig der Fall zu sein[120]. Die Frist kann dem Beklagten auch noch im mündlichen Termin gesetzt werden, wenn dies zuvor noch nicht geschehen ist und der Beklagte noch nicht oder nicht ausreichend auf die Klage erwidert hat, vgl. § 275 Abs. 3 ZPO. Außerdem gestattet es § 275 Abs. 4 ZPO dem Gericht, auch dem Kläger nach Eingang der Klageerwiderung oder im Termin eine schriftliche Stellungnahme auf die Klageerwiderung innerhalb einer bestimmten Frist aufzugeben. Von dieser Möglichkeit machen die Gerichte allerdings seltener Gebrauch[121]. Wann der frühe erste Termin stattzufinden hat, wird vom Gesetz nicht gesagt. Die Bestimmung des § 272 Abs. 3 ZPO, die mündliche Verhandlung solle so früh wie möglich stattfinden, bietet dafür keinen Ersatz, da sie einerseits keine konkreten zeitlichen Vorgaben macht und andererseits für alle Verhandlungstermine, also auch für durch das schriftliche Vorverfahren vorbereitete Termine gilt[122]. Wenn das Verfahren in dem frühen ersten Termin zur mündlichen Verhandlung nicht abgeschlossen wird, trifft das Gericht gemäß § 275 Abs. 2 ZPO alle Anordnungen, die zur Vorbereitung des Haupttermins noch erforderlich sind[123].

---

[119] Leipold, Osaka Law Review Nr. 36 (1989), 13, 20. Ders., ZZP 97 (1984), 395, 404 weist darauf hin, dass an dem Verfahren mit frühem ersten Termin eigentlich nur normativ fixiert ist, dass ihm kein schriftliches Vorverfahren im Sinne des Gesetzes vorausgeht und damit die Möglichkeit eines schriftlichen Versäumnis- oder Anerkenntnisurteils (§§ 331 Abs. 3, 307 Abs. 2 ZPO) ausgeschlossen ist.

[120] Greger, aaO, 379.

[121] Greger, aaO, 379.

[122] Leipold, ZZP 97 (1984), 395, 404.

[123] Der frühe erste Termin kann also nicht nur dazu dienen, den Haupttermin vorzubereiten, sondern auch dazu, die Sache zur Entscheidungsreife zu bringen, vgl. Zöller/Greger, § 276 Rdnr. 9.

c. Gerichtliche Maßnahmen zur Vorbereitung nach § 273 ZPO

Durch die beiden eben beschriebenen Alternativen der Vorbereitung des Haupttermins – schriftliches Vorverfahren oder früher erster Termin – soll den Parteien die Möglichkeit zu vorbereitendem Vortrag gegeben werden. Das Gericht darf sich aber nicht damit begnügen, den Vortrag der Parteien lediglich entgegenzunehmen. Vielmehr macht es § 273 Abs. 1 ZPO dem Gericht zur Pflicht, darüber hinausgehend aktiv die erforderlichen Maßnahmen zur Vorbereitung des Haupttermins zu veranlassen[124]. In der Praxis bedeutsam ist die Möglichkeit[125] des Gerichts, den Parteien gemäß § 273 Abs. 2 Nr. 1 ZPO die Ergänzung oder Erläuterung ihrer vorbereitenden Schriftsätze innerhalb einer bestimmten Frist aufzugeben[126]. Weiter kann das Gericht nach § 273 Abs. 2 Nr. 3 das persönliche Erscheinen der Parteien anordnen. In nicht wenigen Fällen wird die persönliche Anwesenheit der Parteien den Fortgang der mündlichen Verhandlung fördern[127]. Außerdem kann das Gericht Behörden um Mitteilung von Urkunden oder um Erteilung von amtlichen Auskünften ersuchen (§ 273 Abs. 2 Nr. 2), Zeugen und Sachverständige zur mündlichen Verhandlung laden (§ 273 Abs. 2 Nr. 4) sowie die Vorlage von Urkunden und Augenscheinsobjekten anordnen (§ 273 Abs. 2 Nr. 5 i.V.m. §§ 142, 144). Mit Hilfe dieser gerichtlichen Möglichkeiten kann erreicht werden, dass die Beweismittel im Haupttermin präsent sind und dass von der streitigen Verhandlung unmittelbar in die Beweisaufnahme übergegangen werden kann[128]. Ausnahmsweise ist eine Beweisaufnahme auch schon vor der mündlichen Verhandlung möglich. Nach § 358 a S. 1 ZPO ist hierzu ein Beweisbeschluss erforderlich, der in den Fällen von Satz 2 (u.a. Begutachtung durch Sachverständige, Einnahme eines Augenscheins) vor der mündlichen Verhandlung ausgeführt werden kann.

3. Materielle Prozessleitung

a. Grundsätzliches und Bezug zur Beschleunigung des Verfahrens

Die Frage nach der Verteilung der Verantwortung zwischen Gericht und Parteien für die richtige Streitbeendigung ist eine Grundsatzfrage jedweden Prozessrechts, berührt sie doch fast alle Grundfragen des Zivilprozesses[129]. Die *gesetzli-*

---

[124] MünchKommZPO-Prütting, § 273 Rdnr. 4; Musielak/Foerste, § 273 Rdnr. 1; Stein/Jonas/Leipold, § 273 Rdnr. 2.

[125] Die in § 273 Abs. 2 ZPO aufgelisteten Maßnahmen sind nur exemplarisch, vgl. Musielak/Foerste, § 273 Rdnr. 9; Schilken, Rdnr. 354.

[126] S. zu dieser Einschätzung Jauernig, § 28 II.4.

[127] So Lüke, Rdnr. 190.

[128] Jauernig, § 28 II.4.

[129] Stürner, Die richterliche Aufklärung im Zivilprozess (1982), Rdnr. 1 und 2.

che Ausgestaltung der richterlichen Aufklärungspflicht[130] – nunmehr vom Gesetzgeber materielle Prozessleitung genannt – stellt dabei aber nur einen Aspekt der Thematik dar; der andere Aspekt ist die konkrete Handhabung der Hinweispflicht durch das verhandelnde Gericht. So herrschte schon bis zur Novellierung durch das ZPO-Reformgesetz „große Unsicherheit" über den Umfang der richterlichen Hinweispflicht[131], und auch nach der Reform ist nicht zu erwarten, dass alle diesbezüglichen Zweifel beseitigt worden sind[132]. Insbesondere zeigt sich im Einzelfall bei der Erteilung von Hinweisen immer wieder das Spannungsverhältnis zur richterlichen Neutralität[133]. Ein praktisch bedeutsames Beispiel hierfür ist die seit langem kontrovers diskutierte Frage, ob das Gericht den Anspruchsgegner auf die Möglichkeit hinweisen darf, sich mit der Einrede der Verjährung zu verteidigen[134]. Unabhängig von etwaigen Abgrenzungsfragen der angesprochenen Art ist es aber jedenfalls anerkannt, dass eine aktive Mitwirkung des Richters an der Verhandlung grundsätzlich prozessbeschleunigend wirkt und damit eine bedeutsame Rolle für eine zügige Verfahrensentwicklung spielt[135]. Vor allem kann eine rechtzeitige Information über die Sicht des Gerichts die Parteien und ihrer Anwälte zu einer stärkeren und gezielteren Aktivität veranlassen[136]. Auf diese Weise kann erreicht werden, dass unnötiger Parteivortrag vermieden wird und sich die Verhandlung auf die für die Streitentscheidung wesentlichen Punkte konzentriert.

Die folgende Darstellung kann bezüglich der angesprochenen Abgrenzungsfragen keinen Beitrag leisten[137]. Ziel ist es vielmehr, die Grundlinien der materiellen Prozessleitung durch das Gericht darzustellen, um die Basis für einen Vergleich mit dem spanischen Recht zu schaffen.

---

[130] Stein/Jonas/Leipold, § 139 Rdnr. 1 und 5 a, hält den eingebürgerten Terminus der „Aufklärungspflicht" für missverständlich und will daher von einer „richterlichen Frage- und Hinweispflicht" sprechen.

[131] So Pieckenbrock, NJW 1999, 1360, 1363.

[132] Dies schon deshalb, weil der Gesetzgeber darauf verzichtet hat, den Gerichten inhaltlich engere oder detailliertere Vorgaben als das bisherige Recht zu machen, wie BT-Drucksache 14/4722, S. 77 hervorhebt.

[133] Dazu Stürner, aaO, Rdnr. 19: „Die Lösung des Urkonflikts zwischen richterlicher Beratung und richterlicher Neutralität ist das eigentliche Kernproblem bei der Bestimmung des Umfangs und der Grenzen richterlicher Aktivität". S. auch Stein/Jonas/Leipold, § 139 Rdnr. 7 ff.

[134] Vgl. hierzu jüngst BGH NJW 2004, 164 f., der für einen solchen Hinweis in § 139 ZPO keine Grundlage sieht. Er lässt aber ausdrücklich offen, ob andere Vorschriften (etwa § 278 ZPO) den Hinweis auf die Einrede erlauben. Zum Streitstand in Rspr. und Lit. s. Musielak/Stadler, § 139 Rdnr. 9 mit Fn. 64.

[135] Stürner, aaO, Rdnr. 33; Stein/Jonas/Leipold, § 139 Rdnr. 1.

[136] So die Begründung der Bundesregierung, BT-Drucksache 14/4722, S. 62.

[137] S. aus neuerer Zeit ausführlich hierzu Rensen, Die richterliche Aufklärungspflicht (2002) sowie Pieckenbrock, aaO und Reischl, ZZP 116 (2003), 81 ff., der insbesondere den richterlichen Hinweis auf die prozessuale Erhebungsbedürftigkeit von Einreden untersucht.

b. Die Regelung des § 139 ZPO

Das ZPO-Reformgesetz hat die Pflicht des Gerichts zur materiellen Prozessleitung in das Zentrum seiner Bemühungen um eine Stärkung der ersten Instanz gestellt[138]. Der Wille des Gesetzgebers geht dahin, das Gericht stärker als bisher in die Klärung des Streitstoffs einzuschalten[139]. Zu diesem Zweck wurden die bisher an verschiedener Stelle aufgeführten Vorschriften zur richterlichen Hinweispflicht inhaltlich teilweise verändert und in der zentralen Norm des § 139 ZPO generalklauselartig zusammengeführt[140].

aa. Allgemeine Erörterungspflicht

§ 139 Abs. 1 ZPO regelt die allgemeine Erörterungspflicht des Gerichts. Er entspricht weitgehend dem bisherigen § 139 Abs. 1[141]. Nach § 139 Abs. 1 S. 1 ZPO hat es das Sach- und Streitverhältnis mit den Parteien sowohl in tatsächlicher als auch rechtlicher Hinsicht zu erörtern und Fragen zu stellen[142]. Es hat darauf hinzuwirken, dass sich die Parteien über alle erheblichen Tatsachen erklären, die Beweismittel bezeichnen und sachdienliche Anträge stellen, § 139 Abs. 1 S. 2 ZPO. Eine Erörterung ist also insbesondere erforderlich, wenn der Tatsachenvortrag, die Beweisangebote oder die Anträge der Parteien unvollständig, unklar oder neben der Sache sind[143]. Die Einführung neuer Tatsachen, die auf eine Auswechslung des Streitgegenstandes hinausliefen, sowie die Nennung von neuen Anspruchsgrundlagen, Einreden oder Anträgen ist hingegen nicht Aufgabe des Gerichts[144]. Das Objekt der Aufklärung ist damit nicht der Sachverhalt als solcher, sondern der Vortrag der Parteien[145].
Die Mittel zur richterlichen Aufklärung sind größtenteils in § 139 ZPO selbst genannt. In Betracht kommen insbesondere konkrete richterliche Hinweise und Fragen sowie die Erörterung des Streitverhältnisses mit den Parteien, d.h. die allseitige Aussprache zwischen Gericht und Parteien in tatsächlicher und rechtli-

---

[138] So Zöller/Greger, § 139 Rdnr. 1.
[139] BT-Drucksache 14/4722, S. 77.
[140] BT-Drucksache 14/4722, S. 77; Rimmelspacher, Zivilprozessreform 2002, XIII.
[141] So BT-Drucksache 14/4722, S. 77. Die Hauptänderung liegt in der Umstellung der bisherigen Sätze 1 und 2. Der bisherige Satz 2 ist nunmehr Satz 1, der bisherige Satz 1 nunmehr Satz 2. Anders Reischl (Fn. 137), 117, 111 ff.: Neu sei die Berechtigung und Verpflichtung des Richters, den Parteiwillen umfassender zu erforschen und unter Umständen auf die Erhebungsbedürftigkeit von Einreden und in bestimmten Fällen auf die Möglichkeit der Klageänderung hinzuweisen.
[142] Zum Verhältnis der richterlichen Aufklärungspflicht zur Aufklärungspflicht der Parteien Stürner, Die Aufklärungspflicht der Parteien des Zivilprozesses, 64 ff.
[143] Zöller/Greger, § 139 Rdnr. 3.
[144] Zöller/Greger, aaO; Thomas/Putzo/Reichold, § 139 Rdnr. 3 ff.
[145] So Stein/Jonas/Leipold, § 139 Rdnr. 5 a.

cher Hinsicht. Dafür kann es geboten sein, das persönliche Erscheinen beider Parteien gemäß § 141 ZPO anzuordnen[146].
Der Bezug auf die Benennung von Beweismitteln in § 139 ZPO hat vor allem für den Zeugenbeweis eine Bedeutung, der als einziger Beweis nicht auch von Amts wegen erhoben werden darf (vgl. §§ 273 Abs. 2 Nr. 4, 373 ZPO)[147]. Alle anderen Beweisaufnahmen kann das Gericht – entgegen der ursprünglichen Regelung der ZPO – auch von Amts wegen anordnen (vgl. §§ 142 bis 144, 448 ZPO)[148], auch wenn der Beweisantritt durch die Partei in der Praxis nach wie vor eine größere Rolle spielt[149].

bb. Verbot von Überraschungsentscheidungen

§ 139 Abs. 2 ZPO hat zum Inhalt, Überraschungsentscheidungen zu vermeiden und konkretisiert auf diese Weise den Anspruch auf rechtliches Gehör[150] und das Recht auf ein faires Verfahren[151]. Das Gericht darf seine Entscheidung auf einen Gesichtspunkt, den eine Partei erkennbar übersehen oder für unerheblich gehalten hat, nur stützen, wenn es darauf hingewiesen und Gelegenheit zur Äußerung dazu gegeben hat. Dasselbe gilt für einen Gesichtspunkt, den das Gericht anders beurteilt als beide Parteien. Während § 278 Abs. 3 ZPO, der das Verbot von Überraschungsentscheidungen vor der ZPO-Reform 2001 statuierte, lediglich eine Hinweispflicht auf rechtliche Gesichtspunkte vorsah[152], bezieht sich die neue Regelung auch auf Gesichtspunkte tatsächlicher Art[153]. Zudem erweitert das Gesetz die Hinweispflicht nunmehr auf entscheidungserhebliche Gesichtspunkte rechtlicher oder tatsächlicher Art, welche die Parteien zwar gesehen haben und unter Umständen auch für wichtig halten, jedoch übereinstimmend anders bewerten als das Gericht. Mit dieser geschilderten umfangreichen Richteraktivität soll erreicht werden, dass der Prozessstoff schon in der ersten Instanz möglichst umfassend behandelt wird und der Anreiz zur Einlegung von Rechtsmitteln gemindert wird[154]. Insofern dient sie auch der Konzentration und Beschleunigung des Verfahrens[155].

---

[146] Vgl. näher zu den Mitteln der richterlichen Aufklärungspflicht Thomas/Putzo/Reichold, § 139 Rdnr. 25 ff.; Schilken, Rdnr. 359; Rosenberg/Schwab/Gottwald, § 78 III.1 und 2.

[147] Schilken, Rdnr. 356.

[148] MünchKommZPO/Peters, §§ 142-144 Rdnr. 3 ff; Rosenberg/Schwab/Gottwald, § 78 III.3; BGH NJW 1997, 3381, 3382 zur gerichtlichen Pflicht zur Einschaltung eines Sachverständigen von Amts wegen.

[149] Schilken, Rdnr. 350.

[150] BVerfG NJW-RR 2002, 69, 70; BVerfG NJW 1994, 1274.

[151] Vgl. beispielsweise OLG Hamm NJW-RR 1991, 703 zur Vorgängerreglung des § 278 Abs. 3 ZPO a.F.

[152] Näher zur alten Gesetzeslage Stein/Jonas/Leipold, § 278 Rdnr. 37.

[153] Baumbach/Hartmann, § 139 Rdnr. 38; Thomas/Putzo/Reichold, § 139 Rdnr. 17 ff.

[154] So Stein/Jonas/Leipold, § 278 Rdnr. 24a mit Hinweis auf den Bericht des Bundestagsrechts-ausschusses, BT-Drucksache 7/5250, 8.

[155] Stein/Jonas/Leipold, aaO; Thomas/Putzo/Reichold, § 139 Rdnr. 16.

cc. Bedenken bei von Amts wegen zu berücksichtigenden Punkten

Nach § 139 Abs. 3 ZPO hat das Gericht auf die Bedenken aufmerksam zu machen, die hinsichtlich der von Amts wegen zu berücksichtigenden Punkte bestehen[156]. Gemeint sind damit vor allem die prozessualen Tatsachen, von denen die Zulässigkeit der Klage oder Widerklage abhängt und die Schlüssigkeit des Vortrags innerhalb des Streitgegenstands[157]. Ausweislich des Wortlauts hat das Gericht lediglich „auf die Bedenken aufmerksam zu machen"; amtliche Untersuchungen und Nachforschungen muss das Gericht demzufolge nicht anstellen[158].

dd. Dokumentationspflicht

§ 139 Abs. 4 wurde durch das ZPO-RG neu in die ZPO eingefügt. Gemäß § 139 Abs. 4 S. 1 ZPO sind die gerichtlichen Hinweise so früh wie möglich zu erteilen. Ob damit zum Ausdruck kommt, dass das Gericht der Hinweispflicht nicht erst in der mündlichen Verhandlung nachzukommen hat, sondern in jedem Stadium des Verfahrens, also beispielsweise schon nach Klageeinreichung, ist umstritten[159]. Nach der gleichen Vorschrift sind die erteilten Hinweise aktenkundig zu machen. Dies geschieht entweder im Sitzungsprotokoll (§ 160 Abs. 2 ZPO) oder durch Aktenvermerk[160]. Nach § 139 Abs. 4 S. 2 ZPO kann die Erteilung des Hinweises nur durch den Inhalt der Akten bewiesen werden und nach § 139 Abs. 4 S. 3 ZPO ist gegen den Inhalt der Akten nur der Einwand der Fälschung zulässig.

Die nunmehr festgesetzte Pflicht zur umfassenden Aktenkundigmachung gehörte zu den am heftigsten diskutierten Fragen im Reformprozess des ZPO-RG[161]. Kritisiert wurde vor allem, dass sie zu einer unnötigen Formalisierung des Verfahrens und damit zu einem sinnlosen Mehraufwand bei den Gerichten führe[162].

---

[156] § 139 Abs. 3 entspricht inhaltlich weitgehend dem bisherigen § 139 Abs. 2 ZPO, so auch BT-Drucksache 14/4722, S. 77.

[157] Thomas/Putzo/Reichold, § 139 Rdnr. 11; zur Widerklage vgl. BGH NJW 1995, 1223; zur Schlüssigkeit vgl. BGH NJW-RR 1997, 441.

[158] Vgl. nur Zöller/Greger, § 139 Rdnr. 9.

[159] Bejahend Rosenberg/Schwab/Gottwald, § 78 III.1; Thomas/Putzo/Reichold, § 139 Rdnr. 32; so zu verstehen wohl auch BGH NJW 2002, 3317, 3320. Verneinend Baumbach/Hartmann, § 278 Rdnr. 3 („§ 139 bezieht sich erst auf die mündliche Verhandlung"). Vermittelnd Zöller/Greger, § 139 Rdnr. 11 (obwohl grundsätzlich auch schon vor der mündlichen Verhandlung eine Hinweispflicht bestehe, müsse dem Gericht die Freiheit zugestanden werden, dem Hinweis eine mündliche Erörterung mit den Parteien voraus gehen zu lassen).

[160] Musielak/Stadler, § 139 Rdnr. 27; Jauernig, § 25 VII.6; Lüke, Rdnr. 196.

[161] Musielak/Stadler, § 139 Rdnr. 26. Siehe hierzu auch die Begründung des Regierungsentwurfs (BT-Drs. 14/4722, S. 77 f.), die Stellungnahme des Bundesrats (aaO, S. 147) sowie die Gegenäußerung der Bundesregierung (aaO, S. 155).

[162] So die Stellungnahme des Bundesrats zum Regierungsentwurf, BT-Drucksache 14/4722, S. 147. In die gleiche Richtung geht der Entwurf der Fraktion der CDU/CSU und einiger Abgeordneter für ein erstes Gesetz zur Beschleunigung von Verfahren der Justiz (1. Justizbeschleunigungsgesetz), BT-Drucksache 15/999 vom 20.5.2003, S. 11 und 16, der die Abschaffung von § 139 Abs. 4 ZPO vorsieht. Ebenso Röttgen, ZRP 2003, 345, 346. Gegen die Streichung der Dokumentationspflicht wendet sich Rensen, MDR 2003, 483, 484. Wegen § 160

Weiterhin wurde die Befürchtung geäußert, dass die Regelung die Parteien dazu verleiten werde, in der ersten Instanz Anlässe für Rechtsfehler des Gerichts zu setzen, welche die zweite Instanz eröffnen[163]. Eine Verletzung der Prozessleitungspflicht ist nämlich ein Verfahrensfehler, der bei Vorliegen der entsprechenden Voraussetzungen mit der Berufung oder Revision geltend gemacht werden kann[164]. Ist das Urteil nicht berufungsfähig, kommt auch die Gehörsrüge des § 321 a Abs. 1 Nr. 2 ZPO[165] sowie nach Erschöpfung des Rechtswegs eine Verfassungsbeschwerde wegen Verletzung des Anspruchs auf rechtliches Gehör in Betracht[166]. Insofern ist die neu eingeführte Dokumentationspflicht unter dem Aspekt der Beschleunigung nicht unproblematisch. Einerseits kann sich der verstärkte Formalismus in der mündlichen Verhandlung hemmend auf den Verhandlungsgang auswirken. Andererseits führt sie zu weiteren Angriffsmöglichkeiten gegen eine gerichtliche Entscheidung, was dem Ziel einer möglichst raschen und vor allem endgültigen Streitbeilegung ebenfalls zuwiderläuft[167].

ee. Schriftsatzrecht

Kann sich eine Partei auf einen gerichtlichen Hinweis nicht sofort erklären, soll ihr auf ihren Antrag eine Schriftsatzfrist gesetzt werden, damit sie die Erklärung nachbringen kann, § 139 Abs. 5 ZPO. Die Vorschrift wurde ebenfalls durch das ZPO-RG in die ZPO eingefügt. Nach den Worten des Gesetzgebers verlangt der Anspruch auf rechtliches Gehör, dass den Parteien eine angemessene Reaktion auf einen gerichtlichen Hinweis ermöglicht wird[168]. Von den Verfassern des Entwurfs des Justizbeschleunigungsgesetzes wird die Streichung der Vorschrift gefordert. Durch sie läge es in der Hand der Parteien, bei einer Erfüllung der gerichtlichen Hinweispflichten das Verfahren durch die Bezugnahme auf ihnen einzuräumende Erklärungsfristen nach Belieben zu verzögern[169].

Abs. 2 ZPO seien Hinweise nach der überwiegenden Auffassung auch schon vor In-Kraft-Treten der ZPO-Reform zu protokollieren gewesen. Musielak/Stadler, § 139 Rdnr. 26 weist jedoch zu Recht darauf hin, dass die Hinweise nach § 160 Abs. 2 ZPO nicht von der Beweiskraftregel des § 165 ZPO erfasst wurden. Dies ist jetzt wegen § 139 Abs. 4 S. 2 ZPO anders.

163 Siehe die Nachweise in Fn. 162.

164 Zöller/Greger, § 139 Rdnr. 20.

165 Jauernig, § 25 VII.6; Lüke, Rdnr. 196.

166 Siehe dazu BVerfG NJW 1994, 1274.

167 So auch Jauernig, § 25 VII; Lüke, aaO.

168 BT-Drucksache 14/4722, S. 78.

169 BT-Drucksache 15/999, S. 16. Hiergegen wendet sich Rensen, MDR 2003, 483, 484 mit weiteren Nachweisen (dort Fn. 24). Aus einer analogen Anwendung von § 283 ZPO hätte sich bisher auch schon eine Schriftsatzfrist ergeben.

4. Gütliche Streitbeilegung

a. Grundsätzliches und Bezug zur Beschleunigung des Verfahrens

Die Vorschriften über die gütliche Streitbeilegung wurden durch das ZPO-Reformgesetz neu gestaltet. Der Gesetzgeber war der Auffassung, dass bisher die „Möglichkeit einer einvernehmlichen Konfliktlösung, die rascher und kostengünstiger und eher dauerhaft Rechtsfrieden zwischen den Parteien stiften kann als die streitige Entscheidung, im heutigen Zivilprozess nicht ausreichend genutzt wird“[170]. Das erklärte Ziel des Gesetzgebers war es daher, dass die Gerichte „ein stärkeres Augenmerk auf eine gütliche Streitbeilegung in einem möglichst frühen Prozessstadium legen“[171]. Neben der Absicht, eine gründlichere Konfliktbereinigung herbeizuführen[172], hatte der Gesetzgeber mit der Neuregelung der Vorschriften über die gütliche Streitbeilegung also auch die Beschleunigung des Verfahrens im Blick[173]. Die wichtigste Änderung besteht darin, dass das Gesetz nunmehr gemäß § 278 Abs. 2 ZPO eine obligatorische Güteverhandlung vorsieht, die der mündlichen Verhandlung vorauszugehen hat. Diese Institutionalisierung des Gütegedankens wurde allerdings bereits vor der Einführung heftig kritisiert[174]. Auch schon vor der Reform durch das ZPO-Reformgesetz wurde die Festsetzung eines obligatorischen Güteverfahrens – nicht zuletzt mit dem Hinweis auf die negativen Erfahrungen mit diesem Verfahren zwischen 1924 und 1950 – überwiegend abgelehnt[175]. Vorgebracht wurde unter anderem, dass der Versuch einer gütlichen Streitbeilegung schon zu Beginn des Prozesses zu früh komme, da die Einigungsbereitschaft erst im Laufe des Prozesses zunehme[176]. In der Tat scheint die obligatorische Güteverhandlung in der bisherigen Praxis nicht zu den erhofften Erfolgen führen[177]. Insbesondere scheint sich die Vergleichsquote nach den Erfahrungen der Gerichte nicht gesteigert zu haben, was erklärtes Ziel des Gesetzgebers war[178]. Vor diesem Hintergrund wird durch den generellen Zwang, eine Güteverhandlung durchzuführen, keine Beschleunigung des Verfahrens erreicht; vielmehr wird sogar unnötig Zeit vertan. Der Entwurf der Oppositionsparteien eines ersten Gesetzes zur Beschleunigung

---

[170] Begründung der Regierungsentwurfs, BT-Drucksache 14/4722, S. 58.
[171] BT-Drucksache 14/4722, S. 62.
[172] Hinter diesem Ziel steckt die Erkenntnis, dass ein Rechtsstreit häufig nur die „Spitze des Eisbergs“ tiefer liegender persönlicher oder wirtschaftlicher Konflikte darstellt, vgl. Rimmelspacher, Zivilprozessreform 2002, S. XIII.
[173] Jauernig, § 28 II.2.
[174] Vgl. beispielsweise die Stellungnahme des Bundesrats zum Regierungsentwurf, BT-Drucksache 14/4722, S. 147.
[175] Stein/Jonas/Leipold, § 279 Rdnr. 5 mit weiteren Nachweisen.
[176] Jauernig, § 28 II.2; Stellungnahme des Bundesrats zum Regierungsentwurf, BT-Drucksache 14/4722, S. 148.
[177] So Schneider, MDR 2003, 901, 902.
[178] So der Entwurf für ein Justizbeschleunigungsgesetz, BT-Drucksache 15/999, S. 11.

von Verfahren der Justiz sieht mit dieser Begründung auch schon wieder die Abschaffung der obligatorischen Güteverhandlung vor[179].

b. Die Regelung des § 278 ZPO

aa. Obligatorische Güteverhandlung

§ 278 Abs. 2 ZPO statuiert die obligatorische Güteverhandlung. Nach § 278 Abs. 2 S. 1 ZPO kann auf sie nur dann verzichtet werden, wenn bereits ein Einigungsversuch vor einer außergerichtlichen Gütestelle stattgefunden hat (vgl. § 15 a EGZPO) oder die Güteverhandlung erkennbar aussichtslos erscheint[180]. Der Ablauf der Güteverhandlung entspricht im Wesentlichen dem Ablauf der mündlichen Verhandlung[181]. Das Gericht hat nach § 278 Abs. 2 S. 2 ZPO mit den Parteien den Sach- und Streitstand zu erörtern sowie Fragen zu stellen. In der Regel sollen die Parteien daher persönlich anwesend sein, § 278 Abs. 2 S. 3, Abs. 3. Erscheinen beide Parteien in der Güteverhandlung nicht, ist gemäß § 278 Abs. 4 ZPO das Ruhen des Verfahrens anzuordnen. Nach § 278 Abs. 5 besteht die Möglichkeit, die Güteverhandlung vor einem beauftragten oder ersuchten Richter durchzuführen.

bb. Gütliche Beilegung des Rechtsstreits

Abgesehen vom Einigungsversuch in der obligatorischen Güteverhandlung soll das Gericht nach § 278 Abs. 1 ZPO in jeder Lage des Verfahrens auf eine gütliche Beilegung des Rechtsstreits oder einzelner Streitpunkte bedacht sein. Dies kann insbesondere jeder dem Gericht geeignete Moment in der eigentlichen mündlichen Verhandlung sein, wobei sich der Zeitpunkt nach beendeter Beweisaufnahme in besonderem Maße anbietet[182]. Darüber hinaus kann nach § 278 Abs. 6 ZPO ein gerichtlicher Vergleich auch dadurch geschlossen werden, dass das Gericht einen schriftlichen Vergleichsvorschlag vorlegt, den die Parteien durch schriftliche Erklärung gegenüber dem Gericht annehmen können[183]. Dieser erleichterte Vergleichsschluss wird von der Praxis einhellig begrüßt[184]. Er

179 BT-Drucksache 15/999, S. 1, 11, 16.

180 Der Regierungsentwurf sah noch vor, dass die Güteverhandlung auf Antrag einer Partei zwingend – also auch bei offensichtlicher Aussichtslosigkeit einer gütlichen Einigung – durchzuführen ist. Hiergegen wandte sich u.a. der Bundesrat, der durch diese Regelung Verfahrensverzögerungen und Mehrbelastungen der Gerichte befürchtete, vgl. BT-Drucksache 14/4722, S. 148.

181 Thomas/Putzo/Reichold, § 278 Rdnr. 9; im Ergebnis ähnlich MünchKommZPO-Prütting, Aktualisierungsband, § 278 Rdnr. 24.

182 Baumbach/Hartmann, § 278 Rdnr. 10.

183 Ausführlich dazu Gehrlein, MDR 2003, 421, 422. Nach dem OLG Naumburg, NJW 2002, 3786 soll es auch ausreichend sein, wenn die Parteien den gerichtlichen Vergleichsvorschlag zwar modifizieren, aber beide den gemeinsamen Vergleichstext unterzeichnen.

184 So Röttgen, ZRP 2003, 345, 346; BT-Drucksache 15/999, S. 17.

erspart eine weitere mündliche Verhandlung und damit auch den Parteien und ihren Prozessvertretern die Anreise zum Gericht[185].

cc. Richteraktivität

Auch im Rahmen der Bemühungen um eine gütliche Einigung der Parteien stellt sich die im vorhergehenden Abschnitt allgemein behandelte Frage nach der Richteraktivität. Hier geht es darum, wie aktiv das Gericht eine Einigung anstreben darf. Genaue Leitlinien für eine Handhabung des § 278 ZPO lassen sich diesbezüglich nicht geben[186]. Folgende Eckpunkte scheinen aber zumindest geklärt: Auf der einen Seite weist das Gesetz dem Gericht durch die Formulierung in § 278 Abs. 1 ZPO („...soll...bedacht sein") eine aktive Rolle zu und legt ihm quasi eine Pflicht zu einigungsfördernden Aktivitäten auf[187]. Auf der anderen Seite darf auf die Parteien kein Druck zum Abschluss eines Vergleichs ausgeübt werden und insbesondere nicht der Eindruck entstehen, dass das Gericht lediglich den Aufwand zur Abfassung eines Urteils vermeiden will[188].

5. Verfahren für geringfügige Streitigkeiten

In Deutschland gibt es kein spezielles Verfahren für geringfügige Forderungen. Eine Abweichung von der Grundstruktur des normalen Erkenntnisverfahrens erlaubt aber § 495a ZPO im amtsgerichtlichen Verfahren, wenn der Streitwert 600 Euro nicht übersteigt[189]. Regelungszweck der Vorschrift ist die Vereinfachung und Beschleunigung des Verfahrens[190]. Um dieses Ziel zu erreichen, kann das Gericht bei einem Streitwert bis 600 Euro sein Verfahren nach billigem Ermessen bestimmen, wobei nach § 495a S. 2 ZPO mündlich verhandelt werden muss, wenn eine Partei dies beantragt. Dem Richter ist damit ein doppeltes Ermessen eingeräumt: Zum einen, ob er von § 495a ZPO Gebrauch macht, zum anderen, wie er das Verfahren konkret gestaltet[191]. In der konkreten Ausgestaltung des Verfahrens ist der Richter zwar grundsätzlich frei, er muss jedoch die Prinzipien eines rechtsstaatlichen Verfahrens – beispielsweise den Anspruch auf

[185] BT-Drucksache 15/999, S. 17.

[186] So MünchKommZPO-Prütting, § 279 Rdnr. 10. Allgemein zum Umfang der richterlichen Aufklärung im zivilprozessualen Güteverfahren Stürner, Die richterliche Aufklärung im Zivilprozess, S. 72 ff.

[187] Vgl. statt vieler MünchKommZPO-Prütting, § 279 Rdnr. 5 und 11.

[188] Baumbach/Hartmann, § 278 Rdnr. 10; Zöller/Greger, § 278 Rdnr. 4; Stein/Jonas/Leipold, § 279 Rdnr. 7.

[189] Ob § 495a ZPO lediglich im ordentlichen Klageverfahren oder auch für alle anderen Verfahrensarten (z.B. für das einstweilige Verfügungsverfahren) gilt, ist strittig. Im erstgenannten Sinne Stein/Jonas/Leipold, § 495a Rdnr. 6; Bergerfurth, NJW 1991, 961, 962, im zweitgenannten Sinne Musielak/Wittschier, § 495 a Rdnr. 1; Zöller/Herget, § 495 a Rdnr. 4.

[190] Baumbach/Hartmann, § 495a Rdnr. 3; Musielak/Wittschier, § 495a Rdnr. 1.

[191] So Jauernig, § 69 II.4.

rechtliches Gehör – einhalten[192]. Insgesamt aber lassen sich kaum allgemein gültige Regeln für das Verfahren für geringfügige Streitwerte aufstellen, da nahezu jede gesetzliche Vorschrift nach § 495a ZPO abgewandelt werden kann[193]. Die größte Bedeutung kommt § 495a ZPO beim Beweisverfahren zu, in dem das Gericht frei Beweise erheben kann und nicht den Regeln des Strengbeweises folgen muss[194]. Wie bereits weiter oben ausgeführt, kann das Gericht auch auf eine mündliche Verhandlung verzichten, wenn eine solche nicht von einer Partei beantragt wird[195]. Erleichterungen bestehen bei der Abfassung des Urteils. Nach § 313a Abs. 1 S. 1 ZPO muss es keinen Tatbestand enthalten und nach § 313a Abs. 1 S. 2 ZPO bedarf es auch keiner Entscheidungsgründe, wenn die Parteien auf sie verzichten oder wenn ihr wesentlicher Inhalt in das Protokoll aufgenommen worden ist[196].

6. Einzelrichter

Der durch das ZPO-Reformgesetz vorgenommene Ausbau des Einsatzes von Einzelrichtern stellt zwar keine Beschleunigungsmaßnahme im eigentlichen Sinne dar. Da es dabei aber um die effektivere Nutzung der richterlichen Arbeitskraft und damit auch um prozessökonomische Aspekte geht[197], soll die Thematik kurz Erwähnung finden. Als wesentliche Neuerung wurde im erstinstanzlichen landgerichtlichen Verfahren der originäre Einzelrichter nach § 348 ZPO sowie der obligatorische Einzelrichter nach § 348a ZPO eingeführt[198]. Im Ergebnis entscheiden in der Zivilgerichtsbarkeit damit folgende Spruchkörper[199]: Spruchkörper des Amtsgerichts ist nach § 22 Abs. 1 und 4 GVG ein Einzelrichter. Falls das Landgericht in erster Instanz tätig wird, entscheidet es nach § 348 ZPO in der Regel ebenfalls durch eines ihrer Mitglieder als Einzelrichter, außer es liegt eine personenbezogene Ausnahme nach § 348 Abs. 1 S. 2 Nr. 1 ZPO oder eine streitstoffbezogene Ausnahme nach dem Geschäftsverteilungsplan nach § 348 Abs. 1 S. 2 Nr. 2 ZPO vor[200]. Wenn eine originäre Einzelrichterzuständigkeit nicht begründet ist, erfolgt bei Vorliegen der Voraussetzungen

---

[192] Musielak/Wittschier, § 495a Rdnr. 5; Jauernig, § 69 II.4; Leipold in: Humane Justiz, 91, 109; Stein/Jonas/Leipold, § 495a Rdnr. 13.
[193] So Baumbach/Hartmann, § 495a Rdnr. 12.
[194] Zöller/Herget, § 495a Rdnr. 10; Stein/Jonas/Leipold, § 495a Rdnr. 19; Lüke, Rdnr. 458a.
[195] Siehe S. 163.
[196] Diese Erleichterungen bei der Abfassung des Urteils waren vor der ZPO-Reform in § 495 a Abs. 2 ZPO statuiert. Nunmehr werden die Urteile auf ein Verfahren nach § 495a ZPO vom neu gefassten § 313a ZPO erfasst, so dass auf § 495a Abs. 2 ZPO a.F. verzichtet werden konnte.
[197] Siehe dazu die Begründung der Bundesregierung, BT-Drucksache 14/4722, S. 63: „Der belastungsmindernde Effekt der vorgesehenen Einzelrichterregelung ist erheblich".
[198] Näher dazu Schnauder, JuS 2002, 68, 71.
[199] Vgl. zur sachlichen und funktionellen Zuständigkeit der einzelnen Gerichte den 4. Abschnitt über die Rechtsmittel S. 258 ff.
[200] Näher dazu Schilken, Gerichtsverfassungsrecht, Rdnr. 349.

des § 348a ZPO (u.a. keine besondere Schwierigkeit der Sache) eine Übertragung auf eines der Kammermitglieder als Einzelrichter. Sowohl beim originären als auch beim obligatorischen Einzelrichter ist eine Rückübertragung auf die Kammer möglich, §§ 348 Abs. 3, 348a Abs. 2 ZPO. Falls das Landgericht in der Berufungsinstanz tätig wird, ist grundsätzlich die Kammer in der Besetzung mit 3 Richtern zuständig, vgl. §§ 60, 75 GVG. Nach § 526 ZPO kann der Rechtsstreit aber unter bestimmten Voraussetzungen durch Beschluss der Kammer auch auf einen Einzelrichter zur Entscheidung übertragen werden („Entscheidender Richter"). Ferner besteht die Möglichkeit, die Sache einem der Mitglieder der Kammer zur Vorbereitung der Entscheidung zuzuweisen, s. § 527 ZPO („Vorbereitender Richter")[201]. Entscheidende Organe beim Oberlandesgericht sind nach §§ 116 Abs. 1 S. 1, 122 Abs. 1 GVG in der Regel Senate in der Besetzung von ebenfalls drei Richtern. Wird das Oberlandesgericht als Berufungsgericht tätig, ist auch hier die Übertragung des Rechtsstreits auf einen entscheidenden oder vorbereitenden Einzelrichter möglich[202]. Beim Bundesgerichtshof entscheiden gemäß §§ 130 Abs. 1 S. 1, 139 Abs. 1 GVG Senate, die mit fünf Richtern besetzt sind[203].
Eine neue Variante bringt der Entwurf des Justizbeschleunigungsgesetzes. Er schlägt vor, den Kollegien bei den Landes- und Oberlandesgerichten durch einen neu einzufügenden § 348 b ZPO die Möglichkeit zu eröffnen, in geeigneten Fällen in Zweierbesetzung („Spruchgruppe") zu entscheiden[204]. Mit dieser Lösung will der Entwurf das Kollegialorgan entlasten, ohne auf die Vorzüge des Kollegialprinzips zu verzichten. Die Spruchgruppe soll aus dem Vorsitzenden und einem weiteren Richter der Kammer bzw. des Senats bestehen. Bei Stimmengleichheit sieht der Entwurf eine Rückübertragung auf das mit drei Richtern besetzte Gericht vor[205].

II. Die Prozessförderungspflicht des Gerichts im europäischen Recht

1. Verfahrensstruktur und gerichtliche Hinweispflichten

Das europäische Zivilprozessrecht kennt keine Kodifikation, die den Ablauf des Prozesses und damit einhergehend die Gestaltungsmöglichkeiten des Gerichts regelt. Auch in den Vorschlägen der Storme-Kommission für ein europäisches Zivilprozessgesetzbuch finden sich keine Regelungen über eine europäische Verfahrensstruktur[206]. Allerdings äußern sie sich in Art. 3.5 dahingehend, dass

---

[201] Näher dazu Schilken, aaO, Rdnr. 351.
[202] Schilken, aaO, Rdnr. 351.
[203] Näher dazu Schilken, aaO, Rdnr. 357.
[204] BT-Drucksache 15/999, S. 12.
[205] BT-Drucksache 15/999, S. 18.
[206] Lediglich an den Vorschlägen für die Präklusion (Art. 3.3 und 3.4) lassen sich einige wenige Erkenntnisse zu einer gedachten Verfahrensstruktur ableiten. Die Präklusion ist in den Vorschlägen so ausgestaltet, dass sie an Verfahrensabschnitte anknüpft. Vorbild für diese

das Gericht bei der Urteilsfindung nur solche Normen anwenden darf, die zuvor in den Prozess eingeführt wurden und bezüglich derer die Parteien Gelegenheit zur Äußerung hatten. Damit will Art. 3.5 sicherstellen, dass das Gericht keine Überraschungsentscheidung trifft[207]. Nach der Begründung soll es sich sogar um eine Pflicht zum Rechtsgespräch handeln[208]. Nach Art. 3.7 gilt das zu Art. 3.5 Gesagte auch bei der Anwendung einer ausländischen Norm.

2. Schlichtungsversuch

Für die Schlichtung im Rahmen des Zivilprozesses enthalten die Artikel 1.1 bis 1.4 der Vorschläge der Storme-Kommission Vorschriften, die auch auf die Rolle des Gerichts Bezug nehmen[209]. Die erwähnten Vorschriften sehen eine fakultative Streitbeilegung vor dem Prozessgericht vor. Eine obligatorische Güteverhandlung hingegen wird – mit Hinweis auf die schlechten Erfahrungen vor allem in Frankreich und Belgien[210] – abgelehnt. Nach Art. 1.1 kann der Richter in jedem Prozessstadium von sich aus eine Schlichtung versuchen. Dem Gericht wird also eine aktive Rolle als Schlichter zugewiesen[211]. Zum Zweck eines Einigungsversuchs kann das Gericht gemäß Art. 1.3 das persönliche Erscheinen der Parteien anordnen und bei Zuwiderhandeln gemäß Art. 1.1 Satz 2 eine Sanktion gegen die nicht erschienene Partei verhängen. Darüber hinaus kann auch eine Partei einen Schlichtungsversuch beantragen, Art. 1.2. Nach Art. 1.4 bildet die protokollierte Einigung einen Vollstreckungstitel.

3. Bagatellverfahren

Über Maßnahmen zur einfacheren und schnelleren Beilegung von Streitigkeiten mit geringem Streitwert gibt es ein Grünbuch der Kommission der Europäischen Gemeinschaften, mit dem eine „Konsultation aller interessierten Kreise“ eingeleitet werden soll[212]. Ziel des Grünbuchs ist es, die Basis für den Erlass geeigneter Maßnahmen auf Gemeinschaftsebene zu legen, die insbesondere darin bestehen könnten, ein gemeinschaftliches „Bagatellverfahren“ einzuführen. Zu fol-

---

Ausgestaltung war hinreichend deutlich das französische instruktionsrichterliche Modell, vgl. Roth, ZZP 109 (1996), 271, 288. Näher zur französischen Verfahrensstruktur S. 191ff, zur Präklusion nach den Storme-Vorschlägen S. 220.

207 Roth, aaO, 290.

208 Roth, aaO, 290 mit weiterem Nachweis.

209 Über alternative Verfahren zur Streitbeilegung im Zivil- und Handelsrecht existiert auch ein Grünbuch der Kommission der Europäischen Gemeinschaften (abrufbar im Internet unter http://europa.eu.int/eur-lex/de/com/gpr/2002/com2002_0196de01.pdf), das aber die außergerichtlichen Verfahren der Streitschlichtung im Blick hat (S. 6) und daher in vorliegendem Zusammenhang außer Betracht bleiben soll.

210 Roth, aaO, 278.

211 Roth, aaO, 278.

212 Abrufbar im Internet unter http://europa.eu.int/eur-lex/de/com/gpr /2002/com2002_0746de01 .pdf.

genden Punkten wird eine Diskussion angeregt: Anwendungsbereich des Verfahrens (Streitwertgrenze, welche Arten von Streitigkeiten, obligatorisches oder fakultatives Verfahren), Verfahrenseinleitung (welche Angaben, Bereitstellung eines Standardformulars), Vertretung und Beistand, Einbettung von Formen der alternativen Streitschlichtung, Lockerung der Vorschriften über die Beweisaufnahme, Möglichkeit der Durchführung eines ausschließlich schriftlichen Verfahrens, Lockerung der inhaltlichen Anforderungen an das Urteil und zeitliche Vorgaben, Kosten sowie Ausschluss/Beschränkung von Rechtsmitteln. Die Verfasser des Grünbuchs scheinen zu einem obligatorischen Verfahren zu tendieren, das für alle Arten von Streitigkeiten, also nicht nur für Streitigkeiten über Zahlungsansprüche einschlägig sein soll, in denen der Streitwert maximal 1000 bis 2000 Euro beträgt[213].

III. Vergleich und Bewertung

1. Grundstruktur

Die Grundstruktur des spanischen und deutschen Zivilprozesses ist identisch. In beiden Rechtsordnungen gibt es im Normalverfahren[214] eine schriftliche Einleitungsphase. Auf diese folgt eine Vorbereitungsphase, in welcher die mündliche Verhandlung möglichst so vorbereitet werden soll, dass sie in einem Termin abgewickelt werden kann. Daran schließt sich der Haupttermin an, der die Beweisaufnahme umfasst und auf Grund dessen das Urteil erlassen wird.

An dieser Bestandsaufnahme ist vor allem überraschend, dass sich der spanische Zivilprozess in seiner Verfahrensstruktur damit eher dem deutschen (und teilweise auch dem österreichischen) Zivilprozess[215] gleicht als den Zivilprozessen romanischer Prägung in Frankreich oder Italien. Die romanische Grundstruktur ist folgende: Schriftliche Einleitungsphase, Instruktionsphase mit Beweisaufnahme, Entscheidungsphase, möglichst ohne Beweisaufnahme[216]. Das romanische Modell trennt also Sachaufklärung und Entscheidung, was auch dadurch zum Ausdruck kommt, dass aufklärendes und entscheidendes Organ nicht identisch sind[217]. Das Verfahrensprinzip der Unmittelbarkeit in seiner Stoßrichtung, dass die Beweisaufnahme vor dem erkennenden Gericht zu erfolgen hat, kommt hier nicht zur Geltung. Das deutsche und spanische Modell hingegen betont die Unmittelbarkeit, indem es im Regelfall die Identität zwischen aufklärendem und

---

[213] Grünbuch, S. 64 ff.

[214] In Spanien der juicio ordinario als gewöhnliches Verfahren des Zivilprozesses.

[215] Zur Verfahrensstruktur des deutschen und österreichischen Zivilprozesses s. Stürner in: FS für Schumann, 491, 499.

[216] Stürner, aaO, 497.

[217] Stürner, aaO, 497 und 503 weist allerdings darauf hin, dass der vermehrte Einsatz von Einzelrichtern die Trennung wieder relativiere, so dass letztlich lediglich die zeitliche Zäsur zwischen Instruktion und Entscheidung bleibe.

entscheidendem Gericht verlangt. Bei diesem Modell steht der Haupttermin mit Beweisaufnahme im Mittelpunkt; die vorhergehenden Aktivitäten dienen dementsprechend der Vorbereitung des Haupttermins und nicht der Durchführung eines eigenständigen Verfahrenselements.

Die unmittelbaren Einflüsse bei der Gestaltung des spanischen „juicio ordinario" sind sicherlich in seinem direkten Vorgänger, dem „juicio de menor cuantía" zu finden, der durch die spanische Prozessreform von 1984 zum gesetzlichen Regelverfahren erhoben wurde. Diesem Verfahren wurde bei der Reform 1984 ein mündlicher Vortermin, die „comparecencia previa", zur Vorbereitung des Haupttermins eingefügt[218]. Obwohl sich die dadurch geschaffene Grundstruktur – schriftliche Verfahrenseinleitung, mündlicher Vortermin, Haupttermin – in der Praxis nicht bewährte, wurde sie bei der Reform durch die LEC 2000 im neuen juicio ordinario beibehalten. Bei der Einführung der „comparecencia previa" des juicio de menor cuantía orientierte sich der spanische Gesetzgeber aber deutlich an der „Ersten Tagsatzung" der österreichischen ZPO[219] sowie an den deutschen Erfahrungen mit der Vereinfachungsnovelle von 1976[220]. Insofern wurzelt die jetzige Verfahrensstruktur des spanischen Zivilprozesses im Gedankengut des österreichischen und deutschen Zivilprozesses, die untereinander wiederum enge Verflechtungen und Berührungspunkte aufweisen[221].

---

[218] Siehe dazu bereits oben im 2. Abschnitt S. 42.

[219] Lorca Navarrete, ZZP 99 (1986), 206, 209; de Miguel y Alonso in: Das deutsche Zivilprozessrecht und seine Ausstrahlung auf andere Rechtsordnungen, 338, 352; Stürner in: Das deutsche Zivilprozessrecht und seine Ausstrahlung auf andere Rechtsordnungen, 3, 17; Miras, S. 147 mit weiteren Nachweisen. Die Durchführung der ersten Tagsatzung war in Österreich allerdings seit der Zivilverfahrensnovelle von 1983 – also vor dem In-Kraft-Treten der spanischen Gesetzesreform von 1984 – nicht mehr obligatorisch, vgl. § 243 Abs. 4 a.F. österreichische ZPO. Näher zur ersten Tagsatzung Fasching, Zivilprozessrecht (1990), Rdnr. 1208 und 1178. Mit der Zivilverfahrensnovelle von 2002 wurde nunmehr eine obligatorische „vorbereitende Tagsatzung" (§§ 257, 258 österreichische ZPO) eingeführt, vgl. dazu, vor allem zum genauen Inhalt dieses Termins Klicka, ZZPInt 2002, 179, 183.

[220] Lorca Navarrete, El proceso civil alemán del modelo de Stuttgart y de la novela de simplificación (Der deutsche Zivilprozess nach dem Stuttgarter Modell und der Vereinfachungsnovelle) in: Morena Catena (Hrsg.), Problemas actuales de la justicia, S. 449. Allgemein zum beachtlichen österreichischen und deutschen Einfluss auf die spanische Zivilprozessreform von 1984 Miras, S. 142 mit weiteren Nachweisen.

[221] Siehe zur historischen Entwicklung und den Gemeinsamkeiten in der Struktur der Zivilprozesse Österreichs und Deutschlands Stürner in: FS Schumann, 491, 499 ff. Zum Einfluss der österreichischen Zivilprozessordnung auf den deutschen Zivilprozess s. Damrau in: Forschungsband Franz Klein, 157 ff. sowie Sprung, ZZP 92 (1979), 4 ff.

2. Vorbereitung der Hautverhandlung

a. Verfahren zur Vorbereitung

Zunächst fällt auf, dass das deutsche Recht in der Verfahrensgestaltung zur Vorbereitung des Haupttermins flexibler als das spanische Recht ist. Während der deutsche Richter zwischen einem schriftlichen Vorverfahren und einem frühen ersten mündlichen Termin wählen kann, verbleibt dem spanischen Richter diesbezüglich kein Gestaltungsspielraum. Im spanischen Prozess ist in jedem Fall das mündliche Vorverfahren („audiencia previa") zur Vorbereitung des Haupttermins durchzuführen. Die noch im Vorentwurf enthaltene Regelung, dass das Gericht auf die „audiencia previa" verzichten kann, wenn es diese für überflüssig hält, wurde im endgültigen Gesetzestext nicht übernommen[222].
Des Weiteren fehlt im spanischen Recht eine dem § 273 ZPO vergleichbare Norm, die es dem Gericht erlaubt, außerhalb der festgesetzten Verfahrensabschnitte und damit in jedem Stadium des Verfahrens vorbereitende Maßnahmen zu treffen. Vielmehr konzentriert sich im spanischen Prozess die gesamte Vorbereitung des mündlichen Haupttermins auf die audiencia previa. Einzig die Ladung der Zeugen und Sachverständigen, die eine Partei nicht von sich aus in den Haupttermin mitbringt, ist verbleibende vorbereitende Maßnahme des Gerichts, vgl. Art. 429.5 Absatz 1 LEC.

b. Inhalt der Vorbereitungsmaßnahmen

Der Inhalt der Vorbereitungsmaßnahmen ist im spanischen und deutschen Prozess vergleichbar. Ziel ist es in beiden Verfahrensordnungen, die Streitsache möglichst auf der Basis eines Haupttermins zur Entscheidungsreife zu bringen. Dementsprechend geht es sowohl im spanischen als auch im deutschen Recht unter anderem darum, den Streitstoff zu erörtern und einzugrenzen, damit im Haupttermin eine Konzentration auf das Wesentliche erfolgen kann[223]. Weiter soll dafür gesorgt werden, dass im Haupttermin eine vollständige Beweisaufnahme bezüglich der strittigen Punkte durchgeführt werden kann. Zu diesem Zweck sind in der spanischen audiencia previa die Beweise von den Parteien vorzuschlagen und vom Gericht zuzulassen, Art. 414.1 Absatz 2 LEC, so dass für die Präsenz der entsprechenden Beweismittel im Haupttermin gesorgt werden kann[224]. Im deutschen Prozess ermöglicht insbesondere § 273 Abs. 2 ZPO dem Gericht, dafür Sorge zu tragen, dass die benötigten Beweismittel im Haupttermin vorliegen.

---

[222] Dies wohl aus der Sorge heraus, dass die Gerichte einen nicht zwingend vorgeschriebenen Termin nicht durchführen werden. Siehe dazu Martín García, Actualidad Civil 2000 (Nr. 29), 1051, 1056 f.

[223] Siehe für das spanische Recht Art. 414.1. Absatz 2 LEC, für das deutsche Recht Thomas/Putzo/Reichold, § 275 Rdnr. 3, § 276 Rdnr. 1.

[224] Im Normalfall obliegt dies im spanischen Zivilprozess den Parteien, vgl. Art. 429.5 LEC.

c. Rolle des Gerichts

Wie aus den beiden vorhergehenden Punkten deutlich wird, ist die Rolle des Gerichts bei der Vorbereitung des Haupttermins im deutschen Prozess wesentlich größer als im spanischen. Während das deutsche Recht dem Richter bei der Verfahrensgestaltung und bei den vorbereitenden Maßnahmen des § 273 ZPO eine aktive Rolle zuweist, fehlen diesbezügliche Regelungen im spanischen Recht völlig. Unter dem Aspekt der Beschleunigung des Verfahrens ist es zunächst begrüßenswert, wenn es eine Verfahrensordnung auch dem Gericht zur aktiven Pflicht macht, den Prozessablauf zu befördern. Insofern ist die deutsche Zivilprozessordnung im Bereich der Vorbereitung des Haupttermins durch das Gericht im Ergebnis mehr auf Beschleunigung ausgerichtet. Dabei darf allerdings nicht übersehen werden, dass die deutsche Ausgestaltung auch Schwächen aufweist. Die Alternativität von schriftlichem Vorverfahren und frühem ersten Termin macht den Verfahrensablauf weniger vorhersehbar und damit auch für die Parteien weniger berechenbar[225]. Diese Unberechenbarkeit wird dadurch verstärkt, dass das Gesetz dem Gericht keinerlei Kriterien an die Hand gibt, welche Vorgehensweise im konkreten Fall zu wählen ist. Dies wird in vielen Fällen dazu führen, dass das Gericht seine Wahl nicht unter dem Blickwinkel der Beschleunigung und Konzentration des Verfahrens trifft, sondern beispielsweise aus einer generellen Neigung für das eine oder andere Verfahren heraus[226]. Des Weiteren muss das Gericht sich bereits für eine bestimmte Vorgehensweise entscheiden, bevor es die Klageerwiderung kennt. Auch diese Tatsache kann der Wahl der prozessökonomischsten Vorgehensweise entgegenstehen, da das Gericht in diesem Stadium häufig nicht abschätzen kann, ob der Prozess einfach oder schwierig wird[227]. Die vorgetragenen Kritikpunkte sollten jedoch nicht dazu verleiten, die Alternativität in der Vorbereitung des Haupttermins aufzugeben. Eine flexible Vorgehensweise dürfte dem konkreten Fall in der Regel gerechter werden und damit auch prozessökonomischer sein. Überlegenswert wäre es aber, dem Richter bestimmte Kriterien zur Wahl des Verfahrens an die Hand zu geben. Allein schon die gesetzliche Aussage, dass sich die Wahl an den Kriterien der Beschleunigung und Konzentration des Verfahrens zu orientieren hat, dürfte in manchen Fällen die Gerichte veranlassen, aus ihrer bisher vielfach gewohnheitsmäßigen Vorgehensweise auszubrechen[228]. Zudem wäre es wünschenswert, dem Verfahren mit frühem ersten Termin klarere gesetzliche Konturen zu verleihen.

---

[225] Stein/Jonas/Leipold, § 272 Rdnr. 4 sieht darin keinen Nachteil, weil sich das Verfahren so den Besonderheiten des konkreten Falles anpassen lasse.

[226] Vgl. Greger, ZZP 100 (1987), 377, 378, wonach in der bayerischen Justiz im Jahr 1986 79 % der Kammern und 65 % der Amtsrichter ganz deutlich eine Verfahrensart bevorzugen.

[227] In diesem Sinne Schellhammer, Rdnr. 274.

[228] Weitere Kriterien könnten sein: Umfang des Prozessstoffs, Art des Prozessstoffs (lässt er sich leichter schriftlich oder mündlich erörtern?), Chance einer frühzeitigen gütlichen Einigung, u.U. auch die geäußerte Präferenz der Parteien.

3. Materielle Prozessleitung

a. Zusammenstellung der maßgeblichen spanischen Normen

Das spanische Recht kennt keine dem § 139 ZPO vergleichbare zentrale Norm zur Regelung der materiellen Prozessleitungsbefugnis des Gerichts. Gleichwohl gibt es entgegen der bisherigen Gesetzeslage in der spanischen LEC mittlerweile vereinzelt Normen, in denen die sachliche Prozessleitung angesprochen ist.
Nach Art. 426.6 LEC kann das Gericht die Parteien in der audiencia previa auffordern, die in den Schriftsätzen vorgebrachten Tatsachen zu erläutern und gegebenenfalls zu präzisieren. Außerdem kann es die Parteien in der audiencia previa darauf hinweisen, dass es die von ihnen vorgeschlagenen Beweise zum Beweis der behaupteten Tatsachen für unzureichend erachtet, Art. 429.1 Absatz 2 Satz 1 LEC. Gemäß Art. 429.1 Absatz 2 Satz 2 LEC kann die richterliche Aktivität in einem solchen Fall auch dahingehen, den Parteien die Aufnahme eines bestimmten Beweises vorzuschlagen. Die Anordnung einer Beweisaufnahme von Amts wegen ist im spanischen Prozess hingegen grundsätzlich nicht vorgesehen, vgl. Art. 282 LEC. Lediglich bei Durchführung der „diligencias finales“ kann das Gericht ausnahmsweise von sich aus eine Beweisaufnahme festsetzen, die sich allerdings nur auf Tatsachen beziehen darf, bezüglich derer eine vorherige Beweisaufnahme zu unzulänglichen Ergebnissen geführt hat[229].
Im Rahmen des Haupttermins ist es dem Gericht gestattet, den Parteien nach Beendigung der „conclusiones“, in denen diese das Ergebnis der Beweisaufnahme bewerten und gegebenenfalls rechtliche Ausführungen machen[230], weitere Fragen zur Klärung des Falles zu stellen, Art. 433.4 LEC.

b. Zeitpunkt der Hinweispflicht

Auf der Basis des eben Gesagten fällt zunächst auf, dass das spanische Recht dem Gericht lediglich in bestimmten Verfahrensstadien eine aktive Rolle zuweist (siehe die eben unter a genannten Zeitpunkte). Das deutsche Recht hingegen kennt in Gestalt des § 139 Abs. 1 ZPO eine Vorschrift, aus der sich eine Erörterungspflicht des Gerichts in jeder Lage des Verfahrens und damit unter Umständen auch mehrmals ergibt. Schon aus dieser Tatsache heraus lässt sich der nahe liegende – wenn auch nicht zwingende – Schluss ziehen, dass die materielle Prozessleitung des Richters in Deutschland stärker ist als die des Richters in Spanien.

---

229 Siehe dazu den ersten Teil S. 70.
230 Siehe zu den „conclusiones“ im ersten Teil S. 65.

c. Inhalt der Hinweispflicht

Unter dem inhaltlichen Aspekt sind Parallelen bei der Ermittlung des Sachverhalts zu erkennen. In beiden Rechtsordnungen kann das Gericht die Parteien zur Erläuterung und Ergänzung ihres Sachverhaltsvortrags anhalten, vgl. § 139 Abs. 1 ZPO, Art. 426.6, 433.4 LEC, und Impulse für Beweisaktivitäten der Parteien setzen, § 139 Abs. 1 ZPO, Art. 429.1 Absatz 2 LEC. Ein gewichtiger Unterschied besteht in der Möglichkeit der Anordnung von Beweisaufnahmen. In Deutschland gilt zwar nach wie vor der Grundsatz, dass die beweisbelastete Partei ein Beweismittel anbieten muss[231], doch kann das Gericht mit Ausnahme des Zeugenbeweises alle Beweise von Amts wegen erheben (vgl. §§ 142, 143, 144, 448 ZPO)[232]. In Spanien ist dies nicht der Fall. Dort hat das Gericht im Normalverfahren keine reguläre Möglichkeit, Beweisaufnahmen von Amts wegen anzuordnen. Die Erörterung der rechtlichen Gesichtspunkte des Streitfalls gehört in Deutschland gemäß § 139 Abs. 1 und 2 ZPO ebenfalls zur Aufgabe des Gerichts. In der spanischen Prozessordnung gibt es keine Norm, die das Gericht zum Rechtsgespräch mit den Parteien verpflichtet. Allerdings erlauben es Art. 426.6 LEC in der audiencia previa und Art. 433.4 LEC im Haupttermin dem Gericht, Nachfragen, die auch rechtlicher Art sein können, zu stellen. Bei Art. 426.6 LEC ergibt sich dies schon aus dem Wortlaut der Vorschrift („Das Gericht kann Erklärungen hinsichtlich der Tatsachen und Argumente, die in den Schriftsätzen vorgebracht wurden, einfordern...“) und Art. 433.4 LEC enthält zumindest indirekt eine rechtliche Erörterungsmöglichkeit, indem er Nachfragen des Gerichts zulässt, die sich auf die „conclusiones“ beziehen, die tatsächlicher und rechtlicher Art sein können[233]. Die entsprechenden Vorschriften geben dem Gericht aber, wie erwähnt, lediglich die Befugnis zur rechtlichen Nachfrage. Eine diesbezügliche Pflicht besteht mangels entsprechenden gesetzlichen Anweisungen nicht.

d. Gesamtwürdigung der Richterstellung

Insgesamt ist festzuhalten, dass die Richterstellung im spanischen Zivilprozess deutlich schwächer ist als im deutschen Zivilprozess. Diese Feststellung muss allerdings vor dem Hintergrund gesehen werden, dass eine materielle Prozessleitung bis zur Reform durch die LEC 2000 überhaupt nicht existierte. Richterliche Hinweis- oder Aufklärungspflichten, wie sie die deutsche ZPO in § 139 und § 278 ZPO a.F. seit langem vorsieht bzw. vorsah, waren aus Sorge um den Verlust der richterlichen Neutralität in Spanien bisher undenkbar[234]. Hinzu kam die Praxis, dass sich der Richter teilweise erst vor Erlass des Urteils mit der Streitsache

231 Siehe dazu BVerfG NJW 1994, 1211.
232 Vgl. dazu auch Jauernig, § 49 IV; Lüke, Rdnr. 19.
233 Banacloche Palao in: Oliva Santos, Comentarios a la LEC, S. 732.
234 So Miras, ZEuP 1995, 242, 249.

anhand der Akten kundig machte[235], so dass noch nicht einmal von einer formellen Prozessleitung durch den Richter die Rede sein konnte. Die Aktivität des Richters beschränkte sich in nicht seltenen Fällen auf das Subsumieren des von den Parteien zusammengetragenen Prozessstoffs unter gesetzliche Vorschriften[236]. Insofern hat die Prozessreform des Jahres 2000 eine deutliche Stärkung und Erweiterung der gerichtlichen Befugnisse gebracht[237]. Allerdings wird es in der gerichtlichen Realität noch eine geraume Zeit der Umstellung brauchen, bis die Richter in entsprechendem Umfang von ihren Möglichkeiten zur materiellen Prozessleitung Gebrauch machen. Bei Gerichtsbesuchen des Verfassers beschränkte sich der Richter jeweils darauf, den Parteien das Wort zu erteilen und in den nächsten Verfahrensabschnitt überzuleiten. Damit scheinen die Gerichte nunmehr ihre Aufgabe zur formellen Prozessleitung, nicht aber die zur materiellen Prozessleitung wahrzunehmen.
Die gesetzgeberische Tendenz, die gerichtlichen Befugnisse zu stärken, lässt sich jedoch in beiden Rechtsordnungen beobachten. Auf dieser Linie liegen auch die Vorschläge der Storme-Kommission in Gestalt von Art. 3.5, wonach das Gericht zu einem Rechtsgespräch mit den Parteien verpflichtet sein soll[238]. Dieser Vorschlag bezweckt ebenfalls eine Stärkung der Richterstellung[239]. Die Frage, inwieweit durch gerichtliche Aktivitäten eine Beschleunigung des Verfahrens erzielt werden kann, ist abstrakt freilich schwer zu beantworten. Unzweifelhaft dürfte es allerdings sein, dass viel unnötiger Aufwand vermieden werden kann, wenn das Gericht zu erkennen gibt, welche Punkte es für entscheidungserheblich und welche es für unbedeutend hält. Auch eine frühzeitige Äußerung des Gerichts, welche Tatsachen es für beweisbedürftig bzw. nicht ausreichend bewiesen hält, dürfte eine konzentrierte Beweisaufnahme fördern und damit einer schnelleren Prozessbeendigung dienlich sein. Aus diesem Grund sind die neuen spanischen Regelungen sehr begrüßenswert, auch wenn sie nicht weit genug gehen. Insbesondere wäre daran zu denken, eine Frage- und Hinweispflicht zu statuieren, die nicht nur wie momentan punktuell besteht, sondern vom Gericht bei entsprechendem Anlass im Laufe des gesamten Prozesses wahrgenommen werden muss.

4. Gütliche Streitbeilegung

a. Obligatorisches Güteverfahren?

Die deutsche Rechtsordnung sieht seit dem ZPO-Reformgesetz ein obligatorisches Güteverfahren vor, während dies nach den Vorschlägen der Storme-

---

[235] Miras, S. 177.
[236] So Miras, ZEuP 1995, 242, 249.
[237] Einen detaillierten Überblick über die jetzigen Befugnisse des Gerichts gibt Gómez de Liaño González in: Instituciones del Proceso Civil, 71 ff.
[238] So Roth, ZZP 109 (1996), 271, 290.
[239] Roth, aaO, 290.

Kommission und dem spanischen Recht nicht der Fall ist. Die Vorschläge für ein europäisches Zivilprozessgesetzbuch beinhalten in den Art. 1.1 bis 1.4 lediglich eine fakultative Streitbeilegung vor dem Prozessgericht[240]. Das spanische Recht verlangt vom Richter zwar, zu Beginn der audiencia previa zu überprüfen, ob „der Streit zwischen den Parteien fortbesteht", Art. 415.1 Absatz 1 LEC. Trotz dieser Verpflichtung des Richters kann von einem obligatorischen *Verfahren*, in dem eine Einigung versucht wird, nicht gesprochen werden. Dies wird bereits daran deutlich, dass die spanischen Gerichte den Auftrag des Art. 415.1 Absatz 1 LEC als bloßen Formalakt sehen und die Parteien, ohne aktiv eine Einigung anzustreben, lediglich danach fragen, ob sie sich mittlerweile geeinigt hätten[241].

b. Zeitpunkt der Einigungsversuche

Ein weiterer Unterschied der zu untersuchenden Regelungen besteht in der zeitlichen Flexibilität des Richters. Sowohl im deutschen Recht als auch in den Vorschlägen der Storme-Kommission kann der Richter in jeder Lage des Verfahrens auf eine gütliche Einigung der Parteien hinwirken, vgl. § 278 Abs. 1 ZPO, Art. 1.1 der Storme-Vorschläge. Das spanische Recht hingegen sieht nur zwei Zeitpunkte innerhalb der audiencia previa vor, in denen das Gericht im Hinblick auf eine gütliche Einigung tätig werden darf[242]. Zum einen ist dies, wie bereits angesprochen, der Beginn der audiencia previa, zum anderen das Ende derselben. Nach Art. 428.2 LEC soll das Gericht nämlich, nachdem die Parteien den Streitstoff ausführlich erörtert haben, zu einem Vergleich ermahnen, s. Art. 428.2 LEC. Im Haupttermin selbst sieht das spanische Recht keine Vergleichsaktivitäten seitens des Gerichts vor.

c. Rolle des Gerichts

Unterschiede bestehen auch in der Rolle des Gerichts im Hinblick auf das Hinwirken auf einen Vergleich. Sowohl die Vorschläge der Storme-Kommission als auch die deutsche ZPO weisen dem Gericht eine eher aktive Aufgabe zu[243]. In der deutschen Prozessrechtswirklichkeit machen die Richter von diesem gesetzlichen Auftrag auch in vielen Fällen rege Gebrauch, indem sie äußerst aktiv auf einen Vergleich hinarbeiten. So wurden in Deutschland im Jahr 2000 etwa 10 % der amtsgerichtlichen Verfahren und etwa 18 % der landgerichtlichen Verfahren

---

240 Roth, aaO, 278.

241 Siehe dazu bereits oben im ersten Teil S. 45.

242 Den Parteien ist es aber auch ohne gerichtlichen Impuls in jeder Lage des Verfahrens möglich, den Prozess durch eine gütliche Einigung zu beenden, vgl. Art. 19.1 bis 3 LEC.

243 Für die Vorschläge der Storme-Kommission vgl. Roth, ZZP 109 (1996), 271, 278, für das deutsche Recht MünchKommZPO-Prütting, § 279 Rdnr. 5 und 11 und S. 185 ff.

im Wege des Vergleichs erledigt[244]. Im spanischen Prozess hingegen sind die Vergleichsaktivitäten des Gerichts trotz der Bestimmung des Art. 428.2 LEC, der davon spricht, dass das Gericht die Parteien ermahnen kann, sich zu einigen, relativ gering. Zum einen ergibt sich dies schon daraus, dass diese Pflicht zum Ermahnen nur punktuell in einem bestimmten Verfahrensstadium besteht. Zum anderen spricht Art. 428.2 LEC nur davon, dass das Gericht die Parteien ermahnen kann[245], sich gütlich zu einigen. Damit ist schon der gesetzliche Auftrag schwächer als das deutsche „soll" in § 278 Abs. 1 ZPO, zudem scheinen die Gerichte – was vor dem Hintergrund eines in der bisherigen Praxis äußerst passiven Richters verständlich ist – von der Möglichkeit des Art. 428.2 LEC nur sehr zurückhaltend Gebrauch zu machen[246].

d. Stellungnahme

Bei einer wertenden Betrachtung muss festgestellt werden, dass die Bedeutung des Instituts der gütlichen Einigung im spanischen Zivilprozess geringer ist als im deutschen Zivilprozess. Dabei darf aber nicht verkannt werden, dass auch im spanischen Recht die gesetzlichen Grundlagen dafür gelegt worden sind, dass der Richter eine aktive Rolle im Hinblick auf eine Einigung einnehmen kann. Insofern wird vieles von der Person des einzelnen Richters abhängen, was für einen Stellenwert er der Möglichkeit eines Vergleichs im Prozess einräumt. Dieser Freiraum, den der Richter bei der Entscheidung für oder gegen einen Güteversuch hat, ist im spanischen Prozess allerdings eher ungewöhnlich. Die Tendenz des spanischen Gesetzgebers geht für gewöhnlich eher dahin, die Verfahrensweise gesetzlich genau festzulegen und die Ermessensspielräume des Gerichts klein zu halten[247].

---

[244] Statistisches Jahrbuch 2002, S. 342. Diese Zahlen stellen freilich nicht den gesamten Prozentsatz an gütlichen Einigungen dar. Hinter Anerkenntnissen und Klagerücknahmen stehen häufig auch einvernehmliche Lösungen (bei amtsgerichtlichen Verfahren betrug die Quote bei der Zurücknahme von Klagen oder Anträgen etwa 16 %, vgl. Statistisches Jahrbuch, aaO).

[245] Dies hebt Gimeno Sendra, Proceso Civil Práctico, Band V, 3 – 277 ausdrücklich hervor.

[246] Bei den mündlichen Vorterminen, denen der Verfasser beigewohnt hat, wurde ausnahmslos auf einen Einigungsversuch verzichtet (Verhandlungen des Juzgados de Primera Instancia Nr. 2 in Valencia vom 06.05.2003). Richter Giménez Raurell bestätigte in einem Gespräch vom selben Tag, dass dies auch gewöhnliche Praxis an anderen Gerichten sei; siehe dazu bereits im ersten Teil S. 76 ff. Andererseits gibt es Berichte einzelner Richter, die von einer deutlichen Zunahme von gütlichen Einigungen in ihrem Geschäftsbereich berichten. Garnica Martín in: La aplicación judicial de la nueva LEC, 53, 57 beispielsweise spricht davon, dass von 38 untersuchten Verfahren 16 und damit 42% durch einen gerichtlichen Vergleich beendet wurden. Inwieweit dieses Ergebnis aber auf eine aktivere Rolle des Gerichts zurückzuführen ist, lässt sich wohl kaum beantworten. Ein wesentlicher Faktor könnte auch sein, dass die Vergleichsbereitschaft dadurch gestiegen ist, dass seit der Reform durch die LEC 2000 zum ersten Mal eine „richtige" mündliche Verhandlung stattfindet.

[247] Siehe dazu auch Miras, ZEuP 1995, 242, 249, der vom gesetzgeberischen Misstrauen gegenüber dem Richter spricht.

Unter dem Aspekt der Beschleunigung ist es sicher wünschenswert, dass die Gerichte verstärkt auf eine gütliche Einigung hinarbeiten. Ein Vergleich ist in aller Regel rascher und kostengünstiger zu erzielen als dies bei einer Prozessbeendigung durch Urteil der Fall ist[248]. Insbesondere wird sich durch eine gütliche Einigung häufig eine zeitaufwändige Beweisaufnahme ersparen lassen. Weiterhin führt ein Vergleich dazu, dass es nicht zu einem anschließenden Rechtsmittelverfahren kommen kann, das unter Umständen wiederum sehr viel Zeit in Anspruch nimmt und die endgültige Konfliktbereinigung weiter verzögert. Wichtig ist es jedoch, dass das Gericht in seinem Bestreben, die Parteien zu einer gütlichen Einigung zu bewegen, das rechte Maß im Blick behält. Bei allem Beschleunigungsbemühen muss es den Wunsch der Parteien nach einem gerichtlichen Urteil respektieren und darf sich insbesondere nicht dem Verdacht aussetzen, die Mühen einer Urteilsfällung zu scheuen[249]. Zudem darf das Vorgehen des Gerichts keine Zweifel an seiner Unparteilichkeit hervorrufen[250].
Mit diesem Plädoyer für den Gütegedanken ist noch nichts darüber gesagt, in welcher Form eine gütliche Einigung im Prozess am besten erreicht werden kann. Die momentane deutsche Lösung überzeugt bezüglich dieser Frage nicht. Die Pflicht, bereits vor Eintritt in die mündliche Verhandlung eine Güteverhandlung abzuhalten, wirkt sich im Hinblick auf einen raschen Verfahrensabschluss eher hinderlich aus. Weder das Gericht noch die Parteien sind in der Regel in diesem frühen Verfahrensstadium in der Lage, die tatsächliche und rechtliche Situation dergestalt zu überblicken, dass sie zu einer angemessenen Lösung des Streits gelangen könnten. Entsprechend gering wird die Vergleichsbereitschaft zunächst sein. Besser erscheint es daher, dem Gericht die Entscheidung zu überlassen, wann es einen geeigneten Zeitpunkt für gekommen hält, eine gütliche Einigung zu erzielen. Vor diesem Hintergrund wäre im Ergebnis eine Regelung wünschenswert, die in etwa derjenigen im deutschen Zivilprozess vor der Reform durch das ZPO-Reformgesetz entspricht. Dem Gericht sollte im Hinblick auf eine einvernehmliche Lösung eine eher aktive Rolle zugewiesen werden, die es entgegen der jetzigen spanischen Regelung in jeder Lage des Verfahrens wahrzunehmen hat.

---

[248] So auch die Begründung der Bundesregierung bei der Einführung eines obligatorischen Güteverfahrens, vgl. BT-Drucksache 14/4722, S. 58.

[249] So Stein/Jonas/Leipold, § 279 Rdnr. 7.

[250] Insbesondere in Spanien wird immer wieder die Befürchtung geäußert, dass ein Richter, der aktiv auf eine gütliche Einigung hinarbeitet, leicht in die Gefahr gerate, seine Neutralität zu verlieren. Zum einen bestehe die Gefahr, dass er Druck auf die Parteien ausübe. Zum anderen könne gerade ein frühzeitiger Einigungsvorschlag noch vor der Beweisaufnahme den Eindruck erwecken, dass sich das Gericht bereits vor Verhandlungsbeginn ein Urteil gebildet hat. Die Zurückhaltung gegenüber einem aktiven Richter hängt aber sicherlich auch mit der Tradition des spanischen Prozesses zusammen, die den Richter eher als neutralen „Zuschauer“ und weniger als Gestalter des Verfahrens ansah.

5. *Verfahren für geringfügige Streitigkeiten*

a. Überblick

Vereinfachte Verfahren für geringfügige Forderungen gibt es sowohl in Spanien als auch in Deutschland. Bei den Verfahren dieser Rechtsordnungen handelt es sich aber jeweils nicht um Verfahren, wie sie das Grünbuch der Europäischen Kommission im Blick hat. Das deutsche Verfahren nach § 495a ZPO wird – innerhalb der rechtsstaatlichen Grenzen[251] – in seinem Ablauf vom Richter nach dessen „billigem" Ermessen ausgestaltet und ist damit kein Verfahren mit festen Konturen. Zudem gilt § 495a ZPO angesichts seines Standorts nicht für geringfügige Forderungen im landgerichtlichen Verfahren, sondern nur im Verfahren vor den Amtsgerichten[252]. Der spanische juicio verbal ist kein Verfahren, das ausschließlich für Bagatellsachen zur Verfügung steht. In ihm werden unter anderem die in Art. 250.1 LEC aufgelisteten Materien ohne Rücksicht auf den Wert des Streitgegenstandes abgehandelt[253]. Im Übrigen ist die Streitwertgrenze von 3000 Euro recht hoch, um noch von einem Bagatellverfahren sprechen zu können.

b. Vergleich

Zunächst fällt auf, dass die Streitwertgrenze im spanischen Recht – wie eben ausgeführt – bei 3000 Euro und im deutschen Recht bei 600 Euro liegt. Das spanische Verfahren des juicio verbal ist bei Vorliegen der entsprechenden Voraussetzungen zwingend zu wählen, während es nach deutschem Recht dem Richter überlassen bleibt, ob er von der Möglichkeit des § 495a ZPO Gebrauch macht. Eine Gemeinsamkeit besteht darin, dass das Bagatellverfahren für alle Arten von Streitigkeiten gilt. Die Einleitung des Verfahrens kann nach spanischem Recht bei einem Streitwert bis 900 Euro mittels eines Formulars (Art. 437.2 LEC) oder mittels einer so genannten kurz gefassten Klage (Art. 437.1 LEC) erfolgen, bei der die inhaltlichen Anforderungen im Vergleich zur Normalklage herabgesetzt sind[254]. In Deutschland besteht im Verfahren vor den Amtsgerichten generell die Möglichkeit, die Klage mündlich zu Protokoll der Geschäftsstelle anzubringen, § 496 ZPO. Anwaltszwang besteht in Spanien nur bei einem Streitwert von über 900 Euro (s. Art. 31.2 LEC), in Deutschland im amtsgerichtlichen Verfahren grundsätzlich nicht (§ 78 Abs. 1 ZPO). Eine Streitschlichtung im Rahmen des gerichtlichen Verfahrens sieht das spanische Recht beim juicio verbal nicht vor und mangels einer ausdrücklichen gesetzlichen Anordnung werden sich die Ge-

---

[251] Dazu MünchKommZPO/Deubner, § 495a Rdnr. 2 sowie 17 bis 23; Stein/Jonas/Leipold, § 495a Rdnr. 13; Rosenberg/Schwab/Gottwald, § 111 II.
[252] Bergerfurth, NJW 1991, 961.
[253] Zum Anwendungsbereich des juicio verbal siehe den ersten Teil S. 78.
[254] Zur kurz gefassten Klage siehe den ersten Teil S. 80.

richte auch nicht veranlasst sehen, diesbezüglich aktiv zu werden[255]. Der deutsche Richter kann auf Grund seines Ermessensspielraums, den ihm § 495a ZPO gewährt, jederzeit auf eine gütliche Einigung hinwirken (vgl. dazu auch § 278 Abs. 1 ZPO). Auch die Beweisaufnahme kann das deutsche Gericht nach seinem Ermessen durchführen, es ist also insbesondere nicht an die Regeln des Strengbeweises gebunden. Im spanischen juicio verbal hingegen gibt es keine Lockerung bestimmter Vorschriften im Hinblick auf die Beweisaufnahme[256]. Die Möglichkeit eines ausschließlich schriftlichen Verfahrens besteht nur in Deutschland und dies auch nur in den Fällen, in denen eine Partei nicht eine mündliche Verhandlung beantragt hat, § 495a S. 2 ZPO. Im Gegensatz dazu muss im spanischen juicio verbal mündlich verhandelt werden, vgl. Art. 443 LEC. Bezüglich des Inhalts des Urteils bestehen nur in Deutschland bestimmte Erleichterungen (Verzicht auf die Darstellung des Sachverhalts und unter bestimmten Umständen auf die Entscheidungsgründe, s. § 313a Abs. 1 ZPO). In Spanien unterliegt das Gericht nach Art. 447.1 LEC einer Frist von 10 Tagen nach Beendigung des Haupttermins, in denen es sein Urteil fällen muss[257]. Dem deutschen Gericht stehen hingegen gemäß § 310 Abs. 1 S. 2 ZPO grundsätzlich drei Wochen für die Urteilsverkündung zur Verfügung[258]. Beschränkungen hinsichtlich der Rechtsmittel gibt es im spanischen Recht nicht[259], während nach deutschem Recht eine Berufung nur dann zulässig ist, wenn das Amtsgericht die Berufung im Urteil zugelassen hat, vgl. § 511 Abs. 2 ZPO[260].

---

[255] Gleichwohl dürfte es den Gerichten auch nicht verwehrt sein, eine gütliche Einigung anzustreben. Teilweise wird es für sinnvoll erachtet, dass das Gericht zu Beginn der Verhandlung im juicio verbal eine „kleine audiencia previa" durchführt, zu der auch der Versuch einer Einigung gehört. In diesem Sinne Prof. Bachmaier Winter, Universidad Complutense, Madrid.

[256] Nach Art. 381 LEC sind aber generell, also auch im juicio ordinario, in bestimmten Fällen schriftliche Zeugenaussagen zulässig.

[257] Bei einem Verstoß kommen nach Art. 419.3 LOPJ Disziplinarmaßnahmen in Betracht.

[258] § 310 ZPO ist allerdings eine allgemeine Vorschrift, die in allen Verfahren der ZPO gilt, vgl. Baumbach/Hartmann, § 310 Rdnr. 3. Die Regelfrist des § 310 Abs. 1 S. 2 ZPO kann überschritten werden, wenn wichtige Gründe dies erfordern. Das Gesetz nennt explizit den Umfang oder die Schwierigkeit der Sache, anerkannt ist aber auch eine Überlastung des Gerichts, s. Zöller/Vollkommer, § 310 Rdnr. 3. Bei einem Verstoß gegen § 310 Abs. 1 S. 2 ist die Verkündung des Urteils dennoch wirksam, da dieser eine bloße Ordnungsvorschrift ist, s. BGH, NJW 1999, 143, 144. Gegen eine Terminsbestimmung zur Urteilsverkündung, die Abs. 1 S. 2 eindeutig verletzt, ist die sofortige Beschwerde analog § 252 ZPO statthaft, s. Stein/Jonas/Leipold, § 310 Rdnr. 8; Zöller/Vollkommer, § 310 Rdnr. 4; MünchKommZPO/Musielak, § 310 Rdnr. 5; Baumbach/Hartmann, § 252 Rdnr. 8.

[259] Bei dieser Aussage wird von einem Urteil ausgegangen, bei dem das Verfahren des juicio verbal auf Grund des Streitwerts zu wählen war und das deswegen ein normales, der Rechtskraft fähiges Urteil ist, vgl. dazu oben S. 94.

[260] Vgl. ausführlich zur Statthaftigkeit der Berufung S. 265.

c. Stellungnahme

Eine Bewertung der Vorzüge und Nachteile der angesprochenen Regelungen für geringfügige Forderungen unter dem Aspekt der Beschleunigung des Verfahrens ist nur schwerlich möglich. Beim spanischen Recht liegt dies schon daran, dass der juicio verbal kein Verfahren für Bagatellsachen im eigentlichen Sinne ist. Zum deutschen Recht lassen sich kaum allgemein gültige Aussagen treffen, da es für das Verfahren nach § 495a ZPO keine festen Regeln gibt[261]. Versucht man dennoch eine Annäherung an die aufgeworfene Frage, kann Folgendes festgestellt werden:

Die Vorzüge des deutschen Bagatellverfahrens liegen sicherlich gerade darin, dass es der einzelne Richter flexibel handhaben und je nach konkretem Fall auf überflüssige und damit häufig verfahrensverlängernde Elemente verzichten kann. Insbesondere die Möglichkeit, den Umfang der Beweisaufnahme im Vergleich zum Normalverfahren einzuschränken, kann einen Gewinn an Prozessökonomie bedeuten[262]. In diesem Sinne zeigen auch rechtstatsächliche Untersuchungen, dass sich durch die Anwendung von § 495a ZPO eine Verkürzung der Verfahrensdauer erreichen lässt[263]. Andererseits macht die richterliche Flexibilität das Verfahren für die Parteien in punkto Kosten, Zeitaufwand und unter Umständen auch Ärger (die „dreiköpfige Hydra“[264]) unberechenbar. Ein Sinn eines speziellen Verfahrens für geringfügige Forderungen soll aber gerade sein, dass der Kläger im Voraus weiß, dass für sein Anliegen ein prozessualer Weg besteht, der im Normalfall schnell und günstig zu beschreiten ist, da er im gegenteiligen Fall womöglich auf die Inanspruchnahme von Rechtsschutz überhaupt verzichten wird[265].

Der spanische juicio verbal ist ein in seiner Struktur zwar äußerst einfach aufgebautes Verfahren, dessen „Skelett“ aus einer kurz gefassten Klage, einem Haupt-

---

[261] Die verschiedenen Möglichkeiten der Verfahrensgestaltung und deren Anwendung in der Praxis zeigt die rechtstatsächliche Untersuchung von Rottleuthner, „Entlastung durch Entformalisierung?“.

[262] Dazu Stein/Jonas/Leipold, § 495a Rdnr. 21 mit dem Beispiel, dass gegebenenfalls auf ein Sachverständigengutachten verzichtet werden und stattdessen auf Grund von Parteistellungnahmen und formlos eingeholten Auskünften entschieden kann.

[263] Siehe hierzu Rottleuthner (Fn. 261), S. 79, wonach die durchschnittliche Dauer der von ihm untersuchten Zivilverfahren an Amtsgerichten bei einer Anwendung von § 495a ZPO 98 Tage beträgt, wohingegen der Durchschnitt im normalen Verfahren bei 123 Tagen liegt.

[264] Grünbuch der Kommission über Maßnahmen zu einfacheren und schnelleren Beilegung von Streitigkeiten mit geringem Streitwert, S. 50 mit Hinweis auf Jacob, Justice between man and man, in: Current legal problems, 1985, 211.

[265] Vgl. dazu das Grünbuch der Kommission, S. 60 f., das in den Mitgliedstaaten Kosten zwischen 980 und 6600 Euro (durchschnittlich Kosten 2489 Euro) ausgemacht hat, um einen verbraucherrechtlichen Anspruch in Höhe von 2000 Euro in einem grenzüberschreitenden Verfahren durchzusetzen. Der Schluss der Kommission lautet, dass ein vernünftiger Verbraucher nicht wegen 2000 Euro vor Gericht gehen werde.

termin und einem Urteil besteht[266]. Bei ihm handelt es sich aber, wie ausgeführt, nicht ausschließlich um ein Verfahren für geringfügige Forderungen. Dementsprechend sind die Lockerungen jenseits der Verfahrensstruktur im Vergleich zum Normalverfahren äußerst gering. Lediglich bei der Klageerhebung bestehen Erleichterungen für den Kläger (Klageerhebung mittels kurz gefasster Klage oder mittels Formular), das restliche Verfahren läuft jedoch ohne Abweichungen vom Normalprozess ab. Insbesondere können die eher zeitaufwändigen Elemente des Prozesses wie die mündliche Verhandlung nicht weggelassen bzw. wie die Beweisaufnahme nicht modifiziert werden.
Um die Einsparpotenziale zu nutzen, die ein Verfahren für geringwertige Streitigkeiten bieten kann, erscheint es daher in beiden untersuchten Rechtsordnungen erforderlich, die bestehenden Regelungen zu überarbeiten bzw. ein ganz neues Verfahren der besagten Art einzuführen. Dieses Verfahren sollte bis zu einer bestimmten Wertgrenze obligatorisch sein und zumindest in seiner Grundstruktur feste Konturen aufweisen, um es für die Parteien berechenbar zu machen[267]. Um einen beschleunigten Verfahrensablauf zu erreichen, sollten Lockerungen im Vergleich zum Normalverfahren vorgesehen werden. Insbesondere bei der Notwendigkeit der Durchführung einer mündlichen Verhandlung, der Beweisaufnahme und den inhaltlichen Anforderungen an das Urteil scheinen Erleichterungen möglich und sinnvoll[268]. Richtig ist zwar, dass ein qualifizierter Rechtsschutz nicht daran scheitern darf, dass es sich nur um einen verhältnismäßig geringen Streitwert handelt. Vielfach wird es aber auch den Interessen der Rechtssuchenden entsprechen, wenn ein Verfahren zur Verfügung steht, das ein akzeptables Kosten-Nutzen-Verhältnis aufweist, bei dem einzelne Abstriche im Vergleich zum Normalverfahren gemacht werden müssen. Dies zeigt sich schon daran, dass teilweise auf die gerichtliche Durchsetzung von Rechten verzichtet wird, weil ein Prozess als zu kostspielig und langwierig erscheint.

d. „Juicios rápidos“

Durch die zwölfte Zusatzbestimmung (Punkt 3) zur Ley Orgánica 19/2003 vom 23. Dezember 2003 zur Änderung des Gerichtsverfassungsgesetzes[269] wurde der LEC eine fünfte Zusatzbestimmung angefügt, die u.a. für geringfügige Streitig-

---

[266] Díez-Picazo Giménez in: Oliva Santos, Comentarios a la LEC, S. 740.
[267] Dies ist in Spanien beim juicio verbal der Fall, in Deutschland beim Verfahren nach § 495a ZPO aber nicht. Siehe hierzu Rottleuthner (Fn. 261), S. 93, der die „Kumulation von Entformalisierungen“ als Hauptproblem des § 495a ZPO ansieht (s. zu den Problemen im Einzelnen S. 86 ff.).
[268] Diese Erleichterungen sind nach geltendem Recht in Deutschland möglich, nicht dagegen in Spanien. Die rechtstatsächliche Untersuchung von Rottleuthner (Fn. 261), S. 80, zeigt, dass sich die Dauer der Verfahren bei einem Verzicht auf bestimmte Verfahrenselemente deutlich verkürzen kann. Bei den von ihm untersuchten Verfahren betrug die durchschnittliche Dauer mit mündlicher Verhandlung 123 Tage, ohne mündliche Verhandlung 86,4 Tage, mit Beweisaufnahme 170,9 Tage, ohne Beweisaufnahme 88,8 Tage.
[269] Abgedruckt im BOE Nr. 309 vom 26. Dezember 2003, S. 46025 ff.

keiten eine neue Verfahrensweise ermöglicht. Der Kern dieser neuen Verfahrensweise besteht darin, dass eine speziell dafür geschaffene Geschäftsstelle unverzüglich nach Klageeingang eine Terminsbestimmung mit den entsprechenden Ladungen der Parteien und unter Umständen Zeugen vornimmt, ohne dass sich ein Richter bis dahin mit der Sache beschäftigt hat.

Im Einzelnen legt besagte Zusatzbestimmung Folgendes fest:

Das Justizministerium kann im Einvernehmen mit der jeweiligen Autonomen Region in bestimmten Gerichtsbezirken so genannte „Oficinas de Señalamiento Inmediato" („Geschäftsstellen zur unverzüglichen Ladung") schaffen. Inwieweit dies geschehen wird, ist derzeit nicht absehbar[270]. In den Gerichtsbezirken, in denen derartige Geschäftsstellen geschaffen worden sind, müssen Klagen bis zu einem Streitwert von 3000 €, bestimmte Räumungsklagen sowie Klagen und Anträge auf vorläufigen Rechtsschutz in bestimmten Familiensachen bei diesen eingereicht werden[271]. Bevor das Gericht die Klage bzw. den Antrag zulässt, bestimmt die Geschäftsstelle unverzüglich einen Termin zur mündlichen Verhandlung, der frühestens zehn und spätestens 20 Tage nach dem fünften Tag nach Klageeinreichung stattfinden muss. Gleichzeitig nimmt die Geschäftsstelle die Ladungen der Parteien vor. Falls die Klageschrift dazu Veranlassung gibt, werden auch sogleich Zeugen geladen[272]. Erst danach leitet die Geschäftsstelle die Klage an das zuständige Gericht weiter, das nunmehr über die Zulassung der Klage entscheidet. Falls es die Klage nicht zulässt, werden die Terminierung und die Ladungen gegenstandslos. Dies ist den Geladenen mitzuteilen. Falls es die Klage zulässt, findet der Termin zur mündlichen Verhandlung wie von der Geschäftsstelle anberaumt statt. Damit diese Termine auch eingehalten werden können, muss jedes Gericht im Voraus bestimmte Tage vollständig für die Abhaltung der „juicios rápidos" reservieren.

Inwieweit diese neue fünfte Zusatzbestimmung zur Beschleunigung der von ihr erfassten Verfahren beitragen wird, lässt sich derzeit nur schwerlich sagen. Zunächst bleibt abzuwarten, ob die Justizverwaltung tatsächlich von der eingeräumten Möglichkeit Gebrauch machen wird, zumal dafür neue Geschäftsstellen eingerichtet werden müssen, was einen gewissen personellen und finanziellen Aufwand bedeuten dürfte. Davon abgesehen erscheint die Idee, die zur Verfahrenseinleitung notwendigen Schritte unverzüglich durch die Geschäftsstelle vornehmen zu lassen, durchaus geeignet, beschleunigende Effekte zu zeitigen. Ins-

---

[270] Bisher existiert noch kein „Oficina de Señalamiento Inmediato" (Auskunft des Gerichtssekretärs Guillén Soria vom 25. Februar 2004).
[271] Nach Magro Servet, La Ley vom 6. November 2003 (Nr. 5887), 1, 5 und 12 wurden die beiden letztgenannten Materien neben den geringfügigen Forderungen deshalb ausgewählt, weil sie wegen ihrer sozialen Bedeutung eine besondere Eilbedürftigkeit aufweisen.
[272] Die Geschäftsstelle und dabei vor allem der Gerichtssekretär erfahren damit eine deutliche Ausweitung ihres Aufgabenbereichs. In diesem Sinne auch Magro Servet, aaO, 1, 2.

besondere lassen sich dadurch ungenutzte Zeiträume bis zur ersten Bearbeitung durch den Richter vermeiden[273]. Eine Gefahr besteht freilich darin, dass die Gerichte mit den Terminierungen nicht Schritt halten können und sich die Verfahrensverzögerung lediglich „nach hinten“ verlagert. Zudem ist zu befürchten, dass ein unnötiger Aufwand betrieben wird, falls es nicht zur Zulassung der Klage kommt. Schließlich könnte es sein, dass der mündliche Termin nicht ausreichend vorbereitet ist, was ebenfalls zu Verzögerungen und damit zum Gegenteil der gewünschten Wirkung führen kann. Insofern liegt die Problematik aber nicht anders als beim juicio verbal. Letztlich dürfte es eine statistische Frage sein, welchen Anteil die Fälle einnehmen, die nach der entsprechenden Vorbereitung durch die Geschäftsstellen tatsächlich ordnungsgemäß durchgeführt werden konnten[274]. Davon wird auch abhängen, ob die neue fünfte Zusatzbestimmung zur LEC zur Beschleunigung der Verfahren beitragen wird[275].

6. Einzelrichter

a. Vergleich

In der spanischen Gerichtsbarkeit ist entscheidendes Organ in der ersten Instanz ausnahmslos ein Einzelrichter, während die höheren Gerichte immer durch ein Kollegialorgan, das mit drei Richtern besetzt ist, über die Rechtssache befinden[276]. In Deutschland ist nach dem ZPO-Reformgesetz wegen § 348 ZPO n.F. in erster Instanz weitgehend ein Einzelrichter zuständig[277]. In den höheren Instanzen sind zwar grundsätzlich Kollegialorgane zur Entscheidung berufen. Werden Landgericht oder Oberlandesgericht allerdings als Berufungsgericht tätig, bestehen in weitem Umfang Verweisungsmöglichkeiten auf einen entscheidenden oder zumindest vorbereitenden Einzelrichter[278]. Festzuhalten ist damit, dass der Einsatz von Einzelrichtern im deutschen Zivilprozess in deutlich stärkerem Umfang als im spanischen Zivilprozess möglich ist.

---

273 So auch Magro Servet, aaO, 1,3.

274 Optimistisch in dieser Hinsicht der Gerichtssekretär Guillén Soria (Gespräch vom 25. Februar 2004). Auf Grund der zwingenden anwaltlichen Vertretung der Parteien sei damit zu rechnen, dass die eingereichten Klagen in der überwiegenden Mehrzahl der Fälle vom Gericht zugelassen und verhandelt werden könnten.

275 Optimistisch Magro Servet, 1, 2 und 12, der sich in den von den „juicios rápidos“ erfassten Materien eine Verkürzung der Verfahrensdauer verspricht.

276 Siehe dazu oben im ersten Teil S. 118 ff.

277 Siehe zu dieser Einschätzung auch Schilken, Gerichtsverfassungsrecht, Rdnr. 362.

278 Die spanische Gerichtspraxis kennt zur Vorbereitung einer Sache, über die ein Kollegialorgan zu entscheiden hat, lediglich die Figur des Berichterstatters („Magistrado ponente“), vgl. Art. 180 LEC f. Dieser hat freilich nicht die Befugnisse des deutschen vorbereitenden Einzelrichters nach § 527 Abs. 2 und 3 ZPO wie z.B. die Durchführung einer Beweisaufnahme oder die Entscheidungskompetenz in bestimmten Prozesskonstellationen.

b. Stellungnahme

Der Beschleunigung des Verfahrens kann der Einsatz von Einzelrichtern sicherlich förderlich sein, allein schon deshalb, weil keine unter Umständen zeitaufwändige Abstimmung zwischen den einzelnen Richtern vorgenommen werden muss[279]. Zudem kann ein Einzelrichter das Verfahren beweglicher und individueller gestalten[280]. Ob diese mögliche „Entformalisierung" zugleich zu einer Stärkung der Mündlichkeit führt, wird sich allgemein gültig nicht beantworten lassen, erscheint aber durchaus denkbar. Rechtstatsächliche Untersuchungen belegen auch, dass die Vergleichsquote des Einzelrichters höher ist als die der Kammer[281]. Insgesamt dürfte der Beschleunigungseffekt im Hinblick auf ein konkretes Verfahren in den meisten Fällen jedoch äußerst gering oder gar nicht vorhanden sein[282]. Angesichts leerer Haushaltskassen dürfte für den Gesetzgeber der wesentliche Aspekt auch eher darin liegen, dass der verstärkte Einsatz von Einzelrichtern das Verfahren verbilligt, weil mit weniger Personalaufwand die gleiche Anzahl an Verfahren bewältigt werden kann[283].
Bei dem durchaus nachvollziehbaren Bestreben, Kosten einzusparen, darf allerdings nicht außer Acht gelassen werden, dass das Kollegialsystem Vorzüge bietet, die mit dem Einzelrichtersystem nicht zu erreichen sind. Wenn auch nicht per se gesagt werden kann, dass ein Kollegium eine höhere Qualität der Rechtsprechung gewährleistet, so sinkt doch die Gefahr einer falschen Entscheidung, sei es dadurch, dass der Sachverhalt durch mehrere Richter besser und vollständiger aufgenommen werden kann oder dadurch, dass Rechtsfehler eher vermieden werden[284]. Außerdem dürfte die Akzeptanz einer Kollegialentscheidung höher sein[285]. Insofern lässt sich dem im Entwurf für ein Justizbeschleunigungsge-

---

279 Vorteile können in diesem Zusammenhang z.B. bei der Terminierung gegeben sein.
280 Siehe zu diesen Aspekten Schilken, aaO, Rdnr. 362.
281 Rottleuthner/Böhm/Gasterstädt, Rechtstatsächliche Untersuchung zum Einsatz des Einzelrichters, S. 134: In den untersuchten Verfahren betrug die Vergleichsquote beim Einzelrichter 0,4, bei der Kammer 0,32.
282 Siehe hierzu Münchbach/Lotz, ZRP 1999, 374, 379 f. mit Verweis auf statistische Erhebungen: Die Grundannahme, das Einzelrichtersystem führe zu einer Beschleunigung des Verfahrens, treffe nicht zu. Vielmehr erziele ein differenziert angewandtes Kammer-Einzelrichtersystem im Hinblick auf die Verfahrensdauer die besten Werte. Hiergegen wendet sich die Bundesregierung, BT-Drucksache 14/4722, S. 157: Die von Münchbach/Lotz mitgeteilten Daten seien zur Beurteilung des Effizienzsteigerungspotentials bei vermehrtem Einzelrichtereinsatz ungeeignet. Rechtstatsächliche Daten aus dem Jahr 1984 bescheinigen der Kammer sogar eine schnellere Streiterledigung, s. hierzu Rottleuthner/Böhm/Gasterstädt, aaO, S. 121. Danach hat die Kammer innerhalb eines halben Jahres 70 % ihrer Fälle abgeschlossen, der Einzelrichter aber erst 54 %. Nach einem Jahr hat die Kammer 89 % der Sachen erledigt, der Einzelrichter 80,5 %.
283 In diesem Sinne auch Schneider, MDR 2003, 901, 902 („Sparmaßnahme").
284 Vgl. hierzu nochmals Schilken, aaO, Rdnr. 362.
285 So Münchbach/Lotz, aaO, 379. Hiergegen könnte angeführt werden, dass die Rechtsmittelquote bei Urteilen der Kammer höher ist als bei Urteilen des Einzelrichters (siehe dazu Rottleuthner/Böhm/Gasterstädt, aaO, S. 146 f.: Die Berufungsquote im Bundesgebiet ohne

setz enthaltenen Vorschlag der Bildung von Spruchgruppen in Zweierbesetzung[286] nach anfänglichem Befremden einiges abgewinnen. Er bietet einerseits ein gewisses Einsparpotential, hält aber andererseits die Vorteile des Kollegialprinzips aufrecht[287]. Auch die Regelung, die bei Stimmengleichheit eine Rückübertragung auf das mit drei Richtern besetzte Gericht vorsieht, dürfte das Verfahren nur in den wenigsten Fällen verlangsamen und verkomplizieren. In aller Regel wird sich in der Praxis nämlich ein einstimmiges Abstimmungsergebnis erzielen lassen[288].

C. Prozessförderungspflicht der Parteien

I. Prozessförderungspflicht der Parteien im deutschen Recht

1. Zurückweisung verspäteten Vorbringens (Präklusion)

Neben der im vorhergehenden Abschnitt abgehandelten Prozessförderungspflicht des Gerichts kennt die ZPO auch eine Prozessförderungspflicht der Parteien. Hinter dieser Pflicht steht der Gedanke, die Gründe für eine lange Verfahrensdauer lägen häufig darin, dass der Prozessstoff von den Parteien nicht zügig und konzentriert vorgetragen werde[289]. Aus diesem Grund versucht die ZPO, die Parteien durch das Aufstellen von bestimmten Verhaltensanforderungen, bei deren Nichtbeachtung die Präklusion droht, zu einem raschen und kompakten Vorbringen zu veranlassen. Das ZPO-Reformgesetz hat die Präklusionsvorschriften im Wesentlichen unangetastet gelassen[290].

Wie bereits an anderer Stelle erwähnt[291], tritt beim Beschleunigungsmittel der Präklusion der Konflikt mit dem Anspruch auf rechtliches Gehör besonders deutlich zu Tage. Grundsätzlich verlangt der Anspruch auf rechtliches Gehör

---

Bayern in den Jahren 1982 bis 1984 gegen Urteile des Einzelrichters betrug 28,9 %, während sie gegen Urteile der Kammer bei 57,7 % lag, bei einem jeweiligen Berufungserfolg von ca. 25 %). Zieht man allerdings in Betracht, dass die Kammer überdurchschnittlich bei höheren Streitwerten (siehe den Nachweis bei Rottleuthner/Böhm/Gasterstädt, aaO, S. 155 f.) und wohl auch bei rechtlich schwierigeren und umstritteneren Fällen vertreten ist, lässt sich die im Text vertretene Auffassung durchaus aufrechterhalten.

[286] BT-Drucksache 15/999, S. 12, 18.

[287] Teilweise wird der Unterschied zu einer Dreierbesetzung minimal sein, da in der Praxis häufig nur der Berichterstatter und der Vorsitzende wirklich Kenntnis vom Akteninhalt haben.

[288] So auch BT-Drucksache 15/999, S. 19.

[289] Jauernig, § 28 III; Rosenberg/Schwab/Gottwald, § 84 III; Leipold, Osaka University Law Review Nr. 36 (1989), 13, 23.

[290] In § 296 Abs. 1 wurde einer Änderung des § 273 Abs. 2 Rechnung getragen (durch eine Aufnahme von § 273 Abs. 2 Nr. 5) und in den Satz 2 des § 296a wurde der neue § 139 Abs. 5 aufgenommen.

[291] Einleitung S. 8 ff.

nämlich, dass das Gericht die Ausführungen der Parteien zur Kenntnis nimmt und in Erwägung zieht[292]. Gleichwohl hat das Bundesverfassungsgericht die Präklusionsvorschriften für verfassungsgemäß erklärt. Art. 103 Abs. 1 GG biete keinen Schutz gegen Entscheidungen, die den Vortrag einer Partei aus Gründen des formellen oder materiellen Rechts ganz oder teilweise außer Betracht lassen[293]. Die verfassungsmäßige Unbedenklichkeit der Präklusionsvorschriften als solche besagt aber noch nicht, dass bei ihrer Anwendung der Anspruch auf rechtliches Gehör nicht mehr zu beachten wäre; vielmehr muss sich jede konkrete Entscheidung des Gerichts am Maßstab des Art. 103 Abs. 1 GG messen lassen[294]. Die sich hieraus ergebenden Fragen nach dem richtigen Maß bei der Anwendung der Präklusion im Einzelfall können nicht Gegenstand der vorliegenden Arbeit sein[295]. Ziel ist es, die Grundlinien des deutschen Präklusionsrechts darzustellen, um die Basis für einen Vergleich mit dem spanischen Präklusionssystem zu legen.

a. Die allgemeine Prozessförderungspflicht

aa. Überblick

Zentrale Norm der mit der Vereinfachungsnovelle eingeführten allgemeinen Prozessförderungspflicht der Parteien für die mündliche Verhandlung ist § 282 Abs. 1 ZPO[296]. Nach § 282 Abs. 2 ZPO wird diese Pflicht auf Vorbringen durch vorbereitenden Schriftsatz schon vor der mündlichen Verhandlung erweitert, falls diese durch Schriftsätze vorbereitet wird. § 282 Abs. 3 ZPO schließlich bezieht sich auf die rechtzeitige Geltendmachung von Rügen, die die Zulässigkeit der Klage betreffen. Kommt eine Partei den erwähnten Pflichten nicht nach, kann ihr (verspätetes) Vorbringen nach § 296 Abs. 2 ZPO (im Falle des § 282 Abs. 1 und 2) bzw. nach § 296 Abs. 3 ZPO (im Falle des § 282 Abs. 3) zurückgewiesen werden[297].

---

[292] Dies ist ständige Rechtsprechung des BVerfG, vgl. z.B. BVerfGE 11, 218, 220; 42, 364, 367; 47, 182, 187; 54, 110, 123; NJW 1978, 989.

[293] BVerfGE 54, 117, 123 = NJW 1980, 1737.

[294] Dementsprechend hat das Bundesverfassungsgericht in vielen Fällen den strengen Ausnahmecharakter der Präklusionsvorschriften betont und bei deren Anwendung einen Verfassungsverstoß festgestellt, vgl. BVerfGE 59, 330, 334; 60, 1, 6; 62, 249, 254; 63, 177, 180; 69, 145, 149; 75, 302, 312 (hier kein Verfassungsverstoß, aber ebenfalls Betonung des Ausnahmecharakters).

[295] Vgl. allgemein dazu Leipold, ZZP 97 (1984), 395 ff; zu Einzelfragen Stein/Jonas/Leipold, vor § 128 Rdnr. 34.

[296] Zur Frage, ob schon vor Einführung des § 282 Abs. 1 von einer Prozessförderungspflicht der Parteien gesprochen werden konnte, bejahend Jauernig, § 26.II; offen gelassen von Leipold, ZZP 93 (1980), 237, 238.

[297] Zur Rechtsnatur der Prozessförderungspflicht s. Leipold, ZZP 93 (1980), 237, 241.

bb. In der mündlichen Verhandlung

Nach § 282 Abs. 1 ZPO hat jede Partei in der mündlichen Verhandlung ihre Angriffs- und Verteidigungsmittel so zeitig vorzubringen, wie es nach der Prozesslage einer sorgfältigen und auf Förderung des Verfahrens bedachten Prozessführung entspricht. Als Angriffs- und Verteidigungsmittel nennt § 282 Abs. 1 beispielhaft Behauptungen, Bestreiten, Einwendungen, Einreden, Beweismittel und Beweiseinreden. Erfasst sind aber alle Prozesshandlungen, die zum Zwecke der inhaltlichen Bestimmung der richterlichen Entscheidung vorgenommen werden, also z.B. auch die Aufrechnung[298] oder die Anfechtung[299]. Unanwendbar ist § 282 Abs. 1 auf Angriff und Verteidigung selbst, also z.B. auf eine Klageänderung oder Widerklage[300]. Der Zeitpunkt, zu dem das Angriffs- oder Verteidigungsmittel vorgebracht werden muss, richtet sich nach dem Wortlaut des Gesetzes nach der Prozesslage. Da § 282 Abs. 1 aber nur für den Vortrag in der mündlichen Verhandlung gilt, kann er nur dann zur Anwendung gelangen, wenn innerhalb einer Instanz mehrere Verhandlungstermine durchgeführt wurden und der Vortrag nicht bereits im ersten Termin erfolgte[301]. Zu weit würde es führen, wollte man § 282 Abs. 1 auch bei nur einem mündlichen Termin anwenden[302]. Letztmöglicher Zeitpunkt, bis zu dem Angriffs- und Verteidigungsmittel geltend gemacht werden können, ist gemäß § 296a ZPO grundsätzlich der Schluss der mündlichen Verhandlung, auf die das Urteil ergeht[303].

Der Hinweis auf die Prozesslage in § 282 Abs. 1 bedeutet auch, dass im deutschen Recht zumindest nicht von der uneingeschränkten Geltung der Eventualmaxime gesprochen werden kann[304]. Deren „Kern ist in der Pflicht zu sehen, die zur Verfügung stehenden Angriffs- und Verteidigungsmittel jeweils gleichzeitig und so früh wie möglich vorzutragen, ungeachtet dessen, ob es wirklich darauf ankommen wird“[305]. Zwar ist die Möglichkeit nachträglichen Vorbringens spätestens seit der Vereinfachungsnovelle 1976, welche die Präklusionsvorschriften nochmals verschärfte[306], sehr eingeschränkt[307]. Allerdings muss eine Zurückhaltung von Angriffs- oder Verteidigungsmitteln aus prozesstaktischen Gründen

---

298 BGH NJW 1984, 1964, 1967.

299 Zimmermann, § 282 Rdnr. 1; Stein/Jonas/Leipold, § 146 Rdnr. 2.

300 Musielak/Foerste, § 282 Rdnr. 2.

301 BGH NJW 1992, 1965; NJW 1993, 1926, 1927.

302 BGH NJW 1993, 1926; 1927; MünchKommZPO-Prütting, § 282 Rdnr. 8; Stein/Jonas/Leipold, § 282 Rdnr. 12.

303 Dieser Schluss der mündlichen Verhandlung als ganzer ist von der Beendigung des einzelnen Verhandlungstermins zu unterscheiden, s. Stein/Jonas/Leipold, § 296a Rdnr. 8.

304 Jauernig, § 28 III; Schilken, Rdnr. 385; Lüke, Rdnr. 189; Musielak/Foerste, § 282 Rdnr. 4; Zöller/Greger, § 282 Rdnr. 3; Stein/Jonas/Leipold, § 282 Rdnr. 16; anders wohl noch („Anerkennung der Eventualmaxime in gewissem Umfang“) Leipold, ZZP 93 (1980), 237, 258.

305 Leipold, ZZP 93 (1980), 237, 257. Vgl. zur Eventualmaxime auch Zeiss/Schreiber, Rdnr. 205.

306 Rosenberg/Schwab/Gottwald, § 69 II; MünchKommZPO-Prütting, § 296 Rdnr. 1.

307 Insofern könnte zumindest von einer Annäherung an die Eventualmaxime gesprochen werden.

möglich sein, wenn es dafür vernünftige Gründe gibt, die nicht im Bereich der Prozessverschleppung liegen[308]. Zur Beurteilung der Frage, ob sachgerechtes und rechtzeitiges Vorbringen vorliegt, sollte eine Orientierung am vorliegenden Vortrag des Gegners vorgenommen werden. In diesem Sinne trägt der Beklagte rechtzeitig und ausreichend vor, wenn er sich darauf konzentriert, die Klagebegründung zu entkräften. Der Kläger trägt rechtzeitig und ausreichend vor, wenn er eine Klagebegründung vorbringt, mit der er einen Erfolg seiner Klage erwarten kann[309].

cc. In der schriftsätzlichen Vorbereitung

§ 282 Abs. 2 ZPO stellt eine Pflicht zur rechtzeitigen Mitteilung durch vorbereitenden Schriftsatz auf und ergänzt damit § 282 Abs. 1 ZPO, der nur für die mündliche Verhandlung gilt. Da der Schwerpunkt der Terminsvorbereitung in der Regel auf dem schriftlichen Vorbringen beruht, hat § 282 Abs. 2 in der Praxis eine größere Bedeutung als § 282 Abs. 1 ZPO[310].

Gemäß § 282 Abs. 2 sind Anträge sowie Angriffs- und Verteidigungsmittel, auf die der Gegner voraussichtlich ohne vorhergehende Erkundigung keine Erklärung abgeben kann, vor der mündlichen Verhandlung durch vorbereitenden Schriftsatz so zeitig mitzuteilen, dass der Gegner die erforderliche Erkundigung noch einzuziehen vermag. Die Vorschrift gelangt allerdings nur dann zur Anwendung, wenn eine Schriftsatzpflicht besteht. Nach § 129 Abs. 1 ZPO ist dies im Anwaltsprozess immer der Fall. Im Parteiprozess ist eine Schriftsatzpflicht nur dann gegeben, wenn das Gericht den Parteien nach § 129 Abs. 2 ZPO aufgegeben hat, die mündliche Verhandlung durch Schriftsätze vorzubereiten[311]. § 282 Abs. 2 ZPO begründet somit keine Pflicht zur schriftsätzlichen Vorbereitung, sondern bezieht sich nur auf die Frage, zu welchem Zeitpunkt bei einer bereits vorhandenen Pflicht zur Vorbereitung durch Schriftsätze ein bestimmtes Vorbringen erfolgen muss[312].

Das Vorbringen ist rechtzeitig, wenn der Gegner noch eine angemessene Zeit zur Erkundigung und gegebenenfalls zur Stellungnahme hat[313]. Hierin kommt zum Ausdruck, dass es sich bei § 282 Abs. 2 ZPO um eine Schutzvorschrift zu Gunsten des Gegners handelt und nicht um eine Regelung, die dem Gericht eine

---

308 MünchKommZPO-Prütting, § 282 Rdnr. 14; Musielak/Foerste, § 282 Rdnr. 4; Lüke, Rdnr. 189.

309 Näher zur Bedeutung der Prozesslage für das rechtzeitige Vorbringen Stein/Jonas/Leipold, § 282 Rdnr. 18 ff.

310 So Zöller/Greger, § 282 Rdnr. 1.

311 Vgl. BVerfG NJW 1993, 1319; Musielak/Foerste, § 282 Rdnr. 8; Zöller/Greger, § 282 Rdnr. 4; Stein/Jonas/Leipold, § 282 Rdnr. 22. A.A. Baumbach/Hartmann, § 282 Rdnr. 15 (Anordnung nach § 129 Abs. 2 fällt nicht unter § 282 Abs. 2).

312 Stein/Jonas/Leipold, § 282 Rdnr. 22.

313 Musielak/Foerste, § 282 Rdnr. 9. Die Vorschrift des § 132 ZPO, die Fristen für vorbereitende Schriftsätze aufstellt, steht unabhängig neben § 282 Abs. 2 ZPO. Vgl. näher dazu Stein/Jonas/Leipold, § 282 Rdnr. 23.

ausreichende Vorbereitung der mündlichen Verhandlung ermöglichen soll[314]. Vor diesem Hintergrund ist auch die Schriftsatzfrist des § 283 ZPO zu verstehen. Danach kann einer Partei auf Antrag eine Frist gewährt werden, in der sie eine Erklärung in einem Schriftsatz nachbringen kann, falls sie sich auf ein Vorbringen des Gegners in der mündlichen Verhandlung nicht erklären kann, weil es ihr nicht rechtzeitig vor dem Termin mitgeteilt worden ist. Diese Möglichkeit des Gerichts soll vor allem eine ansonsten unter Umständen notwendige Vertagung verhindern und dient damit auch der Straffung und Beschleunigung des Verfahrens[315].

dd. Präklusion nach § 296 Abs. 2 ZPO

(1) Das Mittel, um die Parteien zu einer Befolgung der ihnen obliegenden Prozessförderungspflichten des § 282 Abs. 1 und 2 ZPO anzuhalten, ist die Präklusion. Nach § 296 Abs. 2 ZPO können nämlich Angriffs- und Verteidigungsmittel, die entgegen § 282 Abs. 1 nicht rechtzeitig vorgebracht oder entgegen § 282 Abs. 2 nicht rechtzeitig mitgeteilt werden, zurückgewiesen werden, wenn ihre Zulassung die Erledigung des Rechtsstreits verzögern würde und die Verspätung auf grober Nachlässigkeit beruht. Damit wird deutlich, dass die Präklusionsvorschriften eine Prozessbeschleunigung auf zweierlei Weise zu erreichen versuchen. Zum einen sollen die Parteien unter der Androhung der Präklusion zu einem möglichst frühzeitigen und vollständigen Vorbringen motiviert werden, zum anderen soll der zusätzliche Zeitaufwand, den ein verspätetes Vorbringen bewirken kann, vermieden werden[316]. Bevor das Gericht aber tatsächlich eine Präklusion in Betracht zieht, ist der Weg über § 283 ZPO zu erwägen. Im Interesse einer möglichst umfassenden Sachverhaltsaufklärung ist nämlich die Gewährung einer Schriftsatzfrist nach § 283 ZPO in der Regel als vorrangig anzusehen[317].

(2) Der Begriff der Verzögerung im Sinne des § 296 ist umstritten. Nach der Rechtsprechung des BGH liegt eine Verzögerung vor, wenn der Rechtsstreit bei Zulassung des Vorbringens länger dauern würde als im Fall der Präklusion[318]. Dieser „absolute Verzögerungsbegriff" kann unter Umständen dazu führen, dass

---

[314] BGH MDR 99, 822; Zöller/Greger, § 282 Rdnr. 4.

[315] Zöller/Greger, § 283 Rdnr. 1; Musielak/Foerste, § 283 Rdnr. 1; Stein/Jonas/Leipold, § 283 Rdnr. 1. Allgemein zur Berücksichtigung nachgereichter Schriftsätze Fischer, NJW 1994, 1315 ff.

[316] In diesem Sinne Stein/Jonas/Leipold, § 296 Rdnr. 2. Zum Normzweck s. auch MünchKommZPO-Prütting, § 296 Rdnr. 1 ff.

[317] So die herrschende Meinung, vgl. z.B. MünchKommZPO-Prütting, § 283 Rdnr. 3; Stein/Jonas/Leipold, § 283 Rdnr. 3 ff.; Zöller/Greger, § 296 Rdnr. 16. A.A. Baumbach/Hartmann, § 296 Rdnr. 2.

[318] Grundlegend BGHZ 75, 138, 141; vgl. auch BGHZ 76, 133, 135; BGHZ 86, 31, 34. Zustimmend MünchKomm-Prütting, § 296 Rdnr. 75; Baumbach/Hartmann, § 296 Rdnr. 40, 42; Rosenberg/Schwab/Gottwald, § 69 II.1.a.

der Prozess schneller beendet ist als dies bei rechtzeitigem Vorbringen der Fall gewesen wäre (sog. Überbeschleunigung)[319]. Die Gegenansicht vertritt den „relativen Verzögerungsbegriff"[320]. Danach ist eine Verzögerung nur dann zu bejahen, wenn das Verfahren bei Zulassung des verspäteten Vorbringens länger dauern würde als wenn die Partei rechtzeitig vorgetragen hätte. Diese Ansicht nimmt also einen Vergleich mit dem hypothetischen Verfahrensverlauf bei rechtzeitigem Vorbringen vor. Das Bundesverfassungsgericht hat den „absoluten Verzögerungsbegriff" des BGH für verfassungsgemäß erklärt[321]. Allerdings hat es die strenge Verfahrensweise des BGH abgemildert. Nach Auffassung des BVerfG liegt ein Rechtsmissbrauch und ein Verstoß gegen Art. 103 Abs. 1 GG vor, wenn sich ohne weitere Erwägungen aufdrängt bzw. wenn ohne jeden Aufwand erkennbar ist, dass dieselbe Verzögerung auch bei rechtzeitigem Vorbringen eingetreten wäre[322]. Eine Partei darf daher nicht präkludiert werden, wenn ersichtlich ist, dass die Pflichtwidrigkeit der Partei zu keiner kausalen Verzögerung führt, etwa weil sie auf ein Fehlverhalten des Gerichts[323] oder Dritter zurückzuführen[324] oder der Rechtsstreit noch nicht entscheidungsreif ist[325]. Eine Verzögerung liegt danach beispielsweise dann nicht vor, wenn das Gericht die Verspätung durch zumutbare Maßnahmen gemäß § 273 Abs. 2 ZPO oder durch Hinweise im Rahmen der richterlichen Aufklärungspflicht ausgleichen hätte können bzw. ausgleichen kann[326]. Der absolute Verzögerungsbegriff gilt im Grundsatz auch im frühen ersten Termin, und zwar selbst dann, wenn das verspätete Vorbringen im Haupttermin berücksichtigt werden könnte, ohne dass dieser verschoben werden müsste[327]. Allerdings macht der BGH eine Ausnahme, wenn es sich beim frühen ersten Termin erkennbar um einen so genannten Durchlauftermin handelt[328].

---

[319] Vgl. Zeiss/Schreiber, Rdnr. 208.

[320] OLG Frankfurt, NJW 1979, 1715; OLG Hamburg, NJW 1979, 1717 f; Lüke, Rdnr. 189c; Leipold, ZZP 93 (1980), 237, 250. Vgl. auch OLG Dresden, NJW-RR 1999, 214, 215, das den relativen Verzögerungsbegriff im konkreten Fall entsprechend der Rechtsprechung des BVerfG anwendet (s. Fn. 321), da es *offenkundig* sei, dass die Verzögerung auch bei rechtzeitigem Vortrag eingetreten wäre.

[321] BVerfGE 75, 302, 315 ff. = NJW 1987, 2733 ff = JZ 1988, 90, 92 (mit Anmerkung Leipold, S. 93 ff.).

[322] BVerfGE 75, 302, 316; Stein/Jonas/Leipold, § 296 Rdnr. 57 f.

[323] Ausführlich dazu, insb. auch zur Frage, wann eine Mitverantwortung des Gerichts für die Zurückweisungsreife von Vorbringen anzunehmen ist, Deubner in: Festschrift für Gerhard Lüke, 51 ff.

[324] Stein/Jonas/Leipold, § 296 Rdnr. 70, 71 ff, 76 f.

[325] BGH NJW-RR 1989, 786.

[326] BGHZ 91, 293, 304; BGHZ 75, 138, 142; Zimmermann, § 296 Rdnr. 14; Rosenberg/Schwab/Gottwald, § 69 II.2.a mit weiteren Beispielen.

[327] BGHZ 86, 31, 36 ff. Kritisch zu diesem Vorgehen Leipold, ZZP 97 (1984), 395, 398 ff.

[328] BGHZ 86, 31, 39 f. Der (nicht ganz einheitlich verwendete) Begriff des Durchlauftermins bezeichnet einen Termin, in dem für die Verfahrensbeteiligten erkennbar eine abschließende streitige Verhandlung einschließlich Beweisaufnahme ausgeschlossen ist, vgl. Musielak/Huber, § 296 Rdnr. 20.

(3) Der Verschuldensgrad ist grobe Nachlässigkeit. Sie ist gegeben, wenn die Partei oder ihr Prozessvertreter die prozessuale Sorgfalt in ungewöhnlich großem Maße verletzt und dasjenige unbeachtet gelassen hat, was jedem, der einen Prozess führt, hätte einleuchten müssen[329].

(4) Liegen die Voraussetzungen des § 296 Abs. 2 ZPO vor, *kann* das Gericht zurückweisen. Das Gericht muss also nicht zurückweisen, vielmehr steht es in seinem pflichtgemäßen Ermessen, ob es von seiner Befugnis Gebrauch machen will[330]. Zusammen mit der Voraussetzung der groben Nachlässigkeit ist dies ein Grund für die in der Praxis eher seltene Anwendung der Präklusion auf Grund eines Verstoßes gegen die allgemeine Prozessförderungspflicht[331].

ee. Zulässigkeitsrügen

(1) Gemäß § 282 Abs. 3 S. 1 ZPO hat der Beklagte Rügen, die die Zulässigkeit der Klage betreffen, gleichzeitig und vor seiner Verhandlung zur Hauptsache vorzubringen. Wurde dem Beklagten eine Frist zur Klageerwiderung gesetzt, muss er die Rügen bereits innerhalb der Frist geltend machen. Die Regelung erfasst jegliches Vorbringen, das auf die Unzulässigkeit der Klage zielt[332]. Sinn der Vorschrift ist es, das Vorliegen der Zulässigkeitsvoraussetzungen möglichst umfassend abzuklären, bevor mit vergeblichem Aufwand zur Hauptsache verhandelt wird[333]. Nach dem Wortlaut des Gesetzes müssen die Rügen gleichzeitig vorgebracht werden. Das bedeutet, dass es dem Beklagten nicht gestattet ist, die Zulässigkeitsrügen nach und nach geltend zu machen und dass ein diesbezüglicher Vortrag spätestens zum Schluss der mündlichen Verhandlung über die erste Einrede erfolgen muss[334]. Im Rahmen des § 282 Abs. 3 ZPO gilt also die Eventualmaxime.

(2) Eine Präklusion verspäteten Vorbringens und damit nachteilige Wirkungen für den Beklagten können gemäß § 296 Abs. 3 ZPO allerdings nur dann eintreten, wenn es sich um Rügen handelt, auf die der Beklagte verzichten kann. Verzichtbare Zulässigkeitsrügen sind jedoch nur die Rüge der mangelnden Vollmacht (§ 88 ZPO), der fehlenden Ausländersicherheit (§ 110 ZPO) und der feh-

---

329 BGH NJW 1987, 501, 502; zu Einzelheiten vgl. Rosenberg/Schwab/Gottwald, § 69 II.2.b.
330 Baumbach/Hartmann, § 296 Rdnr. 58. Zu den das pflichtgemäße Ermessen leitenden Kriterien Stein/Jonas/Leipold, § 296 Rdnr. 110 ff.
331 Stein/Jonas/Leipold, § 296 Rdnr. 93.
332 Stein/Jonas/Leipold, § 282 Rdnr. 33. S. dort auch, Rdnr. 34, (mit weiteren Verweisen) die Zulässigkeitsrügen im Einzelnen.
333 Musielak/Foerste, § 282 Rdnr. 10.
334 Stein/Jonas/Leipold, § 282 Rdnr. 37.

lenden Kostenerstattung nach Klagerücknahme (§ 269 Abs. 6 ZPO)[335]. Die anderen Rügen, die zwar ebenfalls von § 282 Abs. 3 ZPO erfasst sind, sind bereits von Amts wegen zu prüfen und unterliegen daher nicht der Präklusion. Insofern bleibt ein Verstoß gegen § 282 Abs. 3 ZPO in der Mehrzahl der Fälle sanktionslos, so dass von einer „lex imperfecta" gesprochen werden kann[336]. Die weiteren Voraussetzungen einer rechtmäßigen Zurückweisung verspäteten Vorbringens sind folgende: Verspätetes Vorbringen (nach Schluss der Verhandlung über eine andere Zulässigkeitsrüge, nach Beginn der Verhandlung des Beklagten zur Hauptsache, nach Ablauf einer Klageerwiderungsfrist) sowie keine genügende Entschuldigung der Verspätung. Liegen diese Voraussetzungen ebenfalls vor, muss zwingend zurückgewiesen werden, ohne dass es auf eine Verzögerung des Rechtsstreits ankäme[337].

b. Die Prozessförderungspflicht nach gerichtlicher Fristsetzung

aa. Überblick

Die allgemeine Prozessförderungspflicht nach § 282 ZPO erfährt eine Konkretisierung durch die Möglichkeit gerichtlicher Fristsetzungen zur Erwiderung auf die Klage oder auf die Klageerwiderung und zur Erklärung über klärungsbedürftige Punkte (§§ 275 Abs. 1 S. 1, Abs. 3, 4, § 276 Abs. 1 S. 2, Abs. 3, 277, 273 Abs. 2 Nr. 1 und 5 ZPO)[338]. Verstößt eine Partei gegen die Pflicht, ihre Angriffs- und Verteidigungsmittel innerhalb der hierfür gesetzten Frist geltend zu machen, muss das Gericht verspätetes Vorbringen bei Vorliegen der Voraussetzungen des § 296 Abs. 1 ZPO zurückweisen.

Die Präklusion des § 296 Abs. 1 hat eine wesentlich größere praktische Bedeutung als die des § 296 Abs. 2 ZPO[339]. Dies liegt daran, dass das Gericht bei Vorliegen der entsprechenden Voraussetzungen zwingend zurückweisen muss[340], der Verstoß gegen eine konkretisierte Pflicht leichter festzustellen und nachzuvollziehen ist als gegen eine allgemeine Prozessförderungspflicht und § 296 Abs. 1 einen schärferen Verschuldensmaßstab als § 296 Abs. 2 aufweist.

bb. Voraussetzungen der Präklusion

Eine rechtmäßige Zurückweisung verspäteten Vorbringens ist nach § 296 Abs. 1 ZPO gegeben, wenn die Zulassung des Vorbringens die Erledigung des Rechtsstreits verzögern würde und die Partei den verspäteten Vortrag nicht genügend

---

[335] Zöller/Greger, § 296 Rdnr. 8a. Einschränkend bezüglich der mangelnden Vollmacht Stein/Jonas/Leipold, § 296 Rdnr. 119. Zu den Rügen der örtlichen, sachlichen und internationalen Zuständigkeit vgl. Stein/Jonas/Leipold, § 296 Rdnr. 117.

[336] Zöller/Greger, § 282 Rdnr. 8; im gleichen Sinne Stein/Jonas/Leipold, § 282 Rdnr. 33.

[337] Musielak/Huber, § 296 Rdnr. 33.

[338] Siehe zu den Möglichkeiten des Gerichts, den Parteien Fristen zu setzen S. 177 ff. Zu den Anforderungen an die Fristsetzung vgl. Stein/Jonas/Leipold, § 296 Rdnr. 30 ff.

[339] Jauernig, § 28 III.2.

[340] MünchKommZPO-Prütting, § 296 Rdnr. 177; Thomas/Putzo/Reichold, § 296 Rdnr. 21.

entschuldigt[341]. Auch im Rahmen des § 296 Abs. 1 ZPO kommt eine Präklusion nur dann in Betracht, wenn kein richterliches Fehlverhalten die Verspätung mitverursacht hat. Ein richterliches Fehlverhalten kann darin bestehen, dass das Gericht nicht über die Folgen der Verspätung belehrt hat, seine Hinweispflicht nach § 139 ZPO verletzt hat, die Fristen nicht ordnungsgemäß gesetzt hat oder von den gebotenen Möglichkeiten der Terminsvorbereitung nicht ausreichend Gebrauch gemacht hat[342].

(1) Zur Verzögerung gilt das bereits zu § 296 Abs. 2 ZPO Gesagte[343].

(2) Eine Entschuldigung setzt voraus, dass die Partei keinerlei Verschulden, also auch keine leichte Fahrlässigkeit trifft[344]. Der Verschuldensmaßstab des § 296 Abs. 1 ist also deutlich schärfer als der des § 296 Abs. 2 ZPO. Verschulden eines gesetzlichen Vertreters (§ 51 Abs. 2) oder eines Bevollmächtigten (§ 85 Abs. 2) wird der Partei zugerechnet. Bei einem Verschulden der Partei selbst ist ein subjektiver Verschuldensmaßstab, bei Verschulden eines rechtlichen Beistandes ein objektiver Verschuldensmaßstab anzulegen[345]. Nach § 296 Abs. 4 ZPO ist der Entschuldigungsgrund auf Verlangen des Gerichts glaubhaft zu machen[346]. Dazu muss die Partei mit ihrem Vortrag, zu dem ihr Gelegenheit zu geben ist[347], die überwiegende Wahrscheinlichkeit der Tatsachen dartun[348]. Die Beweislast für eine genügende Entschuldigung trägt die Partei[349].

2. Präklusion durch Rechtshängigkeit und Rechtskraft

a. Hinführung

Das spanische Recht kennt in Gestalt des neuen Art. 400 LEC eine Vorschrift, die für den Kläger bereits bei der Klageerhebung eine umfassende Behauptungslast aufstellt. Er muss nach Art. 400.1 Absatz 1 LEC in der Klage zur Begründung seines Antrags alle Tatsachen, Rechtsgrundlagen und Rechte vortragen, die ihm bekannt sind oder die er im Zeitpunkt der Klageerhebung vortragen kann, ohne dass er einige davon für einen späteren Prozess zurückhalten kann.

---

[341] Der Gesetzestext formuliert umgekehrt aus der Perspektive der Zulassung; ein Unterschied in der Wirkung besteht dadurch aber nicht, vgl. dazu Stein/Jonas/Leipold, § 296 Rdnr. 23.
[342] Rosenberg/Schwab/Gottwald, § 69 II.1 mit weiteren Nachweisen.
[343] Siehe S. 212.
[344] Rosenberg/Schwab/Gottwald, § 69 II.1.b.
[345] MünchKommZPO-Prütting, § 296 Rdnr. 131 f.; Stein/Jonas/Leipold, § 296 Rdnr. 85.
[346] Nach § 296 Abs. 1 muss die Partei den Entschuldigungsgrund lediglich schlüssig dartun, nicht aber glaubhaft machen. Eine Glaubhaftmachung ist nur dann vorzunehmen, wenn sie das Gericht für erforderlich hält, vgl. dazu BGH NJW 1986, 3193, 3194.
[347] BGH NJW 1986, 3193, 3194.
[348] Stein/Jonas/Leipold, § 296 Rdnr. 88 (auch zu den Mitteln der Glaubhaftmachung).
[349] Arens, Rdnr. 189a; Rosenberg/Schwab/Gottwald, § 69 II.1.b; Thomas/Putzo/Reichold, § 296 Rdnr. 28. A.A. Leipold, ZZP 93 (1980), 237, 245 f.

Unterlässt der Kläger diesen Vortrag im ersten Prozess, ist er in einem weiteren Prozess mit dem entsprechenden Vorbringen präkludiert. Obwohl die Sanktionierung damit erst in einem Folgeprozess vorgenommen wird, führt Art. 400 LEC durch die Gefahr einer späteren Präklusion bereits im laufenden Prozess zur Notwendigkeit eines umfassenden Vortrags.
Gesetzestechnisch wird der Ausschluss in einem weiteren Prozess dadurch erreicht, dass eine Fiktion dahingehend angenommen wird, dass die nicht angeführten Tatsachen und Rechtsgrundlagen an den Wirkungen der Rechtshängigkeit und Rechtskraft des Vorprozesses teilnehmen[350]. Das deutsche Recht kennt keine Vorschrift, die Art. 400 LEC entspricht; bezüglich des Ausschlusses von Tatsachen in einem späteren Prozess, die in einem früheren nicht vorgetragen wurden, kommt nach deutschem Recht lediglich die direkte Anwendung der Institute der entgegenstehenden Rechtshängigkeit oder Rechtskraft in Betracht. Die gegenständliche Reichweite dieser Institute und damit der Umfang der Präklusion bestimmen sich danach, was Streitgegenstand des ersten Prozesses war. Aus diesem Grund soll im Folgenden eine für den Vergleich notwendige Skizzierung des deutschen Streitgegenstandsbegriffes vorgenommen werden. Eine ausführliche Auseinandersetzung mit dem Streitgegenstand im deutschen Zivilprozess ist dabei allerdings nicht möglich[351] und im vorliegenden Zusammenhang auch nicht erforderlich.

b. Der Begriff des Streitgegenstandes

Die ZPO spricht in der Regel nicht vom Streitgegenstand, sondern vom Anspruch (vgl. z.B. §§ 261 Abs. 2, 322 Abs. 1, 313 Abs. 2 ZPO). Gleichwohl meint das Gesetz mit diesem Begriff des „Anspruchs“ den Gegenstand des Rechtsstreits[352]. Wie sich der Streitgegenstand definieren lässt, sagt die ZPO allerdings nicht.
Die heutzutage fast einhellige Ansicht folgt einer prozessualen Definition des Streitgegenstands[353] und favorisiert den so genannten zweigliedrigen Streitgegenstandsbegriff[354]. Danach wird der Streitgegenstand gleichwertig durch den Klageantrag und den zu seiner Begründung vorgebrachten Sachverhalt bestimmt. Die herrschende Auffassung stützt sich dabei vor allem auf § 253 Abs. 2

---

[350] Näher zu Art. 400 LEC im ersten Teil S. 28.
[351] Hingewiesen sei nur darauf, dass der Streitgegenstand in der deutschen Zivilprozessrechtswissenschaft jahrzehntelang ein dominierendes Thema war und in der Literatur entsprechend umfangreich gewürdigt wurde, s. Walker, ZZP 111 (1998), 429, 430.
[352] Rosenberg/Schwab/Gottwald, § 95 I; Stein/Jonas/Schumann, Einl. Rdnr. 268.
[353] Dies bedeutet, dass der Streitgegenstand ohne jede Rücksicht auf materielle Rechtsbehauptungen gebildet wird, vgl. Thomas/Putzo/Reichold, Einl. II Rdnr. 5. Näheres zu den materiellrechtlichen Theorien bei Rosenberg/Schwab/Gottwald, § 95 III.1 und 4.
[354] BGHZ 117, 1, 5; 34, 337, 339; BGH NJW 2001, 157, 158; BGH NJW 1996, 3151, 3152; Lüke, Rdnr. 162; Rosenberg/Schwab/Gottwald, § 95 III.2; Grunsky, Rdnr. 116; Thomas/Putzo/Reichold, Einl. II Rdnr. 5, 25; Musielak, Rdnr. 69.

Nr. 2 ZPO, wonach die Klage den Antrag und den Klagegrund angeben muss[355]. Eine andere Ansicht, die aber ebenfalls einen prozessualen Ansatz vertritt, bezieht sich zur Bestimmung des Streitgegenstandes lediglich auf den Antrag und will den vorgetragenen Sachverhalt nur zur Auslegung des Antrags heranziehen[356]. Letztlich dürfen die Unterschiede zwischen den beiden Ansichten nicht überbetont werden, weil auch die eingliedrige Anschauung zur Abgrenzung und Auslegung des Streitgegenstandes nicht auf den Anspruchsgrund verzichten kann[357]. Zusammengefasst lässt sich der Streitgegenstand damit definieren als „das auf rechtskräftige Feststellung einer Rechtsfolge gerichtete Begehren, das durch den gestellten Antrag und den zu seiner Begründung vorgetragenen Sachverhalt gekennzeichnet wird“[358]. Ein anderer Streitgegenstand ist als Konsequenz hieraus gegeben, wenn entweder ein anderer Antrag gestellt wird oder ein anderer Sachverhaltsvortrag erfolgt. Die Frage, ob ein anderer Antrag gestellt wird, ist in der Regel unproblematisch[359]. Schwieriger zu beantworten ist die Frage, wann ein anderer Sachverhalt vorliegt und nicht lediglich eine Sachverhaltsergänzung. Als Leitlinie wird hier darauf abgestellt, ob es sich um *einen* einheitlichen Lebenssachverhalt bzw. *ein* historisches Ereignis handelt[360]. Hält sich der Vortrag im Rahmen desselben historischen Ereignisses, ist eine Sachverhaltsergänzung gegeben, im gegenteiligen Fall ein neuer Sachverhalt.
Mit der herrschenden Auffassung[361] soll im Folgenden von einem einheitlichen Streitgegenstandsbegriff ausgegangen werden und damit keine Unterscheidung vorgenommen werden, in welchem Zusammenhang – Rechtshängigkeit, Rechtskraft, Klageänderung, Klagehäufung – sich die Frage nach dem Streitgegenstand stellt.

---

[355] Siehe z.B. Rosenberg/Schwab/Gottwald, § 95 III.2.

[356] So vor allem Schwab, Streitgegenstand, S. 183 ff, insb. 185.

[357] So zutreffend Rosenberg/Schwab/Gottwald, § 95 III. 3, die in dem dargestellten Meinungsstreit im Wesentlichen eine Formulierungsfrage sehen. Siehe dazu auch Schwab, aaO, 185, der ebenfalls betont, dass der Sachverhalt zur Auslegung des Antrags herangezogen werden muss.

[358] BGHZ 117, 1, 5; BGH NJW 1993, 2052 f.

[359] So die Einschätzung von Lüke, Rdnr. 163; zu problematischen Einzelfällen siehe Rosenberg/Schwab/Gottwald, § 100 III.1.c (bei entgegenstehender Rechtshängigkeit) und § 154 (bei entgegenstehender Rechtskraft).

[360] BGH NJW 1996, 3151, 3152; MünchKommZPO-Gottwald, § 322 Rdnr. 108; Lüke, Rdnr. 163.

[361] Vgl. z.B. Rosenberg/Schwab/Gottwald, § 95 II; Jauernig, § 37 VII.3; MünchKommZPO-Gottwald, § 322 Rdnr. 106; Musielak, Einl. Rdnr. 74 a.E.; Lüke, Rdnr. 160. A.A. Stein/Jonas/Schumann, Einl. Rdnr. 283 ff., 285; Stein/Jonas/Leipold, § 322 Rdnr. 103; Zöller/Vollkommer, Einl. Rdnr. 82, die den Begriff des Streitgegenstandes je nach Anwendungsbereich definieren wollen (sog. relative Theorien).

c. Präklusionswirkungen der entgegenstehenden Rechtshängigkeit und Rechtskraft

aa. Entgegenstehende Rechtshängigkeit

Eine rechtshängige Streitsache kann während der Dauer der Rechtshängigkeit[362] unter den gleichen Parteien nicht noch einmal anderweitig anhängig gemacht werden, § 261 Abs. 3 Nr. 1 ZPO. Als negative Prozessvoraussetzung muss das Gericht die entgegenstehende Rechtshängigkeit von Amts wegen beachten[363]. Ziel der Regelung ist es – neben dem Zweck, sich widersprechende Entscheidungen zu vermeiden –, den „doppelten Aufwand an Zeit, Mühe und Kosten zu verhindern"[364]. Wichtigste Voraussetzung für das Eingreifen der Rechtshängigkeitssperre ist die Identität des Streitgegenstandes. In einem zweiten Prozess ist folglich dasjenige Vorbringen präkludiert, das Teil des Streitgegenstandes des ersten Prozesses ist.

bb. Entgegenstehende Rechtskraft

Gemäß § 322 Abs. 1 ZPO sind Urteile der Rechtskraft insoweit fähig, als über den durch die Klage oder Widerklage erhobenen Anspruch entschieden ist. Angesprochen ist damit die materielle Rechtskraft des Urteils[365]. Konsequenz der materiellen Rechtskraft ist, dass derselbe prozessuale Anspruch nicht mehr in einem späteren Prozess gerichtlich geltend gemacht werden kann. Insofern handelt es sich bei der entgegenstehenden Rechtskraft ebenso wie bei der entgegenstehenden Rechtshängigkeit um eine negative Prozessvoraussetzung, die von Amts wegen zu beachten ist[366].

Die hier interessierende Frage nach dem Umfang der Präklusion späteren tatsächlichen Vorbringens in einem weiteren Prozess ist nicht einfach zu beantworten. Einigkeit herrscht jedenfalls darin, dass die tatsächlichen Feststellungen einer Entscheidung als solche nicht in Rechtskraft erwachsen[367]. Gleichwohl vermag ein späterer Vortrag, die Entscheidung basiere auf unrichtigen tatsächlichen Feststellungen, die materielle Rechtskraft und damit die inhaltliche Maßgeblich-

---

362 Nach § 261 Abs. 1 ZPO wird die Rechtshängigkeit einer Streitsache durch die Erhebung der Klage begründet. Gemäß § 253 Abs. 1 ZPO erfolgt die Erhebung der Klage durch Zustellung eines Schriftsatzes. Die Einrede der Rechtshängigkeit entsteht also erst mit der Zustellung der Klage, vgl. LG Stuttgart, JZ 1968, 706, 707. Beendet wird die Rechtshängigkeit wie der Prozess, also in der Regel mit rechtskräftigem Urteil. Vgl. näher zu Beginn und Ende der Rechtshängigkeit Rosenberg/Schwab/Gottwald, § 100 II.

363 BGH NJW 1989, 2064.

364 So Rosenberg/Schwab/Gottwald, § 100 III.1.

365 Siehe zum Begriff Grunsky, Rdnr. 233; siehe dort, Rdnr. 232, auch zur formellen Rechtskraft.

366 Grunsky, Rdnr. 131, 234.

367 BGH NJW 1995, 967; Rosenberg/Schwab/Gottwald, § 153 III.1; Stein/Jonas/Leipold, § 322 Rdnr. 84, 228.

keit des Urteils nicht zu beseitigen[368]. Insofern nimmt der Prozessstoff, der dem Gericht von den Parteien vorgetragen wurde, als Grundlage der Entscheidung an deren Rechtskraft teil[369]. Um das Ziel des Verfahrens, Rechtsfrieden zu stiften, zu erreichen, kann sich die Rechtskraftwirkung allerdings nicht lediglich auf den tatsächlichen Vortrag der Parteien beschränken. Vielmehr müssen auch Tatsachen einbezogen werden, die im Zeitpunkt des ersten Verfahrens bereits vorlagen[370]. Wie sich aus der Regelung des § 767 Abs. 2 ZPO entnehmen lässt, kommt es dabei auf eine Kenntnis der Parteien nicht an[371]. Entscheidend ist aber immer, dass es um Tatsachen geht, die sich innerhalb des prozessualen Anspruchs des ersten Prozesses bewegen[372]. Hier zeigt sich deutlich, dass die Präklusion nach Rechtskraftgrundsätzen keine unmittelbare Wirkung auf den Ausschluss von Tatsachen zeitigt, sondern nur im Rahmen des Streitgegenstandes eine Rolle spielt. Zusammenfassend lässt sich damit Folgendes festhalten: „Ausgeschlossen sind Tatsachen, die bei einer natürlichen, vom Standpunkt der Parteien ausgehenden Betrachtungsweise zu dem durch den Vortrag des Klägers zur Entscheidung gestellten Tatsachenkomplex gehört hätten"[373]. Welche Tatsachen konkret diesem zur Entscheidung gestellten Tatsachenkomplex zuzurechnen sind, wirft freilich Abgrenzungsprobleme auf. Vorgeschlagen wird eine Abgrenzung nach dem Lebenssachverhalt, der umstrittenen Rechtsfolge oder nach den Tatbeständen der materiellen Norm[374]. Tatsachen, die erst nach dem Schluss der mündlichen Verhandlung entstanden sind, werden von der Präklusionswirkung der materiellen Rechtskraft aber nicht erfasst[375]. Dieser Zeitpunkt bildet damit grundsätzlich die zeitliche Grenze der Tatsachenpräklusion. Diese Wertung lässt sich wiederum aus § 767 Abs. 2 ZPO ableiten[376].

II. Prozessförderungspflichten der Parteien im europäischen Recht

1. Präklusion

Gemäß Art. 3.3 der Vorschläge der Storme-Kommission sollen die Mitgliedstaaten in ihren Prozessordnungen einen Verfahrenszeitpunkt festlegen, ab dem das Parteivorbringen nicht mehr geändert werden darf. Bei Vorliegen eines gewich-

---

368 Ebenso verhält es sich mit dem Angebot neuer Beweismittel, vgl. Stein/Jonas/Leipold, § 322, Rdnr. 228.

369 Rosenberg/Schwab/Gottwald, § 155 II.1.

370 BGH NJW 1993, 2684, 2685; NJW 1995, 1757, 1758.

371 MünchKommZPO-Gottwald, § 322 Rdnr. 132 f; Stein/Jonas/Leipold, § 322 Rdnr. 229, 234.

372 BGH NJW 1992, 1172, 1173; NJW 1986, 1046, 1047; MünchKommZPO-Gottwald, § 322 Rdnr. 137.

373 BGH NJW 1993, 2684, 2685; BGH NJW 1996, 3151, 3152; NJW 1995, 967, 968.

374 Näher dazu Stein/Jonas/Leipold, § 322 Rdnr. 232 f.

375 BGHZ 37, 375, 377.

376 NJW 1985, 2825, 2826; 1986, 2645, 2646; Lüke, Rdnr. 367; Stein/Jonas/Leipold, § 322 Rdnr. 236.

tigen Grundes soll das Gericht nach Art. 3.4 aber auch verspätetes Vorbringen zulassen können. Das der Storme-Kommission vorschwebende Modell knüpft erkennbar an Verfahrensabschnitte an, denen jeweils bestimmte Parteiaktivitäten zugeordnet sind. Richterliche Fristen spielen in diesem System hingegen keine Rolle. Eine Präklusion verspäteten Vorbringens tritt demzufolge in der Regel dann ein, wenn die Parteien ihren Vortrag nicht in dem dafür vorgesehenen Verfahrensabschnitt vornehmen[377]. Auffällig ist auch, dass die Vorschläge allgemein von Parteivorbringen sprechen. Damit erfasst das Präklusionssystem der Storme-Kommission nicht nur Angriffs- und Verteidigungsmittel, sondern auch Angriff und Verteidigung selbst wie z.B. eine Klageänderung oder Widerklage[378].

2. *Vorübergehende Präklusion durch Rechtshängigkeit*

a. Überblick über Art. 27 EuGVO

Werden bei Gerichten verschiedener Mitgliedstaaten der EU Klagen wegen desselben Anspruchs zwischen denselben Parteien anhängig gemacht, setzt das später angerufene Gericht das Verfahren von Amts wegen aus, bis die Zuständigkeit des zuerst angerufenen Gerichts feststeht, Art. 27 Abs. 1 EuGVO. Sobald die Zuständigkeit des zuerst angerufenen Gerichts feststeht, erklärt sich das später angerufene Gericht gemäß Art. 27 Abs. 2 EuGVO für unzuständig. Ziel der Vorschrift ist es vor allem, sich widersprechende Entscheidungen in den verschiedenen Mitgliedstaaten zu vermeiden[379]. Sie verhindert aber auch die unnütze Inanspruchnahme der mitgliedstaatlichen Gerichte und dient dadurch der Prozessökonomie. Grundvoraussetzung für eine Anwendung des Art. 27 EuGVO ist, dass die Verfahren in verschiedenen Mitgliedstaaten anhängig gemacht worden sind. Ist eine der Klagen in einem Drittstaat erhoben, kommen autonomes Prozessrecht oder anderweitige staatsvertragliche Regelungen zur Anwendung[380]. Weiterhin muss das später angerufene Gericht international zuständig sein, weil es die Klage ansonsten von vornherein als unzulässig abweisen muss[381]. Von einer Anhängigkeit einer Rechtssache wird in der Regel ausgegangen, wenn das verfahrenseinleitende Schriftstück bei Gericht eingereicht worden ist, vgl. Art. 30 Nr. 1 EuGVO[382]. Weitere Voraussetzungen von Art. 27 EuGVO

---

377 Siehe dazu Roth, ZZP 109 (1996), 271, 288, der davon spricht, dass für das Präklusionsmodell der Storme-Kommission „das französische instruktionsrichterliche Modell hinreichend deutlich Pate gestanden hat". Ausführlich zu diesem Modell Fischer, Die Beschleunigungsmechanismen des französischen Zivilprozesses, 61 ff, 102 ff.

378 Roth, aaO, 288.

379 Kropholler, vor Art. 27 Rdnr. 1.

380 Kropholler, aaO, Rdnr. 2.

381 Thomas/Putzo/Hüßtege, vor Art. 27 EuGVO Rdnr. 2.

382 Im Geltungsbereich des EuGVÜ bestimmte sich der Eintritt der Rechtshängigkeit nach den nationalrechtlichen Vorschriften, s. EuGH Urteil vom 8.12.1987 – Rs 144/86 (Gu-

sind die Identität der Parteien[383] sowie die Identität des Streitgegenstandes, d.h. es muss derselbe Anspruch anhängig gemacht worden sein.

b. „Kernpunkttheorie“

Entscheidend für die gegenständliche Reichweite ist also, wie „derselbe Anspruch“ in Abs. 1 zu verstehen ist. Der EuGH legte diese Frage vertragsautonom aus[384] und beantwortete sie erstmals im Fall Gubisch/Palumbo[385]. In seinem Urteil führte der EuGH aus, dass die entgegenstehende Rechtshängigkeit bereits dann eingreife, wenn die beiden Verfahren im Kernpunkt des Streits übereinstimmen. Nicht notwendig sei eine formale Identität der Klagen, so dass es insbesondere nicht auf die Übereinstimmung der Anträge ankomme. Der EuGH bestätigte diese Rechtsprechung im Fall Tatry/Maciej Rataj[386], und auch der BGH übernahm die Grundsätze des EuGH für den Bereich des europäischen Zivilprozessrechts[387]. Die aufgeführten Entscheidungen belegen, dass es sich mittlerweile um eine Grundkonzeption der Rechtshängigkeit im europäischen Zivilprozess seitens der Rechtsprechung handelt, die sich schlagwortartig als „Kernpunkttheorie“ umschreiben lässt[388]. Die Konsequenz dieses Ansatzes besteht darin, dass die Rechtshängigkeitssperre in einem späteren Prozess in sehr weitem Umfang eingreift und es den Parteien damit zunächst nicht möglich ist, über denselben Streitkomplex bei einem anderen Gericht zu verhandeln. Nicht verwehrt ist es den Parteien hingegen, die Streitsache beispielsweise in Form einer Widerklage beim bereits mit dem Fall befassten ersten Gericht vorzubringen. Insofern zwingt die Rechtsprechung des EuGH die Parteien zu einer konzentrierten Präsentation ihrer Rechtschutzbegehren bei *einem* Gericht. Aus der Kernpunkttheorie folgt damit eine Konzentrationslast beim zuerst angerufenen

---

bisch/Palumbo), Slg. 1987, 4861 = NJW 1989, 665, 666; Schlosser, Art. 27 EuGVVO Rdnr. 6 ff.

[383] Näher dazu Kropholler, Art. 27 Rdnr. 4.

[384] Nagel/Gottwald, § 5 Rdnr. 201. Zur Auslegung der Vorschrift zog der EuGH vor allem die französische Textfassung („demande ayant le même objet et la même cause“) heran, erläuternd hierzu Rüßmann, ZZP 111 (1998), 399, 404 ff.

[385] EuGH, Gubisch/Palumbo, Slg. 1987, 4861 = NJW 1989, 665 f. Konkret ging es um das Verhältnis einer in Deutschland erhobenen Klage auf Zahlung des Kaufpreises und einer später in Italien erhobenen Klage auf Feststellung der Unwirksamkeit oder Auflösung des Kaufvertrags.

[386] EuGH, Urteil vom 6.12.1994 – Rs. C 406/92 (TheTatry/The Maciej Rataj), Slg. 1994 I 5439 = JZ 1995, 616, 618 mit Anm. Huber, JZ 1995, 603 ff. Konkret ging es um das Verhältnis einer negativen Feststellungsklage des Schuldners zu einer später erhobenen Leistungsklage des Gläubigers.

[387] BGH NJW 1997, 870, 872; NJW 1995, 1758 f.

[388] Geimer/Schütze, Art. 21 Rdnr. 28; Walker, ZZP 111 (1998), 429, 434, 437; Leipold, Wege zur Konzentration von Zivilprozessen, S. 19; anders noch ders. in Gedächtnisschrift für Peter Arens, 227, 244 ff., der die Aussagen im Urteil Gubisch/Palumbo auf die konkreten Umstände des Einzelfalles zurückführte und mit Hilfe des Rechtsschutzbedürfnisses eine Stimmigkeit mit dem deutschen Verständnis herzustellen versuchte.

Gericht für alle Verfahren, die in Sachzusammenhang stehen[389]. Aus diesem Grund kann davon gesprochen werden, dass Art. 27 EuGVO letztlich eine Zuständigkeitsregel enthält[390].

c. Rechtskraft?

Hinzuweisen ist darauf, dass sich die erwähnte Rechtsprechung des EuGH lediglich auf die Rechtshängigkeit, nicht jedoch auf die Rechtskraft bezieht[391]. Insofern hat der EuGH keinen allgemein gültigen Begriff des Streitgegenstandes im europäischen Zivilprozessrecht geschaffen. Vielmehr ist davon auszugehen, dass der EuGH die Rechtshängigkeit vom Begriff des Streitgegenstandes abgekoppelt hat[392].
Bezüglich der Beachtung eines rechtskräftigen Urteils eines Mitgliedstaates durch ein Gericht eines anderen Mitgliedstaates gilt Folgendes: Die Rechtskraft eines mitgliedstaatlichen Urteils entfaltet in einem anderen Mitgliedstaat nur dann Wirkungen, wenn das Urteil in diesem Staat nach den Art. 33 ff. EuGVO anerkannt wurde[393]. Der Umfang der Rechtskraftwirkung richtet sich dabei nach dem Recht des Staates des Ausgangsgerichts und nicht nach der vom EuGH auszulegenden EuGVO[394].

III. Vergleich und Bewertung

1. Präklusion

a. Anknüpfungspunkt der Präklusion

Zunächst ist festzustellen, dass die beschriebenen Präklusionssysteme unterschiedliche Anknüpfungspunkte aufweisen. Das spanische und das von der Storme-Kommission vorgeschlagene System arbeiten ausschließlich mit den verschiedenen Verfahrensabschnitten eines Prozesses. Danach ist dem Parteivorbringen jeweils ein bestimmter Verfahrensabschnitt zugewiesen. Erfolgt der Vortrag nicht in diesem Abschnitt, wird er zu einem späteren Zeitpunkt in aller Regel zurückgewiesen. In diesem Sinne bestimmt die spanische Rechtsordnung, dass für den Kläger bereits mit der Klageerhebung und für den Beklagten mit der Klageerwiderung normalerweise der Zeitpunkt der Präklusion eintritt[395]. Diese Ausgestaltung, nach der jede Parteihandlung ihren festen Platz im Verfah-

---

[389] Nagel/Gottwald, § 5 Rdnr. 203.
[390] Zeuner in: FS Lüke, 1003, 1005, 1016; Leipold, Wege zur Konzentration von Zivilprozessen, S. 19.
[391] Walker, ZZP 111 (1998), 429, 450; Leipold in: Gedächtnisschrift für Arens, 227, 240.
[392] Leipold, Wege zur Konzentration von Zivilprozessen, S. 20.
[393] Schlosser, Art. 33 EuGVVO Rdnr. 3; Walker, ZZP 111 (1998), 429, 450.
[394] Schlosser, Art. 33 EuGVVO Rdnr. 3; Walker, ZZP 111 (1998), 429, 450.
[395] Siehe dazu den ersten Teil S. 26 und 37.

ren hat[396], macht das Präklusionsrecht äußerst starr und nicht dehnbar[397]. Entsprechend fehlen Gestaltungsmöglichkeiten durch das Gericht. Das deutsche Präklusionsrecht hingegen basiert im Wesentlichen auf gerichtlichen Fristen[398]. Es gibt also keinen gesetzlich absolut festgelegten Zeitpunkt, zu dem ein bestimmtes Parteivorbringen zu erfolgen hat. Vielmehr steht es – unter Einhaltung des gesetzlichen Rahmens – im pflichtgemäßen Ermessen des Gerichts, wie viel Zeit es den Parteien für ihr Vorbringen lässt[399]. Auch die allgemeine Prozessförderungspflicht des § 282 ZPO, die neben der durch gerichtliche Fristen konkretisierten besteht, orientiert sich an der Prozesslage und nicht an einem absoluten Punkt des Verfahrens. Zudem muss das Gericht bei einem Verstoß gegen die allgemeine Prozessförderungspflicht (und bei Vorliegen der sonstigen Voraussetzungen des § 296 Abs. 2 ZPO) nicht zwingend zurückweisen, da es sich insoweit um eine Ermessensentscheidung des Gerichts handelt. Das deutsche Präklusionssystem ist daher elastischer und dehnbarer als das spanische (und das von der Storme-Kommission angedachte) Modell. Dementsprechend spielt das Gericht in Deutschland schon aus diesem Grund eine deutlich größere Rolle bei der Handhabung der Präklusionsregeln als in Spanien.

b. Gegenständliche Reichweite der Präklusion

Ein weiterer bedeutsamer Unterschied zwischen dem spanischen und „europäischen“ Präklusionsrecht auf der einen Seite und dem deutschen Präklusionsrecht auf der anderen Seite besteht in der gegenständlichen Reichweite. Während das deutsche Recht lediglich Angriffs- und Verteidigungsmittel erfasst[400], bezieht sich das spanische und „europäische“ Recht auch auf den Angriff und die Verteidigung selbst[401]. Insofern ist das spanische und „europäische“ Recht in seinem Anwendungsbereich weiter. Insbesondere ist eine nach deutschem Recht mögliche „Flucht in die Widerklage oder Klageerweiterung“ nach spanischem Recht nicht zulässig. Wird also mit dem Angriff (beispielsweise durch Widerklage oder Klageerweiterung) ein neuer prozessualer Anspruch geltend gemacht, kommt eine Präklusion nach deutschem Recht bezüglich der zu seiner Begründung vorgebrachten Behauptungen oder Beweismittel auch dann nicht in Be-

---

396 Vgl. zu dieser Charakterisierung Miras, S. 131.

397 So schon Fairén Guillén, Grundriss des spanischen Zivilprozessrechts (1946), S. 32.

398 Bereits oben wurde darauf hingewiesen, dass die praktische Bedeutung der Präklusion nach § 296 Abs. 1 ungleich höher ist als die nach § 296 Abs. 2 ZPO, vgl. dazu Jauernig, § 28 III.2.

399 Zu den Anforderungen an die Fristsetzung s. Stein/Jonas/Leipold, § 296 Rdnr. 30 ff.

400 Zum Begriff s. S. 210.

401 Also insbesondere die Widerklage, Klageänderung oder Klageerweiterung, s. Rosenberg/Schwab/Gottwald, § 69 II.4.

tracht, wenn sie zugleich für die bisher vorgetragenen Ansprüche von Bedeutung sind und insofern verspätet vorgebracht wurden[402].

c. Verschulden und Verschuldensmaßstab

Unterschiede bestehen auch bezüglich der Frage, inwieweit ein Verschulden der Parteien Voraussetzung für die Zurückweisung verspäteten Vorbringens ist. Der Grundsatz des spanischen Rechts lautet, dass ein verspäteter Vortrag ohne Rücksicht auf ein Verschulden der Partei präkludiert ist, vgl. Art 136 LEC. Hiergegen verlangt das deutsche Recht bei einer Nichtbeachtung gerichtlich gesetzter Fristen ein schuldhaftes, d.h. zumindest fahrlässiges Verhalten (§ 296 Abs. 1), bei einem Verstoß gegen die allgemeine Prozessförderungspflicht sogar ein grob nachlässiges Verhalten (§ 296 Abs. 2). Dieser Unterschied relativiert sich aber, wenn man die gesetzlich statuierten Ausnahmen im spanischen Recht in den Blick nimmt. Zunächst können die Parteien in der audiencia previa gemäß Art. 426.1 LEC ohne weitere Voraussetzungen ihre bisherigen Ausführungen in tatsächlicher Hinsicht ergänzen, um auf das zuletzt von der Gegenpartei Vorgebrachte zu erwidern[403]. Des Weiteren ist es den Parteien möglich, neue oder neu bekannt gewordene Tatsachen in den Prozess einzuführen. Nach Art. 426.4 LEC besteht dazu Gelegenheit in der audiencia previa, nach Art. 433.1 Absatz 2 LEC im Haupttermin und nach Art. 286.1 LEC nach beendetem Haupttermin bis zum Erlass des Urteils[404]. Die Voraussetzungen für die Anwendung der genannten Normen sind in Art. 286.4 LEC festgelegt. Danach verwirft das Gericht das neue Vorbringen im Hinblick auf neue (d.h. erst nach dem eigentlichen Vortrag eingetretene) Tatsachen, wenn die Partei diesen Umstand nicht hinlänglich glaubhaft macht[405]. Bei Tatsachen, welche die Partei angeblich erst im Nachhinein erfahren hat, weist das Gericht das Vorbringen zurück, wenn nicht ersichtlich ist, warum es nicht zum eigentlich vorgesehenen prozessualen Zeitpunkt erfolgen konnte. Insofern gibt es also auch nach dem spanischen Recht Möglichkeiten, ein dem strengen Grundsatz nach eigentlich verspätetes Vorbringen noch wirksam in den Prozess einzubringen. Der Unterschied besteht allerdings darin, dass der Vortrag im spanischen Zivilprozess immer dahingehend lauten muss, dass es sich um neue oder neu bekannt gewordene Tatsachen handelt, während nach deutschem Recht auch Tatsachen zugelassen werden

---

402 BGH NJW 1985, 3079, 3080; NJW 1986, 2257, 2258; Rosenberg/Schwab/Gottwald, § 69 II.4.

403 Mit „ergänzendem" Parteivorbringen meint das Gesetz, dass den bereits vorgebrachten Tatsachen weitere Elemente hinzugefügt werden, nicht aber, dass völlig neuen Tatsachen vorgetragen werden und damit der Streitgegenstand verändert würde, vgl. Gimeno Sendra, Proceso Civil Práctico, Band V, 3 – 256.

404 Vgl. zum zeitlichen Anwendungsbereich des Art. 286.1 LEC, der dem Wortlaut der Vorschrift nicht zu entnehmen ist, Banacloche Palao in: Oliva Santos, Comentarios a la LEC, S. 719.

405 Oliva Santos, Comentarios a la LEC, S. 522 spricht von einer „semiplena probatio".

können, von denen die Partei bereits zu einem früheren Zeitpunkt Kenntnis hatte. Beispielsweise kommt nach deutschem Recht eine Entschuldigung der Verspätung in Betracht, wenn eine Partei die gesetzte Frist wegen Erkrankung nicht einhalten konnte[406]. Das spanische Recht sieht für einen solchen Fall keine Ausnahme von der Präklusion vor[407].

Betrachtet man den Verschuldensmaßstab in den Fällen, in denen das spanische Recht Ausnahmen von der Präklusion kennt, ergeben sich für den Fall des § 296 Abs. 1 ZPO (Verstoß gegen eine gesetzte Frist) keine Unterschiede. Sowohl nach deutschem[408] als auch nach spanischem Recht[409] schließt bereits leichte Fahrlässigkeit eine Entschuldigung der Verspätung aus. Im Fall des § 296 Abs. 2 ZPO (Verstoß gegen die allgemeine Prozessförderungspflicht) ist der Verschuldensmaßstab des deutschen Rechts strenger, da hierbei zumindest grobe Nachlässigkeit Voraussetzung für eine Zurückweisung verspäteten Vorbringens ist. Den Nachweis mangelnden Verschuldens muss im spanischen Prozess die Partei erbringen. Ihr obliegt es, glaubhaft zu machen, dass es sich um neue oder neu bekannt gewordene Tatsachen handelt, die sie zu einem früheren Zeitpunkt nicht anführen konnte[410]. Gelingt ihr dies nicht, weist das Gericht das neue Vorbringen zurück. Insofern kann davon gesprochen werden, dass das Verschulden der Partei vermutet wird und sie die Last zur Glaubhaftmachung der Entschuldigungsgründe trägt. Im deutschen Recht trägt die Partei im Rahmen des Anwendungsbereichs der §§ 296 Abs. 1 und 3 ZPO wie im spanischen Recht die Darlegungslast bezüglich der entschuldigenden Tatsachen[411]. Inwieweit das Verschulden der Partei vermutet wird, ist allerdings umstritten. Während ein Teil der Literatur vor allem mit dem Hinweis auf den Wortlaut von § 296 Abs. 1 und 3 ZPO von einer Verschuldensvermutung ausgeht[412], lehnt dies ein anderer Teil der Literatur mit Blick auf die schwerwiegende Folge der Zurückweisung verspäteten Vorbringens ab[413]. Im Rahmen des § 296 Abs. 2 ZPO hingegen trägt

---

406 OLG Hamm, NJW-RR 1992, 122; MünchKommZPO-Gottwald, § 296 Rdnr. 131.

407 Uneingeschränkt gilt diese Aussage für die Klageerwiderung, die normalerweise den Zeitpunkt des Eintritts der Präklusion für den Beklagten darstellt. Wenn einer Partei das Erscheinen in der mündlichen Verhandlung (audiencia previa oder Haupttermin) wegen höherer Gewalt nicht möglich ist, muss gemäß Art. 183 LEC eine neue Terminierung erfolgen.

408 OLG Hamm, NJW 1992, 122.

409 Asencio Mellado, Proceso Civil Práctico, Band IV, 1 – 104. Dass es bei den neu bekannt gewordenen Tatsachen nicht nur auf den subjektiven Maßstab der tatsächlichen Kenntnis ankommt, ergibt sich bereits aus dem Wortlaut der maßgebenden Vorschrift des Art. 286.4 LEC („wenn nicht ersichtlich ist, warum die Tatsache nicht zum eigentlich vorgesehenen prozessualen Zeitpunkt vorgetragen werden konnte").

410 Wie ausgeführt, muss damit nicht der volle Beweis erbracht werden. Eine Tatsache ist glaubhaft gemacht, wenn das Gericht sie für wahrscheinlich hält, s. Oliva Santos, aaO, S. 522.

411 Stein/Jonas/Leipold, § 296 Rdnr. 88 und 121.

412 Zöller/Greger, § 296 Rdnr. 30; Musielak/Huber, 3 296 Rdnr. 24; Thomas/Putzo/Reichold, § 296 Rdnr. 28; MünchKommZPO-Prütting, § 296 Rdnr. 20, 167.

413 Leipold, ZZP 93 (1980), 237, 245; Stein/Jonas/Leipold, § 296 Rdnr. 88.

die Partei keine Behauptungs- und Beweislast dafür, dass keine grobe Nachlässigkeit vorlag[414]. Das Verschulden wird dort also nicht vermutet[415]. Der Partei muss allerdings Gelegenheit gegeben werden, zu den Gründen der Verspätung Stellung zu nehmen[416].

d. Verzögerung

Das spanische Recht wendet die Präklusion an, ohne im konkreten Fall zu untersuchen, ob eine Zulassung des verspäteten Vorbringens zu einer Verzögerung des Verfahrens führen würde. Im deutschen Recht kommt es hingegen grundsätzlich auf eine Verzögerung des Rechtsstreits an. Lediglich verspätete Rügen zur Zulässigkeit der Klage (§§ 282 Abs. 3, 296 Abs. 3 ZPO) können ohne Rücksicht auf eine Verzögerung des Verfahrens zurückgewiesen werden[417].

e. Stellungnahme

Welches Präklusionssystem effektiver arbeitet und im Hinblick auf die Beschleunigung des Prozesses zu besseren Ergebnissen führt, lässt sich abstrakt nur sehr schwer beantworten. Generalisierend ist zunächst festzuhalten, dass das spanische System starrer und unbeweglicher ist als das deutsche. Es lässt weniger Ausnahmen von der Präklusion zu und besitzt zudem einen weiteren gegenständlichen Anwendungsbereich. Das deutsche System ist flexibler und elastischer und knüpft die Zurückweisung verspäteten Vorbringens an mehr Voraussetzungen als das spanische Recht.

Die Vorteile der spanischen Ausgestaltung liegen sicherlich in der relativ einfachen Handhabbarkeit, da es verhältnismäßig leicht festzustellen ist, wenn eine Parteihandlung nicht an dem dafür vorgesehenen Platz vorgenommen wurde. Zudem lässt die Schärfe und Rigorosität der Regelung die Präklusion nicht zu einer stumpfen Waffe werden, was bei einer komplexeren und an mehrere Voraussetzungen geknüpfte Präklusion viel eher der Fall ist. Die Nachteile sind darin zu sehen, dass keine Anpassung an den konkreten Einzelfall möglich ist und der Richter damit nicht entscheiden kann, welche Handhabung der Präklusionsregelungen im speziellen Fall der Beschleunigung des Prozesses am ehesten dienlich ist. Gerade darin liegt der Vorteil der deutschen Regelung mit seiner flexiblen Ausgestaltung. Hier besitzt das Gericht die Gestaltungsspielräume, um das für den Einzelfall erfolgversprechendste Vorgehen zu wählen. Andererseits birgt das ausdifferenziertere, an mehrere Voraussetzungen geknüpfte deutsche System die Gefahr, der Präklusion als Mittel der Beschleunigung des Prozesses

[414] Stein/Jonas/Leipold, § 296 Rdnr. 108.
[415] Musielak/Huber, § 296 Rdnr. 29.
[416] BGH NJW 1989, 717, 718.
[417] Vgl. dazu Baumbach/Hartmann, § 296 Rdnr. 70; Zöller/Greger, § 296 Rdnr. 28; Thomas/Putzo/Reichold, § 296 Rdnr. 39.

ihre Wirksamkeit zu nehmen. Insbesondere zeigt sich auch schon innerhalb des deutschen Rechts, dass es bei einem Verstoß gegen nicht konkretisierte Pflichten der Parteien selten zu einer Zurückweisung kommt[418]. Insofern erscheinen konkret festgelegte Parteipflichten mit festen Konturen in der Regel wirkungsvoller. Gleichwohl lässt sich daraus nicht auf eine größere Effektivität des spanischen Systems schließen. Vielmehr haben beide Modelle ihre Stärken und werden je nach den konkreten Umständen (beispielsweise im Hinblick auf Streitgegenstand, Parteien oder entscheidendes Gericht) manchmal das wirkungsvollere und manchmal das wirkungslosere System darstellen.

Interessant ist in diesem Zusammenhang auch die Beobachtung, dass der spanische Prozess in seiner Struktur zwar eher dem deutsch-österreichischen Modell folgt, sich bei den Präklusionsvorschriften aber am romanischen System orientiert. Dieses wiederum knüpft im Wesentlichen an die verschiedenen Verfahrensabschnitte und somit sehr stark an die Verfahrensstruktur an. Damit „stülpt" das spanische Recht der deutsch-österreichischen Struktur quasi das romanische Präklusionsmodell über. Insofern steht der spanische Prozess in seiner Ausgestaltung zwischen den genannten Modellen des deutsch-österreichischen und romanischen Prozesses.

Aus rechtsstaatlicher Sicht freilich ist die deutsche Regelung der spanischen vorzugswürdig. Problematisch ist nach spanischem Recht, dass Vorbringen selbst dann zurückgewiesen werden muss, wenn es zweifelsfrei zu keiner Verzögerung des Prozesses führt. Damit verliert die Zurückweisung des Vorbringens ihre innere Rechtfertigung und lässt sich daher mit dem Anspruch auf rechtliches Gehör nur noch schwer in Einklang bringen[419].

2. Rechtskraft und Rechtshängigkeit

a. Nach spanischem und deutschem Recht

Das spanische Recht setzt die Institute der entgegenstehenden Rechtshängigkeit und Rechtskraft durch die neue Regelung des Art. 400 LEC in weit größerem Maße als das deutsche Recht ein, um die Parteien zu einem insgesamt konzentrierten Vorbringen zu bewegen. Im deutschen Zivilprozess erfordert das Eingrei-

---

[418] Wie ausgeführt, wird § 296 Abs. 2 ZPO, der sich auf die allgemeine Prozessförderungspflicht bezieht, in der Praxis deutlich seltener angewendet als § 296 Abs. 1 ZPO, der auf der durch richterliche Fristen konkretisierten Prozessförderungspflicht basiert.

[419] In diesem Sinne auch Heiss, Verfahrensverbindung und Verfahrensbeschleunigung im italienischen Zivilprozess, S. 128 f., freilich im Hinblick auf das italienische Recht, das auf die Verzögerung als „Tatbestandsmerkmal" ebenfalls verzichtet. In Spanien wird die Anwendung der Präklusion in diesen Fällen mit dem Prinzip der Gleichheit der Parteien gerechtfertigt. Dieses Prinzip erfordere, dass die Parteien eines Prozesses den jeweils gleichen Vortragsmöglichkeiten und Fristen unterworfen seien.

fen der erwähnten Institute, dass bei einem späteren Prozess derselbe Streitgegenstand vorgebracht wird[420]. In Spanien wäre die Situation ohne die Vorschrift des Art. 400 LEC (und damit bei isolierter Heranziehung der Regelungen zur Rechtshängigkeit und Rechtskraft) identisch[421]. Dadurch, dass Art. 400 LEC aber im ersten Prozess einen „fiktiven" Streitgegenstand schafft, der, falls die Möglichkeit des Vortrags bestand, auch die nicht vorgebrachten Tatsachen und Rechtsgrundlagen erfasst, reicht die Präklusionswirkung der Institute im Folgeprozess deutlich weiter. Insbesondere ist es dem Kläger nicht möglich, mehrere Klagen mit demselben Antrag hintereinander zu schalten, indem er lediglich den begründenden Sachverhalt austauscht[422]. Damit statuiert das spanische Recht grundsätzlich eine Konzentrationslast im ersten Prozess bezüglich aller Tatsachen, die zur Begründung des Antrags tauglich sind. Die Grenze der Anwendung bildet aber immer der Antrag. Liegt im Folgeprozess ein anderer Antrag vor, scheidet eine Berufung auf Art. 400 LEC von vornherein aus. Im deutschen Recht nehmen zwar unter Umständen auch Tatsachen an der Rechtskraft teil, die nicht vorgetragen wurden[423]; diese Tatsachen müssen sich aber immer im Rahmen des Streitgegenstandes bewegen. Das heißt, dass im Gegensatz zum spanischen Recht die Rechtskraft oder Rechtshängigkeit nicht auf Bereiche erstreckt wird, die vom Streitgegenstand des Vorprozesses abweichen.
Eine Parallele zur spanischen Regelung des Art. 400 LEC findet sich im deutschen Recht lediglich in § 767 Abs. 3 ZPO[424]. Danach muss der Schuldner in der von ihm zu erhebenden Vollstreckungsabwehrklage alle Einwendungen geltend machen, die er zur Zeit der Erhebung der Klage geltend zu machen imstande war. Der Zweck der Vorschrift besteht auch darin, neue Vollstreckungsabwehrklagen durch die Herbeiführung einer Verfahrenskonzentration zu verhindern[425]. Nach der überwiegenden Auffassung kommt es lediglich auf die objektive Möglichkeit der Geltendmachung an[426], was nach dem spanischen Art. 400 LEC allerdings nicht der Fall ist. Hier ist die Partei u.a. entschuldigt, wenn sie von den entsprechenden Tatsachen keine Kenntnis hatte, s. Art. 400.1 Absatz 2 LEC[427].

---

420 Siehe S. 219.
421 Siehe S. 29.
422 Ortells Ramos, ZZPInt 5 (2000), 95, 104. Siehe zur Verdeutlichung nochmals das Beispiel im ersten Teil S. 29 (Räumungsklage wegen Nichtzahlung, Ablauf der Mietfrist, unberechtigte Überlassung an Dritte, etc.).
423 MünchKommZPO-Gottwald, § 322 Rdnr. 132 ff. sowie S. 219 ff.
424 Eingehend zu § 767 Abs. 3 ZPO Burgard, ZZP 96 (1993), 23 ff.
425 BGH NJW 1994, 460, 462; Musielak/Lackmann, § 767 Rdnr. 42.
426 Ein Kennen oder Kennenmüssen der den Einwendungen zu Grunde liegenden Tatsachen ist also unerheblich, vgl. BGH NJW 1973, 1328; Zöller/Herget, § 767 Rdnr. 22; Baumbach/Hartmann, § 767 Rdnr. 58; Thomas/Putzo, § 767 Rdnr. 22. A.A. Musielak/Lackmann, § 767, Rdnr. 42; Stein/Jonas/Münzberg, § 767 Rdnr. 52.
427 Näher dazu im ersten Teil S. 29.

b. Rechtshängigkeit nach europäischem Recht

Bei der Frage, wann derselbe Streitgegenstand vorliegt, kommt es sowohl nach spanischem als auch nach deutschem Recht maßgeblich auf die Identität der Anträge an. Sind die Anträge verschieden und ist daher ein anderer Streitgegenstand gegeben, scheidet die Anwendung des Instituts der entgegenstehenden Rechtshängigkeit nach beiden Rechtsordnungen grundsätzlich aus. Nach europäischem Recht hingegen greift die entgegenstehende Rechtshängigkeit bereits dann ein, wenn die Verfahren im Kernpunkt des Streits übereinstimmen. Zwar spricht die maßgebliche Norm des Art. 27 EuGVO davon, dass es sich um „denselben Anspruch" handeln müsse; insofern scheint kein Unterschied zum spanischen und deutschen Verständnis zu bestehen. Durch die vertragsautonome Auslegung des Art. 27 EuGVO durch den EuGH erfuhr das Institut der entgegenstehenden Rechtshängigkeit jedoch einen deutlich weiteren Anwendungsbereich als in den genannten nationalen Prozessordnungen. Wie ausgeführt, will der EuGH Art. 27 EuGVO schon dann anwenden, wenn ein Sachzusammenhang zwischen den Verfahren besteht[428]. Nicht notwendig ist damit eine formale Identität der Klagen in dem Sinne, dass die jeweiligen Anträge übereinstimmen. Aus diesem Grund geht das europäische Recht noch über die konzentrationsfördernde Regelung des spanischen Art. 400 LEC hinaus. Es zwingt die Parteien nicht nur im Rahmen des Antrags dazu, alles Verfügbare vorzutragen, sondern verlangt darüber hinaus, dass im Erstprozess alles, was „zur Sache gehört", vorgebracht wird. Kommen die Parteien dem nicht nach, ist es ihnen verwehrt, einen parallelen Prozess über dieselbe Sache in einem anderen Mitgliedstaat zu führen. Folglich ist die Konzentrationslast nach europäischem Recht höher als im spanischen Recht und sogar deutlich höher als im deutschen.
Freilich gelten diese Ausführungen nur für die Frage der entgegenstehenden Rechtshängigkeit. Wartet eine Partei den Abschluss des Erstprozesses ab, ist es ihr nach europäischem Recht nicht verwehrt, in einem anderen Mitgliedstaat eine weitere Klage in derselben Sache zu erheben.

c. Stellungnahme

Unter dem Aspekt der Prozessökonomie ist der Rechtszustand auf europäischer Ebene der vorzugswürdigste[429]. Er zwingt die Parteien, alles zu einem Streit-

---

[428] EuGH - Gubisch/Palumbo -, NJW 1989, 665, 666.
[429] Das europäische Recht ist allerdings unter einem anderen Aspekt problematisch, der hier nur kurz erwähnt werden soll. Die Rechtshängigkeitssperre kann dazu führen, dass ein Zuständigkeitswettlauf zwischen den Parteien um das für sie günstigste Gericht entsteht. Siehe dazu das Beispiel bei Kropholler, Art. 27 Rdnr. 11: Versuch, einer drohenden Schadensersatzklage eines Patentinhabers durch Erhebung einer negativen Feststellungsklage – vornehmlich bei einem Gericht eines Mitgliedstaats, in dem eine lange Verfahrensdauer zu erwarten ist – zuvorzukommen, um so die Rechtshängigkeitssperre in allen Mitgliedstaaten auszulösen. Vgl. zu dieser Thematik auch Schack, Internationales Zivilverfahrensrecht, Rdnr. 762 f.

komplex Gehörende vorzubringen und fördert damit einen äußerst konzentrierten Vortrag. Abgesehen von ihrer Wirkung ist die Rechtsprechung des EuGH aber auch von ihrem Ansatz her gutzuheißen. Wenn die Parteien gerichtliche Hilfe in Anspruch nehmen wollen, kann von ihnen durchaus verlangt werden, dass sie all das vortragen, was aus ihrer Sicht einen einheitlichen Lebenssachverhalt bildet. Dass auf eine Identifikation des Streitgegenstandes mittels des Antrags verzichtet wird, wird zwar in Einzelfällen Abgrenzungsprobleme aufwerfen. Allerdings wird sich eine Partei bei der Abgrenzung eines Streitgegenstandes eher am Sachverhalt als am Antrag orientieren. Insofern scheint es gerechtfertigt, die Verhaltensanforderungen an die Parteien an dieses Element zu koppeln. Zudem spielt auch bei den Lehren, die den Antrag mit einbeziehen, die Abgrenzung des Lebenssachverhalts eine teilweise problematische Rolle[430]. Mit dem europäischen Rechtshängigkeitsverständnis wird damit im Endeffekt erreicht, dass die Parteien ihren Streit nicht gleichzeitig noch vor ein zweites Gericht bringen können und im Erstprozess konzentriert vortragen. Für das deutsche und spanische Recht wäre es aus diesem Grund überlegenswert, das europäische Rechtshängigkeitsverständnis in die jeweiligen nationalen Prozessordnungen zu übertragen. Ob dies durch einen gesetzgeberischen Akt erfolgen sollte, ist freilich eine andere Frage. Vorzugswürdig erscheint eher eine Übernahme der Rechtsprechung des EuGH durch die nationalen Gerichte auch für das nationale Recht.

D. Zusammenfassung der wichtigsten Ergebnisse (des spanisch-deutschen Vergleichs)

1. Die Grundstruktur des spanischen und deutschen Zivilprozesses ist identisch. In Deutschland kann das Gericht das Verfahren allerdings relativ flexibel gestalten, was in Spanien nicht der Fall ist.

2. Beide Rechtsordnungen treffen eine Grundentscheidung für ein mündliches und unmittelbares Verfahren. Das spanische Recht ist dabei rigoroser, das deutsche Recht lässt hingegen mehr Ausnahmen zu. In Spanien herrscht eine Tendenz zur Mündlichkeit, um das Verfahren zu beschleunigen. Im Gegensatz dazu wird in Deutschland versucht, durch einen Verzicht auf mündliche Elemente zu einer Beschleunigung des Verfahrens zu gelangen.

3. Die Stellung des Gerichts ist in Spanien nach wie vor schwächer als in Deutschland. Die LEC 2000 brachte im Vergleich zur Vergangenheit jedoch eine deutliche Stärkung der richterlichen Position.

---

[430] Siehe dazu S. 217 und 219ff.

4. Sowohl der spanische als auch der deutsche Prozess kennen das Institut der gütlichen Einigung der Parteien. Das deutsche Recht betont den Schlichtungsgedanken allerdings stärker.

5. Der Einsatz von Einzelrichtern bei den Rechtsmittelgerichten ist dem spanischen Recht im Gegensatz zum deutschen fremd.

6. Die Präklusionsmodelle in Spanien und Deutschland sind verschieden. Das spanische Modell basiert auf den einzelnen Verfahrensabschnitten. Es ist äußerst starr und grundsätzlich verschuldensunabhängig. Das deutsche Modell knüpft im Wesentlichen an gerichtliche Fristen an. Es ist elastischer und verschuldensabhängig.

3. Abschnitt Das Mahnverfahren

I. Das deutsche Mahnverfahren

1. Zulässigkeit des Mahnverfahrens

Gemäß § 688 Abs. 1 ZPO ist das Mahnverfahren wegen eines Anspruchs zulässig, der die Zahlung einer bestimmten Geldsumme in Euro zum Gegenstand hat und nicht von einer noch nicht erbrachten Gegenleistung abhängig ist (§ 688 Abs. 2 Nr. 2 ZPO)[431]. Bei Ansprüchen eines Kreditgebers findet das Mahnverfahren nach § 688 Abs. 2 Nr. 1 ZPO keine Anwendung, wenn der nach den §§ 492, 502 BGB anzugebende effektive oder anfängliche effektive Jahreszins den bei Vertragsschluss geltenden Basiszinssatz um mehr als zwölf Prozentpunkte übersteigt.

2. Zuständigkeit

Zuständig ist ohne Rücksicht auf den Streitwert das Amtsgericht, bei dem der Antragsteller seinen allgemeinen Gerichtsstand hat, § 689 Abs. 1 S. 1, Abs. 2 S. 1 ZPO. Die funktionelle Zuständigkeit liegt nach § 20 Nr. 1 Rechtspflegergesetz beim Rechtspfleger. Um eine maschinelle Bearbeitung[432] zu ermöglichen, können die Landesregierungen zentrale Mahngerichte einführen, § 689 Abs. 3 ZPO. Die maschinelle Bearbeitung dient vor allem der Vereinfachung und Beschleunigung des Verfahrens[433]. Dies kommt in § 689 Abs. 1 S. 3 ZPO zum Ausdruck.

---

[431] Ferner dürfte die Zustellung des Mahnbescheids nicht durch öffentliche Bekanntmachung erfolgen (§ 688 Abs. 2 Nr. 3) oder im Ausland bewirkt werden müssen (§ 688 Abs. 3; Ausnahmen gibt es, falls zwischenstaatliche Vereinbarungen vorliegen).

[432] Eingehend dazu Schmid, Elektronische Datenverarbeitung im Mahnverfahren.

[433] Rosenberg/Schwab/Gottwald, § 164 V.

Danach sollen Eingänge bei maschineller Bearbeitung spätestens an dem Arbeitstag, der dem Tag des Eingangs folgt, erledigt sein.

3. Der Mahnantrag

Das Mahnverfahren wird durch einen Antrag des Gläubigers auf Erlass eines Mahnbescheids eingeleitet, § 690 Abs. 1 S. 1 ZPO. Ihm steht es allerdings frei, an Stelle des Mahnverfahrens auch ein ordentliches Klageverfahren mittels Erhebung einer normalen Klage anzustrengen[434]. Die inhaltlichen Anforderungen an den Antrag ergeben sich aus § 690 Abs. 1 Nr. 1 bis 5; insbesondere muss der geltend gemachte Anspruch individualisierbar sein (§ 690 Abs. 1 Nr. 3)[435]. Die Antragstellung wird allerdings durch Vordrucke, die der Bundesminister der Justiz auf der Grundlage des § 703 c Abs. 1 ZPO eingeführt hat[436], erleichtert. Die Verwendung der Vordrucke ist obligatorisch, § 703 c Abs. 2 ZPO[437]. Für die maschinelle Bearbeitung gibt es spezielle Vordrucke[438]. Anwaltszwang besteht weder für den Antragsteller noch für den Antragsgegner[439].

4. Prüfung des Antrags und Erlass des Mahnbescheids

Das Gesetz formuliert in § 691 Abs. 1 ZPO, wann ein Mahnantrag zurückgewiesen wird. Dies ist nach § 691 Abs. 1 Nr. 1 der Fall, wenn die Voraussetzungen der §§ 688 (Zulässigkeit des Mahnverfahrens), 689 (Zuständigkeit des angerufenen Gerichts), 690 (ausreichende Angaben im Mahnantrag) und 703 c Abs. 2 ZPO (Verwendung von Formularen) nicht vorliegen[440]. Der Antrag wird ebenfalls zurückgewiesen, wenn der Mahnbescheid nur wegen eines Teils des Anspruchs nicht erlassen werden kann, § 691 Abs. 1 Nr. 2. Allgemeine Auffassung ist es, dass auch die allgemeinen Sachurteilsvoraussetzungen gegeben sein müssen[441]. Nicht geprüft wird, ob dem Antragsteller der geltend gemachte Anspruch zusteht, vgl. § 692 Abs. 1 Nr. 2 ZPO. Eine Schlüssigkeitsprüfung findet damit

---

[434] Jauernig, § 90 I.

[435] Stein/Jonas/Schlosser, § 690 Rdnr. 5; Lüke, Rdnr. 463.

[436] S. Verordnung zur Einführung von Vordrucken für das Mahnverfahren vom 6.5.1977 (BGBl. I, S. 693 ff.), zuletzt geändert durch Art. 6 ZPO-RG vom 27.7.2001 (BGBl. I, S. 1887)

[437] Zu den Rechtsfolgen bei einem Verstoß gegen den Vordruckszwang s. Stein/Jonas/Schlosser, § 703 c Rdnr. 6 ff.

[438] S. Verordnung zur Einführung von Vordrucken für das Mahnverfahren bei Gerichten, die das Verfahren maschinell bearbeiten, vom 6.6.1978 (BGBl. I, S. 705 ff.), zuletzt geändert durch Art. 7 ZPO-RG vom 27.7.2001 (BGBl. I, S. 1887).

[439] Zöller/Vollkommer, § 702 Rdnr. 1.

[440] Insoweit kann man von den besonderen prozessualen Voraussetzungen des Mahnverfahrens sprechen, vgl. Stein/Jonas/Schlosser, § 691 Rdnr. 1.

[441] BGH NJW 1981, 875, 876; Rosenberg/Schwab/Gottwald, § 164 II.3; Musielak, Rdnr. 595; Lüke, Rdnr. 463; Schilken, Rdnr. 782; Stein/Jonas/Schlosser, § 691 Rdnr. 4 c.

grundsätzlich nicht statt[442]. Wenn allerdings offensichtlich nicht bestehende Forderungen geltend gemacht werden, soll der Mahnantrag zur Vermeidung der rechtsmissbräuchlichen Verwendung des Mahnverfahrens nach herrschender Auffassung zurückgewiesen werden[443]. Wird der Antrag abgelehnt, ist hierin keine rechtskräftige Abweisung des Anspruchs zu sehen; vielmehr kann der Antragsteller (sinnvollerweise nach Behebung der zur Zurückweisung führenden Mängel) erneut einen Mahnantrag stellen oder Klage erheben[444].

Fällt die Prüfung des Mahnantrags positiv aus, ergeht ein Mahnbescheid, der dem Antragsgegner gemäß § 693 Abs. 1 ZPO zugestellt wird. Sein Inhalt ergibt sich aus § 692 ZPO. Insbesondere enthält der Bescheid den Hinweis, dass das Gericht keine materiell-rechtliche Prüfung vorgenommen hat (§ 692 Abs. 1 Nr. 2) und die Aufforderung, innerhalb von zwei Wochen seit der Zustellung die Schuld zu begleichen oder Widerspruch einzulegen (§ 692 Abs. 1 Nr. 3).

5. Verfahren bei Widerspruch des Antragsgegners

Der Antragsgegner kann gegen den Anspruch oder einen Teil des Anspruchs innerhalb der Zweiwochenfrist Widerspruch erheben, § 694 Abs. 1 ZPO. Der Antragsteller wird vom Widerspruch gemäß § 695 ZPO in Kenntnis gesetzt. Durch die Erhebung des Widerspruchs wird das Mahnverfahren beendet. Stellt keine der Parteien einen Antrag auf Durchführung eines streitigen Verfahrens, tritt ein tatsächlicher Stillstand des Verfahrens ein[445]. Im gegenteiligen Fall wird das Verfahren in einen streitigen Prozess übergeleitet, § 696 Abs. 1 S. 1 ZPO. Zu diesem Zweck hat der Antragsteller seinen Anspruch nach § 697 Abs. 1 S. 1 ZPO innerhalb von zwei Wochen in einer der Klageschrift entsprechenden Form zu begründen; bei Eingang der Anspruchsbegründung ist wie nach Eingang einer Klage weiter zu verfahren, § 697 Abs. 2 S. 1 ZPO.

6. Erlass des Vollstreckungsbescheids

Wenn der Antragsgegner nicht rechtzeitig Widerspruch gegen den Mahnbescheid eingelegt hat, ergeht auf Antrag des Gläubigers ein Vollstreckungsbescheid (vgl. § 699 Abs. 1 S. 1), der dem Antragsgegner von Amts wegen zugestellt wird (§ 699 Abs. 4 S. 1). Der Antrag muss innerhalb von 6 Monaten seit der Zustellung gestellt werden, da die Wirkung des Mahnbescheids ansonsten gemäß § 701 ZPO wegfällt. Voraussetzung für den Erlass des Vollstreckungsbescheids ist neben den in § 699 ZPO genannten Punkten ein wirksamer Mahnbe-

---

[442] Der Gesetzgeber hat mit der Vereinfachungsnovelle 1976 die Schlüssigkeitsprüfung ausdrücklich abgeschafft, s. BT-Drucksache 7/5250, S. 13.
[443] Stein/Jonas/Schlosser, § 691 Rdnr. 7; Zöller/Vollkommer, § 691 Rdnr. 1, Musielak, Rdnr. 595, jeweils mit weiteren Nachweisen.
[444] Rosenberg/Schwab/Gottwald, § 164 III.3.
[445] Rosenberg/Schwab/Gottwald, § 164 III.5.c.

scheid[446] einschließlich wirksamer Zustellung an den Antragsgegner[447]. Damit ist der Rechtspfleger berechtigt, alle Zulässigkeitsvoraussetzungen des Mahnbescheids erneut zu prüfen[448]. Fehlt eine Voraussetzung, wird der Antrag per Beschluss zurückgewiesen, den der Antragsteller mit sofortiger Beschwerde anfechten kann (s. § 11 Abs. 1 RPflG in Verbindung mit § 567 Abs. 1 Nr. 2 ZPO)[449].

Gemäß § 700 Abs. 1 ZPO steht der Vollstreckungsbescheid einem vorläufig für vollstreckbar erklärten Versäumnisurteil gleich. Er ist Vollstreckungstitel (§ 794 Abs. 1 Nr. 4 ZPO), der ohne die Einlegung eines Einspruchs (dazu sogleich unter 7.) in formelle und materielle Rechtskraft erwächst[450].

7. Verfahren bei Einspruch des Antragsgegners

Gegen den Vollstreckungsbescheid kann der Antragsgegner nach §§ 700 Abs. 1, 338 ZPO innerhalb von 2 Wochen ab Zustellung (§ 339 Abs. 1) Einspruch einlegen. Ein verspäteter Widerspruch wird gemäß § 694 Abs. 2 S. 1 ZPO als Einspruch behandelt. Anders als bei Einlegung des Widerspruchs gibt das Gericht, das den Vollstreckungsbescheid erlassen hat, die Streitsache von Amts wegen an das für das Normalverfahren zuständige Gericht ab, § 700 Abs. 3 S. 1 ZPO. Ein diesbezüglicher Antrag des Gläubigers ist also nicht erforderlich. Wenn der Einspruch als zulässig angesehen wird[451], wird nach Eingang der Einspruchsbegründung wie nach Eingang einer Klage weiter verfahren, vgl. § 700 Abs. 4 ZPO. Ansonsten ist der Einspruch nach § 341 Abs. 1 S. 2 ZPO zu verwerfen[452].

---

446 BGH NJW 1990, 1119.

447 Rosenberg/Gottwald/Schwab, § 164 IV.3. In diesem Sinne auch AG Köln, Rpfleger 1969, 438, allerdings bezüglich einer Zustellung nach dem Zusatzabkommen zum Truppenstatut, das die Anwendung der Regelungen der ZPO ausschließt.

448 Stein/Jonas/Schlosser, § 699 Rdnr. 10; Zöller/Vollkommer, § 699 Rdnr. 12.

449 Zöller/Vollkommer, § 699 Rdnr. 18; Thomas/Putzo/Hüßtege, § 699 Rdnr. 11; Schilken, Rdnr. 788.

450 BGHZ 101, 380, 382 = NJW 1987, 3256 = JZ 1988, 44; BGH NJW 1987, 3259; Rosenberg/Schwab/Gottwald, § 164 IV.4; Lüke, Rdnr. 464; Musielak, Rdnr. 597. Teilweise wird die materielle Rechtskraft verneint, weil seit der Vereinfachungsnovelle keine rechtliche Überprüfung mehr erfolgt, vgl. z.B. OLG Köln, NJW 1986, 1350. Näheres zur Diskussion, die hauptsächlich auf Grund der Titulierung von Ansprüchen aus sittenwidrigen Ratenkreditverträgen entstand, bei Zöller/Vollkommer, § 700 Rdnr. 15 ff. sowie bei Stein/Jonas/Schlosser, § 700 Rdnr. 10.

451 Für die Prüfung der Zulässigkeit des Einspruchs wird § 341 ZPO entsprechend herangezogen, vgl. Schilken, Rdnr. 790.

452 Stein/Jonas/Schlosser, § 700 Rdnr. 6.

II. Das europäische Mahnverfahren

Auf dem Gebiet des Mahnverfahrens gibt es schon konkrete Ansätze zu einer europäischen Regelbildung. Wie bereits erwähnt, erließ die Kommission der Europäischen Gemeinschaften am 20.12.2002 ein Grünbuch über ein europäisches Mahnverfahren und über Maßnahmen zur einfacheren und schnelleren Beilegung von Streitigkeiten mit geringem Streitwert[453] (dazu 1.). Auch die Vorschläge für ein europäisches Zivilprozessgesetzbuch aus dem Jahre 1994, die eine Kommission unter dem Vorsitz von Storme ausgearbeitet hatte, gehen auf das Mahnverfahren ein[454] (dazu 2.). Schon zuvor erging die Richtlinie 2000/35/EG vom 29. Juni 2000 zur Bekämpfung von Zahlungsverzug im Geschäftsverkehr, die in ihrem Art. 5 die jeweiligen Mitgliedstaaten verpflichtete, ein Verfahren bereit zu halten, das ermöglichen soll, innerhalb von 90 Tagen einen vollstreckbaren Titel zu erlangen[455] (dazu 3.).

Die folgende Darstellung der europäischen Maßnahmen im Hinblick auf das Mahnverfahren beschränkt sich auf eine kurze Einführung der erwähnten Regelungen bzw. Vorschläge. Auf die Einzelheiten wird im vergleichenden Teil eingegangen.

1. Grünbuch über ein europäisches Mahnverfahren

a. Zielsetzung des Grünbuchs

Ziel des Grünbuchs ist eine „Konsultation aller interessierten Kreise" über Maßnahmen der Europäischen Gemeinschaft zur Einführung eines europäischen Mahnverfahrens[456]. Es soll die Basis und Diskussionsgrundlage für die Schaffung eines gemeinschaftsweiten Mahnverfahrens bilden. Zu diesem Zweck gibt das Grünbuch einen Überblick über die verschiedenen Verfahrenstypen in den Mitgliedstaaten[457] und spricht die Aspekte an, über die bei der Ausgestaltung einer europäischen Regelung zu entscheiden ist. Bei den einzelnen Aspekten verweist es des Öfteren auf einzelne mitgliedstaatliche Regelungen und gibt zum Teil zuerkennen, in welche Richtung die Kommission bei der Regelung einer bestimmten Frage tendiert.

---

[453] Abrufbar im Internet unter http://europa.eu.int/eur-lex/de/com/gpr /2002/com2002_0746de01_.pdf.

[454] Vgl. dazu den Abschnitt 11 der Vorschläge über das Mahnverfahren, abgedruckt in ZZP 109 (1986), 345, 361 f. sowie die Besprechung durch Schilken, aaO, 315, 317 ff.

[455] Abgedruckt im Amtsblatt Nr. L 200 vom 08.08.2000, S. 0035 – 0038.

[456] Grünbuch, S. 5.

[457] Grünbuch, S. 18 ff.

b. Hintergrund der Bestrebungen zur Einführung eines Mahnverfahrens

Als rechtlichen Hintergrund, der ein Tätigwerden der Gemeinschaft auf dem Gebiet des Mahnverfahrens erlaubt, führt die Kommission in erster Linie Art. 61 c und 65 EGV an[458]. Danach ergreift die Gemeinschaft Maßnahmen im Bereich der justiziellen Zusammenarbeit in Zivilsachen, wenn sie für das reibungslose Funktionieren des Binnenmarkts erforderlich sind. Gemäß Art. 65 c EGV sind davon auch Maßnahmen erfasst, die die Hindernisse für eine reibungslose Abwicklung von Zivilverfahren beseitigen, gegebenenfalls durch Förderung der Vereinbarkeit der in den Mitgliedstaaten geltenden zivilrechtlichen Verfahrensvorschriften.
Des Weiteren nimmt die Kommission auf ein Maßnahmenprogramm des Rats zur Umsetzung des Grundsatzes der gegenseitigen Anerkennung gerichtlicher Entscheidungen in Zivil- und Handelssachen Bezug[459]. Dieses Programm zielt zwar nicht primär auf die Harmonisierung des Verfahrensrechts. Die Kommission weist aber darauf hin, dass eine gemeinschaftsweite Einführung von speziellen Verfahren mit der Abschaffung von Zwischenmaßnahmen bei der Anerkennung und Vollstreckung ausländischer gerichtlicher Entscheidungen einhergehen könnte. Eines dieser speziellen Verfahren könnte nach Auffassung der Kommission ein Verfahren zur raschen und effizienten Beitreibung unbestrittener Forderungen sein[460].
Die Notwendigkeit, ein europaweites Mahnverfahren einzuführen, wird sachlich hauptsächlich mit den Bedürfnissen des Binnenmarktes begründet. Nach Meinung der Kommission werden Wirtschaftsbeteiligte davon abgehalten, ihre geschäftliche Tätigkeit über die Grenzen ihres Staates hinaus auszuweiten, wenn kein effizientes und einheitliches System zur Verfügung gestellt wird, das ein rasches und kostengünstiges Vorgehen gegen zahlungsunwillige Schuldner erlaubt. Damit werde aber der Handel zwischen den Mitgliedstaaten durch das Fehlen einer adäquaten Rechtsschutzmöglichkeit beeinträchtigt. Ein europäischer Zahlungsbefehl als Ergebnis eines europäischen Mahnverfahrens würde daher dazu beitragen, den Zugang zu einer effizienten Rechtsprechung zu erleichtern[461].

c. Überblick über die angesprochenen Aspekte

Zunächst wird die Frage aufgeworfen, ob ein europäisches Mahnverfahren nur auf Streitsachen mit einem grenzüberschreitenden Bezug oder auch auf reine

---

458 Grünbuch, S. 14. Gleichzeitig sagt die Kommission auf Seite 15, Fn. 26, dass Art. 61 c, 65 EGV nicht als einzige Rechtsgrundlage für ein europäisches Mahnverfahren in Betracht kämen.
459 Abgedruckt im Amtsblatt C 12 vom 15.1.2001, S. 1 ff.
460 Grünbuch, S. 16, mit dem Hinweis (dort Fn. 30), dass eine derartige Harmonisierung auch vom Maßnahmenprogramm (wenn auch nicht explizit) ins Auge gefasst wurde.
461 Grünbuch, S. 11.

Inlandssachen anwendbar sein soll[462]. Als weitere Vorfrage wird die Wahl nach dem geeigneten Rechtsinstrument behandelt (Richtlinie oder Verordnung)[463]. Beim sachlichen Anwendungsbereich des Verfahrens wird eine Beschränkung auf Zahlungsansprüche favorisiert[464], hierbei allerdings ohne Begrenzung auf einen bestimmten Betrag[465] oder eine bestimmte Anspruchsart[466]. Die Inanspruchnahme des Mahnverfahrens soll nicht obligatorisch sein[467]. Im Rahmen der Zuständigkeit werden die Fragen nach dem zuständigen Gericht[468], der Notwendigkeit einer diesbezüglichen europäischen Regelung[469] und dem bearbeitenden Rechtspflegeorgan gestellt[470]. Danach widmet sich das Grünbuch den inhaltlichen und formalen Anforderungen des Mahnantrags[471] sowie der Frage, ob ein Urkundenbeweis verlangt werden soll[472]. Damit zusammenhängend wird erörtert, inwieweit ein Einsatz der elektronischen Datenverarbeitung in Betracht kommt[473] und welchen Umfang eine gerichtliche Überprüfung einnehmen soll[474]. Problematisiert wird ebenfalls, ob eine Regelung eines europäischen Mahnverfahrens eigene Zustellungsvorschriften enthalten soll[475]. In einem weiteren Abschnitt wird das Rechtsbehelfssystem behandelt. Es wird nach den Voraussetzungen und Wirkungen des Widerspruchs gefragt[476] und danach, ob dem Schuldner nach dem Widerspruch ein weiterer Rechtsbehelf zur Verfügung gestellt werden soll[477]. Damit geht die Frage einher, ob ein europäisches Mahnverfahren zweistufig (Mahnbescheid – Vollstreckungsbescheid) oder einstufig (Mahnbescheid, der bei fehlendem Widerspruch vollstreckbar wird) ausgestaltet wird. Schließlich wird diskutiert, ob im Mahnverfahren Anwaltszwang gelten solle[478].

---

[462] Grünbuch, S. 6. Die Kommission spricht sich aus „praktischen Erwägungen und Gerechtigkeitsaspekten" heraus auch für eine Anwendung auf reine Inlandssachen aus.
[463] Grünbuch, S. 7.
[464] Grünbuch, S. 20.
[465] Grünbuch, S. 22.
[466] Grünbuch, S. 21.
[467] Grünbuch, S. 23.
[468] Grünbuch, S. 24.
[469] Grünbuch, S. 25.
[470] Grünbuch, S. 26.
[471] Grünbuch, S. 27 ff.
[472] Grünbuch, S. 27.
[473] Grünbuch, S. 30 f.
[474] Grünbuch, S. 32 f.
[475] Grünbuch, S. 36.
[476] Grünbuch, S. 39 ff.
[477] Grünbuch, S. 43 f.
[478] Grünbuch, S. 45. Die Kommission spricht sich gegen eine Anwaltspflicht aus.

2. Vorschläge der Storme-Kommission

Die Vorschläge der Storme-Kommission für ein europäisches Zivilprozessgesetzbuch widmen sich im Abschnitt 11 dem Mahnverfahren[479]. Nach Art. 11.1 soll das Mahnverfahren für alle Ansprüche, die auf Zahlung einer bestimmten Geldsumme gehen, zur Verfügung stehen. Eine summenmäßige Begrenzung ist nicht vorgesehen. Art. 11.2 und 11.3 behandeln die Erfordernisse bei der Antragsstellung. Die Antragsstellung hat zwingend auf einem Formular zu erfolgen und muss unter anderem eine summarische Begründung des Antrags einschließlich Zinsen und Nebenforderungen enthalten. Dokumente, die den geltend gemachten Anspruch belegen sollen, müssen beigefügt werden[480]. Eine Regelung über die Zuständigkeit und andere gerichtsorganisatorische Fragen wurde bewusst nicht in die Vorschläge aufgenommen[481]. Aus diesem Grund äußern sich die Vorschläge auch nicht dazu, ob die Bearbeitung des Mahnantrags durch einen Richter vorgenommen werden muss[482]. Jedenfalls soll die Prüfung des Mahnantrags eine Schlüssigkeitsprüfung des dargelegten Anspruchs unter Zuhilfenahme der vorgelegten Urkunden umfassen[483]. Weist das Gericht den Antrag zurück, soll die Entscheidung gemäß Art. 11.4 nicht in Rechtskraft erwachsen; der Gläubiger kann seinen Antrag (sinnvollerweise in verbesserter Form) wiederholen oder das normale Klageverfahren einleiten. Ist der Antrag hingegen zulässig und schlüssig, ergeht ein Mahnbescheid, der dem Schuldner zugestellt wird, Art. 11.5. Dieser kann nach Art. 11.6 innerhalb von zwei Wochen Widerspruch gegen den Mahnbescheid einlegen. Legt der Schuldner Widerspruch ein, erfolgt eine Überleitung in das normale Verfahren, Art. 11.7. Im gegenteiligen Fall tritt die volle formelle und materielle Rechtskraft sowie die Vollstreckbarkeit des Mahnbescheids ein, vgl. Art. 11.8[484]. Eine zweite Rechtsbehelfsmöglichkeit für den Schuldner gibt es nicht[485].

---

479 ZZP 109 (1986), 345, 361.

480 Das deutsche Mitglied der Storme-Kommission Prütting hatte vorgeschlagen, dem Gläubiger zu überlassen, ob er seinen Anspruch in einem „Urkundenmahnverfahren" oder einem „normalen Mahnverfahren", d.h. ohne Urkundenvorlage geltend macht, vgl. Festschrift für Baumgärtel, 457, 465. Skeptisch bezüglich des Nutzens einer Vorlagepflicht von Urkunden Coester-Waltjen in Festschrift für Henkel, 53, 65.

481 Dazu Schilken, ZZP 109 (1986), 315, 321.

482 Wenig aufschlussreich ist die Formulierung in Art. 11.4. Die englische Fassung spricht von „court", die französische von „juge". Vgl. dazu auch Wolf in: Wege zu einem europäischen Zivilprozessrecht, 35, 64, der es ebenfalls der Organisationshoheit der Mitgliedstaaten überlassen will, welches Rechtspflegeorgan es mit welcher Aufgabe betraut.

483 Schilken, aaO, 319.

484 Die Frage nach der Rechtskraftfähigkeit des Mahnbescheids war in der Kommission äußerst umstritten, vgl. dazu Schilken, ZZP 109 (1996), 315, 326. Allgemein zur Rechtskraft im Rahmen des Mahnverfahrens Vollkommer in: Erlanger Festschrift für Schwab, 229 ff.

485 Der Verzicht auf eine Doppelspurigkeit wie im deutschen Recht (Widerspruch gegen den Mahnbescheid, Einspruch gegen den Vollstreckungsbescheid) wird aus rechtsstaatlichen Ge-

3. Zahlungsverzugsrichtlinie

Nach Art. 5 der Richtlinie zur Bekämpfung von Zahlungsverzug im Handelsverkehr sind die Mitgliedstaaten verpflichtet, ein Verfahren bereitzuhalten, mit dessen Hilfe in der Regel binnen 90 Kalendertagen ein vollstreckbarer Titel erwirkt werden kann, wenn die geltend gemachte Forderung nicht bestritten wird[486]. Hintergrund dieser prozessrechtlichen Bestimmung in einer in den anderen Teilen materiell-rechtlichen Richtlinie[487] ist folgende Erkenntnis: Folgen des Zahlungsverzugs könnten nur dann abschreckend wirken, wenn sie mit einem schnellen, wirksamen und kostengünstigen Beitreibungsverfahren gekoppelt seien[488]. Im Text der Richtlinie selbst wird der Begriff des Mahnverfahrens zwar nicht verwendet, es ist jedoch ersichtlich, dass die Verfasser in erster Linie auf das Mahnverfahren zielen[489]. Trotzdem hat Art. 5 der Richtlinie soweit ersichtlich bisher noch zu keinen spürbaren Veränderungen in den nationalen Rechtsordnungen geführt und wird dies wohl auch in Zukunft nicht tun. Der Grund dafür ist wohl darin zu sehen, dass das Ziel der Erwirkung eines vollstreckbaren Titels binnen 90 Kalendertagen im Einklang mit den nationalen Rechtsordnungen erreicht werden soll und die Mitgliedstaaten nicht gehalten sind, ein besonderes Verfahren einzuführen oder ihre geltenden Verfahren in bestimmter Weise

---

sichtspunkten für annehmbar gehalten, da durch den urkundlichen Nachweis eine gesteigerte Rechtskontrolle stattgefunden hat. In diesem Sinne Prütting, aaO, 468.

[486] Artikel 5 der Richtlinie lautet:

„(1) Die Mitgliedstaaten tragen dafür Sorge, dass ein vollstreckbarer Titel unabhängig von dem Betrag der Geldforderung in der Regel binnen 90 Kalendertagen ab Einreichung der Klage oder des Antrags des Gläubigers bei Gericht oder einer anderen zuständigen Behörde erwirkt werden kann, sofern die Geldforderung oder verfahrensrechtliche Aspekte nicht bestritten werden. Dieser Verpflichtung haben die Mitgliedstaaten im Einklang mit ihren jeweiligen nationalen Rechts- und Verfahrensvorschriften nachzukommen.

(2) Die jeweiligen nationalen Rechts- und Verwaltungsvorschriften müssen für alle in der Europäischen Gemeinschaft niedergelassenen Gläubiger die gleichen Bedingungen vorsehen.

(3) In die Frist des Absatzes 1 von 90 Kalendertagen sind nachstehende Zeiträume nicht einzubeziehen: a) die Fristen für Zustellungen; b) alle vom Gläubiger verursachten Verzögerungen, wie etwa der für die Korrektur von Anträgen benötigte Zeitraum.

(4) Dieser Artikel berührt nicht die Bestimmungen des Brüsseler Übereinkommens über die gerichtliche Zuständigkeit und die Vollstreckung gerichtlicher Entscheidungen in Zivil- und Handelssachen."

[487] Rechtsgrundlage der Richtlinie ist insbesondere Art. 95 EGV, der in Verbindung mit Art. 14 EGV Maßnahmen zur Verwirklichung des Binnenmarktes erlaubt. Letztlich leitet die Europäische Gemeinschaft damit ihre Kompetenz für die prozessrechtliche Regelung des Art. 5 der Zahlungsverzugsrichtlinie aus einer materiell-rechtlich ausgerichteten Norm ab.

[488] Siehe Erwägungsgrund 20 der Richtlinie.

[489] Die Begründung des Vorschlags der Kommission für die Richtlinie (der Vorschlag ist abgedruckt im ABl. C 168 vom 3.6.1998, S. 13 ff.) nimmt ausdrücklich auf das deutsche Mahnverfahren und die französische „injonction de payer" Bezug, vgl. das Grünbuch, S. 14, Fn. 22. Vgl. dazu auch Schmidt-Kessel, JZ 1998, 1135, 1143, der ausführt, dass sich der europäische Normgeber an der deutschen Regelung des Mahnverfahrens orientiert habe.

zu ändern[490]. Hinzu kommt, dass die meisten, wenn nicht alle Mitgliedstaaten den Anspruch erheben werden, mit ihrem Verfahrensrecht bereits jetzt die Vorgaben der Richtlinie zu erfüllen. Insofern dürfte es sich bei Art. 5 der Zahlungsverzugsrichtlinie lediglich um einen ersten Schritt in Richtung eines europäischen Mahnverfahrens handeln und nicht bereits um die Einführung desselben[491].

III. Vergleich

1. Zulässigkeit des Mahnverfahrens

Sowohl nach spanischem als auch nach deutschem Recht ist das Mahnverfahren auf bezifferte Zahlungsansprüche beschränkt, vgl. Art. 812.1 LEC und § 688 Abs. 1 ZPO. Auch das Grünbuch der europäischen Kommission (S. 20) sowie die Vorschläge der Storme-Kommission (Art. 11.1) schließen sich diesem Einsatzbereich des Mahnverfahrens an. Für das deutsche Recht muss allerdings einschränkend gesagt werden, dass das Mahnverfahren nach § 688 Abs. 2 ZPO für Ansprüche eines Unternehmers aus einem Vertrag gemäß den §§ 491 bis 504 des Bürgerlichen Gesetzbuches nicht stattfindet, wenn der nach den §§ 492, 502 des Bürgerlichen Gesetzbuches anzugebende effektive oder anfängliche effektive Jahreszins den bei Vertragsschluss geltenden Basiszinssatz um mehr als 12 Prozentpunkte übersteigt.
Ein Unterschied im Rahmen dieser Zahlungsansprüche besteht darin, dass das spanische Recht eine Begrenzung auf einen Höchstbetrag von 30.000 € kennt (s. Art. 812.1 LEC), wohingegen es nach dem deutschen Recht möglich ist, eine unbegrenzte Geldsumme geltend zu machen. Das Grünbuch (S. 22) und die Storme-Kommission tendieren ebenfalls dazu, keine Begrenzung des mit dem Mahnverfahren geltend zu machenden Geldanspruchs vorzunehmen. Eine Parallele in der Ausgestaltung des Mahnverfahrens findet sich bei allen Modellen darin, dass das Mahnverfahren ein fakultatives Mittel zur Beitreibung von Forderungen sein soll, es also dem Gläubiger überlassen bleibt, nach seinem Gutdünken auch das normale Klageverfahren einzuleiten.

2. Zuständiges Gericht

Ein deutlicher Unterschied besteht in der Regelung der Zuständigkeit der Gerichte. Nach spanischem Recht (Art. 813 LEC) ist die Zuständigkeit des Gerichts am Wohnsitz des Antragsgegners gegeben. Nach deutschem Recht hingegen ist der Antrag auf Durchführung des Mahnverfahrens nach § 689 Abs. 2 ZPO am Wohnsitz des Gläubigers einzureichen. Das Grünbuch der Europäischen Kommission (S. 25) führt hierzu aus, dass die Zuständigkeit für das

[490] Dies wird ausdrücklich im Erwägungsgrund 23 gesagt.
[491] In diesem Sinne auch das Grünbuch über ein europäisches Mahnverfahren, S. 14, Fn. 25.

Mahnverfahren in nahezu allen Mitgliedsstaaten bei den Gerichten am Wohnsitz des Antragsgegners liegt. Aus diesem Grund hält es diese Regelung auf europäischer Ebene für vorzugswürdig. Es betont aber gleichzeitig, dass die Regelung der Zuständigkeit letztlich besser den Mitgliedsstaaten überlassen bleibe. Die Storme-Kommission äußert sich nicht zu Zuständigkeitsfragen.

3. Der Mahnantrag

a. Begründung und Urkundenvorlage

Die untersuchten Rechtsordnungen stellen bezüglich der Frage, welche Anforderungen bei der Beantragung eines Mahnbescheids hinsichtlich der Darlegung des geltend gemachten Anspruchs bestehen, unterschiedliche Regelungen auf. Nach dem spanischen Recht muss der Gläubiger seinen Antrag begründen[492] und alle Dokumente einreichen, über die er zum Zeitpunkt der Antragstellung verfügt, s. Art. 814.1 LEC. Das deutsche Recht hingegen kennt weder eine Anspruchsbegründung noch eine Vorlage von Urkunden. Es verlangt lediglich, dass der Antragssteller den individualisierbaren[493] Anspruch angibt, vgl. § 690 Abs. 1 Nr. 3 ZPO. Das Grünbuch der Europäischen Kommission (S. 27 ff.) äußert sich zur Frage der Urkundenvorlage im Mahnverfahren nur sehr zurückhaltend. Es führt zwar die Vor- und Nachteile der jeweiligen mitgliedstaatlichen Regelungen auf, entscheidet sich aber nicht für ein Modell mit oder ohne Urkundenvorlage. Allein schon daran wird ersichtlich, dass es sich bei der eben angesprochenen Frage um ein zentrales Thema bei der Einführung eines europäischen Mahnverfahrens handelt. Die Storme-Kommission (Art. 11.2 Nr. 3) schlug ein Urkundenmahnverfahren vor. Der deutsche Bearbeiter Prütting favorisierte im Anschluss daran allerdings ein Modell, in dem es dem Gläubiger überlassen bleibt, den Weg eines Urkundenmahnverfahrens oder den Weg ohne die Vorlage von Urkunden einzuschlagen[494]. Dieses Modell möchte also für eine europäische Regelung beide Optionen einführen.

b. Verwendung von Vordrucken

Bezüglich eines weiteren formalen Punktes herrscht weitgehend Einigkeit zwischen den Rechtsordnungen. Sowohl nach spanischem als auch nach deutschem Recht ist die Verwendung von amtlichen Vordrucken zur Einleitung des Verfahrens vorgesehen (Art. 814.1 LEC, § 703 c ZPO). Im deutschen Mahnverfahren ist die Verwendung der Vordrucke im Gegensatz zum spanischen Mahnverfah-

---

[492] Das spanische Gesetz spricht davon, dass der „origen“ des Anspruchs, also dessen Grund angegeben werden muss. Gemeint ist damit, dass eine kurze Erläuterung des zugrunde liegenden juristischen Geschäfts und damit der zugrunde liegenden Tatsachen gegeben wird, vgl. dazu Pedraz Penalva, Proceso Civil Práctico, Band IX, 6 – 75.

[493] Baumbach/Hartmann, § 690 Rdnr. 6.

[494] Prütting in: Festschrift für Baumgärtel, 457, 465.

ren allerdings obligatorisch, vgl. Art. 814.1 LEC, § 703 c Abs. 2 ZPO. Eine Pflicht, Vordrucke zu verwenden, möchte auch der europäische Gesetzgeber einführen[495].

c. Anwaltszwang

Nach spanischem Recht kann der Antrag auf Erlass eines Mahnbescheids gemäß Art. 814.2 LEC ohne anwaltliche Vertretung gestellt werden. Im weiteren Verfahren muss sich der Antragsteller aber eines Rechtsanwalts bedienen, wenn nach den allgemeinen Vorschriften Anwaltszwang besteht[496]. Nach deutschem Recht besteht im gesamten Mahnverfahren kein Anwaltszwang. Das Grünbuch (S. 45) spricht sich im Rahmen eines europäischen Mahnverfahrens gegen einen Anwaltszwang aus. Die Vorschläge der Storme-Kommission sehen eine obligatorische Vertretung durch einen Rechtsanwalt ebenfalls nicht vor.

4. Prüfung des Antrags und gerichtliche Entscheidung

a. Prüfungsumfang

Der Prüfungsumfang des Gerichts ist in Spanien und Deutschland sehr unterschiedlich. Gemeinsam ist den beiden Rechtsordnungen noch, dass die Zulässigkeit des Antrags und die gerichtliche Zuständigkeit überprüft werden[497]. Das deutsche Recht kennt eine darüber hinausgehende inhaltliche Prüfung hinsichtlich des bestehenden Anspruches nicht, s. insbesondere § 692 Abs. 1 Nr. 2 ZPO. Die Anforderungen an die Prüfung des Anspruchs sind damit äußerst gering. Zudem wird die Bearbeitung des Mahnantrages in Deutschland nicht durch einen Richter vorgenommen, sondern bleibt dem Rechtspfleger überlassen, vgl. § 689 Abs. 1 S. 1 in Verbindung mit § 20 Nr. 1 Rechtspflegergesetz. Eine maschinelle Bearbeitung ist nach § 689 Abs. 1 S. 2 ZPO ebenfalls zulässig und auf Grund der fehlenden Schlüssigkeitsprüfung auch möglich. Das spanische Recht hingegen verlangt vom *Richter*, dass er anhand der vorgelegten Urkunden prüft, ob der geltend gemachte Anspruch glaubhaft gemacht worden ist, vgl. Art. 815.1 LEC. Das spanische Gesetz spricht insofern von einem „principio de prueba", der gegeben sein muss, damit ein Mahnbescheid erlassen werden kann. Konsequenz dieser Regelung ist, dass das Gericht nach spanischem Recht im Endeffekt eine Schlüssigkeitsprüfung des vorgetragenen Antrags vornimmt[498].

b. Teilabweisung

---

[495] Grünbuch, S. 29; Art. 11.3 der Vorschläge der Storme-Kommission.

[496] Ausführlich dazu S. 105 ff.

[497] Dazu S. 107 und 233.

[498] In der spanischen Gerichtspraxis scheint diese Schlüssigkeitsprüfung allerdings nicht allzu gründlich auszufallen, da der mit der Sache befasste Richter in der Regel lediglich die Existenz von Urkunden nachprüft, so der Gerichtssekretär Guillén Soria in einem Gespräch am 14. November 2002.

Auf dem eben Gesagten aufbauend existiert auch ein Unterschied hinsichtlich des möglichen Inhaltes der gerichtlichen Entscheidung. Nach dem spanischen Recht ist es möglich, dass der Richter nur einen Teil der geltend gemachten Forderung anerkennt und aus diesem Grunde einen Mahnbescheid nur über einen Teil des Anspruches erlässt. Im deutschen Recht hingegen regiert das Prinzip „alles oder nichts", vgl. § 691 Abs. 1 S. 1 Nr. 1 ZPO[499]. Die Storme-Vorschläge wollen (vgl. Art. 11.4) auch eine teilweise Anerkennung zulassen, während das Grünbuch (S. 33) keine Präferenz erkennen lässt.

c. Zurückweisung des Antrags

Bei einer Zurückweisung des Antrags auf Erlass eines Mahnbescheids gibt es Unterschiede in den untersuchten Rechtsordnungen. In Deutschland steht es dem Gläubiger frei, ein ordentliches Zivilverfahren über denselben Anspruch einzuleiten. Darüber hinaus ist es ihm möglich, erneut einen Mahnbescheid zu beantragen[500]. Aus diesem Grund bestimmt § 691 Abs. 3 S. 2 ZPO, dass die Zurückweisung des Antrags grundsätzlich unanfechtbar ist[501]. Das Grünbuch (S. 35) bezeichnet das Modell, das Rechtsmittel gegen eine Zurückweisung des Mahnantrags ausschließt, als überzeugend. Art. 11.4 der Storme-Vorschläge äußert sich ebenfalls in diese Richtung. Danach stellt die Ablehnung eines Antrags in Gänze oder auch nur zum Teil durch das Gericht keine rechtskräftige Entscheidung dar. Ein Rechtsmittel gegen eine solche Ablehnung soll nicht zulässig sein[502]. Im spanischen Mahnverfahren ist – nicht zuletzt, weil gesetzliche Regelungen fehlen – unklar, wie bei einer Ablehnung des Mahnantrags zu verfahren ist. Die überwiegende Auffassung will einen erneuten Mahnantrag oder eine Klage in derselben Sache zulassen, dem Gläubiger aber gleichzeitig ein Rechtsmittel gegen die Zurückweisung geben[503].

5. Rechtsbehelfsystem

Das Rechtsbehelfsystem ist in Spanien und Deutschland unterschiedlich ausgestaltet. Während das spanische Recht lediglich einen ordentlichen Rechtsbehelf in Form des Widerspruchs bereitstellt, gibt es nach dem deutschen Recht ein zweigestuftes Rechtsbehelfsystem in Form des Widerspruchs und des Einspruchs.

---

[499] Rosenberg/Schwab/Gottwald, § 164 III.3.

[500] Rosenberg/Schwab/Gottwald, § 164 III.3.

[501] Vgl. dazu auch Stein/Jonas/Schlosser, § 692 Rdnr. 13. Eine Ausnahme von der Unanfechtbarkeit besteht nach § 691 Abs. 3 S. 1 ZPO, wenn der Antrag in einer nur maschinell lesbaren Form übermittelt und mit der Begründung zurückgewiesen worden ist, dass diese Form dem Gericht für seine maschinelle Bearbeitung nicht geeignet erscheine.

[502] Prütting in: Festschrift für Baumgärtel, 457, 468, stellt klar, dass damit jederzeit ein neuer Mahnantrag gestellt werden kann oder eine Klage möglich wäre.

[503] Ausführlich dazu oben im ersten Teil S. 108.

a. Widerspruch

Im spanischen Recht hat der Schuldner, sobald ihm der Mahnbescheid zugestellt ist, gemäß Art. 815.1 LEC 20 Tage Zeit, Widerspruch einzulegen. Auch nach deutschem Recht hat der Schuldner die Möglichkeit des Widerspruchs, allerdings innerhalb einer Frist von 14 Tagen, vgl. §§ 692 Abs. 1 Nr. 3, 694 Abs. 1 ZPO. Die Storme-Kommission schlägt ebenfalls eine Frist von 14 Tagen vor (Art. 11.6). Im spanischen Mahnverfahren muss der Schuldner seinen Widerspruch kurz begründen[504], was im deutschen Mahnverfahren nicht der Fall ist[505]. Das Grünbuch (S. 40) sowie die Storme-Vorschläge (Art. 11.6) sprechen sich auch gegen eine Begründungspflicht aus. Die Auswirkungen des Widerspruchs sind in der spanischen und deutschen Rechtsordnung weitgehend identisch. Ein Widerspruch bewirkt, dass das Mahnverfahren in ein ordentliches Erkenntnisverfahren übergeleitet wird bzw. übergeleitet werden kann. Nach deutschem Recht muss die Überleitung in das Mahnverfahren beantragt werden, wobei der Antrag gemäß § 696 Abs. 1 S. 1 ZPO von beiden Parteien gestellt werden kann. In Spanien muss ein Antrag auf Überleitung in das ordentliche Verfahren nur gestellt werden, wenn als ordentliches Erkenntnisverfahren der juicio ordinario einschlägig ist, vgl. Art. 818.2 Satz 2 LEC[506]. Den Antrag kann nur der Gläubiger stellen. Ist als ordentliches Verfahren der juicio verbal die richtige Verfahrensart[507], bestimmt der Richter sogleich einen Termin zur mündlichen Verhandlung, vgl. Art. 818.2 Satz 1 LEC. Dieser Termin muss von den Parteien also nicht beantragt werden. Das Grünbuch (S. 42) und die Storme-Vorschläge scheinen bei einem Widerspruch des Antragsgegners eine automatische Überleitung in das ordentliche Verfahren zu favorisieren. Gemeinsam ist dem spanischen und deutschen Recht, dass der Widerspruch den Mahnbescheid faktisch außer Kraft setzt, d.h. er wird als nicht existent angesehen[508].
Wird kein Widerspruch erhoben, ergeht nach beiden Rechtsordnungen ein Vollstreckungsbescheid, vgl. Art. 816.1 LEC, § 699 Abs. 1 S. 1 ZPO. Das Grünbuch (S. 42) führt in diesem Zusammenhang aus, dass es in Europa bei fehlendem Widerspruch zwei Systeme gebe. Das eine System führt einen vollstreckbaren Titel herbei, indem an den Mahnbescheid eine Vollstreckungsklausel angefügt wird[509]. Nach dem anderen System muss eine zweite vollstreckbare Entscheidung ergehen, da der ursprüngliche Mahnbescheid selbst nicht vollstreckt wer-

---

[504] Dies ist herrschende Auffassung. Siehe ausführlich dazu im ersten Teil S. 113.
[505] Vgl. statt vieler MünchKommZPO-Holch, § 694 Rdnr. 15.
[506] Dies ist grundsätzlich der Fall, wenn der Streitwert mehr als 3000 € beträgt, vgl. Art. 249.2 LEC.
[507] Dies ist grundsätzlich der Fall, wenn der Streitwert nicht mehr als 3000 € beträgt, vgl. Art. 250.2 LEC.
[508] Vgl. für das spanische Recht Pedraz Penalva, Proceso Civil Práctico, Band IX, 6 – 140 ff; für das deutsche Recht BGH NJW 1991, 171; MünchKommZPO-Holch, § 694 Rdnr. 20.
[509] Zu dieser Gruppe gehören Österreich, Frankreich, Italien, Portugal und Griechenland.

den kann[510]. Das Grünbuch ist der Auffassung, dass das erstgenannte einstufige Modell dem zweitgenannten zweistufigen Modell aus Gründen der Effizienz vorzuziehen sei. Die Vorschläge der Storme-Kommission (Art. 11.8) sehen ebenfalls nicht vor, eine zweite vollstreckbare Entscheidung zu erlassen.

b. Einspruch

Gegen den Vollstreckungsbescheid ist nach spanischem Recht kein besonderer Rechtsbehelf mehr möglich. Gemäß Art. 816.2 LEC ist der Schuldner auf die gewöhnlichen Vollstreckungsrechtsbehelfe angewiesen[511]. Nach deutschem Recht hingegen steht dem Schuldner nach §§ 700 Abs. 1, 338 ZPO der Einspruch gegen den Vollstreckungsbescheid zu. Dieser Einspruch bewirkt im Ergebnis, dass das Mahnverfahren in ein ordentliches Verfahren übergeleitet wird. Im Gegensatz zur Verfahrensweise nach eingelegtem Widerspruch erfolgt die Überleitung aber von Amts wegen, s. § 700 Abs. 3 ZPO. Das Grünbuch (S. 44) spricht sich gegen die Möglichkeit der Geltendmachung eines zweiten Rechtsbehelfs im Mahnverfahren aus. Auch die Storme-Vorschläge sehen keinen zweiten Rechtsbehelf vor. Betont wird allerdings, dass die behandelte Frage stark davon abhängt, ob das Mahnverfahren als einstufiges oder als zweistufiges Verfahren ausgestaltet wird[512].

Gemeinsam ist der spanischen und deutschen Rechtsordnung, dass die vollstreckbare Gerichtsentscheidung bei fehlendem Widerspruch bzw. bei fehlendem Einspruch rechtskräftig wird[513]. Dies drückt sich nicht nur darin aus, dass gegen die vollstreckbare Entscheidung kein ordentlicher Rechtsbehelf mehr eingelegt werden kann, sondern auch darin, dass die Entscheidung nicht mehr in einem weiteren nachfolgenden ordentlichen Gerichtsverfahren überprüft werden kann. Das Grünbuch (S. 45) und die Vorschläge der Storme-Kommission (Art. 11.8) schlagen ebenfalls eine der Rechtskraft fähige Entscheidung vor. Das Grünbuch (S. 48) strebt darüber hinausgehend an, dass ein europäischer Mahnbescheid als europäischer Vollstreckungstitel in anderen Mitgliedstaaten ohne Vollstreckbarerklärung und ohne entsprechende Bescheinigung des Ursprungsmitgliedstaats unmittelbar vollstreckbar sein soll.

---

[510] Zu dieser Gruppe gehören Belgien, Finnland, Luxemburg, Schweden, Spanien und Deutschland.

[511] Siehe dazu den ersten Teil S. 111 ff.

[512] Grünbuch, S. 43. Bei den einstufigen Verfahren steht in der Regel nur ein Rechtsbehelf zur Verfügung, während bei den zweistufigen Verfahren in der Regel zwei Rechtsbehelfe möglich sind.

[513] Zum spanischen Recht siehe den ersten Teil S. 111 ff; zum deutschen Recht S. 234.

6. Einflüsse bei der Schaffung des spanischen Mahnverfahrens

Der spanische Gesetzgeber schuf ein Mahnverfahren, das in seinen Eckpunkten dem romanischen Grundmodell mit Beweisobliegenheit und gerichtlicher Kontrolle folgt. Insofern stammte der maßgebliche Einfluss bei der Ausgestaltung des Verfahrens aus den romanischen Ländern. Das deutsche Mahnverfahren fand und findet in der spanischen Rechtswissenschaft gleichwohl große Beachtung[514]. Aus diesem Grund kann gesagt werden, dass sich der deutsche Einfluss zwar nicht auf die konkrete Ausgestaltung des spanischen Mahnverfahrens ausgewirkt hat, wohl aber darauf, dass in Spanien überhaupt ein Mahnverfahren eingeführt wurde[515]. Auch in der Diskussion um die Weiterentwicklung des spanischen Mahnverfahrens wird häufig auf die deutsche Ausgestaltung Bezug genommen[516].

IV. Stellungnahme, zugleich Vorschlag für ein europäisches Mahnverfahren

1. Vorfragen

a. Handlungsbedarf auf Gemeinschaftsebene

Die Einführung eines europäischen Mahnverfahrens ist zu befürworten. Der erhöhte Aufwand an Zeit und Kosten bei Streitigkeiten mit grenzüberschreitendem Bezug (Unkenntnis der fremden Rechtsordnung, Zustellung, Übersetzungen etc.) erscheint gerade bei wahrscheinlich unbestrittenen Ansprüchen als äußerst unverhältnismäßig. Die Folge einer beschwerlichen Rechtsdurchsetzung wird nicht selten sein, dass der Gläubiger in einer Abwägung der Relation zwischen Aufwand und Nutzen auf die gerichtliche Verfolgung seiner Ansprüche verzichtet bzw. überhaupt von einer Ausweitung seiner rechtsgeschäftlichen Aktivitäten über die eigenen mitgliedstaatlichen Grenzen hinaus Abstand nimmt. Ein einheitliches europäisches Mahnverfahren würde daher einen wichtigen Beitrag leisten, Handelshindernisse zwischen den Mitgliedstaaten abzubauen[517].
Darüber hinaus ist das Mahnverfahren eine Materie, die sich für eine europäische Normierung sehr gut eignet. Die Regelungen über ein Mahnverfahren sind nicht untrennbar mit den anderen Vorschriften für Zivilverfahren verbunden und

---

[514] Siehe vor allem Correa Delcasso, El Proceso Monitorio (1998), S. 156 ff., weiterhin López Sánchez, Proceso Monitorio, S. 40; ders. in: Estudios Jurídicos, 557, 563.
[515] Vgl. dazu auch die Begründung des Gesetzgebers in EM LEC XIV.6 (das Mahnverfahren sei ein in mehreren Ländern wirkungsvolles Verfahren). Weitergehend (wohl zu Unrecht) Gómez Colomer, Derecho Jurisdiccional II, S. 764: Der wichtigste Einfluss stamme aus Deutschland.
[516] Vgl. z.B. Correa Delcasso in: La LEC tras dos años de vigencia, S. 19 im Hinblick auf eine Automatisierung des Verfahrens.
[517] In diesem Sinne auch das Grünbuch, S. 11.

lassen sich daher punktuell aufstellen, ohne zugleich die „Herkulesaufgabe" der Schaffung eines umfassenden europäischen Zivilprozessrechts angehen zu müssen.

b. Räumliche Anwendbarkeit

Ein europäisches Mahnverfahren sollte nicht nur auf Streitsachen mit grenzüberschreitendem Bezug Anwendung finden, sondern auch auf reine Inlandssachen[518]. Dafür spricht zunächst, dass auf diese Weise eine Beeinträchtigung des Binnenmarkts am ehesten verhindert werden kann. Bleiben verschiedene nationalstaatliche Regelungen bestehen, ist die Gefahr eines den Binnenhandel störenden Rechtsschutzgefälles viel eher gegeben als bei einer einheitlichen Normierung. Ein Unternehmen, das in einem Mitgliedstaat tätig ist, dessen Rechtsordnung eine effektive Durchsetzung von Ansprüchen ermöglicht, dürfte nämlich erhebliche Wettbewerbsvorteile gegenüber einem Konkurrenten haben, dessen rechtliche Rahmenbedingungen keine vergleichbar wirksamen Verfahren aufweisen[519]. Des Weiteren dürfte die Akzeptanz eines universellen europäischen Mahnverfahrens deutlich höher sein, wenn es sich nicht vom rein mitgliedstaatlichen unterscheidet. Schließlich wird der grenzüberschreitende Bezug einer Streitsache teilweise erst sichtbar, nachdem das Verfahren eingeleitet wurde[520].
Zum momentanen Zeitpunkt dürfte die wünschenswerte Einführung eines Mahnverfahrens, das auch auf Inlandssachen anwendbar ist, allerdings nicht in den Kompetenzbereich der Europäischen Gemeinschaft fallen. Nach dem Wortlaut von Art. 65 EGV, der von der Kommission in Verbindung mit Art. 61 c EGV als Rechtsgrundlage für den Erlass von europäischen Maßnahmen auf dem Gebiet des Mahnverfahrens in erster Linie herangezogen wird, ist lediglich von der justiziellen Zusammenarbeit in Zivilsachen mit *grenzüberschreitenden* Bezügen die Rede. Angesichts dessen ist die Rechtsetzungskompetenz auf ein grenzüberschreitendes Mahnverfahren beschränkt[521].

---

[518] Hiergegen Schollmayer, IPRax 2002, 478, 484. Wegen des geringen Anteils an grenzüberschreitenden Mahnverfahren sei es nicht gerechtfertigt, das Gemeinschaftsmodell auch für alle rein mitgliedstaatlichen Verfahren vorzuschreiben.
[519] So das Grünbuch, S. 7.
[520] Beispielsweise bei der Vollstreckung, wenn sich herausstellt, dass der Schuldner nur im Ausland über pfändbares Vermögen verfügt, s. zu diesem Aspekt Grünbuch, S. 6.
[521] Ebenso Hess in: Procedural Laws in Europe, 323, 341 f. Das Grünbuch der Europäischen Kommission befürwortet gleichwohl die Einführung eines Mahnverfahrens, das auch auf reine Inlandsfälle anwendbar ist. Auf die zweifelhafte Kompetenz der EG geht es dabei allerdings nicht ein.

c. Form einer europäischen Regelung

Vorliegend soll nicht die Diskussion geführt werden, ob und in welcher Form man ein umfassendes europäisches Zivilprozessrecht schaffen sollte[522]. Hier geht es lediglich darum, welches Rechtsinstrument für eine punktuelle Regelung des Mahnverfahrens am geeignetsten erscheint. In Betracht kämen vor allem der Erlass einer Richtlinie oder einer Verordnung. Die Richtlinie würde den Mitgliedstaaten einen gewissen Gestaltungsspielraum überlassen und wäre daher die schonendere Methode. Vor dem Hintergrund des Subsidiaritätsprinzips des Art. 5 EGV wäre sie zu wählen, wenn mit ihr die Ziele eines europäischen Mahnverfahrens bereits vollumfänglich verwirklicht werden könnten[523]. Dies ist aber nicht der Fall. Befürwortet man wie hier die Schaffung eines einheitlichen europäischen Mahnverfahrens, das unterschiedslos bei grenzüberschreitenden Fällen wie auch bei Fällen mit reinem Inlandsbezug Anwendung finden soll, ist eine Maßnahme wie die Verordnung, die keiner mitgliedstaatlichen Umsetzung bedarf, deutlich geeigneter als eine Richtlinie. Eine Verordnung brächte insbesondere die für die Effizienz und Akzeptanz eines europäischen Mahnverfahrens notwendige Einheitlichkeit. Damit einhergehend würde für die Rechtssuchenden die Rechtsklarheit und Rechtssicherheit steigen, wenn ein in allen Mitgliedstaaten unterschiedslos geregeltes Verfahren zur Verfügung stünde.

2. Zulässigkeit des Mahnverfahrens

Ein europäisches Mahnverfahren sollte sich auf bezifferte Zahlungsansprüche beschränken. Nur solche Ansprüche können in einem einfach gestalteten und unter Umständen standardisierten und maschinell betriebenen Verfahren problemlos abgewickelt werden. Zudem wird in den wenigen Ländern, in denen das Mahnverfahren auch zur Geltendmachung von anderen Forderungen beantragt werden kann[524], diese Möglichkeit kaum genutzt und ist daher praktisch zu vernachlässigen[525].

Eine summenmäßige Begrenzung des mit einem Mahnverfahren einklagbaren Betrages ist abzulehnen. Beim Mahnverfahren handelt es sich schon seinem Inhalt nach nicht um ein Bagatellverfahren zur Geltendmachung von geringfügigen Forderungen, sondern um ein Verfahren, das der effizienten und kosten-

---

[522] Vgl. umfassend dazu Stürner in: Wege zu einem europäischen Zivilprozessrecht, S. 1 ff.

[523] Das Subsidiaritätsprinzip gilt ausweislich des Wortlauts von Art. 5 EGV nicht nur bezüglich der Frage, ob die Gemeinschaft überhaupt tätig werden darf (dazu Abs. 2), sondern auch im Hinblick auf die Frage, welche Mittel sie wählen darf. In diesem Sinne bestimmt Art. 5 Abs. 3 EGV, dass die Maßnahmen der Gemeinschaft nicht über das für die Erreichung der Ziele erforderliche Maß hinausgehen dürfen.

[524] Frankreich, Finnland, Italien und Schweden.

[525] So zu Recht das Grünbuch, S. 20. Siehe auch Stürner in: Procedural Laws Europe, 143, 152.

günstigen Durchsetzung unstreitiger Ansprüche dienen soll[526]. Gerade das spanische Recht zeigt auch, dass eine Beschränkung viele Probleme nach sich zieht, die bei einer standardisierten Bearbeitung kaum in den Griff zu bekommen sind wie beispielsweise die Aufteilung eines höheren Betrages auf mehrere Mahnverfahren[527]. Außerdem ist in diesem Zusammenhang Art. 5 der Zahlungsverzugsrichtlinie mit in das Blickfeld zu nehmen, der ein Verfahren verlangt, das unabhängig von der Höhe des geltend gemachten Anspruchs zur Verfügung stehen muss. Allenfalls um rechtsstaatliche Bedenken abzumildern, die sich z.B. daraus ergeben können, dass eine rechtskraftfähige Entscheidung ohne vorhergehende gerichtliche Überprüfung ergehen kann, wäre eine Begrenzung des einklagbaren Betrages überlegenswert (dazu sogleich unter 4).

3. Zuständiges Gericht

Die Zuständigkeit für das Mahnverfahren sollte bei den Gerichten des Mitgliedstaats liegen, in dem der Beklagte bzw. Antragsgegner seinen Wohnsitz hat. Dafür spricht schon, dass damit eine Kohärenz mit dem allgemeinen Gerichtsstand nach Art. 2 Abs. 1 EuGVO hergestellt wird. Zudem ließen sich dadurch Komplikationen und Verzögerungen, die bei einer grenzüberschreitenden Zustellung des Mahnbescheids eintreten können, vermeiden[528]. Über die innerstaatliche Zuständigkeitsverteilung sollte sich eine europäische Regelung hingegen nicht äußern. Es spräche allerdings einiges dafür, in den innerstaatlichen Rechtsordnungen die Zuständigkeit des Gerichts (in der Regel entsprechend dem allgemeinen Gerichtsstand) am Wohnsitz des Beklagten bzw. Antragsgegners vorzusehen[529]. Die Folge davon ist, dass die Streitsache – anders als nach momentanem deutschen Recht – im Normalfall beim gleichen Gericht bleibt und nicht an ein anderes Gericht abgegeben werden muss, wenn Widerspruch eingelegt und in das ordentliche Verfahren übergeleitet wird. Dass dadurch die Handhabbarkeit des Verfahrens für die Gläubiger verschlechtert wird[530], sollte aus dem genannten Grund hingenommen werden. Die Frage nach der innerstaatlichen Zuständigkeit der Gerichte muss aber im Hinblick auf eine möglicherweise maschinelle Bearbeitung relativiert werden. Hält man nämlich eine elektronische Datenverarbeitung für wünschenswert, kommt man nicht umhin, zentrale Bearbeitungsstellen zu schaffen, die wiederum von der grundsätzlichen Zuständigkeit im Mitgliedstaat abweichen.

---

[526] Dem steht auch nicht die Tatsache entgegen, dass viele Mahnverfahren wegen relativ geringen Streitwerten betrieben werden (vgl. dazu Schollmeyer, IPRax 2002, 478, 483: Fast die Hälfte der in Baden-Württemberg im Jahr 2000 betriebenen Mahnverfahren lagen auf einer Streitwertstufe bis 300 €).

[527] Siehe ausführlich S. 100 ff.

[528] So das Grünbuch, S. 24.

[529] Dies ist bereits in nahezu allen Mitgliedstaaten der Fall, s. Grünbuch, S. 25.

[530] Durch die deutsche Regelung sollte Gläubigern entgegengekommen werden, die häufig Mahnbescheide zu beantragen haben, vgl. Grünbuch, S. 25.

4. Mahnantrag und gerichtliche Kontrolle

Ein ganz zentraler Punkt bei der Ausgestaltung eines Mahnverfahrens auf europäischer Ebene wird sein, ob man vom Antragsteller die Vorlage einer Urkunde zur Glaubhaftmachung seines Anspruchs verlangt. Neben den sachlichen Argumenten, die sogleich im Anschluss erörtert werden, wird bei der Schaffung einer europäischen Regelung sicherlich auch entscheidend sein, wie die bisherigen nationalen Verfahrensvorschriften ausgestaltet sind. Hierbei ist festzustellen, dass die Staaten von Belgien, Frankreich, Griechenland, Luxemburg, Italien und Spanien dem Urkundenmodell und damit dem beweispflichtigen Modell folgen. Die Staaten von Schweden, Österreich, Deutschland, Portugal und Finnland hingegen verlangen keine Vorlage von Urkunden und weisen daher ein nicht beweispflichtiges Verfahren auf[531].

Gegen das beweispflichtige Modell spricht zunächst, dass dem Mahnverfahren dadurch in nicht unerheblichem Umfang seine Effizienz genommen wird. Neben der Prüfung der Urkunden findet bei diesem Modell nämlich damit einhergehend eine summarische Prüfung des Anspruchs statt[532]. Die Konsequenz des beweispflichtigen Modells dürfte daher sein, dass eine richterliche Bearbeitung notwendig ist. Je nach Ausbildungsgrad von Rechtspflegern wäre es aber zumindest auch denkbar, diesen die Prüfung des Mahnantrags zu überlassen[533]. Ausgeschlossen ist mit dem Urkundenmodell aber eine Bearbeitung mit EDV-Systemen. Gerade diese mangelnde Möglichkeit, EDV-Systeme einzusetzen, dürfte einen großen Effizienzverlust bedeuten. Bei dem Modell, das keine Urkundenvorlage verlangt, ist der Einsatz einer maschinellen Bearbeitung, wie die deutsche Praxis zeigt[534], hingegen möglich. Will man das Mahnverfahren also möglichst effektiv ausgestalten, muss ein Modell gewählt werden, das keine Urkundenvorlage verlangt. Insbesondere würde auch nur ein derartiges Modell die richterliche Arbeit entlasten. Weiterhin ist zu bedenken, dass eine Pflicht zur

---

531 Grünbuch, S. 18 f.

532 Grünbuch, S. 18. Streng genommen sind die Urkundenvorlage und die Schlüssigkeitsprüfung auseinander zu halten. Bei der Urkundenvorlage geht es um eine Überprüfung der Tatsachen, bei der Schlüssigkeitsprüfung um eine rechtliche Wertung. In den Mitgliedstaaten, die dem beweispflichtigen Modell folgen, werden diese Punkte aber in aller Regel nicht scharf getrennt. Ein hervorragendes Beispiel dafür ist Spanien. Bereits das Gesetz (Art. 815.1 LEC) spricht lediglich von einem „gewissen Beweis", der gegebenen sein muss, damit ein Mahnbescheid erlassen wird. Gleichwohl ist man sich einig, dass auch eine Schlüssigkeitsprüfung durchzuführen ist. Die Praxis wiederum scheint aber in der Regel nur zu überprüfen, ob eine taugliche Urkunde vorgelegt wurde und tritt damit gerade in keine weiteren rechtlichen Überlegungen ein.

533 Dies entspräche der Rechtslage in Deutschland vor der Vereinfachungsnovelle 1976, nach der der Rechtspfleger die Schlüssigkeit des Mahnantrags überprüfte. Vgl. näher zu diesem Modell Vollkommer in: Erlanger Festschrift für Schwab, S. 229, 238 ff.

534 Ausführlich zum automatisierten Verfahren in Teilen Deutschlands Stein/Jonas/Schlosser, § 689 Rdnr. 14 ff; 7.

Urkundenvorlage den Anwendungsbereich des Mahnverfahrens auf die Fälle reduziert, in denen der Antragssteller tatsächlich über eine Urkunde verfügt und damit rein praktisch auf vertragliche Ansprüche[535].

Für das beweispflichtige Modell spricht, dass ein höheres Maß bezüglich der inhaltlichen Richtigkeit des Mahnbescheids gewährleistet ist. Durch die summarische rechtliche Prüfung auf der Basis der vorgelegten Urkunden wird ein gewisser Mindestschutz des Schuldners erreicht. Beim nicht beweispflichtigen Modell hingegen kommt es auf die Eigenverantwortung des Schuldners an, weil die materielle Richtigkeit des vorgetragenen Anspruchs nur dann gerichtlich überprüft wird, wenn er widerspricht. Insofern stellt sich in diesem Zusammenhang die grundsätzliche Frage, wie die Verantwortungsbereiche zwischen Staat und Bürger zu verteilen sind. Jenseits der grundsätzlichen Problematik darf jedenfalls nicht übersehen werden, dass es sich beim Mahnverfahren um ein Massenverfahren handelt, das mit maschineller Hilfe deutlich schneller und kostengünstiger zu bewältigen ist. Zudem ist die Gefahr groß, dass die gesetzlich vorgesehene rechtliche Überprüfung angesichts der Masse von Verfahren in der Praxis auf ein Minimum reduziert wird und dadurch deutlich an Wert verliert. Insbesondere in Spanien zeigt sich bereits, dass die Gerichte selten eine rechtliche Bewertung vornehmen[536].

Die besseren Argumente – insbesondere die Möglichkeit des Einsatzes einer automatisierten Datenverarbeitung – sprechen damit für ein Modell ohne Beweisobliegenheit des Antragstellers in Form einer Pflicht zur Vorlage von Urkunden und ohne gerichtliche Kontrolle des Anspruchs.

Die Einführung von zwingend zu verwendenden Vordrucken ist bei einer angestrebten maschinellen Bearbeitung unumgänglich[537]. Zudem erleichtert ein einheitliches Formular die Antragstellung. Ein Anwaltszwang sollte hingegen nicht festgesetzt werden. Einerseits verlangt die Einfachheit des Verfahrens keine rechtliche Unterstützung, andererseits wird so der Charakter als kostengünstiges und effizientes Verfahren gestärkt. Vor diesem Hintergrund erscheint die spanische Regelung, die zwar bei der Antragsstellung keine, für die Einlegung des Widerspruchs und das weitere Verfahren aber eine anwaltliche Vertretung verlangt[538], nicht besonders geglückt. Will man im Rahmen eines europäischen Mahnverfahrens im Gegensatz zum spanischen Recht zudem auf eine gerichtliche Schlüssigkeitsprüfung verzichten, erscheint es mangels einer rechtlichen Überprüfung des Mahnantrags konsequent, dass insbesondere der Widerspruch ohne anwaltliche Hilfe eingelegt werden kann.

---

[535] So auch Stürner in: Procedural Laws in Europe, 143, 152.
[536] So der Gerichtssekretär Guillén Soria in einem Gespräch vom 14. November 2002.
[537] Das Grünbuch, S. 29, spricht sich ebenfalls für die Einführung von zwingend zu verwendenden Vordrucken aus.
[538] Siehe dazu im ersten Teil S. 105 ff.

5. Einstufiges oder zweistufiges Verfahren

Beim einstufigen Verfahren erlässt das Gericht nur eine Entscheidung in der Sache. Die Vollstreckbarkeit dieser Entscheidung wird durch einfaches Anfügen einer Vollstreckungsklausel bewirkt. Das einstufige Modell wird in Österreich, Frankreich, Italien, Portugal und Griechenland betrieben[539]. Beim zweistufigen Verfahren ergeht eine zweite vollstreckbare Entscheidung. Dieses Verfahren wird in Belgien, Finnland, Luxemburg, Schweden, Spanien und Deutschland angewendet[540]. Es ist ohne weiteres ersichtlich, dass das einstufige Modell einen geringeren Aufwand verursacht und ein größeres Effizienzpotential aufweist. Beim zweistufigen Verfahren wird andererseits in der Regel vor Erlass einer zweiten Entscheidung nochmals eine Überprüfung des Mahnantrags vorgenommen, so dass es eine erhöhte Gewähr für einen rechtmäßigen Vollstreckungstitel bietet[541]. In diesem Zusammenhang ist auch interessant, dass vor allem die Mitgliedstaaten, die nicht dem beweispflichtigen Modell folgen, ein zweistufiges Verfahren vorsehen, während die Staaten mit beweispflichtigem Modell in der Regel auf eine zweite Entscheidung verzichten[542].
Zwingende Gründe für eine zweite Entscheidung bestehen aber nicht. Insofern wäre einem einstufigen Modell aus Gründen der Effizienz der Vorzug zu geben[543].

6. Rechtsbehelfssystem

Die Regelung des Rechtsbehelfssystems hängt eng mit dem Prüfungsumfang des Gerichts beim Erlass des Mahnbescheids sowie der Ausgestaltung des Mahnverfahrens als ein- oder zweistufiges Verfahren zusammen. Die meisten Rechtsordnungen, die dem beweispflichtigen Modell folgen, kennen lediglich den Widerspruch[544]. Die Rechtsordnungen mit nicht beweispflichtigem Modell sehen hingegen in aller Regel ein zweistufiges Einspruchsverfahren vor[545]. Nur in Portu-

---

[539] Grünbuch, S. 42.
[540] Grünbuch, S. 43.
[541] Siehe für das deutsche Recht Zöller/Vollkommer, § 699 Rdnr. 12 zur Prüfungskompetenz des Rechtspflegers vor Erlass eines Vollstreckungsbescheids. Der Prüfungsmaßstab freilich verändert sich bei einer zweiten Überprüfung nicht.
[542] Eine Ausnahme bildet insoweit Spanien, das eine Schlüssigkeitsprüfung vorsieht und trotzdem eine zweite vollstreckbare Entscheidung verlangt. Umgekehrt wird in Portugal keine Schlüssigkeitsprüfung vorgenommen und trotzdem auf den Erlass einer zweiten Entscheidung verzichtet, vgl. Grünbuch, S. 27 ff. und 42 f.
[543] Die angesprochene Frage relativiert sich je nach Ausgestaltung des Verfahrens, da der Unterschied zwischen dem Erlass eines zweiten Vollstreckungsbescheids und dem Anfügen einer Vollstreckungsklausel in der Praxis minimal sein kann. Vgl. z.B. § 699 Abs. 2 ZPO, nach dem der Rechtspfleger den Vollstreckungsbescheid auf den Mahnbescheid setzen kann.
[544] Dies ist der Fall in Frankreich, Griechenland, Italien und Spanien, vgl. Grünbuch, S. 17 und 43.
[545] Grünbuch, S. 44.

gal findet sich ein Verfahren, das die beiden Hauptmodelle kombiniert, indem es einerseits auf eine Urkundenvorlage und Schlüssigkeitsprüfung verzichtet und andererseits lediglich einen Rechtsbehelf vorsieht[546]. Die gleiche Grundstruktur hatte bis zum 31.12.2002 zwar auch das Mahnverfahren in Österreich; mit Wirkung ab dem 01.01.2003 wurde dort allerdings eine Schlüssigkeitsprüfung eingeführt[547].
Der Hintergrund für die beiden Grundmodelle dürfte sein, dass beim beweispflichtigen Verfahren wegen der gründlicheren Prüfung beim Erlass des Mahnbescheids auf eine zweite Rechtsbehelfsmöglichkeit verzichtet wird, während beim nicht beweispflichtigen Modell die geringeren Anforderungen bei der Überprüfung des Mahnantrags durch eine zweite Rechtsbehelfsmöglichkeit ausgeglichen werden sollen. Unbestreitbar ist, dass eine zweite Anfechtungsmöglichkeit insbesondere für den ungewollt oder auf Grund eines Missverständnisses untätig bleibenden Schuldner einen höheren Schutz vor ungerechtfertigter Inanspruchnahme bietet. Berücksichtigt werden muss dabei aber, dass auch eine zweite Möglichkeit, die gerichtliche Entscheidung anzufechten, nichts an dessen grundsätzlicher Verantwortlichkeit ändert, auf die materielle Unrichtigkeit der Entscheidung hinzuweisen. Der „Ausgleich" ist also nur ein relativer, da allein das Bestehen einer zweiten Rechtsschutzmöglichkeit den Prüfungsumfang des Gerichts nicht verändert. Zudem bedeutet ein zweiter Rechtsbehelf nicht unbedingt einen besseren Schutz der Verteidigungsrechte des Schuldners. Hierfür sind beispielsweise Vorschriften, die eine ordnungsgemäße Zustellung und eine ausreichende Belehrung des Schuldners über seine Rechte im Blick haben, mindestens ebenso wichtig[548]. Da der Nutzen eines zweiten Rechtsbehelfs daher als nicht so groß erscheint, sollte auf ihn aus Effizienzgründen verzichtet werden[549].

Falls kein Rechtsbehelf eingelegt wird, sollte die gerichtliche Entscheidung rechtskräftig werden, d.h. es sollte zu einer endgültigen Beilegung des Rechtsstreits zwischen den Parteien kommen[550]. Die Konsequenz wäre, dass nach Ablauf der Rechtsbehelfsfrist kein Rechtsbehelf mehr eingelegt und die Entscheidung auch nicht in einem nachfolgenden ordentlichen Gerichtsverfahren nachgeprüft werden kann[551]. Diese Handhabung dient nicht nur der Rechtssicherheit, sondern verleiht dem Mahnverfahren auch die erforderliche Wertigkeit; wäre es

---

546 Grünbuch, S. 44.
547 Grünbuch, S. 32 und 44. Schon zuvor wurde jedoch in der Fachliteratur kontrovers diskutiert, ob und in welchem Umfang die Begründetheit des behaupteten Anspruchs zu prüfen ist, vgl. hierzu die Nachweise bei Rechberger, Österreichische ZPO, § 448 Rdnr. 4. Die bisher mögliche „automationsunterstützte Datenverarbeitung" (§ 453 österreichische ZPO a.F.) dürfte damit nicht mehr möglich sein.
548 In diesem Sinne auch das Grünbuch, S. 44 und Hess in: Procedural Laws in Europe, 323, 344.
549 So auch Stürner in: Procedural Laws in Europe, 143, 153.
550 So auch Stürner, aaO, 153 (Gegenwehr und Prozessführungslast seien dem Schuldner zumutbar).
551 So auch das Grünbuch, S. 45.

ohne Weiteres möglich, einen nachfolgenden ordentlichen Prozess über denselben Streitgegenstand zu führen, würden in vielen Fällen die durch das Mahnverfahren erzielten prozessökonomischen Vorteile wieder zunichte gemacht. Dies ist wohl auch der Grund dafür, dass die meisten Mitgliedstaaten der Europäischen Union diesem Modell folgen[552].

7. Zusammenfassung

a. Gesamtschau

Die eben beschriebenen Aspekte dürfen bei der Schaffung eines europäischen Mahnverfahrens nicht isoliert betrachtet werden. Vielmehr stehen sie in einer „engen Wechselbezüglichkeit zueinander, die es zulässt, Schutz- und Effektivitätsbelange auf unterschiedliche Art und Weise zum Ausgleich zu bringen"[553]. Aus diesem Grund soll abschließend eine Gesamtschau vorgenommen werden. Folgt man in den vorhergehenden Punkten der jeweils dort vertretenen Auffassung und fügt man diese einzelnen Elemente des Mahnverfahrens zusammen, käme man zu einem europäischen Mahnverfahren mit folgenden Eckpunkten: Mahnverfahren für Geldzahlungsansprüche in unbegrenzter Höhe, keine Beweisobliegenheit durch Urkundenvorlage, keine Schlüssigkeitsprüfung, eine gerichtliche Entscheidung, die rechtskräftig und vollstreckbar werden kann, einfache Widerspruchsmöglichkeit des Schuldners. Damit würde man ein Verfahren kreieren, das die beiden klassischen Modelle in Europa verbinden würde und dessen Grundstruktur zum momentanen Zeitpunkt lediglich in Portugal existiert. Da in Portugal der Mahnbescheid allerdings nicht rechtskraftfähig ist und der Schuldner seinen Einspruch gegen die Vollstreckung mit dem Nichtbestehen der Schuld begründen kann[554], herrscht aber auch insoweit keine vollständige Übereinstimmung.

b. Diskussion

Das vorgeschlagene Verfahren wäre hocheffizient, da es wenige Verfahrensstufen vorsieht, einfache und klare Strukturen aufweist und eine maschinelle Bearbeitung ermöglicht. Problematisch an dem unterbreiteten Vorschlag ist, ob es einen aus rechtsstaatlicher Sicht ausreichenden Schuldnerschutz gewährleistet. Widerspricht der Schuldner der behaupteten Forderung nicht, erfolgt von Seiten des Gerichts keine materiell-rechtliche Prüfung. Die Folge davon kann sein, dass es zu materiell-rechtlich falschen rechtskräftigen Entscheidungen kommt. Dies wurde in der deutschen Rechtswissenschaft im Hinblick auf das deutsche Mo-

---

[552] Österreich, Finnland, Frankreich, Deutschland, Griechenland, Italien, Spanien, Schweden. Ausnahmen bestehen teilweise in Luxemburg, Belgien und Portugal, vgl. dazu das Grünbuch, S. 45.
[553] So Schollmeyer, IPRax 2002, 478, 482.
[554] Grünbuch, S. 45.

dell teilweise heftig kritisiert[555]. Angeführt wurde insbesondere, dass in einem gerichtlichen Verfahren eines Rechtsstaates elementare Grundsätze der Verfahrensgerechtigkeit und des Schuldnerschutzes gewahrt bleiben müssten, was bei einem Mahnverfahren, das ohne Schlüssigkeitsprüfung zu einem rechtskräftigen Titel führe, nicht der Fall sei[556].
Das angesprochene Spannungsverhältnis gänzlich aufzulösen scheint unmöglich. Eine verstärkte gerichtliche Überprüfung wird in aller Regel gleichzeitig das Verfahren verlangsamen. Kompromisse im Konflikt zwischen rechtsstaatlicher Absicherung einerseits und Beschleunigung und Effizienz andererseits sind zwar denkbar, letztlich muss aber eine Prioritätensetzung erfolgen. Insbesondere ist danach zu fragen, wie weit die staatliche Fürsorge reichen soll und muss und welchen Verantwortungsbereich man dem Schuldner überlässt. Um das Verfahren möglichst effizient auszugestalten, wäre hierbei wünschenswert, die gerichtlichen Maßnahmen möglichst zu beschränken. Vor diesem Hintergrund erscheint es vorzugswürdig und aus rechtsstaatlicher Sicht auch ausreichend, den Schuldnerschutz durch eine sprachlich klare und drucktechnisch hervorgehobene Rechtsbehelfsbelehrung zu gewährleisten[557].
Berücksichtigen sollte man in vorliegendem Zusammenhang auch, dass das Mahnverfahren in den Mitgliedstaaten, die keine Urkundenvorlage und Schlüssigkeitsprüfung kennen, in der großen Mehrzahl der Fälle hervorragend funktioniert und Ergebnisse liefert, die mit dem materiellen Recht in Einklang stehen[558]. Zudem ist aus praktischer Sicht danach zu fragen, wie gründlich eine gesetzlich vorgesehene Schlüssigkeitsprüfung aussehen kann, wenn, wie das beispielsweise in Deutschland im Jahr 1998 der Fall war, über 8 Millionen Verfahren zu bearbeiten sind[559]. Gerade die spanische Praxis zeigt, dass die gesetzlich vorgesehene Schlüssigkeitsprüfung häufig äußerst dürftig ausfällt[560].
Die Fälle, in denen das Mahnverfahren missbraucht werden kann oder tatsächlich missbraucht wird, sollten ebenfalls nicht dazu führen, das Mahnverfahren in seiner Struktur zu verkomplizieren und zu verlangsamen; vielmehr sollte sich

---

[555] Siehe z.B. Vollkommer in: Erlanger Festschrift für Schwab, 229, 232 und 245, mit weiteren Nachweisen. Er weist auf den Zusammenhang zwischen Anspruchsbegründung, Schlüssigkeitsprüfung und Rechtskraft hin.
[556] Zur Vertiefung der Problematik sei auf die zahlreiche Literatur, abgedruckt im MünchKommZPO-Holch, vor § 688 verwiesen.
[557] So auch Hess in: Procedural Laws in Europe, 323, 344.
[558] In Deutschland wurde beispielsweise im Jahr 1990 nur in etwa zwischen 5 – 10 % der Fälle Widerspruch und in 1 % Einspruch eingelegt. Die meisten Forderungen wurden beglichen, vgl. Stein/Jonas/Schlosser, vor § 688 Rdnr. 1b. Auch wenn diese Zahlen nicht zwingend etwas darüber aussagen, ob es sich jeweils um materiell-rechtlich gerechtfertige Forderungen gehandelt hat, dürfte doch die Annahme zulässig sein, dass sich die Mehrzahl der Schuldner gegen ungerechtfertige Forderungen wehren werden.
[559] Siehe zu dieser Zahl Musielak/Holch, vor § 688 Rdnr. 6.
[560] Gespräch mit dem Gerichtssekretär Guillén Soria vom 14. November 2002. Münzberg, JZ 1987, 477, 481 berichtet für Deutschland, dass die Schlüssigkeitsprüfung nach dem früher geltenden Recht ebenfalls sehr „summarisch“ gehandhabt wurde.

der europäische Normgeber am Normalfall orientieren, in dem ein redlicher Gläubiger auf rasche Weise einen Vollstreckungstitel gegen einen zahlungsunwilligen Schuldner erwirken möchte. Besser wäre es, den einzelnen denkbaren Missbrauchsfällen durch präventive Maßnahmen zu begegnen und, falls diese versagen, ihnen ein Korrektiv gegenüberzustellen, das in Fällen evidenter Ungerechtigkeit zur Anwendung gelangt.
Eine in der deutschen Praxis bewährte präventive Maßnahme, die in das europäische Recht übernommen werden könnte, ist die „Zinsregelung" des § 688 Abs. 2 Nr. 1 ZPO. Sie schließt die Zulässigkeit des Mahnverfahrens für Ansprüche eines Kreditgebers aus, wenn die Zinshöhe eine bestimmte Grenze überschreitet und verhindert damit von vornherein die Geltendmachung von Forderungen aus sittenwidrigen Kreditverträgen[561]. Denkbar wäre es auch, bestimmte Materien, in denen typischerweise die Gefahr einer ungerechtfertigten Benachteiligung eines Vertragspartners besteht, vom Mahnverfahren auszunehmen. Beispiele hierfür wären Bürgschaftsverträge (u.U. beschränkt auf Verträge zwischen Privatpersonen) oder Ansprüche aus Spiel und Wette.
Als nachträgliches Korrektiv käme ein außerordentlicher Rechtsbehelf zur Durchbrechung der materiellen Rechtskraft in Betracht, der sich an den Grundsätzen orientiert, die für das deutsche Recht für § 826 BGB entwickelt worden sind[562]. Nach diesen Grundsätzen könnte der denkbare Rechtsbehelf eingreifen, wenn der Gläubiger bewusst das Mahnverfahren gewählt hat, um das Fehlen einer Schlüssigkeitsprüfung zur Erlangung eines Vollstreckungstitels auszunutzen. Der Rechtsbehelf könnte auf Unterlassung der Zwangsvollstreckung und auf Herausgabe des Titels, u.U. auch auf Schadensersatz gerichtet sein.

---

[561] Siehe zu den praktischen Fällen, die Anlass zu dieser Regelung gegeben haben, Fn. 562.
[562] Grundlegend im Falle der Vollstreckung eines sittenwidrigen Ratenkreditvertrags BGHZ 101, 380 ff., insb. 383 ff. = NJW 1987, 3256. Vgl. dazu auch BGHZ 103, 44 ff. = NJW 1988, 971, der eine Anwendung von § 826 BGB ablehnt, wenn die Fallgruppe keine typischen Merkmale der Sittenwidrigkeit aufweist und kein besonderes Schutzbedürfnis des nicht in Anspruch genommenen besteht. Ausführlich zum Themenkomplex auch Stein/Jonas/Leipold, § 322 Rdnr. 276 ff; Musielak/Voit, § 700 Rdnr. 7.

4. Abschnitt Das Rechtsmittelrecht

A. Das deutsche Rechtsmittelrecht

I. Zur Einführung

Mit der Zivilprozessreform 2001[563] wurde das Rechtsmittelrecht der ZPO grundlegend umgestaltet. So liegt der größte Unterschied zum früher geltenden Prozessrecht im Rechtsmittelrecht[564]. Ziel war es – neben dem Bestreben, den Rechtsmittelzugang zu erleichtern[565] – unter anderem auch, die Rechtsmittelverfahren zu beschleunigen[566]. Insbesondere auf der Ebene des Berufungsverfahrens erwartet der Gesetzgeber erhebliche Effizienzsteigerungen und Zeiteinsparungen[567]. Aber auch der Umbau der übrigen Rechtsmittel und die Einführung der Gehörsrüge nach § 321 a ZPO verfolgen zu großen Teilen prozessökonomische Zwecke[568].

Im Folgenden soll unter II. ein kurzer Überblick über die Rechtsmittel im deutschen Zivilprozess gegeben werden. Hierbei werden auch das reformierte Beschwerderecht und die neu eingeführten Rüge nach § 321 a ZPO wegen Verletzung des Anspruchs auf rechtliches Gehör grob umrissen werden. Sodann erfolgt unter III. eine Darstellung der Grundzüge des reformierten Berufungsrechts, ehe unter IV. auf das neue Revisionsrecht eingegangen wird.

II. Überblick über die Rechtsmittel im deutschen Zivilprozess

1. Die deutsche Gerichtsverfassung

Die deutsche Gerichtsverfassung ist innerhalb der ordentlichen Gerichtsbarkeit durch einen vierstufigen Gerichtsaufbau gekennzeichnet.

a. Das Amtsgericht

Das Amtsgericht ist in der Regel Eingangsgericht, wenn der Streitwert nicht mehr als 5000 € beträgt, vgl. §§ 23 Nr. 1, 71 Abs. 2 GVG. Ohne Rücksicht auf den Wert des Streitgegenstandes entscheidet das Amtsgericht über Streitigkeiten in Wohnraummietsachen (§ 23 Nr. 2 a GVG) und den anderen in § 23 Nr. 2 b

---

[563] Gesetz zur Reform des Zivilprozesses (Zivilprozessreformgesetz – ZPO-RG) vom 27.7.2001, BGBl. I, S. 1887.
[564] Schnauder, JuS 2002, 68, 69.
[565] Begründung des Regierungsentwurfs, Bundestags-Drucksache 14/4722, S. 59.
[566] Begründung des Regierungsentwurfs, Bundestags-Drucksache 14/4722, S. 58.
[567] Schnauder, aaO, 69.
[568] So für das Revisionsrecht Klicka, ZZPInt 7 (2002), 179, 180.

bis h GVG genannten Materien. Nach § 23 a und b GVG befindet es ferner über Kindschaftssachen sowie über bestimmte dort genannte gesetzliche Unterhaltspflichten und Familiensachen[569]. Spruchkörper des Amtsgerichts ist nach § 22 Abs. 1 und 4 GVG ein Einzelrichter.

b. Das Landgericht

Das Landgericht ist als Eingangsinstanz tätig, wenn die betreffende Streitigkeit nicht den Amtsgerichten zugewiesen ist, § 71 Abs. 1 GVG. Dies ist vor allem der Fall, wenn es sich um Streitigkeiten handelt, deren Wert mehr als 5000 € beträgt, vgl. §§ 23 Nr. 1, 71 Abs. 1 GVG. Daneben ist es gemäß § 71 Abs. 2 Nr. 2 GVG ohne Rücksicht auf den Wert des Streitgegenstandes erstinstanzlich für Ansprüche zuständig, die gegen Richter und Beamte wegen Amtspflichtverletzungen erhoben werden. Wird das Landgericht in erster Instanz tätig, entscheidet es nach § 348 ZPO in der Regel durch eines der Mitglieder einer Kammer als Einzelrichter. Dies gilt nicht, wenn eine personenbezogene Ausnahme nach § 348 Abs. 1 S. 2 Nr. 1 ZPO oder eine streitstoffbezogene Ausnahme nach dem Geschäftsverteilungsplan nach § 348 Abs. 1 S. 2 Nr. 2 ZPO vorliegt[570].
In zweiter Instanz wird das Landgericht bei Berufungen gegen die Urteile des Amtsgerichts tätig, s. § 72 GVG. In diesem Fall entscheidet grundsätzlich die Kammer in der Besetzung mit 3 Richtern, vgl. §§ 60, 75 GVG. Die Sache kann aber nach § 526 ZPO unter den dort genannten Bedingungen auch auf einen Einzelrichter zur Entscheidung übertragen werden („Entscheidender Richter") oder nach § 527 ZPO einem der Mitglieder der Kammer zur Vorbereitung der Entscheidung zugewiesen werden („Vorbereitender Richter")[571].

c. Das Oberlandesgericht

Das Oberlandesgericht ist ein reines Rechtsmittelgericht. Gemäß § 119 GVG ist es u.a. zuständig für Berufungen gegen erstinstanzliche Urteile des Landgerichts sowie des Amtsgerichts in Kindschafts- und Familiensachen. In der Regel entscheidet es nach §§ 116 Abs. 1 S. 1, 122 Abs. 1 GVG durch Senate in der Besetzung von drei Richtern. Wird das Oberlandesgericht als Berufungsgericht tätig, ist aber auch hier entsprechend den Regeln, die für das landgerichtliche Berufungsverfahren dargestellt wurden, die Übertragung des Rechtsstreits auf einen entscheidenden oder vorbereitenden Einzelrichter möglich[572].

---

569 Vgl. näher zu den einzelnen Fallgruppen Kissel, § 23 a Rdnr. 2 ff. und § 23 b Rdnr. 34 ff.
570 Näher dazu Schilken, Gerichtsverfassungsrecht, Rdnr. 349.
571 Näher dazu Schilken, aaO, Rdnr. 351.
572 §§ 526 und 527 ZPO gelten sowohl für das Berufungsverfahren vor dem Landgericht als auch vor dem Oberlandesgericht, vgl. Zöller/Gummer, § 527 Rdnr. 2; Schilken, aaO, Rdnr. 351.

d. Der Bundesgerichtshof

Der Bundesgerichtshof mit Sitz in Karlsruhe (§ 123 GVG) ist das höchste Gericht in Zivilsachen. Im Gegensatz zu den zuvor genannten Gerichten ist es nicht ein Gericht der Länder, sondern des Bundes. Er ist ebenfalls reines Rechtsmittelgericht. Der Bundesgerichtshof entscheidet u.a. über die Revisionen, die gegen die Berufungsurteile der Landgerichte und Oberlandesgerichte möglich sind sowie über die Sprungrevisionen, vgl. § 133 GVG. Spruchkörper sind nach §§ 130 Abs. 1 S. 1, 139 Abs. 1 GVG Senate, die mit fünf Richtern besetzt sind[573].

2. Der Instanzenzug in Zivilsachen

a. Bei Endurteilen des Amtsgerichts

Gegen die Endurteile des Amtsgerichts findet grundsätzlich die Berufung zum Landgericht statt, vgl. §§ 511 Abs. 1 ZPO, 72 GVG. Ausnahmsweise ist bei der Berufung gegen Urteile des Amtsgerichts als Familiengericht (vgl. §§ 23 a, 23 b GVG) das Oberlandesgericht zuständig, § 119 Abs. 1 Nr. 1 a GVG[574]. Unter bestimmten Voraussetzungen ist gegen die Endurteile des Amtsgerichts gemäß § 566 ZPO auch eine Sprungrevision zum Bundesgerichtshof (§ 133 GVG) möglich[575]. Gegen die Berufungsurteile des Landgerichts bzw. Oberlandesgerichts findet die Revision zum Bundesgerichtshof statt, §§ 542 ZPO, 133 GVG[576].

b. Bei erstinstanzlichen Endurteilen des Landgerichts

Gegen die erstinstanzlichen Urteile des Landgerichts ist die Berufung zum Oberlandesgericht statthaft, §§ 511 Abs. 1 ZPO, 119 Abs. 1 Nr. 2 GVG. Unter den in § 566 ZPO genannten Bedingungen kann mittels der Sprungrevision auch der direkte Weg zum Bundesgerichtshof eingeschlagen werden. Das Berufungsurteil des Oberlandesgerichts kann mit der Revision zum Bundesgerichtshof angefochten werden, §§ 542, 133 GVG.

---

[573] Näher dazu Schilken, aaO, Rdnr. 357.

[574] Eine Zuständigkeit des Oberlandesgerichts besteht auch dann, wenn eine Partei ihren Wohnsitz im Ausland hat oder die amtsgerichtliche Entscheidung auf ausländisches Recht gestützt wurde, s. § 119 Abs. 1 Nr. 1 b und c GVG. Zur Experimentierklausel des § 119 Abs. 3 und 4 GVG siehe S. 265.

[575] Nach bisherigem Recht (vgl. § 566 a Abs. 1 ZPO a.F.) war die Sprungrevision nur gegen die im ersten Rechtszug erlassenen Endurteile der *Landgerichte* statthaft.

[576] Bisher war die Revision nur gegen die in der Berufungsinstanz von den *Oberlandesgerichten* erlassenen Endurteile statthaft, s. § 545 Abs. 1 ZPO a.F.

c. Das Beschwerdeverfahren

Durch die ZPO-Reform wurde das Beschwerderecht neu konzipiert, vereinfacht und zum Zwecke der Verfahrensbeschleunigung gestrafft[577]. Die Unterscheidung zwischen der unbefristeten einfachen Beschwerde und der befristeten sofortigen Beschwerde wurde aufgegeben. Das neue Recht stellt nunmehr die sofortige Beschwerde und die Rechtsbeschwerde zur Verfügung, vgl. §§ 567 und 574 ZPO.

aa. Sofortige Beschwerde

Die Beschwerde ist das statthafte Rechtsmittel gegen erstinstanzliche Entscheidungen des Amts- und Landgerichts, die nicht den Streitgegenstand betreffen und überwiegend in der Form des Beschlusses oder der Verfügung ergangen sind[578]. Sie ist nach neuem Recht zum Zwecke der Vereinfachung und Beschleunigung des Verfahrens stets befristet[579], vgl. § 569 Abs. 1 ZPO.
Der Beschwerderechtszug wurde dem der anderen Rechtsmittel angeglichen. Beschwerdegericht ist damit gegen die Entscheidungen des Amtsgerichts das Landgericht (§ 72 GVG), gegen die Entscheidungen des Familiengerichts und des Landgerichts das Oberlandesgericht (§ 119 Abs. 1 GVG). Nach § 569 Abs. 1 S. 1 ZPO kann die Beschwerde sowohl beim Gericht, dessen Entscheidungen angefochten wird, als auch beim Beschwerdegericht eingelegt werden. Diese Regelung ist unter dem Aspekt der Verfahrensbeschleunigung problematisch, da nach neuem Recht zunächst eine Abhilfeprüfung durch das Ausgangsgericht vorzunehmen ist, vgl. § 572 Abs. 1 S. 1 ZPO[580]. Wird die Beschwerde beim Beschwerdegericht eingelegt, werden dem Beschwerdegericht die Akten des Ausgangsgerichts vorgelegt, um sodann von diesem zum Zwecke der Durchführung des Abhilfeverfahrens an das Ausgangsgericht zurückgesandt zu werden[581]. Diese Vorgehensweise führt zu einer erheblichen Verfahrensverzögerung und konterkariert die Absicht des Gesetzgebers, durch die Möglichkeit der Selbstkorrektur die Fehlerbeseitigung zu vereinfachen und zu beschleunigen. Aus diesem

---

[577] So Begründung des Regierungsentwurfs, Bundestags-Drucksache 14/4722, S. 68.

[578] Lüke, Rdnr. 421 a. Konkret sind dies Entscheidungen, gegen die die Beschwerde ausdrücklich vorgesehen ist (§ 567 Abs. 1 Nr. 1, z.B. im Fall des § 91 a Abs. 2) oder die eine mündliche Verhandlung nicht erfordern, wenn durch sie ein das Verfahren betreffendes Gesuch zurückgewiesen worden ist (§ 567 Abs. 1 Nr. 2). Außerdem findet die Beschwerde gegen Zwischenurteile statt, soweit sie Dritte betreffen (z.B. § 387 Abs. 3 – Zwischenstreit über Zeugnisverweigerung).

[579] Vgl. Bundestags-Drucksache 14/4722, S. 68.

[580] Die herrschende Meinung nimmt an, dass das Abhilfeverfahren stets durchzuführen ist, vgl. OLG Stuttgart, MDR 2003, 110 f; Schneider, MDR 2003, 253; Zöller/Gummer, § 572 Rdnr. 1 und 4. Anderer Auffassung ist das OLG Frankfurt, MDR 2002, 1391, das auf eine Übersendung der Akten an das Ausgangsgericht verzichtet hatte, weil das Abhilfeverfahren zu keinem anderen Ergebnis „hätte führen dürfen". Dem zustimmend Gehrlein, MDR 2003, 547, 552.

[581] So der Entwurf zum Justizbeschleunigungsgesetz, BT-Drucksache 15/999, S. 12.

Grund schlägt der Entwurf eines Justizbeschleunigungsgesetzes vor, dass die sofortige Beschwerde immer beim Ausgangsgericht eingelegt werden muss[582].

bb. Rechtsbeschwerde

Gegen die Beschwerdeentscheidung des Landgerichts bzw. Oberlandesgerichts ist nunmehr die Rechtsbeschwerde statthaft, § 574 Abs. 1 Nr. 2 ZPO. Sie führt damit der Revision entsprechend in die dritte Instanz. Weiterhin ist die Rechtsbeschwerde in einigen im Gesetz genannten Sonderfällen möglich, s. § 574 Abs. 1 Nr. 1 ZPO[583]. Die an sich statthafte Rechtsbeschwerde ist gemäß § 574 Abs. 2 und 3 ZPO allerdings nur zulässig, wenn die Rechtssache grundsätzliche Bedeutung hat oder die Fortbildung des Rechts oder die Sicherung einer einheitlichen Rechtsprechung eine Entscheidung des Rechtsbeschwerdegerichts erfordert[584]. Bei der Rechtsbeschwerde nach § 574 Abs. Nr. 1 entscheidet das Beschwerdegericht über diese Kriterien, bei der Rechtsbeschwerde nach § 574 Abs. 1 Nr. 2 das zulassende Gericht der Vorinstanz[585]. Rechtsbeschwerdegericht ist nach § 133 GVG stets der Bundesgerichtshof. Diese Regelung hat zu einer äußerst hohen Belastung des BGH mit Beschwerdeverfahren geführt[586]. Aus diesem Grund wird vorgeschlagen, für die beim Amtsgericht beginnenden Verfahren die Oberlandesgerichte als Beschwerdegerichte zu bestimmen[587]. Eine Abhilfe durch den iudex a quo ist bei der Rechtsbeschwerde im Gegensatz zur sofortigen Beschwerde nicht möglich[588].

d. Die Gehörsrüge nach § 321 a ZPO

Die Gehörsrüge wurde durch das ZPO-Reformgesetz neu in die Zivilprozessordnung eingefügt[589]. Sie ist mangels eines Devolutiveffektes kein Rechtsmittel und damit auch nicht Teil des zuvor geschilderten Instanzenzugs[590]. Gleichwohl stellt sie nunmehr einen wichtigen Teil im Rechtsbehelfsystem der ZPO dar. Die Gehörsrüge ermöglicht erstmals die Selbstkorrektur des Gerichts bei unanfechtbaren Urteilen, wenn der Anspruch auf rechtliches Gehör (Art. 103 Abs. 1 GG)

---

[582] BT-Drucksache 15/999, S. 13.

[583] Beispielsweise gegen den Beschluss über die Verwerfung einer Berufung, vgl. § 522 Abs. 1 S. 4 ZPO.

[584] Die Zulassungskriterien bei der Rechtsbeschwerde sind dieselben wie bei der Revision. Siehe näher zu diesen Kriterien im Kapitel über die Revision S. 274.

[585] Vgl. dazu Zöller/Gummer, § 574 Rdnr. 6.

[586] Siehe hierzu FAZ vom 28.1.2003: Die Zahl der Beschwerden zum BGH sei im Jahr 2002 um 72,1 % gestiegen.

[587] So der Entwurf eines Justizbeschleunigungsgesetzes, BT-Drucksache 15/999, S. 20; ebenso Kreft, ZRP 2003, 77 f.

[588] Schilken, Rdnr. 972.

[589] Ausführlich zur Einführung der Gehörsrüge in den Zivilprozess Vollkommer in: Festschrift für Schumann, S. 507 ff.

[590] Schilken, Rdnr. 605.

verletzt wurde[591]. Damit verfolgt sie auch einen prozessökonomischen Aspekt, da Verfahrensfehler „instanzintern einfacher und ökonomischer behoben werden können"[592]. Nach § 321 a Abs. 1 ZPO ist die Gehörsrüge gegen erstinstanzliche Urteile statthaft, wenn eine Berufung nicht zulässig ist (weil die Berufungssumme von über 600 € nicht erreicht ist und das Gericht des ersten Rechtszugs die Berufung auch nicht zugelassen hat) und der Anspruch auf rechtliches Gehör in entscheidungserheblicher Weise verletzt wurde.

Nach bisheriger Gesetzeslage war in solchen Fällen bei einer Verletzung des rechtlichen Gehörs lediglich die Verfassungsbeschwerde gemäß Art. 93 Abs. 1 Nr. 4 a GG; §§ 13 Nr. 8 a, 90 ff. BVerfGG statthaft[593]. Ausnahmsweise wurde bei greifbarer Gesetzeswidrigkeit zwar auch die Zulässigkeit einer außerordentlichen Beschwerde bejaht. Sie sollte möglich sein, wenn ein nach gesetzlichen Vorschriften unanfechtbarer Beschluss (nicht also ein Urteil) jeder gesetzlichen Grundlage entbehrte und inhaltlich dem Gesetz fremd war[594]. Hiervon erfasst waren nach allerdings umstrittener Auffassung auch Fälle, in denen das rechtliche Gehör verletzt wurde[595]. Der Bundesgerichtshof hat nun aber im Hinblick auf die Neuregelung des Beschwerderechts die Zulässigkeit einer außerordentlichen Beschwerde bei greifbarer Gesetzeswidrigkeit und bei Verletzung von Verfahrensgrundrechten verneint[596]. Da der Gesetzgeber die Problematik der Verletzung von Verfahrensgrundrechten gesehen, sie im Rahmen des Beschwerderechts aber nicht ausdrücklich geregelt habe, fehle es insoweit an einer für eine Analogiebildung planwidrigen Regelungslücke. Folglich kann der BGH gegen Beschlüsse der Beschwerdegerichte nur noch und ausschließlich in den Fällen des § 574 Abs. 1 ZPO angerufen werden[597].

Das Bundesverfassungsgericht entschied in diesem Zusammenhang jüngst, dass eine Verfahrensordnung eine fachgerichtliche Abhilfemöglichkeit für den Fall vorsehen muss, dass ein Gericht in entscheidungserheblicher Weise den Anspruch auf rechtliches Gehör verletzt und dass die von der Rechtsprechung außerhalb des geschriebenen Rechts geschaffenen außerordentlichen Rechtsbehelfe den verfassungsrechtlichen Anforderungen an die Rechtsmittelklarheit nicht

---

591 Begründung des Regierungsentwurfs, Bundestags-Drucksache 14/4722, S. 63.

592 Begründung des Regierungsentwurfs, aaO, S. 63. Siehe dazu auch das BVerfG, NJW 2003, 1924, 1926, das ausführt, dass es dem Rechtsstaatsprinzip entspricht, Gehörsverstöße möglichst sach- und zeitnah durch die Fachgerichte zu beheben.

593 Begründung des Regierungsentwurfs, aaO, S. 63.

594 BGHZ 109, 41, 43 mit weiteren Nachweisen.

595 Dazu BGH, aaO, 44.

596 BGH NJW 2002, 1577 ff.; zustimmend Lipp, NJW 2002, 1700 ff.

597 Nach dem BGH kommt weiterhin bei Verletzung eines Verfahrensgrundrechts oder bei Fällen greifbarer Gesetzeswidrigkeit eine Gegenvorstellung beim Ausgangsgericht in Betracht. Hiergegen Voßkuhle, NJW 2003, 2193, 2198, der die Verfassungsmäßigkeit der Gegenvorstellung im Anschluss an BVerfG NJW 2003, 1924 ff. verneint. Möglich ist aber jedenfalls eine Verfassungsbeschwerde zum BVerfG, vgl. dazu BGH, aaO, 1577.

genügen[598]. Gleichzeitig setzte es dem Gesetzgeber eine Frist bis zum 31.12.2004, um die Rechtsschutzdefizite zu schließen, die sich aus dem Fehlen von gesetzlich geregelten Rechtsbehelfen bei Gehörsverletzungen ergeben[599]. Diesen Anforderungen wird auch der neue § 321 a ZPO nicht gerecht. Zunächst findet er seinem Wortlaut nach nur auf Urteile, nicht aber auf Beschlüsse Anwendung[600]. Weiterhin erfasst er lediglich Urteile der ersten Instanz, so dass beispielsweise gegen unanfechtbare Berufungsentscheidungen keine Gehörsrüge möglich ist[601]. Eine weitere, mit dem Urteil des BVerfG allerdings nicht kollidierende Einengung des Anwendungsbereichs ergibt sich daraus, dass § 321 a ZPO nur Verletzungen des rechtlichen Gehörs im Blick hat und damit andere Verfahrensgrundrechte wie das Recht auf ein faires Verfahren nicht umfasst sind[602]. Die Versuche, diesen Defiziten mittels einer Analogie oder einer erweiterten Auslegung des § 321 a ZPO zu begegnen[603], sind abzulehnen. Insbesondere ist es äußerst fraglich, ob derartige Interpretationen der vom BVerfG geforderten Rechtsmittelklarheit genügen. Nach ihm müssen die Rechtsbehelfe nicht nur in der geschriebenen Rechtsordnung geregelt, sondern auch in ihren Voraussetzungen für den Bürger erkennbar sein[604].

III. Die Berufung

1. Allgemeines

Durch das ZPO-Reformgesetz wurde das Berufungsrecht in weiten Teilen umgestaltet. Nach dem bisherigen Recht war die Berufung eine volle zweite Tatsacheninstanz, in der eine umfassende Neuverhandlung des Rechtsstreits vorgenommen werden konnte[605]. Dieser Zustand wurde vom Gesetzgeber als unöko-

---

[598] BVerfG, NJW 2003, 1924, 1928 = MDR 2003, 886, 887 mit Anm. Gravenhorst = JZ 2003, 791, 794. Auf die verfassungsmäßige Herleitung dieses Ergebnisses kann vorliegend nicht näher eingegangen werden. Vgl. hierzu ausführlich Voßkuhle, NJW 2003, 2193 ff.

[599] BVerfG, NJW 2003, 1924, 1929.

[600] Teilweise wird aber auch eine Anwendung auf Beschlüsse vorgeschlagen, vgl. Zöller/Gummer, 23. Aufl., § 567 Rdnr. 18 a; Thomas/Putzo/Reichold, § 321 a Rdnr. 18.

[601] Diese Auffassung ist allerdings umstritten. Wie im Text OLG Oldenburg NJW 2003, 149; OLG Celle (11. Zivilsenat) vom 4. September 2003, Az. 11 U 286/02; OLG Stuttgart vom 18. Februar 2003, Az. 9 U 116/02; OLG Bamberg vom 16. Januar 2003, Az. 3 U 144/02; OLG Rostock, NJW 2003, 2105 f. Für eine Anwendung des § 321 a ZPO über das erstinstanzliche Verfahren hinaus OLG Celle (13. Zivilsenat), NJW 2003, 906 f.; OLG Celle (2. Zivilsenat), MDR 2003, 1311 f; Thomas/Putzo/Reichold, § 321 a Rdnr. 18; Rimmelspacher, JZ 2003, 797, 798 f.; Hans-Friedrich Müller, NJW 2002, 2743, 2745 f.

[602] Anderer Auffassung allerdings Musielak/Musielak, § 321 a Rdnr. 4 (der Begriff des rechtlichen Gehörs sei weit auszulegen).

[603] Siehe hierzu die vorhergehenden Fußnoten.

[604] BVerfG NJW 2003, 1924, 1928.

[605] Musielak, Rdnr. 510.

nomisch und rechtsstaatlich nicht geboten angesehen[606]. Nunmehr soll die Berufung nur noch Kontrollinstanz sein, in der die korrekte Anwendung des materiellen Rechts und die Richtigkeit und Vollständigkeit der getroffenen tatsächlichen Feststellungen überprüft werden[607]. In diesem Sinne bestimmt § 529 Abs. 1 Nr. 1 ZPO n.F., dass das Berufungsgericht an die vom Gericht des ersten Rechtszugs festgestellten Tatsachen grundsätzlich gebunden ist. Auf diese Weise versucht der Gesetzgeber, eine Zeitersparnis im Berufungsverfahren zu erreichen[608].

2. Statthaftigkeit der Berufung

Nach § 511 Abs. 1 ZPO ist die Berufung gegen die im ersten Rechtszug erlassenen Endurteile statthaft. Sie ist nach der Neuregelung durch das ZPO-Reformgesetz zulässig, wenn entweder der Wert des Beschwerdegegenstandes 600 € übersteigt (§ 511 Abs. 2 Nr. 1) oder das Gericht des ersten Rechtszuges die Berufung im Urteil zugelassen hat (§ 511 Abs. 2 Nr. 2). Das Gericht lässt die Berufung gemäß § 511 Abs. 4 S. 1 ZPO zu, wenn die Rechtssache grundsätzliche Bedeutung hat oder die Fortbildung des Rechts oder die Sicherung einer einheitlichen Rechtsprechung eine Entscheidung des Berufungsgerichts erfordert. Das Berufungsgericht ist an die Zulassung gebunden, § 511 Abs. 4 S. 2 ZPO. Die Nichtzulassung oder Zulassung der Berufung durch das Gericht der ersten Instanz ist einer Anfechtung entzogen[609].

3. Einlegung der Berufung und Zuständigkeit

Die Berufung muss gemäß § 519 Abs. 1 ZPO durch Einreichung einer Berufungsschrift beim Berufungsgericht, dem iudex ad quem, eingelegt werden. In der Regel entscheidet das nächsthöhere Gericht als Berufungsgericht, also bei amtsgerichtlichen Urteilen das Landgericht, bei landgerichtlichen Urteilen das Oberlandesgericht[610]. Die ursprüngliche Absicht des Gesetzgebers, alle Berufungsverfahren beim Oberlandesgericht zu konzentrieren[611], wurde nicht in den endgültigen Gesetzestext aufgenommen[612]. Von den ursprünglichen Plänen des Gesetzgebers blieb die so genannte Experimentierklausel des § 119 Abs. 3 GVG übrig. Danach kann der Landesgesetzgeber per Gesetz bestimmen, dass gegen alle amtsgerichtlichen Entscheidungen Berufung zum Oberlandesgericht einge-

---

606 Begründung des Regierungsentwurfs, Bundestags-Drucksache 14/4722, S. 64.
607 Begründung des Regierungsentwurfs, aaO, S. 64.
608 Lüke, Rdnr. 393 a; ähnlich MünchKommZPO-Rimmelspacher, § 529 Rdnr. 2.
609 Schnauder, JuS 2002, 68, 72; Thomas/Putzo/Reichold, § 511 Rdnr. 24.
610 Siehe dazu bereits S. 260 ff.
611 Begründung des Regierungsentwurfs, Bundestags-Drucksache 14/4722, S. 64.
612 Zum einen wurde eine kaum finanzierbare Erhöhung der Arbeitslast der Oberlandesgerichte um 150 % befürchtet, zum anderen wurde die teilweise große räumliche Entfernung zum nächstgelegenen OLG angeführt, vgl. Lüke, Rdnr. 394.

legt werden muss. Bisher hat allerdings noch kein Bundesland von dieser Ermächtigung Gebrauch gemacht[613].
Nach § 517 Abs. 1 ZPO muss die Berufung in der Regel innerhalb einer Frist von einem Monat, gerechnet ab der Zustellung des in vollständiger Form abgefassten Urteils, eingelegt werden. Innerhalb einer Frist von zwei Monaten ab Zustellung des Urteils muss die Berufung begründet werden, § 520 Abs. 2 S. 1 ZPO. § 520 Abs. 2 S. 2 ZPO ermöglicht es dem Vorsitzenden, auf Antrag einer Partei die Frist zur Berufungsbegründung zu verlängern, wenn der Gegner einwilligt; tut er dies nicht, ist eine Verlängerung um maximal einen Monat zulässig, s. § 520 Abs. 2 S. 3 ZPO. Den notwendigen Inhalt der Berufungsschrift regelt § 520 Abs. 3 S. 2[614]. Insbesondere an den Nummern 2 (Bezeichnung der Umstände, aus denen sich die entscheidungserhebliche Rechtsverletzung ergibt) und 3 (Bezeichnung der Umstände, die Zweifel an der Richtigkeit oder Vollständigkeit der Tatsachenfeststellungen begründen) zeigt sich, dass die Berufung durch das ZPO-Reformgesetz zu einem Instrument der Fehlerkontrolle umgestaltet wurde.

4. Zustellung

Die Berufungsschrift und die Berufungsbegründung werden der Gegenpartei zugestellt, s. § 521 Abs. 1 ZPO. Der Gegenpartei kann dabei gemäß § 521 Abs. 2 ZPO eine Frist zur schriftlichen Berufungserwiderung, dem Berufungskläger eine Frist zur schriftlichen Stellungnahme auf die Berufungserwiderung entsprechend den Regeln im schriftlichen Vorverfahren nach § 277 ZPO gesetzt werden.

5. Verwerfung und Zurückweisungsbeschluss

a. Verwerfung

Nach § 522 Abs. 1 ZPO prüft das Berufungsgericht von Amts wegen die Zulässigkeit der Berufung. Ist die Berufung nicht statthaft oder mangelt es an der gesetzlichen Form, Frist oder Begründung, ist sie als unzulässig zu verwerfen. Bei durchgeführter mündlicher Verhandlung erfolgt die Verwerfung durch Endurteil, gegen das die Revision nach den allgemeinen Regeln statthaft ist[615]. Wurde keine mündliche Verhandlung durchgeführt, ist ein Beschluss zu erlassen, vgl. § 522 Abs. 1 S. 3 ZPO. Nach § 522 Abs. 1 S. 4 ZPO findet gegen diesen Beschluss die Rechtsbeschwerde statt[616].

---

613 Schilken, Gerichtsverfassungsrecht (2003), Rdnr. 334.
614 Vgl. zu den Anforderungen an eine ordnungsgemäße Berufungsbegründung auch BGH, MDR 2003, 1192 f.
615 Thomas/Putzo/Reichold, § 522 Rdnr. 5, 10, 9.
616 Siehe zur Rechtsbeschwerde bereits S. 261.

b. Zurückweisungsbeschluss

Nach den Änderungen durch das ZPO-Reformgesetz sind „substanzlose“ Berufungen per Beschluss (als unbegründet) zurückzuweisen. Damit sollen offenbar aussichtslose Berufungen schnell und ohne den unnötigen Zeitaufwand einer mündlichen Verhandlung und einer doppelten Aktenbearbeitung erledigt werden[617]. Der Gesetzgeber erhofft sich durch die neue Regelung eine erhebliche Entlastung der Berufungsinstanz[618]. Um dieses Ziel zu erreichen, ist die Zurückweisung durch Beschluss zwingend, wenn die sogleich geschilderten Voraussetzungen dafür gegeben sind[619]; das Gericht kann in diesem Fall also nicht nach seiner Wahl eine mündliche Verhandlung ansetzen.

Nach § 522 Abs. 2 S. 1 ZPO weist das Berufungsgericht die Berufung durch einstimmigen Beschluss unverzüglich zurück, wenn es davon überzeugt ist, dass die Berufung keine Aussicht auf Erfolg hat[620], die Rechtssache keine grundsätzliche Bedeutung aufweist und die Fortbildung des Rechts oder die Sicherung einer einheitlichen Rechtsprechung eine Entscheidung des Berufungsgerichts nicht erfordert[621]. Das Berufungsgericht hat die Parteien allerdings von der beabsichtigen Zurückweisung und den Gründen hierfür zu unterrichten und dem Berufungsführer binnen einer zu bestimmenden Frist Gelegenheit zur Stellungnahme zu geben, § 522 Abs. 2 S. 2 ZPO. Der Zurückweisungsbeschluss ist im Gegensatz zum Verwerfungsbeschluss nach § 522 Abs. 1 nicht anfechtbar, § 522 Abs. 3 ZPO[622].

Die Praxis beurteilt die neu eingeführte Regelung des § 522 Abs. 2 ZPO unterschiedlich. Ein Teil zweifelt an ihrer Entlastungs- und Beschleunigungswirkung. Insbesondere die in § 522 Abs. 2 S. 2 ZPO vorgeschriebene Vorgehensweise wird als zeitraubend und umständlich angesehen[623]. Ein anderer Teil bewertet

---

[617] Begründung des Regierungsentwurfs, Bundestags-Drucksache 14/4722, S. 64 und 159.

[618] Schnauder, JuS 2002, 162, 163.

[619] Bundestags-Drucksache 14/4722, S. 159; Thomas/Putzo/Reichhold, § 522 Rdnr. 13; Gehrlein, MDR 2003, 421, 429. A.A. Zöller/Gummer, § 522 Rdnr. 31.

[620] Nach OLG Celle, NJW 2002, 2400, 2401 ist dafür nicht erforderlich, dass die fehlende Erfolgsaussicht besonders deutlich ins Auge springt.

[621] Die Frage, ob eine teilweise Zurückweisung per Beschluss möglich ist, ist strittig. Nach den Worten des Gesetzgebers (Bundestags-Drucksache 14/4722, S. 97) wird bewusst davon abgesehen, eine Teilzurückweisung zuzulassen. Die Möglichkeit einer Teilzurückweisung wird dem folgend von Hannich/Meyer-Seitz/Engers, ZPO-Reform, S. 330, abgelehnt. Das OLG Rostock, NJW 2003, 2754, 2755, will eine Teilzurückweisung bei Vorliegen der Voraussetzungen des § 301 ZPO unter Hinweis auf den Normzweck jedoch zulassen. Im gleichen Sinne Zöller/Gummer, § 522 Rdnr. 41.

[622] Kritisch hierzu Schneider, MDR 2003, 901, 903. Es verstoße gegen das Willkürverbot, gegen verfahrensrechtlich stärker abgesicherte Entscheidungen ein Beschwerderecht einzuräumen, nicht hingegen gegen den ohne mündliche Verhandlung ergehenden Beschluss des § 522 Abs. 2 ZPO.

[623] Fellner, MDR 2003, 69, allerdings auch mit dem Hinweis, dass § 522 Abs. 2 S. 2 ZPO aus rechtsstaatlichen Gründen erforderlich sei.

die neue Regelung als positiv und berichtet, dass sich dadurch etliche Verfahren in relativ kurzer Zeit abschließen ließen[624].

6. Entscheidendes Organ

Wenn die Berufung nicht durch einen Beschluss nach § 522 ZPO verworfen oder zurückgewiesen wird, entscheidet das Berufungsgericht über die Übertragung des Rechtsstreits auf den Einzelrichter, § 523 Abs. 1 ZPO. Der Gesetzgeber erwartet durch diese neu eingeführte Übertragungsmöglichkeit eine erhebliche Entlastung der Justiz[625]. § 526 Abs. 1 ZPO nennt die Voraussetzungen, unter denen das Berufungsgericht den Rechtsstreit durch unanfechtbaren (§ 526 Abs. 3) Beschluss einem seiner Mitglieder als Einzelrichter zur Entscheidung übertragen *kann*[626]: Die angefochtene Entscheidung muss von einem Einzelrichter erlassen worden sein, die Sache darf keine besonderen Schwierigkeiten rechtlicher oder tatsächlicher Art aufweisen und keine grundsätzliche Bedeutung haben sowie grundsätzlich nicht bereits im Haupttermin verhandelt worden sein. Eine Rückübertragung auf das Kollegium ist möglich, wenn sich die Prozesslage wesentlich ändert und sich daraus tatsächliche oder rechtliche Schwierigkeiten oder die grundsätzliche Bedeutung der Sache ergeben sowie wenn die Parteien dies übereinstimmend beantragen, § 526 Abs. 2 ZPO. Die Entscheidung über die Übernahme trifft das Berufungsgericht (nicht der Einzelrichter[627]) durch Beschluss, der einer Anfechtung entzogen ist[628]. Eine erneute Übertragung auf den Einzelrichter ist nach § 526 Abs. 2 S. 4 ZPO ausgeschlossen. Wenn keine Übertragung auf einen entscheidenden Einzelrichter erfolgt, kann die Sache gemäß § 527 Abs. 1 S. 1 ZPO auf einen vorbereitenden Einzelrichter übertragen werden[629]. Dieser hat die Sache so weit zu fördern, dass sie in einer mündlichen Verhandlung vor dem Berufungsgericht erledigt werden kann, § 527 Abs. 2 S. 1 ZPO. Insbesondere kann er Beweise erheben, wenn anzunehmen ist, dass das Berufungsgericht das Beweisergebnis auch ohne unmittelbaren Eindruck von der Beweisaufnahme sachgemäß zu würdigen vermag, s. § 527 Abs. 2 S. 2 ZPO. Gemäß § 527 Abs. 3 und 4 ZPO hat er aber auch gewisse Entscheidungsbefugnisse (z.B. bei Zurücknahme der Klage oder der Berufung).

---

[624] Siegel, MDR 2003, 481, 482.

[625] Bundestags-Drucksache 14/4722, S. 65. Das bisherige Recht sah in der Berufungsinstanz nur den vorbereitenden Einzelrichter vor, vgl. § 524 ZPO a.F.

[626] Der ursprüngliche Regierungsentwurf sah vor, dass eine Übertragung auf den Einzelrichter erfolgen *soll*, vgl. dazu BT-Drucksache 14/4722, S. 99. Der Bundesrat (BT-Drs. 14/4722, S. 151) wandte sich gegen die „faktische Beseitigung des Kollegiums in der Berufungsinstanz". Nach einer Empfehlung des Rechtsausschusses (BT-Drs. 14/6036, S. 123) wurde das Wort „soll" durch „kann" ersetzt, wodurch die Einzelrichterregelung nunmehr flexibler gehandhabt werden kann.

[627] Musielak/Ball, § 526 Rdnr. 8.

[628] Thomas/Putzo/Reichold, § 526 Rdnr. 14 (anders aber für den Fall, dass der Rückübertragung jegliche gesetzliche Grundlage fehlt).

[629] Die Regelung entspricht im Wesentlichen § 524 ZPO a.F.

7. Prüfungsumfang und Präklusion in der Berufungsinstanz

Nach der Entscheidung über die Übertragung auf einen Einzelrichter ist unverzüglich (§ 523 Abs. 1 ZPO) Termin zur mündlichen Verhandlung zu bestimmen. Der Termin kann frühestens zwei Wochen nach Zustellung der Berufungsklage stattfinden, § 523 Abs. 2, 274 Abs. 3 ZPO. Durch eine Begrenzung des Prüfungsumfangs und des Streitstoffs versucht die ZPO, die Berufungsverhandlung und damit das Berufungsverfahren insgesamt zu beschleunigen. Unabhängig von den gesetzlichen Begrenzungen bezieht sich die mündliche Berufungsverhandlung immer nur auf den durch die Berufungsanträge der Parteien begrenzten Streitstoff, vgl. § 528 ZPO.

a. Bindung an erstinstanzliche Feststellungen

Wie bereits ausgeführt, stellt die Berufung nunmehr keine vollständige zweite Tatsacheninstanz mehr dar, da das Berufungsgericht grundsätzlich an die erstinstanzlichen tatsächlichen Feststellungen gebunden ist[630]. Gemäß § 529 Abs. 1 Nr. 1 ZPO hat nämlich das Berufungsgericht in seiner Verhandlung und Entscheidung die vom Gericht des ersten Rechtszuges festgestellten Tatsachen zu Grunde zu legen, soweit nicht konkrete Anhaltspunkte Zweifel an der Richtigkeit oder Vollständigkeit der entscheidungserheblichen Feststellungen begründen und deshalb eine erneute Feststellung gebieten. Die Beurteilung, ob Zweifel bestehen, ist dabei nicht in das freie Ermessen des Berufungsgerichts gestellt[631]. Vielmehr bedarf es nach dem Willen des Gesetzgebers konkreter Anhaltspunkte (s. dazu auch § 520 Abs. 3 Nr. 3), die sich insbesondere aus einer Rechtsfehlerhaftigkeit des Zustandekommens der erstinstanzlichen Feststellungen ergeben können wie z.B. beim Übergehen von Beweisanträgen oder einer unzureichenden Beweiswürdigung[632]. Zweifel können aber auch auf Grund anderer Umstände vorliegen, beispielsweise wenn das Berufungsgericht die erstinstanzlichen

---

[630] Zu berücksichtigen ist in diesem Zusammenhang freilich, dass die Berufungsgerichte bereits in der Vergangenheit in den meisten Fällen die erstinstanzlichen tatsächlichen Feststellungen übernahmen und eine Wiederholung der Beweisaufnahme sehr zurückhaltend vornahmen. Ein Grund für diese Praxis lag nicht zuletzt in der ständigen Rechtsprechung des BGH. Danach war das Berufungsgericht zur erneuten Zeugenvernehmung verpflichtet, wenn es der Aussage eine andere Tragweite, ein anderes Gewicht oder eine vom Wortsinn abweichende Auslegung geben wollte oder die Aussage als zu vage oder präzisierungsbedürftig betrachtete, vgl. BGH NJW-RR 2002, 1649, 1650. Dieser Zwang, im Falle einer abweichenden Beweiswürdigung die Beweisaufnahme wiederholen zu müssen, führte häufig dazu, dass die Berufungsgerichte nur bei gravierenden Anhaltspunkten die Feststellungen des Erstgerichts in Zweifel zogen und zu einer eigenen Beweisaufnahme schritten, so Gehrlein, MDR 2003, 421, 427. Insofern ist der praktische Unterschied zwischen dem alten und neuen Regime wahrscheinlich nicht so groß, wie es die rechtstheoretische Betrachtung zunächst vermuten lässt. S. ähnlich auch Schnauder, JuS 2002, 68, 73.

[631] Bundestag-Drucksache 14/4722, S. 100.

[632] Bundestag-Drucksache 14/4722, S. 100.

Feststellungen wegen eigener gerichtskundiger Tatsachen für fraglich hält[633]. Dabei muss aus der Sicht des Berufungsgerichts eine gewisse – nicht notwendig überwiegende – Wahrscheinlichkeit dafür bestehen, dass im Falle der Beweiserhebung die erstinstanzliche Feststellung keinen Bestand haben wird[634]. Die Rechtsprechung hat allerdings die Frage, wann sie „konkrete Anhaltspunkte" für Zweifel an der Richtigkeit oder Vollständigkeit der Feststellungen annimmt, noch nicht eindeutig und endgültig beantwortet[635].

b. Präklusion

aa. Neben den bindenden tatsächlichen Feststellungen der ersten Instanz und den gegebenenfalls erneuten (eigenen) Feststellungen des Berufungsgerichts nach § 529 Abs. 1 Nr. 1 Halbsatz 2 darf das Gericht auch neue Tatsachen berücksichtigen, soweit dies nach dem Novenrecht des § 531 Abs. 2 ZPO zulässig ist. Die Möglichkeit, neue Angriffs- und Verteidigungsmittel vorzubringen, wurde aus Gründen der Prozessbeschleunigung allerdings erheblich eingeschränkt[636]. Nach § 531 Abs. 2 sind nur solche neuen Angriffs- und Verteidigungsmittel zuzulassen, die einen Gesichtspunkt betreffen, den das erstinstanzliche Gericht übersehen oder für unerheblich gehalten hat (Nr. 1), die infolge eines Verfahrensmangels im ersten Rechtszug nicht geltend gemacht wurden (Nr. 2) oder die im ersten Rechtszug nicht geltend gemacht worden sind, ohne dass dies auf einer Nachlässigkeit der Partei beruht (Nr. 3)[637]. Nachlässigkeit scheidet aus, wenn es sich um erst nach Schluss der mündlichen Verhandlung *entstandene* Tatsachen oder Beweismittel handelt[638]. Im Grundsatz gilt dies auch für erst nach Schluss der mündlichen Verhandlung *bekannt gewordene* Tatsachen und Beweismittel. Hier muss der Berufungsführer zur Vermeidung des Vorwurfs der Nachlässigkeit allerdings darlegen, warum er sich trotz entsprechender Anhaltspunkte nicht früher um Kenntnis bemüht hat[639]. Wie unstreitiges neues Vorbringen zu behandeln ist, wird nicht einheitlich beantwortet. Eine Auffassung geht dahin, dass

---

[633] Bundestag-Drucksache 14/4722, S. 100.

[634] Bericht des Rechtsausschusses des Deutschen Bundestages zum ZPO-RG, Bundestags-Drucksache 14/6036, S. 124.

[635] So Greger, NJW 2003, 2882 (die Berufungsgerichte und der BGH müssten noch für Klarheit sorgen). Das Bundesverfassungsgericht, NJW 2003, 2524 äußerte sich jüngst dahingehend, dass die bloße Möglichkeit der unterschiedlichen Bewertung eines Beweismittels zu einer neuen Beweisaufnahme verpflichtet. Kritisch dazu Greger, aaO, 2883, weil die Möglichkeit einer unterschiedlichen Beweiswertung so gut wie immer bestünde und damit die vom Gesetzgeber gewollte grundsätzliche Verbindlichkeit der von der ersten Instanz getroffenen Tatsachenfeststellungen obsolet sei.

[636] So Schilken, Rdnr. 906.

[637] Nachlässigkeit ist im Sinne von Fahrlässigkeit zu verstehen, vgl. Gehrlein, MDR 2003, 421, 428 mit Hinweis auf OLG Saarbrücken vom 25.9.2002 – 1 U 273/02-65, OLGReport Saarbrücken 2002, 453 f.

[638] Gehrlein, MDR 2003, 421, 426.

[639] Kammergericht, MDR 2003, 471, 472.

unstreitige neue Tatsachen in zweiter Instanz stets berücksichtigt werden müssen[640]. Eine andere Auffassung will unstreitiges neues Vorbringen nicht per se als berücksichtigungspflichtig behandeln[641]. Anders als nach § 528 Abs. 1 a.F. spielt die Frage des Eintritts einer Verzögerung keine Rolle[642].

bb. Die bereits im ersten Rechtszug ausgeschlossenen Angriffs- und Verteidigungsmittel bleiben auch in der Berufungsinstanz präkludiert, § 531 Abs. 1 ZPO. Das Berufungsgericht hat allerdings zu prüfen, ob die Präklusion zu Recht angeordnet wurde[643]. Erstinstanzliche Behauptungen, die im zweiten Rechtszug unstreitig werden, fallen nicht unter § 531 Abs. 1[644].

cc. Für die Fälle der Verspätung innerhalb der Berufungsinstanz gilt § 530 ZPO. Danach werden Angriffs- und Verteidigungsmittel, die entgegen §§ 520 (Berufungsbegründung) und 521 Abs. 2 (Berufungserwiderung und Stellungnahme auf Berufungserwiderung) nicht rechtzeitig vorgebracht werden, entsprechend der für das erstinstanzliche Verfahren geltenden Vorschrift des § 296 Abs. 1 und 4 ZPO behandelt[645].

dd. Verzichtbare Zulässigkeitsrügen[646] sind nur dann zuzulassen, wenn die Partei die Verspätung genügend entschuldigt, § 532 S. 1 ZPO.

ee. Um neuen Tatsachenstoff zu vermeiden, schränkt das Gesetz nunmehr auch die Möglichkeit der Erweiterung des Streitgegenstands durch Klageänderung, Aufrechnung und Widerklage ein[647]. Insbesondere sollen die soeben dargestellten scharfen Präklusionsregeln nicht durch eine Flucht in die Klageänderung, Widerklage oder Aufrechnung umgangen werden können[648]. In diesem Sinne bestimmt § 533 ZPO, dass die erwähnten Prozesshandlungen nur zulässig sind, wenn diese auf Tatsachen gestützt werden können, die das Berufungsgericht ohnehin nach § 529 ZPO zu berücksichtigen hat und der Gegner einwilligt oder das Gericht dies für sachdienlich hält. An dieser Regelung zeigt sich besonders

---

640 OLG Nürnberg (13. Zivilsenat), MDR 2003, 1133; Gehrlein, MDR 2003, 421, 428; Crückeberg, MDR 2003, 10, 11; Zöller/Gummer, § 531 Rdnr. 25.

641 OLG Oldenburg, MDR 2003, 48, 49; OLG Celle vom 8. Mai 2003, Az. 6 U 208/02; OLG Nürnberg (4. Zivilsenat) vom 16. Oktober 2002, Az. 4 U 1404/02; OLG Düsseldorf vom 14. Oktober 2003, Az. 23 U 222/02; OLG Hamm, NJW 2003, 2325, 2326 für den Fall, dass eine Nichtberücksichtigung zu einer offensichtlich unrichtigen Entscheidung führen würde.

642 OLG Oldenburg, MDR 2003, 48, 49; Rimmelspacher, Zivilprozessreform 2002, S. XXIII; Schilken, Rdnr. 909. Schneider, MDR 2003, 901, 904 hält dies für verfassungswidrig.

643 BGHZ 76, 133, 139; Thomas/Putzo/Reichold, § 531 Rdnr. 8.

644 OLG Hamm, NJW 2003, 2325; BGHZ 76, 133, 141; Zöller/Gummer/Heßler, § 531 Rdnr. 10; Baumbach/Albers, § 531 Rdnr. 3; Thomas/Putzo/Reichold, § 531 Rdnr. 9.

645 Siehe zur Präklusion in der ersten Instanz S. 208 ff.

646 Siehe zu den verzichtbaren Zulässigkeitsrügen bereits S. 214.

647 So Schnauder, JuS 2002, 162, 165.

648 Rimmelspacher, ZPO-Reform, S. XXIII.

deutlich, dass die Berufung als eine Kontrollinstanz, nicht aber als eine zweite Tatsacheninstanz fungieren soll[649].

8. Urteil des Berufungsgerichts

Aus Gründen der Verfahrensökonomie ist die Möglichkeit des Berufungsgerichts, die Sache an das erstinstanzliche Gericht zurückzuverweisen, erheblich eingeschränkt worden[650]. Nach § 538 Abs. 1 ZPO hat es grundsätzlich in der Sache selbst zu entscheiden. Nur beim Vorliegen einer der Voraussetzungen des § 538 Abs. 2 ZPO[651] darf das Gericht zurückverweisen, und dies auch nur dann, wenn eine Partei dies beantragt.
Auch die inhaltlichen Anforderungen an das Urteil wurden herabgesetzt. Anstelle von Tatbestand und Entscheidungsgründen genügt gemäß § 540 Abs. 1 ZPO eine Bezugnahme auf die erstinstanzlichen Feststellungen mit Darstellung etwaiger Änderungen oder Ergänzungen sowie eine kurze Begründung für die Abänderung, Aufhebung oder Bestätigung der angefochtenen Entscheidung. Dies soll dazu führen, dass viele Berufungsurteile sehr kurz abgefasst werden können[652].

IV. Die Revision

1. Allgemeines

Die Revision eröffnet den Parteien eine dritte Instanz, in der das angefochtene Urteil in rechtlicher Hinsicht nachgeprüft wird[653]. Das ZPO-Reformgesetz strukturierte die Revision grundlegend um[654]. Eine wesentliche Änderung liegt im Zugang zur Revision. Nach altem Recht war in Form des § 546 Abs. 1 ZPO a.F. ein Mischsystem aus Wert- und Zulassungsrevision gegeben[655]. Faktisch dominierten jedoch zu 95 % die Verfahren, in denen die Revision wegen Überschrei-

---

[649] So auch die Begründung des Regierungsentwurfs, Bundestag-Drucksache 14/4722, S. 102.
[650] Bundestags-Drucksache 14/4722, S. 102.
[651] Der wichtigste Fall dürfte in § 538 Abs. 2 Nr. 1 geregelt sein. Danach ist eine Zurückverweisung möglich, wenn das Verfahren im ersten Rechtszug an einem wesentlichen Mangel leidet und auf Grund dieses Mangels eine umfangreiche Beweisaufnahme notwendig ist. Näher dazu Gehrlein, MDR 2003, 421, 429.
[652] So die Beschlussempfehlung des Rechtsausschusses, Bundestags-Drucksache 14/6036, S. 124. Anders noch der Regierungsentwurf, Bundestags-Drucksache 14/4722, S. 103.
[653] Grunsky, Rdnr. 221.
[654] Siehe zu dieser Einschätzung Büttner, MDR 2001, 1201, der die Umgestaltung als folgenreichsten Eingriff in das Rechtsmittel der Revision bezeichnet, seit es ein einheitliches Revisionsgericht gibt (Errichtung des Reichsgerichts auf Grund der am 1.10.1879 in Kraft getretenen Civilprozessordnung vom 30.1.1877, RGBl. S. 83).
[655] Rimmelspacher, Zivilprozessreform 2002, S. XXVI. Eine Zulassung erfolgte bei grundsätzlicher Bedeutung der Rechtssache oder bei gewissen Rechtsprechungsdivergenzen.

tens der Revisionssumme von 60.000 DM statthaft war[656]. Dadurch war der Bundesgerichtshof zu einem großen Teil mit Fällen befasst, die weder eine rechtsgrundsätzliche Bedeutung aufwiesen noch einen durchgreifenden Rechtsfehler des angefochtenen Urteils erkennen ließen[657]. Im Zusammenhang mit den stetig steigenden Eingangszahlen führte dies zu einer starken Belastung des Bundesgerichtshofs[658], die sich selbstredend auf die Dauer der Revisionsverfahren auswirkte. Um dem Bundesgerichtshof wieder mehr Raum für seine Hauptaufgabe – Herstellung und Wahrung der Rechtseinheit sowie Fortbildung des Rechts – zu verschaffen, entschloss sich der Gesetzgeber daher, die Wertrevision zu Gunsten einer reinen Zulassungsrevision aufzugeben[659]. Gleichzeitig sollte aus rechtspolitischen Gründen der Zugang zur Revision für alle Verfahren mit grundsätzlicher Bedeutung unabhängig vom Streitwert eröffnet werden[660]. Um den Zugang zur Revision zu verbessern, wurde auch der Kreis der revisiblen Urteile erweitert. Waren vor der Reform nur Endurteile der Oberlandesgerichte (§ 545 Abs. 1 ZPO a.F.) mit der Revision sowie erstinstanzliche landgerichtliche Urteile (§ 566 a Abs. 1 ZPO a.F.) mit der Sprungrevision angreifbar, kann nunmehr auch gegen die Berufungsurteile der Landgerichte Revision eingelegt werden, vgl. § 542 Abs. 1 ZPO n.F. Dies hat zur Konsequenz, dass nach dem neuen Recht nun grundsätzlich auch beim Amtsgericht begonnene Verfahren bis zum BGH gebracht werden können.

2. Statthaftigkeit der Revision

Gemäß § 542 Abs. 1 ZPO ist die Revision grundsätzlich gegen die in der Berufungsinstanz erlassenen Endurteile statthaft. Darüber hinaus kommt eine Sprungrevision nach § 566 ZPO gegen erstinstanzliche Endurteile in Betracht (dazu unter 7.). Die Revision findet allerdings nur statt, wenn sie zugelassen wurde, vgl. § 543 ZPO. Dies kann auf zwei Wegen geschehen. Zum einen durch

---

656 Bundestags-Drucksache 14/4722, S. 65. Nach § 554 b ZPO a.F. war in Rechtsstreitigkeiten über vermögensrechtliche Ansprüche, bei denen der Wert der Beschwer 60.000 DM überstieg, allerdings die Annahme durch den BGH erforderlich. Diese durfte nach dem Wortlaut der Vorschrift verweigert werden, wenn die Rechtssache keine grundsätzliche Bedeutung hatte. Nach einer Plenarentscheidung des BVerfG (NJW 1981, 39, 40) durfte entgegen diesem Wortlaut eine Revisionsannahme bei Erfolgsaussicht jedoch nicht abgelehnt werden. Siehe näher zur alten Rechtslage Zöller/Gummer, 22. Aufl. (2001), § 554 b, Rdnr. 1 ff.

657 Die Begründung des Regierungsentwurfs, Bundestags-Drucksache 14/4722, S. 65 spricht in diesem Zusammenhang von weit über 80 % der Revisionen.

658 Die Zahl der am Jahresende erledigten Revisionen stieg zwischen 1980 und 1999 von 2175 auf 4101 an. Die Zahl der Eingänge stieg im gleichen Zeitraum von 2249 auf 4408, s. Bundestags-Drucksache 14/4722, S. 66.

659 Rimmelspacher, Jura 2002, 11, 17.

660 Der Gesetzgeber führt hierzu aus (BT-Drucksache, S. 59), dass nach dem alten Recht – hauptsächlich wegen der streitwertbezogenen Zugangsvoraussetzungen – lediglich für etwa 5 % der Verfahren der Zugang zum Bundesgerichtshof gegeben war. Das alte System privilegiere die wirtschaftlich Stärkeren und setze sich dem Vorwurf einer „sozialen Schieflage“ aus.

Zulassung durch das Berufungsgericht (dazu a.), zum anderen durch Zulassung durch das Revisionsgericht auf eine Beschwerde gegen die Nichtzulassung (dazu b.).

a. Zulassung durch das Berufungsgericht

Die Revision ist nach § 543 Abs. 1 ZPO durch das Berufungsgericht zuzulassen, wenn die Rechtssache grundsätzliche Bedeutung hat (Nr. 1) oder die Fortbildung des Rechts oder die Sicherung einer einheitlichen Rechtsprechung eine Entscheidung des Revisionsgerichts erfordert (Nr. 2). Bei der Auslegung dieser Merkmale ist allerdings noch vieles umstritten[661]. Im Folgenden soll lediglich eine kurze Skizzierung der Zulassungsgründe erfolgen, ohne auf alle streitigen und ungeklärten Fragen einzugehen[662].
Grundsätzliche Bedeutung kommt einer Sache zu, die eine entscheidungserhebliche, klärungsbedürftige und klärungsfähige Rechtsfrage aufwirft und das Interesse der Allgemeinheit an der einheitlichen Entwicklung und Handhabung des Rechts berührt[663]. Zur Fortbildung des Rechts ist die Revision erforderlich, wenn der Einzelfall Veranlassung gibt, Leitsätze für die Auslegung von Gesetzesbestimmungen des materiellen oder des Verfahrensrechts aufzustellen oder Gesetzeslücken auszufüllen[664]. Zur Sicherung einer einheitlichen Rechtsprechung ist die Revision schließlich zuzulassen, wenn vermieden werden soll, dass schwer erträgliche Unterschiede in der Rechtsprechung entstehen oder fortbestehen[665].
Problematisch sind nach diesen neuen Zulassungskriterien insbesondere die Fälle der evidenten Gesetzeswidrigkeit und der Verletzung von Verfahrensgrundrechten wie dem Anspruch auf rechtliches Gehör. Der gesetzgeberische Wille geht dahin, die Revision zuzulassen, wenn eine Ergebniskorrektur wegen offensichtlicher Unrichtigkeit oder wegen der Verletzung eines Verfahrensgrundrechts geboten erscheint[666]. Die Rechtsprechung folgt diesem Willen zwar im Grundsatz, nimmt aber wesentliche Einschränkungen vor. Nach ihr ist bei Rechtsanwendungsfehlern eine offensichtliche Fehlerhaftigkeit allein nicht ausreichend. Vielmehr müsse eine Wiederholungsgefahr bestehen oder auf Grund der Publizitätswirkung das Vertrauen in die Rechtsprechung als Ganzes erschüt-

---

661 So Gehrlein, MDR 2003, 547, 548. Insbesondere herrscht kein Einklang zwischen den einzelnen Senaten des BGH (siehe hierzu auch Fn. 662).

662 Siehe ausführlich zur Rechtsmittelzulassung nach der Rechtsprechung der einzelnen Senate des BGH Nassall, NJW 2003, 1345 ff.

663 BGH NJW 2002, 2957. Siehe zum Begriff auch Bundestags-Drucksache 14/4722, S. 104; Rimmelspacher, Jura 2002, 11, 17.

664 BGH NJW 2002, 3029, 3030; Bundestags-Drucksache 14/4722, S. 104 mit Hinweis auf BGHSt 15, 21.

665 Bundestags-Drucksache 14/4722, S. 104.

666 Bundestags-Drucksache 14/4722, S. 67.

tert sein[667]. Der Fehler müsse sozusagen symptomatische Bedeutung haben[668]. Bei einem Verstoß gegen Verfahrensgrundrechte müsse der Fehler im Einzelfall klar zu Tage treten, also offenkundig sein und die angefochtene Entscheidung müsse hierauf beruhen[669].
Üblicherweise erfolgt die Zulassung im Tenor des landgerichtlichen Urteils[670]. Ein Gebot, die Zulassung im Tenor auszusprechen, gibt es aber nicht[671]. Allerdings muss sie zumindest in den Entscheidungsgründen ausdrücklich ausgesprochen werden[672]. An die berufungsgerichtliche Zulassung der Revision ist das Revisionsgericht gebunden, § 543 Abs. 2 S. 2 ZPO. Die Zahl der durch die Berufungsgerichte zugelassenen Revisionen seit In-Kraft-Treten des neuen Rechts ist durch einen starken Anstieg gekennzeichnet[673]. Dies dürfte nicht zuletzt darauf zurückzuführen sein, dass erstmals auch gegen die Berufungsurteile des Landgerichts Revision eingelegt werden kann und den Bundesgerichtshof dadurch Streitfälle aus Rechtsgebieten erreichen, die wie Wohnraummietsachen in erster Instanz den Amtsgerichten zugewiesen sind[674]. Unter verfahrensökonomischen Aspekten ist die bisher eher großzügige Zulassungspraxis durch die Berufungsgerichte nicht unproblematisch. Unabhängig davon, ob das Berufungsgericht über die Zulassungskriterien zutreffend befunden hat oder nicht, muss über die zugelassene Revision nämlich stets im Urteilsverfahren mit mündlicher Verhandlung entschieden werden[675].

---

667 BGH NJW 2002, 2957. Kritisch hierzu Gehrlein, MDR 2003, 547, 549.

668 BGH NJW 2003, 65, 66.

669 BGH NJW 2002, 3029, 3030; NJW 2002, 2957. Ablehnend Voßkuhle, NJW 2003, 2193, 2199. Im Einzelnen ist hier vieles (auch zwischen den einzelnen Senaten des BGH) strittig. Vgl. ausführlich zu den Fallgruppen der offensichtlichen Unrichtigkeit und der Verletzung von Verfahrensgrundrechten von Gierke/Seiler, JZ 2003, 403, 409.

670 Zöller/Gummer, § 543 Rdnr. 16.

671 BGH NJW 1998, 1138, 1139 f.

672 Zöller/Gummer, § 543 Rdnr. 16.

673 Der Bundesgerichthof berichtet von einem Anstieg um mehr als 440 % gegenüber dem Vorjahr, vgl. dazu die vom BGH erstellte Statistik, abrufbar im Internet unter www.bundesgerichtshof.de.

674 So der Tätigkeitsbericht des BGH für das Jahr 2002, abrufbar im Internet unter www.bundesgerichtshof.de. Freilich konnten den BGH Rechtsfragen im Zusammenhang mit Wohnraummietsachen auch bereits nach altem Recht über die Figur des Rechtsentscheids erreichen, vgl. § 541 Abs. 1 S. 3 ZPO a.F.

675 Vgl. dazu den Beschlussantrag der Fraktion der CDU/CSU vom 3.6.2003 („Fehler beim Revisionsrecht korrigieren – Entscheidungsfähigkeit des Bundesgerichtshofs sicherstellen"), BT-Drucksache 15/1098, S. 1. Die Fraktion befürchtet durch die hohe Anzahl an Revisionszulassungen durch die Berufungsgerichte, die sie auf die ansonsten drohende Nichtzulassungsbeschwerde zurückführt, einen nicht hinnehmbaren Verfahrensstau. Vorgeschlagen wird, die Revisionszulassung durch die Berufungsgerichte auf die Fälle zu beschränken, in denen der Beschwerdegegenstand 20000 € nicht übersteigt. Im Übrigen solle die jetzige Zulassung der Revision durch die Berufungsgerichte (und damit auch die Nichtzulassungsbeschwerde) durch den Antrag an das Revisionsgericht auf Zulassung der Revision ersetzt werden (Antragsrevision).

b. Nichtzulassungsbeschwerde

Die Nichtzulassungsbeschwerde kommt in Betracht, wenn das Berufungsgericht die Revision nicht zugelassen hat, s. § 544 Abs. 1 S. 1 ZPO. Sie dient der Sicherung der gleichmäßigen Anwendung der Zulassungskriterien durch das Revisionsgericht[676]. Die Beschwerde ist gemäß § 544 Abs. 1 S. 2 ZPO in der Regel innerhalb einer Notfrist von einem Monat nach Zustellung des Urteils beim Revisionsgericht einzulegen und gemäß § 544 Abs. 2 S. 1 innerhalb von zwei Monaten ab Zustellung zu begründen. Hierfür besteht Anwaltszwang, § 78 Abs. 1 ZPO[677]. In der Begründung müssen die Zulassungsgründe des § 543 Abs. 2 ZPO dargelegt werden, s. § 544 Abs. 2 S. 3 ZPO. Bis zum 31.12.2006 ist gemäß § 26 Nr. 8 EGZPO weitere Voraussetzung, dass der Wert der Beschwer 20.000 € übersteigt. Dadurch soll nach dem Willen des Gesetzgebers einer Überlastung des Bundesgerichtshofs für eine Übergangszeit vorgebeugt werden[678]. Die Einlegung der Beschwerde hemmt die Rechtskraft des Urteils, § 544 Abs. 5 S. 1 ZPO. Über den Antrag entscheidet der Bundesgerichtshof nach Anhörung des Gegners durch Beschluss, §§ 544 Abs. 3, 4 S. 1 ZPO. Bei einer Ablehnung der Beschwerde wird das angefochtene Urteil gemäß § 544 Abs. 5 S. 3 ZPO rechtskräftig, im gegenteiligen Fall wird das Beschwerdeverfahren als Revisionsverfahren fortgesetzt, § 544 Abs. 6 S. 1 ZPO.
In der bisherigen Praxis waren die beim BGH eingelegten Nichtzulassungsbeschwerden nur selten erfolgreich. In nur 6,9 % der Fälle führten sie zur Zulassung der Revision durch den BGH[679]. Dies dürfte unter anderem daran liegen, dass die inhaltlichen Anforderungen an eine Erfolg versprechende Nichtzulassungsbeschwerde noch keine festen Konturen aufweisen[680].

3. Einlegung der Revision und Zuständigkeit

Die Revision ist innerhalb einer Notfrist von einem Monat ab Zustellung des Urteils beim Bundesgerichtshof durch Einreichung einer Revisionsschrift einzulegen, §§ 548, 549 ZPO, 133 GVG. Nach § 551 Abs. 2 S. 2 ZPO muss sie grundsätzlich innerhalb einer Frist von zwei Monaten ab Urteilszustellung begründet werden. Die Frist kann auf Antrag verlängert werden, wenn der Gegner

---

[676] Büttner, MDR 2001, 1201, 1204.

[677] Die Begründung des Regierungsentwurfs, Bundestags-Drucksache 14/4722, S. 105, führt hierzu aus, dass für die Nichtzulassungsbeschwerde die beim BGH zugelassenen Rechtsanwälte zuständig sind, die sich vorzüglich mit der Revisionsrechtsprechung des BGH auskennen würden. Nach Auffassung des Gesetzgebers trägt diese Tatsache zu einer Vermeidung von unbegründeten Nichtzulassungsbeschwerden bei, wodurch der BGH entlastet werde.

[678] Bundestags-Drucksache 14/4722, S. 126. Freilich ist festzustellen, dass sich die Zahl der beim BGH eingegangenen Revisionen und Nichtzulassungsbeschwerden 2002 gegenüber dem Vorjahr um 7,7 % erhöht hat, vgl. den Tätigkeitsbericht des BGH für das Jahr 2002, abrufbar im Internet unter www.bundesgerichtshof.de.

[679] BGH, Statistik, aaO.

[680] So der Tätigkeitsbericht des BGH, aaO.

einwilligt. Ohne Einwilligung ist eine Verlängerung der Frist um maximal zwei Monate möglich, wenn der Rechtsstreit nach der Überzeugung des Vorsitzenden durch die Verlängerung nicht verzögert wird oder der Revisionskläger erhebliche Gründe darlegt, § 551 Abs. 2 S. 5 und 6 ZPO. Innerhalb der Begründung sind insbesondere die Revisionssanträge (§ 551 Abs. 3 Nr. 1) wichtig, weil sie gemäß § 557 Abs. 1 ZPO den Umfang der Revisionsverhandlung und -entscheidung bestimmen.

4. Weiterer Verfahrensablauf

Nach Zustellung der Revisions- und der Revisionsbegründungsschrift an die Gegenpartei (§§ 550 Abs. 2, 551 Abs. 4) erhält diese in der Praxis regelmäßig die Möglichkeit zur Revisionserwiderung[681]. Das Gesetz sieht eine Revisionserwiderung aber nicht ausdrücklich vor. Daraufhin überprüft das Revisionsgericht von Amts wegen die Zulässigkeit der Revision, s. § 552 Abs. 1 S. 1 ZPO. Wenn die Prüfung negativ ausfällt, ist die Revision als unzulässig zu verwerfen, vgl. § 552 Abs. 1 S. 2 ZPO. Die Entscheidung kann gemäß § 552 Abs. 2 ZPO ohne mündliche Verhandlung durch Beschluss ergehen. Wenn die Revision nicht als unzulässig verworfen wird, ist Termin zur mündlichen Verhandlung zu bestimmen; hierbei muss eine Frist von zwei Wochen ab der Bekanntmachung gewahrt bleiben, § 553 Abs. 2, 274 Abs. 3 ZPO. Auf das weitere Verfahren sind gemäß § 555 Abs. 1 S. 1 ZPO grundsätzlich die Regeln für das Verfahren vor den Landgerichten anzuwenden. Allerdings bedarf es keiner Güteverhandlung (§ 555 Abs. 1 S. 2). Eine Verhandlung vor dem Einzelrichter ist ebenfalls ausgeschlossen (§ 555 Abs. 2). Verhandelt wird immer in den Grenzen der Anträge, § 557 Abs. 1 ZPO.

5. Prüfungsumfang in der Revisionsinstanz

Die Revision stellt keine Tatsacheninstanz dar, sondern dient allein der rechtlichen Überprüfung des angefochtenen Urteils. Das Revisionsgericht ist damit reine Rechtskontrollinstanz[682]. Dementsprechend können grundsätzlich keine neuen Tatsachen vorgebracht werden[683]. Der Beurteilung des Revisionsgerichts unterliegt nur dasjenige Parteivorbringen, das aus dem Berufungsurteil[684] oder dem Sitzungsprotokoll ersichtlich ist, vgl. § 559 Abs. 1 S. 1. Das Revisionsgericht ist daher in der Regel an die tatsächlichen Feststellungen des Berufungsge-

---

[681] Schilken, Rdnr. 953.
[682] Grunsky, Rdnr. 221.
[683] Dies gilt auch dann, wenn die Tatsachen erst nach dem Schluss der letzten mündlichen Tatsachenverhandlung eingetreten sind, vgl. § 767 Abs. 2 ZPO.
[684] Eine ausdrückliche Erwähnung im Tatbestand des Urteils ist nicht erforderlich, nach BGH NJW 1992, 2148, 2149 auch kein ausdrücklicher Verweis auf den Akteninhalt. Das Revisionsgericht könne in der Regel davon ausgehen, dass der Inhalt der vorangegangenen Schriftsätze zum Gegenstand der mündlichen Verhandlung gemacht worden ist.

richts gebunden[685]. Neue Tatsachen sind nur ausnahmsweise zu berücksichtigen. Nach § 559 Abs. 1 S. 2 ZPO ist dies der Fall, wenn es sich um Tatsachen handelt, die Verfahrensrügen begründen sollen. Tatsachen, die sich auf von Amts wegen zu beachtende Sachentscheidungsvoraussetzungen[686] oder auf die Zulässigkeit der Revision[687] beziehen, sind ebenfalls zu beachten. Streitig ist, ob auch offenkundige oder zugestandene neue Tatsachen mit einbezogen werden dürfen. Die herrschende Auffassung bejaht dies, da der Zweck des § 559 ZPO, das Revisionsgericht von einer Tatsachenfeststellung möglichst freizustellen, nicht eingreife[688].

Neue Ansprüche können in der Revisionsinstanz in der Regel nicht geltend gemacht werden; dies gilt sowohl für die Klageerweiterung oder -änderung[689] als auch für die Widerklage[690]. Ausnahmen finden sich in den §§ 302 Abs. 4; 600 Abs. 2, 717 Abs. 2 und 3 und 1065 Abs. 2 S. 2 ZPO.

6. Urteil des Revisionsgerichts

Eine unbegründete Revision wird zurückgewiesen. Sie ist unbegründet, wenn die gerügte Rechtsverletzung nicht besteht, das Urteil nicht auf der Rechtsverletzung beruht oder es sich gemäß § 561 ZPO aus anderen Gründen als richtig erweist. Ist die Revision hingegen begründet, wird das angefochtene Urteil aufgehoben, § 562 Abs. 1 ZPO (sog. kassatorische Entscheidung). Im Normalfall ist die Sache daraufhin nach § 563 Abs. 1 S. 1 ZPO zur neuen Verhandlung und Entscheidung an das Berufungsgericht zurückzuverweisen. Dort ist es nach den für das Berufungsverfahren geltenden Regeln möglich, neue Tatsachen und Beweismittel vorzubringen sowie Klageänderungen und -erweiterungen vorzunehmen[691]. Nach § 563 Abs. 2 ist das Berufungsgericht allerdings an die rechtliche Beurteilung des Revisionsgerichts gebunden. Ausnahmsweise kann das Revisionsgericht auch in der Sache selbst entscheiden. Dies ist gemäß § 563 Abs. 3 ZPO der Fall, wenn die Aufhebung des Urteils nur wegen Rechtsverletzung bei Anwendung des Gesetzes auf das festgestellte Sachverhältnis erfolgt und nach letzterem die Sache zur Endentscheidung reif ist. Im Ergebnis kann das Revisionsgericht daher dann „durcherkennen", wenn keine neuen Tatsachen festgestellt werden müssen[692].

---

[685] Rosenberg/Schwab/Gottwald, § 143 vor I.

[686] Siehe z.B. BGH JuS 1986, 567 f. zur fehlenden Prozessfähigkeit; BGHZ 28, 13, 15 f; 100, 217, 219 zur fehlenden Prozessführungsbefugnis.

[687] RGZ 160, 204, 212; BGHZ 22, 370, 372; Rosenberg/Schwab/Gottwald, § 145 II.3.c.

[688] BGHZ 85, 288, 290; BGH NJW 2002, 1130, 1131 = MDR 2002, 409, 410; Rosenberg/Schwab/Gottwald, § 145 II.3.g und h; Lüke, Rdnr. 412; Schilken, Rdnr. 944. Näher dazu und zu weiteren Fällen, in denen neue Tatsachen Berücksichtigung finden, s. Stein/Jonas/Grunsky, § 561 Rdnr. 11 ff.

[689] BGHZ 28, 131, 137; BGH NJW 1987, 897, 898; BGH NJW 1999, 1407, 1408.

[690] BGHZ 24, 279, 285; Rosenberg/Schwab/Gottwald, § 145 II.1.

[691] Schilken, Rdnr. 961.

[692] BGH NJW 1992, 436, 438; BAG NJW 2000, 3226, 3227.

7. Sprungrevision

Nach § 566 Abs.1 S. 1 ZPO ist gegen alle im ersten Rechtszug erlassenen Endurteile, die einen Streitwert von mehr als 600 € aufweisen, auf Antrag die Sprungrevision unter Übergehung der Berufungsinstanz möglich. Nach altem Recht (§ 566 a ZPO a.F.) waren lediglich die erstinstanzlichen Endurteile der Landgerichte erfasst, nunmehr sind es auch die amtsgerichtlichen Endurteile[693]. Das Verfahren der Sprungrevision dient der Prozessökonomie und der Verfahrensbeschleunigung in den Streitigkeiten, in denen die Entscheidung ausschließlich von der Beantwortung bestimmter Rechtsfragen abhängt. In diesem Fall wäre die Berufung ein entbehrliches Zwischenverfahren, das den Rechtsstreit unnötig verzögert und verteuert[694]. Die Sprungrevision ist allerdings nur zulässig, wenn der Gegner in die Übergehung der Berufungsinstanz einwilligt und das Revisionsgericht die Revision zulässt, § 566 Abs. 1 S. 1 ZPO. Die Kriterien der Zulassung sind dieselben wie bei der „normalen" Revision[695]. Auf einen Verfahrensmangel kann die Sprungrevision jedoch nicht gestützt werden, s. § 566 Abs. 4 ZPO. Das Revisionsgericht – nach § 133 GVG der Bundesgerichtshof – entscheidet nach § 566 Abs. 5 ZPO durch Beschluss über die Zulassung. Bei einer Ablehnung des Antrags wird das Urteil gemäß § 566 Abs. 6 ZPO rechtskräftig[696]; bei einer Zulassung wird das Verfahren als Revisionsverfahren fortgesetzt, § 566 Abs. 7 ZPO.

B. Vergleich und Bewertung

I. Allgemeines

1. Fehlende europäische Dimension im Rechtsmittelrecht

Der Vergleich des Rechtsmittelrechts wird sich auf die spanische und die deutsche Regelung beschränken und keinen Blick auf den europäischen Rahmen werfen. Zum einen gibt es im Bereich des Rechtsmittelrechts derzeit keine konkreten Bestrebungen, europäische Maßnahmen einzuleiten. Zum anderen sind

---

693 Dazu Büttner, MDR 2001, 1201, 1207. Hierin zeigt sich das Anliegen des Gesetzgebers, auch amtsgerichtliche Urteile durch das Revisionsgericht überprüfen lassen zu können.

694 Begründung des Regierungsentwurfs, Bundestags-Drucksache 14/4722, S. 109. Dieser Begründung ist allerdings nur eingeschränkt zuzustimmen. Eine Verzögerung tritt nur ein, wenn auf das Berufungsverfahren tatsächlich ein Revisionsverfahren folgt. Es erscheint aber auch möglich, dass die rechtliche Frage im Rahmen des Berufungsverfahrens bereits abschließend und für die Parteien zufrieden stellend gelöst wird und damit auf die dritte Instanz verzichtet werden kann.

695 Siehe dazu S. 274. So auch Bundestags-Drucksache 14/4722, S. 109.

696 Die Einlegung einer Berufung ist nunmehr nicht mehr möglich, da der Antrag auf Zulassung der Sprungrevision sowie die Erklärung der Einwilligung als Verzicht auf das Rechtsmittel der Berufung gelten, s. § 566 Abs. 1 S. 2 ZPO.

solche in naher Zukunft auch nicht zu erwarten, bietet sich doch ein „verwirrendes Bild verfahrensmäßiger Vielfalt, wenn man im europäischen Raum den Zugang zu den Rechtsmittelinstanzen betrachtet"[697]. Diese großen mitgliedstaatlichen Unterschiede[698] dürften der Schaffung eines gemeinsamen europäischen Rechtsmittelrechts aber nicht gerade dienlich sein. Darüber hinaus stellt sich die Frage, inwieweit ein europäisches Rechtsmittelsystem – was immer man sich darunter auch vorstellen mag – überhaupt für sinnvoll und wünschenswert gehalten wird. Ohne näher auf diese Frage einzugehen, kann jedenfalls festgehalten werden, dass es sicherlich Teilbereiche des Zivilprozesses gibt, bei denen eine gemeinsame europäische Regelung dringender ist und die sich besser für eine europäische Regelung eignen[699]. Beispielhaft sei das im vorhergehenden Abschnitt behandelte Mahnverfahren genannt.

2. Vorübergehender Rechtszustand in Spanien

Bei einer Einbeziehung des spanischen Rechtsmittelrechts in einen Vergleich muss berücksichtigt werden, dass das endgültige, von der LEC entworfene Regime noch nicht in Kraft getreten ist und sich der Instanzenzug derzeit nach Maßgabe der 16. Schlussbestimmung zur LEC gestaltet[700]. Dies drückt sich hauptsächlich darin aus, dass die angestrebte Aufteilung der Kassationsverfahren (Verfahrensverstöße zum Obergericht, materiell-rechtliche Verstöße zum Obersten Gerichtshof) nicht vorgenommen werden kann und weiterhin der Oberste Gerichtshof über das gesamte Spektrum der mit dem Kassationsverfahren anfechtbaren Rechtsverstöße entscheidet. Gleichwohl soll sich der Vergleich in erster Linie an der vom Gesetzgeber intendierten endgültigen Regelung ausrichten. Nur diese Regelung stellt ein in sich geschlossenes System dar, das aus rechtsvergleichender Sicht von Interesse ist, während die 16. Schlussbestimmung zur LEC auf dieses System Bezug nimmt und die Lücken schließt, die wegen der fehlenden Änderung des Gerichtsverfassungsgesetzes entstanden sind. Freilich wird abzuwarten sein, wann und ob das endgültige Regime in Kraft treten wird[701].

---

[697] So Prütting in: Festschrift für Schumann, 309, 324.

[698] Zur Ausgestaltung des Rechtsmittelrechts in England, Frankreich, Italien, der Schweiz und Österreich s. Leipold, Die Rechtsmittel des Zivilprozesses im europäischen Vergleich, in: Rechtsstaat – Rechtsmittelstaat?, S. 66 ff.

[699] Bezeichnenderweise geht der Entwurf der Storme-Kommission für ein europäisches Zivilprozessgesetzbuch (abgedruckt in ZZP 109 (1996), 345 ff.) auch nicht auf das Rechtsmittelrecht ein. Ausdrücklich wurde mit Rücksicht auf die Souveränitätsinteressen der Länder insbesondere das Gerichtsorganisationsrecht einschließlich der Zuständigkeitsregelungen ausgespart, s. Roth, ZZP 109, 271, 275. Das Rechtsmittelrecht ist aber gerade mit dem Gerichtsorganisationsrecht eng verknüpft und lässt sich kaum vorstellbar regeln, wenn man den gerichtlichen Aufbau dabei außer Acht lassen wollte.

[700] Siehe dazu den ersten Teil S. 129 und 137.

[701] Siehe dazu die im ersten Teil S. 129 ff mitgeteilten Auffassungen.

II. Gerichtsverfassung und Instanzenordnung

1. Gerichtsverfassung

Sowohl in Spanien als auch in Deutschland ist die Gerichtsverfassung der Zivilgerichtsbarkeit durch einen vierstufigen Gerichtsaufbau gekennzeichnet[702]. Obwohl teilweise Unterschiede in den Zuständigkeiten bestehen, entspricht der spanische *Juzgado de Primera Instancia* in etwa dem deutschen *Amtsgericht*, die *Audiencia Provincial* in etwa dem *Landgericht*, der *Tribunal Superior de Justicia* dem *Oberlandesgericht* und der *Tribunal Supremo* dem *Bundesgerichtshof*[703].

2. Eingangsgericht

Unterschiede bestehen bei der Regelung des Eingangsgerichts. In Spanien ist grundsätzlich nur der Juzgado de Primera Instancia als erste Instanz zuständig, vgl. Art. 45 LEC. In Deutschland hingegen teilt sich die Eingangszuständigkeit gemäß §§ 23, 71 GVG auf das Amts- und das Landgericht auf. Das wichtigste Kriterium bei dieser Aufteilung ist der Streitwert. Bei einem Streitwert von bis zu 5000 € entscheidet das Amtsgericht, bei einem höheren Streitwert das Landgericht.

3. Rechtsweg

Der Rechtsweg ist in beiden Rechtsordnungen dreistufig ausgestaltet. Gegen die Entscheidungen der ersten Instanz ist sowohl in Spanien als auch in Deutschland die Berufung statthaft. Gegen die Berufungsentscheidung kann nach beiden Verfahrensordnungen ein weiteres Rechtsmittel eingelegt werden. In Deutschland ist dies immer die Revision (§ 542 ZPO), in Spanien ist nach der Reform durch die LEC 2000 entweder die Kassation (Art. 477 LEC) oder der außerordentliche Rechtsbehelf wegen prozessualer Verstöße (Art. 469 LEC) zu erheben. Im deutschen Zivilprozess besteht unter bestimmten Voraussetzungen darüber hinaus die im spanischen Recht nunmehr abgeschaffte Möglichkeit, das erstinstanzliche Urteil mit der so genannten Sprungrevision anzugreifen, s. § 566 ZPO[704]. Der

---

[702] Diese Einteilung vernachlässigt die spanischen Friedensgerichte (Juzgados de Paz), die bis zu einem Streitwert von 90 € zuständig sind, s. Art. 47 LEC.

[703] Siehe zu dieser Parallelziehung auch Garay/Rothe, S. 917 ff.

[704] Vgl. dazu Díez-Picazo Giménez in: Comentarios a la LEC, S. 828. Er weist darauf hin, dass der spanische Gesetzgeber auf die „casación per saltum" bei seiner Reform verzichtet habe, weil sie eine im alten Recht (s. Art. 1688 LEC a.F.) wenig benutzte Institution gewesen sei. Außerdem sollte der Oberste Gerichtshof von einer Aufgabe entlastet werden, die ebenso und vor allem schneller von den unteren Gerichten im Rahmen der anderen Rechtsmittel vorgenommen werden kann. Da die „casación per saltum" jedoch nicht allzu häufig eingelegt

spanische Prozess kennt im Gegensatz dazu das nicht zum gewöhnlichen Instanzenzug gehörende Rechtsmittel im Interesse des Gesetzes, das gegen die Entscheidungen, die auf den außerordentlichen Rechtsbehelf wegen prozessualer Verstöße ergangen sind, eingelegt werden kann[705].

4. Rechtsmittelzuständigkeit

In der Rechtsmittelzuständigkeit existieren ebenfalls Unterschiede. In Spanien fungiert als einheitliche zweite Instanz regelmäßig die Audiencia Provincial, s. Art. 455.2.2.° LEC. In Deutschland teilt sich die zweitinstanzliche Zuständigkeit auf das Landgericht (§ 72 GVG) und das Oberlandesgericht (§ 119 GVG) auf. Gleichklang herrscht bei der Zuständigkeit in der dritten Instanz, sofern im spanischen Prozess Kassation eingelegt wird. Diese Zuständigkeit wird in beiden Ländern vom Obersten Gerichtshof (Tribunal Supremo und Bundesgerichtshof) wahrgenommen, vgl. Art. 478.1 LEC, § 133 GVG. Für den außerordentlichen Rechtsbehelf wegen prozessualer Verstöße sind jedoch nach der endgültigen Gesetzesregelung die Obergerichte (Tribunales Superiores de Justicia) zuständig, vgl. Art. 468 LEC.

III. Die Berufung

1. Statthaftigkeit der Berufung

Im spanischen Prozess ist eine Berufung in deutlich größerem Umfang möglich als im deutschen. Dies zeigt sich zunächst in der Art der anfechtbaren Entscheidung. Während nach deutschem Recht lediglich gegen (End-)Urteile der ersten Instanz vorgegangen werden kann (§ 511 Abs. 1 ZPO), gestattet das spanische Recht auch die Anfechtung von prozessbeendenden Beschlüssen und anderen Entscheidungen, bei denen das Gesetz die Berufung ausdrücklich vorsieht (Art. 455.1 LEC). Bis zur Reform waren im spanischen Prozess darüber hinaus sogar Beschlüsse, die keine prozessbeendende Wirkung hatten, berufungsfähig[706]. Weiterhin gibt es nach der spanischen LEC keinerlei Einschränkungen hinsichtlich der Zulässigkeit der Berufung. Es existiert also weder eine Wertgrenze noch ist eine Zulassung erforderlich. Die deutsche ZPO hingegen lässt die Berufung nur zu, wenn entweder der Wert des Beschwerdegegenstandes 600 € übersteigt oder die Berufung zugelassen wurde, weil die Rechtssache grundsätzliche Bedeutung hat oder die Fortbildung des Rechts oder die Sicherung einer einheitli-

---

wurde, dürfte sich die diesbezügliche Entlastung des Obersten Gerichtshof freilich in Grenzen halten.

[705] Auf das Rechtsmittel im Interesse des Gesetzes („recurso en interés de la ley“) wird im Folgenden nicht mehr eingegangen. Siehe dazu S. 140.

[706] Siehe zu den verfahrensverzögernden Konsequenzen dieser Regelung bereits oben im ersten Teil S. 126.

chen Rechtsprechung eine Entscheidung des Berufungsgerichts erfordert (§ 511 Abs. 2).

2. Zuständigkeit

Bei der Zuständigkeit gibt es deutliche Unterschiede. In Spanien ist für die Entscheidung über die Berufung grundsätzlich ein einheitliches Berufungsgericht, die Audiencia Provincial, zuständig, s. Art. 455.2.2.° LEC[707]. Sie befindet über die Streitsache gemäß Art. 81.1 LOPJ immer durch ein Kollegialorgan mit drei Berufsrichtern. In Deutschland ist die Berufungsinstanz aufgespalten. Das Landgericht ist zuständig, wenn das Amtsgericht erstinstanzlich zuständig war, s. § 72 GVG. Grundsätzlich entscheidet zwar die Kammer mit drei Richtern, es ist aber eine Übertragung auf einen entscheidenden oder vorbereitenden Einzelrichter möglich (§§ 526, 527 ZPO). Wenn das Landgericht erstinstanzlich zuständig war, ist das Oberlandesgericht Berufungsinstanz, s. § 119 GVG. Beim Oberlandesgericht entscheiden in der Regel Senate in der Besetzung von drei Richtern, wenn nicht eine Übertragung auf den Einzelrichter entsprechend den Grundsätzen für das landgerichtliche Berufungsverfahren erfolgt.

3. Inhaltliche Ausgestaltung

Nach den jeweiligen Prozessreformen weisen die spanische und die deutsche Berufung einen ähnlichen, wenn auch nicht völlig identischen Zuschnitt auf. Beiden Rechtsordnungen ist gemeinsam, dass es sich bei der Berufung um keine komplette zweite Tatsacheninstanz handelt, in welcher der gesamte Rechtsstreit in tatsächlicher und rechtlicher Hinsicht ein zweites Mal uneingeschränkt verhandelt wird. Vielmehr steht in beiden Verfahren die Fehlerkontrolle im Vordergrund. Die Berufungsinstanz stellt damit eine Kontrollinstanz dar[708]. Im Gegensatz dazu fand in der Berufung im deutschen Zivilprozess noch vor der Reform durch das ZPO-Reformgesetz 2001 grundsätzlich eine neue Verhandlung und Entscheidung des Rechtsstreits in tatsächlicher und rechtlicher Hinsicht statt[709].

Sowohl im spanischen als auch im deutschen Berufungsverfahren wird der Streitstoff durch die Anträge der Parteien begrenzt, vgl. Art. 457.2 LEC, § 528 ZPO. Das Vorbringen neuer prozessualer Ansprüche und Einreden ist nach beiden Prozessordnungen in der Regel nicht möglich. Basis der berufungsgerichtlichen Untersuchung ist vielmehr der Streitgegenstand, wie er in der ersten Instanz vorgelegen hat. Neue Tatsachen und Beweismittel können nach beiden

---

[707] Nur wenn ausnahmsweise das Friedensgericht erstinstanzlich tätig wurde, ist der Juzgado de Primera Instancia Berufungsgericht, s. 455.2.1.° LEC.

[708] Vgl. für das spanische Recht EM LEC XIII.2 sowie Montero Aroca, Derecho Jurisdiccional II, S. 417 und 419; für das deutsche Recht Bundestags-Drucksache 14/4722, S. 64.

[709] Vgl. nur Thomas/Putzo/Reichold, 22. Auflage (1999), Vor § 511 Rdnr. 46.

Verfahrensordnungen ebenfalls jeweils nur unter engen Voraussetzungen in die Berufungsverhandlung eingeführt werden, d.h. es herrscht ein weitgehendes Novenverbot („prohibición de ius novorum“)[710].
Unterschiede bestehen allerdings in der Bindung an die erstinstanzlichen Tatsachenfeststellungen. Im deutschen Verfahren ist das Berufungsgericht im Regelfall an die tatsächlichen Feststellungen des Erstgerichts gebunden (vgl. § 529 Abs. 1 Nr. 1 ZPO). Im spanischen Berufungsverfahren besteht eine derartige Bindungswirkung hingegen nicht. Das Berufungsgericht kann daher nicht nur eine andere rechtliche Bewertung als das Erstgericht vornehmen, sondern innerhalb des beschriebenen Rahmens auch zu einer anderen tatsächlichen Einschätzung gelangen, insbesondere durch eine andere Beweiswürdigung[711]. Insofern ist die berufungsgerichtliche Kontrolle in Spanien weniger eingeschränkt als in Deutschland, wo eine neue Tatsachenfeststellung nur dann möglich ist, wenn das Gericht Zweifel an den erstinstanzlichen Feststellungen hat.

Mit dem geschilderten Zuschnitt liegt das spanische und das deutsche Berufungsrecht auf einer Linie mit den meisten anderen europäischen Prozessordnungen. Auch dort steht die Kontrollfunktion des Rechtsmittels im Vordergrund; zudem existieren in weitem Umfang Beschränkungen für neues Vorbringen im Hinblick auf neue Ansprüche und Einreden sowie neue Tatsachen und Beweismittel[712].

4. Verfahrensablauf

a. Fristen

Bei einer Betrachtung des Verfahrens fällt vor allem auf, dass das spanische Recht einen stärkeren Akzent auf Fristsetzungen legt als das deutsche Recht, um den Prozess zu beschleunigen. Dies zeigt sich zunächst bei den kürzeren Fristen, die den Parteien gesetzt werden. Nach spanischem Recht ist die Berufung innerhalb von 5 Tagen ab Zustellung der Entscheidung einzubringen (Art. 457.1 LEC) und innerhalb einer weiteren Frist von 20 Tagen ab dem Zeitpunkt, zu dem das Ausgangsgericht über die ausreichende Vorbereitung der Berufung entschieden hat, einzulegen (Art. 457.3 LEC)[713]. Der Berufungsbeklagte hat nach Zustellung der Berufungsschrift gemäß Art. 461.1 LEC 10 Tage Zeit, auf die

---

[710] Siehe ausführlich zu den Fällen, in denen ein nachträgliches Vorbringen zugelassen ist, für das spanische Recht im ersten Teil S. 125 sowie für das deutsche Recht S. 269 ff.
[711] Zu diesem Zweck ist eine Wiederholung der Beweisaufnahme wie beispielsweise die erneute Vernehmung eines Zeugen nicht erforderlich.
[712] So Leipold, Die Rechtsmittel des Zivilprozesses im europäischen Vergleich, in: Rechtsstaat – Rechtsmittelstaat?, 66, 96.
[713] Siehe dazu, insbesondere zur Terminologie den ersten Teil S. 123 ff. Einbringung des Berufung bedeutet vereinfacht gesagt die Äußerung des Willens zur Anfechtung, Einlegung der Berufung die Begründung derselben.

Berufung zu erwidern. Im deutschen Recht muss die Berufung innerhalb eines Monats ab Zustellung des Urteils eingelegt werden (§ 517 Abs. 1 ZPO) und in der Regel innerhalb einer Frist von zwei Monaten begründet werden (§ 520 Abs. 2 S. 1 ZPO). Darüber hinaus ist nach § 520 Abs. 2 S. 2 und 3 ZPO eine richterliche Verlängerung der Begründungsfrist möglich. Dem Berufungsbeklagten kann ebenfalls eine Frist zur schriftlichen Berufungserwiderung gesetzt werden, die mindestens zwei Wochen betragen muss, vgl. §§ 521 Abs. 2, 277 Abs. 3 ZPO[714].

Neben den Fristen für die Parteien kennt das spanische Recht auch mehr Fristen, die sich an das Gericht wenden. So enthält die LEC beispielsweise konkrete Aussagen darüber, wann die mündliche Verhandlung spätestens stattzufinden hat (Art. 464.1 LEC) oder das Urteil zu erlassen ist (Art. 465.1 LEC)[715]. Das deutsche Recht begnügt sich mit der allgemeinen Frist des § 310 Abs. 1 S. 2 zur Urteilsverkündung[716] sowie mit § 523 Abs. 1 S. 2 ZPO. Danach hat das Gericht unverzüglich Termin zur mündlichen Verhandlung zu bestimmen, nachdem es die Zulässigkeit geprüft und eine offensichtliche Unbegründetheit abgelehnt hat (§ 522 ZPO)[717].

b. Mündliche Verhandlung

Unterschiede bestehen auch bezüglich der Notwendigkeit der Durchführung einer mündlichen Verhandlung. Nach der spanischen LEC kann nach dem Ermessen des Gerichts auf eine mündliche Verhandlung verzichtet werden, wenn darin keine Beweisaufnahme stattfindet, vgl. 464.2 LEC. Nach der deutschen ZPO hingegen muss bei zulässiger Berufung grundsätzlich eine mündliche Verhandlung stattfinden, s. § 523 Abs. 1 S. 2 ZPO. Lediglich die neue Vorschrift des § 522 Abs. 2 ZPO, nach der die Berufung durch Beschluss zurückzuweisen ist, wenn sie keine Aussicht auf Erfolg hat, gibt dem Gericht die Befugnis, ohne mündliche Verhandlung zu entscheiden.

5. Entscheidungen des Gerichts

Weitgehende Übereinstimmung herrscht bei unzulässiger Berufung. Sie ist nach spanischem Recht stets ohne mündliche Verhandlung durch Beschluss zu ver-

---

[714] Zöller/Gummer, § 521 Rdnr. 10.

[715] Im Ergebnis muss die mündliche Verhandlung in der Regel innerhalb von 40 Tagen nach Erhalt der Akten vom erstinstanzlichen Gericht stattfinden, das Urteil daraufhin innerhalb von 10 Tagen erlassen werden. Siehe dazu den ersten Teil S. 128.

[716] Näher zu § 310 Abs. 1 S. 2 oben unter Fn. 258. § 310 ZPO gilt als allgemeine Vorschrift in allen Verfahren der ZPO, vgl. nur Baumbach/Hartmann, § 310 Rdnr. 3. S. zur Geltung von § 310 Abs. 1 S. 2 im Berufungsverfahren auch BGH NJW 1999, 143, 144.

[717] In die andere Richtung geht § 523 Abs. 2 ZPO: Danach muss eine Frist von *mindestens* zwei Wochen zwischen der Bekanntmachung des Termins und der mündlichen Verhandlung eingehalten werden.

werfen, vgl. Art. 457.4, 458.2 LEC. Nach deutschem Recht kann eine unzulässige Berufung gemäß § 522 Abs.1 S. 3 ZPO ebenfalls ohne mündliche Verhandlung per Beschluss verworfen werden; möglich ist aber auch eine Verwerfung durch Urteil nach durchgeführter mündlicher Verhandlung[718]. Die in den deutschen Prozess neu eingeführte Möglichkeit des § 522 Abs. 2 ZPO, die Berufung wegen offensichtlicher Unbegründetheit durch Beschluss zu verwerfen, existiert in Spanien nicht.
Bei begründeter Berufung ist beiden Rechtsordnungen gemeinsam, dass sie in der Regel keine Zurückverweisung an das erstinstanzliche Gericht anordnen, sondern das Berufungsgericht selbst in der Sache entscheiden lassen, vgl. Art. 465.4 LEC, § 538 Abs. 1 ZPO[719].

6. Stellungnahme

Eine abschließende Aussage, welches der beiden untersuchten Berufungsverfahren unter dem Aspekt der Verfahrensökonomie und Prozessbeschleunigung vorzuziehen ist, lässt sich nicht treffen. Das deutsche Zugangssystem mit einer Mischung aus Wert- und Zulassungsberufung hat zunächst sicher einen größeren entlastenden Effekt auf den Arbeitsanfall der Berufungsgerichte als das offene spanische System. Das spanische Recht setzt dafür den Parteien kürzere Fristen und nennt dem Gericht darüber hinaus den zeitlichen Rahmen, in dem es die jeweiligen Prozessakte vorzunehmen hat. Weiterhin lässt es in weiterem Umfang als das deutsche Recht einen Verzicht auf eine mündliche Verhandlung zu. Insofern dürfte ein einmal begonnenes Berufungsverfahren in Spanien von der Gesetzeslage her schneller abgehandelt werden. Auch die in Deutschland eingeführte Möglichkeit eines Zurückweisungsbeschlusses nach § 522 Abs. 2 ZPO, der ohne mündliche Verhandlung ergehen kann, vermag an diesem Befund nichts zu ändern, da er lediglich einen kleineren Teil der Berufungsverfahren erfassen dürfte. Bemerkenswert ist schließlich, dass seit den jeweiligen Reformen im Zuschnitt der Berufung keine allzu großen Unterschiede existieren. In beiden Ländern handelt es sich bei der Berufung um ein Instrument der Fehlerkontrolle und um keine volle zweite Tatsacheninstanz, auch wenn die Kontrollmöglichkeiten in Spanien wegen der fehlenden Bindungswirkung des Berufungsgerichts an die erstinstanzlichen Tatsachenfeststellungen weiter sind. Unter prozessökonomischen Gesichtspunkten ist dies zu begrüßen.

---

[718] Zöller/Gummer, § 522 Rdnr. 6.
[719] Zu den Ausnahmen siehe für das spanische Recht Art. 465.3 Abs. 1 LEC, für das deutsche Recht § 538 Abs. 2 ZPO.

IV. Revision, Kassation und außerordentlicher Rechtsbehelf wegen prozessualer Verstöße

1. Allgemeines

Der spanischen und deutschen Rechtsordnung ist gemeinsam, dass sie eine Anfechtung der zweitinstanzlichen Berufungsurteile zulassen und damit eine dritte Instanz bereithalten. Der fundamentale Unterschied besteht jedoch darin, dass das spanische und deutsche Rechtsmittelsystem dafür unterschiedliche Wege zur Verfügung stellen. Während nach deutschem Recht stets die Revision einzulegen ist, teilt das spanische Recht die Rechtsmittel, die in die dritte Instanz führen, auf die Kassation und den außerordentlichen Rechtsbehelf wegen prozessualer Verstöße auf[720].

2. Statthaftigkeit der Rechtsmittel

a. Anfechtbare Entscheidungen

Sowohl mit der deutschen Revision als auch mit der spanischen Kassation sind die in der Berufungsinstanz erlassenen Endurteile[721] anfechtbar, vgl. § 542 Abs. 1 ZPO und Art. 477.2 LEC. Der spanische außerordentliche Rechtsbehelf wegen prozessualer Verstöße erweitert diesen Kreis auf prozessbeendende Beschlüsse der Berufungsgerichte, s. Art. 468.1 LEC. Die Übergangsregelung der D.F. 16.ª 1. LEC bindet den außerordentlichen Rechtsbehelf wegen prozessualer Verstöße allerdings an die Kassation an, so dass nach dem momentanen Regime im Ergebnis doch nur Urteile zur Überprüfung in die dritte Instanz gelangen können. Das deutsche Rechtsmittelsystem kennt darüber hinaus die Sprungrevision des § 566 ZPO, die es unter bestimmten Voraussetzungen erlaubt, auch erstinstanzliche Endurteile mit der Revision anzugreifen. Im spanischen Recht existiert eine solche Möglichkeit seit der Reform durch die LEC 2000 nicht mehr[722].

b. Zulassungskriterien

Beiden Rechtsordnungen ist gemeinsam, dass sie die den Zugang zur dritten Instanz einschränken, indem sie die Zulassung von bestimmten Kriterien abhängig machen. Für die endgültige Regelung des außerordentlichen Rechtsbehelfs wegen prozessualer Verstöße gilt diese Aussage zwar nicht, da es hier nur auf die Geltendmachung der in Art. 469.1 LEC genannten Verfahrensverstöße an-

---

[720] Siehe dazu schon S. 281.

[721] Der spanische Gesetzestext spricht zwar lediglich von „Urteilen". Im spanischen Prozess ergeht ein Urteil gemäß Art. 206.2.2.ª LEC aber nur, wenn damit die Instanz beendet wird. Zwischenfragen werden immer durch Beschluss entschieden, vgl. Art. 393.4 LEC. Siehe dazu Banacloche Palao/Rosende Villar, S. 739.

[722] Siehe dazu bereits Fn. 704.

kommt[723]. Nach der Übergangsregelung in Form der 16. Schlussbestimmung zur LEC ist der außerordentliche Rechtsbehelf wegen prozessualer Verstöße zum momentanen Zeitpunkt aber nur möglich, wenn gegen die Entscheidung auch die Kassation zulässig ist, s. D.F. 16.ª 1. und 1.2.ª LEC. Insofern gibt es im derzeitigen spanischen Prozess keinen schrankenlosen Zugang zur dritten Instanz. Eine auffallende Ähnlichkeit besteht in der Absicht der jeweiligen Gesetzgeber, die Zulassungseinschränkungen so auszugestalten, dass grundsätzlich jedes Urteil – unabhängig von der wirtschaftlichen Bedeutung der Sache – in die dritte Instanz gelangen kann[724]. Die Gesetzgeber reagierten damit auf eine Situation, die von einer Dominanz der Wertrevisionen bzw. -kassationen geprägt war[725]. Allerdings schlugen sie zur Änderung des unerwünschten status quo unterschiedliche Wege ein. Während der deutsche Gesetzgeber das Zulassungskriterium des wirtschaftlichen Wertes der Beschwer völlig abgeschafft hat, behielt der spanische Gesetzgeber den Streitwert als alternatives Kriterium bei[726]. So liegt der größte Unterschied zwischen dem reformierten deutschen Revisions- und dem spanischen Kassationsverfahren nunmehr darin, dass es sich beim deutschen um eine reine Zulassungsrevision handelt, wohingegen das spanische ein gemischtes Zugangssystem aufweist. Nach spanischem Recht sind Urteile mit der Kassation anfechtbar, die zum zivilrechtlichen Schutz von Grundrechten ergangen sind, deren Streitwert 150.000 € übersteigt oder die ein Kassationsinteresse aufweisen, vgl. Art. 477.2 LEC. Ein Kassationsinteresse ist gemäß Art. 477.3 LEC (pauschal gesprochen) dann gegeben, wenn Rechtsprechungsdivergenzen bestehen oder wenn Normen zur Anwendung gekommen sind, die noch nicht länger als fünf Jahre in Kraft sind. Im deutschen Recht fehlt, wie erwähnt, das Kriterium des Wertes völlig. Mit § 543 Abs. 2 Nr. 2 Alt. 2 ZPO (Sicherung einer einheitlichen Rechtsprechung) weist es ein Kriterium auf, das sich mit dem spanischen Recht deckt (Rechtsprechungsdivergenzen). Die Fallgruppe des § 543 Abs. 2 Nr. 2 Alt. 1 ZPO (Fortbildung des Rechts) lässt sich zumindest in etwa mit der spanischen Fallgruppe, die eine Kassation bei Normen zulässt, die noch nicht länger als fünf Jahre in Kraft sind, in Verbindung bringen. Auch dort dürfte u.a. der Gedanke zu Grunde liegen, dass gerade bei jungen Normen eine Fortbildung des Rechts durch die Rechtsprechung erforderlich ist[727]. Ein Vorteil dieser spanischen Regelung ist darin zu sehen, dass neue Normen, bei denen

---

[723] Siehe zu den möglichen Anfechtungsgründen den ersten Teil S. 132.
[724] Vgl. für den spanischen Gesetzgeber EM LEC XIV.4 ff.; für den deutschen Gesetzgeber Bundestagsdrucksache 14/4722, S. 66.
[725] Siehe zum alten spanischen Recht den ersten Teil S. 154; zum alten deutschen Recht S. 272.
[726] Hervorzuheben ist, dass das spanische Wertkriterium ausweislich des Wortlauts von Art. 477.2.2.° LEC auf den Streitwert der Sache abstellt, während es gemäß § 546 Abs. 1 ZPO a.F. auf den Wert der Beschwer ankam.
[727] In diesem Sinne wohl EM LEC XIV.10. Vgl. dazu auch Bonet Navarro, Recursos, S. 226, der einen weiteren Grund für die betreffende Regelung nennt. Sie sei auch deshalb erforderlich, weil bei neuen Normen keine divergierende Rechtsprechung existieren könne und daher das Kriterium der Rechtsprechungsdivergenzen nicht greife.

häufig und typischerweise Interpretationsbedarf durch die Rechtsprechung besteht, einer umfassenden und uneingeschränkten höchstrichterlichen Würdigung zugeführt werden können. Zudem stellt sie ein Kriterium auf, das äußerst einfach zu handhaben ist. Problematisch an ihr könnte allerdings sein, dass sie im Zusammenhang mit neuen Normen die Vorlage von jedweder Frage zulässt. Dies könnte dazu führen, dass sich der Gerichtshof mit Revisionen befassen muss, die von den Parteien beispielsweise lediglich aus taktischen Gründen eingelegt worden sind und damit gerade nicht mit Revisionen, die der Rechtsfortbildung zugute kommen. In verstärktem Maße bei zentralen und weit reichenden Gesetzesreformen dürfte dies eine hohe Belastung des Obersten Gerichtshofs bewirken. Des Weiteren könnte es im Sinne der Rechtsfortbildung nachteilig sein, dass die Grenze von fünf Jahren eine absolute ist. Stellen sich bestimmte Rechtsfragen erst danach[728], kommt eine höchstrichterliche Klärung nur noch dann in Betracht, wenn ein anderes Zulassungskriterium eingreift. Hier ist die deutsche Regelung offener und flexibler, da sie auch ältere Normen erfasst. Das Kriterium der grundsätzlichen Bedeutung (§ 543 Abs. 1 Nr. 1 ZPO) ist dem spanischen Recht nicht bekannt.

3. Zuständigkeit

Die Zuständigkeit zur Entscheidung über die Revision bzw. Kassation liegt in beiden Ländern beim Obersten Gerichtshof: In Spanien gemäß Art. 478.1 Abs. 1 LEC beim Tribunal Supremo, in Deutschland gemäß § 133 GVG beim Bundesgerichtshof. Der außerordentliche Rechtsbehelf wegen prozessualer Verstöße muss nach der von der LEC entworfenen Regelung allerdings bei den spanischen Obergerichten (Tribunales Superiores de Justicia) eingelegt werden, vgl. Art. 468.1 LEC. Gerade diese organisatorische Maßnahme sollte zu einer spürbaren Entlastung des überbeanspruchten Tribunal Supremo führen und damit die Rechtsmittelverfahren in dritter Instanz insgesamt verkürzen. Mangels einer Änderung des Gerichtsverfassungsgesetzes liegt die Zuständigkeit für den außerordentlichen Rechtsbehelf wegen prozessualer Verstöße derzeit aber ebenfalls beim Tribunal Supremo, s. D.F. 16.ª 1.1.ª LEC.

4. Inhaltliche Ausgestaltung

Sowohl nach spanischem als auch nach deutschem Recht findet in der dritten Instanz grundsätzlich nur eine Rechtskontrolle hinsichtlich der angefochtenen

---

[728] Dies scheint nicht ausgeschlossen zu sein, da die zeitliche Grenze von fünf Jahren nicht allzu großzügig bemessen ist. Nach der Rechtsprechung des Tribunal Supremo dürfen zwischen dem In-Kraft-Treten der Norm und dem Erlass des angefochtenen Urteils maximal fünf Jahre vergangen sein (s. im ersten Teil S. 149 ff.). Dies bedeutet, dass die Streitigkeit innerhalb dieses Zeitraums überhaupt entstanden und das diesbezügliche Verfahren in der zweiten Instanz bereits beendet sein muss.

Entscheidung statt[729]. Tatsachenentscheidungen fallen damit in der Regel in beiden Rechtsordnungen aus der höchstrichterlichen Überprüfung heraus. Auch neue Tatsachen und neue Ansprüche können grundsätzlich weder in Spanien noch in Deutschland vorgebracht werden[730].
In Spanien besteht die Besonderheit, dass sich die Rechtskontrolle auf zwei verschiedene Wege aufteilt. Wenn eine Verletzung des materiellen Rechts geltend gemacht wird, ist die Kassation zum Tribunal Supremo das richtige Rechtsmittel, s. Art. 477.1 LEC; bei einer Verletzung des Prozessrechts ist hingegen der außerordentliche Rechtsbehelf wegen prozessualer Verstöße beim Tribunal Superior de Justicia einzulegen, s. Art. 469 LEC[731].

5. Verfahrensablauf

a. Fristen

Wie schon im Berufungsverfahren lässt sich im Rahmen des Revisions- bzw. Kassationsverfahrens feststellen, dass das spanische Recht kürzere und weniger flexible Fristen als das deutsche Recht festsetzt. Im spanischen Prozess muss die Kassation innerhalb von fünf Tagen eingereicht (Art 479.1 LEC) und innerhalb von 20 Tagen ab der gerichtlichen Entscheidung über die ordnungsgemäße Einreichung eingelegt und begründet werden (Art. 481.1 LEC). Nach Zustellung der Kassationsschrift hat der Kassationsbeklagte gemäß Art. 485.1 LEC 20 Tage Zeit, um auf die Kassationsklage zu erwidern. Identische Fristen gelten für den außerordentlichen Rechtsbehelf wegen prozessualer Verstöße[732]. Im deutschen Prozess hingegen hat der Rechtsmittelführer einen Monat ab Zustellung des Urteils Zeit, die Revision einzulegen (§ 548 ZPO) und grundsätzlich zwei Monate ab Urteilszustellung, um sie zu begründen (§ 551 Abs. 2 S. 2 ZPO). Die Begründungsfrist kann nach Maßgabe des § 551 Abs. 2 S. 5 und 6 ZPO auch verlängert werden. Neben den Fristen für die Parteien setzt das spanische Kassationsrecht auch dem Gericht zeitliche Grenzen. Nach Art. 486.1 LEC muss die mündliche Verhandlung innerhalb eines Monats nach Ablauf der Frist zur Erwiderung auf die Kassation stattfinden und nach Art. 487.1 LEC hat die Urteilsfällung innerhalb von 20 Tagen nach Beendigung der letzten mündlichen Verhandlung zu erfolgen. Entsprechende Regelungen finden sich beim außerordentlichen Rechtsbehelf wegen prozessualer Verstöße[733]. Das deutsche Recht kennt derarti-

---

[729] Siehe für das spanische Recht Bonet Navarro, Recursos, S. 130, für das deutsche Recht Grunsky, Rdnr. 221.
[730] Vgl. näher zum spanischen Recht den ersten Teil S.143; zum deutschen Recht s. S. 277.
[731] Bonet Navarro, Recursos, S. 211.
[732] Siehe dazu den ersten Teil S. 133 ff.
[733] Siehe dazu den ersten Teil S. 133 ff.

ge spezielle Fristen, die sich an das Gericht wenden, auch im Rahmen des Revisionsverfahrens nicht[734].

b. Mündliche Verhandlung

Unterschiede bestehen hinsichtlich der Notwendigkeit der Durchführung einer mündlichen Verhandlung. Nach spanischem Recht kann unter bestimmten Voraussetzungen auf eine mündliche Verhandlung verzichtet werden. Sie findet im Rahmen des Kassationsverfahrens gemäß Art. 486.2 LEC nur statt, wenn alle Parteien eine Verhandlung beantragt haben oder das Gericht eine solche zur besseren Entscheidungsfindung für erforderlich hält. Beim außerordentlichen Rechtsbehelf wegen prozessualer Verstöße ist nach Art. 475.2 LEC eine mündliche Verhandlung durchzuführen, wenn ein Beweis aufzunehmen ist oder das Gericht eine Verhandlung zur besseren Entscheidungsfindung für erforderlich hält. Nach deutschem Recht ist bei zulässiger Revision immer ein Termin zur mündlichen Verhandlung zu bestimmen, § 553 Abs. 1 ZPO.

6. Entscheidungen des Gerichts

a. Über die Zulassung des Rechtsmittels

Im spanischen Recht entscheidet zunächst das Berufungsgericht darüber, ob die Erfordernisse einer ordnungsgemäßen Vorbereitung der Kassation erfüllt sind, Art. 480.1 Satz 1 LEC . Gegen den Beschluss des Berufungsgerichts, der die Kassation als unzulässig verwirft, kann Beschwerde zum Kassationsgericht gemäß §§ 494, 495 LEC eingelegt werden, s. Art. 480.1 S. 2 und 3 LEC. Der Beschluss, mit dem das Kassationsgericht endgültig (positiv oder negativ) über die Zulassung der Kassation entscheidet, ist nach § 483.5 LEC nicht anfechtbar. Das Verfahren, mit dem der außerordentliche Rechtsbehelf wegen prozessualer Verstöße geltend gemacht wird, läuft entsprechend ab[735]. Im deutschen Recht befindet grundsätzlich das Berufungsgericht innerhalb seines Berufungsurteils über die Zulassung der Revision, an die das Revisionsgericht gebunden ist, s. § 543 Abs. 1 Nr. 1, Abs. 2 S. 2 ZPO[736]. Lässt das Berufungsgericht die Revision nicht zu, kann allerdings Nichtzulassungsbeschwerde zum Bundesgerichtshof gemäß

[734] Ausgenommen davon ist die allgemeine Frist des § 310 Abs. 1 S. 2 zur Urteilsverkündung, siehe dazu oben unter Fn. 258. § 553 Abs. 2 i.V.m. § 274 Abs. 3 ZPO bestimmt im umgekehrten Sinne, dass zwischen der Bekanntmachung des Termins und der mündlichen Verhandlung eine Frist von mindestens zwei Wochen einzuhalten ist.

[735] Siehe dazu im ersten Teil S. 133 ff.

[736] Äußert sich das Berufungsurteil nicht über die Zulassung der Revision, ist die Zulassung abgelehnt, s. Thomas/Putzo/Reichold, § 543 Rdnr. 6; Zöller/Gummer, § 543 Rdnr. 4. Gleichwohl sollte auch die Nichtzulassung explizit ausgesprochen und im Hinblick auf eine mögliche Nichtzulassungsbeschwerde kurz begründet werden; in diesem Sinne Thomas/Putzo/Reichold, aaO, aA Musielak/Ball, § 543 Rdnr. 14.

§§ 543 Abs. 1 Nr. 2, 544 eingelegt werden. Im Ergebnis kann damit nach beiden Rechtsordnungen das Rechtsmittelgericht über die endgültige Zulassung des Rechtsmittels entscheiden. Im spanischen Prozess erfolgt diese Entscheidung aber im normalen Verfahrensgang des Rechtsmittelverfahrens, während im deutschen Prozess der Weg zum Revisionsgericht nur über das Rechtsmittel der Nichtzulassungsbeschwerde führt.

b. Über das zugelassene Rechtsmittel

In beiden Rechtsordnungen ist in der Regel durch Urteil über das Rechtsmittel zu entscheiden. Im Verfahren des spanischen außerordentlichen Rechtsbehelfs wegen prozessualer Verstöße kann aber nach Art. 473.2.2.ª LEC bereits im Rahmen des Zulassungsverfahrens ein abweisender Beschluss erlassen werden, wenn dem Rechtsmittel offensichtlich die Grundlage fehlt[737].
Bezüglich des Inhalts der Entscheidung bei erfolgreicher Rechtsmitteleinlegung bestehen Unterschiede. Im spanischen Kassationsverfahren hebt der Tribunal Supremo die angefochtene Entscheidung auf und befindet selbst in der Sache, Art. 487.2 und 3 LEC. Eine Zurückverweisung findet also nicht statt[738]. Beim außerordentlichen Rechtsbehelf wegen prozessualer Verstöße hingegen erfolgt neben einer Aufhebung der angefochtenen Entscheidung eine Zurückverweisung an das Ausgangsgericht, wo das Verfahren vor den Zeitpunkt des prozessualen Verstoßes zurückversetzt und fortgeführt wird, Art. 476.2 LEC. Auch im deutschen Recht ist die Zurückverweisung gemäß § 563 Abs. 1 S. 1 ZPO der Normalfall. Nur ausnahmsweise – wenn keine neuen Tatsachen festgestellt werden müssen[739] – kann das Revisionsgericht selbst in der Sache entscheiden, § 563 Abs. 3 ZPO.

7. Stellungnahme

Der beachtenswerteste Unterschied zwischen der spanischen und deutschen Ausgestaltung der dritten Instanz liegt darin, dass das spanische Recht zwei unterschiedliche Wege für prozessuale und materiell-rechtliche Verstöße vorsieht, während das deutsche Recht nur den einen Weg der Revision kennt. Ob eine derartige Aufteilung der dritten Instanz unter prozessökonomischen Aspekten sinnvoll ist, ist fraglich. Der spanischen Regelung liegt hauptsächlich der organisatorische Gedanke zu Grunde, den Geschäftsanfall vom stark belasteten Obersten Gerichtshof auf die weniger stark belasteten Obergerichte zu verlagern und dadurch eine Beschleunigung der Rechtsmittelverfahren zu erzielen. Der Preis dafür ist freilich, dass ein weiteres Rechtsmittel in Form des „recurso en interés de la ley“ bereitgestellt werden muss, um die notwendige Einheit der

---

[737] Näher dazu im ersten Teil S. 133 ff.
[738] Gimeno Sendra, Proceso Civil Práctico, Band VI, 1 – 395.
[739] Baumbach/Albers, § 563 Rdnr. 11.

Rechsprechung bezüglich prozessualer Fragen sicherzustellen. Es ist also durchaus zu befürchten, dass die Regelung der LEC in Teilen eher zu einer Verkomplizierung des Verfahrens bei der Geltendmachung von prozessualen Verstößen führen wird. Diesbezügliche praktische Erkenntnisse existieren momentan allerdings mangels des vollständigen In-Kraft-Tretens des endgültigen Rechtsmittelsystems noch nicht. Verfolgt man wie die LEC einen organisatorischen Ansatz, drängt sich aber jedenfalls die Frage auf, warum nicht gleich Arbeitskräfte von den Obergerichten hin zum Obersten Gerichtshof verlagert werden.

Weitere, über den geschilderten organisatorischen Ansatz hinausgehende Motive für eine Differenzierung zwischen prozessualen und materiell-rechtlichen Verstößen scheinen für den spanischen Gesetzgeber keine Rolle gespielt zu haben. Eine theoretisch denkbare Rechtfertigung für eine derartige Aufteilung könnte aber zum Beispiel darin gesehen werden, dass der Zweck eines Rechtsmittels bei Verstößen gegen das Prozessrecht ein anderer ist als bei Verstößen gegen das materielle Recht. Beim Zweitgenannten geht es hauptsächlich um die Rechtseinheit und Rechtsfortbildung, während beim Erstgenannten die Kontrolle der Vorinstanz im Vordergrund steht. Gleichwohl wird aber auch bei prozessrechtlichen Verstößen letztlich immer ein Bedürfnis nach einer vereinheitlichenden letzten Instanz bestehen, die für das Prozessrecht verbindliche Leitlinien vorgibt. Insofern erscheint es gerade unter prozessökonomischen Gesichtspunkten sehr fraglich, ob eine Aufteilung der dritten Instanz vorgenommen werden sollte.

Weiterhin ist auffällig, dass der deutsche Gesetzgeber die Wertrevision vollständig aufgegeben hat, während der spanische Gesetzgeber den Wert der Streitsache noch als alternatives Zugangskriterium beibehält. Da der Wert von 150.000 € im spanischen Kassationsverfahren jedoch recht hoch ist, dürfte sich dieser Unterschied in vielen Fällen allerdings nicht bemerkbar machen. Das Zugangssystem beider Rechtsordnungen, das generell jedem Urteil den Weg zur dritten Instanz eröffnen möchte, dürfte aber im Hinblick auf die Belastung der Obersten Gerichtshöfe problematisch sein. Eine Reform, die auf der einen Seite den Rechtsschutz verbessern möchte und auf der anderen Seite die Gerichte entlasten soll, ist schwerlich möglich. Die in Spanien und Deutschland eingeführten Zulassungskriterien erscheinen auch nur bedingt geeignet, den Zugang zur dritten Instanz zu begrenzen. Erste praktische Erfahrungen mit dem neuen deutschen Revisionszulassungsrecht bestätigen dies. Der deutsche Bundesgerichtshof führt hierzu aus, dass die Neugestaltung des Zugangs zur Revisionsinstanz und die tief greifenden strukturellen Veränderungen im Beschwerderecht zu einem beträchtlichen Anstieg der Eingänge geführt haben[740].

[740] Tätigkeitsbericht des BGH für das Jahr 2002, abrufbar im Internet unter www.bundesgerichtshof.de.

Wie schon im Berufungsverfahren setzt das spanische Recht den Parteien kürzere Fristen. Zudem legt es im Vergleich zum deutschen Recht einen größeren Wert auf Fristen, die das Gericht zu beachten hat. Auch die Möglichkeit, auf eine mündliche Verhandlung zu verzichten, ist lediglich dem spanischen drittinstanzlichen Prozess bekannt. Insofern zielt der spanische Gesetzgeber stärker auf ein beschleunigtes Verfahren. Im Zuschnitt der Rechtsmittel existieren kaum Unterschiede. In beiden Rechtsordnungen dient die dritte Instanz der rechtlichen Überprüfung der angefochtenen Entscheidung; Tatsachenfragen werden nicht erörtert.

Schlussbetrachtung

Der Vergleich des reformierten spanischen und deutschen Zivilprozessrechts hat Gemeinsamkeiten, aber auch Unterschiede zu Tage gefördert. Insgesamt kann festgehalten werden, dass sich der spanische Zivilprozess dem deutschen durch die Reform angenähert hat. Dies kommt insbesondere in der konsequenten Hinwendung zu den Verfahrensprinzipien der Mündlichkeit und Unmittelbarkeit und in der Stärkung der Richterstellung zum Ausdruck. Auch die Grundstruktur der Prozesse ist vergleichbar. Die jetzige Grundstruktur des spanischen Prozesses wurde zwar schon durch die Prozessreform des Jahres 1984 eingeführt, erfuhr aber erst durch die neuerliche Reform die für die praktische Akzeptanz erforderlichen Rahmenbedingungen[1]. Somit verfügt die spanische Rechtsordnung mittlerweile über einen Prozess, dessen äußerer Ablauf dem deutschen in etwa entspricht und mit dem altehrwürdigen „solemnis ordo iudiciarius" des römisch-kanonischen Rechts, der durch seine Schriftlichkeit, Förmlichkeit und Schwerfälligkeit geprägt war, nicht mehr viel gemeinsam hat. Auf dem Weg der Entwicklung von einem schriftlich dominierten hin zu einem mündlichen Prozess waren sicherlich mehrere Faktoren bedeutsam. Zunächst sind die Gründe für die Reform in Spanien selbst zu suchen. Hier ist vor allem die überlange Verfahrensdauer zu nennen. Äußere Einflüsse sind bei der Entscheidung für bestimmte Regelungsinhalte aber ebenfalls nicht von der Hand zu weisen. Speziell in Bezug auf Deutschland lässt sich eine direkte Normenrezeption im Rahmen der Reform durch die LEC 2000 zwar nicht erkennen[2]. Gleichwohl kann festgestellt werden, dass das reformierte spanische Prozessrecht sich nunmehr stark den Prinzipien der Mündlichkeit, Öffentlichkeit, Unmittelbarkeit und der Konzentration zuwendet, die den deutschen Zivilprozess schon seit langem prägen. Insofern ist diesbezüglich zumindest von einem gewissen deutschen Einfluss auszugehen[3]. Gleiches kann wohl vom deutschen „Systemdenken" gesagt werden[4]. Die neue spanische Prozessordnung macht einen deutlich „geordneteren" und systematischeren Eindruck als ihre Vorgängerin. Ein äußeres Zeichen dafür ist schon allein die Tatsache, dass die neue LEC nur noch 827 Artikel aufweist, während die alte 2182 Artikel benötigte und damit sicherlich eine der umfang-

---

[1] Wie gezeigt, wurde das Vorverfahren bisher häufig gar nicht oder nicht in der gesetzlich vorgeschriebenen Form durchgeführt, vgl. Magro Servet, La Ley 2000, 1684, 1685.

[2] Siehe dazu auch de Miguel y Alonso in: Das deutsche Zivilprozessrecht und seine Ausstrahlung auf andere Rechtsordnungen, 338, 379 f., der darauf hinweist, dass auch in der Vergangenheit eine direkte Normenrezeption „praktisch inexistent" war.

[3] So auch de Miguel y Alonso, aaO, 386 hinsichtlich der bereits teilweise erfolgten Übernahme dieser Prinzipien in den spanischen Zivilprozess in der Vergangenheit. De Miguel y Alonso weist allerdings darauf hin, dass sich das deutsche Gedankengut vornehmlich über Italien nach Spanien (und Lateinamerika) verbreitet hat. In diesem Sinne auch Stürner in: Das deutsche Zivilprozessrecht und seine Ausstrahlung auf andere Rechtsordnungen, 3, 16 (die italienische Prozessualistik habe die Brücke nach Spanien, Portugal und Südamerika geschlagen).

[4] Dazu Stürner, aaO, 30, 40.

reichsten Zivilprozessordnungen der Welt war[5]. Jenseits der Frage der Einflüsse muss schließlich festgehalten werden, dass die spanische Prozessrechtswissenschaft dem deutschen Rechtsraum wesentlich mehr Aufmerksamkeit schenkt als dies umgekehrt der Fall ist[6]. Da der spanische Prozess, wie gezeigt, einige interessante Neuerungen anzubieten hat, ist dies eine bedauernswerte Diagnose.

Trotz der Gemeinsamkeiten existieren auch wesentliche Unterschiede zwischen dem spanischen und deutschen Zivilprozess. Das deutsche Zivilprozessrecht weist insbesondere eine deutlich höhere Flexibilität und Elastizität auf. Dies zeigt sich bereits bei den Verfahrensprinzipien der Unmittelbarkeit und Mündlichkeit. Das spanische Recht versucht, diese Prinzipien möglichst in voller Reinheit zu verwirklichen, indem es nur in den seltensten Fällen eine Ausnahme hiervon zulässt. Dies ist häufig gerade unter dem Aspekt der Beschleunigung des Verfahrens problematisch. Vielfach wird sich nämlich die allzu strenge Handhabung der Prinzipien verfahrensverzögernd auswirken. Wenn zum Beispiel alle entscheidenden Richter ausnahmslos das gesamte Verfahren miterlebt haben müssen, kann dies nicht im Sinne der Prozessökonomie sein[7]. Für das spanische Recht wäre also überlegenswert, die Aufnahme der im deutschen Recht bekannten Ausnahmen vom Mündlichkeits- und Unmittelbarkeitsprinzip in Erwägung zu ziehen. Eine deutlich größere Flexibilität des deutschen Rechts ist auch bei der konkreten Verfahrensausgestaltung festzustellen. Der deutsche Richter verfügt im Hinblick auf die Vorbereitung des Verfahrens – schriftliches Vorverfahren oder früher erster Termin, Maßnahmen nach § 273 ZPO – über wesentlich größere Spielräume als sein spanischer Kollege. Auch während des Prozesses ist sein Ermessen höher. Beispielsweise kann er seiner Einschätzung der Prozesssituation entsprechend in jeder Lage des Verfahrens auf eine gütliche Einigung hinwirken. Das spanische Recht verweist den Richter hingegen auf zwei festgelegte Zeitpunkte im Rahmen des mündlichen Vorverfahrens. Auch hier wäre eine Übernahme der deutschen Regelung in das spanische Recht zu überlegen[8]. Ein weites richterliches Ermessen ist im Hinblick auf die Beschleu-

---

[5] Vgl. dazu Miras, ZEuP 1995, 242, 246, der zutreffend darauf hinweist, dass auf Grund der mangelnden Systematik der alten LEC viele ähnliche Vorschriften an verschiedenen Stellen wiederholt werden mussten. Freilich muss bei der reduzierten Anzahl der Artikel berücksichtigt werden, dass verschiedene Materien aus der neuen LEC ausgelagert wurden (so im Falle des Konkursrechts) bzw. noch ausgelagert werden sollen (so im Falle der Vorschriften über die Freiwillige Gerichtsbarkeit; bis zum Erlass eines neuen Gesetzes über die Freiwillige Gerichtsbarkeit gelten die Vorschriften der LEC 1881 weiter, vgl. dazu den ersten Teil, 1. Abschnitt, B, S. 21).

[6] So auch Stürner, aaO, 32. Beispielsweise wurde die deutsche Zivilprozessreform in der wichtigsten spanischen Prozessrechtszeitschrift durch García-Rostán Calvín, Tribunales de Justicia April 2003, S. 21 ff. umfassend gewürdigt.

[7] Bei neu eintretenden Richtern muss damit das gesamte Verfahren wiederholt werden, siehe dazu bereits oben im zweiten Teil S. 174.

[8] Eine Übernahme der Regelung über die obligatorische Güteverhandlung (§ 278 Abs. 2 ZPO) ist aber abzulehnen. Zu den Argumenten siehe im zweiten Teil S. 199.

nigung allerdings nicht nur positiv zu sehen, da es sich nicht per se beschleunigungsfördernd auswirkt. Eine größere richterliche Freiheit kann zwar zu einer am konkreten Fall ausgerichteten optimierten Verfahrensgestaltung genutzt werden, sie kann aber auch zu einer „gemächlicheren" Fallbearbeitung verleiten. Zudem besteht eine wichtige Funktion des Verfahrensrechts gerade darin, eine Bindung des richterlichen Handelns herbeizuführen und damit zur Vorhersehbarkeit und Gerechtigkeit des Verfahrens beizutragen. Vor diesem Hintergrund sind die zahlreichen spanischen Regelungen zu begrüßen, die dem Gericht Fristen setzen, innerhalb derer es bestimmte Verfahrenshandlungen vorzunehmen hat. Diese Regelungen sind bei einem Verstoß zwar lediglich mit schwachen Sanktionen versehen[9], sie legen aber gleichwohl einen zeitlichen Rahmen fest, an dem sich die Prozessbeteiligten orientieren werden. Bei einer Nichtbeachtung der Fristen wird das Gericht deutlich stärker in Rechtfertigungszwang geraten als dies ohne gesetzliche Vorgabe der Fall ist. Insofern könnte in Betracht gezogen werden, auch in das deutsche Recht vermehrt Fristen aufzunehmen, die an das Gericht gerichtet sind[10]. Ein weiteres symptomatisches Beispiel im Zusammenhang mit der Flexibilität des Verfahrens ist die Art und Weise, wie die beiden Rechtsordnungen die Zurückweisung von verspätetem Parteivorbringen regeln. Das spanische Präklusionssystem arbeitet mit Verfahrensabschnitten, denen festgelegte Parteihandlungen zugewiesen sind. Diese Technik macht die Präklusion äußerst starr und nicht dehnbar. Das deutsche Modell basiert hingegen auf einer allgemeinen Prozessförderungspflicht und (in der Praxis wichtiger) auf gerichtlichen Fristen. Dies macht die Anwendung der Präklusion deutlich flexibler und elastischer als im spanischen Recht. Welches der beiden Systeme im Hinblick auf die Beschleunigung des Verfahrens vorzugswürdig ist, lässt sich allgemeingültig nicht beantworten. Teilweise wird das rigorose spanische System effektiver wirken, teilweise das auf den Einzelfall anpassbare deutsche System.

---

[9] Denkbar wären disziplinarrechtliche Maßnahmen nach Art. 418.10 und 419.3 LOPJ. Diese Maßnahmen spielen in der spanischen Praxis aber kaum eine Rolle.

[10] Bislang kennt das deutsche Recht, wie gezeigt, lediglich die dreiwöchige Frist des § 310 Abs. 1 S. 2 ZPO zur Urteilsverkündung. Die Festsetzung einer Sanktionierung bei einem Verstoß gegen eine Frist (sofern man eine Sanktionierung überhaupt für wünschenswert hält) gestaltet sich jenseits der disziplinarrechtlichen Maßnahmen schwierig, da viele Maßnahmen reflexartig auch die eine oder andere Partei nachteilig treffen werden. Denkbar wären Gebührennachlässe für die Parteien, die auf Grund des Obsiegensprinzips in manchen Fällen freilich nur einer Partei zugute kommen werden. Rechtsbehelfe gegen eine zu langsame Arbeitsweise des Gerichts erscheinen dagegen in den wenigstens Fällen sinnvoll. Über einen Rechtsbehelf wegen zu später Terminierung wird in aller Regel nicht so schnell entschieden werden können, dass die gesetzlich vorgesehenen Fristen noch eingehalten werden. Bei einem Rechtsbehelf wegen zu später Urteilsverkündung stellt sich das Problem, dass alleine die Verspätung im Normalfall zu keinem fehlerhaften Urteil führt. Eine gesetzliche Anordnung, die in einem solchen Fall die Aufhebung des Urteils verlangte, ist aber abzulehnen, da sie ihrerseits gegen die Grundsätze der Prozessökonomie verstieße und damit dem Ziel der Prozessbeschleunigung gerade entgegenwirkte.

Beim Mahnverfahren handelt es sich um einen von dieser Arbeit umfassten Bereich des Zivilprozessrechts, bei dem eine europäische Regelbildung ausdrücklich zu begrüßen und zu wünschen ist. Gegenstand der Diskussion bei der Schaffung eines europäischen Mahnverfahrens wird in nächster Zeit sein, wie ein solches konkret auszugestalten ist[11]. Der zentrale Punkt dieser Diskussion wird dabei auf der Frage liegen, welchem europäischen Grundmodell gefolgt wird. Hierbei präsentieren die spanische und die deutsche Rechtsordnung die beiden in Europa existierenden gegensätzlichen Grundmodelle. Das spanische Modell ist gekennzeichnet durch eine Beweisobliegenheit des Antragstellers in Form der Urkundenvorlage und einer Schlüssigkeitsprüfung durch das Gericht. Das deutsche Modell verzichtet hingegen auf einen Nachweis des Anspruchs und eine rechtliche Überprüfung der geltend gemachten Forderung. Im Abschnitt über das Mahnverfahren wurde versucht, auf der Basis einer Analyse der Vor- und Nachteile der genannten Grundmodelle einen Vorschlag für ein europäisches Mahnverfahren zu erarbeiten und so einen Beitrag zur europäischen Regelbildung zu leisten. Zu befürworten wäre nach der hier vertretenen Auffassung ein Mahnverfahren, das auf eine Urkundenvorlage und eine gerichtliche Überprüfung verzichtet. Nur auf diese Weise lässt sich in weitem Umfang eine maschinelle Bearbeitung ermöglichen und der gewünschte Gewinn an Effektivität und Entlastung der richterlichen Arbeitskraft erreichen. Ob ein derartiges Modell durchsetzbar ist, bleibt freilich abzuwarten. Insbesondere die Tatsache, dass ein vollstreckungsfähiger Titel ohne vorherige gerichtliche Kontrolle erlangt werden kann, dürfte mit den Vorstellungen vorwiegend der romanischen Rechtskreise, die in der Mehrzahl dem Urkundenmodell folgen, nicht leicht in Einklang zu bringen sein.

Die beim Mahnverfahren angesprochene europäische Dimension fehlt im Rechtsmittelrecht. Gleichwohl lassen sich in Spanien und Deutschland gemeinsame Grundentscheidungen und Tendenzen ausmachen. Der Zuschnitt der Berufung ist in beiden Rechtsordnungen gleich. Sie ist – nunmehr auch im deutschen Recht – ein Instrument der Fehlerkontrolle und keine volle zweite Tatsacheninstanz. Diese Ausgestaltung ist unter prozessökonomischen Gesichtspunkten vorteilhaft. Bei den Reformen der Kassation bzw. Revision ist auffällig, dass beide Gesetzgeber bestrebt waren, jedem Urteil, unabhängig von der Höhe des Streitwertes, den Zugang zur dritten Instanz zu ermöglichen. Der deutsche Gesetzgeber war hier mit der völligen Aufgabe der Wertrevision allerdings radikaler als der spanische. Der rechtspolitisch begrüßenswerte Ansatz, einem möglichst großen Kreis den Zugang zur dritten Instanz zu eröffnen, läuft jedoch Gefahr, die höchsten Gerichte zu überlasten. Dem kann nur durch die Bereitstellung von einschränkenden Zulassungskriterien vorgebeugt werden. Dass diese allerdings

[11] Die Wahrscheinlichkeit, dass ein europäisches Mahnverfahren überhaupt eingeführt wird, erscheint relativ groß, da die Kommission mit ihrem Grünbuch über das Mahnverfahren bereits konkrete Schritte auf dem Weg dorthin eingeleitet hat. Mithin stellt sich mittlerweile weniger die Frage des „ob“ als die des „wie“.

nicht immer leicht zu handhaben sind, zeigen nicht zuletzt die Interpretationsschwierigkeiten bei den Zulassungskriterien der Revision in Deutschland.

Will man abschließend ein Urteil über die jeweiligen Prozessreformen fällen, kann Folgendes festgestellt werden:

Die spanische Reform hat dem Zivilprozess tief greifende Veränderungen gebracht und ihn umfassend umgestaltet[12]. Nach nunmehr dreijähriger Geltung der neuen Prozessordnung ist der Gesamteindruck äußerst positiv. Die LEC 2000 hat den Spaniern ein modernes Prozessgesetz gebracht, das den europäischen Vergleich in vielerlei Hinsicht nicht scheuen muss und sich auf der Höhe der europäischen Entwicklung befindet. Besonders erfreulich ist, dass das neue Gesetz auch in der Praxis überwiegend wohlwollend aufgenommen wurde. Dies war und ist in einem Land, in der die Diskrepanz zwischen Prozessrecht und Prozessrechtswirklichkeit fast schon zum gerichtlichen Alltag gehörte, ein großer Erfolg. Wie die Praxis bereits gezeigt hat, hat sich die LEC auch positiv auf die Dauer der Prozesse ausgewirkt und wird sich in dieser Hinsicht in Zukunft sicherlich noch stärker bemerkbar machen. Dieses insgesamt positive Urteil bedeutet allerdings nicht, dass nicht an der ein oder anderen Stelle gesetzliche Nachbesserungen erforderlich wären[13]. Die Praxis wird hierfür sicherlich die notwendigen Erkenntnisse bringen.

Für eine abschließende Bewertung der deutschen Prozessreform ist es noch zu früh. Die bisherigen Erfahrungen lassen jedenfalls nicht den Schluss zu, dass die gesetzlichen Veränderungen unter dem Aspekt der Beschleunigung des Verfahrens zu wesentlichen Verbesserungen geführt haben. Dass sich auch der Gesetzgeber noch nicht am Ziel seiner Bemühungen sieht, zeigen die neuesten Gesetzesinitiativen für ein Justizmodernisierungsgesetz[14] und ein Justizbeschleunigungsgesetz[15]. Ein zentrales Anliegen beider Gesetzesentwürfe besteht darin, die Verwertung strafprozessualer Erkenntnisse in anderen Verfahren und damit auch in Zivilverfahren auszuweiten[16].

Die Diskussion, wie das Zivilverfahren möglichst effektiv ausgestaltet werden kann, wird sicherlich weitergeführt werden. Diese Prognose lässt sich allein

---

[12] Zur Verdeutlichung sei nochmals auf die Stärkung der Richterstellung hingewiesen, die dem Gericht auch materielle Leitungsbefugnisse gebracht hat. Vor der Reform durch die LEC 2000 waren „richterliche Hinweis oder gar Aufklärungspflichten undenkbar“ (so Miras, ZEuP 1995, 242, 249).

[13] Vor allem ist der Gesetzgeber gefordert, den momentanen „Schwebezustand“ beim Rechtsmittelrecht schleunigst zu beenden.

[14] BT-Drs. 15/1508.

[15] BT-Drs. 15/1491.

[16] Näher dazu Lange/Müller, ZRP 2003, 410, 411.

schon auf Grund des Kostendrucks in den öffentlichen Haushalten stellen[17]. Hierin liegt aber auch die Gefahr für den Zivilprozess. Wenn das Kostenkriterium bei den jeweiligen Reformen die dominierende Rolle spielt, geraten sachlich angemessene Lösungen leicht aus dem Blick und damit die Qualität der Rechtsprechung in Gefahr. So sehr die Bemühungen um eine Vereinfachung und Beschleunigung des Verfahrens schon im Interesse der Rechtssuchenden zu begrüßen sind, wird daher darauf zu achten sein, dass auch in Zukunft die Mindeststandards eines dem Rechtsstaat angemessenen Verfahrens eingehalten werden.

[17] Kostenverursachende Reformen erscheinen zumindest zum momentanen Zeitpunkt als politisch kaum durchsetzbar. So geben die Entwürfe des Justizmodernisierungsgesetzes (BT-Drs. 15/1508, S. 2) und des Justizbeschleunigungsgesetzes (BT-Drs. 15/1491, S. 2) jeweils an, dass mit den geplanten Veränderungen keine Kostensteigerungen verbunden seien. Vielmehr sollen sich die Reformen, sieht man von einmaligen Ausgaben im organisatorischen Bereich einmal ab, kostenmindernd auswirken.

Literaturverzeichnis

Literatur in spanischer Sprache

Aguilera Morales, Marién, Los recursos extraordinarios: casación, extraordinario de infracción procesal, en interés de la ley y queja (Die außerordentlichen Rechtsmittel: Kassation, außerordentliches Rechtsmittel wegen prozessualer Verstöße, im Interesse des Gesetzes und Beschwerde), Tribunales de Justicia November 2001, S. 15 ff.

Dies., Procedimientos declarativos: reglas para determinar el procedimiento aplicable (Regeln zur Bestimmung des anwendbaren Verfahrens), Tribunales de Justicia Februar 2001, S. 23 ff.

Aragoneses Martínez, Sara, Los procesos declarativos ordinarios. Procesos ordinarios y sus especialidades (Die ordentlichen Erkenntnisverfahren. Ordentliche Prozesse und ihre Besonderheiten), La Ley, Madrid 2000.

Bachmaier Winter, Lorena, La asistencia jurídica gratuita (Die Prozesskostenhilfe), 2. Auflage, Granada 1999.

Dies., Principios y notas cararcterísticas de la regulación de la prueba en el Proyecto de LEC (Prinzipien und charakteristische Merkmale der Regelung des Beweises im Entwurf zur LEC), in: El Proyecto de Ley de Enjuiciamiento Civil, Centro de Estudios Jurídicos de la Administración de Justicia, Madrid 1999, S. 207 ff.

Dies., La rebeldía en el proceso civil norteamericano y español (Die Säumnis im nordamerikanischen und spanischen Zivilprozess), Madrid 1994.

Banacloche Palao, Julio; Rosende Villar, Cecilia, Enjuiciamiento Civil (Der Zivilprozess), Madrid 2003.

Barona Vilar, Silvia, Die Audiencia Previa: Das im neuen spanischen Zivilprozessgesetz geregelte Vorverfahren, ZZPInt 5 (2000), S. 151 ff.

Berzosa, Victoria, Demanda, „causa petendi“ y objeto del proceso (Klage, Klagegrund und Streitgegenstand), Córdoba 1984.

Blasco Gascó, Francisco de Paula, El interés casacional (Das Kassationsinteresse), Elcano 2002.

Bonet Navarro, Angel, Los Recursos en el Proceso Civil (Die Rechtsmittel im Zivilprozess), Madrid 2000 (zit.: Bonet Navarro, Recursos).
Bonet Navarro, José, Algunas notas sobre los procesos monitorio y cambiario en la nueva Ley de Enjuiciamiento Civil (Einige Anmerkungen zum Mahnverfahren und Wechselprozess in der neuen Zivilprozessordnung), Revista Internauta de Práctica Jurídica Nr. 7 (Januar bis Juni 2001), abrufbar im Internet unter www.uv.es/~ripj/.

Cabezas García, Juan J., El juicio verbal, Madrid 2002.

Carmena Castrillo, Manuela, El incumplimiento del principio de inmediación real como causa de nulidad en el proceso civil (Die Nichterfüllung des Unmittelbarkeitsgrundsatzes als Nichtigkeitsgrund im Zivilprozess), in: Jornadas sobre la reforma de la Ley de Enjuiciamiento Civil, Consejo General del Poder Judicial, Madrid 1985, S. 267 ff.

Cobo Plana, Juan José, Doctrina de los Tribunales sobre la Ley de Enjuiciamiento Civil 1/2000 (Rechtsprechung zum Zivilprozessgesetz 1/2000), 2. Auflage, Madrid 2003.

Consejo General del Poder Judicial, Libro Blanco de la Justicia (Weißbuch der Justiz), Madrid 1997.

Ders., Informe sobre la incidencia de la aplicación de la nueva Ley de Enjuiciamiento Civil (Bericht über die Anwendung des neuen Zivilprozessgesetzes), Tribunales de Justicia Dezember 2001, S. 37 ff.

Ders., Documentación – Los Tribunales Españoles según la memoria de 2001 (Die spanischen Gerichte nach dem Jahresbericht 2001), Tribunales de Justicia Januar 2002, S. 29 ff.

Correa Delcasso, Juan Pablo, El proceso monitorio en el Anteproyecto de LEC (Das Mahnverfahren im Vorentwurf zur LEC), in: Presente y Futuro del Proceso Civil (Gegenwart und Zukunft des Zivilprozesses), hrsg. von Pico I Junoy, Barcelona 1998, S. 395 ff.

Ders., El proceso monitorio de la nueva ley de enjuiciamiento civil (Das Mahnverfahren im neuen Zivilprozessgesetz), Madrid 2000.

Ders., El proceso monitorio (Das Mahnverfahren), Barcelona 1998.

Ders., La nueva Ley de Enjuiciamiento española: Breve reseña de las novedades más importantes (Das neue spanische Zivilprozessgesetz: Kurze Zusammenfassung der wichtigsten Neuerungen), Informaciones I/2000, S. 3 ff.

De la Oliva Santos, Andrés y Fernández, Miguel Angel, Derecho Procesal Civil (Zivilprozessrecht), Bände I,II und IV (Band III nur Fernández), Madrid 1994.

De la Oliva Santos, Andrés; Díez-Picazo Giménez, Ignacio, Derecho Procesal Civil, El Proceso de Declaración (Zivilprozessrecht, Das Erkenntnisverfahren), 2. Auflage, Madrid 2001.

De la Oliva Santos, Andrés; Díez-Picazo Gimenéz, Ignacio; Vegas Torres, Jaime; Banacloche Palao, Julio, Comentarios a la Ley de Enjuiciamiento Civil (Kommentar zum Zivilprozessgesetz), Madrid 2001 (zitiert: Verfasser in: Oliva Santos, Comentarios a la LEC).

De la Oliva Santos, Andrés, Gobierno del Poder Judicial y valor de Jurisprudencia: un intento de dos cambios sustanciales (Justizverwaltung und Wert der Rechtsprechung: Ein Versuch von zwei grundlegenden Änderungen), Tribunales de Justicia Oktober 2002, S. 1 ff.

Ders., Sobre la Ley 1/2000, de 7 de enero, de Enjuiciamiento Civil: criterios inspiradores e innovaciones principales (Über das Gesetz 1/2000, vom 7. Januar, über den Zivilprozess: Inspirierende Kriterien und hauptsächliche Neuerungen), Tribunales de Justicia Februar 2000, S. 127 ff.

Ders., Verificación de los criterios esenciales de la Ley 1/2000 de Enjuiciamiento Civil, en sus primeros meses de vigencia (Überprüfung der wesentlichen Kriterien des Gesetzes 1/2000 über den Zivilprozess in den ersten Monaten seiner Gültigkeit), Tribunales de Justicia Januar 2002, S. 3 ff.

Del Arco Torres, Miguel Ángel (Koordinator), Diccionario Básico Jurídico (Juristisches Wörterbuch), 5. Auflage, Albolote (Granada) 1997.

Delgado Barrio, Javier, A propósito del nuevo proceso civil (Apropos neuer Zivilprozess), Discurso del Presidente del TS y del CGPJ en el solemne acto inaugural del año judicial, celebrado, con asistencia de S.M. El Rey, el día 13 de septiembre de 2001, Tribunales de Justicia November 2001, S. 31 ff.

De Llera Suárez-Bárcena, Emilio, El objeto del proceso en la Ley 1/2000, de Enjuiciamiento Civil (Der Streitgegenstand im Gesetz 1/2000 über den Zivilprozess) in: Gutiérrez-Alviz Conradi, Faustino (Hrsg.), Exposición de la nueva Ley de Enjuiciamiento Civil, S. 111 ff.

Del Mar Monton García, Maria, Regimen estructural, remisorio y previsible duración de los nuevos juicios civiles ordinarios (Struktur, Verweisung und voraussichtliche Dauer der neuen ordentlichen Zivilprozesse), La Ley 2001, S. 1882 ff.

De Miguel y Alonso, Carlos, El derecho procesal civil alemán y su irradiación a otros ordenamientos jurídicos: España e Hispanoamerica (Das deutsche Zivilprozessrecht und seine Ausstrahlung auf andere Rechtsordnungen: Spanien und Lateinamerika) in: Habscheid, Walther, J. (Hrsg.), Das deutsche Zivilprozessrecht und seine Ausstrahlung auf andere Rechtsordnungen, Bielefeld 1991, S. 338 ff.

Díez-Picazo Giménez, Ignacio, Un torpedo a la casación (Ein Torpedo gegen die Kassation), Tribunales de Justicia Februar 2001, S. 1 ff.

Ders., La batalla del monitorio (acerca del carácter preceptivo o facultativo de la asistencia letrada en el proceso monitorio) [Die Schlacht im Mahnverfahren (um die zwingende oder fakultative anwaltliche Vertretung im Mahnverfahren)], Tribunales de Justicia April 1999, S. 299 ff.

Esparza Leibar, Iñaki, El dictamen de peritos en la Ley 1/2000 de Enjuiciamiento Civil (Das Sachverständigengutachten im Zivilprozessgesetz 1/2000), Valencia 2000.

Ders., Principios del procedimiento: Publicidad, Oralidad, Inmediación, Concentración y Preclusión (Verfahrensprinzipien: Öffentlichkeit, Mündlichkeit, Unmittelbarkeit, Konzentration und Präklusion), abrufbar im Internet unter www.iustel.com.

Fairén Guillén, Victor, La audiencia previa. Consideraciones teórico-prácticas, (Das Vorverfahren. Theoretisch-praktische Betrachtungen), Madrid 2000.

Ders., Reducción y simplificación de los tipos procesales (Reduzierung und Vereinfachung der Verfahrensarten), Revista de Derecho Procesal 1954 (Nr. 2), S. 157 ff.

Fernández-Martínez, Juan Manuel, Diccionario Jurídico, Elcano 2002.

Fernández-Nespral, Juan; Walcher, Anke, Rechtswörterbuch zum Zivilprozess-recht, Luchterhand, Neuwied 2002 .

Fundación Antonio Carretero, Informe sobre un año de aplicación de la Ley de Enjuiciamiento Civil (Bericht über ein Jahr in der Anwendung des Zivilprozessgesetzes), Jueces para la Democracia Nr. 44 (Juli 2002), S. 67 ff.

Garay y Chamizo, Catalina; Rothe, Martin, Rechtswörterbuch, Diccionario Jurídico, München/Unterschleißheim 2003 (zitiert: Garay/Rothe).

Garberí Llobregat, José, Los procesos cambiario y monitorio en el Anteproyecto de nueva Ley de Enjuiciamiento Civil (Der Wechselprozess und das Mahnverfahren im Vorentwurf einer neuen Zivilprozessordnung), Tribunales de Justicia Juli 1998, S. 721 ff.

García Pelayo, Manuel, Der Status des Verfassungsgerichts in: López Pina, Antonio (Hrsg.), Spanisches Verfassungsrecht, Heidelberg 1993, S. 475 ff.

García-Rostán Calvín, Gemma, Acerca de la Ley de Reforma de la Ordenanza Procesal civil alemana de 27 de julio de 2001 (Über das deutsche Zivilprozessreformgesetz vom 27. Juli 2001), Tribunales de Justicia April 2003, S. 21 ff.

Dies., Análisis jurisprudencial del proceso monitorio (Analyse der Rechtsprechung zum Mahnverfahren), Tribunales de Justicia Oktober 2003, S. 43 ff.

Garnica Martín, Juan F., El juicio verbal: Aspectos prácticos (Der juicio verbal: Praktische Gesichtspunkte), Revista Jurídica de Catalunya 2001, S. 167 ff.

Ders., El juicio verbal en la nueva Ley de Enjuiciamiento Civil: Principales problemas que plantea (Der juicio verbal im neuen Zivilprozessgesetz: Die hauptsächlichen Probleme), Tribunales de Justicia März 2001, S. 21 ff.

Gascón Inchausti, Fernando, La terminación anticipada del proceso por desaparición sobrevenida del interés (Die vorherige Beendigung des Prozesses wegen Wegfalls des Interesses), Madrid 2003.

Gimeno Sendra, Vicente (Hrsg.); Asencio Mellado, José María; López-Fragoso Àlvarez, Tomás; Ortells Ramos, Manuel; Pedraz Penalva, Ernesto; Morenilla Allard, Pablo, Proceso Civil Práctico (Praxis des Zivilprozesses), Band I bis X, La Ley, Madrid, Grundwerk 2001, Stand Januar 2003 (zitiert: Verfasser, Proceso Civil Práctico, Band).

Gimeno Sendra, Vicente, Observaciones al Proyecto de Ley de Enjuiciamiento Civil desde el Derecho Procesal Europeo (Anmerkungen zum Entwurf des Zivilprozessgesetzes aus der Perspektive des europäischen Zivilprozessrechts), La Ley Nr. 4734, Februar 1999, S. 1 ff.

Ders., Introducción al Derecho Procesal (Einführung in das Prozessrecht), 1. Auflage, Madrid 1993.

Gómez Colomer, Juan-Luis (Hrsg.), La aplicación práctica de la Ley de Enjuiciamiento Civil de 2000 (Die praktische Anwendung des Zivilprozessgesetzes des Jahres 2000), Valencia 2003.

Ders., La posición del juez en la nueva Ley de Enjuiciamiento Civil (Die Rolle des Richters im neuen Zivilprozessgesetz), in: Alonso-Cuevillas Sayrol, Jaime (Hrsg.), Instituciones del nuevo Proceso Civil, Band I, Edil Difusión Jurídica, Barcelona 2000, S. 69 ff.

Ders., Proceso Monitorio (Mahnverfahren), abrufbar im Internet unter www.iustel.com.

Gómez Martínez, Carlos, El juicio monitorio en la nueva LEC, un cambio cultural (Das Mahnverfahren in der neuen LEC, ein kultureller Wandel), Jueces para la Democracia Nr. 38 (2000), S. 67 ff.

Gómez Orbaneja, Emilio, Derecho Procesal Civil (Zivilprozessrecht), Band 1, Madrid 1976.

González García, Jesús María, Las líneas generales de la Ley 1 / 2000 en materia de procesos declarativos. Procedimiento adecuado. Problemas prácticos derivados de la determinación de la cuantía (Die Leitlinien des Gesetzes 1/2000 auf dem Gebiet der Erkenntnisverfahren. Richtige Verfahrensart. Praktische Probleme bei der Bestimmung des Streitwertes), abrufbar im Internet unter www.iustel.com.

Ders., La representación procesal y la defensa técnica en la Ley 1/2000, de Enjuiciamiento Civil (Die Prozessvertretung und die rechtliche Verteidigung im Gesetz 1/2000 über den Zivilprozess), Tribunales de Justicia Januar 2001, S. 9 ff.

Herrero Perezagua, Juan F., El lugar de los Tribunales de segundo grado en la elaboración de doctrina jurisprudencial (Die Rolle der zweitinstanzlichen Gerichte bei der Rechtsfortbildung), Tribunales de Justicia Dezember 2003, S. 51 ff.

Jiménez Conde, Fernando (Koordinator), Ley de Enjuiciamiento Civil: Respuestas a 100 cuestiones polémicas (Zivilprozessgesetz: Antworten auf 100 strittige Fragen), Madrid 2002.

Lledó Yagüe, Francisco, Comentarios a la nueva Ley de Enjuiciamiento Civil (Kommentar zum neuen Zivilprozessgesetz), Madrid 2000.

López Guerra, Luis; Espín, Eduardo ; García Morillo, Joaquín; Pérez Tremps, Pablo; Satrústegui, Miguel, Derecho Constitucional, Volumen II, (Verfassungsrecht, Band II), 2. Auflage, Valencia 1994.

López Sánchez, Javier, El Proceso Monitorio (Das Mahnverfahren), Madrid 2000.

Ders., Naturaleza Jurídica de los procesos monitorio y cambiario (Rechtsnatur des Mahnverfahrens und des Wechselprozesses) in: Ministerio Fiscal, Estudios Jurídicos VII-2001, Madrid 2001, S. 557 ff.

Lorca Navarrete, Antonio Maria, Comentarios a la Nueva Ley de Enjuiciamiento Civil, Bände I und IV, Lex Nova, Valladolid 2000.

Ders., El proceso civil alemán del modelo de Stuttgart y de la novela de simplificación (Der deutsche Zivilprozess nach dem Stuttgarter Modell und der Vereinfachungsnovelle), in: Moreno Catena, Victor (Herausgeber), Problemas actuales de la justicia: Homenaje al Profesor Gutiérrez-Alvíz y Armario, Valencia 1988, S. 435 ff.

Loredo Colunga, Marcos, Régimen transitorio en materia de recursos extraordinarios (Die Übergangsregelung auf dem Gebiet der außerordentlichen Rechtsmittel), Revista Vasca de Derecho Procesal y Arbitraje Nr. 2 (Februar) 2001, S. 19 ff.

Lozano-Higuero Pinto, La preclusión de la nueva Ley de Enjuiciamiento Civil de 7 de enero 2000 (Die Präklusion des neuen Zivilprozessgesetzes vom 7. Januar 2000), Revista Vasca de Derecho Procesal y Arbitraje Nr. 2 (Februar) 2000, S. 299 ff.

Magro Servet, Vicente, La posibilidad de la no celebración de la vista pública en los recursos de apelación de la nueva Ley Procesal Civil (Die Möglichkeit, auf eine öffentliche Verhandlung beim Rechtsmittel der Berufung nach dem neuen Zivilprozessgesetz zu verzichten), La Ley Nr. 4992 vom 15. Februar 2000, S. 1 ff.

Ders., El principio de inmediación en la LEC y la necesidad de crear más juzgados de primera instancia para su plena efectividad práctica (Der Unmittelbarkeitsgrundsatz in der LEC und die Notwendigkeit, zu seiner vollen praktischen Wirkung mehr erstinstanzliche Gerichte einzurichten), La Ley 2000, S. 1684 ff.

Ders., Los nuevos juicios rápidos civiles: Las Oficinas de Señalamiento Inmediato en la reforma de la LOPJ (Die neuen zivilrechtlichen Schnellverfahren: Die Geschäftsstellen zur unverzüglichen Terminsbestimmung in der Reform des Gerichtsverfassungsgesetzes), La Ley vom 6. November 2003 (Nr. 5887).

Maroto Márquez, Joaquín, El juicio verbal, in: Gutiérrez-Alviz Conradi, Faustino (Direktor), Exposición de la nueva Ley de enjuiciamiento civil, Valencia 2001, S. 91 ff.

Martín Ostos, José de los Santos, La prueba de oficio en el nuevo proceso civil (Der Beweis von Amts wegen im neuen Zivilprozess) in: El Proceso Civil y su reforma (Der Zivilprozess und seine Reform), Madrid 1998, S. 321 ff.

Martínez-Pereda Rodríguez, José Manuel; Tomé Paule José ; Sánchez Sánchez Ricardo; Dávila Lorenzo, José, Ley de enjuiciamiento civil y leyes complementarias (Zivilprozessgesetz und ergänzende Gesetze), 12. Auflage, Madrid 2001.

Martínez-Pereda Rodríguez, José Manuel; González Rivas, Juan José; Huelín y Martínez de Velasco, Joaquín; Gil Ibáñez, José Luis; Correa Guimera, Bernardino, Constitución Española (Spanische Verfassung), 4. Auflage, Madrid 2002.

Miguel y Romero, Mauro, Miguel y Alonso, Carlos de, Derecho procesal práctico (Praktisches Prozessrecht), Band 1, 11. Auflage Barcelona 1967.

Molina Serrano, Placido, Consideraciones sobre el recurso extraordinario por infracción procesal y las Salas de lo Civil de los Tribunales Superiores de Justicia (Überlegungen zum außerordentlichen Rechtsbehelf wegen prozessualer Verstöße und die Zivilsenate der Obergerichte), Revista General de Derecho Nr. 669 (Juni 2000), S. 7299 ff.

Montero Aroca, Juan; Gómez Colomer, Juan Luis; Montón Redondo, Alberto; Barona Vilar, Silvia, Derecho Jurisdiccional II – Proceso Civil (Gerichtsrecht II – Der Zivilprozess), 10. Auflage, Valencia 2001.

Dieselben, Derecho Jurisdiccional I – Parte general (Gerichtsrecht I – Allgemeiner Teil), 11. Auflage, Valencia 2002.

Montero Aroca, Juan ; Flors Matíes, José, Los Recursos en el Proceso Civil (Die Rechtsmittel im Zivilprozess), Valencia 2001.

Montero Aroca, Juan; Ortells Ramos, Manuel; Gómez Colomer, Juan Luis, Derecho Jurisdiccional II – Proceso Civil 1.° (Gerichtsrecht II – Der Zivilprozess, Band 1), Barcelona 1991.

Montero Aroca, Juan; Calderón Cuadrado, Pía, Enjuiciamiento Civil – Ley y disposiciones complementarias (Der Zivilprozess – Gesetz und ergänzende Bestimmungen), 3. Auflage, Valencia 2001.

Montón Redondo, Alberto, El respeto a derechos y garantías constitucionales en la regulación de los actos procesales por la LEC/2000 (Die Beachtung von verfassungsrechtlichen Rechten und Garantien in der Regelung der prozessualen Akte durch die LEC/2000), Tribunales de Justicia Juli 2002, S. 1 ff.

Montserrat Molina, Pedro Eugenio, El proceso monitorio. Cuestiones procesales desde el punto de vista práctico (Das Mahnverfahren. Prozessuale Fragen aus praktischer Sicht), Práctica de Tribunales Nr. 1 (Januar 2004), S. 17 ff.

Moron Palomino, Manuel, Derecho Procesal Civil (Zivilprozessrecht), Madrid 1993.

Nabal Recio, Antonio, Crítica de nuestro sistema procesal (Kritik an unserem prozessualen System), Revista del Poder Judicial Nr. 53 (1999), S. 203 ff.

Nadal Gómez, Irene, El documento electrónico en el proceso monitorio (Das elektronische Dokument im Mahnverfahren) Tribunales de Justicia Februar 2002, S. 21 ff.

O'Callaghan, Xavier, La jurisprudencia y los recursos extraordinarios (Die Rechtsprechung und die außerordentlichen Rechtsmittel), Actualidad Civil 2002 Nr. 1, S. 1 ff.

Ocaña Rodriguez, Antonio, El juicio verbal y de estado civil en la nueva LEC. Ausencia de verdadero procedimiento y problemas derivados (Der juicio verbal und das Verfahren über den Personenstand in der neuen LEC. Fehlen eines wirklichen Verfahrens und daraus resultierende Probleme) , La Ley Nr. 5325 vom 7. Juni 2001, S. 1 ff.

Ortells Ramos, Manuel, Preclusión de alegaciones y peticiones en la primera instancia (Präklusion von Parteivorbringen und Parteianträgen in der ersten Instanz) in: Escuela Judicial/Consejo General del Poder Judicial, Los procesos declarativos (Die Erkenntnisverfahren), Madrid 2000, S. 15 ff.

Ders. (Herausgeber), mit Mascarell Navarro, María José; Cámara Ruiz, Juan; Juan Sánchez, Ricardo; Bonet Navarro, José; Bellido Penades, Rafael; Cucarella Galiana, Luis; Martín Pastor, José; Derecho Procesal Civil (Zivilprozessrecht), 4. Auflage, Elcano 2003 (zitiert: Verfasser in: Ortells Ramos, Derecho Procesal Civil).

Ders., Los Recursos - Cuestiones prácticas en los dos primeros años de vigencia de la LEC 2000 (Die Rechtsmittel - Praktische Fragen in den beiden ersten Jahren der Geltung der LEC 2000), 2003 (zur Veröffentlichung vorgesehen).

Padura Ballesteros, María Teresa de, Fundamentación de la sentencia, preclusión y cosa juzgada (Urteilsbegründung, Präklusion und Rechtskraft), Valencia 2002.

Pascual Serrats, Rosa, El recurso de apelación civil (Das Rechtsmittel der zivilrechtlichen Berufung), Valencia 2001.

Prieto-Castro y Ferrándiz, Leonardo, Derecho Procesal Civil (Zivilprozessrecht), 5. Auflage, Madrid 1989.

Revilla Pérez, Luis, Los actos de comunicación en la Ley de Enjuiciamiento Civil (Die Kommunikationsakte im Zivilprozessgesetz) in: Gutiérrez-Alviz Conradi, Faustino (Hrsg.), Exposición de la nueva Ley de Enjuiciamiento Civil, Valencia 2002, S. 149 ff.

Sanchís Crespo, Carolina, La intervención del Ministerio Fiscal en el nuevo proceso civil (Die Intervention der Staatsanwaltschaft im neuen Zivilprozess), Tribunales de Justicia Februar 2001, S. 9 ff.

Sénes Motilla, Carmen, Disposiciones generales sobre la ejecución forzosa (Allgemeine Vorschriften über die Zwangsvollstreckung), La Ley, Madrid 2000.

Seoane Cacharrón, Jesús, El proceso monitorio. Examen crítico de su regulación en el borrador de anteproyecto de la Ley de Enjuiciamiento Civil de abril de 1997 (Das Mahnverfahren. Kritische Betrachtung seiner Ausgestaltung im Vorentwurf zum Zivilprozessgesetz vom April 1997), Revista vasca de Derecho Procesal y Arbitraje 1998, Nr. 1, S. 51 ff.

Servicio de formación continua, Escuela Judicial (Codirectores López López Enrique; Alagret Burgués, María Eugenia), Documentación Congreso: La Ley de Enjuiciamiento Civil tras dos años de vigencia (Kongressbericht: Das Zivilprozessgesetz nach zweijähriger Geltung), Madrid, 31. März bis 3. April 2003. Bisher nicht veröffentlicht.

Suau Morey, Jaime, Consideraciones en torno a la uniformidad en la aplicación de las normas procesales de los órganos jurisdiccionales (Überlegungen zur Einheitlichkeit der Anwendung prozessualer Normen durch die gerichtlichen Organe), Jueces para la Democracia Nr. 44 (Juli 2002), S. 73. ff.

Tapia Fernández, Isabel, El objeto del proceso. Alegaciones. Sentencia. Cosa juzgada (Der Streitgegenstand. Parteivorbringen. Urteil. Rechtskraft), La Ley, Madrid 2000.

Tribunal Constitucional, Memoria 1999 (Jahresbericht), Madrid 2002.

Tribunal Supremo, Criterios sobre recurribilidad, admisión y régimen transitorio en relación con los recursos de casación y extraordinario por infracción procesal, regulados en la nueva Ley de Enjuiciamiento Civil (Adoptados por los Magistrados de la Sala Primera del Tribunal Supremo en Junta General de 12 de diciembre de 2000) [Kriterien über Anfechtbarkeit, Zulassung und die vorübergehende Regelung im Hinblick auf die Kassation und das außerordentliche Rechtsmittel wegen prozessualer Verstöße, geregelt in der neuen LEC (Beschlossen von den Richtern des Ersten Senats des Tribunal Supremo in der Generalversammlung vom 12. Dezember 2000)], abgedruckt in Tribunales de Justicia Februar 2001, S. 65 ff.

Villagómez Cebrián, Marco, El nuevo marco procesal civil. Los principios de la nueva LEC (Der neue zivilprozessuale Rahmen. Die Prinzipien der neuen LEC), Tribunales de Justicia Mai 2000, S. 525 ff.

Literatur in deutscher Sprache

Adomeit, Klaus; Frühbeck, Guillermo, Einführung in das spanische Recht, 2. Auflage, München 2001.

Arens, Peter, Mündlichkeitsprinzip und Prozessbeschleunigung im Zivilprozess, Berlin 1971.

Baumann, Jürgen; Fezer, Gerhard, Beschleunigung des Zivilprozesses, Tübingen 1970.

Baumbach, Adolf / Lauterbach, Wolfgang / Albers, Jan / Hartmann, Peter, Zivilprozessordnung, 62. Auflage, München 2004 (zit.: Baumbach/Bearbeiter).

Baur, Fritz, Wege zu einer Konzentration der mündlichen Verhandlung im Prozess, Berlin 1966.

Bender, Rolf, Die „Hauptverhandlung" in Zivilsachen (Ein Bericht über den Versuch der 20. Zivilkammer des Landgerichts Stuttgart, die Ziele der Zivilprozessreform auf der Grundlage der geltenden Gesetze zu erreichen), DRiZ 1968, S. 163 ff.

Bergerfurth, Bruno, Das neue Bagatellverfahren nach § 495 a ZPO, NJW 1991, S. 962 ff.

Bettermann, Karl August, Hundert Jahre Zivilprozessordnung – Das Schicksal einer liberalen Kodifikation, ZZP 91 (1978), S. 365 ff.

Brückner, Daniela H., Vergleich zwischen den Verfahren des spanischen recurso de amparo und der deutschen Verfassungsbeschwerde unter besonderer Berücksichtigung von Verfahrensfunktionen und Entscheidungswirkungen, Diss., Hamburg 1997.

Büttner, Hermann, Revisionsverfahren – Änderungen durch das Zivilprozessreformgesetz, MDR 2001, S. 1201 ff.

Burgard, Jens, Die Präklusion der zweiten Vollstreckungsgegenklage, ZZP 106 (1993), S. 23 ff.

Coester-Waltjen, Dagmar, Mahnbescheid und Zahlungsbefehl – ein Blick über die Grenzen, in: Festschrift für Henkel, S. 53 ff.

Crückeberg, Harald, Unstreitige Tatsachen in zweiter Instanz, MDR 2003, S. 10 f.

Damrau, Jürgen, Der Einfluss der Ideen Franz Kleins auf den Deutschen Zivilprozess in: Forschungsband Franz Klein, Wien 1988, S. 157 ff.

Deubner, Karl Günther, Gedanken zur richterlichen Verfahrensbeschleunigungspflicht in: Festschrift für Gerhard Lüke, München 1997, S. 51 ff.

Ensesa Casuelleras, Alex/Fries, Michael, Die neue spanische Zivilprozessordnung in der Praxis, Informaciones I/2000, S. 35 ff.

Fairén Guillén, Victor, Grundriss des spanischen Zivilprozessrechtes, Zürich 1946.

Fasching, Hans W., Lehrbuch des österreichischen Zivilprozessrechts, 2. Auflage, Wien 1990.

Fellner, Christoph, ZPO-Reform – Erste Erfahrungen im Berufungsverfahren, MDR 2003, S. 69 f.

Fischer, Frank O., Die Berücksichtigung „nachgereichter Schriftsätze" im Zivilprozess, NJW 1994, S. 1315 ff..

Fischer, Wolfgang, Die Beschleunigungsmechanismen des französischen Zivilprozesses, Diss., Bielefeld 1990.

Gathmann, Almut, Spanisches Zwangsvollstreckungsrecht, Diss., Frankfurt am Main 1997.

Gehrlein, Markus, Erste Erfahrungen mit der reformierten ZPO – erstinstanzliches Verfahren und Berufung, MDR 2003, S. 421 ff.

Ders., Erste Erfahrungen mit der reformierten ZPO – Revision und Beschwerde, MDR 2003, S. 547 ff.

Geimer, Reinhold; Schütze, Rolf, Europäisches Zivilverfahrensrecht, München 1997.

Gilles, Peter, Vereinheitlichung und Angleichung unterschiedlicher nationaler Rechte – Die Europäisierung des Zivilprozessrechts als ein Beispiel, ZZPInt 7 (2002), S. 3 ff.

Golücke, Martin; Koch, Arne, Das Mahnverfahren nach dem neuen spanischen Prozessrecht, abrufbar im Internet unter www.der-syndikus.de, link „internationale Entwicklungen".

Greger, Reinhard, Tatsachenfeststellung durch das Berufungsgericht – ein Menetekel aus Karlsruhe, NJW 2003, S. 2282 f.

Ders., Rechtstatsächliche Erkenntnisse zu den Auswirkungen der Vereinfachungsnovelle in der Praxis, ZZP 100 (1987), S. 377 ff.

Grunsky, Wolfgang, Zivilprozessrecht, 11. Auflage, München 2003.

Ders., Die Straffung des Verfahrens durch die Vereinfachungsnovelle, JZ 1977, S. 201 ff.

Habscheid, Walther, Das Recht auf Beweis, ZZP 96 (1983), S. 306 ff.

Ders., Die Europäisierung des Zivilprozessrechts in: Müller-Graff, Peter-Christian, Gemeinsames Privatrecht in der Europäischen Gemeinschaft, Baden-Baden 1993.

Haft, Fritjof, Handbuch Mediation, München 2002.

Hannich, Rolf; Meyer-Seitz, Christian; Engers, Martin, ZPO-Reform, Köln 2002.

Heiss, Helmut Johann, Verfahrensverbindung und Verfahrensbeschleunigung im italienischen Zivilprozess, Diss., Regensburg 1996.

Henke, Horst-Eberhard, Judicia perpetua oder: Warum Prozesse so lange dauern..., ZZP 83 (1970), S. 125 ff.

Hess, Burkard, Vereinfachte Verfahren und Mahnverfahren in Europa, in: Storme, Marcel (Herausgeber), Procedural Laws in Europe, Antwerp-Apeldoorn 2003.

Huber, Michael, Verfahren und Urteil erster Instanz nach dem Zivilprozessreformgesetz (ZPO-RG), JuS 2002, S. 483 ff., 593 ff., 690 ff., 791 ff.

Jauernig, Othmar, Zivilprozessrecht, 28. Auflage, München 2003.

Katzenmeier, Christian, Zivilprozess und außergerichtliche Streitbeilegung, ZZP 115 (2002), S. 51 ff.

Kissel, Otto Rudolf, Gerichtsverfassungsgesetz, 3. Auflage, München 2001.

Klicka, Thomas, Die österreichische Zivilverfahrens-Novelle 2002 als Versuch einer Verfahrensbeschleunigung – ein Vergleich zur deutschen ZPO-Reform 2002, ZZPInt 7 (2002), S. 179 ff.

Knothe, Benedikt, Einstweiliger Rechtsschutz im spanischen und deutschen Zivilprozess, Diss., Berlin 1999.

Kreft, Gerhart, Missstand bei der Rechtsbeschwerde, ZRP 2002, S. 77 f.

Kropholler, Jan, Europäisches Zivilprozessrecht, 7. Auflage, Heidelberg 2002.

Lange, Sonja; Müller, Christian, Justizmodernisierung und Justizbeschleunigung in der Diskussion, ZRP 2003, S. 410 ff.

Leipold, Dieter, Prozessförderungspflicht der Parteien und richterliche Verantwortung, ZZP 93 (1980), 237.

Ders., Auf der Suche nach dem richtigen Maß bei der Zurückweisung verspäteten Vorbringens, ZZP 97 (1984), 395.

Ders., Verfahrensbeschleunigung und Prozessmaximen in: Festschrift für Fasching, Wien 1988, S. 329 ff.

Ders., Wege zur Konzentration von Zivilprozessen, Anregungen aus dem europäischen Zivilprozessrecht, Schriftenreihe der Juristischen Gesellschaft zu Berlin, Heft 162, 1999.

Ders., Gerichte und Verfahren für geringfügige Streitigkeiten in: Gilles (Hrsg.), Humane Justiz, 1977, S. 91 ff.

Ders., Wie lässt sich der Zivilprozess beschleunigen? – Erfahrungen mit der deutschen Vereinfachungsnovelle 1976, Osaka University Law Review Nr. 36 (1989), S. 13 ff.

Ders., Die neuere Entwicklung des Europäischen Privatrechts und Zivilverfahrensrechts, Ritsumeikan Law Review No. 20, (März 2003), S. 35 ff.

Ders., Internationale Rechtshängigkeit, Streitgegenstand und Rechtsschutzinteresse – Europäisches und Deutsches Zivilprozessrecht im Vergleich, in: Gedächtnisschrift für Peter Arens, München 1993.

Ders., Die Rechtsmittel des Zivilprozesses im europäischen Vergleich, in: Rechtsstaat – Rechtsmittelstaat?, Symposium am 19./20.11.1998 in Triberg, Stuttgart 1999, S. 66 ff.

Leisle, Jörg-Marcus, Dependenzen auf dem Weg vom EuGVÜ, über die EuGV-VO, zur EuZPO, Diss., Frankfurt am Main 2002.

Lemken, Elmar, Diskussionsbericht zum europäischen Zivilprozessrecht, ZZP 109, S. 337 ff.

Liebs, Detlef, Lateinische Rechtsregeln und Rechtssprichwörter, 6. Aufl., München 1998.

Lorca Navarrete, Antonio Maria, Eine wichtige Reform des spanischen Zivilprozessgesetzes, ZZP 99 (1986), S. 206 ff.

Lüke, Wolfgang, Zivilprozessrecht, 8. Auflage, München 2003.

Miras, Antonio, Die Entwicklung des spanischen Zivilprozessrechts, Diss., Tübingen 1994.

Ders., Die Entwicklung des spanischen Zivilprozessrechts, ZEuP 1995, S. 242 ff.

Moll, Alexander, Der proceso monitorio nach dem neuen spanischen Prozessrecht (LEC 2000) mit rechtsvergleichenden Hinweisen zum deutschen Mahnverfahren, Informaciones III/2000, S. 171 ff.

Moratinos Meissner, Lutz Carlos, Überblick über das spanische Mahnverfahren, Informaciones III/2002, S. 156 ff.

Müller, Hans-Friedrich, Abhilfemöglichkeiten bei der Verletzung des Anspruchs auf rechtliches Gehör nach der ZPO-Reform, NJW 2002, S. 2473 ff.

Münchbach, Werner; Lotz, Michael, Justizreform – Reform oder gut verkaufter Abbau des Rechtsschutzsystems?, ZRP 1999, S. 374 ff.

Münchener Kommentar zur Zivilprozessordnung, Band 1, 2. Auflage, München 2000 (zitiert: MünchKommZPO/Bearbeiter).

Münzberg, Wolfgang, Die materielle Rechtskraft der Vollstreckungsbescheide, JZ 1987, S. 477 ff.

Musielak, Hans-Joachim, Grundkurs ZPO, 6. Auflage, München 2002.

Ders. (Herausgeber), Kommentar zur Zivilprozessordnung, 3. Auflage, München 2002 (zitiert: Musielak/Bearbeiter).

Nagel, Heinrich; Gottwald, Peter, Internationales Zivilprozessrecht, 5. Auflage, Köln 2002.

Nassall, Wendt, Irrwege. Wege. – Die Rechtsmittelzulassung durch den BGH, NJW 2003, S. 1345 ff.

Noske, Thomas, Die Prozessökonomie als Bestandteil des verfassungsrechtlichen Grundsatzes der Verhältnismäßigkeit, Diss., Mainz 1989.

Ortells Ramos, Manuel, Der neue spanische Zivilprozess. Leitlinien der Ley de Enjuiciamiento Civil vom 7. Januar, ZZPInt 5 (2000), S. 95 ff.

Ders., Auf dem Weg zu einem neuen Zivilprozessrecht in Spanien: Der Vorentwurf eines neuen Zivilprozessgesetzes (Anteproyecto de Ley de Enjuiciamiento Civil de 1997), ZZPInt 3 (1998), S. 91 ff.

Otte, Karsten, Umfassende Streitentscheidung durch Beachtung von Sachzusammenhängen, Gerechtigkeit durch Verfahrensabstimmung?, Tübingen, 1998.

Otto, Hansjörg, Die BGH-Rechtsprechung zur Präklusion verspäteten Vorbringens in: 50 Jahre Bundesgerichtshof, Festgabe aus der Wissenschaft, Band III, München 2000, S. 161 ff.

Palandt, Bürgerliches Gesetzbuch, 62. Auflage, München 2003.

Pieckenbrock, Andreas, Umfang und Bedeutung der richterlichen Hinweispflicht, NJW 1999, 1360.

Pieper, Eiljustiz statt materieller Gerechtigkeit? Zu den Grenzen einer Präklusion verspäteten Vorbringens im Zivilprozess in: Festschrift für Rudolf Wassermann, Neuwied 1985, S. 773 ff.

Prütting, Hanns, Die Strukturen des Zivilprozesses unter Reformdruck und europäische Konvergenz? in: Festschrift für Schumann, 2001, S. 309 ff.

Ders., Auf dem Weg zu einer Europäischen Zivilprozessordnung – Dargestellt am Beispiel des Mahnverfahrens, in: Festschrift für Baumgärtel, S. 457 ff.

Rechberger, Walter H. (Herausgeber), Kommentar zur ZPO, Wien 1994.

Reischl, Klaus, Der Umfang der richterlichen Instruktionstätigkeit – ein Beitrag zu § 139 Abs. 1 ZPO –, ZZP 116 (2003), S. 81 ff.

Rensen, Hartmut, Richterliche Hinweispflicht – Streichung der Dokumentationspflicht und der obligatorischen Schriftsatzfrist?, MDR 2003, S. 483 ff.

Ders., Die richterliche Hinweispflicht, Diss., Bielefeld 2002.

Rimmelspacher, Bruno, Zivilprozessreform 2002, München 2002.

Ders., Die Rechtsmittel im Zivilprozess nach der Reform, JURA 2002, S. 11 ff.

Röttgen, Norbert, Beschleunigte Justiz, ZRP 2003, S. 345 ff.

Rosenberg, Leo; Schwab, Karl Heinz; Gottwald, Peter, Zivilprozessrecht, 15. Auflage, München 1993.

Roth, Herbert, Die Vorschläge der Kommission für ein europäisches Zivilprozessgesetzbuch – das Erkenntnisverfahren, ZZP 109 (1996), S. 271 ff.

Ders., Rezension zu: Antonio Miras, Die Entwicklung des spanischen Zivilprozessrechts, ZZP 109 (1996), S. 110 ff.

Rottleuthner, Hubert/Rottleuthner-Lutter, Margret, Die Dauer von Gerichtsverfahren, Baden-Baden 1990.

Rottleuthner, Hubert, Entlastung durch Entformalisierung?, München 1997.

Rottleuthner, Hubert/Böhm, Ellen/Gasterstädt, Daniel, Rechtstatsächliche Untersuchung zum Einsatz des Einzelrichters, Köln 1992.

Rüßmann, Helmut, Die Streitgegenstandslehre und die Rechtsprechung des EuGH – nationales Recht unter gemeineuropäischem Einfluss?, ZZP 111 (1998), S. 399 ff.

Schack, Haimo, Internationales Zivilverfahrensrecht, 3. Auflage, München 2002.

Schellhammer, Kurt, Zivilprozess, 10. Auflage, Heidelberg 2003.

Schilken, Eberhard, Die Vorschläge der Kommission für ein europäisches Zivilprozessgesetzbuch – einstweiliger und summarischer Rechtsschutz und Vollstreckung, ZZP 1996, S. 315 ff.

Ders., Zivilprozessrecht, 4. Auflage, Köln 2002.

Ders., Gerichtsverfassungsrecht, Köln 2003.

Schlosser, Peter F., EU-Zivilprozessrecht, 2. Auflage, München 2003.

Schmid, Jürgen, Elektronische Datenverarbeitung im Mahnverfahren, Diss., München 1991.

Schmidt, Eicke, Der Zweck des Zivilprozesses und seine Ökonomie, Frankfurt 1973.

Schmidt-Kessel, Martin, Zahlungsverzug im Handelsverkehr – ein neuer Richtlinienentwurf, JZ 1998, S. 1135 ff.

Schnauder, Franz, Berufung und Beschwerde nach dem Zivilprozessreformgesetz, JuS 2002, 68, 162.

Schneider, Egon, ZPO-Reform 2002 – Ein kritisches Resümee, MDR 2003, S. 901 ff.

Ders., ZPO-Reform: Abhilfe im Beschwerderecht, MDR 2003, S. 253.

Schollmayer, Eberhard, Europäisches Mahnverfahren, IPRax 2002, S. 478 ff.

Schrader, Ludolf, Einstweiliger Rechtsschutz von Zahlungsansprüchen des Wirtschaftsverkehrs im spanischen und deutschen Zivilprozess, Diss., Köln 1999.

Schubmann-Wagner, Dieter, Wie beurteilen unsere Kunden die Justiz?, ZRP 2003, S. 408 ff.

Schultzky, Hendrik, Videokonferenzen im Zivilprozess, NJW 2003, S. 313 ff.

Schumann, Ekkehard, Menschenrechtskonvention und Zivilprozess in: Festschrift für Karl Heinz Schwab, München 1990, S. 449 ff.

Schwab, Karl Heinz, Beschleunigung des Zivilverfahrens in: Peter Gilles (Hrsg.), Humane Justiz, Kronberg 1977, S. 29 ff.

Ders., Der Streitgegenstand im Zivilprozess, München 1954.

Siegel, Wolfram, Das Berufungsverfahren – Gerichtliche Praxis seit der ZPO-Reform, MDR 2003, S. 481 f.

Sonnenberger, Hans Jürgen; Autexier, Christian, Einführung in das französische Recht, 3. Auflage, Heidelberg 2000.

Sprung, Rainer, Die Ausgangspositionen österreichischer Zivilprozessualistik und ihr Einfluss auf das deutsche Recht, ZZP 92 (1979), S. 4 ff.

Stein/Jonas, Kommentar zur Zivilprozessordnung, Einleitung, 20. Auflage (1984); Band 1, 22. Auflage (2003), ansonsten 21. Auflage, Band 2 (1994), Band 3 (1997), Band 4/1 (1998), Band 4/2 (1999), Band 5/1 (1994), Band 5/2 (1993), Tübingen (zitiert: Stein/Jonas/Bearbeiter).

Stern, Marc Philip, Prozessökonomie und Prozessbeschleunigung als Ziele der Zürcherischen Zivilrechtspflegegesetze, Diss., Zürich 1989.

Streinz, Rudolf (Hrsg.), EUV/EGV, München 2003.

Stürner, Rolf, Verfahrensgrundsätze des Zivilprozesses und Verfassung in: Festschrift für Fritz Baur, Tübingen 1981, S. 647 ff.

Ders., Zur Struktur des europäischen Zivilprozesses in: Festschrift für Schumann, Tübingen 2001, S. 491 ff.

Ders., Das Europäische Zivilprozessrecht – Einheit oder Vielfalt? in: Grunsky/Stürner/Walter/Wolf (Herausgeber), Wege zu einem europäischen Zivilprozessrecht, Tübingen 1992, S. 1 ff.

Ders., Modellregeln für den internationalen Zivilprozess? Zum Stand eines gemeinsamen Vorhabens des American Law Institute und des Institut International pour l'Unification du Droit Privé (Unidroit), ZZP 112 (1999), S. 185 ff.

Ders., Die richterliche Aufklärung im Zivilprozess, Tübingen 1982.

Ders., Die Aufklärungspflicht der Parteien des Zivilprozesses, Tübingen 1976.

Ders., Einstweiliger Rechtsschutz in: Storme, Marcel, Procedural Laws in Europe, Antwerpen-Apeldoorn 2003, S. 143 ff.

Ders., Das deutsche Zivilprozessrecht und seine Ausstrahlung auf andere Rechtsordnungen – von Deutschland aus gesehen, in: Habscheid, Walther, J. (Hrsg.), Das deutsche Zivilprozessrecht und seine Ausstrahlung auf andere Rechtsordnungen, Bielefeld 1991, S. 3 ff.

Thomas, Heinz / Putzo, Hans, Zivilprozessordnung, 25. Auflage, München 2003 (zitiert: Thomas/Putzo/Bearbeiter).

Vollkommer, Max, Die lange Dauer der Zivilprozesse und ihre Ursachen, ZZP 81 (1968), S. 102 ff.

Ders., Verfahrensvielfalt oder einheitliches Prozessrecht?, JZ 1987, S. 105 ff.

Ders., Schlüssigkeitsprüfung und Rechtskraft, Gedanken zur Struktur des Mahnverfahrens, in: Erlanger Festschrift für Karl Heinz Schwab, S. 229 ff.

Ders., Zur Einführung der Gehörsrüge im Zivilprozess, in: Festschrift für Ekkehard Schumann zum 70. Geburtstag, Tübingen 2001, S. 507 ff.

von Gierke, Cornelie; Seiler, Frank, Die Nichtzulassungsbeschwerde nach § 544 ZPO in der Rechtsprechung des BGH, JZ 2003, S. 403 ff.

von Mettenheim, Christoph, Der Grundsatz der Prozessökonomie im Zivilprozess, Diss., Berlin 1970.

Voßkuhle, Andreas, Bruch mit einem Dogma: Die Verfassung garantiert Rechtsschutz gegen den Richter, NJW 2003, S. 2193 ff.

Vossler, Norbert, Strafprozessuale Zwangsmittel als Instrumente des beschleunigten Rechtsgüterschutzes, Diss., Freiburg 1998.

Walker, Wolf-Dietrich, Die Streitgegenstandslehre und die Rechtsprechung des EuGH – nationales Recht unter gemeineuropäischem Einfluss, ZZP 111 (1998), S. 429 ff.

Wolf, Manfred, Abbau prozessualer Schranken im europäischen Binnenmarkt, in: Wege zu einem europäischen Zivilprozessrecht, S. 35 ff.

Zeiss, Walter; Schreiber, Klaus, Zivilprozessrecht, 10. Auflage, Tübingen 2003.

Zeuner, Albrecht, Zum Verhältnis zwischen internationaler Rechtshängigkeit nach Art. 21 EuGVÜ und Rechtshängigkeit nach den Regeln der ZPO, in: Verfahrensrecht am Ausgang des 20. Jahrhunderts, Festschrift für Gerhard Lüke, München 1997.

Zimmermann, Walter, Zivilprozessordnung, 6. Auflage, Heidelberg 2002.

Zöller, Richard, Zivilprozessordnung, 24. Auflage, Köln 2004 (zitiert: Zöller/Bearbeiter).

Schriften der Deutsch-Spanischen Juristenvereinigung

Band 1 Santiago Gonzáles-Varas: Die Verwaltung in Privatrechtsform in Spanien und Deutschland. 2002.

Band 2 Eva Romanski: Sozialstaatlichkeit und soziale Grundrechte im Grundgesetz der Bundesrepublik Deutschland und in der spanischen Verfassung. 2000.

Band 3 Alexander von Kuhlberg: Änderung und Revision der spanischen Verfassung vom 29. Dezember 1978. 2000.

Band 4 Kai Christian Fischer: Verbraucherschutz im spanischen Vertragsrecht im Lichte der europäischen Rechtsangleichung. Eine Studie mit rechtsvergleichenden Bezügen zum deutschen Recht. 2000.

Band 5 Miguel Félix Rodríguez y Rowinski: Die Haftung für Hilfspersonen im spanischen Recht. 2001.

Band 6 Ole Brühl: Immissionsschutzrechtliche Vorhabengenehmigung in Deutschland und Spanien. Eine rechtsvergleichende Untersuchung unter besonderer Berücksichtigung der Rechtslage in den Autonomen Gemeinschaften Spaniens. 2001.

Band 7 Florian Pagenkemper: Die Mängelhaftung des Bauunternehmers in Spanien nach der *Ley de Ordenación de la Edificación* und dem *Código civil*. Eine Untersuchung der vertraglichen und gesetzlichen Haftung mit rechtsvergleichenden Bemerkungen zum deutschen Recht. 2002.

Band 8 Daniel Friedrich Berg: Die Rückabwicklung gescheiterter Verträge im spanischen und deutschen Recht. Eine rechtsvergleichende Untersuchung unter besonderer Berücksichtigung des Einheitsrechts. 2002.

Band 9 Maria Isabel Haas: Der Durchgriff im deutschen und spanischen Gesellschaftsrecht. Eine rechtsvergleichende Analyse. 2003.

Band 10 Sonja Kohtes: Das Recht der vorformulierten Vertragsbedingungen in Spanien. Die Umsetzung der Richtlinie 93/13/EWG über missbräuchliche Klauseln in Verbraucherverträgen. 2004.

Band 11 Markus Artz: Kollisionsrecht und ausländisches Recht in spanischen und deutschen Zivilverfahren. Eine rechtsvergleichende Untersuchung. 2004.

Band 12 Johannes F.K. Rheinheimer: Arbeitsrechtliche Fragen nationaler und internationaler Telearbeit in der Europäischen Union an den Beispielen Deutschland und Spanien. 2004.

Band 13 Julia B. Spaethe: Spaniens Abstammungsrecht in Geschichte und Gegenwart. Unter besonderer Berücksichtigung der Nichtehelichkeit. 2004.

Band 14 Thomas Reineke: Das Recht der Arbeitnehmerüberlassung in Spanien und Deutschland und sein Verhältnis zu der geplanten europäischen Regelung. 2004.

Band 15 Christian Gohm: Maßnahmen zur Beschleunigung und Konzentration im neuen spanischen und deutschen Zivilprozess.Eine rechtsvergleichende Analyse im Lichte der Europäisierung des Zivilprozessrechts. 2004.

www.peterlang.de

Peter Lang · Europäischer Verlag der Wissenschaften

Cengiz Kulaksiz

Die Teilklage im deutschen und türkischen Zivilprozessrecht

Frankfurt am Main, Berlin, Bern, Bruxelles, New York, Oxford, Wien, 2004.
XIV, 149 S.
Studien zum europäischen Privat- und Prozeßrecht.
Herausgegeben von Manfred Wolf. Bd. 9
ISBN 3-631-53137-0 · br. € 34.–*

Die Arbeit befasst sich rechtsvergleichend mit der Teilklagenproblematik im deutschen und türkischen Recht. Dabei wird zunächst die Zulässigkeit von Teilklagen geklärt. Anschließend werden die verschiedenen Arten von Teilklagen und deren sachliche Zuständigkeit ausführlich erörtert. Ein wesentlicher Teil der Arbeit ist der Rechtskraft bei Teilklagen gewidmet, wobei die jeweiligen Argumente und die Hintergründe für die zum Teil abweichenden Lösungen im deutschen und türkischen Recht analysiert werden. Zum Schluss wird untersucht, ob Teilklagen in Form unechter Eventualklagen erhoben werden können.

Aus dem Inhalt: Zulässigkeit und Arten von Teilklagen · Die sachliche Zuständigkeit bei Teilklagen · Rechtskraft bei Teilklagen · Rechtshängigkeit und Teilklage · Können die Teilklagen in Form unechter Eventualklagen erhoben werden?

Frankfurt am Main · Berlin · Bern · Bruxelles · New York · Oxford · Wien
Auslieferung: Verlag Peter Lang AG
Moosstr. 1, CH-2542 Pieterlen
Telefax 00 41 (0) 32 / 376 17 27

*inklusive der in Deutschland gültigen Mehrwertsteuer
Preisänderungen vorbehalten

Homepage http://www.peterlang.de

FSC
www.fsc.org
MIX
Papier | Fördert
gute Waldnutzung
FSC® C083411

Kolibri 360 GmbH
Ferdinand-Jühlke-Straße 7
99095 Erfurt, Deutschland
produktsicherheit@kolibri360.de

Druck:
CPI Druckdienstleistungen GmbH
im Auftrag der
Kolibri 360 GmbH
Ferdinand-Jühlke-Str. 7
99095 Erfurt